日本語学習から見た〈機能語〉の類の研究

シリーズ　言語学と言語教育

第24巻　日本語教育のためのプログラム評価　　　　　　　　　　　　　札野寛子 著
第25巻　インターアクション能力を育てる日本語の会話教育　　　　　　中井陽子 著
第26巻　第二言語習得における心理的不安の研究　　　　　　　　　　　王玲静 著
第27巻　接触場面における三者会話の研究　　　　　　　　　　　　　　大場美和子 著
第28巻　現代日本語のとりたて助詞と習得　　　　　　　　　　　　　　中西久実子 著
第29巻　学習者の自律をめざす協働学習―中学校英語授業における実践と分析
　　　　　　　　　　　　　　　　　　　　　　　　　　　　　　　　津田ひろみ 著
第30巻　日本語教育の新しい地平を開く―牧野成一教授退官記念論集
　　　　　　　　　　　　　　筒井通雄, 鎌田修, ウェスリー・M・ヤコブセン 編
第31巻　国際英語としての「日本英語」のコーパス研究―日本の英語教育の目標
　　　　　　　　　　　　　　　　　　　　　　　　　　　　　　　　藤原康弘 著
第32巻　比喩の理解　　　　　　　　　　　　　　　　　　　　　　　　東眞須美 著
第33巻　日本語並列表現の体系　　　　　　　　　　　　　　　　　　　中俣尚己 著
第34巻　日本の英語教育における文学教材の可能性　　　　　　　　　　髙橋和子 著
第35巻　日・英語談話スタイルの対照研究―英語コミュニケーション教育への応用
　　　　　　　　　　　　津田早苗, 村田泰美, 大谷麻美, 岩田祐子, 重光由加, 大塚容子 著
第36巻　日本語教育における「のだ」の研究　　　　　　　　　　　　　戴宝玉 著
第37巻　初級韓国語学習者の学習態度の変容に関する研究　　　　　　　齊藤良子 著
第38巻　文学教材を用いた英語授業の事例研究　　　　　　　　　　　　久世恭子 著
第39巻　日本語教育におけるメタ言語表現の研究　　　　　　　　　　　李婷 著
第40巻　日本語教育の新しい地図―専門知識を書き換える
　　　　　　　　　　　　　　　　　　　　　青木直子, バーデルスキー・マシュー 編
第41巻　漫画に見られる話しことばの研究―日本語教育への可能性　　　福池秋水 著
第42巻　外国語としての日本語の実証的習得研究　　　　　　　　　　　玉岡賀津雄 編
第43巻　日本語学習者による多義語コロケーションの習得　　　　　　　大神智春 著
第44巻　移住労働者の日本語習得は進むのか
　　　　　―茨城県大洗町のインドネシア人コミュニティにおける調査から　吹原豊 著
第45巻　日本語学習から見た〈機能語〉の類の研究
　　　　　―日本語能力試験1級'〈機能語〉の類'の分類に基づいて　　松原幸子 著
第46巻　作文教育の日中対照研究　　　　　　　　　　　　　　　　　　前川孝子 著

シリーズ　言語学と言語教育　45

# 日本語学習から見た〈機能語〉の類の研究

日本語能力試験1級'〈機能語〉の類'の分類に基づいて

松原幸子　著

ひつじ書房

# 目次

| 序章 | **はじめに** | 1 |
|---|---|---|
| 1. | 本書のねらい | 1 |
| 2. | 日本語能力試験1級'〈機能語〉の類'について | 2 |
| 2.1 | 日本語能力試験について | 2 |
| 2.2 | 日本語能力試験1級'〈機能語〉の類'とは何か | 3 |
| 2.3 | 日本語能力試験1級'〈機能語〉の類'に関する学習・指導上の問題 | 9 |
| 3. | 日本語能力試験1級'〈機能語〉の類'に対する本書の試み | 16 |

## 日本語能力試験1級'〈機能語〉の類'の分類

| 第1章 | **日本語能力試験1級'〈機能語〉の類'の分類の文法的位置づけ** | 21 |
|---|---|---|
| 1. | 本書における単語について | 21 |
| 2. | 本書における機能語について | 23 |
| 3. | '〈機能語〉の類'と「複合辞」、及び、本書における「機能語」の関係について | 26 |
| 3.1 | '〈機能語〉の類'と「複合辞」の関係 | 26 |
| 3.2 | '〈機能語〉の類'と「複合辞」、及び、本書における「機能語」の関係 | 27 |
| 3.3 | 本書における'〈機能語〉の類'に相当する「複合辞」について | 27 |
| 4. | 本書の具体的な検討方法と目標 | 30 |
| 5. | 単語という観点から'〈機能語〉の類'を捉えること | 31 |
| 5.1 | 「複合辞」としての捉え方と「単語」としての捉え方 | 31 |
| 5.2 | '〈機能語〉の類'の語構成と「単語」としての捉え方 | 34 |
| 5.3 | '〈機能語〉の類'の品詞と表現の関係について | 35 |
| 5.4 | '〈機能語〉の類'の選択と表現意図、及び、文の部分との関係について | 37 |
| 6. | 日本語能力試験1級'〈機能語〉の類'の表記法について | 38 |
| 7. | まとめ | 39 |

v

## 第2章　日本語能力試験1級'〈機能語〉の類'分類にあたっての本書の基本的立場　43

- **1.** 文の部分（成分）　43
  - 1.1 文の部分（成分）について　43
  - 1.2 村木（2010a）による文の部分　44
  - 1.3 本書における文の部分　46
- **2.** 品詞　47
  - 2.1 品詞について　47
  - 2.2 村木（2010a）による品詞　47
  - 2.3 本書における品詞　49
- **3.** 付属辞　59
  - 3.1 付属辞とは　59
  - 3.2 本書における付属辞　60
    - 3.2.1 助辞　60
    - 3.2.2 文の部分形成にかかわる辞　62
    - 3.2.3 接尾辞　62
    - 3.2.4 語尾　63
- **4.** 本書における活用の語形　64
- **5.** 文の部分にかかわる要素　70
  - 5.1 文の部分の形成にかかわる働きをするもの　71
  - 5.2 文の部分の述べ方にかかわる働きをするもの　73
- **6.** 文、または文相当の形式の接続型　73
  - 6.1 終止型　74
  - 6.2 不定型　75
  - 6.3 連体型、連体格助辞型、副助辞型　77
- **7.** 本書における日本語能力試験1級'〈機能語〉の類'の表記　79

品詞を中心とした日本語能力試験1級'〈機能語〉の類'の分類　85

# II　品詞を中心として分類した日本語能力試験1級'〈機能語〉の類'の検討

日本語能力試験1級'〈機能語〉の類'の検討に用いた用例、及び、説明に用いた略語について　95

# 第3章 品詞という観点で捉えるもの(1)
## ―単語であるもの― 99

1. **中心的な品詞―動詞**
   - 1.1 動詞 99
     即する、相俟つ
   - 1.2 形式動詞 104
     かかわる、至る
     - **考察1** 「(Nに)なる」と「(Nに)至る」との表現上の差異 111

2. **中心的な品詞―形容詞(形式(第一)形容詞)** 112
   ない

3. **周辺的な品詞:自立できる周辺的な品詞**
   ―陳述詞(「陳述詞」のうちの「とりたての陳述詞」) 113
   ただ、ひとり

4. **周辺的な品詞:自立できない周辺的な品詞―後置詞** 115
   - 4.1 格的な意味をもつ後置詞 116
     - 4.1.1 ニ格支配の後置詞 116
       あって、至るまで、ひきかえ、まして
     - 4.1.2 ヲ格支配の後置詞 121
       おいて、もって、身を　もって※、もって　すれば、もって　して、限りに、声を　限りに※、皮切りに(して)／皮切りと　して
       - **考察2** 手段・方法の動詞の語形による総合的表現と「名詞+後置詞」による分析的表現 126
       - **考察3** 〈N₁ヲ N₂ニ〉形式にみられる圧縮性(文の名詞句化、単語化) 131
     - 4.1.3 ト格支配の後置詞 136
       あって
     - 4.1.4 ノ格支配の後置詞 137
       かたわら、こととて、ところを、ゆえ(に)／ゆえの
   - 4.2 とりたて的なはたらきをもつ後置詞 144
     - 4.2.1 ニ格支配の後置詞 144
       至っては／至っても、して、したって、した　ところで
       - **考察4** とりたて助辞「は」「なら」「も」「でも」と、とりたて的働きをもつ後置詞「(Nに)したって」の関係 153
     - 4.2.2 ト格支配の後置詞 157
       きたら、なると／なれば、いえども、あれば、したって

5. **周辺的な品詞:自立できない周辺的な品詞―従属接続詞** 166
   - 5.1 擬似連体節を受ける従属接続詞 167
     かたわら、そばから、ため(に)／ための、こととて、ものを、ところを、ところで

| | | |
|---|---|---|
| 5.2 | 擬似連用節を受ける従属接続詞 | *179* |
| | したって、あって、あれば、いえ、いえども、思いきや | |
| 5.3 | 従属節の述語に由来する従属接続詞 | *188* |
| | 最後、早いか、否や | |

## 6. 周辺的な品詞：自立できない周辺的な品詞─補助述語詞 *192*

### 6.1 （単純）補助述語詞 *193*

#### 6.1.1 動詞型補助述語詞 *193*
やまない、おかない、すまない、たえる、たえない、足る、あたらない、至る、余儀なく　する、余儀なく　させる、余儀なく　させられる、余儀なく　される、禁じ得ない

#### 6.1.2 形容詞型補助述語詞（第一形容詞型） *248*
かたく　ない

#### 6.1.3 名詞型補助述語詞 *251*
ものでも　ない、ものを、しまつ（だ）、かぎり（だ）、至り（だ）、極み（だ）

**考察5** 南(1993)の述語句について *280*

**考察6** 文章を書く技法としての〈機能語〉の類'の役割 *300*

### 6.2 群補助述語詞 *301*

#### 6.2.1 存在動詞系群補助述語詞 *301*
きらいが　ある、いったら　ない／ったら　ない／ったら　ありゃ　しない

#### 6.2.2 非存在動詞系群補助述語詞 *323*
いう／いった　ところ（だ）

**考察7** 形式名詞「ところ」について *327*

## 7. 周辺的な品詞：自立できない周辺的な品詞─とりたて詞 *328*

### 7.1 陳述性とりたて詞 *329*

#### 7.1.1 第一陳述性とりたて詞 *329*
おろか、さることながら

#### 7.1.2 第二陳述性とりたて詞 *335*
さることながら、あるまいし

### 7.2 累加性とりたて詞 *339*
いい、あれ

---

# 第4章 品詞という観点で捉えるもの（2）
## ─単語の部分であるもの─ *345*

## 1. 単語の付属辞であるもの *345*

### 1.1 活用語の活用語形の部分であるもの *345*

#### 1.1.1 動詞の活用語形の部分であるもの *345*
同時意図形「シガテラ」、並立形「シナガラ」、反復並立形「シツ」、継続的並立形「シナガラニ」、対比的並立形「シナガラモ」、譲歩形「シヨウガ」「シヨウト」「シヨウニモ」「スルトシタッテ」、打ち消し譲歩形「スルマイガ」「スルマイト」「シナイマデモ」

|  |  |  |
|---|---|---|
|  | 1.1.2　第一形容詞の活用語形の部分であるもの<br>並立形「A1ナガラ」、継続的並立形「A1ナガラニ」、対比的並立形「A1ナガラモ」 | *377* |
|  | 1.1.3　述語名詞、第二形容詞、第三形容詞の活用語形の部分であるもの<br>並立形「N／A2／A3ナガラ」、継続的並立形「N／A2／A3ナガラニ」、<br>対比的並立形「N／A2／A3ナガラモ」、譲歩形「N／A2／A3デ　アレ」、<br>述語名詞、第二形容詞打ち消し譲歩形「N／A2デハ　ナイマデモ」 | *385* |
|  | **考察8**　日本語能力試験1級〈機能語〉の類'の動詞の中止形に見る一つの特徴 | *401* |
| 1.2 | 接尾辞 | *405* |
|  | 1.2.1　名詞性接尾辞<br>- ごとき | *405* |
|  | 1.2.2　動詞性接尾辞<br>- めく | *407* |
|  | 1.2.3　第三形容詞性接尾辞<br>- ずくめ（の）、- っぱなし（の）、- ならでは（の）、- なり（の） | *409* |
|  | **考察9**　第三形容詞について | *419* |
|  | 1.2.4　連体詞性接尾辞<br>- あっての、- ごとき、- たる | *421* |
|  | 1.2.5　副詞性接尾辞<br>- がてら、- かたがた、- ながら（に） | *426* |
| 1.3 | 助辞 | *432* |
|  | 1.3.1　格助辞<br>から | *432* |
|  | 1.3.2　副助辞<br>ばかり、のみ、まで | *435* |
|  | **考察10**　接続の型（タイプ）について | *445* |
|  | 1.3.3　とりたて助辞<br>（と）は、こそ、すら、だに、たりとも | *453* |
|  | 1.3.4　並立助辞<br>なり | *464* |
| **2.** | **複合語を形成する後要素としての語基であるもの** | *465* |
| 2.1 | 動詞性語基<br>- 極まる、- まみれ | *465* |
| 2.2 | 形容詞性語基<br>- 極まりない、- なし（の） | *472* |
| 2.3 | 名詞性語基<br>- いかん | *488* |

## 第5章　文の部分とのかかわりで捉えるもの　　*497*

**1. 文の部分の形成にかかわる働きをするもの**　　*498*

- 1.1　述語の形成にかかわるもの（述語形成要素）　　*498*
  - 1.1.1　述語形成辞　　*498*
    べからず、のみ(だ)、まで(だ)
  - 1.1.2　述語形成句　　*529*
    までの　こと(だ)、それまで(だ)、それまでの　こと(だ)、までも　ない、なんだろう／なんで　あろう
- 1.2　規定成分の形成にかかわるもの（規定成分形成要素）　　*553*
  - 1.2.1　規定成分形成辞　　*553*
    ごとき、べからざる、まじき、なりの
- 1.3　修飾成分の形成にかかわるもの（修飾成分形成要素）　　*560*
  - 1.3.1　修飾成分形成辞　　*560*
    ごとく、べく、なりに
  - 1.3.2　修飾成分形成句　　*567*
    なく、なしに、ものとも　せず(に)
- 1.4　状況成分の形成にかかわるもの（状況成分形成要素）　　*572*
  - 1.4.1　状況成分形成辞　　*572*
    や、なり
  - 1.4.2　状況成分形成句　　*574*
    なく　して、よそに

**2. 文の部分の述べ方にかかわる働きをするもの**　　*580*

- 2.1　文の部分のとりたて的働きをするもの（とりたて形成要素）　　*580*
  - 2.1.1　とりたて形成句　　*580*
    いう　もの

## 第6章　品詞を中心として分類した日本語能力試験1級'〈機能語〉の類'　　*587*

**1. 品詞**　　*587*
**2. 活用**　　*590*
- 2.1　活用形　　*590*
  - 2.1.1　動詞の活用形　　*590*
  - 2.1.2　形容詞、及び述語名詞の活用形　　*592*
- 2.2　接続型　　*592*

**3. 表現形式**　　*595*
- 3.1　文や表現形式の圧縮　　*595*

|       |       | 3.1.1 文や節の単語化 | 595 |
|---|---|---|---|
|       |       | 3.1.2 形式の部分の脱落と圧縮 | 596 |
|   | 3.2 | 慣用表現化、様式化 | 599 |
| 4. |   | 表現形式の表す機能 | 601 |
|   | 4.1 | 文法機能の特化、及び細密化 | 601 |
|   | 4.2 | 強調 | 603 |
|       |       | 4.2.1 文法的意味の強調 | 604 |
|       |       | 4.2.2 文法形式の強調 | 605 |
|   | 4.3 | 単独の表現形式による複数の文法的働き | 606 |
|   | 4.4 | 文法形式の複合 | 607 |
|   | 4.5 | 評価・認識の提示 | 608 |
|       |       | 4.5.1 肯定的評価か否定的評価か | 609 |
|       |       | 4.5.2 積極的評価か消極的評価か | 611 |
|       |       | 4.5.3 限定的認識の提示 | 611 |
|   | 4.6 | 文法形式上の非明示性 | 611 |
|   | 4.7 | 意味理解上の常識、文脈との共同性 | 613 |
| 5. |   | 文体 | 615 |
|   | 5.1 | 改まった文体 | 615 |
|   | 5.2 | 硬い書き言葉的文体 | 616 |
|   | 5.3 | 口語的くだけた文体 | 616 |
|   | 5.4 | 文学的文体 | 617 |
|   | 5.5 | 漢文訓読・古文的文体 | 617 |
|   | 5.6 | 文語的文体 | 619 |
| 6. |   | 述語を構成する日本語能力試験1級'〈機能語〉の類'に関する考察 | 619 |
|   | 6.1 | 述語を構成する'〈機能語〉の類'に用いられる単語の性質 | 619 |
|   | 6.2 | 述語を構成する'〈機能語〉の類'に用いられる単語以下の要素の性質 | 620 |
|   | 6.3 | 述語を構成する補助述語詞の特徴 | 621 |
|   | 6.4 | 述語を構成する'〈機能語〉の類'が果す文法的機能 | 625 |
|   | 6.5 | 特別なニュアンスを持つ「述語形式に用いられる1級'〈機能語〉の類'」 | 627 |
|   | 6.6 | 一定の場面で使用される、様式化した「述語形式に用いられる1級'〈機能語〉の類'」 | 628 |
|   | 6.7 | まとめ | 630 |
| 7. |   | 単語という観点に基づいた日本語能力試験1級'〈機能語〉の類'の品詞、及び文の部分としての働きと、それが形成する文の意味 | 631 |
| 8. |   | 日本語能力試験1級'〈機能語〉の類'学習の意義 | 634 |

**終章　日本語能力試験1級'〈機能語〉の類'の
文法的特徴と日本語学習における位置づけ** *637*

> **考察11** 補遺　不定形について　*641*

> **付録資料** 『出題基準』に見える'〈機能語〉の類'の表記と品詞を
> 中心とした'〈機能語〉の類'の分類の対照表　*643*

参考・引用文献　*647*
あとがき　*653*
索引　*657*

序　章　| はじめに

## 1. 本書のねらい

　中・上級といわれる日本語能力試験1・2級レベルの学習者にとって、高度な'〈機能語〉の類'を数多く習得して正確に豊かに使うことは、語彙や漢字を増やすこととともにきわめて重要な課題であるとして、『日本語能力試験出題基準』の1・2級の文法の項目には、それら'〈機能語〉の類'のサンプルリストが示されている。'〈機能語〉の類'という表記からは、様々な種類のものの存在が窺われるが、そこには'〈機能語〉の類'に対する明確な定義や規定は見られない。また、そのサンプルは五十音順に掲げられるにとどまっている。

　本書は、日本語能力試験の『出題基準』[1]に示されている1級の'〈機能語〉の類'のサンプルを取り上げ、その構造を単語という観点に基づいて整理した後、「品詞」を中心に単語の文法的な特性の体系によって分類し、さらに、それらが実際の文の中で、どのような形で、どのような文の部分を形成し、どのような文法的な意味をもって働いているのかを検討して明らかにすることを目指す。それは、日本語文法の中での日本語能力試験1級'〈機能語〉の類'の位置づけ、並びに、日本語学習における日本語能力試験1級'〈機能語〉の類'の位置づけと、その学習の意味の解明につながるものであると考える。

## 2. 日本語能力試験1級'〈機能語〉の類'について

### 2.1 日本語能力試験について

　日本語能力試験は、日本語を母語としない人の日本語能力を測定し認定することを目的として、1984年に国際交流基金と日本国際教育協会 (現日本国際教育支援協会) によって開始された試験である。その後2010年に試験内容が改訂され、新しい日本語能力試験 (新試験)[2] への移行が行われている。しかし、ウェブ版『新しい「日本語能力試験」ガイドブック』[3] において、「新試験」の最も難しいレベルであるN1は、2009年までの試験 (旧試験)[4] で最高レベルの1級と対応しており、両者の合格ラインはほぼ同じと述べられていることから (p.63)、一般に「新試験」のN1は「旧試験」の1級と同程度であると考えられている[5]。

　2009年までの「旧試験」の時は、日本語能力試験の試験問題作成者の参考のために、「出題のめやす」として、「文字」「語彙」「文法」についてのリストまたはサンプルを載せた『日本語能力試験　出題基準』というものが作られていた。ところが、「新試験」では、そのような「出題のめやす」としての、「文字」「語彙」「文法」のリスト等は公開されておらず、『出題基準』といったものの出版の予定も示されていない。しかし、「旧試験」の『出題基準』は「新試験」の手がかりになることが『新しい「日本語能力試験」ガイドブック』で述べられているため (p.63)、「旧試験」の1級と「新試験」のN1の合格ラインはほぼ同じということも相まって、新規に発行された「新試験」のN1の「文字」「語彙」「文法」に関するテキスト、問題集等も、概ね「旧試験」の『出題基準』に沿って作成されているように見受けられる。本書は「旧試験」の『出題基準』中の「文法 (1・2級)」の項に掲げられた1級の'〈機能語〉の類'[6] を対象に分類、検討を行うものであるが、それは、「旧試験」の1級と「新試験」のN1は対応しているのであるから、「旧試験」の1級の「文法」に関する検討は現行の「新試験」のN1の「文法」の検討としても認識されるという前提の下にある。

### 2.2 日本語能力試験1級'〈機能語〉の類'とは何か

『出題基準』の「文法（1・2級）」[7]の項では、「Ⅰ．1・2級の文法事項についての概観」として、次のように'〈機能語〉の類'について述べられている(p. 151)。（太字は原文のまま）

> 日本語教育における主な文法事項といえば、
> ・構文／文型
> ・活用
> ・助詞・助動詞・接辞など（いわゆる文法的な〈機能語〉の類）の用法の三つをあげることができるであろう。（中略）
>
> 基本的な助詞や助動詞の用法は3・4級でほぼ卒業しているわけだが、たとえば「～に関して」「～に至るまで」「～を通して」「～といえども」「～ざるをえない」というような、'助詞・助動詞そのものではないが、これらに類するもの'が、1・2級レベルの学習事項として、多数存する。**これら高度な'〈機能語〉の類'を数多く習得して正確に豊かに使うことが、語彙や漢字を増やすこととともに、1・2級レベルの学習者にとってはきわめて重要な課題である**といってよい。

次いで、「Ⅱ．1・2級の'〈機能語〉の類'のリスト」の項目の「1．リストの趣旨・方針等」中、「(2)「語彙」の出題と区別しての、「文法」の出題としてのなるべく適切なサンプルを示すこと」という部分には、このように記されている(p. 158)。

> 「'文法的な〈機能語〉の類'とは何か」といった明確な定義や規定を与えようという試みは、行わなかった。（これは、きちんと行おうとすると、かなり難しいことである。）が、リストする項目の選定にあたっては、文法の事項か語彙の事項かという点には、実はかなり意を払い、なるべく文法の事項と認めやすいものに絞るように、心がけたつもりである。
>
> つまり、'文法的な〈機能語〉の類'とはどういうものかについて、理屈や説明を前面に出してではなく、多くの例によって示そうとするもの

である。

続いて、「(3)網羅的なリストではなく、1級・2級のレベルを示すためのサンプルとしての提示であること」として、次のようにある(pp. 158–159)。

　　本稿のリストは、1・2級レベルの'〈機能語〉の類'をすべて網羅的に掲げようとするものではない。(中略)
　　相当多くの例を示しはするが、もとより網羅的なものをめざすものではなく、あくまでも1級・2級のおよそのレベルを示すためのサンプルとして提示するものである。

最後に「(4)'〈機能語〉の類'の分類は行わず、単純に五十音順に掲げること」という方針を示し、以下のように述べている(p. 159)。

　　一口に'〈機能語〉の類'といっても、その働きはさまざまである。たとえば、助詞に近いもの、助動詞に近いもの―また、助詞にも色々あるので、格助詞に近いもの、接続助詞に近いもの……というように、あるいはまた何か別の基準によって、これらに適切な分類を与えることができれば、望ましいであろう。だが、今回は、そのような分類を与えることは、あえて行わないことにした。(中略)
　　だが、強いて分類は行わなくとも、「出題基準」の役割は果たせるであろう。とくに、本稿のリストが(網羅的なものではないにせよ)しばしば辞書をひくような趣で利用(検索)されることが多いであろうことを考慮すると、なまじな分類をして、類別に掲げるのでは、むしろ利用(検索)しにくくなるおそれを生じると思われる。

また、「2. リストの作成方法」の中の「(1)項目の選定」では、1・2級の'〈機能語〉の類'のサンプルの選定に関して、以下のように述べられている(p. 161)。

　　中・上級の'〈機能語〉の類'についての先行調査として参照できるも

のとしては、日本語教育学会コースデザイン委員会による「中級文型調査」がある。まず、同調査の項目を参考にして、これを基に取捨し、一方、
- 若干の中級教科書
- 書物（学問的な内容を含む書物・文学作品等。翻訳も含む）
- 各種雑誌
- 新聞

を対象に自ら用例調査[8]を実施して、しかるべきものを補った。

1級と2級の区別については、「Ⅱ．1・2級の'〈機能語〉の類'のリスト」の項目の「1．リストの趣旨・方針等」中、「(1) 1・2級の境界線についての、目安を示すこと」に、このように示されている (p. 157)。

　「出題基準」の本来の趣旨からして、1・2級の境界についての目安を示すことは重要な点である。が、これを、「一般に、しかじかの事柄は1級、しかじかの事柄は2級」というように一般論的な形で述べることはできないであろう。'〈機能語〉の類'の語例を、1級レベルと2級レベルとに分けて、それぞれある程度十分な数を掲げて、いわば語例に1・2級の差を語らせるという方法しかないと思われる。

しかしながら、1級と2級の区別は現実的に必要であるので、「語例に1・2級の差を語らせる」としてはいるものの、「2．リストの作成方法」の「(2) 1級の項目と2級の項目の区別」に、それらの選別方針を次のように記している (pp. 163–164)。

　基本的な資料として、
- 従来の日本語能力試験の1級・2級で、それぞれ出題された'〈機能語〉の類'
- 我々の行った用例調査（前述）における、各語句の使用頻度
- どれほど多くの中級教科書で用いられているか（上述）[9]

等を参考にしつつも、

・微妙なニュアンスを含み、用法の習得が難しいものは、原則として1級とする
・硬い文体に限って用いられる等、文体的な特徴の強いものは、原則的に1級とする

といった基準も加味し、究極的には、総合的な判断で1級と2級の区別を行った。

以上を総合すると、『出題基準』の「文法(1・2級)」の項の解説からは、次の4点が得られる。

① 1・2級レベルの文法の学習事項の中心をなすものは'〈機能語〉の類'であること。
② '〈機能語〉の類'に明確な定義や規定は与えられていないこと。
③ 『出題基準』のリストは、1級・2級のおよそのレベルを示すサンプルとして選定された'〈機能語〉の類'を、五十音順に並べたものであること。
④ 1級の'〈機能語〉の類'は、微妙なニュアンスを含み、用法の習得が難しく、文体的な特徴の強いタイプのものであるが、1級と2級の区別は語例に語らせること。

こうして選定された1級の'〈機能語〉の類'のサンプルは、全99欄にわたって、次のように『出題基準』に記載されている（pp. 174–178）。

表1　文法的な〈機能語〉の類―1級（サンプル）―

| 〈機能語〉の類 | 用例 |
| --- | --- |
| 〜あっての | あなたあっての私 |
| 〜いかんだ／〜いかんで／〜いかんでは／〜いかんによっては／〜いかんによらず／〜いかんにかかわらず | 考え方いかんだ／結果いかんでは／対応のいかんによらず／成否のいかんにかかわらず |
| 〜う（意向形）が〜う（意向形）が〜まいが／〜う（意向形）と〜まいと | いかに困ろうが／彼が来ようが来まいが／人に迷惑をかけようとかけまいと |
| 〜う（意向形）にも〜ない | 行こうにも行けない |
| 〜かぎりだ | 心細いかぎりだ |

| | |
|---|---|
| 〜が最後 | そんなことになったが最後 |
| 〜かたがた | お見舞いかたがた |
| 〜かたわら | 勉学のかたわら／仕事をするかたわら |
| 〜がてら | 散歩しがてら |
| 〜が早いか | チャイムが鳴るが早いか |
| 〜からある | 50キロからあるバーベル |
| 〜きらいがある | 人の意見を無視するきらいがある |
| 〜極まる／〜極まりない | 失礼極まる態度／不健全極まりない |
| 〜ごとき／〜ごとく | 彼ごとき青二才／前途のごとく／予想したごとく |
| 〜こととて | 休み中のこととて／慣れぬこととて |
| 〜ことなしに | 人の心を傷つけることなしに |
| 〜しまつだ | ついには家出までするしまつだ |
| 〜ずくめ | 結構なことずくめ |
| 〜ずにはおかない | 罰を与えずにはおかない |
| 〜ずにはすまない | 本当のことを言わずにはすまない |
| 〜すら／〜ですら | 歩くことすら／大学の教授ですら |
| 〜そばから | 教えるそばから忘れてしまう |
| ただ〜のみ／ただ〜のみならず | ただそれのみが心配だ／ただ東京都民のみならず |
| 〜たところで | 言ってみたところでどうにもならない |
| 〜だに | 夢にだに見ない／想像するだに恐ろしい |
| 〜たりとも | 1円たりとも無駄には使うな |
| 〜たる | 議員たる者 |
| 〜つ〜つ | 行きつ戻りつ |
| 〜っぱなし | 開けっぱなし／言いっぱなし |
| 〜であれ／〜であれ〜であれ | たとい王様であれ／何であれ／男であれ女であれ |
| 〜てからというもの | 彼が来てからというもの |
| 〜でなくてなんだろう | これが愛でなくてなんだろう |
| 〜ではあるまいし | 君ではあるまいし、そんなことをするものか |
| 〜てやまない | 念願してやまない |
| 〜と相まって | 人一倍の努力と相まって |
| 〜とあって／〜とあれば | 年に一度のお祭りとあって／子供のためとあれば |
| 〜といい〜といい | 壁といい、ソファーといい、薄汚れた感じだ |
| 〜というところだ／といったところだ | 時給は700円から1000円というところだ／帰省?まあ、2年に1回といったところだ |
| 〜といえども | 子供といえども／老いたりといえども |
| 〜といったらない／〜といったらありはしない（ありゃしない） | おかしいといったらない／ばかばかしいといったらありはしない |
| 〜と思いきや | ちゃんと受け取ったと思いきや |

| | |
|---|---|
| 〜ときたら | あいつときたら、もうどうしようもない |
| 〜ところを | お忙しいところを／危ないところを |
| 〜としたところで／〜としたって／〜にしたところで／〜にしたって | 私としたところで、名案があるわけではない／この問題にしたって、同じことだ |
| 〜とは | そこまで言うとは、彼も相当なものだ |
| 〜とはいえ | 留学生とはいえ |
| 〜とばかりに | 泣けとばかりに |
| 〜ともなく／〜ともなしに | 見るともなく見ている／聞くともなしに聞いていた |
| 〜ともなると／〜ともなれば | 春ともなると／大臣ともなれば |
| 〜ないではおかない | 攻撃しないではおかない |
| 〜ないではすまない | 謝らないではすまないだろう |
| 〜ないまでも | 空港まで迎えに行かないまでも |
| 〜ないものでもない | ひょっとして、引き受けないものでもない |
| 〜ながらに | 涙ながらに訴えた |
| 〜ながらも | 狭いながらも楽しいわが家／子供ながらも必死になっている |
| 〜なくして／〜なくしては | 愛なくして何の人生か／真の勇気なくしては正しい行動をとることはできない |
| 〜なしに／〜なしには | 断りなしに入るな／涙なしには語れない |
| 〜ならでは／〜ならではの | 彼ならでは不可能なことだ／彼ならではの快挙 |
| 〜なり | そう言うなり出て行った |
| 〜なり〜なり | 行くなり帰るなり、好きにしなさい |
| 〜なりに | 私なりに考えて出した結論だ |
| 〜にあたらない／〜にはあたらない | 驚くにはあたらない |
| 〜にあって | この非常時にあっていかにすべきか |
| 〜に至る／〜に至るまで／〜に至って／〜に至っては／〜に至っても | 借金の額に至るまで調べられた／ことここに至ってはどうしようもない |
| 〜にかかわる | 人の名誉にかかわるようなこと |
| 〜にかたくない | 想像にかたくない |
| 〜にして | これはあの人にして初めてできることだ／あの優秀な彼にしてこのような失敗をするのだから |
| 〜に即して／〜に即しては／〜に即しても／〜に即した | 規定に即して処理する |
| 〜にたえる／〜にたえない | 鑑賞にたえる絵／聞くにたえない／遺憾にたえない |
| 〜に足る | 満足するに足る成績 |
| 〜にひきかえ | 勉強家の兄にひきかえ、弟は怠け者だ |
| 〜にもまして | それにもまして気がかりなのは家族の健康だ |
| 〜の至り | 光栄の至り |

| | |
|---|---|
| 〜の極み | 感激の極み |
| 〜はおろか | 漢字はおろかひらがなも書けない／意見を述べることはおろか、まともに顔を見ることさえできない |
| 〜ばこそ | あなたのことを考えればこそ |
| 〜ばそれまでだ | 鍵があっても、かけ忘れればそれまでだ |
| ひとり〜だけでなく／ひとり〜のみならず | ひとり本校のみならず、わが国の高校全体の問題だ |
| 〜べからず／〜べからざる | 入るべからず／言うべからざること |
| 〜べく | 友人を見舞うべく、病院を訪れた |
| 〜まじき | 学生にあるまじき行為 |
| 〜までだ／〜までのことだ | できないのなら、やめるまでだ |
| 〜までもない／〜までもなく | わざわざ行くまでもない／今さら言うまでもなく |
| 〜まみれ | どろまみれ |
| 〜めく | 春めく |
| 〜もさることながら | 親の希望もさることながら |
| 〜ものを | 知っていれば、助けてあげたものを |
| 〜や／や否や | ベルが鳴るや／玄関を出るや否や |
| 〜ゆえ／〜ゆえに／〜ゆえの | 戦争中のことゆえ／貧しさゆえに／病気ゆえの不幸 |
| 〜をおいて | あなたをおいて会長適任者はいない |
| 〜を限りに | 今日を限りに禁煙する／声を限りに叫ぶ |
| 〜を皮切りに／〜を皮切りにして／〜を皮切りとして | 今度の出演を皮切りに |
| 〜を禁じ得ない | 同情を禁じ得ない |
| 〜をもって | 本日をもって終了する／身をもって経験する／非常な努力をもってその行事を成功させた／君の実力をもってすれば |
| 〜をものともせずに | 敵の攻撃をものともせずに |
| 〜を余儀なくされる／〜を余儀なくさせる | 退学を余儀なくされる／撤退を余儀なくさせる |
| 〜をよそに | 親の心配をよそに／勉強をよそに遊びまわる |
| 〜んがため／〜んがために／〜んがための | 勝たんがための策略 |
| 〜んばかりだ／〜んばかりに／〜んばかりの | 帰れと言わんばかりの顔 |

## 2.3　日本語能力試験1級'〈機能語〉の類'に関する学習・指導上の問題

　前述の通り、「新試験」では『出題基準』の発刊の予定がなく、また「旧試験」の『出題基準』が今も有効であるという理由から、新規に出版された「新試験」のN1の文法対策用のテキストの多くは、そこに挙げられた'〈機能語〉の類'のサンプルリストを中心に作成されている。そして、『出題基準』の「文法（1・2級）」の項で述べられている「高度な'〈機能語〉の類」を数多

〈習得して正確に豊かに使うこと（p.151）」が可能となるよう、'〈機能語〉の類'のリスト中の個々のサンプルについて、どのテキストもその意味や用法、前の部分との接続、「書き言葉的表現」か、「話し言葉的表現」か、「改まった硬い表現」か、という特徴や、実際の使用上の注意等を細かく丁寧に記述して、例文と共に提示している。

　しかし、『出題基準』の「文法」の項の著者の「高度な'〈機能語〉の類'を数多く習得して正確に豊かに使うこと」を学習目標とする意図や、それを学習者に実現させようというテキストの作成者たちの懸命な努力にもかかわらず、「2級の'〈機能語〉の類'はともかくとして、1級の'〈機能語〉の類'は、実際に見ることも聞くこともないので勉強しにくい。」、或いは、「1級の'〈機能語〉の類'は毎日の生活に役に立たないから、勉強する意味がない。」といった学習者からの声をしばしば耳にする。さらには、日本語教師からも「2級の'〈機能語〉の類'は、新聞等にもよく使われているし、レポートを作成する上でも有用だが、1級の'〈機能語〉の類'は、試験のための勉強にすぎない。」、「学習者の学習の負担を軽減するために、実生活に馴染みのない1級の'〈機能語〉の類'の見直しを図るべきだ。」との意見が聞こえるほどである。これらのコメントは、学習者のみならず、日本語教師さえも、1級の'〈機能語〉の類'の学習に意義を見出していない現状を象徴するものと考えられる。

　それでは、1級の'〈機能語〉の類'は、ただ試験のために暗記するだけの学習事項にすぎず、その学習は無意味なのであろうか。もちろん、『出題基準』に示された1級の'〈機能語〉の類'は、3級、4級の「文法事項」や「表現意図等」[10]のように、日常生活において頻繁に使用されるものとはいえない。だが、注意深く耳を傾けると、例えばテレビの情報番組では、1級の'〈機能語〉の類'を用いた「京都ならではの風情を醸し出しています。」や、「東京ドームでのコンサートを皮切りに、全国30か所でのコンサートツアーを予定しています。」、または、「被災者は避難所での生活を余儀なくされています。」といった放送が毎日のように流れている（下線は、『出題基準』の1級の'〈機能語〉の類'のリストに表記されている部分）。ただ、学習者は日本語非母語話者であるため、生活の中に実在する下線部のような表現に気付きにくいのでは

ないかということが推測される。

　ここで、「学生の指導者たる教師」-①という一節を、「学生の指導者としての教師」-②、「学生を指導する教師」-③と比べてみたい。①の下線部は1級の'〈機能語〉の類'、②の下線部は2級の'〈機能語〉の類'、③の下線部は4級の文法事項を用いたものである。①と②は③の意味をより細かく特化して表しているが、大まかな意味の伝達という目的に限れば、③のみで十分と言える。しかし、これら①、②、③には意味を超えた歴然とした差が認められる。特に①の表現は稀にしか用いられることがないだけに、伝達に際して意味とは異なる面で更なる効果を発揮している。伝える側も、めったに使用することのない表現形式を敢えて選択するところに特別な思い（学生の指導者という立場に相応しい人格者であるべきという意識）を込めているということができる。それを認識して、状況に応じて使い分ける術を学習すること、たとえ使えなくとも、そこに込められた送り手の思いに気づき、感じ取れるようになること、それが学習者にとって、真の意味での文（話者の発言）の理解や、人と人とのコミュニケーションにつながると筆者は確信している。このようなことは日本語非母語話者には学習なくして習得が困難なものである。

　鈴木（1972a）は、「文法教育の必要性」として、当時の文部省の文法教育に対し、次のような言葉を述べている（pp. 30–31）。

> 　指導要領（国語科編）は、経験主義のたちばから、個々の具体的な言語活動（読み書き話し）の経験の繰り返しに重点をおいて、「ならうよりなれろ」式の方向をうちだしている。このたちばでは、文法教育は軽視されるのが当然である。文法は、具体的な言語活動ではなく、それをつらぬいている抽象的一般的な事実であるから。（中略）現在の日本語を身につけ、さらにそれをすぐれたものに発展させる国民になるためには、日本語についての正しい理解をもたなければならない。日本語は、ながい歴史のなかで、みがきあげられ、複雑なものに発達している。現在の日本語のなかには、なん億回となくくりかえされた過去の言語活動が、ゆたかな語いと文法、文体論的ニュアンスにとんだ表現手段というかたちで、集約されている。このような日本語は、「ならうよりなれよ」式の経験を

くりかえすだけでは、作家がなめてきたような苦労をかさねないかぎり、十分ふかく身につけることはできない。すべての人が作家になるわけにはいかないから、教育は、もっと科学的な方法をえらばなければならない。すなわち日本語を分析して、語いと文法の側面、さらに文字（正書法）、発音の側面をぬきだして、それぞれの構造を体系的につかまなければならない。このような知識は、子どもたちに、複雑な文章を分析して正しく理解する能力をあたえるし、内容や場面に即したすぐれた表現をえらぶ能力をあたえる。

　上記の鈴木の発言は、日本語を母語とする子供に対する国語教育について述べられたものであるが、これはそのまま日本語非母語話者に対する日本語教育にも当てはまる。
　『出題基準』では、「高度な'〈機能語〉の類'を数多く習得して正確に豊かに使うこと」が1・2級レベルの学習者にとってはきわめて重要な課題であると言いつつも、『出題基準』という性格を理由に、'〈機能語〉の類'とは何かと定義することなく、ただそのレベルに相当するサンプルを抽出して五十音順に配列するにとどまっている。また、現在の日本語教育における、特に1級レベルの日本語学習者に対する文法指導では、文法テキストに沿ってまず'〈機能語〉の類'に関する知識を具体的な事例とともに示し、後は主に問題練習を含む練習によって経験的に習得を求める方法が一般的である（読解の中で'〈機能語〉の類'が取り上げられる場合もある）。だが、鈴木も言うように、「文法は、具体的な言語活動ではなく、それをつらぬいている抽象的一般的な事実である」。日本語学習者も真の意味で日本語を正しく身につけるには、鈴木が日本語を母語とする子供に対して「現在の日本語を身につけ、さらにそれをすぐれたものに発展させる国民になるために」求めたように、「日本語についての正しい理解をもたなければならない」と筆者は考える。「現在の日本語のなかには、なん億回となくくりかえされた過去の言語活動が、ゆたかな語いと文法、文体論的ニュアンスにとんだ表現手段というかたちで、集約されている。このような日本語は、「ならうよりなれよ」式の経験をくりかえすだけでは、作家がなめてきたような苦労をかさねないかぎり、十分ふかく身につ

けることはできない。」と、鈴木は日本語を母語とする子供について言っているが、日本語学習者には、練習や問題練習だけでは「十分ふかく身につける」ことはもちろん、その'〈機能語〉の類'の文法的な意味や、文において果たす役割を真に理解することも期待できない。日本語を母語とする子供は生まれて以来日本語という環境の中で育ってきているので、「ならうよりなれよ」式の国語教育を受けていても、長い経験から、十分とはいえなくとも、無意識のうちに日本語上必要なエッセンスが感覚的に把握できている。しかし、全く別の言語文化の中で成長してきた成人の日本語学習者にとって、経験を通して自ら日本語のエッセンスを吸収することは非常に難しいことと思われる。ゆえに、鈴木の言を借りれば、「教育は、もっと科学的な方法をえらばなければならない。すなわち日本語を分析して、語いと文法の側面、さらに文字（正書法）、発音の側面をぬきだして、それぞれの構造を体系的につかまなければならない。」といえるのである。このような知識は日本語学習者にも、「複雑な文章を分析して正しく理解する能力をあたえるし、内容や場面に即したすぐれた表現をえらぶ能力をあたえる。」と考える。

　では、特に1級レベルの「科学的」、「体系的」文法指導はどのような役割を果たすのか。1級'〈機能語〉の類'を知識として伝え、練習を通して習得を図る、「ならうよりなれよ」方式の経験主義的教育では、大学入試のための歴史の年代暗記同様、せっかく覚えても、試験が終わればすぐに記憶から消え去ってしまう。「試験のための勉強」、「苦しいだけの意味のない記憶学習」、「重い負担」という不満の声が上がっても不思議ではない。だが、例えば、歴史の年代を覚えることもただの暗記であれば無意味かもしれないが、個々の歴史事象が歴史全体の中で果たす役割や意義を、他の歴史事象との連関の下に深く認識することができれば、その年代を歴史の流れの中に正確に位置づけて把握することは、非常に重要な意味を持つ。なぜなら、その一つ一つの歴史の事象が有機的に結びついて太古から流れ続く歴史全体を形作っているからである。同様の意味において、1級'〈機能語〉の類'も、日本語の文法体系の中での正しい位置づけ、文の中で果たす役割を学習することによって、その'〈機能語〉の類'の文法的意義が学習者に認識できれば、それは日本語学習上意味深いことであろう。また、たとえ'〈機能語〉の類'といわれるも

ののサンプルであっても、その学習を通してある文法事象を正しく把握する能力が育成されれば、教室での学習を終了した後、新たに出会う文法上の問題を、日本語の文法体系の中で、学習者自身が自分の力によって適切に処理していけるようになることが予想される。だからこそ、鈴木も強調するように、「文法指導は、その内容としての文法の断片ではなく、その体系全体を要求する。(p.25)」のである。「内容の体系性にもとづいた文法指導 (p.25)」は、学習者の日本語に対する注意を喚起し、「表現手段の多様性に気づかせ、表現的な効果の上から、それらを自由に使いわけるための基礎となる知識を与える (p.15)」とともに、文法の「法則やきまりが現象している文を文法的に分析する能力をつちかうこと (p.20)」、及び「その法則やきまりを意識的につかって、文をくみたてる能力を身につけさせること (p.20)」を期待させる。さらに、文法的な知識＝能力は「新しい文法現象を文法的に分析し、そこにある文法上の法則やきまりを認識するための基礎となる。(p.20)」。鈴木は「文法指導のはたす役わり」として、次のように述べている (p.24)。

　　文法指導は、言語の他の側面の指導とともに、言語（日本語）についての科学、科学的な知識を教えることであり、個々の言語活動をとおして断片的にしか姿をあらわさない言語というものについての全体的な姿を子どものまえに示すことであって、それを知ること自体、子どもにとっておどろきであり、よろこびである。(中略) また、言語は民族的なものだから、文法指導をとおして、自国語について正しい認識を与えるということは、正しい民族教育の一環でもある。

これについては、日本語非母語話者に対する日本語教育でも同じことが指摘できる。「日本語の文法指導は、個々の言語活動をとおして断片的にしか姿をあらわさない日本語というものについての全体的な姿を学習者のまえに示すことであって、それを知ること自体、学習者にとっておどろきであり、よろこびである。また、日本語の文法指導をとおして、日本語について正しい認識を与えるということは、正しい日本理解教育の一環でもある。」

筆者は入念な吟味の上選定された１級'〈機能語〉の類'は十分な価値が

あると評価する。ただ、それらは日本語の文法体系の中でどのように位置づけられるものなのか、ある文の中でどのような文法的役割を果たしているのかといった、日本語文法体系における個々の'〈機能語〉の類'の意味が問われることなく、文法テキストにしても、現実に出現している現象を記述するにとどまっているところに、「1級'〈機能語〉の類'は学習者の負担になる」、あるいは、「試験のための学習事項に過ぎない」、「1級'〈機能語〉の類'は実生活に役に立たないから必要ない」という声が生まれる原因があるのではないかと考える。

　学習者にも色々なタイプがある。3級・4級レベルの日常のコミュニケーションができればそれで良いという人、日本の大学への進学を志す人、日本の会社で働きたいと希望する人、将来日本の企業とビジネスを行う仕事に携わりたい人、千差万別である。しかし、1級レベルまで到達した学習者は、日本語母語話者とビジネスで関わろうという人をはじめ、日本語母語話者と同等の日本語能力を必要とする人、また、そのような日本語能力習得の意欲がある人である。その人たちに日本語の文法体系において適切に位置づけられた1級'〈機能語〉の類'を指導することは、日本語指導者としての重要な務めであると考える。それは、例えば11ページに示した「<u>学生の指導者たる教師</u>」-①という一節に込められた、「いやしくも学生の指導者という特別に期待される立場にある（教師）」という送り手の高い倫理意識を基底とする表現の深い意味が認識できなければ正確なコミュニケーションをとることは難しいと思われるからである。この「<u>指導者たる</u>」の例に見られる、単なる意味の理解にとどまらない、各'〈機能語〉の類'の日本語の文法体系における位置と意義を認識させるような指導が、上級の日本語教育には求められるのではないだろうか。

　すなわち、1級レベルの学習者に指導者が行うべき指導は、これまで一般的に行われてきた個々の1級'〈機能語〉の類'の具体的な意味、用法、前の部分との接続の提示に加え、日本語の文法体系の上に、それら'〈機能語〉の類'を適切に位置づけて認識できるように導くこと、現実の文でそれらが果たす機能を理解し、使用にまで至るよう図ること、そして、そのような学習を通して学習者が新たな文法事項に自ら対処しうる能力を育むことが中心に

なると思われる。たとえ'〈機能語〉の類'のサンプルであっても、体系的な指導が行われれば、そこから学習者は新しく出会う未知の文法的な事象を自分で分析し文法的に位置づける能力を身につけ、それらを用いて自ら文を生成することを可能とするであろう。指導者が日本語の文法現象の全てを教え尽くすことはできないのである。

　以上からまず必要とされることは、日本語文法体系上に、個々の1級'〈機能語〉の類'を適切に位置づけて示すこと、そして、それらの文法的意味と、それらが現実の文において果たす働き（機能）を明らかにすることである。

## 3. 日本語能力試験1級'〈機能語〉の類'に対する本書の試み

　高橋他（2005）によると、文法とは、「単語を材料にして文をくみたてるきまりの総体（p.3）」であるという。それでは、単語とは何か。鈴木（1972b）は、「単語は文の基本的な材料であり、語い的な面と文法的な面をかねそなえた、言語のもっとも基本的な単位である。(p.173)」と規定している。そして、その「単語のもつ文法的な特性の体系によって分類した単語の基本的な種類（p.173)」が「品詞」であるという。

　'〈機能語〉の類'は、その名称から、「機能語」に類するものが種々混在している様が窺われるが、『出題基準』中の1級'〈機能語〉の類'が日本語の文法体系の中でどのように位置づけられるのかという問題の解明を図るには、個々の1級'〈機能語〉の類'のサンプルが一体どのようなものなのか、即ち、どのような単語から成っているのかを問う必要がある。そのために、本書ではまず、一つ一つの1級'〈機能語〉の類'のサンプルの構造を単語という観点に基づいて整理し、その上で「品詞」を中心に単語の文法的な特性の体系によって分類を試みる。第3章からは、分類結果に基づいて、各'〈機能語〉の類'が実際の文の中でどのような形で、どのような文の部分を形成し、どのような文法的な意味を持って働いているのかを中心に検討を行うこととする。

　このようにして1級'〈機能語〉の類'を日本語文法上適切に位置付けるこ

とができれば、日本語学習の上で1級'〈機能語〉の類'が適切に位置付けられ、その学習の意義が明らかとなることにつながり得る。そうなれば、学習者や日本語教師が1級'〈機能語〉の類'に対して、「試験のための学習項目」などという意識を抱くことはなくなるのではないかと期待される。

次章では、まず、分類の基本となる「単語」について述べ、その後、'〈機能語〉の類'といわゆる「複合辞」の関係、及び、単語という観点から'〈機能語〉の類'をとらえて分類する意味の検討を行う。

続く第2章では、分類上必要となる、「文の部分（成分）」、「品詞」、「付属辞」、「活用の語形」、「接続型」、「日本語能力試験1級'〈機能語〉の類'の表記」等について、本書の基本的な立場を示す。

[注]

1 ── 以下、『日本語能力試験　出題基準』を、『出題基準』と略して記す。本書は、「独立行政法人　国際交流基金・財団法人　日本国際教育支援協会（著作・編集）(2006)『日本語能力試験　出題基準［改定版］』凡人社」を用いている。

2 ── 以下、2010年から施行された新しい日本語能力試験を「新試験」と称す。

3 ── 独立行政法人　国際交流基金・財団法人　日本国際教育支援協会（著）(2009)『新しい「日本語能力試験」ガイドブック』http://www.jlpt.jp/reference/pdf/guidebook1.pdf (2011/02/09 閲覧)

4 ── 以下、2009年まで行われた日本語能力試験を「旧試験」と称す。

5 ── ウェブ版『新しい「日本語能力試験」ガイドブック』には、新試験のN2、N4、N5は、それぞれ旧試験の2級、3級、4級とほぼ同じレベル、新試験のN3は旧試験の2級と3級の間のレベルであると書かれている (p. 63)。

6 ── 以下、「旧試験」の『出題基準』「文法（1・2級）」の項にある1級の'〈機能語〉の類'を1級'〈機能語〉の類'と記す。また、『出題基準』には'〈機能語〉の類'と'文法的〈機能語〉の類'という表記がみられるが、本書では'〈機能語〉の類'という表記に統一することとする。

7 ── 『出題基準』の「文法（1・2級）」の項には、「敬語」に関して1級から4級まで統一的に触れている部分もある。

8 ── 用例調査の対象としたものに、次の25点を挙げている。
〈中級教科書〉
[1] 筑波大学日本語教育研究会　　　　　『日本語表現文型　中級Ⅰ』
[2] 　　　　〃　　　　　　　　　　　　『　　〃　　中級Ⅱ』
[3] 名古屋大学総合言語センター日本語科　『現代日本語コース中級Ⅰ』

[4] 東海大学留学生教育センター　　　　　『日本語中級Ⅰ』
[5] 国際学友会日本語学校　　　　　　　　『日本語Ⅱ』
[6] (財)言語文化研究所附属東京日本語学校『長沼現代日本語三』
[7] 水谷　信子　　　　　　　　　　　　『総合日本語中級前期』凡人社
〈学問的な内容を含む書物〉
[8] 丸山　真男　『日本の思想』岩波新書
[9] 京極　純一　『日本人と政治』東京大学出版会（UP選書）
[10] 中村雄二郎　『哲学の現在』岩波新書
[11] 玉手　英夫　『クマに会ったらどうするか』岩波新書
[12] 冨田弘一郎　『星座12ケ月』岩波ジュニア新書
〈文学作品等（単行本）〉
[13] 遠藤　周作　『ピエロの歌』新潮文庫
[14] 大江健三郎　『万延元年のフットボール』講談社文芸文庫
[15] 高野　悦子　『二十歳の原点』新潮文庫
[16] 宮本　輝　『ドナウの旅人（上）』新潮文庫
〈翻訳〉
[17] ヘミングウェイ　大久保康雄訳　『日はまた昇る』新潮文庫
[18] マーヴィン・ピーク　浅羽莢子訳　『タイタス・グローン』創元推理文庫
〈各種雑誌〉
[19] 『文藝春秋』　　　1989年12月号
[20] 『小説新潮』　　　1989年12月号
[21] 『朝日ジャーナル』1989年11月17日号、12月22日号、1990年1月5／12日号
[22] 『週刊朝日』　　　1989年12月8日号、12月15日号、12月22日号
[23] 『アンアン』　　　1989年12月1日号
〈新聞〉
[24] 『朝日新聞』　　　1989年12月–1990年1月
[25] 『読売新聞』　　　1989年12月–1990年1月
　　　第1面・国際面・経済面・社会面・科学面・スポーツ面・家庭面・社説・コラム・投書投稿欄など広汎にわたって採集するようつとめた。

9──上の部分にそれに関する記述がある。具体的には注8の〈中級教科書〉に示されている教科書である。
10──『出題基準』は、「3・4級では、'構文／文型'と'活用'とをまとめて"文法事項―文型／活用等"(A-Ⅰ)として、また、'文法的な〈機能語〉の類'を"文法事項―助詞／指示詞／疑問詞等"(A-Ⅱ)と"表現意図等"(B)とに一応分けて、それぞれリストに示したのであった。(p. 151)」と解説している。'文法的な〈機能語〉の類'とは、助詞・助動詞・接辞などを指す。

# I

## 日本語能力試験1級
## '〈機能語〉の類'の分類

第 **1** 章 日本語能力試験1級
'〈機能語〉の類'の分類の
文法的位置づけ

　第1章では、まず分類の基本となる「単語」について述べ、続いて'〈機能語〉の類'といわゆる「複合辞」の関係、及び、単語という観点から'〈機能語〉の類'を捉えて分類する意味を考察する。なお、本書においては1級'〈機能語〉の類'という表現を、日本語能力試験の『出題基準』の1級の'〈機能語〉の類'に示されたサンプルの総称という意味で使用する。

## 1. 本書における単語について

　本書では、単語という観点に基づいて1級'〈機能語〉の類'を整理し、その上で品詞を中心に単語の文法的な特性の体系によって分類するのであるが、それでは、単語とはどのようなものか。

　序章でも述べたように、単語について、鈴木(1972b)は「単語は文の基本的な材料であり、語い的な面と文法的な面をかねそなえた、言語のもっとも基本的な単位である。(p.173)」と規定している。高橋他(2005)では、「単語は、現実の断片をさししめして一般的に名づける、意味をもつ単位であり、一定の語形をとって文の材料となる。つまり、単語は、語彙・文法的にもっとも基本的な単位である。(p.6)」としている。

　本書においては、鈴木(1972b)、高橋他(2005)にならい、単語を「言語の基本的な単位」と位置づけ、「語彙的意味を持ちながら、文の構成要素として、

一定の語形を取って文法的に機能し、文を作り上げる材料となるもの」とする。

前記、鈴木（1972b）、高橋他（2005）に対して、渡辺（1971）は、単語について次のように述べている（p. 28）。

　単語とは、外面的形態と内面的意義と構文的職能との、三者の対応が認められる単位として、言語表現から分析的に得られる最小のものである。

また、光村図書出版発行の中学1年生用の国語の教科書[1]には、「単語は、意味をこわさないように分けられた言葉としての最小の単位である。(p. 196)」と書かれている。そこでは、いわゆる学校文法にしたがって、「「を・の・に」のように、単語の下に付いて文節を作るもの (p. 195)」も「単語」に含めてある。しかし、「を・の・に」には文法的意味は存在するものの、語彙的意味は認められない。したがって、「を・の・に」を「単語」に含める措置は、「意味をこわさないように分けられた」というこの教科書で示された単語の定義と矛盾するように思われる。だが、それよりもここで注目したいことは、渡辺（1971）でも、光村版の中学1年生用国語教科書でも、「言語表現から分析的に得られる最小のもの」や、「意味をこわさないように分けられた言葉としての最小の単位」と述べているように、文を分析する観点から「単語」が捉えられている点である。それに対して、鈴木（1972b）、高橋他（2005）では、「単語」は「言語のもっとも基本的な単位」で、「文の基本的な材料」であり、それ自身が語形を変え、他の単語と関係しあって、ある一定の内容を持った一つの文を作り上げていく、ダイナミックな可能性を持つものとして能動的に捉えられている。この点に両者の単語観の違いが認められる。

日本語の文を作りあげる能力を既に身につけていて、問題なく文の意味が理解でき、大まかな文の構造も感覚的にせよ把握できる日本語母語話者にとって、眼前にある文を分析的に捉える発想は自然であろう。しかし、日本語の文の作り方を全くゼロから学んでいかなければならない日本語学習者に対し、それを可能とすることを目指して指導を行う日本語教育にとって、単語は文を作る材料として、文法的に働くために、自ら形を変え、他の単語と共に文を作り上げ

ていくものであるという単語観の方がより有効であるように思われる。

　さらに、村木（2010a）は、これまで国文法において単語とされてきた助詞や助動詞は、単語の部分であって、単語の文法的な語形を作る形式であると指摘して、以下のような説明を行っている（pp. 102–103）。

「さみしかった　ぼくの　庭に　きのう　真っ赤な　バラが　咲きました。」という文は、「さみしい」「ぼく」「庭」「きのう」「真っ赤な」「バラ」「咲く」という八つの単語からなるものである。「（ぼく）の」「（庭）に」「（バラ）が」は助辞（曲用語尾）、「－まし－」は接尾辞、「（さみし）かった」、「（真っ赤）な」、「（咲き-まし）た」は語尾で、それぞれの単語の部分として、単語に従属し、単語の文法的な語形をつくる形式であるとみなされる。

前述の通り、本書においては、単語を「言語の基本的な単位で、語彙的意味を持ちながら、文の構成要素として、一定の語形を取って文法的に機能し、文を作り上げる材料となるもの」とする。したがって、語彙的意味を持たない、いわゆる助詞や助動詞は、村木（2010a）が述べるように、単語の文法的な語形を作る形式としての単語の部分と捉えられる。

## 2. 本書における機能語について

　村木（2007a）は「機能語」について、次のように述べている（p. 2）。

機能語は、語彙的意味をもたないか、それが希薄で、単独では文の成分となれず、主要な単語や単語のむすびつきとくみあわさってはじめて文の成分になれるという点で、補助的な役目をになう単語であるといえる。

また村木（2007a）では、「機能語」は「もっぱら文法的な役割をはたす」もので、「主要な単語や単語のむすびつきの文中での存在形式にくわわる（p. 1）」としている。そして、具体的に機能語として、後置詞、助動詞（これは一般に国文法で示される

「助動詞」とは異なる。村木(2015)以降「助動詞」を「補助述語詞」としているので、本書でも以後村木(2007a)で述べる「助動詞」を「補助述語詞」と称する。)、従属接続詞を挙げている。村木(2010a)によれば、後置詞は「名詞とくみあわさって、文中での名詞の存在形式(分析的な語形)となる機能語(p. 110)」で、補助述語詞(助動詞)は「動詞を典型とする述語の本体とくみあわさって、述語の分析的な語形をつくる機能語(p. 110)」、従属接続詞は「節(文相当)に後置し、当該の節と後続の節を関係づける役割をはたす機能語(p. 111)」である。

ところで、「機能語」は『新言語学辞典 改訂増補版』において以下のように説明されている (p. 185)。

> function word (機能語) 文法構造上の諸関係を表すのを主要な任務とする語。たとえば、前置詞、助動詞、接続詞、接続副詞、関係詞などで、従来、虚語（empty word）、形式語（form word）などの名で呼ばれていたものをさす。類語（class word）に対する。

ここで記されている類語については、次のように述べられている (p. 65)。

> class word (類語) Fries (1952) の用語。概略、従来の名詞、形容詞、動詞、副詞に相当するが、語の占める位置から厳密に規定された類群で、機能語（function word）に対するものであるが、術語としては、従来から用いられている実質語（full word）のほうがわかりがよい。機能語に比べると数が多く、発話の最少の基本形式を構成し、はっきりとした辞書的意味 (lexical meaning) を有する。

『新言語学辞典 改訂増補版』で示された「機能語」に対する見解は、それを「文法構造上の諸関係を表すのを主要な任務とする」ことと、「語」、即ち単語としてとらえる点で、村木(2007a)の「機能語」の考えと通じる。

それに対して、主として日本語教育を行う人々が必要な日本語の知識を得ることを目的として編まれたという『日本語概説』は、助詞・助動詞・接続詞など、「叙述や陳述、文の展開といった言語の枠の中での話し手の判断を示

すいわば言語の機能としての文法的意味しか持たない（p. 96）」ものを「機能語」と解説している。日本語能力試験『出題基準』では、助詞・助動詞・接辞などを「いわゆる文法的な〈機能語〉の類」と呼び、「～に関して」「～に至るまで」「～を通して」「～といえども」「～ざるをえない」等、'助詞・助動詞そのものではないが、これらに類するもの'を「高度な'〈機能語〉の類'」としていることを既に序章において示した。『出題基準』では、こうした'文法的な〈機能語〉の類'とは何かといった明確な定義や規定を行ってはいないものの、その記述から、『日本語概説』で述べられているような、助詞・助動詞・接続詞など、「叙述や陳述、文の展開といった言語の枠の中での話し手の判断を示すいわば言語の機能としての文法的意味しか持たない」ものを全体的に'〈機能語〉の類'としていることが理解できる。

　本書では本章 1. において、日本語能力試験『出題基準』で'文法的な〈機能語〉の類'としている、一般に「助詞」や「助動詞」、「接辞」といわれるものは、「単語の部分」であって、単語の文法的な語形を作る形式であるとの考えを示している。「機能語」は、あくまでも「単語」であるので、上記の一般に「助詞」や「助動詞」、「接辞」とされているものを「機能語」と見ることはできない。本書では、村木（2007a、2010a）に従い、「機能語」を、後置詞、補助述語詞（助動詞）、従属接続詞のような、「語彙的意味をもたないか、それが希薄で、もっぱら文法的な機能をはたし、主要な単語や単語のむすびつきとくみあわさってはじめて文の成分になれるという点で、補助的な役目をになう単語」とする。

　それでは、『出題基準』が、「～に関して」「～に至るまで」「～を通して」「～といえども」「～ざるをえない」等、「高度な'〈機能語〉の類'」とするものは何か。本書は、この「高度な'〈機能語〉の類'」のうちの1級にあたるものについて検討を行うのであるから、まずそれを明らかにする必要がある。

## 3. '〈機能語〉の類'と「複合辞」、及び、本書における「機能語」の関係について

### 3.1 '〈機能語〉の類'と「複合辞」の関係

　日本語能力試験『出題基準』の2級の'〈機能語〉の類'のサンプルリストに挙げられている「～からには」のように、「いくつかの語が複合してひとまとまりの形で辞的な機能（助詞・助動詞相当の機能）を果たす表現」を森田・松木(1989)は「複合辞」と呼んで、以下のように述べている (p. xi)。

　　「複合辞」とは、いくつかの語が複合してひとまとまりの形で辞的な機能（助詞・助動詞相当の機能）を果たす表現である。例えば、「どうせやるからには最後までがんばれ。」の「からには」は、一般には「から（接続助詞）」＋「に（格助詞）」＋「は（係助詞）」と分析されるが、このように分けてしまうと、常にひと続きで用いられる「からには」固有の意味・機能を十分に説明することができない。そこで、ひとまとまりの形で単なる語の連接という形式以上の意味・機能を果たしている表現を「複合辞」と呼び、それを一単位体として分析する立場が必要となってくる。

そして、「どのような表現を複合辞と呼ぶのかという基準について定説はない」としつつも、次のように規定している(p. xi)。

　　単なる語の連接ではなく、表現形式全体として、個々の構成要素のプラス以上の独自の意味が生じていることを一つの目安とした。

　日本語能力試験『出題基準』では、助詞・助動詞・接辞などを'〈機能語〉の類'と呼び、「～に関して」「～に至るまで」「～を通して」「～といえども」「～ざるをえない」等、助詞・助動詞そのものではないが、これに類するものを「高度な'〈機能語〉の類'」としている。森田・松木 (1989) のいう「複合辞」とは、「いくつかの語が複合してひとまとまりの形で辞的な機能（助詞・助動詞相当の機能）を果たす表現」であるが、日本語能力試験『出題基準』に示

されている「高度な'〈機能語〉の類'」は、この「複合辞」に相当するとみられるもので、実際に森田・松木（1989）には、『出題基準』の2級のリストに掲げられた'〈機能語〉の類'の多くが「複合辞」として提出されている。

### 3.2 '〈機能語〉の類'と「複合辞」、及び、本書における「機能語」の関係

『出題基準』に提示されている1級、2級の「高度な'〈機能語〉の類'」は、概ねいわゆる「複合辞」に相当することを本章3.1において示した。本書では、この複合辞に相当する「高度な'〈機能語〉の類'」を'〈機能語〉の類'とし、一般に助詞、助動詞とされているものは、本章1.で述べた通り、単語の文法的な語形をつくる部分と位置づけて扱う。

一方、本書でいう「機能語」は、前述の通り、後置詞、補助述語詞（助動詞）、従属接続詞のような、「語彙的意味をもたないか、それが希薄で、もっぱら文法的な機能をはたし、主要な単語や単語のむすびつきとくみあわさってはじめて文の成分になれるという点で、補助的な役目をになう単語」で、'〈機能語〉の類'とは異なる範疇のものである。

### 3.3 本書における'〈機能語〉の類'に相当する「複合辞」について

本書における'〈機能語〉の類'に概ね相当する「複合辞」については、山崎・藤田（2006）の中の「複合辞関係文献目録」を見ると、1980年代以降、2000年頃をピークに盛んに研究されてきたことがわかる。このようなこれまでの複合辞研究からは、大きく次の4つの問題点が指摘できる。

① 「複合辞」について明確な定義がないこと。
② 単語という観点が見られないこと。
③ 各複合辞の意味と用法、或いはいくつかの複合辞の比較検討が研究の大半を占めること。
④ 日本語能力試験1級'〈機能語〉の類'に相当する複合辞に関する研究はわずかであること。

①の問題については既に本章3.1で示したように、森田・松木（1989）にお

いて、「複合辞」を「いくつかの語が複合してひとまとまりの形で辞的な機能（助詞・助動詞相当の機能）を果たす表現」と規定しつつも、「どのような表現を複合辞と呼ぶのかという基準について定説はない」ということが述べられている。藤田（2006）でも、「いくつかの語が一まとまりになって、その一まとまりが固有の「付属語」（辞）的な意味を担うものとして用いられる形式―およそ、「複合辞」とはそのようなものと理解されている。（p. 3）」との言及にとどまっている。これらからは、複合辞に対する明確な文法的定義がなされていない現状が指摘できる。

②については①と密接な関係を持つように思われる。前述のように、森田・松木（1989）は「複合辞」を「いくつかの語が複合してひとまとまりの形で辞的な機能（助詞・助動詞相当の機能）を果たす表現」と述べ、藤田（2006）は「いくつかの語が一まとまりになって、その一まとまりが固有の「付属語」（辞）的な意味を担うものとして用いられる形式」としている。複合辞の「辞」は、永野（1953）において「言語主体の主体的な態度・立場、感情や、主体的立場における関係づけなどを直接に表現するものである。（p. 95）」と説明されている。つまり、「複合辞」は「いくつかの語が複合して、ひとまとまりの形で言語主体の主体的な態度・立場、感情や、主体的立場における関係づけなどを直接に表現する「表現形式」」ということができる。

一般に「～によると」と表記され、「複合辞」として認識されている２級の'〈機能語〉の類'のサンプルの一つは、英語では'according to～'に当たる。'according to～'は英文法において副詞'according'と前置詞'to'から構成されて１つの前置詞の働きをする群前置詞と位置づけられているが、英語学習者は'according to～'が全体で前置詞の働きをすることを知っているため、前置詞の文法的な性質に沿って、主体的にそれを用いることができる。

それに対し、複合辞は「表現形式」とみなされるもので、文法的な法則に則って文を作り上げていく文法的機能に関わるものとはいえない。従って、日本語教育では、その複合辞の表す表現上の意味を、例文を用いて紹介した後、その複合辞と用いられる単語の種類や接続、共起する表現などを練習によって習得できるよう図る指導法が一般的にとられている。

高橋他（2005）は、文法を「単語を材料にして文をくみたてるきまりの総体

(p. 3)」としている。「単語」は言語の基本単位であって、語彙的意味を持ちながら（機能語のように語彙的意味を持たないか、それが希薄なものもあるが）、文の構成要素として文法的法則に従って、文を作り上げる材料となるものである。現在の複合辞といわれるものに対する扱いには、それが単語という観点からどのように文法的に位置づけられ、どのような法則に則って、どのような形態で、どのように他の単語と組み合わさって文を構成して、どのように文中で機能しているのかを見ようとする姿勢が乏しいように思われる。それは、複合辞が「表現形式」であって、単語を材料に文を作り上げていく文法の単位ではない点に原因が求められるといえるのではないだろうか。

　③に関して、山崎・藤田（2006）の「複合辞関係文献目録」を見ると、その中の論文や書籍は次のような5つのタイプに分かれることが得られる。第一は、高橋（1996）「「～つつある」について」や、三枝（1991）「「だけに」の分析」のように、一つの「複合辞」[2]について詳細に検討を行うタイプである。第二は、幸田（1994）「「わけがない」、「わけではない」、「わけにはいかない」について」や、花薗（2004）「「Nを通して」と「Nを通じて」」のように、いくつかの「複合辞」を比較検討するタイプ。第三は、新屋（1989）「"文末名詞"について」や、仁田（1997）「断定をめぐって」のように、ある特定の文法項目に関係する形式を取り上げて考察を行うタイプ。第四は、森田・松木（1989）『日本語表現文型』、日本語記述文法研究会編（2003）『現代日本語4　第8部モダリティ』のように数多くの複合辞を集め、それを整理しようというもの。第五は、松木（1990）「複合辞の認定基準・尺度設定の試み」や、砂川（1987）「複合助詞について」のように、複合辞そのものやそれに関連する文法的な問題に関して理論的に論じるタイプである。もちろん、雑誌の論文では紙幅に限りがあるという事情は十分考慮できるとはいえ、第四や第五のタイプの論文や書籍はわずかであって、ほとんどが個別の複合辞の研究や、あるテーマによって選ばれたいくつかの複合辞を比較検討したものである。そのような中、第四のタイプの森田・松木（1989）『日本語表現文型』は、主として日本語能力試験2級の'〈機能語〉の類'相当の複合辞を統一的に整理すると共に、個々の複合辞についても多数の用例を用いて詳しく記述を行った、数少ない総合的な研究書といえる。

④について、山崎・藤田（2006）の「複合辞関係文献目録」からは、日本語能力試験1級'〈機能語〉の類'に相当する複合辞に関する論文は、わずかに「～とばかりに」、「～といわんばかりに」、「～や否や」、「～が早いか」等を取り上げた例がいくつか得られる程度である。他は「～に対して」や、「～にとって」、「～において」、「～として」、「～にもかかわらず」、「～わけだ」のような2級の'〈機能語〉の類'相当の複合辞に関する論文が大部分を占める。2級の'〈機能語〉の類'相当の複合辞は、実際の生活の中でも用いられることが多いので、研究の対象とされるのは当然といえようが、1級'〈機能語〉の類'相当の複合辞に関しては学術的な研究が未だ十分に行われていない現状が窺われる。

## 4. 本書の具体的な検討方法と目標

　本書では、日本語能力試験1級の'〈機能語〉の類'[3]の各サンプルの構造を単語に基づいて整理し、その上で品詞を中心に分類することによって、それらが文法的にどのように位置付けられるのかを示す。第3章からは、品詞を中心に分類した個々の'〈機能語〉の類'のサンプルが、実際の文の中で、どのような形でどのような文の成分を形成し、どのような文法的な意味をもって働いているのか、コーパスを用いて検討する。また、それらの働きを他の級の類似の'〈機能語〉の類'などと比較し、日本語学習の進展を文法面から検討することも試みる。

　このように、これまであまり考察の対象とされなかった1級'〈機能語〉の類'を単語に基づいて整理し、さらに品詞を中心に分類して、日本語文法の中で位置付けること、そして、それらの詳しい検討を行い、特質を明らかにすること、また、そのような検討を通じて、日本語学習の流れの中で1級'〈機能語〉の類'を文法面から位置付けると共に、その学習の意義を捉えること、以上を本書の目標とする。

## 5. 単語という観点から'〈機能語〉の類'を捉えること

　ここでは、単語という観点から'〈機能語〉の類'を捉えるとはどのようなことか、具体的に考察を試みる。

### 5.1 「複合辞」としての捉え方と「単語」としての捉え方

　これまで述べてきたように、日本語能力試験1級、2級の'〈機能語〉の類'のリストに掲げられているサンプルの多くは、一般に「複合辞」と呼ばれるものに相当する。また既に指摘した通り、「複合辞」は「いくつかの語が複合してひとまとまりの形で辞的な機能を果たす表現」であると言われているが、具体的な「基準」についての定説はないという。

　では、'〈機能語〉の類'の個々のサンプルについて、「複合辞」という「表現形式」としての捉え方と、「単語」という文法的観点からの捉え方とはどのように異なるのか。藤田（2006）は、複合辞と鈴木（1972b）で示された後置詞を比較して、次のように述べている（p.9）。

　　　複合辞については、その一まとまりとしての性格が強調されるのではあるから、そのような形式を――例えば「～によって」を「～に」と「よって」に分割する扱いがよいのかどうかは、検討の余地のあるところである。
　　　例えば、「バラを病気見舞いとして送る」の「として」と、「彼にしてあの程度の出来事だ」[4]の「にして」は、かなり意味の異なるものであり、それはそれぞれが「として」「にして」の形をとることによって生まれてくる相違といえよう。それを「～と」＋「して」「～に」＋「して」と分割して、等しく「して」のような後置詞をとり出すのがよい処理かどうかは考えてみてよいことかと思われる。

　上記藤田では、後置詞「して」について、例文の「病気見舞いとして」から「として」の部分や、「彼にして」から「にして」の部分を抜き出し、それを「～と」＋

「して」や「～に」+「して」のように分割してとり出したものと見ているようである。しかし、鈴木(1972b)のいう後置詞とは以下のような単語である(p. 499)。

> 単独では文の部分とはならず、名詞の格の形(およびその他の単語の名詞相当の形式)とくみあわさって、その名詞の他の単語に対する関係をあらわすために発達した補助的な単語である[5]。

すなわち、「して」は、「として」や、「にして」を分割して「とり出された」ものではなく、後置詞という品詞の単語「して」であって、名詞の格形式(上の例なら「病気見舞いと」、及び「彼に」)と組み合わさって、その名詞の他の単語(上の例なら「送る」、及び「あの程度の出来事だ」)に対する関係を表しつつ文を構成する働きをしているのである。後置詞は機能語であるから、語彙的意味が欠如しているか、希薄で、専ら文法的機能を果たす。特に形式動詞「する」の第二中止形由来の後置詞「して」は語彙的意味に欠けていて、それが組み合わさる格形式の名詞の他の単語に対する関係を示しているにすぎない。

「バラを病気見舞いとして送る」の「して」は、ト格形式の名詞である「病気見舞いと」と組み合わさり、「病気見舞いに」というニ格の名詞相当の働きをしている。『現代日本語文法2』では、この働きをニ格の名詞の「行為の意味を明示する用法(p. 99)」と述べている。

「彼にしてあの程度の出来事だ」に見られる後置詞「して」は、ニ格形式の名詞「彼に」と組み合わさり、その名詞を「他と違って特別である」と積極的に評価する意識を持って排他的に強くとりたてて示す。しかし、それは後に続く部分「あの程度の(たいしたことのない)出来事だ」と意味的にスムーズにつながらないため対比性が生じ、「(特別な)彼が(彼でも)」という意味が発現していることが理解できる。この場合の「彼にして」は、『現代日本語文法5』が「排他や限定の意味を表す(p. 81)」とする「が」による、ガ格の名詞相当の働きをしている。

ところで、藤田(2006)のいう「にして」は、「これは彼にして出来たことだ」という文にも用いられる。この場合も「して」はニ格形式の名詞「彼に」と組み合わさり、「彼」を積極的に評価する意識を持って排他的に強くとり

たてて示すが、後続の部分との関係から、今度は「(特別な)彼が(彼だからこそ)」という意味が発生していることがわかる。また、「出来たこと」がすばらしいことは、文脈から理解される。このように、語彙的意味に欠けた形式動詞「する」由来の後置詞「して」は、ニ格形式の名詞と組み合わさり、その名詞を「他と違って特別である」と積極的に評価する意識を持って排他的に強くとりたてて示すだけなので、「Nに　して」の表す意味は、後に続く部分との意味的関係によって常識的に決定されることになる。

　複合辞は、いくつかの語が複合してひとまとまりの形で辞的な機能（助詞・助動詞相当の機能）を果たす表現といわれているが、その固定的なひとまとまりの部分が、文脈によって全く異なった意味を示す言語事実に対して、複合辞という観点から合理的な説明を行うことは難しいように思われる。実際に文法テキストには、一つの複合辞にいくつかの相反する意味を解説した項目が存在する。そのため、学習者は一つの複合辞について矛盾するような意味を暗記しなければならない。一方、後置詞は、名詞の格の形（およびその他の単語の名詞相当の形式）とくみあわさって、その名詞の他の単語に対する関係をあらわす機能語である。また、機能語は語彙的意味が欠如しているか、希薄であって、もっぱら文法的機能を果たす。特に「して」は、形式動詞「する」の第二中止形であるから、特定の意味を持たず、文脈によって様々な意味を表し得る。それを、人間は常識や文脈理解力という自ら備わった機能を駆使して文脈から自動的に意味を読み取るのである（そのため、常識という人間が持つ機能が十分に発達していない子供には後置詞の使用は難しいといえよう）。

　複合辞はそれが表す意味に注目した表現形式であって、文法的な単位とはいえない。それは、文というものを固定的、静的にとらえて分割し、その中の特徴的な部分をとり出して分析していく立場から得られたものと見られる。それに対して、後置詞は単語に基づく文法的な単位で、名詞の格形式と組み合わさって文の部分となり、他の部分と有機的に組み合わさって文を作り上げるという、動的で自律的な文法の営みを認める立場に立脚している。日本語の文をゼロから作っていくことが求められる日本語学習者には、後置詞のような、文の材料である単語に基づいた文法的単位による学習が望まれるように思われる。

【複合辞】　　　【(名詞の格形式)後置詞】
　〜によって　→　(Nに)よって
　〜にして　　→　(Nに)して
　〜として　　→　(Nと)して　　　　N:名詞

## 5.2 '〈機能語〉の類'の語構成と「単語」としての捉え方

　学習者からの質問に、「大きく書く」のようにイ形容詞(学校文法でいう「形容詞」)が動詞に続くとき、イ形容詞は「大きく」という形になるが、「大きすぎる」の場合、「すぎる」は動詞にもかかわらず、なぜ「大きくすぎる」とならないのかというものがあった。

　これらは、それぞれ日本語能力試験4級と3級の『出題基準』(文法)に挙げられている「表現形式」である。一般に日本語学習者は、ある状態や動きが過度であることを「〜すぎる」という形式を使って表現すると学習するが、その際、前要素がイ形容詞の場合は「イ形容詞+すぎる」と表現されることを学ぶ。それに対し、「大きく書く」のように、イ形容詞が「どのように」と動詞に続く時は、イ形容詞の「-い」の代わりに「-く」にすると学習する。

　初級学習者に文法を日本語で説明することは難しいが、「大きすぎる」は「大きい」の語尾の「-い」を取り除いた「大き」(語基)が「すぎる」と組み合わさって、「過度に大きい」状態を表す新しい別の一つの単語(複合動詞)になったものであること、それは過去形、打ち消しの形、条件形などの語形を取り、動詞として振る舞うこと、一方、「大きく書く」は二つの単語で、「大きく」は「書く」動作の結果現れる対象の状態であって、両者は別の文法構造であることを、具体的に例を用いて示し、理解を求めることは、応用力育成の観点から必要であるように思われる。

　文法的な項目を指導するとき、どのような単語と単語がどのような形で接続するか、それはどのような意味を表すか等についての習得を目指す学習活動に終始しがちである。しかし、どのような単語と単語がどのような意味をもってどのような形で結びつくのか、新たに形成されたものは、品詞としてどのように位置づけられ、どのような意味をもって、どのような形で、どのように文中で働くのかという、単語レベルと文レベルの文法的な指導は、学

習者が新しく出会う文法現象を自ら処理する能力の育成に必要なのではないだろうか。本書では、各'〈機能語〉の類'は、どのような単語や要素と、どのような意味をもって、どのような形で接続するのか、そして新しく形成されたものはどのように文法的に位置づけられるもので、文中でどのような意味をもってどのように働くのかという点を示すことを試みたい。

## 5.3 '〈機能語〉の類'の品詞と表現の関係について

a. あの子はお菓子を欲しがっている。
b. あの子はお菓子が欲しそうだ。
c. あの子はお菓子が欲しいらしい。
d. あの子はお菓子が欲しいようだ。

　a～dの文の下線で示された、いわゆる助動詞や文法事項とされているものに関してはこれまで盛んに議論されてきたので、ここではそれらの品詞と表現との関係に限って考察してみたいと思う。(次の[A～H]については第2章において詳しく説明を行う。)

　aの「欲しがっている」は、「ほしい」という感情を表す第一形容詞(学校文法でいう形容詞)[A]性語基に動詞性接尾辞「-がる」が接尾して作られた派生動詞「欲しがる」の第二中止形[B](日本語教育文法では「動詞のテ形」)と補助述語詞[C]「いる」が組み合わさったもので、主語である「あの子」の「お菓子が欲しいという感情を強く態度に表出している」現在の状態を示している。「-がる」は動詞性接尾辞であることから、それが接尾する第一形容詞性語基が意味する感情を外に強く動的に表し出す。

　bの「欲しそうだ」は、「ほしい」という感情を表す第一形容詞性語基に第二形容詞[D](学校文法でいう形容動詞)性接尾辞「-そう(な)」が接尾して作られた派生第二形容詞である。「欲しそうだ」は第二形容詞の述語として、主語である「あの子」について、「あの子」自身が「(お菓子が)欲しい」という感情を外に表し出している、見せている状態であるという言語主体[6]の判断を表す。「雨が降りそうだ。」の「降りそうだ」も基本的に、主語である「雨」が「これから降る」動きを外に表し出している、見せている状態であるとい

う言語主体の判断を表していると考えられる。これは、「あの花はきれいだ」というとき、述語「きれいだ」は、主語である「あの花」について、「あの花」自身が「きれい」である様子を外に表し出している、見せている状態であるという言語主体の判断を表すものであることと同等である。

cの「らしい」は述語形成辞[E]（主要な単語と組み合わさって述語を作る単語以下の文法的要素）で、言語主体が「あの子」を見て、その態度を根拠に導き出した「あの子はお菓子が欲しい」という文相当の形式で表された仮説（命題）に対し、言語主体自身がそれを真に近いと確信の思いをもって客観的に評価、判断して表すモダリティ形式といえる。「らしい」は第一形容詞との関連が予想されることもあり、形容詞述語文が持つ事態に対する送り手の評価（この場合、現実の事態から言語主体が導き出した仮説の確からしさに対する評価）が見られる点が特徴的である。

dの「よう（だ）」もcの「らしい」と同様に述語形成辞である。「よう（だ）」は、古代語の「やうなり」由来のものだが、それは「やう（様）＝ようす」という名詞と「なり」という古代語の繋辞[F]から作られたものという。dは、「あの子」を言語主体が見て、「「あの子はお菓子が欲しい」様子である」と主観的に推測し、判断して述べた文といえる。

a〜dをみると、「-がる」、「-そう（な）」、「らしい」、「よう（だ）」が作る単語の品詞や文のタイプが、文全体が表す意味に大きくかかわっていることがわかる。例えば「欲しがる」は動詞であるため、前要素の第一形容詞性語基が示す感情を動的に外に強く表し出すが、「欲しそうだ」は第二形容詞の述語として、主語の様子を見て、それは「欲しい」という感情を主語が外に表し出している、見せている状態であるという言語主体の判断を、静的に述べる。述語形成辞「らしい」は第一形容詞との関連から、形容詞述語文が持つ、ある事態（あの子はお菓子が欲しい）に対する客観的根拠（あの子の様子）に基づく言語主体の評価（この場合、事態の確からしさに対する確信性を持った評価）と判断が見られる点が特徴的であり、名詞起源の述語形成辞「よう（だ）」は、実際に認識できる事態について、「その様子である」と言語主体が主観的に推測、判断して述べる点が特徴といえる。

文のモダリティ形式と品詞との関係は、これまであまり問われることがな

かったように思われるが、品詞は単語をそれが持つ文法的な特性の体系によって分類したものであるから、モダリティ形式を品詞という側面からとらえることも一つの重要な観点といえるのではないだろうか。それは、品詞と表現内容は密接な関係を持つという仮説につながるもので、本書ではそれを重視したいと考える。

## 5.4 '〈機能語〉の類'の選択と表現意図、及び、文の部分との関係について

a. 熱が下がる<u>ように</u>注射をする。　　　　　　　　　（『出題基準』の用例 p.172）
b. 熱を下げる<u>ために</u>注射をする。　　　　　　　　　（a を用いた筆者の作例）

　a の「(スル／シナイ) ように」は日本語能力試験 2 級の '〈機能語〉の類'、b の「(スル) ため (に)」は日本語能力試験 3 級の '〈機能語〉の類'[7] に含まれるものである。この二つの形式についてもこれまで数多く議論されてきたので、ここではそれらが形成する文の部分と表現意図との関係に絞って検討してみたいと考える。

　一般に、「(スル) ため (に)」は意志動詞と用いられて行為の目的を表し、「(スル／シナイ) ように」は意志を表さない動詞と用いられて目標を表すと言われている。本書では、動詞と用いられる「ため (に)」は従属接続詞[G]（文相当の節の後について、その節と後続の節を関係づける役割を果たす機能語）、「ように」は修飾成分を作る修飾成分形成辞[H]（語彙的意味を持たず、主要な単語や節と組み合わさって修飾成分の形成に与る単語以下の単位である要素）と位置付ける。

　従属接続詞「ため (に)」は文相当の節と組み合わさって目的を表す状況成分を形成する。状況成分は述語と主語を中心に表される事象全体をとりまく時間、場所、原因、目的などの外的状況であって、主たる事象から独立して表される。従って、従属接続詞「ため (に)」を用いて表された「目的 (熱を下げる)」は、それを強く主張するために「主たる事象 (注射をする)」に対して加えられた部分と言える。

　一方、「ように」が形成する部分は修飾成分で、動詞で表される述語に従属し、「述語で表される事態 (注射をする)」が「どのように (熱が下がること (結果の状態) を目指して)」行われるかを詳しく示す働きをする。このため「ように」

は「目標」を表すと言われるのでだろう。だが、ここで重要となるのは、「ように」が形成する部分は修飾成分で、述語に従属しているため、「ように」が使われる文の主張の中心は述語部分（注射をする）にあるという点である。「ように」が形成する部分は、述語部分の説明と見ることができる。

「ため（に）」が意志動詞と用いられるのは、それによって形成される部分が「目的」を強く主張するためであり、「ように」が意志を表さない動詞と用いられるのは、それによって形成される部分が述語に従属して、その様子を詳しく表すからであるという推論も考えられる。また、bは「なぜ、何のために注射をするのか。」という問いに対する答えであり、aは「どうしたのですか。今何をするのですか。」という問いに対する「注射をします、熱が下がるように。」という返事であると捉えられる。aの「熱が下がるように」という部分が、主張の中心となる述語の「注射をする」の説明であるということは、ここからも理解できる。

現実のコミュニケーションの場において、言語主体の主張の中心は状況によって変化する。言語は人間の能動的な営みに使われるものであるから、「ため（に）」を用いた表現を選択するか、「ように」を用いた表現を選択するかは、その時の言語主体の表現意図によって決定される。日本語教育において'〈機能語〉の類'は、ともすればそれが表す意味、接続、用いられる単語の性質や、類似の'〈機能語〉の類'との差に注目が集まりがちである。しかし、'〈機能語〉の類'を用いた文の理解や文作成、使用のためには、'〈機能語〉の類'が形成する文の部分や、その働き、また、その'〈機能語〉の類'を選択した言語主体の表現意図にも目を向ける必要があるのではないだろうか。本書ではこのような点も重視したいと考える。

## 6. 日本語能力試験1級'〈機能語〉の類'の表記法について

これまで述べた通り、本書では、日本語能力試験1級の『出題基準』に挙げられている'〈機能語〉の類'の各サンプルの構造を単語という観点から整理し、それに基づいて品詞を中心に分類した後、各'〈機能語〉の類'が実際

の文の中でどのように機能しているのか等について検討を行う。それに先立ち、以下、筆者が1級'〈機能語〉の類'の指導中に気付いた、'〈機能語〉の類'の表記法についての一つの問題点を示す。それは、日本語能力試験1級の文法教材である植木他（2005）中の「サイレンが聞こえる<u>や否や</u>、皆一斉に立ち上がった。」、「会話の練習では、話すこと<u>もさることながら</u>、確実に聞き取ることが重要です。」（下線は原文のまま）という文を学習者に読ませると、「サイレンが聞こえる　や否や」、「会話の練習では、話すこと　もさることながら」のように、「や否や」と「もさることながら」を前の部分から離して読む学習者が少なからず存在したことである。'〈機能語〉の類'の表記法については、これまであまり言及されることがなかったが、このような学習者の誤りは、各'〈機能語〉の類'が単語に基づいて表記されていないことに原因が求められるのではないかと考える。そこで、本書では各'〈機能語〉の類'のサンプルの表記を単語に基づいたものに書き改める試みを行った。具体的な表記は第2章の表17に示す。

## 7. まとめ

本章3.1で述べたように、本書において検討の対象とする'〈機能語〉の類'は、おおよそいわゆる複合辞に相当するものと考えられる。'〈機能語〉の類'は、これまで'〈機能語〉の類'として論じられることがほとんどなかったので、その研究は概ね複合辞の研究と重ねることができる。だが、複合辞は表現形式であって、単語に基づいた文法的な単位で捉えられたものとはいえない。また、複合辞の研究は多くの場合、個々の複合辞の表す意味と用法の検討や、他の複合辞との比較を内容としており、複合辞を日本語文法上体系的に位置づけて整理し、機能の解明を図ろうとした研究は多くない。さらに、検討の対象は日本語能力試験2級'〈機能語〉の類'相当の「複合辞」が主で、1級'〈機能語〉の類'相当の「複合辞」を、文法上体系的に位置づけて整理した研究はこれまでのところ見られないように思われる。

前述のように、複合辞は表現形式であるため、表現する意味に注目するのは自然な流れである。したがって、それが文法的にどのようなものであっ

て、日本語の文法体系の中でどのように位置づけられるのか、また、それが文の中でどのように働いて、どのような文の部分を構成して、どのように文全体を形作って行っているのかという問題には関心が薄いように見受けられる。複合辞が表わす意味は、文を理解する上で重要であるが、日本語学習者には、それから後、複合辞を用いてどのように現実に文を構成していくかが求められる。しかし、現行の複合辞の解説に用いられる接続は、現実の現象を記述することがほとんどであり、それに従って日本語学習者が一つ一つ記憶し、文を組み立てることは難しいように思われる。日本語母語話者は知らず知らずのうちに日本語の文法を身につけており、そのような複合辞を使って自動的に文が生成できるが、日本語学習者が複合辞を用いて能動的に文を作るには、それらに対する文法的理解が必要である。そのためにも、本書においては、複合辞に相当する'〈機能語〉の類'を1級に限ってではあるが、まず言語の基本的な単位である単語に基づいて整理し、その上で「品詞」を中心に単語の文法的な特性の体系によって分類して、それが文法上どのように位置づけられるのかを示したいと考える。その分類に基づき、第3章からは、'〈機能語〉の類'の各サンプルがどのような形でどのような意味をもって他の要素と結びつき、文を形成していくのか、また、他の要素と結びついて形成された部分は、文中でどのような文法的意味を表し、どのような働きをするのかについて検討を行っていく。

　品詞的な位置づけがあれば、文法の法則から'〈機能語〉の類'の文中での振る舞いがおおよそ学習者に予測される。さらに本章5.3で示したように'〈機能語〉の類'の「品詞」が持つ特性は、それが表す意味や、文中での働きとも関連している。第3章からの個々の'〈機能語〉の類'の検討には5.4で示した言語主体の表現意図も重視した。それは、言語主体の表現意図が形式を選択し、文で表される意味の発現へつながると考えるからである。

　このように、本書では、1級の'〈機能語〉の類'を単語という観点から品詞を中心に分類し、日本語の文法体系の中で位置付け、その働きを明らかにすることを目指す。それは、日本語学習全体の流れの中での1級'〈機能語〉の類'の位置付けと、その学習の意義の解明につながるものであることが期待される。

[注]

1──宮地他（2007）『国語1』光村図書出版株式会社
2──著者の立場によって、「後置詞」と記述される場合もある。
3──以後、「日本語能力試験1級の'〈機能語〉の類'」を「1級'〈機能語〉の類'」と略称する。
4──原文のまま。
5──高橋他（2005）は、鈴木（1972ｂ）の述べる「後置詞」に「とりたて的なはたらきをもつ後置詞」を加えている。
6──村木（2010a）は「言語主体（話し手）」としているが、本書では「話し手」に加え、「書き手」、「（文の）送り手」、その他、「意志を持って言語を発するもの」を「言語主体」とする。
7──『出題基準』の「文法（3・4級）」の項においては「B．表現意図等」に示されている。これについて『出題基準』は、3・4級では'文法的な〈機能語〉の類'を"文法事項－助詞／指示詞／疑問詞等"（A-Ⅱ）と"表現意図等"（B）とに分けると説明している（p. 151）。

第 2 章 日本語能力試験1級'〈機能語〉の類'分類にあたっての本書の基本的立場

　本書では、まず、「品詞」を中心に単語の文法的な特性の体系によって1級'〈機能語〉の類'の統一的な分類を試みる。そして、第3章からは分類した個々の'〈機能語〉の類'について、コーパスなどを用いて用例を採取し、それらが実際の文の中で、どのような形で、どのような文の部分を形成し、どのような文法的な意味を持って働いているのか、言語主体の表現意図も考慮しながら検討を行っていく。この章では、それらの分類のもととなる「文の部分（成分）」、「品詞」、「付属辞」、「活用の語形」、「文の部分にかかわる要素」、また分類を論じるにあたって必要とされる「接続型」、「日本語能力試験1級'〈機能語〉の類'の表記」について、本書の基本的な立場を示す。

# 1. 文の部分（成分）

## 1.1 文の部分（成分）について

　文の部分について、村木（2010a）は、「主語」や「述語」のような、「当該の文を構成している要素であり、文の成分とも呼ばれる（p. 103）」ものであると説明している。そして、「基本的に単語が文の部分になる（p. 102）」のであって、「一つの単語が文の部分になることもあるが、単語の結合体が文の部分となることもある（p. 103）。」とし、さらに「文の部分は文中における機能、すなわち個々の具体的な文の中で、当該の単語がどのような役割をになってい

るかを問うものであるとする (p. 102)。」と述べている。

　村木 (2010a) では、まず、独立成分だけの一つの単語からなる「独立語文 (感動詞によるものが中心)」と、述語を持ち、一つもしくは二つ以上の単語からなる「述語文」とに文を分ける。続いて「述語文」について、それを構成する部分を、その骨格を構成する述語・主語・補語と、それら骨格を構成する各部分や述語文全体を拡大する修飾成分・規定成分・状況成分・陳述成分・接続成分という副次的な成分に二分する (p. 103)。このように、文の部分 (成分) を「述語文の骨格を構成する」主要な部分と、「述語文の骨格を拡大する」副次的な成分とに立体的に分類する点に、村木 (2010a) の「文の部分 (成分)」の特徴が見られる。以下、村木 (2010a) に述べられた「文の部分 (成分)」に関する解説の要点をまとめて示す (pp. 105–108)。

## 1.2 村木(2010a)による文の部分
(1) 述語文の骨格を構成するもの

述語：さしだされた物事(主語)について、〈運動・状態・特性・関係・質〉などの属性をあらわす。文の中核となる部分であり、文をまとめあげる機能を持つ。述語には、疑問詞「どうする(＝運動)」「どんなだ(＝状態・特性・関係)」「何だ(＝質)」が対応する。述語になれるのは、動詞、形容詞、名詞である。

主語：主語は、述語によって述べられる物事をさししめす。文の中核となる部分であるが、主語の存在しない文も多い。

補語：補語は、述語が表す属性に必要な〈対象〉を補う文の部分である。主語と補語の区別はつねにはっきりしているわけではない。主語を補語の一種と考える立場もありうる。主語と補語には疑問詞「だれが／を／に」「何が／を／に」…などが対応し、〈もの・ひと〉を典型とするが〈できごと・様子・空間・時間〉などのこともある。

主語や補語になるのは名詞である。主語と述語は、たがいに他を前提とする相互依存の関係にある。述語は述べるものであるのに対して、主語は、述べられ

るものである。補語は述語を前提として、述語に一方的に依存する関係にある。補語とは、述語があらわすことがらのくみたてを明らかにするために、そのなりたちに参加するものをおぎなって文を拡大する文の部分である。動きの対象、相手、状態や性質がなりたつための基準など、述語に対して主語でしめされなかったことがらに必要な参加者をおぎなう役目をはたす。

(2) 述語文の骨格を拡大するもの

修飾成分：述語があらわす属性の〈内的特徴〉(様子、程度、量)をくわしくする副次的な文の部分である。修飾成分は、動詞や形容詞に従属する。疑問詞「どう」「どのように」「どんなに」「どのくらい」「いくつ」「いくら」などの語句に対応する。修飾成分になる中心は副詞である。

規定成分：文中の名詞に従属する成分である。「どんな」や「どの」「誰の」「何の」「どこの」「いつの」などの疑問詞に対応する。規定成分には、装飾的に規定するものと、限定的・指定的・選択的に規定するものがある。
　①疑問詞「どんな」(装飾的な)規定成分になる中心は形容詞である。動詞が装飾的な規定成分になることもある。
　②疑問詞「どの」「誰の」「何の」「どこの」「いつの」(限定的・指定的・選択的な)規定成分になる中心は「この」「その」「あの」のような指示的な単語と名詞である。

状況成分：述語と主語(補語、修飾語)からなる〈事象〉全体をとりまく〈外的状況〉(時間、場所、原因、目的、場面)をあらわす任意的な文の成分である。
　疑問詞「いつ」「どこで」「なぜ(原因・目的)」などの語句に対応する。状況成分になる中心は名詞である。句や節が状況成分になることもある。補助的な品詞である後置詞や従属接続詞がくわわることもある。

陳述成分：文のあらわすことがらのくみたてに関わらないで、述語といっしょに、文の述べ方をあらわす成分である。言語主体(話し手)の事態に対する

認識・判断や話し手と聞き手をとりむすぶさまざまな関係をあらわす。対応する疑問詞がない。陳述成分になるのは「陳述詞」である。

接続成分：単語と単語、あるいは文と文をつなぐ成分である。対応する疑問詞がない。接続成分になるのは、「接続詞」である。

### 1.3 本書における文の部分

　本書では、第3章から個々の1級 '〈機能語〉の類' について検討を行うが、その際、上記村木 (2010a) の「文の部分は文中における機能、すなわち個々の具体的な文の中で、当該の単語がどのような役割をになっているかを問うものであるとする (p. 102)。」という考え方と文の部分の分類に基づいて、それぞれの '〈機能語〉の類' が具体的にどのような文の部分を形成し、他の部分とどのように働き合って全体として文を形作っているのか、文中における統語的な働きに対する考察もあわせて試みることとする。

　高橋他 (2005) は、「ふたつ以上の節でくみたてられた文」を「あわせ文 (複合文)」とし、それを「ふたつ以上の節が対等に参加してくみたてられたあわせ文」である「重文」と、「主節 (主文) とつきそい節 (つきそい文、従属節、従属文) とからくみたてられたあわせ文」である「複文 (つきそいあわせ文)」とに分類している (p. 251)。鈴木 (1972b) は、複文を「したがえあわせ文」とし、「一方の文が他方の文に従属していて、その文の部分としてはたらくあわせ文 (つきそい文と主文からなりたつ) (p. 167)。」と解説している。複文に関して高橋他 (2005) は、主語節、補語節、述語節、修飾語節、規定語節、状況語節というつきそい節を提示している。本書も高橋他 (2005) と同様に、単語だけでなく従属節も文の部分として働くと考える。なお、鈴木 (1972b) では条件や逆条件 (譲歩) を表す「つきそい文」を状況語的なつきそい文に分類しているので、本書もこれに従う。

## 2. 品詞

### 2.1 品詞について

　高橋他（2005）によると、「品詞」とは、「単語を語彙的な意味、文中での機能、語形のつくりかたの3要素によって種類分けしたものである（p. 190）」という。村木（2010a）では「品詞は、語彙と文法の特徴による単語の分類である。(p. 108)」としている。したがって、ある品詞に属する単語は、ある共通した語彙的意味を持ち、ある共通した形をとって、文中においてある共通した機能（役割）を果たすので、その単語の品詞が分かれば、その単語のおおよその語彙的意味の特徴や文中での形、機能（役割）が推測可能となる。

### 2.2 村木（2010a）による品詞

　村木（2010a）による品詞の分類、及び、品詞の要点を以下に示す。村木（2010a）の品詞観は、主要な品詞と周辺的な品詞にまず分け、続いて周辺的な品詞を自立的か非自立的かによってさらに分けるというように、立体的であることが特徴的である。

- 主要な品詞：これに属する単語は基本的に語彙的意味と文法的な機能との統一体として文の中に存在する。　　　…名詞、動詞、形容詞、副詞
- 周辺的な品詞：語彙的な意味が欠如しているか、それが希薄で、もっぱら文法的な機能をはたす単語として文の中に存在する。これに属する単語の多くは、主要な品詞の単語の文法化[1]によってうまれたものである。
  - 自立的な品詞：それ自体で文の成分になれる。…陳述詞、接続詞、感動詞
  - 非自立的な品詞：主要な単語や節とくみあわさってはじめて文の成分になれる。　　　　　…後置詞、助動詞(補助述語詞[2])、従属接続詞

　自立できない周辺的な品詞である後置詞、助動詞(補助述語詞)、従属接続詞は、第1章2で示した機能語と呼ばれるものである。

　以下、「品詞」に関する村木（2010a）の言及の概要を示す（pp. 109–111）。

村木(2010a)による各品詞の概要
(1) 中心的な品詞(主要な品詞)[3]
　名詞　：名詞の典型は〈もの・ひと〉のような対象をあらわす。
　　　　　名詞の一次的な機能は、主語や補語になることであり、主語や補語になる機能にもとづく曲用（格）のカテゴリー[4]をそなえている。
　　　　　名詞は、二次的な機能として、述語・修飾成分・規定成分・状況成分・独立成分になりうる。
　動詞　：動詞の典型は〈運動〉をあらわす。
　　　　　動詞の一次的な機能は、述語になることである。述語になる機能と接続にもとづく活用（〈接続〉〈みとめ方〉〈テンス〉〈ムード〉〈丁寧さ〉〈アスペクト〉〈ヴォイス〉）のカテゴリーをそなえている。
　　　　　動詞は、二次的な機能として、修飾成分・規定成分・状況成分（ときに主語・補語）になりうる。
　形容詞：形容詞の典型は〈状態・性質・感情・感覚〉をあらわす。
　　　　　形容詞の一次的な機能は、規定成分や（属性形容詞の場合）、述語になる（感情形容詞の場合）ことである。述語になる機能と接続にもとづく活用（〈接続〉〈みとめ方〉〈テンス〉〈対事ムード〉〈丁寧さ〉）カテゴリーをそなえている。
　　　　　形容詞は、二次的な機能として、修飾成分（ときに、主語・補語）になる。
　副詞　：副詞の典型は〈様態・程度・量〉をあらわす。
　　　　　副詞の一次的な機能は、修飾成分になることである。

(2) 周辺的な品詞
A　自立できる周辺的な品詞
　陳述詞：言語主体による事態に対する認識・判断や、話し手と聞き手をとりむすぶさまざまな関係をあらわす。陳述詞は陳述成分になる。
　接続詞：単語と単語、あるいは節と節との関係をあらわし、接続成分になる。
　感動詞：言語主体による〈事態に対する感動〉〈聞き手への呼びかけ〉〈聞

き手に対する応答〉などをあらわす。

B　自立できない周辺的な品詞
　後置詞：名詞とくみあわさって、文中での名詞の存在形式（分析的な語形）となる機能語である。（名詞＋後置詞）の形式で状況成分・規定成分・補語になる。
　助動詞（補助述語詞）：動詞を典型とする述語の本体とくみあわさって、述語の分析的な語形をつくる機能語である。述語のムードやアスペクトなどの文法的意味にかかわるものであり、述語を補助する単語である。
　従属接続詞：節（文相当）に後置し、当該の節と後続の節を関係づける役割をはたす機能語である。節をうけて状況成分になる。

## 2.3　本書における品詞

　本章の冒頭において述べたとおり、本書では「品詞」を中心に、単語の文法的な特性の体系により、1級'〈機能語〉の類'の整理、分類を行う。その基本となる考え方は、高橋他（2005）に見られる「単語が材料となって文が組み立てられる」というものである。前に示したように、村木（2010a）では①「品詞は、語彙と文法の特徴による単語の分類である。」として、「単語」が品詞分類のもととなっていることを述べている。また、②「単語の語彙的意味と働き」に注目して「中心的な（主要な）品詞」と「周辺的な品詞」に立体的に品詞を捉え、さらに、③本書で行う1級'〈機能語〉の類'の分類に大きくかかわる「後置詞」「助動詞（補助述語詞）」「従属接続詞」を「周辺的な品詞」の中の「非自立的な品詞」として、日本語の品詞体系の中で有機的に位置づけている。これら三つの点において、本書では「品詞」について村木（2010a）の考え方を支持し、概ねそれに従うこととする。

　そして、2.2に示した村木（2010a）の品詞にもとづき、中心的な（主要な）品詞である名詞、動詞、形容詞、副詞、自立できる周辺的な品詞である陳述詞、接続詞、感動詞、自立できない周辺的な品詞である後置詞、助動詞（補助述語詞）、従属接続詞を認めることとする。

しかし、実際に1級'〈機能語〉の類'を分類していく中で、新たに自立できない周辺的な品詞「とりたて詞」を品詞として認めることが必要となった。その他、品詞という枠組みでは捉えられない単語群の存在も明らかになった。それら品詞という枠組みでは捉えられない1級'〈機能語〉の類'については、現実の文を構成する「文の部分」とのかかわりによって、「文の部分の形成にかかわる働きをするもの」と、「文の部分の述べ方にかかわる働きをするもの」に分けて分類を行った。前者には、述語形成句、規定成分形成句、修飾成分形成句、状況成分形成句（2級の'〈機能語〉の類'には「陳述成分形成句」も見られる）、後者には、とりたて形成句が属する。

　以下、第3章から品詞を中心に分類を施した1級の'〈機能語〉の類'について検討を行うに先立ち、「とりたて詞」をはじめ、動詞、形容詞、陳述詞、後置詞、補助述語詞、従属接続詞などについての本書の立場を村木（2010a）に加えて示しておく。なお、第1章1で述べたように、本書では単語を「言語の基本的な単位で、語彙的意味を持ちながら、文の構成要素として、一定の語形を取って文法的に機能し、文を作り上げる材料となるもの。」とするので、一般に国文法[5]で「助詞」や「助動詞」とされているものは単語と認めず、単語の文法的な語形を作る形式、すなわち単語の部分であると捉える（「文の部分」にかかわる単語群については本章5で述べる）。


(1)動詞

　形式動詞

　一般の動詞は、語彙的意味をもつ実質動詞である。一方、「機能動詞」について村木（1991）は「実質的な意味を名詞にあずけて、みずからはもっぱら文法的な機能をはたす動詞（p.203）」と定義している。村木（1991）が挙げる例によれば、機能動詞とは次の例にみえる「かける」「とる」「いれる」「する」のような動詞である（p.204）。


　　(1a)　太郎は　花子を　さそった。
　　(1b)　太郎は　花子に　さそいを　かけた。
　　(2a)　山田さんは　早速　課長に　連絡した。

(2b)　山田さんは　早速　課長に　連絡を　とった。
(3a)　日本の　住宅事情を　考慮して　…
(3b)　日本の　住宅事情を　考慮に　いれて　…
(4a)　なにか　におう。
(4b)　なにか　においが　する。

これに関し、村木(1991)を引用すると、以下の通りである(p. 204)。

　　上にあげた (1)、(2)、(3)、(4) のaとbの文は、それぞれ下線部の形式が異なってはいるが、同義性がたもたれているとみなすことができる。おのおののペアのaの文の動詞「さそう」「連絡する」「考慮する」「におう」の意味は、bの文では、「さそい」「連絡」「考慮」「におい」などの広い意味での動作性（行為、過程、状態、現象）の名詞によって表現され、これらの名詞とくみあわさっている「かける」「とる」「いれる」「する」といった動詞は、実質的な意味が希薄で、述語形式をつくるための文法的な機能をはたしていると考えることができる。これらの例文にみられる「かける」「とる」「いれる」「する」のような動詞を機能動詞とよぶことにすれば、機能動詞は、程度の差はあるとしても、意味上の任務から解放され、単語よりも大きな単位であるシンタグマを構成するための形式的、文法的な役目をになっているといえる。

村木(1991)において、「機能動詞」に関する記述は「形式動詞とその周辺」の章に収められているが、「機能動詞」と「形式動詞」の関係については言及されていない。しかし、『日本語文法事典』の「形式動詞」の項で、村木自身が「機能動詞は形式動詞と置き換えてもよい性質を持つ。」と述べていることから、本書では、この「機能動詞」を「形式動詞」と同等のものと考える。

(2)形容詞
　形容詞の形態に基づく分類
　　本章2.2で述べたように、形容詞の典型は〈状態・性質・感情・感覚〉をあ

らわし、その一次的な機能は、規定成分や述語になることで、二次的な機能は修飾成分になることである。しかし、村木 (2008) によると、実際には規定用法のみをもつ形容詞も多いという。村木 (2008) は、一般に連体詞といわれている、「暗黙の」「一縷の」「ひとかどの」のような規定用法のみを持つ形容詞を不完全形容詞と位置づけている。本書も、連体詞を規定用法のみを持つ不完全形容詞と捉えることとする。その他、村木 (2008) では、「やまやま-」「初耳-」「遺憾千万-」のように、規定用法をもたず、もっぱら述語用法として使われる形容詞の存在についても指摘している。本書では、このような述語用法のみをもつ形容詞も不完全形容詞の一つと捉える。

　また、いわゆる学校文法では、形容詞と形容動詞をそれぞれ独立した別の品詞として扱っている。しかし、村木 (2008) が指摘しているように、「優秀な」「真っ赤な」などの形容動詞といわれているものも、「すばらしい」「赤い」などの形容詞とされているものも、語形が異なるだけで、両者とも共通した意味的特徴を示しているのみならず、統語的にはどちらも規定成分や述語、修飾成分になるという機能を持ち、形態的にも、述語になる機能と接続にもとづく活用（〈接続〉〈みとめ方〉〈テンス〉〈対事ムード〉〈丁寧さ〉）カテゴリーをともにそなえている。そこで、本書では、村木 (2008) にならって、学校文法で言う形容詞も形容動詞も、どちらも形容詞の一グループを形作るものと捉え、「すばらしい」「赤い」など、規定用法が「-い」の形式をとる、一般に形容詞とされているものを「第一形容詞」、「優秀な」「真っ赤な」など、規定用法が「-な」の形式をとる、一般に形容動詞といわれているものを「第二形容詞」とする。

　その他、村木 (2008) は「抜群の」「真紅の」といった「第三形容詞」の存在を指摘している。この「抜群」「真紅」などは、「-の」を介在させて後続の名詞に接続するという形式から、これまで名詞と考えられてきたものである。しかし、名詞であれば、主語や補語になることや、規定成分を受けることができるはずであるが、「抜群」「真紅」などは、主語や補語になることも[6]、規定成分を受けることもない。この事実は、「抜群」「真紅」などが名詞ではないことを意味している[7]。その一方で、これら「抜群」「真紅」などは、述語として用いられたり、後続の名詞を属性規定したり、修飾成分として用いら

れたりと、形容詞の特徴を示す。したがって、村木（2008）が主張するように、本書でも、これら規定用法が「-の」の形式をとる「第三形容詞」を形容詞の一員として捉えることにする。以上を総合すると、形容詞は下の図1のように下位分類される。「不完全形容詞」に対し、第一形容詞、第二形容詞、第三形容詞は、一般的に規定用法と述語用法、修飾用法を持つ「完全形容詞」といえる。

　鈴木（1972b）では、第二形容詞の述語になる形は、述語になる名詞と同様に、むすびのくっつき「だ」「です」、むすび「ない」「ありません」とそれの変化形によってつくられるとしている（p. 436, 442）。本書でも、第二、第三形容詞は以下に述べる繋辞等を伴って述語になると考える。(例：「静かだ」「抜群だ」「静かです」「抜群です」「静かである」「抜群である」)

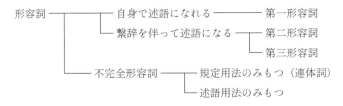

図1　形容詞の分類

繋辞

　鈴木（1972b）は「むすび（繋辞 copula）」について、「それ自身では独立の文の部分にならず、他の単語とくみあわさって、その単語が述語としてはたらくのをたすける補助的な単語である。(pp. 413-414)」と説明している。また、「むすびのくっつき」については、「むすびと同様のはたらきをするが、むすびとはちがって、独立の単語ではなく、くっつきであるものをいう。(p. 414)」と述べている。そして、さらにそれらの中で、「ない」「ありません」(むすび)、「だ」「です」(むすびのくっつき) を「述語になる名詞や形容詞とそれの文法的な形を構成するためにはたらくものである。(p. 414)」としている。本書では鈴木（1972b）が述べる「述語になる名詞や形容詞とそれの文法的な形を構成するためにはたらくもの（「だ」,「です」,「ある（「ありません」は「ある」の非過去打消し丁寧の形）」,「ない」）を総称して「繋辞」と呼ぶこととする。なお、本書では、「だ」、

「です」を述語形成辞、「ある」、「ない」を補助述語詞と位置付けている。

形式形容詞

　村木（1991）は、実質動詞「ある」と機能動詞（本書では「形式動詞」とする）「ある」の説明に、前者は〈モノの存在〉を表し、後者は〈デキゴト（あるいは、コト）の存在〉を表すと述べている。それに対し、〈モノの存在〉を表す実質動詞「ある」と対立する第一形容詞「ない」は、〈モノの非存在、または不在〉を表す。これに関して『大辞林』は、「地獄は本当にあるかないか」や、「ここに置いておいた消しゴムがない」などの例を挙げている。また、機能動詞（形式動詞）「ある」に対する第一形容詞「ない」については、「この川の絶ゆることなく」や、「今日は授業がない」のような、〈デキゴト（あるいは、コト）の非生起（非存在）〉の例を示している。

　続いて村木（1991）は、機能動詞（形式動詞）としての「ある」は実質的な意味を失っていて、〈みあわさる相手の動作（あるいは現象）名詞によりかかっており（例：連絡がある）、その名詞から切り離された場合には動詞の意味が保持されにくいと述べているが（p. 219）、それと同様に、〈デキゴト（あるいは、コト）の非生起（非存在）〉を表す「ない」も（例：連絡がない）、〈みあわさる名詞から切り離された場合には、その意味が保持されにくい。この〈デキゴト（あるいは、コト）の非生起（非存在）〉を表す「ない」は、形式動詞「ある」に対して「形式（第一）形容詞」と呼ぶことが可能である。

(3) 陳述詞

　陳述詞は、高橋他（2005）や工藤（2000）で「陳述副詞」と呼ばれているものである。鈴木（1972b）も陳述詞に相当するものを「陳述副詞」と呼び、次のように説明している。(p. 476)

　　　陳述副詞は、一般の副詞とちがって、動詞、形容詞などの意味を一層くわしく説明するものではない。陳述副詞は、素材的な意味（名づけ的、指示的な意味）をもたず、もっぱら陳述的な意味だけをもっていて、文にあらわされる話し手のきもち（陳述的な意味）を補足、強調する単語であって、

文のなかで独立語としてはたらくものである。

　本書は陳述詞について、この鈴木（1972b）の見解を支持する。だが、本書は本章1.2に示した村木（2010a）に概ね従い、陳述詞を独立語ではなく、「文のあらわすことがらのくみたてに関わらないで、述語といっしょに、文の述べ方をあらわす」陳述成分として働くものであると位置づける。
　高橋他（2005）は、「陳述副詞には、述語のムードの程度を強調、限定したり、文のモダリティーを明確化したりする「ムード副詞」、文の叙述内容に対する評価や位置づけなどをあらわす「評価副詞」、文中の特定の対象を他の同類の語群のなかからとりたてる「とりたて副詞」がある（p. 158）。」と陳述副詞を三つに分類している。高橋他（2005）に倣い、本書も陳述詞を叙法の陳述詞、評価の陳述詞、とりたての陳述詞の三つに下位分類して捉える。

　<u>叙法の陳述詞</u>（高橋他（2005）の「ムード副詞」、工藤（2000）の「叙法副詞」に相当）
　　　例：どうぞ、ぜひ、たぶん、ひょっとしたら、まるで、けっして、もし、たとえ等
　　　多くの場合、陳述的意味を表す一定の述語の形式と呼応する。
　<u>評価の陳述詞</u>（高橋他（2005）の「評価副詞」に相当）
　　　例：あいにく、さいわい等
　<u>とりたての陳述詞</u>（高橋他（2005）の「とりたて副詞」に相当）
　　　例：ただ、単に、まさに、とくに、おもに、たとえば、むしろ、まして、せめて等

　渡辺（1971）は陳述詞に相当するものを「表現の本体は後続する部分にあり、その後続する本体を予告しそれを誘導する（p. 312）」「誘導副詞」とした。確かに書いた文を見ると、例えば叙法の陳述詞は後続の述語の形式で表される陳述的な意味を予告し、その述語形式を誘導しているように見える（鈴木（1972b）は「文にあらわされる話し手のきもちである陳述的な意味」について、「文のモダリティー（断定、推量、命令など）やみとめ方（肯定、否定など）（p. 118）」と説明している）。しかし、日本語の構造を考えた時、ある瞬間心に思い浮かんだ陳述的な意味

を形式にして表すためには、文末や節末の述語まで待たなければならないという大きな制約が存在することが理解できる。陳述詞の中の叙法の陳述詞（もし、ひょっとしたら、決して等）と言われるものは、述語まで待たなければ形式として表せない陳述的な意味（仮定や不確定、否定などの、文に表される言語主体の気持ち）を、思い浮かんだその時に言語化して表す一つの文法的な手段であると考えられる。一連の言語活動の結果として成立した文を後から全体的に眺めると、述語で文法形式として表される陳述的な意味を陳述詞が予告し、その述語形式を誘導するように見えるが、その現象を渡辺（1971）の誘導副詞は述べているのではないだろうか。本書では陳述詞の中の「叙法の陳述詞」の主な機能を、文（述語）に表される言語主体の気持ち（陳述的な意味）が言語主体の中で強くわき起こったその時に（多くの場合、発話開始直後）、述語まで待つことなく言語化してリアルタイムに示す働きであると捉える。評価の陳述詞やとりたての陳述詞も、文に表される言語主体の強い気持ちを、それが起こった時に言語化して示す文法的手段と捉えることが可能である。

(4) 後置詞

　鈴木（1972b）において、後置詞は「単独では文の部分とはならず、名詞の格の形（およびその他の単語の名詞相当の形式）とくみあわさって、その名詞の他の単語に対する関係をあらわすために発達した補助的な単語である。(p. 499)」とされている。村木（2010a）の後置詞の規定については既に述べたが、本書では、鈴木（1972b）、および、村木（2010a）にならって、後置詞を「単独では文の部分とならず、名詞の格の形と組み合わさって、文中での名詞の存在形式（分析的な語形）となる機能語（補助的な単語）である」とする。

　高橋他（2005）では①「格的な意味をもつ後置詞」と②「とりたて的なはたらきをもつ後置詞」を挙げている。

　　例　①（〜に）つれ（て）、（〜に）よって、（〜を）めぐって、（〜の）ため（に）
　　　　②（〜から）いえば、（〜と）すれば、（〜と）きたら、（〜に）しても

次の例に見えるように、名詞の存在形式として、格の形式（パリで）は総合

的な形式で、後置詞を用いた形式（パリに　おいて）は分析的な形式といえる。例に挙げたデ格の名詞は動詞に対し、その動きに使われる道具や材料、方法、様子、動きや状態の成り立つ場所、原因など様々な関係を表すことができる。一方、後置詞「おいて」は、この場合組み合わさる名詞が動詞に対して「動きの成り立つ場所」であることを、「よって」は、組み合わさる名詞が動詞に対して「動きの成立する方法」であることを明確に表し分ける。このように、格形式で示された名詞よりも、後置詞を用いて示された名詞の方が文中での働きを細かく表し分けることができるという特徴がある。2級レベルの学習目標の中に論説文等書かれた文の理解が挙げられているが、日本語能力試験2級の'〈機能語〉の類'に後置詞が多くみられるのは、論説文等には名詞の働きをより明確に表し分ける目的で、後置詞が数多く用いられていることが理由の一つとして考えられる。また、文体的に、名詞の格の形式は話し言葉、後置詞を用いた形式は書き言葉の形式として位置づけられる。

　　┌ 次のオリンピックは<u>パリで</u>行われる。
　　└ 次のオリンピックは<u>パリにおいて</u>行われる。
　　┌ この建物は<u>新しい手法で</u>建てられた。
　　└ この建物は<u>新しい手法によって</u>建てられた。

(5) 補助述語詞（助動詞）

　第1章2や注2で述べたように、村木 (2010a) において「助動詞」としているものを本書では「補助述語詞」と呼んでいる。

　村木 (2010a) は助動詞（補助述語詞）を「動詞を典型とする述語の本体とくみあわさって述語の分析的な語形をつくる機能語」で、「述語のムードやアスペクトなどの文法的意味にかかわるものであり、述語を補助する単語である。(p.110)」として、名詞に由来する「わけ」、「もの」、「はず」、「ところ」、動詞に由来する「ちがいない」、「しれない」、「きまってる」、「しのびない」などの例を挙げている。

　本書では動詞を典型とする述語の本体とくみあわさって述語の分析的な語形をつくる単語全般を補助述語詞に位置付ける。従って、一般に「(シテ) い

る」、「(シテ) しまう」、「(シテ) おく」など補助動詞とされているものや、「(先生で) ある」、「(大きく) ない」などコピュラとされているものも補助述語詞と認める。

 例：動詞由来…（〜で）ある、（〜に）すぎない、（シテ）いる等
   名詞由来…もの（だ）、こと（だ）、わけ（だ）、はず（だ）等
   第一形容詞由来…（〜では）ない、（〜に）相違ない、（シテ）ほしい等

## (6) 従属接続詞

 従属接続詞は節に後置して、その節と後続の節を関係づける役割を果たす機能語である。ため（に）、つれ（て）等、後置詞と同形式のものも数多く見られるが、後置詞は名詞の格の形と組み合わさって、文中での名詞の存在形式（分析的な語形）となる機能語であり、両者は文中における働きが異なる。そのため、同形式であっても別の品詞と捉えられる。

 例：（スル）ため（に）、（スルに）つれ（て）、（シタ）とたん（に）等

## (7) とりたて詞

 とりたて詞は、語彙的意味に乏しく、名詞（及びその他の名詞相当の形式）とくみあわさってはじめて文の成分になれる非自立的な補助的単語で、くみあわさる単語をある意味をもってとりたてると共に、後続の事柄と関係づける働きをする。

 とりたて詞には、「は」、「も」などのとりたて助辞によって取り立てられた名詞（及びその他の名詞相当の形式）のとりたて形式と組み合わさって、その名詞をある意味を持って取り立てるとともに、後により強調される事柄が述べられることを予告する「陳述性とりたて詞」と、名詞（及びその他の名詞相当の形式）の格の形式と組み合わさって、その名詞を累加的に取り立てる働きをする「累加性とりたて詞」がある。

 ┌ 陳述性とりたて詞　例：（〜は）ともかく、（〜は）もちろん、（〜は）もとより等
 └ 累加性とりたて詞　例：（〜に）しろ、（〜に）せよ等

## 3. 付属辞

### 3.1 付属辞とは

　単語より小さい単位である「形態素」について、村木 (1991) は、「それ以上、意味をもった要素に分割できない、単語の部分 (p. 18)」で、「単語内部の語根、語幹や接辞 (接頭辞、接中辞、接尾辞、屈折形態素など) を意味し、単語に従属している (p. 18)」というボードアン・ド・クルトネの定義を紹介し、村木自身が「形態素は基本的には単語に従属する単位であると考える (p. 19)」ことから、その定義にしたがうとしている。本書も、単語を言語の基本とする立場によって論考を進めるため、「形態素」に関して、ボードアン・ド・クルトネの定義を支持することとする。

　また、村木 (1991) では、「日本語の形態素は、相対的に自立性の高い語基 (base) と自立性を欠いた付属辞にわけられ、付属辞は、さらに、次のように三つに分類される。(p. 12)」ことが述べられている。以下、村木 (1991) を引用する (pp. 12–13)。

a 接辞 (affix)：語基とくみあわさって派生語をつくる要素。動詞の文法的な派生語をつくる接辞の中には語幹とむすびつくものがある。接辞には、接頭辞 (prefix) と接尾辞 (suffix) がある。

b 語尾 (ending)：語幹 (stem) に後接し、語幹とつよくむすびついている形式。語形変化する単語 (動詞・形容詞) において、語幹は変化しない部分で、語尾は変化する部分をいう。語尾のかわりに屈折辞 (flection) といってもよい。語尾の独立性は、形態素の中でもっともよわく、語幹と一続きに発音される。

c 助辞 (particle)：語基あるいは語幹と語尾 (屈折辞) からなる形式につく小辞。語基や　語幹＋語尾　からの独立性はつよい。付属辞の中では、もっとも単語性をもつ単位である。

　以上の諸形態素を独立性のつよさによって配列すれば、

　　　(語基) ＞　助辞　＞　接辞　＞　語尾

となる。

語基と語幹に関しては、「基本的には、語基は、合成語をつくる要素で語形成上の単位であり、語幹は、同一の単語の文法的な語形をつくる活用上の単位である。(p.13)」としている。ここでは、助辞や接辞や語尾は自立性を欠いた形態素(付属辞)で、単語に従属する部分であると明示されている点が注目される。

従来、学校文法や、いわゆる日本語教育文法の中で「助詞」といわれているものは、前後の形式から比較的独立しているが、単語の資格として必要な「語い的な面」と「文法的な面」のうち、「語い的な面」が見られない。したがって、本書でも村木 (1991) にならい、いわゆる「助詞」といわれるものは、「接辞」や「語尾」と同様に「単語より小さい単位」であり、「単語の部分」として、自立性を欠いた「付属辞」に属する「助辞」と位置づける立場をとることにする。

## 3.2 本書における付属辞

### 3.2.1 助辞

本書で考える「助辞」には、「格助辞」、「並立助辞」、「とりたて助辞」、「副助辞」、「接続助辞」、「終助辞」、「名詞節形成辞」がある。

格助辞
　文中で名詞が他の単語に対してどのような意味的関係を持つかを表すために用いられる付属辞。
　　連用格助辞：が、を、に、へ、で、と、から、まで、までに、より
　　連体格助辞：の、への、での、との、からの、までの

並立助辞
　高橋他 (2005) に倣い、文中でおなじ資格にたつ名詞をならべる名詞の並立形をつくるときに用いられる付属辞 (p.30) とする。
　　　例：と、や、か、なり、とか、やら、に

とりたて助辞
　高橋他(2005)に倣い、文の部分のあらわすものごとを特に強調して、他の同

類のものごととてらしあわせてのべるときに用いられる付属辞とする。高橋他(2005)において「第1種のとりたて助辞」とするものとほぼ同じ(p.30)。

　　例：は、も、こそ、さえ、しか、でも、すら、なんて

副助辞

前接する部分をとりたてたり、前接する部分にある意味を添えて後続の用言などに続ける働きをしたりする助辞。

　　例：だけ、ばかり、くらい（ぐらい）、など、なんか、まで（高橋他(2005)において「第2種のとりたて助辞」とするものに「まで」を加えたもの (p.30)）

高橋他(2005)の問題の解説には、本書で「とりたて助辞」とする「第1種のとりたて助辞」は連用格の格助辞のあとにしかくっつかないのに対して、本書で「副助辞」とする「第2種のとりたて助辞」は連用格の格助辞の後にも前にも、連体格の格助辞の前にもくっつくという違いが示されている。（とりたて助辞「は」は、「私には」という形は認められるが、「私はに」や「私はの」という形はみとめられない。それに対して、副助辞「だけ」は、「私だけに」、「私にだけ」、「私だけの」の形も認められる。）

接続助辞

節の終わりの述語となる単語（独自のムード（のべたて）とテンスを持つ）の後について、後続の節に対する関係を表す。

　　例：から、し、が、け（れ）ど（も）、ので、のに

鈴木(1972b)は「つなぎのくっつき（接続助辞）」について、「つなぎのくっつきは、きもち＝ときの意味を持つ形について、その意味をたもちながら、つぎのいおわる文につづける文をつくるくっつきである。(p.495)」と規定している。

終助辞

『日本語文法事典』の「終助詞」の記述に従い、「主文末につき、聞き手に対する働きかけや発話時における話し手の気持ちの動きを表すモダリティ表現である。」とする。本書では「終助詞」を「終助辞」と捉える。

　　　　例：よ、ね、か、さ、ぞ、ぜ、わ、な、よね、かい

名詞節形成辞
　　連体格の助辞「の」由来の「の」を名詞節形成辞とする。連体格助辞型接続(本章6.3参照)の文相当の形式の述語となる単語の後に続いて名詞節を形成する。

### 3.2.2　文の部分形成にかかわる辞
　1級'〈機能語〉の類'の分類からは、これまでの助辞の観点からは捉えられない単語以下の単位の文法要素が確認された。それらは文の部分の形成にかかわる文法要素であることから、それが形成する文の部分にあわせて、述語形成辞、規定成分形成辞、修飾成分形成辞、状況成分形成辞と名付けた。詳細は本章「5. 文の部分にかかわる要素」で示す。

### 3.2.3　接尾辞
　合成語は複数の形態素からなる単語である。『日本語文法事典』の「語基」の説明によると、複合語は「1つの語基(base)と別の語基が組み合わさった合成語」で、派生語は「語基に接辞が付いた合成語」であるという。また、語基は、それ自体で単語になるものも含む、単語つくりに関わる語彙的な形態素であるとの解説がある。接辞については、『日本語文法事典』の「接辞」の項において、語を構成する要素の内、「単独で語を構成することができず、語基と結合して形式的な意味を添えたり語の品詞を決定したりする要素を指す。」と述べられている。
　しかし、『日本語文法事典』の「語基」の項には、「語基と接辞の区別はつねに明確に区別できるわけではない。もともとは語基であったものが、次第に接辞へ移行していくこともあり、両者の中間に位置するものもある。」との言及がある。そこで、「接辞」と「語基」の厳密な吟味は本書では考慮することなく、それが名詞や動詞といった品詞の分類も含めて『大辞林』に単語として記載されているものに由来していれば「語基」、そうでなければ「接辞」と捉えることとする(「気味(ぎみ)」、「がち」のように、もとの単語(気味(きみ)、勝ち(かち))から変化しているものは「接辞」とする)。

合成語 ─┬─ 複合語：語基＋語基
　　　　└─ 派生語：語基＋接辞、接辞＋語基

　合成語の要素としての動詞性語基は動詞の第一中止形、形容詞性語基は各形容詞の代表形からそれぞれの語尾を取り除いた部分、名詞ははだか格のものが語基となる。動詞と形容詞が後要素の場合は、代表形が語基となることもある。表1の例からは、動詞をはじめとする様々な品詞の単語由来の語基が接尾辞と組み合わさり、その接尾辞の文法的性質によって、それぞれ名詞や第一形容詞などの新しい単語を派生している様がみられる。

接尾辞（例）動詞性接尾辞　　　：-がる
　　　　　　第一形容詞性接尾辞：-たい、-らしい、-っこない、-っぽい
　　　　　　第二形容詞性接尾辞：-そう（な）、-げ（な）
　　　　　　第三形容詞性接尾辞：-がち（の）、-気味（の）、-だらけ（の）
　　　　　　名詞性接尾辞　　　：-さ、-み

複合語（例）動詞性語基　　　：-得る、-切る、-抜く、-まみれ、-むけ
の後要素　　第一形容詞性語基：-やすい、-にくい、-なが、-うす

**表1**　単語つくりの形（合成語を作るときの語基と接尾辞）

|  | 代表形（例） | 語基（例） | 接尾辞（例） | 派生語（例） |
|---|---|---|---|---|
| 動詞 | 落ちる | おち | -そう（な）（第二形容詞性接尾辞） | おち-そう（な）（第二形容詞） |
| 第一形容詞 | 長い | なが | -さ（名詞性接尾辞） | なが-さ（名詞） |
| 第二形容詞 | 静かな | しずか | -さ（名詞性接尾辞） | しずか-さ（名詞） |
| 第三形容詞 | 抜群の | 抜群 | -さ（名詞性接尾辞） | 抜群-さ（名詞） |
| 名詞 | 春 | 春 | -らしい（第一形容詞性接尾辞） | 春-らしい（第一形容詞） |

### 3.2.4　語尾

　本章3.1で示したように村木（1991）は語尾について「語幹（stem）に後接し、語幹とつよくむすびついている形式」と述べている。鈴木（1972b）では、「語

尾は、語形変化によって他の部分ととりかえられる部分」であること、「それぞれの語尾は、その文法的な形を特徴づける部分であり、その形があらわす文法的な意味のしるしになる部分である」ことが示されている (p. 150)。

　（例）読む： nom-u　　　nom-e　　　non-da　　　non-de
　　　　　　　u ：語尾　　nom ：基本語幹　　non ：音便語幹

鈴木 (1972b) は、基本語幹と音便語幹を挙げ、音便語幹について、「第一変化[8]のすぎさりの形は、いわゆる音便によって、語幹のおわりの子音 (s のばあいをのぞく) も変化した。その結果、現代語の第一変化には、基本語幹のほかに、かわり語幹として音便語幹 (すぎさり語幹) が生じた。」と説明している (p. 321)。

## 4. 本書における活用の語形

　ここでは、本書において検討を行う「日本語能力試験 1 級 '〈機能語〉の類'」の分類、及び、その記述に必要とされる活用の語形に対する本書の基本的な立場を示す。

　鈴木 (1972b) によると、文法的な形の大部分は、語尾のとりかえ（屈折）とくっつきのとりつけ（膠着）でつくられるが、このほかに、部分的に「うめあわせ」の手つづき（補充法）がもちいられるという (p. 154)。「うめあわせ」とは、例えば、丁寧体の動詞「書きます」の命令形に、尊敬の複合動詞「（お）書きなさる」の命令形「書きなさい」が用いられるというようなものである。また、形容詞や述語名詞の場合、打消しは補助述語詞「ない」との組み合わせによって表される。下の例のように、「だろう」や「なら」は単語の語形を構成する部分で、文法的な意味を表す。

　（例）書く： 書く　　　　kak-u　　　　　書くなら　　kak-u=nara
　　　　　　　書くだろう　kak-u=darou　　書きます　　kaki=mas-u
　　　　　　（-：語尾のとりかえ（屈折）　=：付属辞のとりつけ（膠着））

丁寧体の動詞「書きます」は語基「かき」に文法的派生接尾辞「ます」を接尾した文法的派生動詞である。

　次ページからの動詞、形容詞、述語名詞の活用表については、高橋他（2005）、村木（2010b）の活用表と、「現代日本語書き言葉均衡コーパス」から得られた語形をもとに記述を試みた。

　表中、「連用」の形式に分類されている「条件」については、村木（2010b）が述べるように狭義の「条件」と逆条件ともいえる「譲歩」の形式がある。本書では、活用語の譲歩形が既定的な逆条件も仮定的な逆条件も表すと捉える。譲歩形の単語を述語とする従属節は譲歩節（逆条件節）を形成して、状況成分として働く。

## 表2　［動詞の活用］

代表形　：　語幹‐（r）u
　　　　　　第一変化動詞　（例）kak-u　（書く）
　　　　　　第二変化動詞　（例）oki-ru　（起きる）
　　　　　　不規則変化動詞：「くる」、「する」と「する」を後要素とする複合動詞
　　　　　　　　　　第一変化動詞：五段活用動詞、子音語幹動詞といわれるタイプの動詞
　　　　　　　　　　第二変化動詞：一段活用動詞、母音語幹動詞といわれるタイプの動詞

単語の形：（例）　第一変化動詞　kak-u（書く）

| 断続 | 人称 | | ムード | テンス | 普通体 | | 丁寧体 | |
|---|---|---|---|---|---|---|---|---|
| | | | | | みとめ形式 | うちけし形式 | みとめ形式 | うちけし形式 |
| 終止 | 無制限 | | 断定 | 非過去 | かく | かかない | かきます | かきません |
| | | | | 過去 | かいた | かかなかった | かきました | かきませんでした |
| | | | 推量 | 非過去 | かくだろう | かかないだろう（かくまい） | かくでしょう | かかないでしょう |
| | | | | 過去 | かいた（だ）ろう | かかなかった（だ）ろう | かいたでしょう | かかなかったでしょう |
| | 1人称 | 1人称 | 意志 | | かこう | かくまい | かきましょう | （かきますまい） |
| | | 1＋2／3人称 | 勧誘 | | かこう | | かきましょう | |
| | 非1人称 | 2人称 | 命令 | | （相手に）かけ | （相手に）かくな | （相手に）かきなさい | |
| | | 3人称 | 希望 | | （第三者に）かけ | （第三者に）かくな | | |
| 接続 | 連体 | | | 非過去 | かく | かかない | （かきます） | （かきません） |
| | | | | 過去 | かいた | かかなかった | （かきました） | （かきませんでした） |
| | 連用* | 中止 | 第一 | | かき | かかず（に） | | |
| | | | 第二 | | かいて | かかないで（かかなくて） | かきまして | かきませんで（して） |
| | | 例示 | | | かいたり | かかなかったり | （かきましたり） | |
| | | 条件 | 第一 | | かけば | かかなければ | （かきますれば） | |
| | | | 第二 | 非過去 | かくなら | かかないなら | （かきますなら） | （かきませんなら） |
| | | | | 過去 | かいたなら | かかなかったなら | （かきましたなら） | （かきませんでしたなら） |
| | | | 第三 | | かいたら | かかなかったら | かきましたら | かきませんでしたら |
| | | | 第四 | | かくと | かかないと | かきますと | かきませんと |
| | | 譲歩 | 第一 | | かいても | かかなくても | かきましても | |
| | | | 第二 | | かいたって | かかなくたって | | |
| | | | 第三 | | かこうが | かくまいが | | |
| | | | 第四 | | かこうと | かくまいと | | |

＊用言につながる、広い意味での連用

## 表3　主語（句、節）、補語（句、節）になる動詞の形

| 非過去みとめ形 | 過去みとめ形 | 非過去打消し形 | 過去打消し形 |
|---|---|---|---|
| かくの | かかないの | かいたの | かかなかったの |

修飾成分になる形：かいて

　動詞の活用については村木（2010b）に大きくよっているが、鈴木（1972b）、

高橋他（2005）も参考にした。

**表4** ［第一形容詞の活用］

代表形 ： 語幹-い
単語の形： （例） ながい （長い）

| 断続 | ムード | | | | テンス | 普通体 みとめ形式 | 普通体 うちけし形式 | 丁寧体 みとめ形式 | 丁寧体 うちけし形式 |
|---|---|---|---|---|---|---|---|---|---|
| 終止 | 断定 | | | | 非過去 | ながい | ながく ない | ながいです | ながく ないです (ながく ありません) |
| | | | | | 過去 | ながかった | ながく なかった | ながかったです | ながく なかったです (ながく ありませんでした) |
| | 推量 | | | | 非過去 | ながいだろう | ながく ないだろう | ながいでしょう | ながく ないでしょう |
| | | | | | 過去 | ながかった(だ)ろう | ながく なかった(だ)ろう | ながかったでしょう | ながく なかったでしょう |
| 接続 | 連体 | | | | 非過去 | ながい | ながく ない | | |
| | | | | | 過去 | ながかった | ながく なかった | | |
| | 連用* | 中止 | 第一 | | | ながく | ながく なく | | |
| | | | 第二 | | | ながくて | ながく なくて | | ながく ありませんで |
| | | | 例示 | | | ながかったり | ながく なかったり | | |
| | | 条件 | 条件 | 第一 | | ながければ | ながく なければ | | |
| | | | | 第二 | 非過去 | ながいなら | ながく ないなら | | |
| | | | | | 過去 | ながかったなら | ながく なかったなら | | |
| | | | | 第三 | | ながかったら | ながく なかったら | | ながく ありませんでしたら |
| | | | | 第四 | | ながいと | ながく ないと | | |
| | | | 譲歩 | 第一 | | ながくても | ながく なくても | | |
| | | | | 第二 | | ながくたって | ながく なくたって | | |
| | | | | 第三 | | ながかろうが | ながく なかろうが | | |
| | | | | 第四 | | ながかろうと | ながく なかろうと | | |

＊用言につながる、広い意味での連用

**表5** 主語（句、節）、補語（句、節）になる第一形容詞の形

| 非過去みとめ形 | 過去みとめ形 | 非過去打消し形 | 過去打消し形 |
|---|---|---|---|
| ながいの | ながく ないの | ながかったの | ながく なかったの |

修飾成分になる形：ながく

**表6** ［第二形容詞の活用］

代表形 ： 語幹-な
単語の形： （例） ひまな （暇な）

| 断続 | ムード | | テンス | 普通体 みとめ形式 | 普通体 うちけし形式 | 丁寧体 みとめ形式 | 丁寧体 うちけし形式 |
|---|---|---|---|---|---|---|---|
| 終止 | 断定 | | 非過去 | ひまだ | ひまじゃ ない | ひまです | ひまでは ありません |
| | | | 過去 | ひまだった | ひまじゃ なかった | ひまでした | ひまでは ありませんでした |
| | 推量 | | 非過去 | ひまだろう | ひまじゃ ないだろう | ひまでしょう | ひまでは ないでしょう |
| | | | 過去 | ひまだった(だ)ろう | ひまじゃ なかった(だ)ろう | ひまだったでしょう | ひまでは なかったでしょう |
| | 連体 | | 非過去 | ひまな／ひまで ある | ひまじゃ ない | | |
| | | | 過去 | ひまだった／ひまで あった | ひまじゃ なかった | | |
| 接続 | 連用* | 中止 第一 | | ひまに | ひまじゃ なく | | |
| | | 中止 第二 | | ひまで（あって） | ひまじゃ なくて | ひまでして | ひまでは ありませんでして |
| | | 例示 | | ひまだったり | ひまじゃ なかったり | | |
| | | 条件 第一 | | ひまで あれば | ひまじゃ なければ | | |
| | | 条件 第二 | 非過去 | ひま（で ある）なら | ひまじゃ ないなら | | |
| | | | 過去 | ひまだったなら／ひまで あったなら | ひまじゃ なかったなら | | |
| | | 条件 第三 | | ひまだったら | ひまじゃ なかったら | ひまでしたら | ひまでは ありませんでしたら |
| | | 条件 第四 | | ひまだと | ひまじゃ ないと | ひまですと | ひまでは ありませんと |
| | | 譲歩 第一 | | ひまでも | ひまじゃ なくても | ひまでしても | ひまでは ありませんでしても |
| | | 譲歩 第二 | | ひまだって | ひまじゃ なくたって | | |
| | | 譲歩 第三 | | ひまだろうが | ひまじゃ なかろうが | | |
| | | 譲歩 第四 | | ひまだろうと | ひまじゃ なかろうと | | |

＊用言につながる、広い意味での連用
「じゃ」と「では」は交代可能

**表7** 主語（句、節）、補語（句、節）になる第二形容詞の形

| 非過去みとめ形 | 過去みとめ形 | 非過去打消し形 | 過去打消し形 |
|---|---|---|---|
| ひまなの（ひまで あるの） | ひまじゃ ないの | ひまだったの（ひまで あったの） | ひまじゃ なかったの |

修飾成分になる形：ひまに

**表8** ［第三形容詞の活用］

代表形 ： 語幹-の
単語の形： （例） ばつぐんの （抜群の）

| 断続 | ムード | | | テンス | 普通体 | | 丁寧体 | |
|---|---|---|---|---|---|---|---|---|
| | | | | | みとめ形式 | うちけし形式 | みとめ形式 | うちけし形式 |
| 終止 | 断定 | | | 非過去 | 抜群だ | 抜群じゃない | 抜群です | 抜群ではありません |
| | | | | 過去 | 抜群だった | 抜群じゃなかった | 抜群でした | 抜群ではありませんでした |
| | 推量 | | | 非過去 | 抜群だろう | 抜群じゃないだろう | 抜群でしょう | 抜群ではないでしょう |
| | | | | 過去 | 抜群だった(だ)ろう | 抜群じゃなかった(だ)ろう | 抜群だったでしょう | 抜群ではなかったでしょう |
| 接続 | 連体 | | | 非過去 | 抜群の／抜群である | 抜群じゃない | | |
| | | | | 過去 | 抜群だった／抜群であった | 抜群じゃなかった | | |
| | 連用* | 中止 | 第一 | | 抜群に | 抜群じゃなく | | |
| | | | 第二 | | 抜群で(あって) | 抜群じゃなくて | 抜群でして | 抜群ではありませんでして |
| | | 例示 | | | 抜群だったり | 抜群じゃなかったり | | |
| | | 条件 | 第一 | | 抜群であれば | 抜群じゃなければ | | |
| | | | 第二 | 非過去 | 抜群(である)なら | 抜群じゃないなら | | |
| | | | | 過去 | 抜群だったなら／抜群であったなら | 抜群じゃなかったなら | | |
| | | | 第三 | | 抜群だったら | 抜群じゃなかったら | 抜群でしたら | 抜群ではありませんでしたら |
| | | | 第四 | | 抜群だと | 抜群じゃないと | 抜群ですと | 抜群ではありませんと |
| | | 譲歩 | 第一 | | 抜群でも | 抜群じゃなくても | 抜群でしても | 抜群ではありませんでしても |
| | | | 第二 | | 抜群だって | 抜群じゃなくたって | | |
| | | | 第三 | | 抜群だろうが | 抜群じゃなかろうが | | |
| | | | 第四 | | 抜群だろうと | 抜群じゃなかろうと | | |

＊用言につながる、広い意味での連用
「じゃ」と「では」は交代可能

**表9** 主語(句、節)、補語(句、節)になる第三形容詞の形

| 非過去みとめ形 | 過去みとめ形 | 非過去打消し形 | 過去打消し形 |
|---|---|---|---|
| 抜群なの<br>（抜群であるの） | 抜群じゃないの | 抜群だったの<br>（抜群であったの） | 抜群じゃなかったの |

修飾成分になる形：抜群に

表10　［述語名詞の活用］

単語の形：　　（例）　先生

| 断続 | ムード | | テンス | 普通体 | | 丁寧体 | |
|---|---|---|---|---|---|---|---|
| | | | | みとめ形式 | うちけし形式 | みとめ形式 | うちけし形式 |
| 終止 | 断定 | | 非過去 | 先生だ | 先生じゃない | 先生です | 先生ではあません |
| | | | 過去 | 先生だった | 先生じゃなかった | 先生でした | 先生ではあませんでした |
| | 推量 | | 非過去 | 先生だろう | 先生じゃないだろう | 先生でしょう | 先生ではないでしょう |
| | | | 過去 | 先生だった(だ)ろう | 先生じゃなかった(だ)ろう | 先生だったでしょう | 先生ではなかったでしょう |
| 接続 | 連体 | | 非過去 | 先生の／先生である | 先生じゃない | | |
| | | | 過去 | 先生だった／先生であった | 先生じゃなかった | | |
| | 連用* | 中止 | 第一 | | 先生じゃなく | | |
| | | | 第二 | 先生で(あって) | 先生じゃなくて | 先生でして | 先生ではあませんでして |
| | | 例示 | | 先生だったり | 先生じゃなかったり | | |
| | | 条件 | 第一 | 先生であれば | 先生じゃなければ | | |
| | | | 第二 非過去 | 先生(である)なら | 先生じゃないなら | | |
| | | | 第二 過去 | 先生だったなら／先生で　あったなら | 先生じゃなかったなら | | |
| | | | 第三 | 先生だったら | 先生じゃなかったら | 先生でしたら | 先生ではあませんでしたら |
| | | | 第四 | 先生だと | 先生じゃないと | 先生ですと | 先生ではあませんと |
| | | 譲歩 | 第一 | 先生でも | 先生じゃなくても | 先生でしても | 先生ではあませんでしても |
| | | | 第二 | 先生だって | 先生じゃなくたって | | |
| | | | 第三 | 先生だろうが | 先生じゃなかろうが | | |
| | | | 第四 | 先生だろうと | 先生じゃなかろうと | | |

*用言につながる、広い意味での連用
「じゃ」と「では」は交代可能

表11　主語(句、節)、補語(句、節)になる述語名詞の形

| 非過去みとめ形 | 過去みとめ形 | 非過去打消し形 | 過去打消し形 |
|---|---|---|---|
| 先生なの<br>(先生であるの) | 先生じゃないの | 先生だったの<br>(先生であったの) | 先生じゃなかったの |

# 5. 文の部分にかかわる要素

　1級'〈機能語〉の類'のサンプルからは、分類上、品詞という枠組みでは捉えることができないものが得られた。そのようなサンプルについては、現実の文を構成する「文の部分とのかかわり」という点から分類を試みた。具体的には、まず、「文の部分の形成にかかわる働きをするもの」と「文の部分の述べ方にかかわる働きをするもの」に二分し、さらに前者を「述語形成要素」、「規定成分形成要素」、「修飾成分形成要素」、「状況成分形成要素」の四

つに分類した。後者は「文の部分のとりたて」とかかわるものである。これらはそれぞれ、単語に基づいて構成される「句」と、単語以下の単位である「辞」に分けられる。以下、概観として主に1級以外の例を示す。

## 5.1 文の部分の形成にかかわる働きをするもの

述語形成要素：述語の形成にかかわるもの

述語形成句

動詞を中心とした述語の本体である単語と組み合わさって述語の形成に与る、語彙的意味に乏しく非自立的な単語や、そのような単語同士、あるいはそのような非自立的な単語と単語以下の要素との結合体。

例：（スル／N）どころでは　ない、（スルより）ほか　ない

述語形成辞

語彙的意味を持たず、動詞を中心とした述語の本体である単語と組み合わさって述語の形成に与る単語以下の単位である要素。「だ」、「です」は述語形成辞の中で、特に述語になる名詞や第二形容詞、第三形容詞とその文法的な形を構成するために働くものである。

例：らしい、よう（だ）、の（だ）、そう（だ）［伝聞］、べき（だ）、だ、です

規定成分形成要素：規定成分の形成にかかわるもの

規定成分形成句

主要な品詞に属する単語と組み合わさって規定成分を形成する、語彙的意味に乏しく非自立的な単語や、そのような単語同士、或いはそのような非自立的な単語と単語以下の要素との結合体。

例：とおりの

規定成分形成辞

語彙的意味を持たず、主要な品詞に属する単語と組み合わさって規定成分の形成に与る単語以下の単位である要素。

例：ような

修飾成分形成要素：修飾成分の形成にかかわるもの
　修飾成分形成句
　　　主要な品詞に属する単語と組み合わさって修飾成分を形成する、語彙的意味に乏しく非自立的な単語や、そのような単語同士、或いはそのような非自立的な単語と単語以下の要素との結合体。
　　　　例：かぎり、とおりに
　修飾成分形成辞
　　　語彙的意味を持たず、主要な品詞に属する単語と組み合わさって修飾成分の形成に与る単語以下の単位である要素。
　　　　例：ように

状況成分形成要素：状況成分の形成にかかわるもの
　状況成分形成句
　　　主要な品詞に属する単語と組み合わさって状況成分を形成する、語彙的意味に乏しく非自立的な単語や、そのような単語同士、或いはそのような非自立的な単語と単語以下の要素との結合体。
　　　　例：（シテ）以来、（シテからで）ないと／なければ
　状況成分形成辞
　　　語彙的意味を持たず、主要な品詞に属する単語と組み合わさって状況成分の形成に与る単語以下の単位である要素。
　　　　例：（スル）や、（スル／シタ）なり

＊2級の'〈機能語〉の類'には陳述成分形成にかかわるものも見られるので、付しておく。

陳述成分形成要素：陳述成分の形成にかかわるもの
　陳述成分形成句
　　　主要な品詞に属する単語と組み合わさって陳述成分を形成する、語彙的意味に乏しく非自立的な単語や、そのような単語同士、或いはそのような非自立的な単語と単語以下の要素との結合体。
　　　　例：ことに（は）

## 5.2 文の部分の述べ方にかかわる働きをするもの

文の部分のとりたて的働きをするもの：

ある「文の部分」とかかわって、その「文の部分」の表すものごとを強調し、他の同類のものごととてらしあわせてのべるとりたての働きをする。

<u>とりたて形成句</u>

ある文の部分と組み合わさって、その部分をとりたてる働きをする、語彙的意味に乏しく非自立的な単語や、そのような単語同士、或いはそのような非自立的な単語と単語以下の要素との結合体。

例：（シテ）はじめて、（〜と）いう　もの（は）

# 6. 文、または文相当の形式の接続型

ある文、または文相当の形式（節を含む）と後続の部分との接続型は、その文や文相当の形式がどのような文法的意味を持って後続の部分と接続するかによって決定される。文、または文相当の形式の接続の型は大きく終止型、不定型、連体型の三つのタイプに分かれる。連体型には連体格助辞型と副助辞型の二つの変種が認められる。

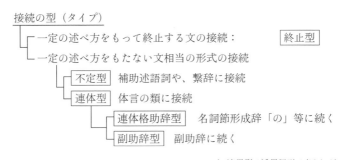

図2　接続の型による文、または文相当の形式の分類

1級'〈機能語〉の類'の記述の便を図るため、便宜的に「非過去みとめ形式」をⅠ、「非過去うちけし形式」をⅡ、「過去みとめ形式」をⅢ、「過去う

ちけし形式」をⅣと表す。個々の'〈機能語〉の類'によって、Ⅰのみ、或いは、ⅠとⅢのみのような接続の語形の場合もある。連用型の接続を除いて（連用型は、条件形のような活用の語形で表された単語を述語とする文相当の形式（節）の接続の型）、文、または文相当の形式の接続の型はおおよそ前記の五つの型に分かれるため、形式導入時にこの五つのパターンに当てはめて文の接続法を指導すれば、学習者に接続がその意味と共に理解されやすくなるように思われる。

　これ以降、本書において、例えば「不定型接続の動詞のⅠの形と接続する」と表現する場合、以下の表13の中の動詞の非過去みとめ形式の形と接続することを意味することとする。

## 6.1 終止型

　終止型は一定の述べ方をもち、その述べ方の形をとって終止する文の接続のタイプである。終止型の文の述語を形成する単語の語形には断定形だけでなく、推量形や、動詞の場合は意志形、勧誘形、命令形、希望形も用いられる（表12には便宜的に断定形の述語のみ示した）。終止型接続をする文の述語となる単語の語形を総称して終止形ということができる。

　終止型の文は、伝聞の「そう（だ）」と直接接続したり、引用や考えのなかみを示す助辞「と」を後に伴って「言う」や「思う」と接続したりする（伝聞の述語形成辞「そう（だ）」は断定形を述語とする文のみに接続する）。終止型の文の述語の単語の語形（終止形）はムード語形[9]であって、その文は一定の述べ方をもち、その述べ方の形をとって現実と関連付けられて表し出されている。従って、終止型に属する文は、高橋他（2005）において「文は、はなしをくみたてる、いちばんちいさい単位であって、一定ののべかたのかたちをとって、できごとやありさまやかんがえをのべる。(p.5)」と定義された「文」の要件を満たす一つの完全な文と見ることができる。それを勘案すると、「(〜と)言う」、「(〜と)思う」や伝聞の「そう（だ）」は、その完全な文に付け足された部分で、文全体としては、ある完全な伝える文に後から「Xさんはそう言った」、「私はそう思う」、「そういう話だ」とコメントを加えた文であると捉えることができるように思われる。

**表12** 終止型接続をする文の述語である単語の語形

| 述語 | 非過去 | | 過去 | |
|---|---|---|---|---|
| | みとめ形式 Ⅰ | うちけし形式 Ⅱ | みとめ形式 Ⅲ | うちけし形式 Ⅳ |
| 動詞 | かく | かかない | かいた | かかなかった |
| 第一形容詞 | ながい | ながく ない | ながかった | ながく なかった |
| 第二形容詞 | ひまだ<br>(ひまで ある) | ひまじゃ ない | ひまだった<br>(ひまで あった) | ひまじゃ なかった |
| 第三形容詞 | 抜群だ<br>(抜群で ある) | 抜群じゃ ない | 抜群だった<br>(抜群で あった) | 抜群じゃ なかった |
| 名詞 | 先生だ<br>(先生で ある) | 先生じゃ ない | 先生だった<br>(先生で あった) | 先生じゃ なかった |

(「じゃ」と「では」は交代可能。例として「断定形」のみ示した。)

## 6.2 不定型

不定型は一定の述べ方をもたない文相当の形式の接続のタイプである。本書では、この型の接続をする文相当の形式の述語の単語の語形を不定形とする。

不定型接続の文相当の形式は一般に述語形成辞や補助述語詞へ続き、それによって、一定の述べ方や発話時を基準としたテンスを加えて文を終止させる。不定型や不定形に関しては第4章で詳しく述べるので、ここでは概略を示すにとどめておく。

**表13** 不定型接続をする文相当の形式の述語である単語の語形

| 述語 | 非過去 | | 過去 | |
|---|---|---|---|---|
| | みとめ形式 Ⅰ | うちけし形式 Ⅱ | みとめ形式 Ⅲ | うちけし形式 Ⅳ |
| 動詞 | かく | かかない | かいた | かかなかった |
| 第一形容詞 | ながい | ながく ない | ながかった | ながく なかった |
| 第二形容詞 | ひま<br>(ひまで ある) | ひまじゃ ない | ひまだった<br>(ひまで あった) | ひまじゃ なかった |
| 第三形容詞 | 抜群<br>(抜群で ある) | 抜群じゃ ない | 抜群だった<br>(抜群で あった) | 抜群じゃ なかった |
| 名詞 | 先生<br>(先生で ある) | 先生じゃ ない | 先生だった<br>(先生で あった) | 先生じゃ なかった |

(「じゃ」と「では」は交代可能)

不定型接続の文相等の形式を観察すると、例えば述語形成辞「らしい」に

接続する場合、述語は動詞「書くらしい」、第一形容詞「長いらしい」、第二形容詞「暇らしい」、第三形容詞「抜群らしい」、名詞「先生らしい」であって、終止型接続の文の述語である断定形の動詞「書く」、第一形容詞「長い」、第二形容詞「暇だ」、第三形容詞「抜群だ」、名詞「先生だ」とは、第二形容詞、第三形容詞、名詞の形が異なる。断定形はムード語形であって、一定の述べ方をもって現実と関連付けられて表し出されており、それを述語とする文は一つの完全な文として成立する。それに対し、ここで不定形とした語形の単語は、後に続く「らしい」によって一定の述べ方を得て、現実と関連付けて表し出されるので、この不定形とした単語の語形はムード語形ではない。従って、この語形の単語を述語として形成された文相当の形式は、命題としては完成していても、一定の述べ方をもって現実と関連付けて表し出されていないため、高橋他（2005）で定義された文の要件を満たす完全な文とすることはできない。

　また、この語形の観察からは、不定形の単語ははだか格の名詞と同等の性質と機能を持つことが推測される。それは、不定形の非過去みとめの形式の動詞「書く」、第一形容詞「長い」、第二形容詞「暇」、第三形容詞「抜群」、名詞「先生」は、はだか格の名詞「先生」と同等の性質と機能を持つことが考えられるという意味である。このことは、連体型の文相当の形式（連体節）の述語の単語（連体形）の非過去みとめ形式の動詞「書く」、第一形容詞「長い」、第二形容詞「暇な」、第三形容詞「抜群の」、名詞「先生の」が、連体格の名詞「先生の」と同等の性質と機能を持つ事実に例えられる。一例をあげると、「読むにたえる本」の「読む」は不定形の動詞で、「鑑賞にたえる作品」の不定形の名詞「鑑賞」と同じく、形式的に格助辞「に」を後に伴って補助述語詞「たえる」に続く。この「鑑賞」ははだか格の名詞と同等で、「鑑賞」という概念が提示されている。同様に、「読むにたえる本」の「読む」にも、「鑑賞」と同じく、その動詞で示される「読む」という「運動」の概念が提示されていることが推測される。すなわち、この「読む」は「実際に読む動き」ではなく、「読むという動きの一般的な概念」を示していると考えられるのであり、「運動」の概念の提示であるから名詞的性質を持ち、現実と結びついた実際的な運動性は存在しないことがいえる。

はだか格の名詞について、鈴木 (1972b) は「名詞の基本的な格であって、格のくっつきのついていないこと（格のくっつきゼロ）が形式上の特徴となっている。」、「他の単語に対する積極的な関係をしめさず、名詞でしめすものやことがらの提示に用いられる。」と述べている（p. 217）。

## 6.3 連体型、連体格助辞型、副助辞型
連体型

　連体型は体言あるいは体言相当の形式に続く接続のタイプで、この型の接続をする文相当の形式（連体節）の述語の単語の語形は連体形である。連体形はみとめ方のカテゴリーもテンスのカテゴリーも持つが、そのテンスは「文の述語のあらわす時を基準とした相対的テンス（高橋他 (2005) p. 124)」で、連体形の単語を述語とする連体型接続の文相当の形式（連体節）は、一定の述べ方をもって現実と関連付けられ、一つの独立した文として表し出されたものではなく、規定成分節という文の部分（成分）となって命題形成に与る。

　以下の連体格助辞型接続、副助辞型接続は、連体型接続の変種と見られる。

**表14　連体型接続をする文相当の形式の述語である単語の語形**

| 述語 | 非過去 | | 過去 | |
|---|---|---|---|---|
| | みとめ形式　Ⅰ | うちけし形式　Ⅱ | みとめ形式　Ⅲ | うちけし形式　Ⅳ |
| 動詞 | かく | かかない | かいた | かかなかった |
| 第一形容詞 | ながい | ながく ない | ながかった | ながく なかった |
| 第二形容詞 | ひまな<br>（ひまで ある） | ひまじゃ ない | ひまだった<br>（ひまで あった） | ひまじゃ なかった |
| 第三形容詞 | 抜群の<br>（抜群で ある） | 抜群じゃ ない | 抜群だった<br>（抜群で あった） | 抜群じゃ なかった |
| 名詞 | 先生の<br>（先生で ある） | 先生じゃ ない | 先生だった<br>（先生で あった） | 先生じゃ なかった |

（「じゃ」と「では」は交代可能）

連体格助辞型

　連体格助辞型は連体格の格助辞「の」由来の名詞節形成辞「の」等に続く接続のタイプである。

**表15** 連体格助辞型接続をする文相当の形式の述語である単語の語形

| 述語 | 非過去 | | 過去 | |
|---|---|---|---|---|
| | みとめ形式　Ⅰ | うちけし形式　Ⅱ | みとめ形式　Ⅲ | うちけし形式　Ⅳ |
| 動詞 | かく | かかない | かいた | かかなかった |
| 第一形容詞 | ながい | ながく ない | ながかった | ながく なかった |
| 第二形容詞 | ひまな<br>(ひまで　ある) | ひまじゃ ない | ひまだった<br>(ひまで あった) | ひまじゃ なかった |
| 第三形容詞 | 抜群な<br>(抜群で ある) | 抜群じゃ ない | 抜群だった<br>(抜群で あった) | 抜群じゃ なかった |
| 名詞 | 先生な<br>(先生で ある) | 先生じゃ ない | 先生だった<br>(先生で あった) | 先生じゃ なかった |

(「じゃ」と「では」は交代可能)

連体格助辞型接続の文相当の形式は、名詞節形成辞「の」に続いて名詞節を形成し、格助辞を伴って主語節、補語節となったり、本書で述語形成辞とする「の(だ)」と組み合わさって述語となったり、接続助辞「ので」、「のに」等に続いて状況成分節となったりする。

副助辞型

　　副助辞型は、主に副助辞に続く接続のタイプである。副助辞は「ばかり」、「のみ」、「ほど」など名詞由来のものが多いため、副助辞に接続する文相当の形式の述語である単語も連体型接続の文相当の形式の述語の単語の語形に近い。しかし、副助辞は名詞とは異なり、格の体系を持たず、ノ格の名詞を規定成分として受けないなど、文中で名詞とは異なる働きをすることから、副助辞に接続する副助辞型の文相当の形式の述語の単語の語形も、体言相当の形式に接続する連体型接続の文相当の形式のものとは差異が見られる。

**表16** 副助辞型接続をする文相当の形式の述語である単語の語形

| 述語 | 非過去 | | 過去 | |
|---|---|---|---|---|
| | みとめ形式　Ⅰ | うちけし形式　Ⅱ | みとめ形式　Ⅲ | うちけし形式　Ⅳ |
| 動詞 | かく | かかない | かいた | かかなかった |
| 第一形容詞 | ながい | ながく ない | ながかった | ながく なかった |
| 第二形容詞 | ひまな<br>(ひまで　ある) | ひまじゃ ない | ひまだった<br>(ひまで あった) | ひまじゃ なかった |

| 第三形容詞 | 抜群な<br>(抜群である) | 抜群じゃ ない | 抜群だった<br>(抜群で あった) | 抜群じゃ なかった |
|---|---|---|---|---|
| 名詞 | 先生(な)<br>(先生で ある) | 先生じゃ ない | 先生だった<br>(先生で あった) | 先生じゃ なかった |

(「じゃ」と「では」は交代可能)

　副助辞型接続の文相当の形式は副助辞と組み合わさり、1級'〈機能語〉の類'では、第三形容詞相当の節を形成して、程度を表す規定成分節や修飾成分節、述語となったり、副助辞由来の述語形成辞と共に述語を形成したりする。

## 7. 本書における日本語能力試験1級'〈機能語〉の類'の表記

　第1章6において、学習者が'〈機能語〉の類'を用いた文を読む際、'〈機能語〉の類'の形式の認識の間違いから誤った区切り方をする例を挙げた。こうした間違いが生じないよう、本書では「単語に基づいた'〈機能語〉の類'の表記」を提案する。以下の表17[10]は、その「試案」を『出題基準』にある'〈機能語〉の類'の表記と対照させて示したものである。以後、本書ではこの「試案」を用いて'〈機能語〉の類'を表記することとする。

**表17**　1級'〈機能語〉の類'(サンプル)

「-」接尾辞や複合語、語形の要素である印、「〜」単語や文に続く印、動詞の活用語形や述語名詞・形容詞の語形の構成部分はカタカナ表記。( )は、組み合わさり方がわかるように付してある。

| 『出題基準』にある'〈機能語〉の類'の表記 | 単語という観点に基づいた'〈機能語〉の類'の表記の試案 |
|---|---|
| 〜あっての | -あっての |
| 〜いかんだ／〜いかんで／〜いかんでは／〜いかんによっては／〜いかんによらず／〜いかんにかかわらず | -いかん(だ*／で(は))／(-いかんに)よって(は)／よらず／かかわらず |
| 〜う(意向形)が／〜う(意向形)が〜まいが／〜う(意向形)と〜まいと | ショウガ／ショウガ　スルマイガ／ショウト　スルマイト |
| 〜う(意向形)にも〜ない | ショウニモ(+否定的表現形式) |
| 〜かぎりだ | (〜)かぎり(だ)* |

| | |
|---|---|
| 〜が最後 | （シタが）最後 |
| 〜かたがた | −かたがた |
| 〜かたわら | （〜の／スル）かたわら |
| 〜がてら | シガテラ／−がてら |
| 〜が早いか | （スルが／シタが）早いか |
| 〜からある | 〜から（ある） |
| 〜きらいがある | （〜の／スル）きらいが　ある |
| 〜極まる／〜極まりない | −極まる／−極まりない |
| 〜ごとき／〜ごとく | −ごとき／（〜）ごとき／（〜）ごとく |
| 〜こととて | （〜の／〜）こととて |
| 〜ことなしに | スルことなし（の*／に） |
| 〜しまつだ | （スル）しまつ（だ）* |
| 〜ずくめ | −ずくめ（の）* |
| 〜ずにはおかない | （セズニハ）おかない |
| 〜ずにはすまない | （セズニハ）すまない |
| 〜すら／〜ですら | （〜／〜で）すら |
| 〜そばから | （スル／シタ）そばから |
| ただ〜のみ／ただ〜のみならず | ただ（〜のみ／〜のみならず） |
| 〜たところで | （シタ）ところで |
| 〜だに | （〜）だに |
| 〜たりとも | （〜）たりとも |
| 〜たる | −たる |
| 〜つ〜つ | シツ |
| 〜っぱなし | −っぱなし（の）* |
| 〜であれ／〜であれ〜であれ | −デアレ／（〜で）あれ |
| 〜てからというもの | （シテカラと）いう　もの |
| 〜でなくてなんだろう | （−デナクテ）なんだろう |
| 〜ではあるまいし | （〜では）あるまいし |
| 〜てやまない | （シテ）やまない |
| 〜と相まって | （〜と）相まって |
| 〜とあって／〜とあれば | （〜と）あって／（〜と）あれば |
| 〜といい〜といい | （〜と）いい |
| 〜というところだ／〜といったところだ | （〜と）いう／いった　ところ（だ）* |
| 〜といえども | （〜と）いえども |
| 〜といったらない／〜といったらありはしない（ありゃしない） | （〜と）いったら　ない／ありは　しない（ありゃしない） |
| 〜と思いきや | （〜と）思いきや |

| ～ときたら | (～と) きたら |
|---|---|
| ～ところを | (～の／～) ところを |
| ～としたところで／～としたって／～にしたところで／～にしたって | (～と) した ところで／(～と) したって／(～に) した ところで／(～に) したって |
| ～とは | (～と) は |
| ～とはいえ | (～とは) いえ |
| ～とばかりに | (～と) ばかりに |
| ～ともなく／～ともなしに | (スルとも) なく／(スルとも) なしに |
| ～ともなると／～ともなれば | (～とも) なると／なれば |
| ～ないではおかない | (シナイデハ) おかない |
| ～ないではすまない | (シナイデハ) すまない |
| ～ないまでも | シナイマデモ／-デハ ナイマデモ |
| ～ないものでもない | (シナイ) ものでも ない |
| ～ながらに | シナガラニ／-ナガラニ |
| ～ながらも | シナガラモ／-ナガラモ |
| ～なくして／～なくしては | (～) なく して (は) |
| ～なしに／～なしには | -なし (の*／に (は)) |
| ～ならでは／～ならではの | (～) ならでは／-ならでは (の)* |
| ～なり | (スル／シタ) なり |
| ～なり～なり | (～／スル) なり |
| ～なりに | -なり (の)*／～なりの／～なりに |
| ～にあたらない／～にはあたらない | (～に／～には) あたらない |
| ～にあって | (～に) あって |
| ～に至る／～に至るまで／～に至って／～に至っては／～に至っても | (～に) 至る／(～に) 至るまで／(～に) 至って／(～に) 至っては／(～に) 至っても |
| ～にかかわる | (～に) かかわる |
| ～にかたくない | (～に) かたく ない |
| ～にして | (～に) して |
| ～に即して／～に即しては／～に即しても／～に即した | (～に) 即して (は／も)／即した |
| ～にたえる／～にたえない | (～に) たえる／(～に) たえない |
| ～に足る | (～に) 足る |
| ～にひきかえ | (～に) ひきかえ |
| ～にもまして | (～にも) まして |
| ～の至り | (～の) 至り (だ)* |
| ～の極み | (～の) 極み (だ)* |
| ～はおろか | (～は) おろか |
| ～ばこそ | (活用語の第一条件形) こそ |

| | |
|---|---|
| 〜ばそれまでだ | (スレバ) それまで (だ)* |
| ひとり〜だけでなく／ひとり〜のみならず | ひとり (〜だけで なく／〜のみならず) |
| 〜べからず／〜べからざる | (スル) べからず／(スル) べからざる |
| 〜べく | (スル) べく |
| 〜まじき | (スル) まじき |
| 〜までだ／〜までのことだ | (スル／シタ) まで (だ)* ／(スル／シタ) までの こと (だ)* |
| 〜までもない／〜までもなく | (スル) までも ない／までも なく |
| 〜まみれ | -まみれ |
| 〜めく | -めく |
| 〜もさることながら | (〜も) さることながら |
| 〜ものを | (〜) ものを |
| 〜や／や否や | (スル) や／(スルや) 否や |
| 〜ゆえ／〜ゆえに／〜ゆえの | (〜(の)) ゆえ (に)／ゆえの |
| 〜をおいて | (〜を) おいて |
| 〜を限りに | (〜を) 限りに |
| 〜を皮切りに／〜を皮切りにして／〜を皮切りとして | (〜を) 皮切りに (して)／(〜を) 皮切りと して |
| 〜を禁じ得ない | (〜を) 禁じ得ない |
| 〜をもって | (〜を) もって |
| 〜をものともせずに | (〜を) ものとも せず (に) |
| 〜を余儀なくされる／〜を余儀なくさせる | (〜を) 余儀なく される／(〜を) 余儀なく させる |
| 〜をよそに | (〜を) よそに |
| 〜んがため／〜んがために／〜んがための | (セン が) ため (に)／ための |
| 〜んばかりだ／〜んばかりに／〜んばかりの | (セン) ばかり (だ*／に／の*) |

格助辞は、名詞の文法的語形を作る形式として、名詞に従属させる意味で（ ）をつけて表記したが、助辞は比較的独立性が高いことから、他の助辞は、組み合わさる単語と分けて表記した。
述語になるために必要な要素である繋辞（だ）と第三形容詞性の要素の代表形の語尾（の）を*で示した。


[注]

1──「文法化」について、村木（2010a）は「もとの意味をうしない、語形が固定化し、統語的な機能ももともとの機能からはなれ、別のはたらきにかわる現象をいう。(pp. 108–109)」と述べている。

2──第1章2で述べた通り、村木（2015）以降「助動詞」を「補助述語詞」としているので、本書でも以後村木（2010a）で示される「助動詞」を「補助述語詞」と称する。

3──村木（2010a）のpp. 109–110には、I 中心的品詞として、1 名詞、2 動詞、3 形容詞、4

副詞を挙げているが、この「中心的品詞」は、p. 104、p. 105、p. 108で述べられている「主要な品詞」を指すものと思われる。以後、「中心的品詞」として記述する。

4 ── 村木（2010a）では、「カテゴリーとは、少なくとも二つ以上の文法的意味・機能の点で対立する系列を抱え込んで、そうした対立の中から取り出されたものである。(p. 105)」としている。また、「対立する」については、「たがいになんらかの共通点をもちながら、異なる側面を持つということである。(p. 105)」と説明している。

5 ── ここでいう「国文法」は、「学校文法」を含む、広い意味での伝統的な日本語の文法を指す。

6 ── 「真紅」など、第三形容詞の単語には、ごくまれに名詞の意味を含み持って（「真紅の色」等）、名詞的に働く場合があるものも見られる。

7 ── 村木（2007a）によると、名詞らしい名詞とは、語彙的意味を持つこと、格の体系をそなえていて補語（主語、目的語など）になりうること、規定成分をうけることができること、この三つの特徴を持つものである。村木（2007a）では、主語、目的語などをまとめて補語と呼んでいる。

8 ── 第一変化は「五段活用」、第二変化は「一段活用」を意味する。

9 ── 鈴木（1972b）は、述語になる単語の文法的な形があらわす、形態論的なきもちをmoodとしている。動詞のきもちmoodの形は、つたえる形（「いいきり」と「おしはかり」にわかれる）、さそいかける形、命令する形があるという。(pp. 303–305)

10 ── 接続を含めた詳しい表記は第3章以降に譲り、ここでは「単語」という観点のみに注目した表記にとどめる。

# 品詞を中心とした日本語能力試験1級 '〈機能語〉の類' の分類

　以下は分類の結果である。分類にあたっては、まず1級'〈機能語〉の類'を「品詞という観点で捉えるもの」と、品詞という観点では捉えることのできない「文の部分とのかかわりで捉えるもの」に大別、次に「品詞という観点で捉えるもの」を「単語であるもの」と「単語の部分であるもの」とに二分した。「文の部分とのかかわりで捉えるもの」は、「文の部分の形成にかかわる働きをするもの」と「文の部分の述べ方にかかわる働きをするもの」とに分け、前者を「述語形成要素」、「規定成分形成要素」、「修飾成分形成要素」、「状況成分形成要素」に四分類した。後者は「文の部分のとりたて」に関わるものである。これらは、単語に基づいて構成される「句」と、単語以下の単位である「辞」に分けられる。

I　品詞という観点で捉えるもの
1. 単語であるもの
　（1）中心的な品詞：　動詞（形式動詞を含む）、形容詞（形式（第一）形容詞）
　（2）周辺的な品詞
　　①自立できる周辺的な品詞　：　陳述詞
　　②自立できない周辺的な品詞：　後置詞、従属接続詞、補助述語詞、
　　　　　　　　　　　　　　　　　とりたて詞
2. 単語の部分であるもの
　（1）単語の付属辞であるもの
　　①活用語の活用：動詞（同時意図形、並立形、反復並立形、継続的並立形、
　　　語形の部分　　対比的並立形、譲歩形、打ち消し譲歩形）
　　　　　　　　　　第一形容詞（並立形、継続的並立形、対比的並立形）
　　　　　　　　　　述語名詞・第二形容詞・第三形容詞（並立形、継続的並立

形、対比的並立形、譲歩形)、述語名詞・第二形容詞 (打ち消し譲歩形)

　　②接尾辞　　　：名詞性、動詞性、第三形容詞性、連体詞性、副詞性
　　③助辞　　　　：格助詞、副助辞、とりたて助辞、並立助辞
(2) 複合語を形成する後要素としての語基であるもの：①動詞性
　　　　　　　　　　　　　　　　　　　　　　　　　②形容詞性
　　　　　　　　　　　　　　　　　　　　　　　　　③名詞性

Ⅱ 文の部分とのかかわりで捉えるもの
1. 文の部分の形成にかかわる働きをするもの
　(1) 述語の形成にかかわるもの　　　　（述語形成要素）：述語形成辞、述語形成句
　(2) 規定成分の形成にかかわるもの　（規定成分形成要素）：規定成分形成辞
　(3) 修飾成分の形成にかかわるもの　（修飾成分形成要素）：修飾成分形成辞、修飾成分形成句
　(4) 状況成分の形成にかかわるもの　（状況成分形成要素）：状況成分形成辞、状況成分形成句
2. 文の部分の述べ方にかかわる働きをするもの
　(1) 文の部分のとりたて的働きをするもの（とりたて形成要素）：とりたて形成句

[記号解説] N:名詞、NV:動作名詞、V:動詞、A1:第一形容詞、A2:第二形容詞、A3:第三形容詞、VB:動詞性語基、A2B:第二形容詞性語基、カタカナ:活用語形、S:終止型接続、C:不定型接続、T:連体型接続、T":連体格助辞型接続、F:副助辞型接続、〜:その他、[(例)T(A／V)]:連体型接続の文相当の形式であって、述語が形容詞や動詞であるものと接続することを表す。(S／C):終止型接続、または、不定型接続する文相当の形式と接続することを表す。]

## I 品詞という観点で捉えるもの
1. 単語であるもの
 (1) 中心的な品詞

   動詞

   動詞:即する［(Nに)即して／即した］、相俟つ［(Nと)相まって］
   形式動詞:かかわる［(Nに)かかわる］、至る［(Nに)至る／至って］

   形容詞

   形式(第一)形容詞:ない［(スルとも)なく、(スル)までも　ない、(スル)までも　なく］


 (2) 周辺的な品詞
  ①自立できる周辺的な品詞

   陳述詞:ただ(〜のみ／〜のみならず)、ひとり(〜だけで　なく／〜のみならず)

  ②自立できない周辺的な品詞

   後置詞

   格的な意味をもつ後置詞
   ニ格支配:(Nに)あって、(Nに)至るまで、(Nに)ひきかえ、(Nに／Nにも)まして
   ヲ格支配:(Nを)おいて、(Nを)もって、(Nを)限りに、(Nを)皮切りに(して)／(Nを)皮切りと　して
   ト格支配:(Nと)あって
   ノ格支配:(Nの)かたわら、(Nの)こととて、(Nの)ところを、(N(の)／Nの　こと)ゆえ(に)／(N(の))ゆえの

とりたて的なはたらきをもつ後置詞
ニ格支配：(Nに) 至っては／(Nに) 至っても、(Nに) して、(Nに)
したって、(Nに) した　ところで
ト格支配：(Nと) きたら、(Nとも) なると／なれば、(Nと) いえども、
(Nと) あれば、(Nと) したって


従属接続詞

擬似連体節を受ける従属接続詞
(スル) かたわら、(スル／シタ) そばから、(センが) ため (に) ／ための、
(T (V)) こととて、(T (A／V)) ものを、(T (A／V)) ところを、(シタ) と
ころで、(スルト／シタト　シタ) ところで、(スルに／シタに　シタ) ところ
で

擬似連用節を受ける従属接続詞
(スルに) したって、(C (A／V) と) あって、(Cと) あれば、(S／Cとは)
いえ、(S／Cと) いえども、(〜と) 思いきや

従属節の述語に由来する従属接続詞
(シタが) 最後、(スルが／シタが) 早いか、(スルや) 否や


補助述語詞

(単純) 補助述語詞
《1》動詞型補助述語詞
① 動詞の活用語形と組み合わさるもの
(シテ) やまない、(セズニハ／シナイデハ) おかない、(セズニハ／シ
ナイデハ) すまない
② 名詞的述語と組み合わさるもの
(N／スルに) たえる、(N／A2／スルに) たえない、(NV／スルに) 足
る、(スルに／スルには) あたらない、(NV／スルに) 至る、(Nを) 余
儀なく　させる、(Nを) 余儀なく　される、(Nを) 禁じ得ない
《2》形容詞型補助述語詞 (第一形容詞型)
(NVに／想像するに) かたく　ない

《3》名詞型補助述語詞
　①擬似連体節と組み合わさるもの
　　モノ・コト系補助述語詞：(シナイ) ものでも　ない、(T (A1／A2／V)) ものを
　　非モノ・コト系補助述語詞：(スル) しまつ (だ) *1
　②非擬似連体節と組み合わさるもの
　　形容詞と組み合わさるもの：(T(A)) かぎり (だ)
　　名詞と組み合わさるもの：(N／A2の) 至り (だ)、(N／A2の) 極み (だ)

群補助述語詞
《1》存在動詞系群補助述語詞
　(Nの／スル) きらいが　ある、(Cと) いったら　ない、(C) ったら　ない、(C (A／V)) ったら　ありゃ　しない
《2》非存在動詞系群補助述語詞
　(Cと) いう／いった　ところ (だ)

とりたて詞
　陳述性とりたて詞
　　(Nは) おろか、(Nも) さることながら、(Nでは) あるまいし
　累加性とりたて詞
　　(Nと) いい、(Nで) あれ

2. 単語の部分であるもの
(1)単語の付属辞であるもの
①**活用語の活用語形の部分であるもの**
　**動詞**
　　**同時意図形**：シガテラ、**並立形**：シナガラ、**反復並立形**：シツ、**継続的並立形**：シナガラニ、**対比的並立形**：シナガラモ、**譲歩形**：シヨウガ、シヨウト、シヨウニモ、(**仮定動詞譲歩形：**スルト　シタッテ)、**打ち消し譲歩**

形：スルマイガ、スルマイト、シナイマデモ

**第一形容詞**

並立形：A1 ナガラ、継続的並立形：A1 ナガラニ、対比的並立形：A1 ナガラモ

**述語名詞・第二形容詞・第三形容詞**

並立形：N／A2／A3 ナガラ、継続的並立形：N／A2／A3 ナガラニ、対比的並立形：N／A2／A3 ナガラモ、譲歩形：N／A2／A3 デ　アレ、打ち消し譲歩形：N／A2 デハ　ナイマデモ

②接尾辞

**名詞性**：(N) ごとき、**動詞性**：(N) めく、**第三形容詞性**：(N／VB) ずくめ (の) *2、(VB) っぱなし (の)、(N) ならでは (の)、(N) なり (の)、**連体詞性**：(N) あっての、(N) ごとき、(N) たる、**副詞性**：(NV) がてら、(NV) かたがた、(N) ながら (に)

③助辞

**格助詞**：から［N から（ある）(N：数量名詞)］

**副助辞**：ばかり［(セン) ばかり (の／に／だ)、(〜と) ばかりに］、のみ、まで

**とりたて助辞**：(Cと) は、(活用語の第一条件形) こそ、(N／N で) すら、(N／N に／NV／スル) だに、(最小の量を表す数量名詞等の名詞) たりとも

**並立助辞**：(N／スル) なり

(2) 複合語を形成する後要素としての語基であるもの

**動詞性**：(N／A2B) 極まる、(N) まみれ［N まみれ (の)］

**形容詞性**：(A2B) 極まりない、(N／VB／T (A／V)) こと なし (の)［N／VB／スルこと) なしには］

**名詞性**：(N) いかん［(N) いかん (だ／で (は))、((N) いかんに) よって (は)／よらず／かかわらず］

Ⅱ 文の部分とのかかわりで捉えるもの

1. 文の部分の形成にかかわる働きをするもの
(1) 述語の形成にかかわるもの（述語形成要素）

　　**述語形成辞**：(スル) べからず、(スル) のみ (だ)、(スル／シタ) まで (だ)

　　**述語形成句**：(スル／シタ) までの　こと (だ)、(スレバ) それまで (だ)、(スレバ) それまでの　こと (だ)、(スル) までも　ない ((スル) までも　なく)、(N／A2／A3 デ　ナクテ) なんだろう／なんで　あろう

(2) 規定成分の形成にかかわるもの（規定成分形成要素）

　　**規定成分形成辞**：(Nの／スル (が) ／シタ (が)) ごとき、(スル) べからざる、(スル) まじき、(T (A／V)) なりの

(3) 修飾成分の形成にかかわるもの（修飾成分形成要素）

　　**修飾成分形成辞**：(Nの／スル (が) ／シタ (が)) ごとく、(スル) べく、(T (A／V)) なりに

　　**修飾成分形成句**：(スルとも) なく、(スルとも) なしに、(Nを) ものとも　せず (に)

(4) 状況成分の形成にかかわるもの（状況成分形成要素）

　　**状況成分形成辞**：(スル) や、(スル／シタ) なり

　　**状況成分形成句**：(N) なく　して (は)、(Nを) よそに


2. 文の部分の述べ方にかかわる働きをするもの
(1) 文の部分のとりたて的働きをするもの（とりたて形成要素）

　　**とりたて形成句**：(シテカラと) いう　もの


外見上同じ語形であっても、品詞によってそれぞれ別に分類した。(例)(Nの)かたわら：後置詞、(スル)かたわら：従属接続詞

格助辞は、名詞の文法的語形を作る形式として、名詞に従属させて表記したが、助辞は比較的独立性が高いことから、他の助辞は、組み合わさる単語と分けて表記した。

＊1(だ)：述語になるために必要な要素である繋辞を括弧で示した。＊2(の)：第三形容詞性の要素の名詞に続く形(連体形であって代表形)の語尾を括弧で示した。

# II

品詞を中心として分類した
日本語能力試験1級'〈機能語〉の類'の検討

# 日本語能力試験1級'〈機能語〉の類'の検討に用いた用例、及び、説明に用いた略語について

第2部では、単語という観点に基づいて整理し、「品詞」を中心に分類を施した、個々の日本語能力試験1級'〈機能語〉の類'について検討した結果を示していく。この検討にあたっては、第2章の冒頭で述べた通り、各'〈機能語〉の類'が実際の文の中で、どのような形で、どのような文の部分を形成し、どのような文法的な意味を持って働いているのかという点の考察に主眼を置いた。そのため、一つ一つの'〈機能語〉の類'の徹底的な解明には至っていない。

実際の'〈機能語〉の類'の検討に際しては、『大辞林』や、『大辞泉』、『広辞苑第6版』、『CD-ROM版　新潮文庫の100冊』、「現代日本語書き言葉均衡コーパス」に例を求めた。「現代日本語書き言葉均衡コーパス」[1] (https://shonagon.ninjal.ac.jp) は大学共同利用機関法人人間文化研究機構国立国語研究所と文部科学省科学研究費特定領域研究「日本語コーパス」プロジェクトが共同で開発したもので、データ量も多く、「国会会議録」のような硬い会話調の例から、「Yahoo!ブログ」のようなくだけた日常会話調の例まで、幅広く検出できる[2]。このコーパスの検索サイトとして現在「少納言」「中納言」が提供されているが、本書では「少納言」を使用した[3]。『CD-ROM版　新潮文庫の100冊』に関しては、海外小説の翻訳を除いたものを取り上げた[4]。

各'〈機能語〉の類'の見出しの横には、参考として『出題基準』に掲げられた「用例」を示した。また、『大辞林』、『大辞泉』、『広辞苑第6版』からの用例の場合は、それを右に示した。『CD-ROM版　新潮文庫の100冊』の場合は、下のように出典名を括弧で囲んだ。

　　ままよ、大后一派が何といおうと、それで罪に落されるなら、それまでのことだ。
　　　　　　　　　　　　　　　　　　　　　　　　　　　　（新源氏物語）

「現代日本語書き言葉均衡コーパス」を検索して得られた例は、次のように著者、出典、出版社名、出版年数が記してあるものである。

> スヴィアトスラフ・リヒテルのプロコフィエフ演奏はその思慮深い留保と、一瞬の造形の見事な深さの<u>故に</u>、どんなものでも注意深く聴く価値があった。　　　　　　　（村上春樹『スプートニクの恋人』講談社 1999）

その他、例文中'〈機能語〉の類'の説明に必要な部分は、上記のように下線を施した。

各'〈機能語〉の類'のサンプルは、第2章7「本書における日本語能力試験1級'〈機能語〉の類'の表記」の表17に沿って書き改めている。接続に関しては可能な限り事実に即して記すようにした。カタカナ表記は活用の語形、その他は次のように略語で示した。N：名詞、NV：動作名詞、V：動詞、A1：第一形容詞、A2：第二形容詞、A3：第三形容詞、VR：動詞語幹、A1R：第一形容詞語幹、A2R：第二形容詞語幹、A3R：第三形容詞語幹、VB：動詞性語基、A1B：第一形容詞性語基、A2B：第二形容詞性語基、A3B：第三形容詞性語基、S：終止型接続、C：不定型接続、T：連体型接続、T"：連体格助辞型接続、F：副助辞型接続（接続のⅠ、Ⅱ、Ⅲ、Ⅳに関しては第2章6参照）、―：単語形成の形、〜：その他、動詞の活用語形、及び、述語名詞・形容詞の語形の構成部分はカタカナ表記、動詞の活用語形の構成部分はアルファベット表記

[注]

1　『現代日本語書き言葉均衡コーパス』は、2012年3月現在、以下の11種のデータ、合計約1億500万語が検索対象となっている。サンプルは、それぞれ無作為抽出によって抜き出されたものという。
書籍（1971〜2005年、22,058件、約6,270万語）、雑誌（2001〜2005年、1,996件、約440万語）、新聞（2001〜2005年、1,473件、約140万語）、白書（1976〜2005年、1,500件、約490万語）、教科書（2005〜2007年、412件、約90万語）、広報誌（2008年、354件、約380万語）、Yahoo!知恵袋（2005年、91,445件、約1,030万語）、Yahoo!ブログ（2008

年、52,680件、約1,020万語）、韻文（1980〜2005年、252件、約20万語）、法律（1976〜2005年、346件、約110万語）、国会会議録（1976〜2005年、159件、約510万語）。
（　）内は、それぞれのデータの発行年、サンプル数、句読点・記号を除いた推定語数。
https://shonagon.ninjal.ac.jp　2022/02/17閲覧

2　本文中には用例数を記載している部分があるが、それは筆者が提供されている検索サイト「少納言」を用いて「現代日本語書き言葉均衡コーパス」を検索して得た結果であり、おおよその数という認識である。例えば「N極まる」の合計検出例数の場合、「極まる」で検索すると「A2B極まる」も同時に検出されるので、まずそれから筆者が「N極まる」だけを取り出した。さらに、同様の作業を「きわまる」、「極まります」、「きわまります」のような「極まる」に集約される可能性のあるものに対しても行い、その合計数を提示している。「少納言」は検索結果が多数得られた場合、全検索例数は示されるものの、例文の表示は無作為に選ばれた500件のみに限られる。

3　博士論文作成開始時の2011年ごろは、現在の「少納言」に相当する「現代日本語書き言葉均衡コーパス検索デモンストレーション」が検索サイトとして提供されていたため、それを使用していた。その流れで、現在も「少納言」の使用に至っている。

4　既に序章2.2において述べたとおり、『出題基準』では、「微妙なニュアンスを含み、用法の習得が難しいものは、原則として1級とする、硬い文体に限って用いられる等、文体的な特徴の強いものは、原則的に1級とするといった基準も加味し、究極的には、総合的な判断で1級と2級の区別を行った。（pp. 163–164）」としている。このように、1級'〈機能語〉の類'は微妙なニュアンスを含むものなので、海外小説の翻訳は検討対象として適当ではないと考えた。

第 **3** 章　品詞という観点で
捉えるもの(1)
――単語であるもの――

# 1. 中心的な品詞――動詞

### 1.1 動詞

【1】即する　　「(Nに)即して／即した」　　　　用例：規定に即して処理する

　「即して」は、動詞「即する」の第二中止形である。「即する」が第一変化動詞（五段活用動詞）化した「即す」という動詞もある。『大辞林』によると、「即する」の意味は「離れないで、ぴったりとつく。ぴったりとあてはまる。」であるという。

① 法案に<u>即して</u>幾つかお聞きをいたします。

（木島委員『国会会議録』第142回国会 1998）

② これらの現象の背景を人口の地方定住の要因に<u>即して</u>検討すると、地方部にとって厳しい状況が当面続くことが予想される。

（建設省『建設白書』大蔵省印刷局 1986）

③ いずれも重さが変化する洗濯物に<u>即して</u>手指部を主体とする動きと、その基盤となる安定した対称姿勢が重要と考える。

（大久保美也子・大久保訓・山本晶子『活動分析アプローチ』青海社 2005）

④ 御指摘のような方向に<u>即しまして</u>対処いたしたいと思います。

（塩飽説明員『国会会議録』第 080 回国会 1977）

①の「法案に即して」は、「（自分の意見等他の要素を含めず）法案にそのまま従って、ぴったり合わせて」、②の「人口の地方定住の要因に即して」も、「（他の要素を含めず、）人口の地方定住の要因にそのまま従って、ぴったり合わせて」という意味を表している。すなわち、「法案」や「要因」等、抽象的な名詞Ｎの場合、「Ｎに　即して」は、「他の要素を含めず、Ｎにそのまま従って、ぴったり合わせて」という意味で用いられる。一方、③のように具体的な物を示す名詞Ｎの場合は、「Ｎの形状にぴったり合わせて」という意味で用いられている。ただ、「即して」は、①や②のような抽象的な名詞と使われる場合がほとんどで、③のような具体的な物を示す名詞と使われる場合はごく稀である。なお、『国会議事録』には④のような丁寧体の形式も見られる。

　「即する」は、「(Ｎに)即して」のような第二中止形の形で用いられて、「他の要素を含めず、(Ｎに)そのまま従って、ぴったり合わせて」という意味で、述語が示す動きの様子（やり方）を表す修飾成分を形成する。

⑤　市場のニーズに即した製品をいかに早く市場に出すかが競争の勝敗を決める。　　　　　　　　　　　　（奥林康司『入門人的資源管理』中央経済社 2003）

⑥　むしろ、巨大古墳が築造されているから、それらを実現させた食糧生産の急激な発達があったはずだ、との先入主が働いている、といったほうが実情に即している。　　　　　　　　（広瀬和雄『環境と食料生産』小学館 2000）

　⑤の「市場のニーズに即した製品」は「市場のニーズにぴったり合った（合わせた）製品」、という意味が考えられる。この「即した」は連体型接続の文相当の形式（連体節）の述語である動詞（連体形）で、「$N_1$ に即した $N_2$」のように用いられて、規定成分を形成する。⑥の「実情に即している。」は、「Ｎに即している」という形で文の述語に用いられているもので、これも「実情にぴったり合っている」という意味を表している。

　「現代日本語書き言葉均衡コーパス」から得られた例を見ると、修飾用法の「(Ｎに)即して」430例、規定用法の「(Ｎに)即した」399例に対し、述語として用いられた例は、「即している」18例（連体節以外の節の述語も含める、文の述語は3例）、「即する」11例（連体節以外の節の述語も含める）、「即しない」1例（連

体節以外の節の述語)、「即していない」3例、「即していた」1例、「即しています」2例、「即していません」1例、合計37例で、圧倒的に少ないことがわかる。また、「$N_1$ に即する $N_2$」という形で規定成分を形成する例は10例にすぎず、「即する」の形で文の述語として用いられた例は得られなかった。

その他、⑦のように第一中止形でふたまた述語文[1]の先行の述語となっている例 (34例)、「即しない」という形で規定成分節 (連体節) の述語となっている例 (5例)、「即しながら」(6例)、「即しつつ」(11例) が得られた。

⑦ 第三に、きわめて現実に即し、普遍的であるということです。
　　　　　　　(実著者不明／石田泰照『サマーキャンプハンドブック』黎明書房 1987)

『日本語文法事典』の「動詞[1]」の項には、「動詞は、動きを表し、主節の述語になりうるものが、典型的な動詞である。」と書かれている。高橋他 (2005) は「動詞のなかには、動作をあらわすもの、変化をあらわすもののほか、状態、存在、関係をあらわすものなどがある。」として、動作と変化は運動としてひとつにまとめることができ、この、運動を表す動詞が、動詞の大部分を占めていること、そして、いろいろな動詞らしさは、基本的に、運動をあらわす動詞によって実現されることを述べている (p. 59)。

このように、「即する」は、「即する」の形で文の述語 (主節の述語) として用いられる例が見られない上、動詞の仲間には含まれるものの、「運動」ではなく、「関係」を表す。したがって、「即する」は典型的な動詞とは認められず、関係を表す周辺的な動詞に位置付けられる。

「現代日本語書き言葉均衡コーパス」を用いて11種のデータの出典ごとに「Nに　即して (下記用例数の前者)」と「Nに　即した (下記用例数の後者)」を検索してみると、それぞれ以下のような例数が得られた。

　　書籍約 6270 万語中 267 例／164 例、雑誌約 440 万語中 4 例／8 例、新聞約 140 万語中 1 例／1 例、白書約 490 万語中 73 例／144 例、教科書約 90 万語中 9 例／0、広報誌約 380 万語中 3 例／13 例、Yahoo! 知恵袋・Yahoo! ブログ計約 2050 万語中 3 例／5 例、韻文約 20 万語中例 0／0、法

律約110万語中17例／5例、国会会議録約510万語中53例／58例

上記の結果から、「即する」は、「Nに　即して／即した」という形で、白書や法律といったデータとの厳格な一致が求められる内容で硬い文体の文書や、国会での発言のような事実との一致が厳しく求められる内容を含む、硬い話し言葉に用いられる割合が相対的に高いことがわかる。Yahoo!知恵袋やYahoo!ブログのような日常的な会話調の文章にほとんど見られないことも、それを裏付けている。

「Nに　即して／即した」は、動詞「即する」の語彙的意味から、「Nで表される基準となる対象との厳格な一致」というニュアンスが特徴づけられる。

【2】相俟つ　　「(Nと)相まって」　　　　　　用例：人一倍の努力と相まって

『新明解国語辞典』には「あいまつ【相俟つ】」という項目があり、「(自五)〔「俟つ」は期待する意〕二つ以上の事が重なって働く。」と述べられている。しかし、『大辞林』や『大辞泉』、『広辞苑』、『精選版日本国語大辞典』には「あいまって」の項目が見られるのみで、それも『大辞林』では連語、『大辞泉』と『精選版日本国語大辞典』では副詞とされていた（『広辞苑』には「あいまって」の分類に関する記載なし）。このことから、「相俟つ」、「相まって」は、国語辞典編纂者にとっても扱いが難しい単語であるということが理解される。

① 奈良時代、中国から伝わった「節句」は、稲作中心の日本人の暮らしと<u>あいまって</u>、季節の行事として浸透していきました。
　　　　　　(NHKおしゃれ工房編集部・藤田順子「おしゃれ工房(NHKテレビ放送テキスト)」
　　　　　　　　　　　　　　　　　2003年2月号(通巻455号)日本放送出版協会 2003)
② このナスとトマトの甘さが、カレーのスパイシーさと<u>相まって</u>本当に最高〜!!　　　　　　　　　　　　　　　　　(「Yahoo!ブログ」Yahoo! 2008)
③ 健康ブームとエコブームが<u>あいまって</u>、ただいま自転車ブーム到来中！
　　　　　　　　　　　　　　　　　　　　　　　(「Yahoo!ブログ」Yahoo! 2008)
④ 天分と努力とが<u>あいまって</u>成功した。　　　　　　　　　　(『大辞林』)
⑤ この頃には厳戒な警備、電車の夜間運転中止、激しい降雨などが<u>あいまっ</u>

て、騒擾は終息していた。　　　（藤野裕子『暴力の地平を超えて』青木書店 2004）
⑥　このような多くの理由が相まって DDS の研究を盛りあげるようになった。
　　　　　　　　　　　　　　（樋口亮一『薬は体にどう効くか』講談社 1992）

　「相俟つ」の用いられ方は、①と②のような㋐「A は／が B と相まって」という形式で用いられる場合、③と④のような㋑「A と B（と）が相まって」という形式で用いられる場合、⑤と⑥のような㋒「A、B、C などが相まって」、あるいは「多くの理由が相まって」という形式で用いられる場合の、大きく三つに分類できる。中でも㋐「A は／が B と相まって」という形式が多用されていることが「現代日本語書き言葉均衡コーパス」の検索から得られた。「相まって」は、㋐、㋑、㋒のいずれも「お互いに影響しあって、相互に作用しあって」という意味を表している。
　①、②、⑥の「相まって」は、ふたまた述語文の先行する述語、③〜⑤の「相まって」は重文の先行節の述語となっている。そして、①の「相まって」が作るふたまた述語文の先行の節（部分）は、それが続いて後続の節（部分）で展開される事柄につながるものであることを、②〜⑥はそれが後続の節で述べられる事柄の原因であることを示している。
　「相まって」は「N と　相まって」という形式で「N と相互に影響しあって、相互に作用しあって」という意味を示すが、類似表現の「N と一緒になって」や、日本語能力試験 2 級 '〈機能語〉の類' の「N と　ともに」は、「N と　相まって」のような「N と相互に影響しあって」という微妙な作用を表すことはできない。「相まって」は、「相互に作用して影響しあう」という相互作用の細かい様子を表す点が特徴的である。

⑦　やはりいまのような両々相まつ形で調和させながら国有林というものも経営しなければいけないということで、…
　　　　　　　　　　　　（政府委員（藍原義邦君）『国会議事録』第084回国会 1978）
⑧　グレイッシュなトーンで、クールさと甘さが相まった、大人のフェミニンを表現したい。（笠井直子・黒木治美「Domani2004年4月号」（第8巻第4号）小学館 2004）
⑨　このように、ローマの永遠性を信じる気持と末期感とはからみあい、両々

あいまちながらローマ人の心の底に沈澱してゆくのであった。

(長谷川博隆『ギリシア・ローマの盛衰』講談社 1993)

⑩ 今度この法案ができまして、クーリングオフ期間とか、それから十二条で不実の表示を刑罰の対象にするとか、そういうようなことができまして、消費者の不利益を未然に防ぐような法規制の体制ができ、独禁法の運用と相まちますればこういうマルチ商法の規制についてはやはり相当に役立つのではなかろうか、… (後藤(英)政府委員『国会会議録』第077回国会 1976)

「相俟つ」に関しては、⑦「相まつ」、⑧「相まった」のような形で規定成分節(連体節)述語として用いられたり、⑨並立形や⑩第一条件形で用いられたりする例も見られた。これは「相俟つ」が動詞として働いていることを示しているが、文の述語(主節の述語)として用いられている例は得られなかった。「相俟つ」はほとんどの場合「相まって」の形で用いられ、「即する」同様、「関係」を表す周辺的な動詞に位置付けられるものと考えられる。

## 1.2 形式動詞

第2章2.3 (1) 動詞で述べたように、村木 (1991) は「実質的な意味を名詞にあずけて、みずからはもっぱら文法的な機能をはたす動詞 (p. 203)」を「機能動詞」と定義している。この場合の文法的な機能とは、名詞とくみあわさって述語となる語結合を作ることである。そして、「多くの機能動詞は、本来の実質的な意味をうしない、名詞に託された、行為・過程・状態・現象などのなんらかの側面を特徴づけているにすぎない。(p. 204)」として、「さそった」と「さそいを かけた」等の例を挙げている (この場合「かけた」が機能動詞である)。第2章2.3 (1) 動詞に示したとおり、『日本語文法事典』の「形式動詞」の項で村木自身が「機能動詞は形式動詞と言い換えてもよい性質をもつ。」と説明していることから、この「機能動詞」を本書は「形式動詞」と称する。

【1】かかわる 「(Nに)かかわる」 用例:人の名誉にかかわるようなこと

『大辞林』によると、動詞「かかわる」の第一の意味は「関係をもつ。」で

あるという。「かかわる」は下の例⑦のような具体的な物である名詞や、⑧⑨のような抽象性を持った一般的な名詞と用いられる場合、「関係をもつ。」という『大辞林』に示された「かかわる」の第一の意味を表す。

① 足を滑らせてスッテンコロリと転んでは日本大使の面目にかかわる。
(北村汎『日本語のこころ』文藝春秋 2000)

② そういう現実的に遡及をさせるという、過去にさかのぼって影響を与えるという行き方は年金というものの信頼にかかわる非常に重大な問題であるということを実は私は指摘をしているわけであります。
(坂口委員『国会会議録』第103回国会 1985)

③ 九一年初頭より、知事に就任したばかりの大田氏は、第三次沖縄振興開発計画の策定に関わる。(島袋純『グローバル化時代の地方ガバナンス』岩波書店 2003)

④ また、『四行詩集』(『ルバイヤート』)の作者オマル＝ハイヤームは数学・天文学にもすぐれ、きわめて正確な太陽暦の作成にかかわった。
(木村靖二・佐藤次高・岸本美緒他『詳説　世界史』山川出版社 2006)

⑤ この分解にかかわる酵素がアンジオテンシンⅠ変換酵素である。
(太田英明・辻英明『食品機能学』建帛社 2003)

⑥ 職人というのは、その反対でなるたけ長い時間仕事にかかわって、仕事の質に固執しているものだろう。
(ビートたけし『やっぱり私は嫌われる』新潮社 1991)

⑦ 多種多様な形態の日本の椅子の展示ほか日本の椅子にかかわる絵画、書籍、図面、椅子張り標本なども展示する。
(「毎日新聞(朝刊)2003年5月30日」毎日新聞社 2003)

⑧ 夢を信じるか信じないかは、時代の文化や精神の構造にかかわる。
(西郷信綱『古代人と夢』平凡社 2003)

⑨ 痛みは、生命の本質に関わっている。　(石井誠士『癒しの原理』人文書院 1995)

村木 (1991) によると、「機能動詞とむすびつく名詞は、典型的には行為をあらわす名詞であるが、その周辺に状態名詞や現象名詞もある。(p. 214)」という (この「機能動詞」を本書では「形式動詞」としている)。また、村木 (1991) には

「見かけ上は、動作名詞にはいりにくい名詞が、語結合の中で、より慎重にいうなら、場面や文脈にささえられて、臨時的に動作名詞のような特徴をもってつかわれる場合がある。(p.215)」という解説が示されている。それは、「客がある」「お茶にする」などの「客」、「お茶」は、「客がくること」、「お茶をのむこと」の意味で、これらは動作名詞の意味特徴をそなえており、その場合の「客」「お茶」はヒトやモノでなく、コトの意味で用いられているといったものであるという。

　例③「策定にかかわる」や④「作成にかかわった」、⑤「分解にかかわる」、⑥「仕事にかかわって」の場合、これら動作名詞と共に用いられる形式動詞「かかわる」は「Nに　かかわる」全体で「Nに関与して働く」という意味の述語となる語結合を作っている。

　一方、「用例」の「人の名誉にかかわる」の「名誉」は動作名詞ではないが、「名誉が存立すること」というコトの意味で用いられており、この場合の「かかわる」は、「名誉が存立すること」に「関与して働く」、すなわち「名誉の存立」を「左右するような重大な影響を及ぼす」という意味を表している。①「面目にかかわる。」、②「信頼にかかわる非常に重大な問題である…。」の「かかわる」も同様で、「名誉」や、「面目」、「信頼」のような常識的に人間にとって高い価値を有する事柄を表す抽象的な名詞と共に用いられる「かかわる」は、「常識」という文脈に支えられて「〜が存立すること」とコト化したそれらの名詞と、「Nに　かかわる」という形で、「Nの存立に関与して働く、重大な影響を及ぼす」という意味を表す述語となる語結合を形成する、形式動詞と捉えられる。

　「かかわる」は形式動詞として、動作名詞と「Nに　かかわる」という形で「Nに関与して働く」という意味の述語を作る。さらに「名誉」、「信頼」等、抽象的で、常識的に人間にとって高い価値を有する事柄を表す名詞と「Nにかかわる」という形で、「(ある高い価値を持つ事柄)Nの存立を左右するような重大な影響を及ぼす」という意味を表す述語となる語結合を作る。「お茶にする」の「お茶」同様、ここでも組み合わさる名詞がコト化して動作名詞の特徴を持って使われている様が窺われる。

　形式動詞「かかわる」は、抽象的であって、常識的に人間にとって高い価

値を有する事柄を表す名詞と「Nに　かかわる」という形で「Nの存立に重大な影響を及ぼす」という意味を表す語結合を形成し、主として文の述語や連体節の述語となって文中で用いられる。

【2】至る　　「(Nに)至る／至って」　　用例：ことここに至ってはどうしようもない

　『大辞林』には、「至る」の解説として「その場所に行き着く。到達する。」という意味が第一に挙げられている。

　「に　至る」という形で「現代日本語書き言葉均衡コーパス」を検索すると、実に様々なタイプの単語と用いられている例が得られた。それらの単語の例を以下にまとめて示す。

1)　場所を示す名詞：八戸市、敦煌、明智、烏丸通、病院、頸部(等)
2)　時、時代を示す名詞：現在、今、今日、夕べ、幕末・維新、ルネサンス(等)
3)　階級を示す名詞：左大臣、従九品(等)
4)　一連の事柄の最終、または極まった段階を示す名詞
　　　：結末、結論、クライマックス、深刻な事態、大爆発、終焉、死(等)
5)　動作名詞(ある事態の成立を示す)：繁栄、契約、確信、覚知、合意、認識(等)
6)　動詞：衝突する、興味を持つ、そねむ、生み出す、失う(等)

　「1) 場所を示す名詞」と用いられる場合は、例①のように動詞「至る」の実質動詞としての「その場所に到達する。」という意味を表す。この場合「Nに至る」は、「いくつかの場所を経て、その結果、最終的にNに行き着く」というニュアンスを含む。「2) 時、時代を示す名詞」と用いられる場合は、実際に到達可能な場所とは異なり、抽象的なある時への到達を表す。その場合も、例②のように「ある事態の開始から時を経て、最終的にNという時、時代へ到達する」というニュアンスを持つ。「3) 階級を示す名詞」と用いられる場合は、例③のように「昇進を重ねた結果、最高ともいえる地位Nに到達する」という意味が読み取れる(反対に最低の段階(従九品)に行き着く場合もある)。「4) 一連の事柄の最終、または極まった段階を示す名詞」と用いられる場合は、例④に見られるように「事態が様々な過程を経て、Nという最終、また

は極まった段階に到達する」という意味を表す。「5）ある事態の成立を示す動作名詞」と用いられる場合は、「幾多の過程を経た上で、最終的にNという事態が成立する」という意味を表す。そこには例⑤に見られるように、事態成立に対する「ようやく」という言語主体の思いが読み取れる場合もある。「6）動詞」と用いられる場合は、例⑥、⑦のように「様々な経緯の末、最終的にその動きや、その動きで表される事態が成立すること」を意味する。⑥の場合は極端ともいえる事態、⑦の場合は普通ではそうならない特別な動きが成立するニュアンスを持つことが特徴的である。

　このように1）から6）を概観すると、1）から4）までの「Nに　至る」と、5）、6）の「NV／スルに　至る」との間に大きな差が見られることがわかる。1）から4）までの「Nに　至る」は、1）の「至る」が実質的な動詞で、それ以外の「至る」は程度の差はあれ形式動詞と考えられるという違いは見られるが、いずれも「さまざまな経過を経た上での、ある場所、ある時、ある高い（低い）階級、ある極まった最終段階への到達」を表している。一方、5）、6）の「NV／スルに　至る」は、ある動き、事態の成立を示す。これは村木（1991）において、機能動詞結合によるアスペクト表現の中の「実現相」に分類されているものである。この「至る」を村木（1991）は機能動詞（形式動詞）に含めて述べているが、5）、6）の「至る」は2）～4）の形式動詞「至る」とは文法的性質が異なる。本書では、5）、6）のタイプの単語と用いられる「至る」を、村木（2010a）が「動詞を典型とする述語の本体とくみあわさって、述語の分析的な語形をつくる機能語（p.110）」であるとする「助動詞（補助述語詞）（第2章注3参照）」に位置付ける。村木（2010a）によると、助動詞（補助述語詞）は「述語のムードやアスペクトなどの文法的意味に関わるものであり、述語を補助する単語である（p.110）」という。5）、6）のタイプの単語と用いられる「至る」は「実現相」というアスペクト表現に関わる、動詞由来の補助述語詞といえる。

　補助述語詞「至る」は、意味的に形式動詞としての「なる」に類似する点がみられる。しかし、補助述語詞「至る」は、述語となる単語と不定型の接続で用いられる点が形式動詞「なる」と大きく異なっている。形式動詞「なる」は「スルことになる」のように、形式的に名詞化の手続きを行った動詞

と用いられるが、補助述語詞「至る」が不定型の接続（スルに至る）で用いられる点は、他の多くの動詞由来の補助述語詞と同様である。

　以上から、「至る」は共に用いられる単語によって「（実質）動詞」、「形式動詞」、「補助述語詞」の場合があり、果たす機能も異なるという結論が得られる。

① 明知鉄道は中央本線の恵那から分岐し、阿木、岩村を経て明智に至る。
　　　　　　　　　（寺田裕一『日本のローカル私鉄』ネコ・パブリッシング 2000）
② ここに讃岐は高松・丸亀・多度津の三藩体制となり、それぞれ所領も固定したまま幕末・維新に至る。　　（藤野保『近世国家史の研究』吉川弘文館 2002）
③ 信尹は異例の昇進を重ね、二十一歳で従一位・左大臣に至る。
　　　　　　　　　　　　　　　　（前田多美子『四季の名筆』河出書房新社 2002）
④ 彼は長い二軍暮らしの中で、自分の生きる道はボールを遠くに飛ばすバッターになるしかない、長距離バッターとして生きる道しかないという結論に至る。　　（山形琢也『自分の魅力をつくる人つくれない人』三笠書房 1999）
⑤ 一般的なカウンセリングにおいても、契約以前にインテーク面接をし、見立てをした上で、契約に至る。
　　　　　　　（前田由紀子『教師とカウンセラーのための学校心理臨床講座』昭和堂 2005）
⑥ キリスト教国民の道徳的な優越性が開港地の生活の中でまったく実証されていないのを見た青年は、宗教的には懐疑派、政治的には自由思想家となって、当時の政府とも衝突するに至る。
　　　　　　　　　　　　　　（仙北谷晃一『人生の教師ラフカディオ・ハーン』恒文社 1996）
⑦ クラインはカリフォルニア大学バークレー校で経済学の勉強を始め、ここでR・A・ゴードン（景気循環論の筆者、シカゴ大学教授R・ゴードン氏の父）の指導を受け、実証分析に興味を持つに至る。
　　　　　　　　　　　　（森口親司『現代経済学の巨人たち』日本経済新聞社 2001）

　ここでは、上記2)～4)の形式動詞「(Nに)至る」について述べるにとどめ、5)、6)の補助述語詞「(NV／スルに)至る」の考察は補助述語詞の項で行うこととする。

形式動詞「至る」は、「Nに　至る」という形式で、上の例②〜④のように文の述語となったり、次の例⑧のように規定成分となったりする。⑨は連体節となる重文の先行節の述語の例、⑩はふたまた述語文の先行する述語のとりたての形である。その他、「現代日本語書き言葉均衡コーパス」からは、「Nに　至れば」や「Nに　至っても」という形で条件節や譲歩節の述語を形成して、状況成分として働く例や、「Nに　至ります」という丁寧体の形、「Nに　至らない」という打消しの形、「Nに　至った」という過去の形、「Nに　至らなかった」という過去の打消しの形で述語に用いられた例も得られた。しかし、ムードに関しては、わずかに推量形が得られた以外は、断定形が見られたのみであった。

⑧　女性は結論よりも、結論に至る過程を重要視しているのではないかと考えます。
　　　　　　　　　　　　　　　　　　　　（「Yahoo! 知恵袋」Yahoo! 2005）
⑨　ただし、デルポイの巫女は、ギュゲスの五代目の後裔に至って、ヘラクレス家の報復が下る旨を付言したのであったが、リュディア国民もその歴代の王も、この託宣が実現するまでは、それを気にもとめなかった。
　　　　　　　　　　　　　　　　　　（前田耕作『ディアナの森』せりか書房 1998）
⑩　幼いころから聡明で叡智であり、さらに容貌まで美しく、壮年にいたっては心が広かった、といいます。
　　　　　　　　　　　　　　（堂本ヒカル『やっぱり邪馬台国は九州にあった』鳥影社 2001）

　前述の通り、「至る」は実質動詞として「その場所に到達する」という意味を持つが、②の「幕末・維新に至る」は、最終的な時点（幕末・維新）への到達を「時間の経過」のニュアンスと共に示す。③も前述の通り、「昇進を重ねた結果の、最終段階である最高ともいえる従一位・左大臣の地位への到達」という表現意識が読み取れる。④の「結論に至る」には「最終の段階である結論」に到達したという意味だけでなく、「徐々に考えが極まって行って」という「事態の経過」や、「紆余曲折を経てようやく到達した」という言語主体の思いも含まれる。形式動詞「至る」は、「最終的な段階」への到達を、「到達までの時間的、段階的過程」や、「紆余曲折を経てようやく到達したという

言語主体の思い」等を含めて一語で表す点が特徴的である。このような特徴は、実質動詞「至る」の持つ「その場所に到達する」という到着までの過程を内包する語彙的意味が抽象化された結果であることが推測される。

また、⑩のふたまた述語文の先行する述語の取り立ての形は、「壮年」をある観点からピークに達した年代として、それまで経過してきた年代と区別してとりたてて強調すると共に、それまでとは非常に異なる事態についてこれから述べられることを予告している。

用例の「ことここに至っては」は、重文の先行節の述語の取り立ての形で、「事態がこのような非常なレベルに到達した」と、今の状況をそれまで経過してきた段階と区別して強調すると共に、さらに後に続けて、その非常なレベルに対応した極端な事態（どうしようもない）が述べられることを予告している。

その他、用例には「借金の額に至るまで調べられた。」も挙げられているが、この「(Nに)至るまで」の中の「至る」は、形式動詞ではなく「至るまで」全体で後置詞と考えられる。形式動詞「至る」はあくまでも動詞であることから、「(Nに)至る」、「(Nに)至った」、「(Nに)至り」、「(Nに)至れば」、「(Nに)至らない」のように活用し、述語になることができる。一方、後置詞「(Nに)至るまで」の中の「至る」は活用の体系を失っており、常に「至るまで」の形で用いられる。したがって、同じ「(Nに)至る」の形を用いていても、形式動詞とは異なるものであることが理解される。

形式動詞「(Nに)至る」は、「様々な経過を経た上での、組み合わさる名詞が示す、ある最終的な時、ある極まった階級や最終段階への到達」を表す語結合を作る。動詞として多様な語形で用いられ、文中で文の述語や規定成分等の働きをする。

| 考察1 | 「(Nに)なる」と「(Nに)至る」との表現上の差異

④「長距離バッターとして生きる道しかないという結論に至る」は、日本語能力試験4級の'〈機能語〉の類'[2]である「Nに なる」を用いて「結論になった」と言い換えることができる。だが、「結論になった」は「結論に至った」と類似の意味を持つとはいえ、後者に見られるような「徐々に考えが極まって行き、ついに最終段階である「結論」に到達した」という「事態

の経過（徐々に考えが極まって行って）」や、「最終段階に到達した」等の意味、「困難を乗り越えてようやく」のような言語主体の思いを表すことはない。それは、「物・ことが結果として実現・成立する。(『大辞林』)」という、より一般的な意味を表す単語「なる」と、それ自身既に「ある地点に到達する」という、事態の経過、達成を意味として含む単語「至る」との、単語そのものが持つ意味の表現レベルの差に起因している。日本語能力試験4級レベルでは、一般的な意味内容を表す単語を学ぶ。そして、級が進むにつれ、アスペクト性や程度性、ある種の価値観等を意味に含む単語を学ぶようになっていく。一般的な意味を持つ単語はより広い用法で用いられることが可能であるが、豊かな意味内容を有する単語は逆に使用が限られ、使い方も複雑で、学習者には扱いが難しいものである。しかし、それだけに的確に用いれば、簡潔な表現でありながら、事態を細かく、そしてニュアンス豊かに描き分けることが可能となり得ると言えよう。

## 2. 中心的な品詞―形容詞（形式（第一）形容詞）

第2章2.3（2）形容詞で述べたように、実質的な〈モノの非存在、または不在〉を表す第一形容詞「ない」に対して、〈デキゴト（あるいは、コト）の非存在、非生起〉を示す「ない」を「形式（第一）形容詞」と呼ぶ。

【1】ない

「(スルとも)なく」　　　　　　　　　　　用例：見るともなく見ている
　　第5章1.3.2 修飾成分形成句　【1】「(スルとも)　なく」参照


「(スル)までも　ない」　　　　　　　　　用例：わざわざ行くまでもない
　　第5章1.1.2 述語形成句　【3】「(スル)までも　ない」参照


「(スル)までも　なく」　　　　　　　　　用例：今さら言うまでもなく
　　第5章1.1.2 述語形成句　【3】-1「(スル)までも　なく」参照

## 3. 周辺的な品詞：自立できる周辺的な品詞―陳述詞（「陳述詞」のうちの「とりたての陳述詞」）

　鈴木（1972b）は本書において「陳述詞」としているものを「陳述副詞」と呼び、「文にあらわされる話し手のきもち（陳述的な意味）を補足、強調する単語（p. 476）」と述べている。高橋他（2005）も「陳述詞」を「陳述副詞」として、その中の「とりたて副詞」について、「文中の特定の対象を、同類の他の語とどのような関係にあるかをしめしながら、他の同類の語群のなかからとりたてる副詞（p. 160）」と説明している。本書の「とりたての陳述詞」は、高橋他（2005）の「とりたて副詞」に相当するものである。

【1】ただ　　「ただ（～のみ／～のみならず）」
　　　　　　　　用例：ただそれのみが心配だ／ただ東京都民のみならず
　「とりたての陳述詞（高橋他（2005）では「とりたて副詞」としている）」である「ただ」は、高橋他（2005）にあるように、「その語句のさすものだけに範囲を限定し、その他を排除する。（p. 160）」といった「排他的限定」の機能を持つ。「のみ」や「だけ」等の限定の副助辞だけ、或いは「とりたての陳述詞」の「ただ」だけで、「それのみが心配だ」や、「ただそれが心配だ」のように表したりすることも可能だが、「とりたての陳述詞」「ただ」と限定の副助辞「のみ」を共に用いた方が「排他的限定」という働きの作用が強まる。

　また、「ただ」は用例の「ただ東京都民のみならず」や②のように打ち消しの形で限定の副助辞と共に用いられ、「排他的限定」の否定（非限定）を強める働きもする。しかし、「現代日本語書き言葉均衡コーパス」では、「ただ～のみならず」の形では検出されず、「ただ単に～のみならず」、「ただに～のみならず」という形式が8例見られただけであった。

　「ただ～のみ」、「ただ～のみならず」という形式は、「ただ～だけ」、「ただ～だけでなく」と同様に、排他的限定や、非限定の働きをするが、後者と比較すると硬い語感を呈する。そのため、一般の日常会話には用いられにくいと言える。

① 思案に相談すると「やめておけ。発起人になっても金は入らず、ただ責任のみを問われるだけだ」と諭され、社長へ断りの返事を出した。
(嵐山光三郎『美妙、消えた。』朝日新聞社 2001)
② なお、私がここで薬物というふうに申し上げておりますのは、ここには、ただ単に麻薬あるいは覚せい剤のみならず、シンナーその他安易に手に入れることのできる中毒性の薬、例えばある種のせきどめ用のシロップ、こういったこういったものも含まれております。
(東(祥)委員『国会会議録』第118回国会 1990)

【2】ひとり　　「ひとり(〜だけで　なく/〜のみならず)」
　　　　　　　用例:ひとり本校のみならず、わが国の高校全体の問題だ

「ひとり(独り)」は「ただ」と同様に、「排他的限定」の働きをする「とりたての陳述詞」である。①、②のように、「ただ」と同じく、「のみ」や「だけ」等の限定の副助辞と共に用いられて「排他的限定」の働きを強めたり、③のように「のみならず」と用いられて「排他的限定」の否定(非限定)の働きを強めたりする。

① ひとり、日本のみが、個性と多様化等の曖昧語をならべつつ、偏差値追放等、学力や成績のモニターや評価をやめてしまっているのが、まことに奇異な感じがする。　　(榊原英資『「ゆとり教育」が国を滅ぼす』小学館 2002)
② 「あまりにも上流貴族の世界から下降しすぎてしまった」のは、ひとり浮舟の物語だけであろうか。　　(今西祐一郎『源氏物語覚書』岩波書店 1998)
③ このような市場経済のダイナミズムは、ひとり資本主義諸国のみならず、中国、ソ連をはじめ共産圏諸国を巡る近年の新しい潮流でもある。
(『通商白書』通商産業省 1989)

「ひとり(独り)」と「ただ」は類似の働きをするが、「ただ」のほうがより一般的であって、「ひとり」には重厚で硬い語感が漂う。「ひとり」の場合は、①や③の例のように、その文で共に用いられる単語も漢語由来の硬く改まった語感を持つものが多用される。このようなとりたての陳述詞「ひとり」の

特徴は、下の④の例のように元来漢文訓読文に多く用いられるものであったことによると考えられる。

④　今獨り臣のみ船有り。　　　　　　　　　　　　　　　(『史記・項羽本紀第七』)[3]

## 4. 周辺的な品詞：自立できない周辺的な品詞　―後置詞

　本書では、鈴木（1972b）と村木（2010a）の後置詞の規定に倣い、第2章2.3（4）において、後置詞を「単独では文の部分とならず、名詞の格の形と組み合わさって、文中での名詞の存在形式（分析的な語形）となる機能語（補助的な単語）」と規定した。鈴木（1972b）は「後置詞」を「単独では文の部分とはならず、名詞の格の形（およびその他の単語の名詞相当の形式）とくみあわさって、その名詞の他の単語に対する関係をあらわすために発達した補助的な単語である。(p.499)」としている。高橋（1983）は、鈴木（1972b）が述べる「格的な意味をもつ後置詞」に「とりたて的なはたらきをもつ後置詞」を加え、「（文中にあらわれていない）他の同類のものからそれをえらびだすはたらきや、主題をひきだすはたらきなどをしている。(p.294)」と後者を解説している。

　多くの後置詞は名詞や動詞の文法化によって成立したものである。村木（1991）では、元の単語の性質をまだ残していて、「後置詞」としての特徴はもっているが、十分には「後置詞」化が進んでいないものもあることを指摘している (p.329)。本書ではそのような十分「後置詞」化していない単語であっても、もともとの単語の語彙的意味を失い、単独では文の中で機能することができず、名詞の格の形とくみあわさって、その名詞の文中での存在形式となるものを、後置詞として扱うこととする。

　本書では、以下のように後置詞を分類する。

1　格的な意味をもつ後置詞
　　・ニ格支配、ヲ格支配、ト格支配、ノ格支配
2　とりたて的なはたらきをもつ後置詞

・ニ格支配、ト格支配

## 4.1 格的な意味をもつ後置詞
### 4.1.1 ニ格支配の後置詞
【1】あって　　「(Nに)あって」　　　　　用例：この非常時にあっていかにすべきか
　「あって」は、動詞「ある」由来の後置詞である。「Nに　あって」はうごきや状態が成り立つときを表すニ格の名詞やうごきや状態が成り立つ場所、場面を表すデ格の名詞に相当する形式で、事象[4]成立時の外的状況（時、場所、場面）を示す状況成分を形成する。

　用例中の「この非常時にあって」は、「この非常時という重大で特別な時に」という意味を表し、文で示される事態が成立する時を提示している。「この非常時にあって」は、ニ格の名詞で表された「この非常時に」と比べ、「「この非常時」が重大で特別な意味を持つ」という言語主体の強い認識を重厚なニュアンスで示す点が特徴的である。

① 　パスカルは近代的な理性がますます支配的になっていく時代にあって、その理性に限界を見、キリスト教信仰に生きることを説いたのである。
　　　　　　　　　　　　　（平木幸二郎他『高校社会教科書倫理』東京書籍株式会社 2006）
② 　「わが国が、平和条約の発効により再び国際社会の一員となってから一年有余、その間変転する国際情勢のうちにあって、よく世界の友邦諸国の信頼と友誼とを得つつあることは、諸君とともにまことに喜びに堪えません。」
　　　　　　　　　　　　　　　　　　　　　　　　（保阪正康『昭和天皇』中央公論新社 2005）
③ 　原案は軍令部が作成するとはいっても、技術の進歩が著しい航空機の分野にあっては、専門家集団である航空本部と横須賀航空隊の影響力が最も大きかった。　　　　　　　　　（山田朗『軍備拡張の近代史』吉川弘文館 1997）
④ 　厳しい逃亡生活にあっても、伝蔵が俳句に執着し続けた一因はここにあると考えられる。　　　　　　　　　　　（中嶋幸三『井上伝蔵とその時代』埼玉新聞社 2004）

　③、④はとりたて形式の例である。①～④いずれも用例と同様に、「Nに　あって」の部分は、主節や文で示されるうごきや状態が成り立つときや、場所、場面

といった状況(N)を、それが「重大で特別な意味を持つ」という言語主体の強い認識も示しながら重厚なニュアンスで提示している。ある事態が成立するのは、まさにある重大で特別な状況(N)においてであるという認識を重々しく示すために言語主体によってこの形式が選択されたとみることも可能である。

用例はニ格の名詞を使って「この大変なときにどうしたらいいか」と言いかえることができるが、この場合、ニ格の名詞は一般的な形式であるため、その文で用いられる語彙や表現も日常会話的な「大変なとき」、「どうしたらいいか」といったものになる。それに対し、「Nに　あって」は、「Nという重大で特別な状況である」という言語主体の強い認識を重々しく提示する形式であるため、用例では共に用いられる語彙や表現も「非常時」や「いかにすべきか」のような、硬く、重厚な語感を呈する非日常的な書き言葉のタイプのものが選択されたことが推測される。①～④の例も、重厚で非日常的な書き言葉のタイプの語彙や表現形式が用いられており、文全体で示される内容も重い意味を持つものである。

以上から、「Nに　あって」は、ある重い意味を持つ事態が成立するのは、まさにある重大で特別な状況においてであるという言語主体の強い認識を、硬く重厚な書き言葉のスタイルで述べるための形式であると位置づけることができる。


【2】至るまで　　「(Nに)至るまで」　　　　　　用例：借金の額に至るまで調べられた

「至るまで」は、動詞「至る」由来の後置詞。『大辞林』によると、動詞「至る」の第一の意味は「その場所に行きつく。到達する。」であるという。「Nに　至るまで」は動きや状態の及ぶ範囲を表すマデ格の名詞に相当する形式である。動きや状態の及ぶ範囲は、動きや状態の及ぶ時としての時間的な範囲であり、動きや状態の広がりの及ぶ範囲でもある。ときには、副助辞「まで」[5]のように働く場合も観察される。

① 　我が国の経済は，30年頃までにほぼ戦前の水準まで回復し，それ以降40年代後半に至るまで高度の成長を遂げた。

　　　　　　　（白書／農林水産『林業白書昭和58年度』林野庁(財)日本林業協会 1984）

② 販売エージェントは、サンプルの事前プレゼンテーションでその年の売れ筋を見定める段階から、リアソートメントと呼ばれる再品揃えの最終に<u>至るまで</u>、個々の店とベネトン全体の計画とを連結していく媒介者の役割を果たす。　　　　　　（今井賢一『情報ネットワーク社会の展開』筑摩書房 1990）
③ 培地内にいる雑菌はバクテリアに<u>至るまで</u>ほぼ滅菌する。

（西丸龍雄『植物工場システム』シーエムシー 2001）

「Nに　至るまで」は、動詞「至る」の「その場所に到達する」という到着までの過程を内包する実質的な語彙的意味が抽象化して、「時間の経過を経て、ある最終的な時に到達する」、または「様々な過程を経て、ある最終的な段階に到達する」という意味を持つようになったものと、「動きや状態の及ぶ範囲」を表すマデ格の名詞の働きが複合して、「ある最終的なピークの時や、最終的な段階に到達するまで、途切れることなく継続的に、または、余すところなく全て」という意味を示しつつ、「ある動きや状態の及ぶ時間的な範囲や、その広がりの及ぶ範囲」を表す。

①の「Nに　至るまで」は、「時が推移して最終的に 40 年代後半というピーク時へ到達するまで途切れることなく継続的に」という継続的な動きの及ぶ時間的な範囲を表す。

②は「動きや状態の広がりの及ぶ範囲」を表す「Nに　至るまで」の例である。この「Nに　至るまで」は、「販売エージェント」の役割が、「最初」から「最終」段階に到達するまでに幾つかのプロセスを持つものであることを窺わせると共に、「最初」から「最終」の段階まで全て覆い尽くす（全ての範囲に広がり及ぶ）という言語主体の意識も示している。

用例は「動きや状態の広がりの及ぶ範囲」を示す「Nに　至るまで」の例で、「何から何まで、最後は借金の額まで余すところなく全て調べられた」という意味を表す。この用例は「借金の額まで調べられた」と言い換えることができるが、この「まで」は「極限」を表す「副助辞」の「まで」と捉えることも可能である。その場合、「通常レベルのものはもちろん、借金の額という極端なレベルのものも調べられた」のように、「借金の額を調べること」が「普通と違って極端なレベルである」という言語主体の認識を示すことに

なる。同様に「(Nに)至るまで」をとりたて的な働きを持つ後置詞と捉える場合、「借金の額に至るまで」は、前述の「借金の額まで」が示す「借金の額という極端なレベルのものも（調べられた）」という認識に、何から何まで「余すところなく全て徹底的に」という意味が加わる点が特徴的である。

③も同様に、「(Nに)至るまで」が格的な後置詞として、「雑菌は比較的大きなものから「バクテリア」のような極微小なものまで、余すところなく、ほぼ全て滅菌する」という「動きや状態の広がりの及ぶ範囲」を表すと見ることも、とりたて的な働きを持つ後置詞として、「雑菌はバクテリアのような普通では滅菌できない極端なレベルのものも余すところなく、ほぼ全て滅菌する」という言語主体の認識を示すと見ることも可能である。

後置詞「至るまで」は、「Nに　至るまで」の形で、格的な後置詞として「動きや状態の及ぶ範囲」を示すが、それは「時の流れを経て、ある最終的なピークの時に到達するまで、段階を追って途切れることなく継続的に続く動きや状態の及ぶ時としての時間的な範囲」であり、「最初からいくつかのプロセスを経て最終的な段階に到達するまで、余すところなく動きや状態の広がり及ぶ全ての範囲」でもある。また時には「極限」を表す、とりたて的な働きを持つ後置詞として、「極端な域にまで達する範囲全てにわたって悉く動きや状態が広がり及ぶ」といった言語主体の認識を示す場合もある。

このような後置詞「至るまで」が持つ特徴は、実質動詞として「その場所に到達する」という到着までのプロセスを語彙的意味に内包する「至る」と格助辞「まで」、あるいは、副助辞「まで」が複合した結果であることが推測される。

【3】ひきかえ　　「(Nに)ひきかえ」

用例：勉強家の兄にひきかえ、弟は怠け者だ

「ひきかえ」は、動詞「引き換える」由来の後置詞である。『大辞林』では、「引き換える」は「ある物を渡して別の物を手に入れる。交換する。」と解説されている。「Nに　ひきかえ」は、比較の対象を示すヨリ格の名詞に相当する形式である。村木（1991）は、格について「基準・異同・対称・比較などの抽象的な関係を表す関係格としての「ニ（依拠格）、ト、ヨリ」がある（p.

145)。」として、「太郎は　次郎より　判断力が　劣っている (p. 149)。」という例文を挙げている。これは二つの名詞句の関係を考慮する立場に立ったものであるが、本書は第2章3.2.1で格助辞を「文中で名詞が他の単語に対してどのような意味的関係を持つかを表すために用いられる付属辞」と規定しているので、村木（1991）に従い、比較の対象を示すヨリ格を認めたいと考える。

用例は2級の'〈機能語〉の類'の後置詞「(Nに) 比べて」や「(Nに) 対して」を用いて「勉強家の兄に比べて弟は怠け者だ」や、「勉強家の兄に対して弟は怠け者だ」と言い換えることができるが、それらは単に兄と弟を比較、対照するだけである。それに対して用例の「勉強家の兄にひきかえ、弟は怠け者だ」の方は、言語化して明示されてはいないが、兄には肯定的な評価、弟には否定的な評価が与えられていることが読み取れる。このように、「Nにひきかえ」は、一方に肯定的な評価、他方には否定的な評価を示しつつ比較、対照を行うという、より複雑な「評価を込めた比較、対照」を実現している点が特徴的である。下の例①、②にも、一方に肯定的、他方に否定的な評価を示しつつ両者を比較、対照して述べる意識が観察される。

① 暗澹とした面持ちの比奈子にひきかえ、風味子の顔は生々としていた。
（山村正夫『殺人レッスン休講中』光文社 1987）
② 秋平の訥々とした口ごもりがちな喋りようにひきかえ、片や蕭白どのは立板に水と説き去りまする。　　　　　（宮本徳蔵『敵役』集英社 2004）

【4】まして　　「(Nに／Nにも)まして」
　　　　　　　　　　　　　　　用例：それにもまして気がかりなのは家族の健康だ

「まして」は、動詞「増す」由来の後置詞である。『大辞林』には、自動詞の「増す」の第一の意味として、「数・量が多くなる。ふえる。増加する。」が挙げられている。「Nに　まして」は、比較の対象を示すヨリ格の名詞に相当する。

「現代日本語書き言葉均衡コーパス」を検索すると、「Nに　まして」17例に対して、「Nにも　まして」は199例検出された。この結果からは、後者の取り立ての形が実際には一般的である事実が指摘される。また、「Nにも

まして」199例中、下の①、②のような「何にもまして～」34例、「誰にもまして～」9例が得られており、「一番～である」という意味を強調する慣用表現として、それらが用いられている実態が観察される。

① 　三種の愛の残る一つの、ピリアとは、アリストテレスにより、「理性を備えている人間にとって何にもまして最も必要なもの」とされ、「友情」と訳される。　　　　　　　　　　　　　　　　　　　　(星野英一『民法のすすめ』岩波書店 1998)
② 　ル・ツァン国のすべての人間の前で、私の審判が行われるのだ—私は誰にもまして興奮した。　　　　　　　(中野美代子『契丹伝奇集』日本文芸社 1989)
③ 　「そんなことない。お父さん—そう呼んでよければ、ぼくはいつだって…」微笑むと、おじさんの目尻の皺が深くなり、以前にましてその笑顔はやさしげだった。　　　　　　　　　　　　　　(沢村凛『瞳の中の大河』新潮社 2003)
④ 　(もう手ばなせない)夏高は、以前にまして自分がそう思い決していることに、気づかねばならないのだった。　　　　　(赤江瀑『風幻』立風書房 1992)

　用例の「それにもまして気がかりなのは家族の健康だ」は、「それより気がかりなのは家族の健康だ」と言い換えることができる。しかし、前者が「それも気がかりだがそれ以上に家族の健康が気がかりだ」と「家族の健康」と同様に「それ」も気がかりであることを積極的に認めているのに対して、後者は「家族の健康」と「それ」を単に比較して述べるにとどまっている。用例の方は、短い中に「それも気がかりだが、それ以上に」という、より多くの情報が盛り込まれている点が特徴的である。
　また、上記の例③の「以前にまして」も、④の「以前にもまして」も、「以前の状況についてもそうである」と認めた上で、「今はそれ以上に」と述べている様が指摘できるが、とりたて形式の④の方には、「以前より一段と」と「以前」との差をより強く示す意識が表されていることが理解される。

## 4.1.2　ヲ格支配の後置詞

【1】おいて　　「(Nを)おいて」　　　　用例：あなたをおいて会長適任者はいない
　「おいて」は動詞「置く」由来の後置詞である。『大辞林』には、「置く」の

第一の意味として「物や人をある場所に据える。」が、第二の意味として「その物だけを他とは別にする。」が挙げられている。

『旺文社 古語辞典 第九版』は「より」の解説の第一に「❶動作・作用の時間的・空間的な起点を示す。」を挙げるとともに、「❻一定の範囲を限定する意を表す。…以外。」との説明を「年経とも松-ほかの色をみましや〈後撰・恋1〉」という例を加えて載せている。❻の用法は、❶の用法から派生したものと考えられる。それは、「松より」は「松」を出発点として、そこから離れて行くという意味から、「松以外」という意味が派生したのではないかという推論である。「Nを　おいて」は、「一定の範囲を限定する」ヨリ格の名詞の用法に相当すると考えられる。高橋他（2005）が言及しているように、現代語においてヨリ格は文語的ニュアンスをもち、カラ格とほぼ同じ意味をあらわす。(p. 46)

① 当時の状況から判断して、それは島井宗室をおいてほかに見当らないのである。　　　　　　　　　　　　　　（三宅孝太郎『戦国茶闘伝』洋泉社 2004）
② ある一民族に生存の自由を確保するものは、十分な大きさをもった土地をおいて他にない。（皆川博子「小説すばる」2002年7月号（第16巻第7号）集英社 2002）
③ 子供たちを指導してくださるには、あなたをおいて誰があろうかと、しばらくお見えのないのもわかっていながら、わざわざ来ていただいたわけです。　　　　　　　　　　　　　（円地文子『円地文子の源氏物語』集英社 1985）

「現代日本語書き言葉均衡コーパス」を検索すると、「Nを　おいて」は、①、②のようにほとんどの例で「他に〜ない」という表現と共に用いられている事実が得られた。③も「誰があろうか」という反語の表現によって「他にいない」という意味を表している。

用例は「あなた以外会長適任者はいない」、「会長適任者はあなただけである。」という意味を表すが、「以外」や「だけ」を使った直接的な表現ではなく、動詞「おく」由来の後置詞を用いることによって、より婉曲で修辞的な表現となっている点が特徴的である。

「Nを　おいて」は「一定の範囲を限定する」ヨリ格の名詞に相当する。一

般には後に「他に〜ない」という形式を伴い、「N以外他のものはない、Nだけである」という意味を強調しつつも、婉曲で修辞的に述べる場合に用いられる。

【2】もって　　「(Nを)もって」
　「もって」は、動詞「持つ」由来の後置詞。

【2】-1　もって　　「(Nを)もって」　　　　　　用例：本日をもって終了する
　『現代日本語文法2』は、「「で」は、時に関わる名詞についた場合、事態の成立する時点を表す。このとき、「で」は、名詞の表す時点までの事態の経過を含意し、それまで続いていた事態が終了して新たな事態が成立することを表す。(p. 90)」と述べている。用例中の「本日をもって」は、時に関わる名詞が格助辞デを伴って「事態の成立する時点を表す」、デ格の名詞「本日で」に相当する働きをしている。また、これはそれまで続いていた事態の終わりを示すものでもある。以下の例文も、「Nを　もって」は、事態成立の時点を表している。成立する事態は、それぞれ、①「休刊」、②「(母と子の関係の) 終結」、③「閉館」、④「(本日の議事の) 終了」、⑤「閉会」と見られる。

① 「333」はスタア社発行の家庭文化雑誌で同年一〇月創刊、翌一二年三月号を以って休刊。　　　　　　　(吉田煕生『小林秀雄全作品』新潮社 2005)
② 本来、この母と子の関係は、子供の二十歳を以って終結させるべきであるというのが私の考えである。　　(宮内博一『六十歳からなすべきこと』海竜社 1993)
③ 移転準備のため3月31日をもって閉館いたします。
　　　　　　　　　　　　(「市民しんぶん右京区版」2008年02号京都府京都市右京区 2008)
④ 以上をもちまして、本日の議事を終了いたします。
　　　　　　　　　　　　　　　(事務総長(戸張正雄君)『国会会議録』第132回国会 1995)
⑤ 校長先生や村長さんの話がすむと、「これをもちまして、昭和二十三年度の卒業証書授与式を閉会にします」と、教頭先生は形式通り告げたが、…。
　　　　　　　　　　　　　　(北村けんじ『クジャク砦からの歌声』小峰書店 2003)

用例の「本日をもって終了する」と「今日で終わる」は、同様の意味を示す。しかし、前者に用いられている「本日」、「終了する」という語彙のレベルと、後者の「今日」、「終わる」という語彙のレベルは、改まった書き言葉、または、改まった場での話し言葉と、日常的な話し言葉といった差をみせている。藤堂（1969）が指摘しているように、「…ヲモッテ」は漢文の前置詞「以」の訓読法として用いられてきたものである（p. 101）。これが、「(Nを) もって」と共に用いられる語彙に非日常的なタイプのものが選択され、その形成する文が改まった場での話し言葉や、改まった書き言葉というニュアンスを示す一因となっていると考えられる。

　「(Nを) もって」という形式が用いられた①は改まった、②は厳格な印象を読む者に与える。③は公的な文書での定型表現として使用されたもの。④、⑤は改まった公的な場における定型表現として用いられた例で、口頭でのアナウンスに相応しく丁寧体で表現されている。事実、国会会議録には「Nをもって」や「Nを　もちまして」という例が多数見られる。このように、時に関わる名詞と組み合わさった「(Nを) もって」は、書き言葉的で改まったタイプの語彙と共に、厳格な態度を示す場面や、改まった公的な発言の場面、改まった公的な書式に用いられる「事態成立の時点を表す」形式と特徴づけられる。

## 【2】-2　もって　　「(Nを)もって」

用例：非常な努力をもってその行事を成功させた

　用例の「Nを　もって」は手段・方法を表すデ格の名詞に相当し、文中で補語（道具的なタイプとしての具体的手段の場合）、または修飾成分（用例の「努力」のような抽象的なやり方である方法の場合）として働く。

① 　なお、本日の国家公務員等の任命に関する件及び議案の採決は、いずれも押しボタン式投票をもって行います。

（事務総長（川村良典君）『国会会議録』第159回国会 2004）

② 　ここから後も，政府は税制を以って不動産市場の調整をしていくようになる。　　　（倉田剛『少子高齢社会のライフスタイルと住宅』ミネルヴァ書房 2004）

③　この場合においては、当該更生保護法人に対し、あらかじめ、書面を<u>もって</u>、弁明をすべき日時、場所及びその勧告の原因となる事実を通知しなければならない。

(『更生保護事業法』平成7年5月8日法律第86号 1995)

④　本来ならば参上いたしましてお礼申し上げるべきところ　まことに略儀ながら書中を<u>もちまして</u>ごあいさつを申し上げます。

(関口あゆみ『真心を伝えるお礼の手紙・はがき文例集』ナツメ社 2002)

①は国会という改まった場における発言の中で用いられた例で、「押しボタン式投票をもって」は、硬く厳格なニュアンスで採決を行う「手段・方法」を示している。「押しボタン式投票」を採決の一つのタイプと見れば、「何で」に対応する具体的な手段となって、述語の補語となる。「押しボタン式投票」を採決のやり方(方法)と捉えれば、述語で述べられる「採決を行う」やり方を「どうやって」と詳しく表す修飾成分となる。②は硬い内容を表す文の中で用いられた例で、「税制を以って」は、①と同様に「税制」を「不動産市場の調整をする」ための一つの具体的な手段と見れば補語となり、「税制」を「どうやって」という「不動産市場の調整をする」やり方と捉えれば修飾成分となる。③は法律の条文らしく、「文書で」のような温かみの残った表現(あるいは「手紙で」という一般的な表現)とは異なる「書面をもって」という、硬く冷静で、厳格な印象を読む者に抱かせる表現で、「通知する」ための「手段・方法」を表している。④の「書中をもちまして」は手紙による非常に改まった儀礼的なあいさつに定型表現として用いられる形式で、あいさつに相応しく丁寧体が用いられている。「書中」は「手紙」を非日常的に抽象化して表したものである。

　「Nを　もって」は、①、②や用例のように、改まった場面や硬い内容の文において、述語で述べられるある行為や事態実現のために用いられる事柄を「手段・方法」として示したり、③、④のように、改まった書式において、「文書」や「手紙」に相当する非日常的で抽象的な語彙と共に、それを「手段・方法」として示したりする形式といえる。

【2】-2＊　身を　もって＊　　　　　　　　　　用例：身をもって経験する

　『大辞林』では「身をもって」が一つの独立した見出しに立てられ、「自分自

身で。みずから。」という解説が示されている。また、「体をもって」や「身をもち」のような形で使われないことから、「身をもって」は慣用的表現と捉えることができる。用例の「身をもって経験する」は、頭の中で観念的に考えるのではなく、「実際に自ら行うという方法で経験する」、「(手段として)自分の体を使って実際に経験する」という意味を表す。事実、次の例文に見られる「身をもって」は、いずれも①、②は「実際に自らの経験によって」、③は「口で言うのではなく、実際に体を使って(実行してみると)」という意味で用いられている。

① 働かなければ、お米一粒さえ手に入れることができない現実を私は身をもって知っていました。

(上條さなえ『子どもの言葉はどこに消えた?』角川書店 2001)

② 「迅速なる訴訟進行」こそが出世の早道だと身をもって知っている。

(横山秀夫『半落ち』講談社 2002)

③ これらのことを口でなく、身をもって実行してみると、九七パーセントも森林がある過疎の村で森林を良い状態で維持するのがどんなに大変かもわかってくる。

(稲本正『森の旅森の人』世界文化社 2005)

|考察2| 手段・方法の動詞の語形による総合的表現と「名詞+後置詞」による分析的表現

用例の中の「非常な努力をもって」は、「とてもがんばって(4級程度)」と同等の内容を表す。他に、「大変がんばって(3級程度)」、「大変な努力によって(2級)」とも言い換えられる。これらの表現形式の差異を検討してみると、まず「とてもがんばって(4級程度)」と「大変がんばって(3級程度)」では、「とても」と「大変」に見られる、「日常的和語」と「漢語」という副詞のレベルの差が指摘できる。「大変がんばって(3級程度)」と「大変な努力によって(2級)」では、「和語の動詞の第二中止形(がんばって)」と「ニ格の漢語名詞と後置詞の組み合わせ(努力によって)」との、和語と漢語の語彙のレベルと手段、方法の表し方のレベル差が得られる。和語の「がんばる」は日常の話し言葉であり、漢語の「努力する」は書き言葉的である。さらに、「動詞」は基本

的に運動を表すのであって、刻々と推移していく現実とかかわり、具体的かつ説明的に事態を表現する。それに対し、「名詞」は事物、現象の概念を表す。したがって、「努力によって」という名詞的表現は、動詞による「がんばって」、「努力して」という現実の動的世界にかかわる具体的で説明的な表現を、客観的で観念的に抽象化、一般化して表す。客観的、観念的、抽象的で一般化された表現は、現実的、具体的、説明的表現より、受け手は高度な理解能力を必要とする。さらに、「大変な努力によって（2級）」と「非常な努力をもって（1級）」では、後置詞「(Nに)よって」も書き言葉的形式だが、「(Nを)もって」は漢文訓読に由来する後置詞であるから、後者は改まった硬い表現で、文体的にも重厚さが加わっている。後者の場合、単語の持つ語彙的レベルのバランスから、「大変な」よりも「非常な」の方が重厚さという点で程度の表現として相応しいことも指摘できる。

　図1を見ると、手段・方法の表し方の、和語から漢語へ（語彙）、動詞から名詞へ（品詞）、総合的表現から分析的表現へ（表現形式）という流れが理解できる。また、1級の機能語はその由来から、独特の文体的な要素が含まれることも指摘できる。

| とてもがんばって → | 大変がんばって → | 大変な努力によって → | 非常な努力をもって |
|---|---|---|---|
| 4級 | 3級 | 2級 | 1級 |
| 日常的話し言葉 | やや改まった話し言葉 | 書き言葉 | 改まった書き言葉 |
| 和語 | 和語・漢語 | 漢語 | 改まった漢語 |
| 動詞表現 | 動詞表現 | 名詞的表現 | 名詞的表現 |
| 動詞の第二中止形 | 動詞の第二中止形 | 名詞＋和語由来後置詞 | 名詞＋漢文訓読由来後置詞 |

**図1**　手段・方法の「動詞の語形による総合的表現」から「「名詞＋後置詞」による分析的表現」へ

【2】-2-1　もって すれば　　「(Nを)もって すれば」

用例：君の実力をもってすれば

「Nを　もって　すれば」は、「Nを　もって」という手段・方法を表すデ格の名詞相当の形式と形式動詞「する」が組み合わさった「Nを　もってする」の条件形で、ある事柄を成し遂げるために求められる強力な手段・方法を条件として提示する表現形式と考えられる。

① このおわびは死をもってするほかはない。

(清瀬一郎『秘録東京裁判』中央公論新社 2002)

② 『古花不知』や『寒菊不入』を解釈しようとするにあたっての、従来の世界観をもってする説は、解釈しつくされているようにみえる。

(湯川制『利休の茶花』東京堂出版 1990)

③ 海外から様々な品物を買うのに、日本は主に銅や銀をもってしていた。

(夢枕獏「本の窓」2005年1月号(第28巻第1号、通巻242号)小学館 2005)

「Nを　もって　する」という形式は、①や②のように連体節の述語に用いられたり、③のように継続相のアスペクト形式で文の述語に用いられたりする。これらは「する」が形式動詞として働いていることを示している。花井(2005)は、後置詞「もって」が「動詞「もつ」の一部の語彙的意味をたもちながら、それがともなう名詞と、述語になった動詞との関係を積極的にあらわしている (p.53)」ことを指摘している。それを考慮すると、①～③の「Nを　もって　する」は「Nを用いて／手段・方法として(Nで)行う」(「行う」は、①「実行する(お詫びする)」、②「解釈する」、③「買う」)という意味が考えられる。

④ レアード米国防長官も認めていますが、日本の経済力と産業、技術能力を<u>もってすれば</u>、この計画を実現するのに五年もかからないでしょう。

(大森実『国際事件記者が抉る世界の内幕』小学館 2004)

⑤ ケタ違いの巨大な個人金融資産を<u>もってすれば</u>、財政の再建も可能だ。

(太田晴雄『資産崩壊』実業之日本社 2005)

⑥ 彼らは「どんな問題でも科学や技術を<u>もってすれば</u>即座に解決するから、そんなに心配するな」というんです。

(杉浦俊太郎・渥美哲『ヒロシマからの警告』日本放送出版協会 1996)

形式動詞「する」が第一条件形の④～⑥の場合、どれも「Nを手段・方法として対処すれば(Nでは)」という条件を表す状況成分を形成しており、帰結部にはプラスの意味を持つ結果が示されている。この場合の形式動詞「する」は「対処する」を意味すると考えられる。

④〜⑥では、「手段・方法」を表すデ格の名詞相当の機能を果たす「Nをもって」と、形式動詞「する」の第一条件形「すれば」が組み合わさることによって、単に条件という文法的意味が加わっただけでなく、「優れたNを手段・方法として（Nで）立ち向かえば、対処すれば」という、極めて能動的な意味が獲得されたことが見られる点が特徴的である。例④だけでなく、例⑥でも、明示されてはいないものの、「Nを　もって　すれば」の「N」は「強力な」、「優れた」性質を内包する存在である（例⑤は「巨大な」という単語で「N＝個人金融資産」が「強力」であることが示されている）。

　⑦は「Nを　もって　しても」という譲歩形式である。

⑦　人は誠意をもってしても結果として人に迷惑をかけることがある。
(鴨下一郎『なぜか「人が集まる人」の共通点』新講社 1999)

## 【2】-2-2　もって　して　「(Nを)もって　して」

　「Nをもってして」は、「Nをもって」のとりたて形式と見られる。

①　お関はその美貌をもってして"玉の輿"に乗ったわけで、一般的に見れば、女としての成功を手に入れていた。
(上原章江『樋口一葉と十三人の男たち』青春出版社 2004)

②　作品のトータルなイメージやムード、或いは断片の中に施された精巧な仕掛けから、それが極めて高いレヴェルの完成度に到達した現代演劇であることに多くの観客たちは、五官の力を以てして、気付いている。
(うにたもみいち『くだんの件』北冬書房 2001)

③　仕事をする集中力をもってして、自分を整理。　（「Yahoo! ブログ」Yahoo! 2008)

　①〜③の「Nを　もって　して」の「して」には、形式動詞としての働きを認めることはできない。それは、①〜③に見られる「して」は「対処する」のような語彙的意味を発現することがなく、また、省略しても統語的に文として成立するからである。これらの「して」は、「Nを　もって」が示す「手段・方法」を表すデ格の名詞相当の働きを、①「まさにお関はその美

貌で」のように、「他ではなく」ととりたてて強調している。本書では、この「Nを　もって　して」の「して」を、「Nを　もって」が形成する「手段」を述べる補語や「方法」を述べる修飾成分という文の部分をとりたてる「とりたて形成句[6]」と位置付ける。工藤（2000）は「まさに」を「選択指定」の「とりたて副詞（本書では「とりたての陳述詞」）」に位置付けている。

【3】限りに　　「(Nを)限りに」　　　　　　　　　用例：今日を限りに禁煙する

「限り」は、「時間・空間・数量などの範囲をさだめる。事物の限界を設ける。限定する。（『大辞林』）」を意味する動詞「限る」の第一中止形由来の名詞である。

『現代日本語文法2』はデ格の名詞について、「「で」は、時に関わる名詞についた場合、事態の成立する時点を表す。このとき、「で」は、名詞の表す時点までの事態の経過を含意し、それまで続いていた事態が終了して新たな事態が成立することを表す。(p.90)」と述べている。用例の「今日を限りに」は、新たな事態（禁煙）の成立する時点を表すデ格の名詞「今日で」に相当するものと言える。また、これはそれまで続いていた事態（喫煙）の終了を示すものでもある。

村木（1991）は、用例の「今日を限りに禁煙する」のような〈$N_1$ ヲ $N_2$ ニ〉の構造を持つ文について、「今日を限りにして禁煙する」という文の中の「形式的な動詞「する」の連用の形式「して」が脱落して成立したものであろう。(p.299)」との指摘を行っている。さらに、「今日を限りに」のような表現を〈$N_1$ ヲ $N_2$ ニ〉（動詞脱落）の形式（N：名詞（句））であるとし、「〈$N_1$ ヲ $N_2$ ニ〉はひとまとまりとなって、文の成分をなす。(p.308)」と述べている。加えて、村木（1991）では〈$N_1$ ヲ $N_2$ ニ〉の形式について、「$N_2$ は自由に連体修飾を受けないこと、これは名詞性の希薄化を意味する (p.305)」ということや、「〈$N_1$ ヲ $N_2$ ニ〉の構造を持つ表現では、その意味をかえないで〈$N_1$ デ／カラ／ニ／ト〉などの格助辞や〈$N_1$ ニオイテ／ヨッテ／対シテ〉などの格助辞と後置詞のくみあわさった形式におきかえることができるものがある。(p.304)」ということを指摘している。そして、この〈$N_2$〉について、「その語彙的意味を保持しつつも、名詞性をうしなって、後置詞的な性質をおびていると考え

ることができる。(p.305)」と述べている。

　例文の「今日を限りに」の「限りに」は、①「今日を」という名詞の格の形式と結びつくことによって、「事態成立の時点」を示す状況成分を形成する（単独では文の成分にならない）、②「喫煙の」のような連体修飾を受けない（名詞性が希薄である）、「今日を限りに」は、③デ格の名詞の「今日で」や、名詞の格の形と後置詞のくみあわさった形式である「今日をもって」に言い換えられる。これらから、「限りに」は後置詞と捉えられるものと考えられる。

　ところで、デ格の名詞は、「事態成立の時点」以外にも、道具や材料、原因などを表す用法がある。しかし「Nを　限りに」という形式は、「事態成立の時点」という文法的意味を特化、明示する点が特徴的である。

| 考察3 | 〈$N_1$ヲ$N_2$ニ〉形式にみられる圧縮性（文の名詞句化、単語化）

　村木（1991）は、〈$N_1$ヲ$N_2$ニ〉形式にみられる圧縮性について次のように述べている（p.307）。

　〈$N_1$ヲ$N_2$ニ〉（動詞脱落）の構造を持つ表現が、形式性の動詞「シテ」が脱落したり、名詞の格の形式が脱落して二つの名詞（句）が格助辞を介さずに直接むすびついたりするのは、文相当の形式が動詞をうしなって句相当になり、さらに二つの句が単語相当にちかづいていくわけであり、より大きな単位から小さな単位へと圧縮されていく姿である。

① 　職人技術の伝達を考えるうえで重要な役割をはたしていた「西行」が、明治末期頃を限りにしてあまりみられなくなった点や、変質していった点についても先に述べた。　　　　　　（初田亨『職人たちの西洋建築』講談社 1997）
② 　ただでさえ近寄りがたいこの老刑事の物腰には、今日を限りに職を退くふうなどみじんもなかった。　　　　（浅田次郎『三人の悪党』光文社 1999）
③ 　先送りの人生は今日限りやめよう。　　　　　（「Yahoo!ブログ」Yahoo! 2008）

①は、形式的な動詞「する」の第二中止形「して」が脱落せずに残ったままの形で用いられている例である。「して」が脱落した「明治末期頃を限りに」が、同

じ意味、機能を有しながら、簡潔で、しかも、情報を明確に示すのに比べ、①は説明的でやや冗長さが漂う。村木(1991)は、記事のスペース確保のために「評論、解説などの文章においては、このような形式性の動詞「シテ」を脱落させた言いかたを発達させているようである。(p. 300)」と述べているが、この形式が示す簡潔性・明確性も、「シテ」脱落の理由の一つと考えられる。

　②の「今日を限りに」は「今日を限りにして」から「して」が脱落して句相当になったもの、③の「今日限り」は複合語として単語へ圧縮されたものとみられる。

　ここには、説明的、具体的な「文」的表現から、文の構成要素が脱落した「名詞句」表現、さらに「単語」へという、文の名詞句化、単語化が見られる。文の送り手によって圧縮された文は、受け手によって理解の際に解凍されなければならない。ある部分を脱落させ、圧縮することができるのは、それを受け手が文として適切に必要な要素を補い、解凍して理解できるという予測の下でのことである。この〈$N_1$ ヲ $N_2$ ニ〉（動詞脱落）には、文字として表された事実を超えた、受け手と送り手の共通の言語的基盤の存在が必要となる。したがって、〈$N_1$ ヲ $N_2$ ニ〉（動詞脱落）の構造を持つ表現は、受け手と送り手両者の言語的能力の成熟がなければ成立し得ない文法形式といえよう。

## 【3】-1* 　声を限りに* 　　　　　　　　　　用例：声を限りに叫ぶ

　用例は、「声を限りにして叫ぶ」という文の中の形式動詞「する」の第二中止形「して」が脱落したものと考えられる。この場合の「限り」は限界を示す。「声を限りに叫ぶ」は「声を限界に達するまでの大きい状態にして叫ぶ」という意味であって、「声を限りに」は修飾成分を形成している。従って、(3)「用例：今日を限りに禁煙する」の、「事態成立の時点」を示す状況成分を形成する「N　限りに」という形式とは異なる文法的性質を持つ。『大辞林』には「声を限りに」という見出しがあり、「出せる限りの大声で。「-に叫ぶ」」という解説がある。

　「現代日本語書き言葉均衡コーパス」を用いて「を限りに」や「をかぎりに」で検索すると全部で39例得られた。そのうち、31例が「声を限りに」、または「声をかぎりに」で、しかも31例中20例が「叫ぶ」という動詞と共

に用いられていた。このことから、「声を限りに」は慣用化しており、多くの場合「叫ぶ」と共に用いられる固定的表現であることがわかる。なお、「声を限りにして」の形は、一例も検索できなかった。また「限界に達するまでの大きなNで」という意味を表す「Nを　限りに」については、「声を限りに」以外、下の③の「力を限りに」が1例得られたのみであった。

① 「おまえは幻なんだ！」声を限りに叫んで、ワタルは分身に向かって突進した。　　　　　　　　　　　　　　　　（宮部みゆき『ブレイブ・ストーリー』角川書店 2003）
② アンは見る見るうちに恐ろしい形相となり、唾を飛ばし、声を限りに彼女に向かって罵る。　　　　　　　　　　　　　　（恩田陸『ライオンハート』新潮社 2004）
③ 今年、各地を襲った天災に触れ「地震や台風の苦難を乗り切った仲間のことを心に刻み、つなぐ力を発揮して力を限りに戦う」と、ゆったり間を取って宣誓した。　　　　　　　　　　　　（「河北新報2004/12/31（朝刊）」河北新報 2004）

【4】皮切りに（して）／皮切りと　して

　「（Nを）皮切りに（して）／（Nを）皮切りと　して」

　　　　　　　　　　　　　　　　　　　　　用例：今度の出演を皮切りに

『大辞林』によると、「皮切り」は「物事の一番初め。手始め。」を第一の意味に持つ名詞であるという。「Nを　皮切りに」、「Nを　皮切りに　して」、「Nを　皮切りと　して」は、動きや状態の始まる時間や場所（起点）を表すカラ格の名詞に相当する形式で、状況成分として働く。

① ジュネーブのモーターショーを皮切りに世界を巡回中で、今秋にはシドニー、東京にもお目見えする予定だ。
　　　　　　　　　　　　（高知新聞社・ピヤネール多美子「高知新聞2004/9/28朝刊」高知新聞社 2004）

　①の「ジュネーブのモーターショーを皮切りに」は、「ジュネーブのモーターショーを皮切りにして世界を巡回中で」という部分の形式的な動詞「する」の第二中止形「して」が脱落したものと見られる。「皮切り」がもとの語彙的意味を失っていること、「ジュネーブのモーターショーを皮切り

に」が一まとまりで、「ジュネーブのモーターショーから」という事態（車の巡回）の始まる起点を表すカラ格の名詞に相当する働きをして、文中で状況成分を形成していること、「皮切りが」、「皮切りを」、「皮切りで」の形が存在せず（格の体系を持たない）、「ジュネーブのモーターショーを盛大な皮切りに」などの連体修飾を受けないなど、名詞性が見られないことは、「皮切りに」が後置詞化していることを示している。

　「ジュネーブのモーターショーを皮切りに」は、「ジュネーブのモーターショー」が、次々と「車の巡回」が展開していく起点であることを示す。〈$N_1$ ヲ $N_2$ ニ〉という形式から推測されるように、「N を　皮切りに」は、報道・説明・解説などを目的とする文章に多く用いられるタイプの形式で、次々と展開が予想される事態の起点を示す点を特徴としている。さらに、この「N を　皮切りに」という形式は、テレビニュース、情報誌などのコンサート情報等で、②のようにパターン化されて用いられており、そのような一定の場面での決まった表現形式として、一種様式化された使用が行われていることも特徴に挙げられる。

② 　8/17より、仙台を皮切りに全国8ヶ所で公演予定。
（GN Prince・Boon編集部・Risa Shoji「Boon（ブーン）」2002年9月号（第17巻第9号、通巻184号）祥伝社2002）

　前述の通り、「N を　皮切りに」は、③に見えるような「N を　皮切りにして」から形式性の動詞「して」が脱落したものである。「して」が脱落しても、意味上も統語上も問題なく「皮切りに」が後置詞として機能すること、これは、「して」が語彙的意味を失っているのみならず統語的にも機能していない実態を示している。或いは、語彙的意味が乏しく、統語的にも機能していないからこそ、脱落し得るということも可能といえよう。

③ 　私が8年前から主張し続けてきたのは、敗戦から60年目にあたる2005年を皮切りにして、その後の数年間にアメリカ発の世界恐慌が始まり、これに巻き込まれる日本が緊急の金融統制措置を発令する。このように書いて

きた。

(副島隆彦『預金封鎖—実践対策編』祥伝社 2003)

　一般に後置詞は、「(〜に) ついて」、「(〜に) おいて」、「(〜を) めぐって」など、動詞の第二中止形由来のものが多い。そこで、本書では、「(〜を) 皮切りに　して」は「皮切りに　する」の第二中止形由来の後置詞であり、そこから「して」が脱落した「皮切りに」は「皮切りに　して」のヴァリアントと捉える。つまり、〈$N_1$ ヲ　$N_2$ ニ　シテ〉という形式において〈$N_2$ ニ　シテ〉は後置詞であり、そこから「シテ」が脱落した、〈$N_2$ ニ〉もそのヴァリアントとしての後置詞と捉えるという意味である。

④　三五年の宮城県南郷村(現在の南郷町)を皮切りとして、地域独自の判断で集団移民に踏み切るところが出てきました。

(岸康彦『興亡の国を支えて』家の光協会 2001)

サンプルにある「N を　皮切りと　して」の〈皮切りと　して〉も、例④に見えるように〈N を〉と組み合わさって、動きや状態の始まる時間や場所(起点)を表すカラ格の名詞相当の形式を形成している。そこで、この「皮切りと　して」も後置詞とみなし、「皮切りに　して」のヴァリアントと位置付ける。しかし、「皮切りと　して」の場合、「して」が脱落した「皮切りと」という形で使用される例は一般に見られない。実際に「現代日本語書き言葉均衡コーパス」で検索したところ、「N を　皮切りに」が179例検出されたのに対して、「N を　皮切りに　して」は2例(うち連体形式「N を　皮切りに　した」1例)、「N を　皮切りと　して」は5例(うち連体形式「N を　皮切りと　する」1例)で、「N を　皮切りと」は検出例がなかった。これに関して村木(1991)は以下のように述べている(p. 323)。

　　現代日本語の中で、〈$N_1$ ヲ $N_2$ デ〉〈$N_1$ ヲ $N_2$ ト〉という言いかたは発達していない。これに対して、〈$N_1$ ヲ $N_2$ ニ〉は、今日きわめて生産的な表現形式といえる。

　以上から、実際の使用において、「(N を) 皮切りに」というコンパクトな形

式が後置詞として一般的であるという事実が指摘できる。

### 4.1.3 ト格支配の後置詞
【1】あって　　「(Nと)あって」　　　　　　　　用例：年に一度のお祭りとあって

「あって」は、動詞「ある」由来の後置詞。「Nと　あって」は、原因を表すデ格の名詞に相当する形式で、原因や理由を表す状況成分を形成する。

① 今日は休日とあって大変な人出だ。　　　　　　　　　　　　　（『大辞林』）

①は「今日は休日であるという特別な理由があって、やはり予想にたがわず大変な人出だ」という文を圧縮したものと考えられる。「特別な理由」という解説は後置詞「あって」と組み合わさる名詞「休日」にはつけられていないが、この文の受け手には常識的に理解される。さらに、それが原因となって起こる、特別な事態である「大変な人出」も「当然予測されるもの」である。「今日は休日だから」との違いは、「今日は休日とあって」には、言語主体が「休日」に対して「特別な理由としての意義を認める」認識が見られること、その「休日であるという特別な理由」が原因となって発生が予測される特別な事態が続いて述べられるという予告が示されていること、そして、この文で言語主体が主張したい中心は、後に述べられる、特別な事態である「大変な人出だ」の部分にあることである。接続助詞「から」を用いた文（「今日は休日だから」）では、原因や理由を示す「～から」の部分が強く主張される。（下記例文中、二重下線、四角枠囲み筆者）

② 東国では唯一の 伏見稲荷と あって、初詣ではたいへんな賑わい。
　　　　　　　　　　　　　　　　（山下喜一郎『花の東京散歩』山と溪谷社2001）
③ この大会は、三年生が引退してから初の 郡大会と あって、どの試合も熱戦が繰り広げられました。　（『広報わたり』2008年11号宮城県亘理郡亘理町2008）

例②、③に見られる「Nと　あって」にも、言語主体がNに対して＿＿＿で表示した部分に表されるような「特別な理由としての意義を認める」認識を持っていることと、その特別な理由が原因となって、当然発生が予測される特別な事

態が続いて述べられるという予告が示されている。また、文全体としての主張の中心は、②は「初詣ではたいへんな賑わい」、③は「どの試合も熱戦が繰り広げられました」という、「Nと　あって」の後に述べられる特別な事態の部分である。

　後置詞「あって」は「Nと　あって」という形式で、「Nという誰もが納得する特別な理由があるから、やはり予想にたがわず～」という原因・理由を表す状況成分を形成する。ある事柄を事態成立の特別な理由とする言語主体の認識を言外に示すと共に、その特別な理由が原因となって、皆に当然予測される特別な事態が発生することが後に述べられることを予告するという、主節で表される事態成立の理由と原因が示される点が特徴的である。

### 4.1.4　ノ格支配の後置詞
【1】かたわら　　　「(Nの)かたわら」　　　　　　　用例：勉学のかたわら

　「かたわら」は、名詞「かたわら」由来の後置詞。『大辞林』によると、「かたわら」は「①端に片寄ったところ。はし。わき。②すぐ近くのあたり。そば。」を意味するという。「Nの　かたわら」は、動作のしかた（順序）を表すカラ格の名詞に相当するもので、その文で述べられる事態成立の状況を表す状況成分を形成する。Nには動作名詞を中心に、継続して従事する職業、作業が主に用いられる。

①　勤めのかたわら、絵をかく。　　　　　　　　　　　　　（『大辞林』）

①は「勤めをする一方で、絵をかく」という意味で、同時進行ではないが、一人の動作主体がある事柄を行う状況で、別の事柄を並立して行うことを表す。この「Xの　かたわら、Y」という形式では、Xが主な事柄となるので、例文①の場合、「勤め」が主な事柄で、「絵をかく」が副次的事柄である。

　「Nの　かたわら」という形式は、刻々と動く点的な時間を反映した動きではなく、時間的な広がりをもった状況として把握した二つの事柄の並立を客観的に、いわば絵画的に描写しており、その点において書き言葉的で上品なニュアンスを醸し出していることが特徴的である。

② 戦後、父親は新聞配達の<u>かたわら</u>、というよりむしろそちらが本業のように、投稿に精を出した。　　　　　　　　（佐野眞『一人を覗にいく』筑摩書房 2002）
③ 宮本武蔵どのはご領主・宇喜多秀家どのに啓発され、武者修行の<u>かたわら</u>諸国の寺々のさまざまな襖絵を見て学び、剣とともに絵の達者になられたと、ききおよんでおりもうす。　　　（澤田ふじ子『火宅の坂』徳間書店 2001）

②には、「新聞配達」が本業で「投稿」が趣味的な事柄ではあるが、実際は「投稿」が本業のようになっていることが述べられている。③は、宮本武蔵が「武者修行」を主な務めとして日々行っている状況で、「絵の独学」もそれと並行して続けていた様子を描写している。

【2】こととて　　「(Nの) こととて」　　　　　　　　用例：休み中のこととて
　「こととて」は、形式名詞「こと」由来の後置詞。「Nの　こととて」は原因を表すデ格の名詞相当の形式で、原因、理由を示す状況成分を形成する。

① ある日ニューヨークの付近の海水浴場へ行きました。冬の<u>こととて</u>人影は二、三人しか見られませんでしたが、施設は行き届いたものです。
　　　　　　　　　　　　　（松下幸之助『松下幸之助発言集』25 PHP 研究所 1993）

「Nの　こととて」の「こと」は「状況」の意を含み持つと捉えられる。従って、上の文は「冬という状況なので」という意味を含み持つことになり、それによって、受け手は冬に対して常識的に抱くイメージをもとに、「人影は二、三人しか見られませんでした」という事態の原因や理由となる「冬」の状況(「冬は寒い」、「冬には海で泳がないものだ」、「冬に普通は海水浴場に行かない」等)を豊かに思い描くことを可能とする。それに対し、「冬なので」や「冬だから」は、単純に「冬」が事態の原因や理由であることを示しているに過ぎない。
　この「Nの　こととて」という形式は、Nから常識的に認識される様々な状況をもとに、事態の原因、理由について受け手に豊かに思い描かせる点を特徴としている。
　下の例②は単身の参勤者、③は子供であることから常識的に得られる様々

な状況（②手伝ってくれる人がいないので自分一人で何もかもしなければならない、③落ち着きがない等）を事態の原因や理由の背景として、受け手は様々に思い巡らすことができる。

② 小林殿は単身の参勤者のこととて台所仕事もやらねばならない。
（佐藤雅美『小説現代』2003年12月号（第41巻第16号）講談社 2003）

③ 子供のこととてじっとしておられずに、やれ、のどがかわいただの、おなかがへったのとむずかりはじめた。（牛場靖彦『大相撲牛場所』ぴーぷる社 1992）

「とて」は、名詞や引用の句、文に後接して、原因や理由、引用等を表す古語の格助辞「とて」に由来することもあって、「（Nの）こととて」はどこか古めかしく、やや硬いニュアンスを発揮する形式と言える。

【3】ところを　　「（Nの）ところを」

「ところを」は、形式名詞「ところ」由来の後置詞である。「Nの　ところを」は、動作や状態が成り立つときを表すニ格の名詞に相当するもので、その文で述べられる事象成立の時や場面を表す状況成分を形成する。「Nの　ところを」は、下の例のように、きまり文句として挨拶の際に多く用いられる。

① 満堂の諸君、御多忙のところをお集まり下さいまして有難う存じます。
（佐々木邦『ガラマサどん』講談社 1996）

② それではわたくしはこれで…ご休養中のところを失礼存じました」商人は米つきバッタのように頭を下げながら帰っていく。
（河原よしえ『青き大地の声』勁文社 1991）

③ お急ぎのところを申し訳ありません。方向が同じですので、ちょっと実家に立ち寄りたいのですが、よろしいでしょうか？」と木蘭が言った。
（安能務『隋唐演義中』講談社 1997）

例①には「お集まりくださいまして」という表現が見られるが、②、③はそれに相当する②「お邪魔しまして」、③「お時間をいただき」のような部分が省略さ

れている。だが、実際には②、③のような省略された形がよく用いられる。また、『大辞林』では、形式名詞「ところ」の第一の意味を「空間的な位置・場所」としているが、後置詞「ところを」は、①「御多忙の状況に」、②「ご休養中という状況に」、③「お急ぎの状況に」のように「状況」という「時間的な位置・場面」に相当する意味を含み持つことが言える。

　①は「忙しいときに集まる」という意味で、「御多忙のところを」は、「集まる」動作が行われる「とき」を表す状況成分となっている。②、③も「ご休養中のところを」、「お急ぎのところを」は、それぞれ省略された「お邪魔する」、③「お時間をいただく」動作が行われる「とき」を表す状況成分であるといえる。

　『旺文社　古語辞典　第九版』によると、格助辞ヲの基本義は「話し手が対象としてとらえる物事を指示する。」であるという。従って①「御多忙のところを」は、ヲ格の形式を用いることによって、「集まる」という働きかけを行う対象として、その状況を強く認識する言語主体の意識を表す表現となっていることが指摘できる。そこに、「御多忙という状況（その状況で普通は「集まらない」）」に対し、それを押して敢えて「集まる」行為を行うというニュアンスが発生し、その不自然な関係から対比性が生じて、「お忙しいにもかかわらず」という逆接的な意味や、「わざわざ」という気持ちが出現することとなったように思われる。②や③も相手が「休養中である状況」、「お急ぎである状況」を押して、敢えて「お邪魔する」、「お時間をいただく」という働きかけを行う点に対比性が生じ、そこから「休養中にもかかわらず」や「お急ぎにもかかわらず」のような逆接的な意味が発生している。逆接的意味を「～のに」や「～にもかかわらず」のような逆接を明示する形式によって示すのではなく、不自然な関係の並立表示によって生じる対比性から、逆接的意味の理解を受け手に求める点に、表現の穏やかさと高度さが示される。

　さらに、「御多忙のところを」、「ご静養中のところを」、「お急ぎのところを」は、それぞれ、「お忙しいときに」、「休んでいらっしゃるときに」、「急いでいらっしゃるときに」と同等の意味を表すが、後者のように、現実の時間に基づいて具体的に状況を表現する形容詞や動詞を用いて説明的にその場を示すのではなく、名詞的表現でその場を静的な状況、場面として提示するた

め、上品な印象を醸し出している(「ところ」は、「状況」や「場面」を含み表す表現でもある)。ここにこの形式が改まった場面でのあいさつに使用される理由があるように思われる。

　また、②、③は「お邪魔しまして」、「お時間をいただき」等が省略されているが、省略された理由にあたる部分は常識的に受け手に理解されるものである。寧ろそのような理由を省略したことによって、説明的な論理が勝る文ではなく、②「失礼した」、③「申し訳ない」という言語主体の強い気持ちを直接受け手に伝えることを第一とする文となっていることが指摘できる。

④　500円の<u>ところを</u>、200円でゲット♪オートチューナー機能付き。
(「Yahoo!ブログ」Yahoo! 2008)

⑤　合計五一〇〇円の<u>ところを</u>、一〇〇円値引きしてくれた。
(風間一輝『男たちは北へ』早川書房 1989)

　その他、「現代日本語書き言葉均衡コーパス」からは、④、⑤のように「Nのところを」のNの部分に金額が用いられる例が得られた。それら「Nのところを」は、④「200円でゲット」、⑤「一〇〇円値引きしてくれた」事態発生の「場面」を表す状況成分となっている。④では、「500円のところを」とヲ格の名詞を用ることによって、状況が対象として強調して示され、その結果、「本来は500円であるという状況」に、「200円でゲット」という事態が発生したというニュアンスが加わる。その不自然な関係から対比性が生まれ、そこに「本来は500円であるにもかかわらず」という逆接的な意味や、「意外にも、運よく」という言語主体の思いの発現が示される。⑤もヲ格の名詞によって、「本来は合計五一〇〇円であるという状況」に「一〇〇円値引きしてくれた」という事態が発生したというニュアンスが加わり、その不自然な関係から対比性が生まれ、そこに「本来は合計五一〇〇円なのに」という逆接的な意味や、「意外にも、運よく」という言語主体の思いの発現が示される。④、⑤の場合も、「〜のに」や「〜にもかかわらず」のような逆接を明示する形式を用いるのではなく、不自然な関係の事柄を並立表示することによって生じる対比性から受け手に逆接的意味の理解を求める表現である。また、そ

の対比性から表われる意外性が特徴的と言える。

【4】ゆえ(に)／ゆえの　　「(Nの)ゆえ(に)／ゆえの」
　「ゆえ(に)」は名詞「ゆえ」由来の後置詞。『大辞林』によると、「ゆえ」の第一の意味は「理由。わけ。特別な事情。」であるという。「Nの　ゆえ(に)」は原因を表すデ格、カラ格の名詞に相当するもので、原因・理由を示す状況成分となる。「Nの　ゆえの」は連体形式である。

①　スヴィアトスラフ・リヒテルのプロコフィエフ演奏はその思慮深い留保と、一瞬の造形の見事な深さの<u>故に</u>、どんなものでも注意深く聴く価値があった。
　　　　　　　　　　　　　　　　　(村上春樹『スプートニクの恋人』講談社 1999)

「深さの故に」は、カラ格の名詞を用いた「深さから」や、3級の'〈機能語〉の類'の後置詞「(～の)ために」を用いた「深さのために」等に言い換えられる。だが、①のような芸術に関する、思索的で高尚な内容の文には、古語に由来し、古雅な響きがある後置詞「ゆえ(に)」が似つかわしい。

②　この時点で、基地に関して、冷戦終結の<u>故</u>の整理縮小を期待し、それを政府案になんとか盛り込ませようとする大田県政と沖縄開発庁はするどく対立したという。
　　　　　　　　　　　　　　　(島袋純・山口二郎『グローバル化時代の地方ガバナンス』岩波書店 2003)

連体形式の「冷戦終結の故の」は、「冷戦終結を原因・理由とする、冷戦終結による」という意味で「整理縮小」を規定する規定成分となっている。

## 【4】-1　ゆえ(に)／ゆえの　　「(N／Nの　こと)ゆえ(に)／(N)ゆえの」
　　　　　　　　　用例：貧しさゆえに／戦争中のことゆえ／病気ゆえの不幸

① 　こういうことはみな、貧しさゆえに起こったことである。
　　　　　　（「日本の教育改革」有識者懇談会『なぜいま教育基本法改正か』PHP研究所 2004）
② 　なにぶん、迷路のことゆえ、どこをどうぬけるやら、皆目判らない。
　　　　　　　　　　　　　　　　（物集高音『大東京三十五区冥都七事件』祥伝社 2001）
③ 　これもねじれ国会ゆえの参議院の姿。　　　　（「Yahoo!ブログ」Yahoo! 2008）

①は「貧しさのゆえに」から、②は「迷路のことのゆえに」から、③は「ねじれ国会のゆえの」から、それぞれ格助辞「ノ」が脱落した形と考えられる。例②「迷路のことゆえ」は「迷路のこと」という名詞句をNとみなすことができる。
　ところで、以下の例のように、古語においては、後置詞「(Nの)ゆえに」は格助辞「ノ」が脱落した形で用いられるのが一般的であったようである。

　「難波江の蘆のかりねの一夜ゆへ(ゑ)身をつくしてや恋ひわたるべき」
　　　　　　　　　　　　　　　（千載和歌集　巻第13 恋歌3　807 皇嘉門院別当[7]）
　「陸奥のしのぶもぢずり誰ゆゑに乱れむと思ふ我ならなくに」
　　　　　　　　　　　　　　　（古今和歌集　巻第14 恋歌4　724 河原左大臣[8]）

上の例を見ると後置詞「ゆえ(に)」は古語では一般的に名詞のはだか格と組み合わさって用いられていたということが考えられる。鈴木(1972b)でははだか格について「古代語では主語・対象語にもこの形がふつうにもちいられていた(p.217)」と述べられている。また古語では、ガ格の名詞が規定語に、ノ格の名詞が主語に用いられることもあった。そのため、「Nの　ゆえ(に)」においても、ノ格の代わりにガ格が用いられ、さらにガ格の代わりにはだか格が用いられたという意味によって、後置詞「ゆえ(に)」が古語では一般的にはだか格の名詞と組み合わさっていたということも考え得る。したがって、「Nゆえ(に)／Nゆえの」のように「Nの」から「ノ」が脱落した形式は、古語の残存形式と捉えられる。

「Nの　ゆえ（に）」→「Nが　ゆえ（に）」→「Nゆえ（に）」

例①「貧しさゆえに」は「貧しさが原因で」、例②「迷路のことゆえ」は「迷路という状況なので」という意味である。「Nゆえ（に）」という形式で「Nが原因・理由で」、「Nの　こと　ゆえ（に）」という形式で、「Nという状況・事情が原因・理由で」という原因・理由を表す状況成分を形成する。後者は「こと」というNの「状況・事情」が原因に加わっているが、受け手は自分の経験からその状況や事情（②は「迷路」の状況）が自由に想い描ける。「ねじれ国会ゆえの参議院の姿」は「Nゆえの」という連体形式になっている。

「ゆえ」は古語由来の古雅な響きを持つ単語で、現代の日常会話ではほとんど用いられることはない。しかし、上の例の「ねじれ国会ゆえの参議院の姿」のようにブログに書かれるような文であっても、事態を深刻なものとして伝えるため、または深い思索的ニュアンスを持たせるため等、様々な目的のために意図的にこの形式が選ばれる場合もある。

その他、「貧しさゆえ（に）」は、ノ格の後置詞を用いた「貧しさのゆえ（に）」と同等の意味を表すが、両者を比較すると、格助辞「ノ」が脱落した「貧しさゆえ（に）」の方は、古語の残存形式であるため、古雅な趣をいっそう強く発揮している。

## 4.2　とりたて的なはたらきをもつ後置詞
### 4.2.1　二格支配の後置詞
【1】至っては／至っても　　「(Nに)至っては／(Nに)至っても」

「至っては」、「至っても」は、動詞「至る」の第二中止形由来の後置詞。「Nに　至っては」、「Nに　至っても」という形式で、「通常と違って極端な場合である」という意識をもって、前者は名詞Nを主題として取り立て、後者は名詞Nが他の事柄と同様であることを示す。

①　中・東欧地域の平均賃金は西欧の約5分の1(04年ジェトロ調査)で、ブルガリアやウクライナに至っては中国より安い(図)。
（稲垣謙三・エコノミスト編集部「エコノミスト」2005年5月24日号（第83巻第29号、通巻3758号）毎日新聞社 2005）

② 主要3社の営業利益を見ると、トヨタ自動車が前年比1.4％増の約2.3兆円、日産自動車が1.8％増の約7900億円、ホンダに<u>至っては</u>12％増の約9530億円。過去最高益を実現した企業も少なくない。　（「Yahoo!ブログ」Yahoo! 2008）
③ 工業技術院の定員もこの十年で一〇％以上減っております。内訳は、研究職が五・一％、行政職が二三・三％それぞれ減になっており、研究補助員に<u>至っては</u>一九八三年以来ゼロ定員であります。

(市川正一君『国会会議録』第120回国会 1991)

④ この後半の東北1周の路線上には沢山の準指定地があるのです。前の「青森から青森ゆき」片道切符に<u>至っても</u>、周遊乗車券にできた理由には「函館駅」が周遊指定地「湯ノ川温泉・函館山」の準指定地だからなのです(準指定地の活用は110頁参照)。(はらひろし『JR切符のかしこい買い方パート2』風濤社 1993)

①の「ブルガリアやウクライナに至っては」は、「ブルガリアやウクライナは」と同様に「ブルガリアやウクライナ」を主題として取り立てる。しかし、その主題に対して、「とりわけ、特に、通常と違って極端な場合である」という意識をもって取り立てる点に特徴がある。さらに、「至って」はもとの動詞である「至る」が表す「様々な地点を経た上でのある場所への到達」という意味を含み持つことから、極端であるという意識をもって取り立てた主題の前にいくつかの段階が存在することを思わせる(例えば、平均賃金が比較的良好なハンガリーやチェコから、スロバキア、ポーランド、そして極端に低いブルガリアやウクライナという段階である)。例②、③は、極端であるという意識をもって取り立てる主題の前にそこに到達するまでのいくつかの段階の例を明示している。

　④の「片道切符に至っても」は、「片道切符も」と同じく、「片道切符」が他の事柄と同様であることを表す働きをするが、①と同様に「通常とは異なる極端な場合である」という認識をもって「片道切符」を取り立てている点が「片道切符も」との違いである。また、この場合も「青森から青森ゆき」片道切符という通常では考えられないケースの前に、青森からの周遊切符や「青森から青森ゆき」往復切符という一般的な段階の存在を受け手に想起させる。そして、そのような一般的なケースが認識できるからこそ「青森から青森ゆき」片道切符が極端な場合であると受け手に理解されると言えよう。

【2】して 「(Nに)して」 用例：これはあの人にして初めてできることだ
　　　　　　　　　　　あの優秀な彼にしてこのような失敗をするのだから

　「して」は、動詞「する」由来の後置詞で、ニ格の名詞と組み合わさり、主語として働く名詞Nを他から強く取り立てて提示する。組み合わさる名詞を「他と違って特別である」と積極的に高く評価する意識をもって、排他的に強く取り立てる点に特徴がある。

　用例の「これはあの人にして初めてできることだ」は、「この（高度な）ことは、（優秀な）あの人が（優秀なあの人であって、それで／優秀なあの人だからこそ）できることだ、他の人にはできない」という意味で、「して」は「あの人」を特別な存在として高く評価する意識を持って他から排他的に強く取り立てて示す働きをしている。明示されてはいないが、文脈から「これ」が「高度なレベルのこと」であり、「あの人」が「優秀な人」であることが理解される。①も「して」が「金正日」を「他と違って特別である」という意識をもって積極的に評価して他から強く取り立て、「その彼が（彼であって、それで／彼だからこそ）初めてでき得たことかもしれない。」と述べている。

① 目的のためなら手段を選ばないという純粋培養特有の考えを持つ金正日にして、初めてでき得たことかもしれない。

(落合信彦『「日本の危機」を読め！』光文社1988)

　もう一つの用例の「あの優秀な彼にしてこのような失敗をするのだから」は、「あの優秀な彼がこのような失敗をするのだから」、つまり「あの優秀な彼であって、それで／あの優秀な彼でも、このような失敗をするのだから」という意味で、最初の例とは表す内容が異なる。しかし、「あの優秀な彼」を「して」が特別な存在として高く評価する意識を持って他から排他的に強く取り立てて示す働きをしている点は前の用例と同じである。同様に②も「日本海軍」を「して」が特別なものとして積極的に評価する意識を持って強く取り立てて示しつつ、続いてそれとは不釣り合いな内容の文を述べている。「この英国観」が貧弱なものであることは文脈から理解される。

② 　イギリスに範をとり、建設の緒につき、長年にわたり士官を派遣しそのよきところを学ばせ、開明的といわれてきた日本海軍にして、この英国観なのである。

(半藤一利『歴史探偵昭和史をゆく』PHP研究所 1992)

　①、②どちらの場合も、「して」は主語として働く名詞Nを積極的に評価する意識を持って他から取り出し、排他的に強く取り立てて示している。①のように後置詞「して」が取り立てる前件と後件が常識的に矛盾なくつながる場合は「Nだからこそ」という意味になり、②のように両者の関係が自然につながらない場合は対比性が生じ、「Nでも」という逆接や譲歩的意味が発現する。したがって、文全体の意味は、後置詞「して」が取り立てた部分と後の部分の関係によって常識的に理解されることになる。

　3級レベルでは、「あの優秀な彼だから」、または「あの優秀な彼でも」のように、単語と言語形式で意味が具体的に明示される。それに対して「Nにして」は、言語を用いる人間の常識等を含めた、単語や言語形式と人間の能力との共同に文の理解を期待する形式といえる。

　「N に　して」は、『現代日本語文法5』が「排他や限定の意味を表す (p. 81)とする「が」によるガ格の名詞相当の働きをしている。Nは後置詞「して」によって排他的に強く取り立てられるが、Nと後件との関係によって、「Nだからこそ／Nが」、または「Nでも／Nが」という意味が発現する。

③ 　4戦目にして、ようやく連敗脱出し、そのあと2連勝！

(「Yahoo! ブログ」Yahoo! 2008)

④ 　笠ガ岳。二度目にして頂上を極めることができました。

(石井善子『明日のおもいで』牧野出版 2002)

　『現代日本語文法2』は、デ格の名詞について「事態が成立・完成・実現するときの、数量的・時間的・空間的な範囲の上限や終点を限界という。限界は主として「で」によって表される。(p. 90)」と述べ、「先着30人で締め切る。」という例を示している。

　さらに続けて『現代日本語文法2』は、「「で」は、数量を表す名詞につき、

事態の進行に伴って変化していく数量の、ある時点での上限を表す。(p.90)」との解説を行っている。「(Nに)して」は序数を表す名詞と用いられ、③は「4戦目に／4戦目で」、④は「二度目に／二度目で」と、ニ格或いはデ格で表される名詞をとりたてて強調している。③「4戦目にして」は、ニ格の名詞と捉えた場合「連敗脱出したとき」を強調して表し、デ格の名詞と捉えた場合「数量を表す名詞につき、事態の進行に伴って変化していく数量の、ある時点での上限を表す」デ格の名詞の用法と捉えられるため、「連敗脱出時点(最終時点＝上限)が試合を始めて4戦目であること」を強調して表す。④「二度目にして」も③と同様に、ニ格の名詞と捉えた場合「頂上を極めることができたとき」を強調して表し、デ格の名詞と捉えた場合「頂上を極めることができた時点(最終時点＝上限)が登山を始めて二度目であること」を強調して表す。③も④も最終時点の「4戦目」や「二度目」をとりたてて強調する点に、「やっと」や「ようやく」のような陳述詞のニュアンスが示されることが特徴的である（③には「ようやく」が表示されている）。

⑤　太子は二十歳にして推古天皇の摂政となり、軍事、政治、文化の上でもかずかずのめざましい業績をあげたという。
（堂本ヒカル『やっぱり邪馬台国は九州にあった』鳥影社2001）

⑥　私は平成十三年一月九日、五十四歳にして初めて石垣いちごなるものを体験しました。　　（横山良哲『新きらめき鉱物・化石ガイド』風媒社2004）

『現代日本語文法2』は、「限界を表す」デ格の名詞について、「「で」は、時に関わる名詞についた場合、事態の成立する時点を表す。このとき、「で」は、名詞の表す時点までの事態の経過を含意し、それまで続いていた事態が終了して新たな事態が成立することを表す。(p.90)」と述べている。

「(Nに)して」は⑤や⑥のように年齢を表す名詞と用いられ、それぞれ「二十歳で」、「五十四歳で」という意味によって、文で述べられる事態が成立、実現するときの年齢をとりたてて強調して表す。そのため、年齢と成立する事態との関係によっては、⑤のような「そのような若さで（二十歳で摂政就任は普通あり得ない）」や、⑥のような「遅ればせながら、ようやく（五十四歳まで石垣い

ちごを体験していない人は珍しい）」というニュアンスを発揮する場合がある。

　⑤の「二十歳にして」は、「普通の皇子時代」の終わりであって、「摂政就任」という新たな事態成立の時でもある「二十歳」という時点を強調して表している。⑥の「五十四歳にして」は、それまで続いた「石垣いちご未体験」の状態の終わりの時であって、「初めて石垣いちごなるものの体験成立」時でもある「五十四歳」という時点を強調して表す。

⑦　茂吉もウナギに信仰を持っていた。ウナギを食べると五分にして目の輝きが違ってきて、そのあと勉強できると言っていたものだ。

（北杜夫『マンボウ酔族館』実業之日本社 1995）

　その他『現代日本語文法2』は、時に関わるデ格の名詞に関して、「期間を表す名詞を含め、時間的な量を表す名詞は、「で」をつけて、動作にかかる時間を表す。(p. 90)」と述べている。しかし、そこに挙げられている「半年で10キロも太った。」という例を見ると、時間的な量を表すデ格の名詞は「事態成立・完成・実現」に要する時間の上限を表すということも可能と考えられる。時間的な量を表す名詞「五分」と用いられた⑦の「五分にして」は、事態成立に要する時間を表すデ格相当の名詞を取り立てて強調して示しているが、そこに「上限」のニュアンスが発揮され、「五分」という時間に対する「わずか」という言語主体の認識が表される。

⑧　東京では63年前の昭和20(1945)年3月10日未明の大空襲で一夜にして多くの命が失われました。　　　　　　（「市報きよせ2008年05号」東京都清瀬市 2008）
⑨　父が一生掛かって働いて貯めた金は、一瞬にして悪夢と消えたのである。

（車谷長吉『武蔵丸』新潮社 2004）

　また、「(Nに)して」は「一夜」、「一瞬」等、ごくわずかな時間的な量を表す名詞と用いられ、事態成立に要する時間がごく短いものであることを強調して表す。⑧は「一夜で」、⑨は「一瞬で」のようにデ格で表される名詞をとりたてて強調したものとみられる。

⑩　答弁に当たったのは国土庁(当時)官僚だったが、中川元議員の視線の先に、斎藤英四郎・JAPIC会長(当時。故人)があったことには疑いの余地がない。新日本製鉄会長<u>にして</u>、鉄鋼・建設業など<u>重厚長大産業の元締的存在</u>。
　　　(斎藤貴男「週刊ダイヤモンド2003年9月6日号」(第91巻34号、通巻3997号)ダイヤモンド社 2003)

⑪　「さようか。貴殿の名は、わが国においても、つとに有名である。讒言の名人<u>にして</u>、殷帝を狂わせた<u>張本人とな</u>」太公望が悪来の三倍ほどの大音声で、迎え撃った。　　　　　　　　　　　(芝豪『太公望』PHP研究所 2000)

⑫　それにも増して、課長になりたての若さ<u>にして</u>、この落ち着き払った人を食ったような態度に、どこか偽物臭さを感じた。
　　　　　　　　　　　　　　　　　　　　(天木直人『さらば外務省!』講談社 2003)

⑩〜⑫は、古語の述語名詞「Nなり」(現代語の「Nである」に相当する)の中止形「Nに(し)て」の名残の形式とみられ、「Nであって、そして」という意味で、名詞Nを述語とする文を後に続ける働きをしている。これは松尾芭蕉の『奥の細道』の冒頭の「月日は百代の過客<u>にして</u>、行きかふ年もまた旅人なり。」と同等の形式といえる。現代でも⑪のような歴史文学や、⑩、⑫のように「Nである」ことを強調しながら文を後に続けるために用いられる場合が見られる。


【3】したって　　「(Nに)したって」　　　用例:この問題にしたって、同じことだ
　「したって」は、動詞「する」の第二譲歩形由来の後置詞で、二格形式の名詞と組み合わさって「Nに　したって」という形で用いられる。「したって」は、後置詞以外に、述語名詞の譲歩形相当の形式の構成要素としての形式動詞「する」の第二譲歩形、累加性とりたて詞の場合がある。

後置詞「(Nに)したって」
①　そんな人気絶大だった金語楼<u>にしたって</u>柳橋さんには及ばなかったんだから。　　　　　　　　　　(北村銀太郎『聞書き・寄席　末広亭』平凡社 2001)
②　人間だって良い者もおり悪い者もおる。神<u>にしたって</u>、そうじゃな。良いものもおれば悪いものもおる。

(芝村庸吏『式神の城2』メディアワークス；角川書店（発売）2003)

①の文は「金語楼なら、他の人と違って柳橋さんを負かすと一般には思われるだろうが、その予想とは裏腹に、他の人同様、意外にも金語楼でも柳橋さんには及ばなかった」という意味を表す。「金語楼にしたって」の部分では、「金語楼」を他の人と違って特別であるという認識をもって特に積極的に取り立てるとともに、その特別な金語楼から期待される事態が不成立に終わる結末が後で述べられることが予告される。さらにそこには、その結末が意外であるという意識とその事態の不成立は他の人と変わりない、つまり「誰も柳橋さんには及ばない」という認識も含まれている。とりたて助辞「でも」を用いて言い換えることも可能であるが、その場合、「金語楼」を他の人と違って特別であるという認識をもって特に積極的に取り立てる意識は表現されない。

②の「神にしたって」も①と同じく、「神」を他と異なる特別なものとして特に積極的に取り立てつつ、「神」から一般に期待される特別な事態が不成立に終わる結末が後で述べられることを予告する。また、そこには、その結末が意外であるという意識とその事態の不成立は人間と変わりない、他と同様であるという認識も含まれている。

「Nに　したって」という形式は、事柄Nを他と区別して特別なものとして特に積極的に取り立てながら、意外にもNから期待される特別な事態が他と同様に成立しないという結末が後に示されることを予告する。Nに対し他と区別して積極的に特別に取り立てる言語主体の認識が示される点が特徴的である。

後置詞「(Nに) したって」は、「(Nに) した　ところで」と同様の働きをするが、「(Nに) したって」は、①、②が会話から採られているように、くだけた話し言葉に用いられる。

③　誰にしたって殺人事件なんかとは関わりを持ちたくないのが、ごく当たり前の人情というものである。

(藤竹暁『都市は他人の秘密を消費する』集英社 2004)

③のように疑問詞とともに用いられて、全ての物事を表す用法もある。

④　世界はその後もすこしも平和にならずに、あちこちで戦争や動乱が起きているし、もっと身近なところでも、たとえば受験の問題がある。大学制度にしたって、ほとんど改善されたとは思えない。

(岳真也『風の祭礼』作品社 2000)

⑤　一九八九年に社会主義体制が崩壊し始めたのがそのいい例だが、残った資本主義にしたって、それで単純に勝ったということにはならない。

(財部誠一『大リストラ時代を生き抜く』新潮社 2002)

④と⑤の「(Nに)したって」は、前の文脈で示される他の同類のものや事柄(④「受験の問題」、⑤「社会主義」)について成り立つことが同様に成り立つことを表している。これは、とりたて助辞「も」を用いて言い換えることが可能であるが、その場合Nを積極的にとりたてて強く提示しようという言語主体の意識を示す表現とはならない。

形式動詞「する」の第二譲歩形「したって」(述語名詞の譲歩形相当の形式「Nにしたって」の構成要素)

⑥　殺されたのは、その勢力争いのためってわけ。冗談にしたってタチが悪い。

(皆川ゆか『〈愚者〉は風とともに』講談社 1993)

⑦　いかに味方をあざむくためとはいえ、いたずらにしたって、あの楚々たる千姫さまが、よくも、まあ。　　(山田風太郎『魔天忍法帖』徳間書店 2002)

「したって」は形式動詞「する」の第二譲歩形。⑥と⑦の「Nに　したって」は、述語名詞の譲歩形相当の形式である。⑥は「冗談」を例に取り上げ、「例えば仮に冗談としても」のように、例に挙げた「冗談」を仮定的な逆条件として強く取り立てて示す点が、述語名詞の第一譲歩形「冗談でも」との違いで、既に陳述詞「たとえ」を含んでいるかのような表現となっている。口語的表現であることも特徴といえる。

**累加性とりたて詞「(Nに)したって」**

⑧　イタリアに<u>したって</u>、フランスに<u>したって</u>、日本にしてもそうだ。

(今井一『チェチ』朝日新聞社 1990)

⑨　そで口に<u>したって</u>、振りに<u>したって</u>、ケシつぶほどの赤いものも、はみ出してはいなかった。

(山本有三『路傍の石』偕成社 2002)

⑧、⑨は、とりたて助辞「も」と同様に、並べて累加的に提示する用法である。「も」と比べて、強くとりたてて提示する言語主体の意識が表される。⑧の中の「日本にしても」の「(Nに)しても」も、「(Nに)したって」と同様に累加的に提示する働きをするが、「(Nに)したって」の方が口語的表現といえる。この「したって」、「しても」は、「累加性とりたて詞」に位置付けられる。

|考察4|　とりたて助辞「は」「なら」「も」「でも」と、とりたて的働きをもつ後置詞「(Nに)したって」の関係

　ここで、とりたて助辞「は」「なら」「も」「でも」と、とりたて的働きをもつ後置詞「(Nに)したって」の関係の「概略」について検討を行ってみたい。

(テニスの試合で)

・<u>Xさん</u>はYさんに勝てるが、<u>Zさん</u>はYさんに勝てないだろう。　　…①
・<u>Zさん</u>はYさんに勝てなかった。<u>Xさん</u>もYさんに勝てなかった。　…②
・テニスが抜群に上手な<u>Xさん</u>もYさんに勝てなかった。　　　　　…②[1]

とりたて助辞「は」は対比を表す働きがあるが、この「対比のとりたて」について『現代日本語文法5』は「文中のある要素をとりたてて、それと同類のものとの違いを示すことである。(p. 29)」と述べている。①はとりたてた「Xさん」と「Zさん」を対比させている。②は①の予想が外れた場合で、とりたて助辞「も」は、「他の人(Zさん)と同様に」という意味の「累加のとりたて」の働きをしている。「累加のとりたて」について『現代日本語文法5』は、「文中のある要素をとりたて、同類のほかのものにその要素を加えるという意味を表すことである。(p. 19)」としている。②[1]は「テニスが抜群に上手なXさん」の場合で、そのよう

な「Xさん」が「Yさん」に勝てなかったことに対して、「他の人と同様に」という意味を表しながら、意外さも提示している。このような働きをする「も」について『現代日本語文法5』は「極限を表す「も」」として、「文中の要素をとりたて、通常はその事態と結びつきそうもないその要素が、その事態と結びつくことの意外さを表す。(p.103)」と述べている。②$^1$の「Xさんも」が意外さを示すのは、「テニスが抜群に上手なXさん」は「Yさん」に勝つという期待と予想があったからで、「Xさんはテニスが抜群に上手だから勝つと思っていたにもかかわらず、他の人と同様に勝てなかった」点に意外さが出現すると考えられる。そこにはYさんは強いという含みも示される。②$^1$の「Xさんも」には、特別な期待を持って他の同類のものから特に「Xさん」をとりたてる言語主体の意識が見られるが、②と②$^1$からは、とりたて助辞「も」が「累加」を表すのか「極限」を表すのかは、ある「期待」や「予想」を背景とした「とりたてる意識」の有無に関係することが理解される。田能村(1991)はこのタイプの「も」について、「あらかじめ話し手(または、それ以外の誰か)の何らかの予想や思い込みがあって、それに反する事態を述べるのに使われているものと言うことができる。(p.84)」と述べ、さらに、「事物の単なる累加と、予想しがたい事物の提示とは連続的なもの(p.82)」であることを指摘している。従って、②$^1$でも、言語主体がXさんに期待を持たず、単に「Xさんも他の人と同様に勝てなかった」と累加を表す「も」として用いている場合も十分想定し得る。

- (テニスが抜群に上手な)Xさんなら Yさんに勝てるだろう。　　…③
- (テニスが抜群に上手な)Xさんも Yさんに勝てなかった。　　…③$^1$
- (テニスが抜群に上手な)Xさんでも Yさんに勝てなかった。　　…③$^2$
- (テニスが抜群に上手な)Xさんにしたって Yさんに勝てなかった。　　…③$^3$

対比を表すとりたて助辞「なら」について、『現代日本語文法5』は「「XならP」の形で、Xが、その文脈の中で望ましい後件Pを成立させるための要件であることを表す。(p.38)」と述べている。③はXさんが「テニスが抜群に上手である」事実を背景に、「Yさんに勝つ」という事態実現への期待と予想をもって、他の人たちから「Xさん」をとりたてている。「テニスが抜群に上手な」という「Xさ

ん」に関する説明がなくても、「Xさんなら」という表現から、受け手は言語主体がある根拠に基づいて「Xさん」に対し事態実現に多大な期待を持っていることが理解できる。(Yさんについても、相当強いという含みが文に表れている。)一方、対比の「は」は、とりたてた要素と他の同類のものとの違いを示すにとどまるので、この点に「なら」との差異が見られる。③$^2$には③で事態実現(Yさんに勝てる)に多大な期待をもって他から特にとりたてて示した「Xさん」が、期待に反して「他の人と同様にYさんに勝てなかった」ことに対する意外な気持ちが驚きと共に表されている。また、そこには「他の人はもちろんYさんに勝てない、Yさんはそれほど強い。」という含みも見られる。この「でも」も『現代日本語文法5』は「極限」を表す用法としている。高橋他(2005)は「でも」によるとりたてを「はなはだしい例をあげて、このばあいも、ほかのばあいとおなじであることをしめす。(p. 205)」としているが、これは「でも」が「後件の実現に多大な期待をもって他の同類の物から特に強くとりたてて示す働き」をすることが、はなはだしい例をあげるというニュアンスの発現につながっているように思われる。後置詞「(Nに)したって」も、とりたて助辞「でも」と同様の働きをするが、これはカジュアルな話し言葉的形式であるという特徴がある。

　③$^1$の「Xさんも」にも、ある期待を持って他の同類のものから「Xさん」をとりたてる言語主体の意識が表れているが、その期待は「Xさんでも」に示される期待ほど大きいものではないことが理解される。③$^1$は「Xさんは(なら)勝つと思っていたが、やはり他の人に同様に勝てなかった。Yさんは強いな。」という送り手の意識(期待と現実とのギャップから生じる意外さと、「Yさんは強い」という認識)が示されるにすぎない。

・全日本チャンピオンの<u>Xさんなら</u>Yさんに勝てる。　　　　　　　…④
・全日本チャンピオンの<u>Xさんでも</u>Yさんに勝てなかった。　　　…④$^1$
・全日本チャンピオンの<u>Xさんにしたって</u>Yさんに勝てなかった。…④$^2$

④には、「Xさんが全日本チャンピオン」であるという事実から、「Yさんに勝てる」という確信の思いをもって「Xさん」を他から特に強くとりたてる送り手の意識が示される。そのような高い確信度をもって他から特に強くとりた

てた「Xさん」が、他の人と同様にYさんに勝てなかったことに対し、④[1]には意外と驚きの気持ちが強く示される。そこには「誰もYさんに勝てない。それほどYさんは強い」という含みも同時に示される。同じとりたて助辞「でも」を用いても、とりたてる対象に対する、文脈に基づいた期待値の高さや確信の度合いによって、文全体の表す意味が異なることが理解される。この場合も後置詞「(Nに)したって」には、とりたて助辞「でも」と同様の働きが見られる。

　とりたてる要素が文で表される事態をどの程度実現させ得るかという、とりたてる要素に対する送り手の期待値の大きさや確信度の高さによってとりたてる意識の度合いが変わり、それに伴って、どのようなとりたて助辞を用いるか、どのような形式を使うかが決定され、文全体で示される言語主体の表現意図も変化することが理解される。とりたてる要素Nと用いられるとりたて助辞、Nに対する事態実現の期待値や確信度の高さの関係は、以下の図2で表される。

対比：Nは　　　→　　　Nなら　　　→
累加：Nも　→　　極限：Nも　→　　Nでも・Nにしたって
　　　　　　　　　　　　　　　　　　　　　　　　　　→

**図2**　Nに対する事態実現の期待値の大きさ、確信度の高さ

【4】した　ところで　　「(Nに)した　ところで」

　「した　ところで」は、形式動詞「する」の連体形の過去の形由来の「した」と形式名詞「ところ」由来の「ところで」が複合した後置詞とみられる。ニ格形式の名詞と「Nに　した　ところで」という形で用いられる。「Nにする」は、元々Nの積極的な選択決定を表す形式であった。

① しかし、彼女にしたところで泉平氏より頂戴しただけで、それがどこから来たものなのかは知らなかったわけじゃ。

（三津田信三『ミステリ作家の読む本』講談社 2002）

② マッハにとって、認識とは、したがってまた法則定立を目指す科学的認識にしたところで、生物学的適応の一形式にすぎないのである。

（木田元『新・岩波講座哲学9』岩波書店 1986）

①は「彼女なら、他の人と違ってそれがどこから来たものなのか知っていると誰もが思うだろうが、その期待とは裏腹に、意外にも彼女も泉平氏からもらっただけで、他の人と同じくそれがどこから来たものかは知らなかった」という意味を表す。「彼女にしたところで」に関しては、彼女を他の人とは違って特別であるという期待をもって積極的に取り立てる意識と、それにもかかわらず他の人と同様に、特別な彼女から期待される特別な事態(それがどこから来たものなのか知っている)が成立せずに終わる結末が続いて述べられることを予告する。これは、とりたて助辞「も」の極限を表す用法との類似が指摘できる。『現代日本語文法5』において、「極限を表す「も」は、文中の要素をとりたて、通常はその事態と結びつきそうもないその要素が、その事態と結びつくことの意外さを表す。(p. 103)」と述べられている。この場合、「彼女なら知っている」と期待を持って彼女を積極的に取り立てる意識と、その期待が実現されなかった現実(彼女と通常は結びつきそうにない「彼女が知らなかった」こと)とのギャップに意外さが生じるものと考えられる。

②の「科学的認識にしたところで」も①と同じく、「科学的認識」を他の認識と異なる特別なものとして積極的に取り立てつつ、そのような特別な「科学的認識」から期待される特別な事態が成立せず、意外にも他の認識と同様(生物学的適応の一形式にすぎない)であるという結末が後に続いて述べられることを予告している。

「Nに　した　ところで」という形式は、Nを他と区別して特別に取り立てながら、その特別なNから期待される特別な事態が他と同様に成立しないという意外な結果が後に示されることを予告する。Nに対し期待をもって積極的に取り立てる言語主体の意識が示される点が特徴的である。「Nに　した　ところで」の後には一般的に否定的な事柄が述べられる。

### 4.2.2　ト格支配の後置詞

【1】きたら　　「(Nと)きたら」　　　　用例：あいつときたら、もうどうしようもない

「きたら」は動詞「来る」の第三条件形由来の後置詞。ト格形式の名詞と組み合わさり、「Nと　きたら」の形で、主語として働く名詞Nを特に取り立てて主題として示す。主題を提示するとりたて助辞ハ相当の働きをする形式

と見られる。

① 本堂は小さい上に雨漏りがひどいし、庫裡と<u>きたら</u>杣小屋同然である。
(井上ひさし『腹鼓記』新潮社 1985)
② 「まったくおまえと<u>きたら</u>、いったい姉君を何だと思っているのだ。」
(十掛ありい『月を読む君』桜桃書房 2003)
③ また沙織さんたちですね。まったくあなたたちと<u>きたら</u>。学校にそういうものをもってきてはいけないっていうことぐらいわかるでしょ。
(山本茂男『ドラマで楽しむ』小峰書店 1997)
④ 同時代の人気俳優に較べると、大河内伝次郎の殺陣と<u>きたら</u>、腰から上がピタリと決まる。
(谷沢永一『勇気凛々こんな人生』講談社 2003)
⑤ さっき終わったぎゃ〜！グレン・ティプトンの格好良さと<u>きたら</u>もう……
(＠＠) (「Yahoo!ブログ」Yahoo! 2008)

①〜⑤まで、全て主語である名詞がト格の形で後置詞「きたら」と組み合わさって、主題としてとりたてられている。①では、まず「本堂は」と、主題を表すもっとも一般的なとりたて助辞「は」を用いて本堂を主題として取り上げ、それに対し「小さい上に雨漏りがひどい」と負の評価を示す。そして、より劣悪な庫裡については、「庫裡ときたら」と後置詞「きたら」を用いて主題として提示し、続けて「杣小屋同然である」と強い負の評価を示す。「庫裡ときたら」という主題提示の中に、「本堂」に対してよりもはるかに強い、「庫裡」に対する言語主体の負の評価意識が、「あきれた」といったような思いも含めて既に表し出されている点が特徴的である。①は基本的に「Xは〜、Yは〜」と、重文の先行節と後続節のそれぞれ主語であるXとYを対比的に示す形式と見られる。②の「おまえときたら」は、「おまえ」を主題として取り立てているが、その中に「おまえ」に対する言語主体の「腹立たしい」といった激しい負の評価的感情が示されている。後に続く部分では、実際に「おまえ」への非難の言葉が発せられている。③は主題として提示された「あなたたちときたら」以外何も述べられていないが、そこに「あなたたち」への憤慨の思いが強力に表出されており、省略された題述部には、「どうしようもない人たちね。」のような、「あなたたち」

に対する否定的評価を含む内容が示されていることが受け手に理解される。

　④は「大河内伝次郎の殺陣」に対して「あきれた」といった気持ちを強く示しつつ主題として取り立てている。しかし、その「あきれた」という思いは「大河内伝次郎の殺陣」が驚嘆するほど（あきれるほど）素晴らしいという、通常とは極端に異なる程度の強い正の評価意識から来るものである。事実、題述部には「殺陣」のすばらしさに関する言及が見られる。⑤は題述部が述べられていない例で、主題として示された部分に「グレン・ティプトンの格好良さ」に対する、「たまらない」などと興奮して叫び出すほど極端に強い正の評価的感情が強力に表出されている。主題に対して題述部が述べられていないのは、余りに感情が強すぎて言葉にならないからと考えられる。

　「Ｎと　きたら」は、通常とは極端に異なる、腹立たしいほど、呆れるほど、驚くほどの強い負や正の感情や評価意識を持って、主語であるＮを主題として取り立てて示す形式で、後の題述部分でその強い負や正の感情や評価意識に対応した事柄が述べられることを予告する。「現代日本語書き言葉均衡コーパス」からの検出例では、題述部分に負の感情や評価の表現が示されたケースが多くみられた。「Ｎと　きたら…。」のように、主題の部分だけで文を止めても、主題として取り立てた事柄に対して言語主体が通常とは極端に異なるレベルの強い正や負の感情や評価意識を持っていることが受け手には理解できる。省略された題述部の内容も状況から推測可能である。題述部が省略された「Ｎと　きたら…。」という主題提示部分には、主題として取り立てたＮに対する言語主体の評価的感情が特に強く表出される点が特徴的である。

## 【2】なると／なれば　　　「（Ｎとも）なると／なれば」

　　　　　　　　　　　　　　　　用例：春ともなると／大臣ともなれば

　「なると／なれば」は、動詞「なる」の第四条件形、及び第一条件形由来の後置詞である。「Ｎとも　なると」、「Ｎとも　なれば」という形で、Ｎがある特別なレベルや状態に推移、到達した場合をそれ以外の場合から取り立てて示し、後でその特別なレベルや状態に対応した特別な事柄が述べられることを予告する。対比のとりたて助辞ハに相当する形式と見られる。

　髙橋（2003）は、「条件形から発達した後置詞は、シンタグマティックにはか

かり性を、パラディグマティックにはえらびだし性をもっている。(p. 275)」として、これについては、「とりたて的なはたらき」であると述べている。かかり性については、以下のように説明している。(p. 274)

> 条件節は、従属節であるにもかかわらず、モダリティーをもっていることによって、陳述的に主節のモダリティーに影響をあたえ、主節に対して相対的な独立性をもつ。このことによって、条件節構文はふたつの節のあいだに陳述的な分割をもたらすのだが、後置詞化したものは、節ではなく、〈名詞＋後置詞〉が文の部分でしかないので、この分割が主題と説明のような関係、あるいは、かかりとむすびのような関係となる。

えらびだし性については、「ひとつの条件をだすことは、その背後に他の条件が考慮されていることでもある(pp. 274-275)」と述べている。

「Nとも　なると／なれば」が、「Nがある特別なレベルや状態に推移、到達した場合をそれ以外の場合から取り立てて示す」ことは「えらびだし」であり、「後にその特別なレベルや状態に対応した事柄が述べられることを予告する」ことは「かかり」といえる。

① パリの三月は夜と<u>もなると</u>真冬だった。

(佐藤賢一『双頭の鷲　上巻』新潮社 2001)

② 決勝とも<u>なれば</u>「国家」どころではなく、全世界の目がキッカーの一挙手一投足に注がれることになるのだ。

(サッカー科学特捜班『3時間で自慢できる空想科学サッカー読本』青春出版社 2002)

例①の「夜ともなると」は「(昼間はそうでもないが)夜という特別な状態になると、その場合は」、例②の「決勝ともなれば」は「(決勝以外の試合はそうではないが)決勝という特別な試合になったら、その場合は」という意味で、これらは事態がある特別なレベルや状態に推移した場合をそれ以外の場合から取り立てて示すとともに、続いてそれぞれその特別な場合に対応した特別な事柄(①「真冬だった(三月とは到底思えないほど寒かった)」、②「「国家」どころではなく、全世界の目がキッカーの一

挙手一投足に注がれることになる（これは一種異常な事態である）」）が述べられることを予告する。

「夜」や「決勝」と対比される事柄（「昼間」、「決勝以外の試合」等）は明示されていないが、それらは常識的に誰もが理解できることである。逆に、対比される事柄が常識的に理解されなければ、「Nとも　なると／なれば」という形式は成立しない。この形式の理解には常識というものの存在が前提として必要となる。

例①、例②ともに、対比を表すとりたて助辞「は」を用いて、「夜は」、「決勝は」と言い換えることが可能であるが、この場合は「夜」や「決勝」が特別なレベルや状態に推移、到達したものであるという意味をもつ取り立てにはならない。

【3】いえども　　　「（Nと）いえども」　　　　　　　　　用例：子供といえども

「いえども」は、動詞「いう」の古語の譲歩形由来の後置詞である。「Nといえども」の形式で、他の一般的な事柄と違ってNを特別であるという認識をもって強調して取り立てると共に、Nが特別であるという条件が有効に働かず、他の一般的な事柄と同様であるという帰結を示す部分が続いて述べられることを予告する。特別なNに関して誰もが持つ共通認識「特別なNであれば、当然それに相応した特別な事態になる」がこの形式の背景として存在する。極限を表すとりたて助辞「も」と同様の働きを示すが、陳述詞「たとえ」が加わったような強調が示される点が特徴的である。

下の例文①の「王族といえども」は、「王族」が特別であるという認識をもって「他の一般の人」と区別して強く取り立てて示しつつ、その特別であるという条件が無効に終わる帰結（他の一般の人と同じ「人間です」）が続いて述べられることを予告している。例①には、「王族は特別な存在で一般の人とは違う」という一般常識にもとづく前提と、「特別な存在だと見られている王族も他の一般の人と変わりなく人間です」、さらには「全て人は人間です」という言語主体の主張が見られる。また、一般に特別な存在とされる「王族」を一般の人と同様であるとする点に意外性、あるいは一種の誇張が示される。

このように、「Nと　いえども」の形式は、特別な事柄Nを他の一般的な

事柄と対比させて取り立てて強調して示しつつ、その特別である条件が無効に終わる帰結（他の一般的な事柄と変わらない、同様である）が続いて述べられることを予告する。とりたて助辞「も」を用いた「Nも」と異なり、Nに対する言語主体の「特別である」という認識が強調を伴って示される点、また、Nが特別であることから誰もがNについて持つ共通認識「特別なNであれば、当然それに相応した特別な事態になる」がこの形式の背景として存在する点、その結果、文全体では、「たとえ特別なNであっても、その特別であることに応じた特別な事態は出現しない、特別なNも他と同じである。」という主張が述べられる点、さらにそこから意外性、あるいは一種の誇張の発現が示される点が特徴的である。「Nも」は、Nと対比される言外の他の事柄とNが同様であることが述べられるに過ぎない。

　例文②も、「信濃国司や朝廷の追捕使といえども」の部分は、「一般の人」と対比させて「信濃国司や朝廷の追捕使」を特別な権力を持つものとして特に強調して取り立てて示しつつ、その特別な条件が無効に終わる帰結（他の一般の人と同様に、彼らの庭で好き勝手なことはできない）が続いて述べられることを予告している。②は全体として、「たとえ特別な権力を持つ信濃国司や朝廷の追捕使であっても、彼らの庭で好き勝手なことはできない（当然、それ以外の人もできない、誰もできない）。」という意味を表す。そこには、「信濃国司や朝廷の追捕使は特別な存在である」、「特別な立場の人は、多くの特権が認められている。」という一般常識にもとづく前提と、「特別な立場の信濃国司や朝廷の追捕使も、他の一般の人と変わりない」（ここに意外性、あるいは一種の誇張が見られる）、さらには「誰も彼らの庭で好き勝手なことはできない」という言語主体の言外の主張が示される。

　例文③は「子供は、普通は便秘を起こさない」という一般認識が前提となっている。「子供といえども」という形で、「一般に便秘とは縁遠いと思われている子供」を特別なものとして、他（大人）と対比的に強調して取り立てて示しつつ、便秘とは縁遠い子供であるという特別な条件が無効に終わる帰結（便秘を起こしてしまう）が続いて述べられることを予告している。またそこには、「子供は、普通は便秘を起こさない特別な存在である」という一般認識と、「ある条件下では大人と同様に便秘を起こす」という現実の事態との

ギャップから生まれる意外性の発現も示される。

① 王族といえども人間です。　　　　　　（榛名しおり『王女リーズ』講談社 1997）
② 「信濃国司や朝廷の追捕使といえども、彼らの庭で好き勝手なことはできないはずだ」
　　　　　　　　　　　　　　　　　　　　（三雲岳斗『将門異聞』双葉社 2005）
③ 子供といえども規則正しく生活していないと自律神経が乱れ、便秘を起こしてしまいます。
　　　　　　　　　　　　　　　　　　　　（「Yahoo! 知恵袋」Yahoo! 2005）

　「（Nと）いえども」の「いえども」は、漢文の「雖」という字の訓読に由来する。このことから、「雖」を用いた「（Nと）いえども」という形式は、漢文訓読文の持つ重厚で格調高い趣を漂わせる。従って、演説など重々しい内容を発表する場面や歴史小説等で主として用いられるが、例③のように一般的な軽い書き言葉の文であっても、強調のために意図的にこの形式が選択されることもある。

【4】あれば　　「(Nと)あれば[N：N／名詞句]」
　「あれば」は動詞「ある」の第一条件形由来の後置詞。「Nと　あれば」は、「Nという特別な場合であれば、もちろん〜」という形式から「いう特別な場合で」と、「もちろん」が脱落した形式で、「他とは異なる特別なNの場合である」という意識をもって特にNを他からとりたてて示すと共に、そのとりたてて示した事柄が成立の要件となるような特別な事態が続いて述べられることを予告する。とりたて形式で表された名詞の条件表現と言える。

① とにかく、先生のお呼びとあれば行かざるをえない。
　　　　　　　　　　　　　　　　　　　　（渡辺淳一『幻覚』中央公論新社 2004）
② 自分がどう判断しようと、会社の厳命とあれば実行あるのみだ。
　　　　　　　　　　　　　　　　　　　　（江波戸哲夫『左遷!』講談社 1990）
③ 軍事施設での大規模爆発、とあれば、ジャーナリストなら誰でも鼻がうごめき取材欲がわいてくる。
　　　　　　　　　　　　　　　　　（浅井信雄『ミステリーと虚構の国際政治』時事通信社 1992）

上の例文①の「先生のお呼びとあれば」は、「先生のお呼び」という事柄を「他とは異なる特別な場合」として特に強く取りたてて述べると共に、「先生のお呼びという特別な場合でなければ話は別だが」という言外の含みも示す。②、③も同様に、それぞれ、「会社の厳命」、「軍事施設での大規模爆発」という事柄を、他とは異なる特別な場合として特に強く取り立てて示している。また同時にそれは「会社の厳命でなければそうしないかもしれないが」、「軍事施設での大規模爆発でなければ話は別だが」という言外の含みも持つ。そして、①～③全て、そのような特別な事柄が成立の要件となるような特別な事態(例えば、①「行かざるをえない」)が続いて述べられることを予告している。

　とりたて助辞「なら」を用いて「Nなら」と言い換えることも可能であるが、その場合は、「他とは異なる特別な場合」であると特に強調して取り立てて述べる表現とはならない。

　「先生のお呼び」や、「会社の厳命」、「軍事施設での大規模爆発」が「特別な事態」であることは常識的に誰もが理解できることであって、「Nと　あれば」という形式は、この常識というものの存在が前提となっている。

【5】したって　　「(Nと)したって」

　「したって」は、動詞「する」の第二譲歩形由来の後置詞。ト格の名詞と組み合わさり、「Nと　したって」という形で用いられる。①のように、仮の事柄としてN(毎月1万円ほどの支払い)を設定し仮定的に取り立てつつ、他の事柄同様、その事柄から期待される帰結(支払いは大したことない)が得られないという内容が後続部分で示されることを予告する。仮の事柄としてNを設定して仮定的に取り立てて示す点と口語的表現であることを特徴とする。②と③の「したって」は形式動詞「する」の第二譲歩形で、述語名詞の仮定動詞の譲歩形相当の形式「Nと　したって」の構成要素として働いている。

① 　いくらリボ払いだといっても、毎月1万円ほどの支払い<u>としたって</u>、5枚あわせれば5万円である。　　　　　　（錦岡龍司『1Kのセレブ』碧天舎 2005）
② 　冗談<u>としたって</u>おもしろくもない。　　（藤原伊織『ひまわりの祝祭』講談社 2000）
③ 　もの書き<u>としたって</u>そんなに売れているわけではなし、収入だってたか

が知れている。
　　　　　　　　　　　　　　　（生島治郎『片翼だけの天使』集英社 1984）

　②の「冗談としたって」には、本当に「冗談」かどうかはわからないが、今仮に「冗談」と仮定して条件としてとりたてて設定してみる意識と、その仮に設定した条件から期待される帰結（おもしろい）が得られず、仮定した条件が無効に終わる事態（おもしろくない）が続いて述べられる予告が示されている。③の「もの書きとしたって」にも、実際に「もの書き」かどうかわからないが、今仮に「もの書き」と仮定して条件としてとりたてて設定してみる意識と、その仮に設定した条件から期待される帰結（売れっ子で高収入を得ている）が得られず、仮定した条件が無効に終わる事態が続いて述べられる予告が示されている。「冗談でも」、「もの書きでも」と比べて、「事実かどうかはともかく、ある事柄を仮に条件としてとりたてて設定してみる」という意識を強く示す点が特徴的である。

## 5. 周辺的な品詞:自立できない周辺的な品詞 ―従属接続詞

　村木(2010a)によると、従属接続詞は「節(文相当)に後置し、当該の節と後続の節を関係づける役割を果たす機能語」であって、「節を受けて状況成分になる」という(p.111)。本書では、以下のように従属接続詞を分類する。

1　擬似連体節を受ける従属接続詞
　　村木(2007b)によると擬似連体節は、「非自立的な名詞や名詞に準ずる形式(名詞から他品詞に移行した形式の場合もある)に接続する(p.12)」連体節であるが、形式的に連体構造をとるだけで、内容面では後続の形式を限定していない見かけ上の連体節であるという。1に分類される従属接続詞は、そのような擬似連体節を受けて、後続の節につなげるはたらきをする。

2　擬似連用節を受ける従属接続詞
　　村木(2007b)の擬似連体節にならい、非自立的な動詞に準じる形式に接続する連用節であるが、形式的に連用構造をとるだけの見かけ上の連用節を擬似連用節とする。2に分類される従属接続詞は、そのような擬似連用節を受けて後続の節につなげるはたらきをする。

3　従属節の述語に由来する従属接続詞
　　用例に挙げられている「そんなことになったが最後」の「最後」は、もともと「そんなことになったが最後で、」という従属節の述語であったと思われる。しかし、この「最後」は、それにかかる節の表す事態がもたらす結果として、コントロール不能な事態の発生を予告しつつ、後続の節に続ける働きをしている。このように3に分類される従属接続詞は、もともと従属節の述語であったとみられるものである。

## 5.1 擬似連体節を受ける従属接続詞
【1】かたわら　　「(スル)かたわら【T】」　　　　　　用例：仕事をするかたわら

　「かたわら」は名詞由来の従属接続詞である。『大辞林』によると、「かたわら」は「①端に片寄ったところ。はし。わき。②すぐ近くのあたり。そば。」を意味するという。名詞由来の従属接続詞「かたわら」は、擬似連体節（連体型接続の文相当の形式）の述語である動詞（連体形の非過去みとめの形）と組み合わさって「スルかたわら〜」という形式で従属節を作り、「〜スル一方で〜」という意味を持って後続の節に接続する。「(スル)かたわら」が作る節は、後続の主節で表される事態が成立する場面を表す状況成分となる。

① 勉強に精出すかたわら、体も鍛える。　　　　　　　　　　　　　（『大辞林』）
② 木下杢太郎は皮膚寄生病を研究するかたわら、ヨーロッパの日本キリシタン関係記録を調査した。　　　（和田博文『言語都市・パリ』藤原書店 2002）

①は「勉強に精を出す一方で、体も鍛える」という意味で、同時進行ではないが、一人の動作主体がある事柄を行う状況で別の事柄を並立して行う事態を表す。「Xかたわら、Y」という形式は、刻々と動く点的な時間を反映した動きではなく、時間的な広がりをもった状況として事態を表す表現形式といえる。

　また、ここでは、Xが主な事柄で、Yが副次的事柄である。従って、例文①の場合、「勉強に精出す」が主な事柄で、「体を鍛える」が副次的な事柄になる。「シナガラ」は「スル　かたわら」と類似した働きを表す表現形式であるが、「Xシナガラ、Y」という形式では、Yが主な事柄、Xが副次的事柄になる。

　②も、一人の動作主体がある事柄を行う（「皮膚寄生病を研究する」）状況で別の事柄（「ヨーロッパの日本キリシタン関係記録を調査する」）を並立させている事態を表す。この場合も前者が主な事柄で、後者が副次的事柄となっている。

　「スル　かたわら」という形式は、時間的な広がりをもった状況として把握した二つの事柄の並立を、客観的に、いわば絵画的状況として表現することから、書き言葉的で、上品な印象を与える。なお、ノ格の名詞と用いられる

「かたわら」は後置詞と位置付けられる。

【2】そばから 　　「(スル／シタ)そばから【T】」

用例：教えるそばから忘れてしまう

　「そばから」は名詞由来の従属接続詞。「そば」の意味は、『大辞林』には「わき。かたわら。ちかく。」とある。

　名詞由来の従属接続詞「そばから」は、常に「そばから」という形で用いられ、擬似連体節（連体型接続の文相当の形式）の述語である動詞（連体形の非過去、または過去みとめの形）と組み合わさり、「スル／シタ　そばから」という形式で従属節を作り、後続の節に続く。

　用例の「教えるそばから忘れてしまう」は、「何回教えても、すぐ忘れてしまう」という意味を表す。「Xそばから Y」の形で、Xの生起と時間的差がなくYという事態がすぐ起きるという継起的事態を表す文において、「Xそばから」はYが成立する場面を表す状況成分として働く。多くの場合、Yは言語主体の期待に反する事態であり、さらにXの生起のすぐ後にYが起こるという事態が繰り返し発生することが言外に示されている。非過去形の例文①「スルそばから」は、その行為の実行、過去形の例文②「シタそばから」は、その行為の完了を特徴づけるという違いが認められる。

① 　雪は、かくそばから積ってゆくので、三十分ほどかかる。

(武田百合子『富士日記』中央公論社 1997)

② 　あとからあとから、赤く染まった桜の葉っぱが落ちてきます。掃いたそばからまた降ってきてきりがありません。　　　　(「Yahoo!ブログ」Yahoo! 2008)

【3】ため（に）／ための　　「（センが）ため（に）／ための【T】」

用例：勝たんがための策略

　「ため（に）」は名詞「ため」由来の従属接続詞である。『大辞林』によると、「ため」は「役に立つこと。利益になること。」の意味であるという。

　「センが　ため（に）」は古語の動詞の意志形セム（セン）の連体の非過去みとめの形[9]が格助辞ガを伴い従属接続詞「ため（に）」と組み合わさった形式である。『明鏡国語辞典』の格助詞「が」の解説には、「❷ 文語的な連体修飾語を作る。」として、「㋐《動詞連体形と「ごとし」「まま」「ため」「ゆえ」などの間に入って》語調を整える。」とある。ここからは、センを述語とする文相当の形式が「が」と共に擬似連体節を形成して、従属接続詞「ため（に）」に続いている様が見える。このように「センが　ため（に）」は古語の名残と言える形式で、目的を表す状況成分として働く。「センが　ための」は連体形式である。

　次の例①「売らんがために」は「何としても売ろうという目的で」、例②「得んがため」は「何としても手に入れようという目的で」、例③「アピールせんがための」は「何としてもアピールしようという目的の」という意味を表している。「センが　ため（に）／センが　ための」は、「何としても～しよう」という目的実現の強い意志を示す点が特徴的である。

　「売るために」、「得るために」、「アピールするための」のような「スル　ために／スル　ための」という意志形ではない語形を用いた形式が表現する意味は、「センが　ため（に）／センが　ための」とほぼ同様であるが、これはただ目的を表すにとどまっている。一方、「センが　ため（に）／センが　ための」の方は、「セン」という古語の意志形を用いているところに、「目的を何としても実現しよう」という強い意志が示されており、そこに両者の違いが表れている。また、多くの場合、その目的は重い意味を持つものであるが、例①のような通常のレベルの目的にこの形式を用いると、何が何でも実現させるという言語主体の目的実現への強い意志を強調する意識が表現される。

① 自動車メーカーは、売らんがために月賦販売を強化し始めた。

(佐藤正明『ザ・ハウス・オブ・トヨタ』文藝春秋 2005)

② スペインのマゼランはこの香料を得んがため、はるばる南米の最南端を迂回し、初めて太平洋を横断して、モルッカ諸島に到達した。

(諸江辰男『香りの博物誌』東洋経済新報社 1992)

③ 社会にアピールせんがための彼らの活動は、結局は企業の発展に貢献することになる。

(片山又一郎『ドラッカーに学ぶマネジメント入門』ダイヤモンド社 2004)

「センが　ため（に）／センが　ための」は、漢文訓読文や和漢混淆文によく見られる形式で、古めかしく、硬い形式といえるが、それだけに、より力強い響きを放ち、目的実現への言語主体の意志の強さを強力に受け手に訴える効果を発揮する点が特徴的である。

## 【4】こととて　「(T(V))こととて【T】」　　　用例：慣れぬこととて

「こととて」は形式名詞「こと」由来の従属接続詞。擬似連体節（連体型接続の文相当の形式）の述語である動詞（連体形）と組み合わさって、原因、理由を表す状況成分となる従属節を形成する。

① 式部卿の宮は、世間の信望あつく、主上も、御伯父に当らせられる<u>こととて</u>、ご信頼は深い。

(新源氏物語)

② 勝手をよく心得ている<u>こととて</u>、心配はあるまい。　　　　　　(『大辞林』)

③ 残された興味は、マーティンが書いたことになっているラスキ伝に、爵位のはなしがまったく出てこない点、ラスキ伝のための調査と実際の執筆は、嫌気のさしたマーティンが、ラスキが死んだ<u>こととて</u>、『ニュー・ステーツマン』の部下だったノーマン・マッケンジーをゴースト・ライターに起用して代行・代筆させたものだったということくらいであろう。

(水谷三公『ラスキとその仲間』中央公論社 1994)

例①～③の「T (V) こととて」は、それぞれ「御伯父に当たられるので」、

「勝手をよく心得ているので」、「ラスキが死んだので」という原因や理由を表す状況成分節を形成している。「こと」が「状況」の意味を含み持つため、例えば①は「ご信頼は深い」理由として、「御伯父に当たられるという状況」に関連して「子供の時からよく知っている」、「血縁関係にある」等、受け手は様々な状況を豊かに想い描くことができる。同様に②は「勝手をよく心得ているという状況」から、「指示なしでも、すべきことがわかる」、「万事抜かりなく処理できる」、「どこに何があるか知っている」等が、③は「ラスキが死んだという状況」から、「手を抜いてもわからない」、「何をしても文句を言われない」等が想像される。このように「T (V) こととて」は、「「こと」が示す常識的に得られる状況」によって原因、理由の内容が補充されるため、「ので」や「から」等に比べ、明示されていない、広がりを持った原因、理由が文脈や常識から間接的に受け手に理解される。

　また、「とて」が、古語の格助辞「とて」に由来することもあって、「(T (V)) こととて」はどこか古めかしさとともに硬く畏まったニュアンスを発揮する形式と言える。上品で硬く畏まった振る舞いが求められる立場にある人、それが求められる状況には、そうしたニュアンスを発揮しながら、明示されていないより広い原因、理由が間接的で穏やかに受け手に理解されることを可能とする、このような形式が好まれることが指摘できる。

　「(Nの) こととて」は後置詞に位置付けられる。


## 【5】ものを　「(T(A／V)) ものを【T】」

　「ものを」は形式名詞「もの」由来の従属接続詞。擬似連体節（連体型接続の文相当の形式）の述語である動詞や形容詞（連体形）に接続して譲歩節となる従属節を作り、主節で表される事態成立の背景となる状況成分として働く。

　従属接続詞「ものを」は、期待に反する現実の事態（主節で表される）に対して、その実現を期待して行う行為（無効に終わる）や、現在実現を期待する過去の行為（非実現に終わる）、ある事態実現に対する期待（非実現に終わる）などを、口惜しさ、憤り等の感情と共に対比的に後続の主節につなげる働きをする。

① これほど頼んでいる<u>ものを</u>、なぜ引き受けてやれないんだ。　　　（『大辞泉』）

② その昔は父帝のおそばに侍って、藤壺の宮のおひざもとへも近寄れた<u>ものを</u>、いまは他人行儀にお疎み遊ばす、……と源氏はうらめしく思うのであった。
(新源氏物語)

③ 今日、少し離れた所にあるエレベーターに飛び乗ろうとしました。その時、中の人が開くボタンを押して待っててくれればいい<u>ものを</u>、待たずに閉めて行ってしまいました。こういう場合待っててくれるのがマナーじゃないんですか!?
(「Yahoo! 知恵袋」Yahoo! 2005)

④ なりゆきでお金を使うことに慣れてしまっている人は、意識するとかえってケチになるという面白い共通点が見られる。これは、他ならぬ私自身も体験することで、たとえば海外旅行へ行った時など、空港までタクシーを利用すればよい<u>ものを</u>、ホテルのバスを使った方がトクなどと、時間待ちをしたりする。
(鴨下一郎『なぜか「人が集まる人」の共通点』新講社1999)

　従属接続詞「ものを」と組み合わさる擬似連体節をみると、①は後続の主節の部分で述べられている「引き受けてやる」行為の実現を期待して行う行為、②は現在実現を期待する過去の行為、③はその時点でのある事態実現に対する期待、④は常識的に求められるある事態実現に対する期待を示している。一方、従属接続詞「ものを」で表された節に後続する主節の部分は、①～④全て、従属接続詞「ものを」と組み合わさる擬似連体節で示された期待が実現されない現実の事態を表す。

　従属接続詞「ものを」が、ある事態実現への期待や、ある事態実現を期待して行う行為（擬似連体節で示される）と、期待に反する現実の事態（主節で示される）を、対比性をもって結ぶことから、結果として「～のに」、「～にもかかわらず」という譲歩の意味関係が発生することになる。

　前田（2009）は従属句を構成する「のに」の表す意味を①逆原因（阻害要因）、②非並列・対照（前件と後件の中の何かが対照的であることを表す場合）、③予想外（前件が希望や予測・予想あるいは意図そのものを表している場合）、④不本意な事態を生み出した状況の四つに分けている。それによると、例文①は逆原因（阻害要因）、例文②は非並列・対照、例文③、④は予想外のうち、前件で示される条件的判断が外れた結果が後件に現れる場合にあたる。

また、従属接続詞「ものを」は、それが組み合わさる擬似連体節に表される、無効に終わる行為や、実現が望めない期待する行為、非実現に終わる期待を、①は「口惜しい」、②は「恨めしい」、③は「腹立たしい」、④は「ばかばかしい」のような、言語主体の感情と共に示す点が特徴的である。
　「T（A／V）ものを」は、『新源氏物語』から23例と検索例が多見されることからわかるように古語的形式であって、古めかしさを併せ持つ点にも接続助辞「のに」との違いが指摘できる。

【6】ところを　　「(T(A／V))ところを【T】」　　　　用例：お忙しいところを
　「ところを」は形式名詞「ところ」由来の従属接続詞。擬似連体節（連体型接続の文相当の形式）の述語である動詞や形容詞（連体形）と組み合わさり、主節で述べられる事態成立の背景となる場面を表す状況成分を形成する。
　従属接続詞「ところを」は、それが受ける疑似連体節で示される状況とスムーズにつながらない事態が後続の節で述べられることを予告しつつ、若干の対比性をもって前節を後続の節につなげる働きをする。対比性を持って前後の部分が結びつくところから、「〜が」や「〜のに」、「〜にもかかわらず」といった逆接や譲歩の意味が発生する。また、後置詞「（Nの）ところを」と同様に、従属接続詞「ところを」も「状況」という意味を含み持つ。

①　いつもの年なら、もうとっくに夏服を着るところを、肌寒い日が続くので、
　　なかなか合い服がやめられない」
　　　　　　　　　　　　　　　　　　　　　　　　　　　　　　（『大辞林』）

例文①の従属接続詞「ところを」が疑似連体節と共に形成する節が示す「いつもの年なら、もうとっくに夏服を着る状況（時期）」は、主節で表される事態（「なかなか合い服がやめられない」）成立の背景となる場面を成す。だが、従属接続詞「ところを」が形成する節が示す、事態成立の背景となる場面（「いつもの年なら、もうとっくに夏服を着る状況（時期）」）から、主節で表される事態（「なかなか合い服がやめられない」）は、普通は予想されないものである。そのような現実の事態成立に常識的にスムーズに続かない状況を、従属接続詞「ところを」が事態成立の背景となる場面として敢えて設定してつなげるところに対比性が発生し、結果とし

て、「いつもの年なら、もうとっくに夏服を着る状況(時期)なのに」という逆接的意味が生じることになる。

　論理的にスムーズに接続しない二つの部分を敢えてつなげることによって、言語を操る人間の常識や思考に対比性の認識や、そこから発生する逆接や譲歩の意味の理解を期待する点に、「T（A／V）ところを」という形式が持つ特徴を指摘することができる。

② 　今日はお忙しいところをお集まりいただいて、ありがとうございます。
(筒井康隆・柳瀬尚紀『突然変異幻語対談』朝日出版社1988)

例文②の従属接続詞「ところを」が疑似連体節と共に形成する節が示す「お忙しい状況」は、主節で表される事態(「お集まりいただく」)成立の背景となる場面を示す。だが、従属接続詞「ところを」が形成する節が述べる事態成立の背景となる場面(「お忙しい状況」)から、主節で表される事態(「お集まりいただく」)は、普通は予想されないものである。そのような現実の事態成立に常識的にスムーズに続かない状況を、従属接続詞「ところを」が事態成立の背景となる場面として、敢えて設定して接続するところに対比性が発生し、結果として、「お忙しいのに」という逆接や譲歩の意味が生じることになる。

　この文を「お忙しいにもかかわらず」のように「(〜にも) かかわらず」という従属接続詞を用いて表すと、逆接の関係が形式として明確に示される。一方、「お忙しいところを」とすると、「忙しい」状況で、それをおして（敢えて）「集まる」という、常識的にスムーズに続かない二つの事態が対比性を持って関連付けて提示され、それによって、結果的に逆接や譲歩の意味が論理的に受け手に理解されることになる。すなわち、「お忙しいところを」には逆接や譲歩の文法的意味は明示されていないが、内容の対比性によって逆接、譲歩の意味が受け手に理解されることになるということができる。このように逆接、譲歩の意味が形式として非明示の形で、論理的に受け手に理解されることを期待する点が、「ところを」という形式の上品さへと繋がっているようで、実際にこの形式は例②のような挨拶や、お礼を述べる際に、慣用的に多く用いられている。

ノ格の名詞と用いられる「ところを」は後置詞と位置付けられる。

## 【7】ところで　　「(シタ)ところで【T】」

用例：言ってみたところでどうにもならない

　「ところで」は形式名詞「ところ」由来の従属接続詞。「ところで」は、接続詞としても用いられる。疑似連体節（連体型接続の文相当の形式）の述語である動詞（連体形）の過去のみとめの形と組み合わさり、「シタ　ところで」という形式の節を作り、後続の主節につなげる。

　「シタ　ところで」は、「実現の可能性がほとんどないと言語主体が認識する事柄」や、「有効な条件となり得ないと言語主体が既に認識している事柄」を、特に取り立てて仮定条件として提示しつつ、その仮定した条件が有効に働かず、期待する帰結の実現に至らない事態が後に続いて述べられることを予告する。「シタ　ところで」は期待する帰結の成立に無効な仮定の逆条件を表す状況成分として文中で働くが、主節は常に否定的表現で示される。

　「シタ　ところで」を「現代日本語書き言葉均衡コーパス」によって検索してみると、いくつかのグループの存在が得られた。①の「シタ　ところ」は時間の流れにおける動きの位置を表し、「ところで」が作る節は、主節で示される事態が成立する場面としての状況成分を形成している。これは、2級の'〈機能語〉の類'に属する形式名詞「ところ」の用法であるため、ここでは検討の対象としない。

① 落ち着いたところで、ようやく彼女たちから詳しい話を聞くことができた。
（神山裕右『サスツルギの亡霊』講談社 2005）
② アイドルと較べてけなされたところで、たいしたショックはない。
（歌野晶午『女王様と私』角川書店 2005）
③ 藩庁が左右兵衛らの失踪のことで騒ぎだしたところで、それがただちに蟠竜公の陰謀の発覚につながるなんてことは、ありえない。
（宮本昌孝『小説すばる』2001年11月号(第15巻第11号)集英社 2001）
④ 言ってみたところでどうにもならない。　　　　　　　　　（用例）
⑤ だが焦ったところで、ネジが完成するわけでもない。

(日明恩『鎮火報』講談社 2005)

②「アイドルと較べてけなされたところで」は、「アイドルと較べてけなされる」ようなことは起こり得ないだろうが、仮にそのようなことがあっても、その仮定は予想される帰結（ショックを受ける等）の実現に無効であって、そのような帰結に至らない事態（たいしたショックはない）が続いて述べられることを予告する。実現の可能性がほとんどないと言語主体が認識する事柄を特に取り立てて仮定条件として提示する点が特徴的である。③も、発生する可能性がほとんどないと言語主体が認識する「藩庁が左右兵衛らの失踪のことで騒ぎだす」ことを特に取り立てて仮定条件として提示しつつ、その仮定は予想される帰結（蟠竜公の陰謀の発覚につながる）の実現に無効であって、そのような帰結に至らない事態（ただちに蟠竜公の陰謀の発覚につながるなんてことは、ありえない）が続いて述べられることを予告している。

④の「言ってみたところで」は、「有効な条件となり得ない」と言語主体が既に認識している事柄（言ってみる）を、特に取り立てて仮定条件として提示しつつ、その仮定は期待される帰結（どうにかなる）の実現に無効であって、期待する帰結に至らない事態（どうにもならない）が続いて述べられることを予告している。ここで言語主体が主張したい中心は、その後に省略されている「だから、仮定で示されること（言ってみる）は無駄だ、しない方がよい。」という判断である。⑤の「焦ったところで」も「有効な条件となり得ない」と言語主体が既に認識している事柄（焦る）を、特に取り立てて仮定条件として提示しつつ、その仮定は期待される帰結（ネジが完成する）の実現に無効であって、期待する帰結に至らない事態（ネジが完成するわけでもない）が続いて述べられることを予告している。ここで送り手が主張したい中心は、その後に省略されている「だから、仮定で示されること（焦る）は無駄だ、しない方がよい。」という判断である。

「シタ　ところで」という形式は、「実現の可能性がほとんどないと言語主体が認識する事柄」や、「有効な条件となり得ないと言語主体が既に認識している事柄」を、特に取り立てて仮定条件として提示する言語主体の態度に特徴がみられる。また、後者では「だから、仮定で示されることは無駄だ、し

ない方がよい。」という言語主体の判断が示される点も特徴的である。「シタところで」は仮定の逆条件を表す形式であるが、言語主体の条件や帰結に対する認識や態度・判断が示される点に、単純な譲歩形「シテモ」との違いが見られる。

## 【7】-1 「(スルト/シタトシタ)ところで【T】」

　従属接続詞「ところで」は、「スルト/シタト　スル」という仮定動詞の連体形の過去のみとめの形である「スルト/シタト　シタ」を述語とする疑似連体節と、連体型接続によって接続して、「スルト/シタト　シタ　ところで」という形式の節を作り、後続の主節につなげる。そして、実際にどうであるかは別として、または実際にそのような状況ではないが、仮にそうであるという仮定を条件として設定してみても、その設定した仮定条件が有効に働かず、期待する帰結の実現に至らない事態が後に続いて述べられることを、その仮定は無駄だというニュアンスを示しながら予告する。「スルト/シタトシタ　ところで」は、期待する帰結の成立に無効な仮定の逆条件を表す状況成分として文中で働く。

　次の例①で「思い悩んだとしたところで」は、実際に思い悩むかどうかは別として、仮に思い悩むという仮定を条件として設定してみても、その仮定は期待する帰結（例えば「気持ちが楽になる」等）の実現に有効に働かず、期待する帰結に至らない事態（ストレスが溜まるだけ）が続いて述べられることを、その仮定（思い悩む）は無駄だというニュアンスを示しながら予告する。②の「仮にマニュアルがあったとしたところで」は、実際にマニュアルはないが、仮にマニュアルがあるという仮定を条件として設定してみても、やはりその仮定は期待する帰結（例えば「様々な書くことのために役立つ」等）の実現に有効に働かず、期待する帰結に至らない事態（たとえば恋愛小説なら恋愛小説を書くためには、というような限定されたものになる）が続いて述べられることを、その仮定（マニュアルがある）は無駄だというニュアンスを示しながら予告する。②は反現実の仮定の逆条件といえる。

　この形式は、「現実の事実ではない事柄を仮定条件として仮に設定して取り上げてみる」という意識を示す点が、「シタ　ところで」との違いとして挙げ

られる。

① 思い悩んだとしたところで、ストレスが溜まるだけなら、逆に直感に頼る生き方もあるように思います。　　　　　　　（「Yahoo! ブログ」Yahoo! 2008）
② しかし、そういうよくできたマニュアルは見たことがありません。仮にマニュアルがあったとしたところで、それはたとえば恋愛小説なら恋愛小説を書くためには、というような限定されたものになるでしょう。

（村松恒平『文章王』メタ・ブレーン 2003）

## 【7】-2　「(スルに／シタに　シタ)ところで【T】」

　従属接続詞「ところで」は、格助辞「ニ」を伴う動詞の不定形（非過去、及び過去の形）と形式動詞「する」の過去形「シタ」が組み合わさった「スルに／シタに　シタ」を述語に持つ疑似連体節と連体型接続によって接続し、「スルに／シタに　シタ　ところで」という形式の節を作り、後続の主節につなげる。ある一つの事柄を例として選択して取り上げて仮定条件として設定して示すが、設定した仮定条件が有効に働かず、期待する帰結の実現に至らない事態が後に続いて述べられることを予告する。「スルに／シタに　シタ　ところで」は、期待する帰結の成立に無効な仮定の逆条件を表す状況成分として文中で働く。

① たとえ癌であったにしたところで、おれのはまあ前癌症状という位のところだろうからな。　　　　　　　　　　（中谷孝雄『招魂の賦』講談社 1998）
② おれが頭の中で、どんな優れた詩を作ったにしたところで、どういう手段で発表できよう。

（中島敦『山月記　高校国語　現代文　教科書』教育出版株式会社 2007）
③ 「帆を張るにしたところで重労働。何十人もの船頭衆を、丸抱えにせなあかんわいな」　　　　　　（澤田ふじ子『土御門家・陰陽事件簿』光文社 2005）

　例①「たとえ癌であったにしたところで」は、現実にこの病気が癌かどうかわからないが、例えば、癌であった場合を条件として仮に設定してみることを表

すとともに、その仮定した条件は期待される帰結(例えば「死んでしまう」等)の実現に有効に働かず、期待される帰結に至らない事態(前癌症状という位の(大したことのない)ところだろう)が続いて述べられることを予告する。例②「どんな優れた詩を作ったにしたところで」は、現実に優れた詩が作れるかどうかわからないが、例えば、優れた詩を作った場合を条件として仮に設定してみるものの、その仮定した条件は期待される帰結(発表する)の実現に有効に働かず、期待する帰結に至らない事態(どういう手段で発表できよう、発表する手段がない。)が続いて述べられることを予告する。例③「帆を張るにしたところで」も、現実に数々ある船の仕事の中で、例えば帆を張ることを仮に条件として取り上げてみるが、その仮定した条件は期待される帰結(楽である等)の実現に有効に働かず、期待する帰結に至らない事態(重労働)が続いて述べられることを予告する。

「スルに／シタに　シタ　ところで」は、「現実は別として、ある一つの場合を例として選択して取り上げ、それを仮定条件として仮に設定する」ことと、「設定した仮定条件が期待する帰結の実現に有効に働かず、期待する帰結の実現に至らない事態」が次に述べられることを予告する点が特徴的である。

## 5.2　擬似連用節を受ける従属接続詞
### 【1】したって　　「(スルに)したって【C】」

「したって」は動詞「スル」の第二譲歩形由来の従属接続詞。格助辞「ニ」を後に伴う動詞の非過去みとめの不定形を述語とする不定型接続の文相当の形式と組み合わさって、「スルに　したって」という形式の節を作り、後続の主節に続く。そして、ある一つの事柄を例として選択して取り上げ、仮定条件として示すが、その仮定条件が有効に働かず、期待する帰結の実現に至らない事態が後に続いて述べられることを予告する。「スルに　したって」は、期待する帰結の成立に無効な仮定の逆条件を表す状況成分として文中で働く。

① 私が家で治療するにしたって、どこが悪いのかわからなかったら何もできないじゃない。　　　　　（森津純子『母を看取るすべての娘へ』朝日新聞社 1997）
② 「しかし向井さんのそのなりじゃ、張り込むにしたって、私は刑事ですって言っているようなものですよ」　　　　（浅田次郎『三人の悪党』光文社 1999）

③　どこかへ逃げ出すにしたって、このままじゃ死んだも同然だしな。

(北方謙三『風の聖衣』集英社 1990)

　例①の「私が家で治療するにしたって」は、現実にそうするかどうかわからないが、様々な選択肢から例えば家で治療することを選んで、それを仮に条件としてみるが、その条件では期待する帰結(病気が治る)に至らない事態(何もできない)が続いて述べられることを予告する。例②「張り込むにしたって」は、いろいろな捜査の手段がある中で「張り込む」場合を例として取り上げ、それを仮に条件として設定してみるが、その条件では期待する帰結(うまく張り込める)に至らない事態(私は刑事ですって言っているようなもの)が続いて述べられることを予告する。例③「どこかへ逃げ出すにしたって」も、今様々な選択肢があるが、例えば「どこかへ逃げ出す」場合を例として取り上げ、それを仮に条件として設定してみるが、その条件では期待される帰結(事態が今より良くなる等)に至らない事態(死んだも同然だ)が続いて述べられることを予告する。

　「スルに　したって」は、現実は別として様々な選択肢からある一つの場合を例として選んで取り上げ、それを仮定条件として仮に設定するが、その設定した仮定条件が有効に働かず、期待する帰結の実現に至らない事態が続いて述べられることを予告する働きをする。「スル／シタに　シタ　ところで」と同様の働きをするものだが、例が会話や会話調の文の中で用いられていることからわかるように、口語的表現形式であることが特徴的である。

【2】　あって　　「(C(A／V)と)あって」

　「あって」は動詞「ある」の第二中止形由来の従属接続詞。引用の助辞「ト」を伴う不定型接続の文相当の形式と組み合わさって、主節で表される事態の原因、理由を示す状況成分となる節を形成する。

(下記例文中、括弧、二重下線、四角枠囲み筆者)

①　[アールデコ調のゴージャスな店内で、新鮮な食材を用いた料理が味わえると]あって、今でも連日満席という人気ぶり。
　　(犬養裕美子・Hiroko YANAGISAWA・Miyuki KIMURA「Marie Claire Japon (マリ・クレー

ル日本版)」2002年9月号（第4巻第9号、通巻40号）アシェット婦人画報社 2002）

② この日は［クリスマスも 近い と］あって、サンタさんも登場。

（「広報やかげ」2008年01号岡山県小田郡矢掛町 2008）

③ ［フォードは今季限りの退団が 濃厚 と］あって、右打者の獲得は急務。

（「Yahoo!ブログ」Yahoo! 2008）

①は従属接続詞「あって」が組み合わさる文相当の形式(引用の助辞トを伴う)の述語が動詞、②、③は形容詞の例である。例①の括弧の部分と「あって」が組み合わさる部分は、「アールデコ調のゴージャスな店内で、新鮮な食材を用いた料理が味わえるという特別な理由があって」という内容を圧縮したものと考えられる。「特別な理由」という記述は実際にはないが、この文の受け手には二重下線部が「特別な理由」であることが常識的に理解される。さらに、その特別な理由が原因となって起こる、特別な事態として述べられる「今でも連日満席という人気ぶり」も受け手に当然予測されるものである。「アールデコ調のゴージャスな店内で、新鮮な食材を用いた料理が味わえるから」との違いは、「C(A／V)と あって」の方には、「理由」に対して「特別な意味や意義」を認める送り手の認識が示されていることと、その「特別な意味や意義を持つ理由」が原因となって、誰もが当然、成立を予測する、特別な事態が続いて述べられるという予告が示されていること、そして、その文で送り手が主張する中心は、後に述べられる特別な事態「今でも連日満席という人気ぶり」であることにある(接続助辞「から」を用いた文では、原因や理由を示す「～から」の部分が強く主張される)。「C(A／V)と あって」は、「今でも連日満席という人気ぶり」という事態を引き起こした「原因」と考えられるが、「C(A／V)」は「今でも連日満席という人気ぶり」という事態の「理由」でもある。従って、「C(A／V)と あって」は、主節で示される事態の「原因、理由」を表すとするのが適当であるように思われる。

　また、例②、③の「C（A／V）と あって」にも、二重下線部に「特別な意味や意義を持つ理由であること」を認める言語主体の認識と、それが原因となって、誰もが当然成立を予測する特別な事態が続いて述べられるという予告が示されている。

　「C（A／V）と あって」は、主節で示される事態成立の原因、理由を表す形

式であるが、事態成立の理由が特別であるとする言語主体の認識を言外に示すこと、その特別な理由が原因となって、皆に当然予測される特別な事態の成立が続いて述べられることを予告することが特徴として挙げられる。これを用いた文で言語主体が主張する中心は、後に述べられる特別な事態である。「C（A／V）とあって」は原因、理由のとりたて形式と見ることができる。

　ト格の名詞と用いられる「あって」は後置詞と位置付けられる。

【3】あれば　　「(Cと)あれば【C】」　　　　　用例：子どものためとあれば

　「あれば」は、動詞「ある」の第一条件形由来の従属接続詞。引用の助辞「ト」を伴う不定型接続の文相当の形式と組み合わさって、仮定条件を表す状況成分となる節を作る。

① 　硬い岩盤を鑿一つでくり抜くとあれば大事業である。
（花田春兆『日本の障害者』中央法規出版 1997）
② 　将軍お世継ぎのお腹様の義弟の筋とあれば、奉行に圧力をかけられる。
（森村誠一『悪夢の使者』文藝春秋 2001）
③ 　そんな中でも、必要とあれば睡眠時間を減らして朝しっかりと起きますよね。
（「Yahoo! 知恵袋」Yahoo! 2005）

例①「硬い岩盤を鑿一つでくり抜くとあれば」は「硬い岩盤を鑿一つでくり抜くという特別な作業なら、もちろん」という意味で、「硬い岩盤を鑿一つでくり抜く」ことを他の場合と比べて特に困難な特別な場合であるとする認識を示し、それを条件として提示する。そこには、「硬い岩盤を鑿一つでくり抜くという特別な場合でなければ話は別だが」という含みも示されている。そして、続いてその特別な条件が成立の要件となるような特別な帰結(大事業である)が述べられることを予告する。②は名詞が述語に用いられた例で、ある人物が「将軍お世継ぎのお腹様の義弟の筋である」ことを他の場合と対比して特別な場合であるという認識を強く示すとともに、それを条件として提示する。そこには「そのような特別な場合でなければ話は別だが」という含みも示されている。そしてその特別な条件が成立の要件となるような特別な帰結が次に述べられ

ることを予告する。③は第二形容詞が述語に用いられた例で、「必要とあれば」は、「必要である」ことを他の場合と対比して特別なケースであるとの認識を強く示すとともに、それを条件として提示する。そこには、「必要という特別な場合でなければ話は別だが」という含みも示されている。そして、続いてその特別な条件が成立の要件となるような特別な帰結(睡眠時間を減らして朝しっかりと起きます)が叙述されることを予告する。

「Cと あれば」は、ある事柄に対し、それが他と違って特別であるという認識を示しつつ、それを条件として提示する。そこには、「そのような特別な場合でなければ話は別だが」という含みも示される。そして続いて、その特別な条件が成立の要件となるような特別な帰結が述べられることを予告する。条件のとりたて形式と見ることも可能で、条件を表す状況成分として働く。ト格の名詞と用いられる「あれば」は後置詞と位置付けられる。

【4】いえ　　「(S／Cとは)いえ【S／C】」　　　　　　用例：留学生とはいえ

「いえ」は、動詞「いう」の古語の譲歩形相当の「いへど（も）」由来の従属接続詞（「ど（も）」が省略された形）。「S／Cとは　いえ」は、引用の助辞「ト」を伴う終止型接続の文、または、不定形接続の文相当の形式の取り立ての形が従属接続詞「いえ」と組み合わさったもので、既定の逆条件を表す状況成分として働く。S／Cで表される事柄に条件としての有効性を認めながらも、それが有効な条件とはなりえず、期待される帰結に至らない事態が次に述べられることを予告する。S／Cで表される事柄に条件としての有効性を認める意識が示される点が特徴的である。

① お嬢ちゃんの父親、木野瀬英夫博士は、退役したとはいえ、陸軍のお偉いさんたちとつながりが深いというじゃないか。

(赤城毅『帝都探偵物語』光文社 2003)

② 敵地とはいえ、この頃はなんの番所があるでもなし、出入自在な田舎はほとんど警戒の必要もなかった。　　(大草貫治『生き残りを賭けて』文芸社 2003)

①は「退役したら、陸軍のお偉いさんたちとつながりがなくなる」という社会通念を背景として持つ。「木野瀬英夫博士は、退役したとはいえ」は、「木野瀬英夫博士」が、「陸軍のお偉いさんたちとつながりがなくなる」事態に有効な条件である「退役した」ことを認め、それを取り立てるものの、その条件が有効に働かず、期待される帰結(陸軍のお偉いさんたちとつながりがなくなる)に至らない事態(陸軍のお偉いさんたちとつながりが深い)が次に述べられることを予告する。「木野瀬英夫博士」が「陸軍のお偉いさんたちとつながりがなくなる」事態に有効な条件の「退役した」ことを認める意識が示される点が特徴的である。

②は名詞が述語の例。「敵地とはいえ」は、「敵地であれば、危険である」という常識的共通認識を背景に、「ここは「危険である」事態に有効な条件である「敵地である」」と一応認め、それを取り立てつつも、その条件が有効に働かず、期待される帰結(危険である)が現れない事態(出入自在な田舎はほとんど警戒の必要もなかった)が次に述べられることを予告する。

①も②も暗黙の常識的な共通認識の存在が文の理解の必須条件である。

## 【5】いえども　　「(S／Cと)いえども【S／C】」　　　　用例：老いたりといえども

「いえども」は動詞「いう」の古語の譲歩形由来の従属接続詞。引用の助辞「ト」を伴う終止型接続の文、または、不定型接続の文相当の形式と共に「S／Cと　いえども」の形で節を形成して後の節に接続する。「S／Cと　いえども」が形成する節は、既定の逆条件を表す状況成分として働く。

① 確かに、老いたりといえども、品はあるし、おそらく若い頃にはきれいな人だったのかもしれない、と思わせるものはあったけれど、母と似ているところは全然なかった。　　　　　　　　(ひかわ玲子『惑乱の華』光文社 1995)
② 第二次振興開発計画さなかにあるといえども、目標達成にはまだほど遠いものがございます。　　　(國場委員『国会会議録』第102回国会 1985)
③ 作成支援ソフトがあるといえども、その労力は計り知れないものです。
　　　　　　　　　　　　　　　　　　　　　　　　(「Yahoo! 知恵袋」Yahoo! 2005)

「いえども」は漢文の「雖」という字の訓読に用いられたものであり、「S

／Cと いえども」は漢文訓読に由来する形式である。用例や①の「老いたりといえども」は、漢文訓読からの慣用表現ということもできる。「S／Cといえども」を用いた他の慣用表現としては、「当たらずといえども遠からず」や、「(東京) 広しといえども」、「(銀行員) 多しといえども」等がある。いずれも「老いたり」、「当たらず」、「(東京) 広し」、「(銀行員) 多し」等、古語の文法で表されることがこの慣用表現の形式上の特徴といえる。

　①は「年をとったら品がなくなりがちである」という暗黙の常識的な共通認識の存在が前提となっている。「老いたりといえども」は、「(あの人が) 品がなくなる」事態に有効な条件である「年を取った」ことを認め、それを条件としてとりたてるものの、それが有効な条件として働かず、期待される帰結 (品がなくなる) に至らない事態 (品がある) が続いて述べられることを予告する。「老いたりといえども」と「年をとっても」との違いは、まず「(あの人が) 品がなくなる」事態に有効な条件である「年をとった」ことを認める意識が示されるかどうかにあると言える。それと共に、前者の方には重厚で格調高く力強い語感が示されていることも違いとして指摘できる。

　②も「第二次振興開発計画の最中なら、もうすぐ目標達成可能である」という一般の共通理解がある。この「S／Cと いえども」は、「今の状況」が「もうすぐ目標達成可能である」事態に有効な条件である「第二次振興開発計画の最中」であることを認め、それを条件として取り立てるものの、その条件が有効に働かず、期待される帰結 (もうすぐ目標達成可能である) に至らない事態 (目標達成にはまだほど遠い) が続いて述べられることを予告する。「今の状況」が「もうすぐ目標達成可能である」事態に有効な条件である「第二次振興開発計画の最中」であることを認める意識を示す点が特徴的である。

　③の場合も「作成支援ソフトがあれば、作業が簡単になる」という一般の共通理解がある。そして、「S／Cと いえども」は、「作業が簡単になる」事態に有効な「作成支援ソフトがあること」を認め、それを条件として取り立てるものの、その条件が有効に働かず、期待される帰結 (作業が簡単になる) に至らない事態 (その労力は計り知れない) が続いて述べられることを予告している。「作業が簡単になる」事態に有効な条件である「作成支援ソフトがあること」を認める意識を示す点が特徴的である。

「いえども」は、漢文の「雖」という字の訓読に由来するため、それを用いた「S／Cと　いえども」という形式は、重厚で格調高い響きを呈する。②のような国会質問等、重々しい内容を述べる場面で主に用いられるが、③のような一般的な内容の文でも、言語主体が深刻な状況を意図的に表現しようとするときに特に用いられることもある。

「S／Cと　いえども」という形式は、従属接続詞と組み合わさる節が示す条件の有効性を認めながらも、それが有効な条件とはなりえず無効に終わり、期待される帰結に至らない事態が続いて述べられることを予告する点と、漢文訓読由来の重厚で格調高い響きを持つことが特徴として挙げられる。ト格の名詞と用いられる「いえども」は後置詞と位置付けられる。

【6】思いきや　　「(〜と)思いきや」　　　　用例：ちゃんと受け取ったと思いきや

「思いきや」は、動詞「思う」の古語の過去のみとめ形由来の従属接続詞である。引用の助辞「と」に続く文相当の形式の述語は動詞だけでなく名詞や形容詞の場合もあり、またそれらも様々な形式と組み合わさったり、繋辞や動詞が脱落したりと多岐にわたる（例：失恋と思いきや、前へ前へと思いきや、遊ぶぞと思いきや、辛いのかと思いきや）。

①　1点を争うゲームになると思いきや3－0でオランダ勝利‼

（「Yahoo! ブログ」Yahoo! 2008）

②　◆阪神タイガース5－0で楽勝かと思いきや〜自慢の押さえの切り札久保田、ウイリアムス、アッチソン、藤川メッタうちにされ7×5で逆転負けであります。

（「Yahoo! ブログ」Yahoo! 2008）

③　バリバリの理系人間かと思いきや、趣味は釣り、ジョギング、卓球と日曜クッキングとのこと。

（赤井邦彦「AUTO SPORT」2001年9月6日号(第38巻第22号、通巻833号)三栄書房 2001）

例文①、②の「〜と　思いきや」は、それぞれ「1点を争うゲームになるだろうと予想したが、意外にも(3－0という差だった)」、「阪神タイガースが5－0で楽勝だろうと予想したが、意外にも(逆転負けだった)」という意味を表しており、引用の助

辞「と」に続く文相当の形式の部分に示された予想とは全くかけ離れた意外な結末が、後に続いて述べられることを予告する。例文③も、「〜と　思いきや」を用いた従属節で述べられた「バリバリの理系人間か」から、主節で示される「その人の趣味」に関する記述は予測困難な事柄といえる。

　このように、「思いきや」は引用の助辞「と」に続く文相当の形式と組み合わさって、その文相当の形式が表す事柄から通常予想できない意外な結末が後の主節で表されることを、強い対比性を持って予告する点が特徴的である。また「1点を争うゲームになると思いきや」は、「1点を争うゲームになると思ったが」や、「1点を争うゲームになると思ったら」とほぼ同様の意味を表すが、古語の形式の「思いきや」は引き締まった緊迫感があり、後続の部分との対比性を、驚きや意外な心情と共に強く表し出すことを可能としている。

　「〜と　思いきや」は古語の動詞の過去形に由来する従属接続詞であり、普段の会話ではほとんど用いられることはない。しかし、ある事柄について予想と大きくかけ離れた結末が述べられることを、非常な驚きをもって予告する形式として、テレビのスポーツニュースなどに頻繁に用いられる。実際に「現代日本語書き言葉均衡コーパス」で「と　思いきや」を検索すると、雑誌29例、Yahoo! 知恵袋23例、Yahoo! ブログ168例、書籍75例、全295例得られたが、①、②のように、Yahoo! ブログからの例はスポーツの試合の結果に関するものが大半を占めた。この事実は、「〜と　思いきや」という形式が、スポーツニュースで試合の意外な結果を伝える際の、一種の伝達形式となっている状況を示唆している。

　「〜と　思いきや」は、主節で表される事態が成立する場面を表す状況成分として働く。そして、「と」組み合わさる部分に示された言語主体の予想と、全くかけ離れた意外な事態が後に続く主節で述べられることを、緊迫感と非常な驚きをもって強く対比的に予告する。

## 5.3　従属節の述語に由来する従属接続詞

【1】最後　　　「（シタが）最後」　　　　　　　　　用例：そんなことになったが最後

　「最後」は「シタが最後で」という従属節の述語を形成する名詞由来の従属接続詞である。用例の「そんなことになったが最後」は古語的表現で、現

代語では「そんなことになったのが最後」と言い換えることができる。高橋他 (2005) は「なったの」のような動詞の連体形に「の」がついた形を動名詞としているが、その中には古い形の名残として「の」のつかないものがある (例：まけるがかち (p. 136)) ことを指摘している。古語で活用語の連体形は名詞と同様の働きをしていたため、活用語の連体形を述語とする節はそのまま名詞節として用いられていた。

　本書では、「シタが　最後」の「シタ」は、古語の動詞の過去の連体形由来の形式と捉える。従属接続詞「最後」は「シタが　最後」の形で節を形成して後の節に接続する。「シタが　最後」が形成する節は、主節で述べられるコントロール不能だったり、不都合だったりする事態発生の契機を示す状況成分として働く。

① 　一度話したが最後、もう自分の思うままにしないと気が済まない。

(「Yahoo! ブログ」Yahoo! 2008)

② 　一旦打っ倒れたが最後、どッと病み着いてしまうのじゃないか。

(谷崎潤一郎『金色の死』講談社 2005)

③ 　すんごく大盛りで、ちょっと不安になるくらいの量なんですが、ひとくちスプーンを口に運んだが最後、ラストまで息もせずに突っ走ってしまう美味しさです。

(「Yahoo! ブログ」Yahoo! 2008)

「シタが　最後」という形式は、「スルト」や「シタラ」と同様に、続いて起こる動きや事態のきっかけを表す状況成分として働くが、続いて発生する動きや事態がコントロール不能のものであったり(③ラストまで息もせずに突っ走ってしまう)、言語主体にとって好ましくないものであったり(①もう自分の思うままにしないと気が済まない、②どッと病み着いてしまう)することを予告する点が、「スルト」や「シタラ」と異なる特徴である。

　「現代日本語書き言葉均衡コーパス」を用いて「シタが　最後」という形式を検索すると、全部で 36 例得られた。そのうちの 23 例は文学のジャンルに属しているので、この形式は文学作品に多く用いられる形式ということができる。その他、ヤフー関係からも 5 例得られたことから、話し言葉風のカ

ジュアルな書き言葉でも、ある種の決まり文句として、或いは大仰でレトリカルな表現形式として用いられている状況が理解される。

【2】早いか　　「(スルが／シタが)早いか」　　用例：チャイムが鳴るが早いか

　「早いか」は第一形容詞由来の従属接続詞である。「スルが／シタが　早いか」の「スル／シタ」は、「シタが　最後」の「シタ」と同じく、古語の動詞の連体形由来の形式と捉えられる。従属接続詞「早いか」は、「スルが／シタが　早いか」の形で節を形成する。「スルが／シタが　早いか」が形成する節は、「〜するとすぐ、ほぼ同時に」という意味を持って、すぐさま継起する二つの動きの先行する動きを表すと共に、主節で表される動きが成立するときを表す状況成分として文中で働く。用例の「チャイムが鳴るが早いか」は、「チャイムが鳴るのが早いか、それとも次に行われる行為の発生の方が早いかわからない程早く」という節の「それとも」以下が省略された形式の古語の形とみられる。

① 「急いでて、シメオンにもってきてあげるの忘れてたから」そう元気よく言うが早いか、マリーは私たちに手を振って屋上へのはしごを登って消えた。
　　　　　　　　　　　(有以このみ『ユカのこころの旅』文芸社 2005)
② 俺は両耳へ手をやるが早いか、一散にそこを逃げ出してしまった。
　　　　　　　　　　　(芥川龍之介『馬をめぐるアンソロジー』新宿書房 1989)
③ この辺りに…指すが早いかあれは今しがた売れたと主人のそっけない声。
　　　　　　　　　　　(菊地信義『わがまま骨董』平凡社 1993)

例文①の「言うが早いか」は、「言うのが早いか、はしごを登って消えるのが早いかわからないほど早く」という節の省略形と考えられ、「言うとすぐに」、または「言うのとほぼ同時に」という意味で、「〜すると、すぐに後のことが続いて起こる」という、素早く連続する二つの動き、または、同時に近い速さで継起する動きの先行する動きを表す。②も「両耳へ手をやるのが早いか、逃げ出すのが早いかわからないほど早く」という節の省略形と考えられ、素早く連続する二つの動き、または、同時に近い速さで継起する動きの先行する動きを表し

ている。③は主節と従属節の主語が異なる例。

「(スルが／シタが) 早いか」は、「スルト　すぐに」や、「シタラ　すぐに」と同様の意味を表すが、ある動きが起きると、間髪を入れず素早く次の動きが続いて起こる様を描写する点が特徴的である。また、「スルト」や、「シタラ」を用いて表現する場合は、同様の意味を表すために「すぐに」等の副詞が必要であるが、「スルが／シタが　早いか」は、それらの表す意味を既に含んでいるため、そのような副詞は必要ない。「スルか　シナイかの　うちに」は「スルが／シタが　早いか」と同程度の前件と後件の時間的連続を表すが、後者の方が簡潔な表現だけに、より素早さを感じさせる。

「現代日本語書き言葉均衡コーパス」を用いて「スルが／シタが　早いか」という形式を検索すると、全部で61例得られた。そのうちヤフー関係のものは1例だけで、文学のジャンルからの例が44例に上った。この結果を見ると、この形式は文学作品に多く用いられる修辞的な形式と捉えられるように思われる。また、検索から「言うが早いか」、「言ったが早いか」のように「言う」を用いた例が4割程度の25例得られた。ここからは、この「言うが／言ったが早いか」が慣用的に用いられている実態が窺われる。

【3】否や　　「(スルや)否や」　　　　　　　　　　用例：玄関を出るや否や

『精選版日本国語大辞典』では「否や」を㊀感動詞、㊁副詞とし、㊁の副詞には「①(「…やいなや」の形で用いる。漢文訓読語法として発生したもの) 問いかける気持を表わす。どうであろうか。そうであるかないか。そうするかしないか。」との解説がある。また続けて、「②(「…といなや」「…やいなや」の形で) 同時に、または引きつづいて、ことが行なわれるさまを表わす。…と同時に。…とすぐに。ただちに。」と述べ、さらに後の［語誌］で「(2) 口頭語で「や」が疑問を表わさなくなったため、江戸時代中期ごろの口語では疑問の意は消失し、㊁②の意味に転じて用いられるようになった。」と説明している。

本書では「否や」を副詞「否や」由来の従属接続詞と位置付ける。「否や」は、不定型接続の文相当の形式の述語である動詞の非過去みとめ形に状況成分形成辞「や」が伴う「スルや」という形成と形と組み合わさって、「スルや否や」の形で節を作り、後の節に接続する働きをする。

「スルや　否や」が形成する節は、「ある動きの実現がみられるとほぼ同時に、続いて別の動きが発生する」という、継起する二つの動きの先行の動きを表すとともに、主節で表される動きが成立する時、あるいは、その契機を表す状況成分として働く。「否や」については、前述の「漢文訓読語法として発生したもの」という『精選版日本語大辞典』の記述から見えるように、硬い語感を呈する点が特徴的である。

① 夏休みにはいるやいなや、海へ山へとどっと人がくり出した。（『大辞林』）
② 眠る間も惜しんでようやくベルムナント伯たちを捕らえるや否や、彼は息をつく間もなく今度は出陣の仕度を始めました。
　　　　　　　　　　　　　　　　　　　　　　　　（高崎悠『黒百合、白薔薇』新風舎 2005）
③ 相手の年齢が年下と分かるや否や、タメ口に切り替わる人が居ます。何か俗っぽくて厭です。　　　　　　（「Yahoo! ブログ」Yahoo! 2008）
④ 実際に、否決→解散の速報が出るや否や、日経平均は大きく反発したのでした。　　　　　　　　　　　（高崎悠『黒百合、白薔薇』新風舎 2005）

　例①〜④全て、「スルや　否や」で示される先行の動き成立とほぼ同時に次の動きが発生することを描写している。次の動きは、どれも先行の動きの成立を契機に、或いはその成立を待って、直ちに発生したとみられるものである。
　「スルが／シタが　早いか」との違いは、「スルが／シタが　早いか」は同一の場面での同時に近い継起の表現に用いられるが、「スルや　否や」は同一の場面の継起でなくても、先行の動き成立後、間を置かずに後に続く動きが発生する場合に用いられる。例えば、「スルが／シタが　早いか」の例②「俺は両耳へ手をやるが早いか、一散にそこを逃げ出してしまった。」は、先行の動きと後続の動きが同一の場面で行われるが、①の「夏休みにはいる」と「海へ山へとどっと人がくり出した」は同一の場面で行われたものではない。
　③は、ブログという口語的な文章の中で、「スルや　否や」が、「タメ口」や「俗っぽい」というくだけた口語的な単語と共に使われている。そこには、

二つの動きの同時的な素早い連続を表現しようという意図と、漢文訓読法由来の硬く重厚で大仰なニュアンスを持つ「スルや　否や」を、くだけた口語的単語と用いて、対比的に誇張して表現しようとする言語主体の表現意図が窺われる。②の文学作品からの例でも、「ベルムナント伯たちを捕らえる」と「出陣の仕度を始めた」という二つの動きが間を置かず連続して行われたことが、「スルや　否や」によって、重厚さと、ある種の誇張をもって、修辞的に表現されている様が観察される。「スルや　否や」という形式を選択する理由の一つに、重厚さ、或いは大仰さを誇張して示そうという言語主体の意識があることが推察される。「スルが　早いか」とは、硬く、そして重厚さを持つ表現であるという点でも違いが見られる。

「現代日本語書き言葉均衡コーパス」を用いて「スルや　否や」という形式を検索すると、全部で132例得られた。「スルが／シタが　早いか」の検出例が61例であったことと比較すると、「スルや　否や」の方が一般により多く用いられる形式であることがわかる。132例のうちヤフー関係のものは18例、文学のジャンルは54例、その他、哲学、歴史、社会科学系のジャンルに多く例が見られた。「スルが／シタが　早いか」は、全61例中44例が文学のジャンルからのものであったことを考えると、この形式は哲学、歴史等硬い文章に多用される傾向が見られるものの、ヤフー関係からも一定数の例が得られているように、幅広いジャンルで使用される形式であることが指摘できる。

# 6. 周辺的な品詞：自立できない周辺的な品詞　―補助述語詞

第1章2で示した通り、「補助述語詞」は、村木（2010a）において「助動詞」と呼ばれているものである。村木（2010a）によると、助動詞は「動詞を典型とする述語の本体とくみあわさって、述語の分析的な語形をつくる機能語」であって、述語を補助して、「述語のムードやアスペクトなどの文法的意味にかかわる」という (p. 110)。

本書では、以下のように補助述語詞を分類する。なお、2語以上が集まっ

て1つの補助述語詞として働くものを群補助述語詞とする。

1 （単純）補助述語詞
 (1) 動詞型補助述語詞
  ① 動詞の活用語形と組み合わさるもの
  ② 名詞的述語と組み合わさるもの
 (2) 形容詞型補助述語詞（第一形容詞型）
 (3) 名詞型補助述語詞
  ① 擬似連体節と組み合わさるもの
   モノ・コト系補助述語詞
   非モノ・コト系補助述語詞
  ② 非擬似連体節と組み合わさるもの
   形容詞と組み合わさるもの、名詞と組み合わさるもの
2 群補助述語詞
 (1) 存在動詞系群補助述語詞
 (2) 非存在動詞系群補助述語詞

## 6.1 （単純）補助述語詞

### 6.1.1　動詞型補助述語詞

①動詞の活用語形と組み合わさるもの

**【1】やまない**　　「(シテ)やまない」　　　　　　　　用例：念願してやまない

「やまない」は、動詞「やむ（止む）」に由来する補助述語詞である。『大辞林』によると、「やむ（止む）」の第一の意味は「それまで続いていたことが、切れて続かなくなる。」であるという。述語の本体である「動詞の第二中止形」と組み合わさって述語を作る。

「現代日本語書き言葉均衡コーパス」からは「(シテ) やまない」、「(シテ) やまなかった」、「(シテ) やみません」、「(シテ) やみませんでした」、「(シテ) やまないだろう」、「(シテ) やまず」の6つの語形が得られた。これらは全て打消しの形だが、テンス、丁寧さのカテゴリー、そしてムードでは推量の形があることから、述べたてのカテゴリーが見られる。「やまず」は、「やまない」

## 表1 述語形成に関わる'〈機能語〉の類'

[記号解説] N：名詞，NV：動作名詞，A1：第一形容詞，A2：第二形容詞，A3：第三形容詞，V：動詞，VB：動詞性語基，A1B：第一形容詞性語基，A2B：第二形容詞性語基，A3B：第三形容詞性語基，-R：語幹，-S：終止型語基，C：不定型接続，T：連体型接続，F：副助辞型接続，～：単語形成の形，カタカナ：活用語形

| 分　類 | | 組み合わせ | 1級 | 2級 | 3級 (4級*) |
|---|---|---|---|---|---|
| 形式動詞 | | 単語との組み合わせ | (Nに)かかわる、(Nに)至る | | (Nが)ある*、((N／A2R／A3R-ク)／(A1R-ク))する*、((N／A2R／A3R=)／(A1R-ク))なる* |
| | | 擬似連体節を持つ節との組み合わせ | | | (スル／シタ)ことがある、(スル／シタ)ことができる、(スル／シタ)ようにする／なる |
| 形式形容詞 | | 動詞の活用語形との組み合わせ | | | (シテモ／シナクテモ)いい |
| | | 擬似連体節を持つ節との組み合わせ | | | ((シタ／スル／スルノ)ほうが)いい |
| 補助述語詞 | 動詞型 | 動詞の活用語形との組み合わせ | (シテ)やまない、(セズニ／シナイデハ)おかない、(セズニ／シナイデハ)すまない | (シテ)たまらない、(シテ)ならない、(セズニ／シナイデハ)いられない、(シツツ)ある | (シテ)ある*、(シテ)いる*、(シテ)いく、(シテ)おく、(シテ)くださる、(シテ)いただく、(シテ)あげる、(シテ)やる、(シテ)もらう、(シテ)くれる、(シテ)しまう、(シナクテハ)ならない、(シナクテハ)いけない、(シテモ／シナクテモ)かまわない、(ショウト)する |
| | | 名詞的述語との組み合わせ | (N／スノ／スル)に)たえる、(N／スノ／スル)に)たえない、(スル／スルには)あたらない、(NV／スルに)至る、(Nを)余儀なくさせる、(Nを)余儀なくされる、(Nを)禁じ得ない | (Cに)きまっている、(Cに)すぎない、(セザルを)得ない、(N／A2／A3で)ある | (Cかも)しれない、(N／A2／A3では)ありません* |
| | 形容詞型 | 動詞の活用語形との組み合わせ | | | (シテ)ほしい |
| 単純補助述語詞 | | 名詞的述語との組み合わせ | (NVに)かたくない | (Cに)相違ない、(Cに)違いない | (N／A2／A3では)ない* |

| | | | | | |
|---|---|---|---|---|---|
| 名詞型 | 擬似連体節との組み合わせ | モノ・コト系 | (シナイ) ものでもない、(T (A1/A2/V)) ものを | (スル/シナイ) もの (だ) 《忠告》、(T") (A/V) もの (だ) 《感慨》、(T") ものか、(スル/シナイ) こと (だ)、(どんなに) (T (A/V)) ことか | (T) はず (だ)、(スル/シナイ/シタイ) つもり (だ)、(スル/シタ/シテイル) ところ (だ) |
| | | 非モノ・コト系 | (スル) しまつ (だ) | (T) わけ (だ)、(T) わけではない/わけでもない、(スル) 一方 (だ)、(T) 次第 (だ) | (T) はず (だ) |
| | 非擬似連体節との組み合わせ | 形容詞との組み合わせ | (T (A)) かぎり (だ) | | |
| | | 名詞との組み合わせ | (N/A2の) 至り (だ)、(N/A2の) 極み (だ) | | |
| 群補助述語 | 存在動詞系 | 擬似連体節との組み合わせ | (Nの/スル) きらいがある | (スル/シナイ) ことは ない、(T (A/V)) ものがある、(Nの/スル) おそれがある、(T) わけがない/わけはない | (T) はずがない |
| | | 非擬似連体節との組み合わせ | (Cと) いったらない、(C) ったらない、(A/V) ったらありゃしない | (シテ) しようがない | |
| | 非存在動詞系 | 擬似連体節との組み合わせ | (Cと) いう/いった ところ (だ) | (スル/シナイ) わけにはいかない/わけにもいかない | |
| | | 非擬似連体節との組み合わせ | | (Cと) いう もの (だ)、(Cと) いう ものではない/いうものでもない (〜と) いう こと (だ) | |
| 述語形成辞 | | | (スル/シタ) べからず、(スル/シタ) まで (だ) | (スル) べき (だ)、(スル) まい、(Cか) のよう (だ) | (C (N/A2/A3)) です*、(C (N/A2/A3)) だ*、(T") (の (だ)、(S) そう (だ)、(C) らしい、(スル) な、(T) よう (だ) |
| 述語形成句 | | | (スル/シタ) までのこと (だ)、(スル×) それまでのこと (だ)、(スル×) までもない (だ)、(N/A2/A3 デ・ナクテ) なんだろう/なんであろう | (N/スルに) ほかならない、(N/スル) どころではない | |
| 終助辞 | | | | (S) とか、(S) もの、(S) っけ | (S) か*、(疑問詞+) (T") ん) だい (S) か*、(S) ね*、(S) よ*、(S) わ* |

の古語の形で、文の述語と、重文の先行節の述語に用いられている。

「（シテ）やまない」と同じく、動詞の第二中止形と組み合わさる、日本語能力試験3、4級の「文法事項」、「表現意図等」に見られる補助述語詞（例「（シテ）ある」、「（シテ）いる」、「（シテ）いく」、「（シテ）しまう」、「（シテ）みる」、「（シテ）おく」、「（シテ）もらう」）は、アスペクト、局面、もくろみ、やりもらいといった命題形成に関わる文法的意味を、述語の本体である動詞に加えて述語を作りあげる働きをする。それら3、4級の補助述語詞と「（シテ）やまない」の違いは、「（シテ）やまない」が常に打消しの形で用いられること（同形式の3、4級の補助述語詞はみとめ形も打消し形もある）、テンスと丁寧さ、ムードではのべたてのカテゴリーのみ見られることが挙げられる。3、4級の同形式の補助述語詞は豊かなムードのカテゴリーを有する（例「（シテ）みろ」、「（シテ）みよう」）。また、それらは様々なモダリティ形式を伴って文を形成することができる（例「（シテ）みるかも　しれない」、「（シテ）みるようだ」、「（シテ）みなければ　ならない」）。一方、「（シテ）やまない」に関しては、「現代日本語書き言葉均衡コーパス」からは、「の（だ）」という『現代日本語文法4』において「説明のモダリティ」に位置付けられているモダリティ形式を伴う例が得られたのみである（その他、「次第（だ）」）。それは「シテ　やまない」自体が、ある一定の述べ方を持つモダリティ形式であることを示唆するものと捉えられる。

その他、「現代日本語書き言葉均衡コーパス」より検索された「シテ　やまない（「シテやまなかった」等全6つの語形を含む）」の類[10]、全264例中、「Yahoo!」関係は「Yahoo!知恵袋」から1例、「Yahoo!ブログ」から12例得られただけであった。この結果からは「シテ　やまない」が書き言葉を中心に用いられる形式であることが理解される。

補助述語詞「やまない」とともに用いられる動詞は、多くの場合他動詞で、次のように分類される。
A：　行為や、作用・変化等の動きをあらわすもの
　　　　絶賛して、(ロマンを) かきたてて、魅了して、誘って、ひきつけて、促して、主張して、追及して、叱責して、変化して、流れて　等
B：　人間の心情を意味するもの

敬愛して、尊敬して、信じて、愛して、希望して、切望して、期待して、願って　等

　「やまない」は、述語の本体となる動詞の第二中止形と「シテ　やまない」という述語を形成し、組み合わさる動詞が示す「動き」や「人間の心情」の継続的な持続を表す。

Ⅰ.「やまない」と組み合わさる述語の本体である動詞がＡタイプの他動詞の場合(例①～④)、「シテ　やまない」は、動きの主体の強い意志や激しいエネルギーの下、「シテ」が示す行為、作用等の強力な動きの、限りなく続く継続的な持続を、自動詞の場合(例⑤)、「シテ　やまない」は、「シテ」が示す動きの、限りなく続く継続的な持続を表す。

① 哲学が生まれ、神話と史実が交錯するその地は、人々を魅了して<u>やみません</u>。　　　　　(河北新報社・桜井万里子・反畑誠一「河北新報」2004/8/2(朝刊)河北新報 2004)
② 岩沼敏雄はあくまでも加藤を神戸登山会に引っぱりこむことを主張して<u>やまなかった</u>。　　　　　　　　　　　　　　　　　　　　(孤高の人)
③ 日の出も日の入りも人を引きつけて<u>やまない</u>美しさがある。
　　　　　　　　　　　　　　　　　(三輪薫『風景写真の撮り方』成美堂出版 1993)
④ そして、あの一ノ倉沢の出合に佇んで、自分の息子を死にまで魅了して<u>やまなかった</u>半円状の大岩壁をみつめ、秋草に埋もれた墓に花束を捧げて合掌する老人夫婦の悲しいまでにひそやかな姿を、須川はふと思うのである。　　　　　　　　　　　　　　(安川茂雄『谷川岳に逝ける人びと』平凡社 2005)
⑤ すべては因が現じ縁が結ばれて成立するのであるから、うつろい変化して<u>やまない</u>世界が我々の世界であり、その様相の本質は「空」であるといわれます。　　　　　　　　　　　　　　(里道徳雄『臨済録』日本放送出版協会1995)

Ⅱ-1.「やまない」と組み合わさる述語の本体である動詞がＢタイプの場合、「シテ　やまない」が非過去形の文の述語であって、かつ、その主語が1人称であるとき以外(Ⅱ-2以外)では、「やまない」と組み合わさる動詞が示す強力な「人間の心情」の継続的な持続を「強く、どこまでも限りなく」と

強調して述べる。

⑥ 幼い子がまるで、地球が自分中心に回っているかのように振る舞うのと同じように、彼らも自分こそが"キング・オブ・ザ・ワールド"であると信じてやまない。

(磯部安伽「COSMOPOLITAN」日本版2003年3月号(第25巻第3号、通巻268号) 集英社2003)

⑦ 木喰上人が九十余歳で佐渡を去るときに残した言葉「四歳経て今日立ち染むる佐渡島をいる来て見るや法の燈火」を挙げて、聖賢の霊の感受できる聖なる地として佐渡を清浄に保つことを願ってやまなかった。

(森伸生『田中逸平』拓殖大学2004)

⑧ 私が愛してやまない〈長崎チャンポン〉や〈富山の薬と越後の毒消し〉のような姿勢で書けたらどんなに素晴らしいだろう。　　　(風に吹かれて)

⑨ このフランセスが、敬愛してやまなかった皇帝の立場を困難にした張本人として秘かに嫌っていたビザンチン帝国宰相ノタラスのその後は、別の意味で劇的だった。　　　(コンスタンティノープルの陥落)

⑩ 宇宿さんの振るタクトは平和の希求を願ってやまず、フロイデ・フィルハーモニーはそれに応えて会場全体を昇華させんばかりの昂揚を見せた。

(小林智『父のがんを知った日から』寿郎社2003)

「人間の心情」の持続とは、例えば、例⑧「愛してやまない」は、Ⅰのような動きの継続的な持続というより、「愛する心情」の継続的な持続を表すものである。「愛してやまない」は、「心から強く、限りなく愛し続ける」という意味を表現する。⑥、⑦は文の述語である例、⑧、⑨は連体節の述語である例、⑩は重文の先行節の述語である例。

Ⅱ-2.「やまない」と組み合わさる述語の本体である動詞がBタイプであって、「シテ　やまない」が非過去形で文の述語に用いられ、さらにその主語が1人称の場合、「やまない」は組み合わさる動詞の主体(主語)である言語主体(送り手)の現在の「願い」、「望み」等、動詞が示す「人間の心情」に「心から強く(程度)」、「どこまでも限りなく続ける(持続)」といった意味を加え、

受け手に対して直接リアルタイムに強力に表出する。この場合の「シテやまない」もⅡ-1同様、強力な心情の継続的な持続を「強く、限りなく」と強調して述べる。

⑪ 馬頭署員のいっそうの健闘を期待して<u>やみません</u>。
（平成12年12月1日馬頭警察署員を集めての本部長講話）
（広畑史朗『警察の視点社会の視点』啓正社 2004）

⑫ 党員諸君が私の意のあるところを酌み、真の挙党一致の体制を確立され、国民の負託にこたえることを希求して<u>やみません</u>。
（神島二郎『転換期日本の底流』中央公論社 1990）

⑬ この事からも、「チャレンジド＝可哀相」と言う発想から、脱却して欲しいと切に願って<u>やまない</u>。　　　　　　　　　　（「Yahoo!ブログ」Yahoo! 2008）

　⑪、⑫はある場面でのスピーチと思われるもので、言語主体である送り手から眼前の受け手へのリアルタイムの、心から強く、どこまでも限りなく、「期待する」、「希求する」という心情の直接の表出が見られる。⑬は書かれた文章ではあるが、「切に」という副詞、及び「願ってやまない」という非過去の形から、「私の、今この時点（この文章を書いている）での」、心から強くどこまでも願い続ける心情の読み手へ向けての表出が読み取れる。「現代日本語書き言葉均衡コーパス」から得られた例を見る限り、「願ってやまない」という表現が非過去形で文の述語に用いられる場合、主語は1人称に限られる。Ⅱ-2は動き（人間の心情を表す）の主体である言語主体（送り手）が、今の自分の強い思いを受け手に対して直接リアルタイムに強力に表し出す点が、ⅠやⅡ-1の場合との違いとして挙げられる。

　「シテ　やまない」の特徴は、「非常に」、「大変」などの程度副詞や、終助辞等を用いることなく、強い心情の程度をコンパクトな形式の中に抑制された表現で示すことができる点にある。そのため、Ⅱ-2に見られるような、祝賀会などの改まった場におけるスピーチで好まれる形式となっている。それほど硬い響きはなく、女性にも用いられやすい。

## 【2】おかない 「(セズニハ／シナイデハ)おかない」

用例:攻撃しないではおかない

「おかない」は、動詞「おく（置く）」に由来する補助述語詞である。『大辞林』によると、「おく（置く）」の第一の意味は「物や人をある場所に据える。」であるという。述語の本体である他動詞や使役動詞の打ち消しの第一中止形「セズニ」、または第二中止形「シナイデ」の取り立て形である「セズニハ」、「シナイデハ」と組み合わさって述語を作る。

鈴木（1972b）は、「…して おく」を「もくろみ動詞」と位置付けている。「もくろみ」とは、「その動作がなんのために（どんなもくろみをもって）おこなわれるかをあらわす文法的なカテゴリー（p.397）」で、「動詞の第二なかどめとたすける動詞「みる」「みせる」「おく」とのくみあわせによってあらわされる（p.397）」という。そして、「もくろみをあらわすこうした二単語のくみあわせ」を「もくろみ動詞」と呼んでいる（p.397）。

鈴木（1972b）によると、「もくろみ動詞」の「…して おく」は、「あとのことを考えにいれて、動作をおこなう」、「とりあえずの処置としておこなう動作をあらわす（例「めんどうくさいから、いいかげんに こたえて おいた」）」、「対象を変化させて、その結果の対象の状態をそのまま持続させる（対象に変化の結果をのこす意志的な動きをあらわす他動詞の場合。例「窓を すこし あけて おきなさい」）」、「対象の状態を変化させないままに持続させる（放任。例「うるさいから、まだ そとで あそばせて おけ」）」といった意味をあらわすという（p.399）。

「セズニハ おかない」及び「シナイデハ おかない」は、動詞の打ち消しの第一中止形、または打ち消しの第二中止形のとりたて形と「おく」の打ち消しの形の組み合わせによって構成されている。これらは、もくろみ動詞「…して おく」の打ち消しの形の組み合わせと考えることができる。

「現代日本語書き言葉均衡コーパス」からは、以下に示したような語形が得られた。テンス、丁寧さのカテゴリー、及び推量形があることから述べてのムードのカテゴリーが見られる。

「(セズニハ) おかない」、「(セズニハ) おかなかった」、「(セズニハ) おかないであろう」、「(セズニハ) おかないだろう」、「(セズニハ) おきません」、「(シナイデハ) おかない」、「(シナイデハ) おかなかった」、「(シナイデハ) おかない

だろう」

「現代日本語書き言葉均衡コーパス」より検出された「セズニハ　おかない」の類全118例中、「Yahoo!」関係は「Yahoo! ブログ」から得られた1例のみ、「シナイデハ　おかない」の類7例には「Yahoo! 知恵袋」からの例も「Yahoo! ブログ」からの例も見られなかった。

「セズニハ／シナイデハ　おかない」の「おかない」と組み合わさる動詞は、他動詞または使役動詞で、全体として、「必ず〜する」という意味を表す。

Ⅰ-1. 「おかない」が形成する述語が非過去形で、述語に表される行為の主体としての主語が人間で1人称の場合、行為の主体である言語主体が自身の強い意志に基づいて必ずその行為を行うという、「行為遂行に対する主体の強い意志」が提示される。

① もしもその悪意が、今ものうのうと口笛を吹いているならぼくは…。そいつを問い詰めずにはおかないだろう。　（北森鴻『メビウス・レター』講談社 2001）
② ローソクの光に、すべての人の心の闇を照らし出し、救わずにはおかないとする阿弥陀如来の心を感じたいものです。
（中西智海『浄土真宗』世界文化社 2005）
③ あなたは大学の研究室が似合う学者なのよ。珍しい生き物を見つけると、その実態を突き止めないではおかないという変な欲望にかられるのね。
（廣山義慶『妖花』双葉社 2003）

②の引用の助辞「と」は、「(私は)救わずにはおかない。」という阿弥陀如来の発言をそのまま取り出してきて引用したものであることを示しているので、これも「おかない」が形成する述語の主語は阿弥陀如来が人格化した1人称である場合と考えられる。③は、「珍しい」から「おかない」まで、その部分の主語である「あなた」に代わって話者が述べたものである。

Ⅰ-2. 行為の主体である主語が人間でⅠ-1以外の場合、行為主体の強い意志によって「必ず〜する」という「ある行為の強力な絶対的遂行」を表す。
④ 彼は自らに加えられた侮辱に対しては懲罰せずにはおかなかった。

(小和田哲男『国際情報人信長』集英社 1991)

⑤ 今の襲撃を考えると、こやつめらはすべて殺害せずにはおかない恐ろしいやつらだ。
(早坂倫太郎『毒牙狩り』集英社 2004)

④、⑤の文の「おかない」と組合わさる、取り立ての形の打ち消し第一中止形の動詞は全て他動詞であって、その行為の主体はいずれも人間である。④、⑤のような1人称以外の人間が行為の主体の場合、他のものに働きかける行為や他のものに作用を及ぼす行為を表す動詞の打ち消し中止形の取り立ての形が「おかない」と組み合わさると、前述の鈴木(1972b)の「おく」の「放任(対象の状態を変化させないままに持続させる)」の用法から、「対象の状態を変化させないまま(その状態のまま)に持続させない」、「必ず行う」という、行為の主体の強い意志による「ある行為の絶対的遂行」を表す。

Ⅱ. 動きの主体である主語が人間以外の時は、ある主体の本来的な性質として、強い力を持って必ずある事態を引き起こすという「必然的な強制作用」を表す。

⑥ ことに彼の匂うような美青年ぶりは、ほんの一挙手一投足でも、らちもない噂をさざ波のように走らせずにはおかない。 (新源氏物語)

⑦ そして、大砲の威力も、西欧の君主たちの眼を開かせずにはおかなかった
(コンスタンティノープルの陥落)

⑧ それは人の心を撲たずにはおかない、不思議な、生き生きとした、美しさだ。 (檸檬)

⑨ 「…簡単なみなりをしていたが、その異様にすばらしい美しさは、いつものとおり、人目をひかないではおかなかった。」
(和田英次郎『怪盗ルパンの時代』早川書房 1989)

⑥〜⑨の文の「おかない」と組合わさる打ち消し第一、又は、第二中止形の動詞が表す動きの主体は、全て人間または人間的な存在以外の意志を持たないものである。このような人間または人間的な存在以外のものが動きの主体となる場合、「セズニハ　おかない」の形式と組み合わさる述語の本体として他

動詞または使役動詞が用いられると、これも前述の鈴木(1972b)の「おく」の「放任」の用法から、「対象の状態を変化させないままに持続させない」、すなわち「必ずその対象の状態を変化させる」という意味が表されることになる。しかもその文は、動きの主体が持つ本来的な性質が必然的に、強制力を持ってその事態を引き起こすという含みを持つことが文から得られる。例えば⑦は、「大砲の威力」が本来的に持つこれまでの武器とは決定的に異なる性質(破壊力が強力である、遠くまで飛ぶ等)が必然的に、また強制力を持って否応なく「西欧の君主たちの眼を開かせる事態を引き起こした」という内容が読み取れる。「セズニハ／シナイデハ　おかない」は、「現代日本語書き言葉均衡コーパス」から得られた例を見ると、ほとんどの場合Ⅱの用法で使用されている。

　「セズニハ／シナイデハ　おかない」は、単に「必ず〜する」というのではなく、そこに、行為を行う主体である言語主体の強い意志の提示や、行為の主体の意志による絶対的な遂行、あるいは、動きの主体が本来的に有する性質がなせる必然の業としての強制的な事態の生起という、その文の送り手(書き手)の洞察が示される点が特徴的である。また、③の「シナイデハ　おかない」が会話で用いられているように、「シナイデハ　おかない」のほうが「セズニハ　おかない」より口語的で柔らかい表現となっている。

## 【3】すまない　　「(セズニハ／シナイデハ)すまない」

用例：謝らないではすまないだろう

　「すまない」は動詞「すむ(済む)」由来の補助述語詞である。『大辞林』によると、「すむ(済む)」の第一の意味は「物事が終わる。終了する。」であるという。常に打消しの形で使われ、述語の本体である動詞の打ち消しの第一中止形(セズニ)、または第二中止形(シナイデ)の取り立て形である「セズニハ」、「シナイデハ」と組み合わさって述語を作る。

　「現代日本語書き言葉均衡コーパス」から、「セズニハ　すまない」、「シナイデハ　すまない」に属する例は全部で7例検出されたのみであった。また、その中に「Yahoo! 知恵袋」や「Yahoo! ブログ」からの例は存在しなかった。これは、「セズニハ　すまない」や「シナイデハ　すまない」が一般には使用がまれな形式であることを示している。

次に、「現代日本語書き言葉均衡コーパス」の検索結果から得られた語形は、「(セズニハ) すまない」、「(セズニハ) すまなかった」、「(シナイデハ) すまない」だけであって、「セズニハ すまない」の方に、わずかにテンスのカテゴリーが見られたのみであった。

「セズニハ／シナイデハ すまない」は、「しないでいることはできない」という意味での「主体の持つ本来の性質から発現する必然の結果としての不可避の事態」、または「しないでいることは許されない」という意味での「ある一定の状況が持つ社会的要求による不可避の強制的事態」を表す。

「セズニハ すまない」は「シナイデハ すまない」より硬い表現となっている。

I. 主体の持つ本来の性質から発現する必然の結果としての不可避の事態
① 何ごとも納得しないではすまない信長は、たとえば、キリスト教の教義について納得できないところがあると、すぐそれを問いただしている。

(小和田哲男『国際情報人信長』集英社 1991)

② フランソワ・マンサール(1598–1666)のメゾン・ラフィトにある泉水室、トマス・フランチーニによるワイドヴィユ・グロッタ、イサク・ド・コーによるウーバン・アベイなど(1630頃)、ことごとく海神のモチーフを中心に、全体を覆わずにはすまない傾き方(マニエリスム)を見せている。

(原研二『グロテスクの部屋』作品社 1996)

③ だが、この事故は、ジュスティニアーニ直属の配下の五百のジェノヴァ兵を、動揺させないではすまなかった。　　(コンスタンティノープルの陥落)

①～③の例は、補助述語詞「すまない」とくみあわさる述語の本体である動詞(他動詞又は使役動詞)が表す動きの主体である「信長」や「マニエリスム」、「この事故」の本来の性質(例えば、①「合理的思考の持ち主である」、②「極めて技巧的、作為的なスタイルである」、③「極めて重大な事故である」)が持つ要求により、必然の結果としてその動詞で表現される事態が必ず発現するに至るという意味が考えられる。そこには、動きの主体の持つ本来の性質と、結果として表れた目に見える事態に対する送り手(その文の書き手)の洞察が複合的に示される。

Ⅱ. ある一定の状況が持つ社会的要求による不可避の強制的事態
④ 訪米前には歌舞伎座、能楽堂、テレビ工場などのほか、東京・練馬区のひばりが丘団地では、ある一戸の室内からベランダまで見学するなど日本の文化、社会、産業、歴史の勉強にまで及んだ。日本についての米国の質問に答えられないではすまないからである。(河原敏明『美智子皇后』講談社 1990)
⑤ ただ、NHS がプライマリ・ケアの方向を志向するべきだとの見解は挑戦されずにはすまなかった。(樫原朗『イギリス社会保障の史的研究』法律文化社 2005)

④、⑤はある状況(例えば、④日米関係の中での日本の皇后という状況、⑤イギリスの社会保障制度を改革しようという状況)が想定されており、円滑にその状況を維持したり、その状況における問題を解決したりするには、「すまない」とくみあわさる動詞の主体がその行為を遂行しない、またはそのようにされないことは許されない、即ち、その行為の遂行や事態の生起は、その状況が持つ社会的要求から必然であり、不可避であるという意味を表している。そこには、望ましい状況、求められる状況と、そうであるために必然的に要求される事柄、不可避な事態に対する、送り手(その文の書き手)の洞察が見られる。

・「セズニハ　すまない」と「セズニハ　おかない」
　「セズニハ　おかない」と「セズニハ　すまない」を比較すると、その違いには、補助述語詞「おかない」と「すまない」の相違が関与していることが指摘できる。

「だが、この事故は、ジュスティニアーニ直属の配下の五百のジェノヴァ兵を、動揺させないではすまなかった。」　　　　　　　　　…③

③は「この事故の本来的な性質(極めて重大な事故である)から必然の結果として五百のジェノヴァ兵を動揺させる事態の発現に至った」という意味を表すが、「動揺させないではすまなかった」を「動揺させないではおかなかった」とすると、「この事故の本来的な性質が、必然的に強制力を持って五百のジェノヴァ兵を動揺させる事態の発現を引き起こした」という意味になる。後者は動作主

体である原因が結果を強制的にひき起こしたという、結果への原因の直接的な強力な作用を表す。それに対し、③は好むと好まざるとに関わらず、その原因の本来的な性質が及ぼす必然の作用を避けることはできなかったという、必然の結果として発生した不可避の事態が述べられる。この差は「おかない」が他動詞「おく」由来の補助述語詞であること、また「すまない」が自動詞「すむ」由来の補助述語詞であることと関連すると考えられる。

・「謝らないではすまない」と他の類似表現形式

　用例を断定形にした「謝らないではすまない」…ⅰは、「謝らなければならない」…ⅱ、「謝らないわけにはいかない」…ⅲ、「謝らざるを得ない」…ⅳと類似の文法的意味を表す。これらの表現形式の差異については詳しい検討が求められるが、今は概略のみ見てみたい。

　まず、ⅱ「謝らなければならない」は、言語主体が「謝る」行為を義務や必要と捉えていることを客観的に表す。ⅲ「謝らないわけにはいかない」は、「社会的、人間的関係等の様々な事情から、謝らないことは認められない（ので謝る）」という外的要因による義務や必要を示す。そこには「実は謝りたくないが」という言語主体の思いも窺える。ⅳ「謝らざるを得ない」には、「様々な事情から謝る以外の選択はないから、不承不承ながら（実は謝りたくはないが）謝る」という、謝る行為に対する外的要因による不可避の認識と、不承不承ながら敢えて謝るという言語主体の決断の気持ちが強く示される。それに対し、ⅰ「謝らないではすまない」は、「社会的、人間的関係等から、自分の置かれた状況を考えると、円満に解決するためには、謝らないでは事態が収まらない、または、言語主体自身が、自分の心を平穏な状態にするにはどうしても謝らなければ気持ちが収まらない、だから謝る」という意味を表す。そこには、周囲の状況や自分の心の状態に対する認識と、それらの安定をめざすためにはその遂行が不可避であるという認識が見られる。「期待される事態や状況の認識」、「その実現に向けて求められる常識的解決法の認識」という高度な洞察がこの形式の理解、運用には不可欠である。

②名詞的述語と組み合わさるもの
〔ニ格の名詞的述語と組み合わさるもの〕
【1】たえる　　「(N／スルに)たえる【C】」　　　　　　用例：鑑賞にたえる絵

　「たえる」は、動詞「たえる」由来の補助述語詞である。「たえる」について、『大辞林』では「苦しさ・悲しさなどに屈せず我慢する。こらえる。」を第一の意味として挙げている。格助辞ニと不定型接続のⅠ（Ⅰは非過去みとめ形）の形で接続する、動作名詞などの名詞や動詞と共に、「N／スルに　たえる」という形の述語を形成する。

　「現代日本語書き言葉均衡コーパス」及び、『CD-ROM版　新潮文庫の100冊』を用いて格助辞ニを後に伴って「たえる」と組み合わさる単語を検索してみると、様々なパターンが検出された。それらは『大辞林』に記されている「たえる」の意味によって、以下の4つのグループに分類できる（『大辞林』にはAからDまで順に①～④の番号が付けられている）。

A：苦しさ、悲しさなどに屈せず我慢する。こらえる。
　　　腹痛、激情、嫌悪、退屈、気まずさ、寒冷、粗食、生活苦（等）
B：他から加えられる力に負けずにもちこたえる。
　　　一斉射撃、激しい風圧、風雪、衝撃（等）
C：負担や任務に対応できる。
　　　(長期の)使用、実用、放送、大画面アップ（等）
D：それをするだけの値打がある。～に値する。
　　　賞する、驚く、想像する、おどろかす、呼ぶ、読む、感11、鑑賞（等）

　これらのうち、A、Bグループの単語が格助辞ニを伴って「たえる」と用いられた場合、基本的に「たえる」は「我慢する」、「こらえる」という『大辞林』に示された第一の意味を表す。そして、「腹痛にたえよう」、「衝撃にたえよう」、「腹痛にたえて」、「衝撃にたえて」、「腹痛にたえれば」、「衝撃にたえれば」のような様々な語形を持つ。しかし、C、Dグループの単語が格助辞ニを伴って「たえる」と用いられた場合、「たえる」は「我慢する」、「こらえる」という第一の意味を表さない。語形に関しても、「現代日本語書き言葉均衡コーパス」及び、『CD-

ROM版　新潮文庫の100冊』を用いた検索からは、「たえる」、「たえた」、「たえます」、「たえました」が得られただけであった。このようにC、Dグループの単語と共に述語に用いられる「たえる」は、「がまんする」、「こらえる」という本来の語彙的意味を失い、動詞としてのカテゴリーも多く失っていることから、今は動詞ではなく、村木(2010a)で「動詞を典型とする述語の本体とくみあわさって、述語の分析的な語形を作る機能語」とされる補助述語詞と捉えることができる。そこで、ここでは以下C、Dグループの単語と共に述語を作る補助述語詞「たえる」に関して検討を進めることとする。

前述の通り、「現代日本語書き言葉均衡コーパス」及び、『CD-ROM版　新潮文庫の100冊』を用いて検索して得られたC、Dグループの語形は「(N／スルに) たえる」、「(N／スルに) たえた」、「(N／スルに) たえます」、「(N／スルに) たえました」で、テンスと丁寧さのカテゴリーのみ見られる。「(N／スルに) たえる」という述語形式はほとんどの場合、連体節の述語として用いられているので、それが語形の少なさの要因となっているように思われる。

また、「現代日本語書き言葉均衡コーパス」から、「(N／スルに) たえる」に関係する例は全部で35例検出されたが、その中で「Yahoo!」関係の例は、「Yahoo! ブログ」からの2例にすぎなかった。これは「(N／スルに) たえる」が一般にはあまり用いられることがない形式である事実を示すものと考えられる。

Cグループ

① 2作続けて大画面アップに<u>堪える</u>女優さん(チョン・ジヒョン、ソン・イェジン)を満喫しました。　　　　　　　　　　　　　　(「Yahoo! ブログ」Yahoo! 2008)
② ほかのコンタックス一眼レフとは異なるオーソドックスなつくりで、長期の使用に<u>たえる</u>フルメカニカルであることでも存在感が高い。
(アサヒカメラ編集部・竹中隆義「アサヒカメラ2001年3月号 (第86巻第3号、通巻891号)」朝日新聞社 2001)
③ アプリケーションやゲームなどを動作させるのでなければ、Windows XPも実用に<u>堪える</u>速度で利用できるだろう。
(北原静香「DOS／V POWER REPORT2005年5月号 (第15巻第5号、通巻第129号)」

インプレス 2005)

Cグループに見られる単語は動作名詞が中心である。Cグループの名詞が「Nに　たえる」という形で使われるときにNが示す作用や要求は、どれもかなり厳しい条件を内包している。①は「一般に難しいと思われる大画面アップでも遜色なく、美しい」女優さん、②は「長期の使用は普通難しいものだが、それが可能である」フルメカニカル、③は「Windows XP 自体の性能として、実用は難しいが、ある条件下であれば実用に対応できる」速度という意味が考えられる。「Nに　たえる」という形式は、①〜③の場合「Nの表す厳しい実際的な作用や要求に対応できる」という意味の、控えめながら肯定的な評価を表す述語を形成し、規定成分として働いている。

Dグループ
④　文学的環境とは無縁に育った一庶民としての父には、いうまでもなく鑑賞に堪える"作品"を創る力は及びもないが、…。

(本多勝一『本多勝一集第30巻』朝日新聞社 1998)

⑤　「家族との交流は？…」メリーの質問に婦長は答えた。「家族と呼ぶに堪える者があれば、こんなところには入りません。…」

(豊田穣『あふれる愛』講談社 1992)

⑥　この新開地では、種族を判別しがたい人間どもがどこからともなくわらわらとあつまって来て、どこへ行くともなく右往左往している中に、ひとり権威をもって行くべき道をこころえたような少年の足どりの軽さはすでに十分ひとをおどろかすに堪えた。

(焼跡のイエス)

④の「鑑賞に堪える("作品")」は、「鑑賞という、ある高度なレベルの行為が可能な程度である("作品")」という意味を示す。⑤の「家族と呼ぶに堪える」は、「家族と呼べる程度の、家族と呼ぶに相当する程度の価値や資格がある」、⑥の「ひとをおどろかすに堪えた」は、「人を驚かせることが可能な程度であった」という意味が考えられる。

「鑑賞」、「家族と呼ぶ」、「人を驚かす」等、Dグループの語彙はいずれも

ある一定のレベルの価値、または程度を有する事柄を表す。それが「N／スルに　たえる」という形で補助述語詞「たえる」と述語を形成し、全体として「Nのレベル、または、～スルレベルにかなう、相当する程度の価値や資格がある」という意味の、控えめな肯定的価値評価、又は程度評価を示す。

「N／スルに　たえる」は、日本語能力試験3級の文法項目の可能動詞、2級の'〈機能語〉の類'の「シ得る」に相当する。

　　「家族と呼ぶに堪える者」　　　　　　　　　　　　　　…⑤
　　「家族と呼べる者」　　　　　　　　　　　　　　　　　…⑤-A
　　「家族と呼び得る者」　　　　　　　　　　　　　　　　…⑤-B

まず、⑤-Aと、⑤、⑤-Bでは、話し言葉の前者に対し、後者は書き言葉的で、重々しい響きを持つという文体的な差が見られる。また、⑤は⑤-A、⑤-Bのような単なる可能ではなく、ある一定のレベルの程度、または価値を有する事柄(「観賞」)と用いられて、「そのようなレベルの事柄にかなう、またはそれに相当する程度の価値や資格がある」という意味の、控えめな肯定的程度評価や、一定の肯定的価値評価が加わっている点が特徴的である。

「N／スルに　たえる」は、①～⑤に見られるように主として連体節に用いられる。そして、「ある厳しい実際的な作用や要求に応えることが可能である」、或いは、「ある事柄が示すレベルにかなう程度である、または、それに相当する程度の価値や資格がある」という意味の、控えめな肯定的程度評価や価値評価を表す述語を形成する。

【2】たえない　　　「(N／A2／スルに)たえない【C】」

　　　　　　　　　　　　　　用例：聞くにたえない／遺憾にたえない

補助述語詞「たえない」は、補助述語詞「たえる」の打ち消しの形と考えられる。格助辞「ニ」と不定型接続のⅠの形で接続する動詞、名詞、第二形容詞と共に述語を形成する。

「現代日本語書き言葉均衡コーパス」、『CD-ROM版　新潮文庫の100冊』から得られた語形は、「(N／A2／スルに)　たえない」、「(N／A2／スルに)　たえな

かった」、「(N／A2／スルに) たえません」、「(N／A2／スルに) たえませんでした」、「(N／A2／スルに) たえぬ」、「(N／A2／スルに) たえませぬ」であり、テンスと丁寧さのカテゴリーしか見られないため、かなり固定した形式で用いられていることがわかる。また、「たえませぬ」のような、古語の形式が使われている点も特徴的である。

「現代日本語書き言葉均衡コーパス」から検出された、「(N／A2／スルに) たえない」の類143例の中で、「Yahoo!」関係は、「Yahoo! ブログ」からの1例、「Yahoo! 知恵袋」からの3例のみであった。これは「(N／A2／スルに) たえない」が一般にはあまり用いられない形式であることを示している。「現代日本語書き言葉均衡コーパス」以外には、『CD-ROM版 新潮文庫の100冊』から33例得られている。

「現代日本語書き言葉均衡コーパス」、及び『CD-ROM版 新潮文庫の100冊』から得られた「に たえない」という形の類(「たえません」等の語形も含む)と述語を作る単語を品詞別に列挙すると、以下のようになる。

動詞　　　：聞く、読む、見る、住む、云う、在る、(職務を)執る
名詞　　　：なつかしさ、悼みの気持ち、なつかしむ心、物足らぬ思い、寂しさ、悲しみ、笑い、追懐、感慨、感、感謝、感謝の念、同情、同情の念、慙愧、慙愧の念、痛惜の念、哀惜の念、同慶、痛恨、慨嘆、恐懼、羞恥、憤懣、軽蔑、使用等
第二形容詞：遺憾(な)、不審(な)、不快(な)＊等

　　＊これら3つの第二形容詞は名詞としても用いられるが、名詞型補助述語詞「至り(だ)」で述べるように、本書では連体形が「-な」の形で示されるものは第二形容詞であって、それが「名詞の用法」も持つと考える。

動詞は「聞く」11例、「読む」6例、「見る」4例、「住む」2例、「在る」1例、「云う」1例、「職務を執る」1例、名詞は「感謝」11例、「感」10例、「感慨」6例、「NV(感謝、慙愧、痛惜、哀惜、同情)の念」5例、「使用」5例、「同慶」4例、「慙愧」2例、「痛恨」2例等、第二形容詞は「遺憾」6例、「不審」2例、「不快」1例等であった。検索から得られた動詞はここに全て挙げたが、動詞の場合「たえない」は、ほぼ「聞く」「読む」

「見る」とともに使用されるといえる程であるので、これらは慣用表現と見ることが可能である。名詞、第二形容詞の場合は、非常に形式ばったタイプの感情を表す漢語の単語が中心であることが特徴的である。これらには特別な時にしか用いられない単語が多く見られることから、名詞、第二形容詞もある種の慣用的表現として用いられることが考えられる。

Ⅰ．「聞く」、「見る」、「読む」という、ごく一般的な行為を表す一定の動詞と用いられ、その動詞で示される行為を行うことが不可能な程劣悪である、その行為を行うに値しない程度であるという意味の、積極的に否定的な価値評価を示す述語を形成する。

① 「それにこの女の、あの乱暴な口の利き方は何と云うざまだ。仮りにもレディーを気取っていながら、あの云い草は殆ど聞くに堪えないじゃないか、菊子嬢や綺羅子の方が遥にたしなみがあるじゃないか」　　　（痴人の愛）
② 今村昌平の『うなぎ』はともかくとして、ほとんど見るに堪えない映画しかつくっていない。　　　（佐和隆光『日本経済入門』ダイヤモンド社1997）
③ 正統的なキリスト教の教理とか神学からいったら、芥川のキリスト論は極端に言えば読むにたえないかもしれない。
（佐古純一郎・佐藤泰正『漱石・芥川・太宰』朝文社1992）

①は「とてもまともに聞くことができないほどこの女の乱暴な口のきき方は劣悪だ」、②は「まともに見ることができないほど質が低い映画」、③は「読むことができないほど低レベルだ」と、どれもかなり激しい調子で、積極的に否定の評価を示している。「ひどい」、「低レベルだ」と、あからさまには述べていないが、読む者にはそれが理解される。Ⅰは、ある一定のレベルの価値、または程度を有する事柄を表すＤのタイプの単語と用いられ、控えめな肯定的価値評価や程度評価を表す「Ｎ／スルに　たえる」の否定の形と見ることができる。

Ⅱ．「職務を執る」、「旅行」等、Ⅰで示した「聞く」、「見る」、「読む」といった、ごく一般的な行為を表す一定の動詞以外の動詞や動作名詞と共に、その動詞

や動作名詞が示す一定の要求に応えることができないという否定的評価を示す述語を形成する。

④　これらの費用は、数年前まで贅沢を極めた頃の散財とは、比較にならないものの、三間五間の表間口を張った商家では、こうした旅行に<u>堪えない</u>。

(三田村鳶魚『江戸の豪侠人さまざま』中央公論社 1998)

⑤　規則に無いことが出来るものですか。身体が衰弱して、職務を執るに<u>堪えない</u>から退職する——それを是方で止める権利は有りません。　　　(破戒)

④、⑤の「たえない」は、厳しい実際的な作用や要求を内包するCのタイプの単語(動作名詞中心)と用いられ、「その単語が表す厳しい実際的な作用や要求に対応可能である」という意味を表す「Nに　たえる」の否定の形と見ることができる。

Ⅲ. 漢語を中心とした感情を表す名詞や第二形容詞が、非過去形の補助述語詞「たえない」と共に「N／A2に　たえない」という形で文の述語を形成する場合、主語は1人称で、言語主体自身である。そして、言語主体である送り手、または話者の、今、ここでの、名詞や第二形容詞で表される強い感情を、重厚なニュアンスと共に表し出す。

　　補助述語詞「たえない」が非過去形でも、「N／A2に　たえない」が文の述語でない場合や、過去形の「たえなかった」の場合、名詞や第二形容詞で示される感情の強い程度を表す。補助述語詞が過去形のとき、主語は多くの場合3人称である。

⑥　まず、政権担当に対する決意でございますが、二年有半、国民の皆様方の御支持、党や野党の皆様方の御協力をいただきまして政権を担当させていただき、まことに感謝に<u>たえない</u>ところでございます。

(国務大臣(中曽根康弘君)『国会会議録』第103回国会 1985)

⑦　この日本語版にも数年かかって昨年七月下旬、岩波書店から発行されたのは御同慶に<u>たえない</u>。　(石澤正男・辻惟雄『日本美術の再検討』ぺりかん社 1994)

⑧　同情に<u>堪えない</u>とも思ったし、精一杯に慰め、力づけたつもりだった。

(乃南アサ『鎖』新潮社 2003)

⑨　「…とくとお躰を…」　道元は再び礼拝しながら、惜別の情に堪えなかっ
た。　　　　　　　　　　　　　　　　　　（水嶋元『道元』東洋出版 2002）
⑩　　三成は憤慨にたえなかった。　　　（岳宏一郎『群雲、関ヶ原へ』新潮社 1998）

⑥と⑦は主に感情を表す硬い漢語の名詞、及び第二形容詞が格助辞ニを後に伴って非過去形の補助述語詞「たえない」と文の述語を形成する場合である。平易な表現では、⑥「大変感謝しています」、⑦「私も非常にうれしい」と表せる。⑥は国会という場で大臣として述べたスピーチの中で、⑦は書籍の中で、それぞれ今、ここで話したり書いたりしている言語主体である送り手の強い感情を重厚なニュアンスと改まった態度で表し出している。「N／A2に　たえない」は程度副詞を用いず、強い感情が表せるため、大臣のような感情を露わにすることが憚られる立場の人の発言や、改まった場面における発言での強い感情表現として、有用と言える。⑧は非過去形で文末以外に用いられた例。⑨、⑩は「N／A2に　たえない」が過去の形で文の述語に用いられた場合で、それぞれ、第三者の「別れを惜しむ強い感情」、「強い憤りの感情」を、漢語の名詞を用いて格調高く表現している。

「たえない」は、Ⅰ.「聞く」、「見る」、「読む」等の、ごく一般的な行為を表す一定の動詞と共に述語を形成し、「とても～できない」という意味によって、その行為遂行が不可能な程劣悪である、または、その行為を行うに値しない程低レベルであるという「積極的な否定の価値評価」を表す。Ⅱ.「ごく一般的な行為を表す一定の動詞以外の動詞や動作名詞」とともに述語を形成し、「その動詞や動作名詞が示す一定の要求に応えられない」という否定的な評価を示す。また、Ⅲ.「感謝」、「痛恨」、「遺憾」等の、感情を表す硬い漢語の名詞や第二形容詞と共に述語を形成し、非過去の「たえない」の形で文末に用いられた場合は、言語主体である送り手の今ここでの強い感情を重厚なニュアンスや改まった態度と共に表し出し、非過去の形でも文末で用いられていない場合や、過去の形の「たえなかった」の場合は、組み合わさる名詞や第二形容詞が示す感情の強い程度を表す
。

・「同情に堪えない」と他の類似表現形式
a 「農村の純朴な婦人達に話をしてみてつくづく感ずる事は、「この人達は何も知らされてこなかったのだ」という同情に堪えない深い感である。」

（高良とみ『新体制運動へ』ドメス出版 2002）

b 「とてもかわいそうだ。」
c 「かわいそうでたまらない。」
d 「かわいそうでならない。」


　bは「同情」に相当する「かわいそう」という形容詞が表す感情の強さを程度副詞によって表している。cは程度副詞ではなく補助述語詞「たまらない」を用いて、「かわいそう」という感情が抑えきれないと表現することによって、「かわいそう」という感情の強さを表し、dは「かわいそう」と感じる自分の状態がどうにもコントロールできないものであると、補助述語詞「ならない」を用い、やや客観的な表現で自分の状態を描くことによって、「かわいそう」という感情の強さを示している。それに対してaは、「かわいそう」という感情を一般化、客観化した「同情」という名詞を「たえない」という補助述語詞とともに使用することによって、「とても」という程度副詞も、「かわいそう」という形容詞も用いずして、「とてもかわいそう」に感じる気持ちを冷静かつ客観的に表現している。こういった一定の形式の中に強い感情を客観化して示すことは、成熟した大人の感情表現として、特に書き言葉において有効である。また、話し言葉としても、公的な改まった場面で強い感情表現が必要とされる場合等に有用な形式といえる。

【3】足る　　「（NV／スルに）足る　［NV：動作名詞］【C】」

用例：満足するに足る成績

　「足る」は、動詞「足る」に由来する補助述語詞である。「足る」は第一変化動詞だが、現代語では一般に第二変化動詞の「足りる」を用いる。『大辞林』によると、「足る」の第一の意味は「不足や欠けたところのない状態になる。」であるという。格助辞「ニ」と不定型接続のⅠの形で接続する動作名詞、及び動詞と共に「NV／スルに　足る」という述語を形成する。用例の「満

足するに足る成績だ。」のように、主として連体節の述語に用いられ、「十分〜できる」という意味を述語の本体である動作名詞や動詞に加える。

「現代日本語書き言葉均衡コーパス」から得られた「NV／スルに　足る」の用例を見ると、連体節の述語として用いられるケースがほとんどであった（みとめの形では、連体節の述語は全305例中283例）。下に示すように、語形では打ち消しと推量の形があるので、みとめかたとのべてのカテゴリーの存在は認められるが、テンスのカテゴリーは見られず、全て非過去の形で使用されている。打ち消しの形では丁寧さのカテゴリーも見られる。

「現代日本語書き言葉均衡コーパス」によって得られた「NV／スルに　足る」が文の述語として用いられる場合の語形は以下の通り。

　　　「(NV／スルに) 足る。」、「(NV／スルに) 足る！」、「(NV／スルに) 足るべし。」、「(NV／スルに) 足るなり。」、「(NV／スルに) 足りません。」、「(NV／スルに) 足らない。」、「(NV／スルに) 足らず。」、「(NV／スルに) 足らざるなり。」、「(NV／スルに) 足るまい。」

打ち消しの形式では、「取るに足らない」のバリエーションであるものが、全177例中113例得られた。この「取るに足らない」は慣用表現と見なすべきものと考えられる。

「現代日本語書き言葉均衡コーパス」より検出された認めの形「NV／スルに　足る」に関わる全305例中、「Yahoo!」関係は、「Yahoo! 知恵袋」から5例、「Yahoo! ブログ」から4例得られたに過ぎない。打ち消し形式でも、全177例中「Yahoo!」関係は「Yahoo! ブログ」から9例、「Yahoo! 知恵袋」から3例見られただけで、そのうちの10例が「取るに足らない」の類であった。従って、「NV／スルに　足る」は打ち消し形式も含め、一般にはあまり使われない形式であるといえる。

次に「〜に足る」というみとめの形式（諸語形も含む）が組み合わさる単語を「現代日本語書き言葉均衡コーパス」を用いて調べてみると、以下のような単語や句が得られた。

Aの名詞は38例と、Bの動詞267例に比べて少ない。また、名詞は全て動

作名詞で、しかもそのほとんどが「信頼」であり、名詞全38例中28例を占める。動詞の場合も、「信じる」とその古語である「信ずる」を合わせた15例、「信頼する」11例が特に多く、以下「誇る」8例、「語る」6例と続く（全て「（～に）足りる」は含めない）。

A：　信頼、尊敬、信用、注目
B：　（ア）信じる（信ずる）、信頼する、誇る、（真の仕事と）称する、師として仰ぐ、敬意を表する、認める、注目する
　　（イ）愛する、疑う、恐れる、驚く
　　（ウ）語る、読む、聴く、論じる、学ぶ、検討する
　　（エ）保証する、償う、遂行する、遂行せしむる、紹介する、代表する

（ア）ある高い価値観に基づいた肯定的評価の態度を示す動詞
（イ）対象に対する感情的態度を示す動詞
（ウ）言語を中心とした人間の認識活動にかかわる動詞
（エ）（ア）、（イ）、（ウ）以外の一般の行為を表す動詞

Bの動詞は、評価、人間の感情、認識に関わる（ア）、（イ）、（ウ）とそれ以外の（エ）に大きく分けられる。「（～に）足る」という形式と最も多く用いられるのは、（ア）のある高い価値観に基づいた肯定的評価の態度を示す動詞である。Aは主としてBの動詞（ア）由来の動作名詞と見ることができる。

Ｉ．ある高い価値観に基づいた肯定的評価の態度を示す動作名詞や動詞と共に「（～に）足る」が用いられ、「～するだけの価値が十分ある」という意味を組み合わさる動作名詞や動詞に加え、それらに対して積極的な肯定的価値評価を示す述語を形成する。

①　コミュニケーション能力に優れ、対話を通じて社員のやる気を引き出せることも必要。そして隠し事のない、透明性の高い人間であること。これらを兼ね備えなければ、信頼に足るCOOたり得ないでしょう。」

（カルロス・ゴーン／大塚英樹／実著者不明／訳者不明

「週刊現代2004年11月27日号第46巻第46号 No.2305」講談社 2004）

② 今川家の当主氏真殿が縁戚として信頼するに足る人物ならともかく、それほどの器量はありませぬ。　　　　（数野和夫『武士の鬘』叢文社 2002）

③ そしてその義母が信ずるに足ると判断したのが風水と云う耳慣れぬ名の占いだった。　　　　（京極夏彦『塗仏の宴』講談社 1998）

④ もちろん多少の行き過ぎは是正しなければならないが、しかし概して言へばそれなりに誇るに足るものである。　（丸谷才一『女ざかり』文芸春秋 1993）

Ⅱ. 対象に対する感情的態度を示す動詞と共に「(～に)足る」が用いられ、その動詞に「その感情的態度の発現にふさわしい、それに十分相当する」という意味を加え、積極的な肯定的程度評価を示す述語を形成する。

⑤ 猛女は愛するに足る！　　　　（吉村淑甫『近藤長次郎』毎日新聞社 1992）

⑥ つまりエイズは、感染すれば確かに恐れるに足る怖い病気である。
　　　　（宮内美沙子『看護病棟24時』角川書店 1997）

Ⅲ. 言語を中心とした人間の認識活動に関わる動詞と共に「(～に)足る」が用いられて「その行為を行うだけの十分な価値がある」という意味を加え、積極的な肯定的価値評価を示す述語を形成する

⑦ 昭和四〇年代の知識人からの発言は、マンガ文化は論じるに足るなにかだという印象を一般に与えた。
　　　　（竹内オサム『マンガの批評と研究＋資料』竹内オサム 2003）

⑧ 思想的発展は不可能であったし、一八八三年に流刑地からの帰還が許されてからもはや語るに足る文筆活動を展開することもなく、チェルヌィシェフスキイはその生涯を終えた。
　　　　（川端香男里『ロシア文学史』東京大学出版会 1986）

⑨ だいたいひとりの人間が、この世のなかで本当に愛せる人は二、三人だし、本当に読むに足る本も二、三冊程度だ。
　　　　（森山大道『写真から／写真へ』青弓社 1995）

⑩ 一方で、今のところイスラエルからは古典を除いて聴くに足るグループの一つとして現れていないと言っていい。

(平井玄『音の力』インパクト出版会 1996)

Ⅳ. 一般的な行為を表す動詞と共に「(〜に)足る」が用いられて、「ある行為を遂行する上で量的に十分見合う」という意味を加え、量的に十分であるという肯定的な評価を示す述語を形成する。

⑪ ニュータウン等の開発には相当の年月を要するが，開発の初期段階には交通路線を設定するに足る需要がなく，事業者の自主性に頼っていては路線の開発が行われないことが多い。

(国土交通省総合政策局政策課『運輸白書』大蔵省印刷局 1977)

⑫ その事業を適確に遂行するに足る能力を有するものであること。

(「民間事業者による信書の送達に関する法律」平成14年7月31日法律第99号 2002)

⑬ 「炭じん爆発は、坑道内に多量の炭じんを集積させたとの事実を認めるに足る確証がないので嫌疑不十分」と、記してあった。

(森弘太『三池炭鉱』日本放送出版協会 1999)

補助述語詞「足る」は、格助辞「ニ」と不定型接続のⅠの形で接続する動作名詞、及び動詞と組み合わさって「NV／スルに　足る」という形で、主として連体節の述語を形成する。そして、Ⅰ. ある高い価値観に基づいた肯定的評価の態度を示す動作名詞や動詞と用いられて「〜という肯定的評価の態度をとる価値が十分ある」、Ⅱ. 対象に対する感情的態度を示す動詞と用いられて、「〜という感情的態度の発現にふさわしい、十分相当する」、Ⅲ. 認識的意味を持つ言語活動を表す動詞と用いられて「〜という行為を行うだけの十分な価値がある」、Ⅳ. 一般的な行為を表す動詞と用いられて、「〜を行うのに量的に十分見合う」という意味を組み合わさる動作名詞や動詞に加え、全体として「十分〜可能である」という、肯定的な評価的態度発現や感情的態度発現の妥当性、行為遂行の価値、行為遂行上の量に対する積極的な肯定的評価を表す。

【3】-1　「(NV／スルに)足らない【C】」

「足らない」は「足る」の打ち消しの形である。「に足らない（足らぬ、足らず等を含む）」という形で「現代日本語書き言葉均衡コーパス」を検索すると177

例得られたが、そのうち113例は「取るに足らない（足らぬ、足らず等を含む）」であった。この「取るに足らない」は慣用句として扱うことが適当であると考えられる。事実、『大辞林』もこれを一つの項目として取り上げている。

「取るに足らない」を除いた残りの64例から得られた「（に）足らない」と共に用いられた単語は、「恐れる」と「恐るる」合わせて12例、「信頼する」と「信ずる」合わせて3例、「怪しむ」2例等であった。「恐れる」と「恐るる」が64例の中で合計12例見られたことは、「恐れるに足らない」も慣用的に用いられるものととらえることができる（「恐るる」は古語の動詞「恐る」のいわゆる連体形であるが、ここでは古語の用法の名残と見ることにする[12]）。名詞の例は「信頼」の1例のみであった。以下、「（〜に）足る」にならって「（〜に）足らない」と用いられる単語の分類を行う。

A：　信頼
B：　(ア)信頼する、信ずる、頼む、一生を托する、貴ぶ、認める、注目する
　　　(イ)恐れる、恐るる、怪しむ、憂うる
　　　(ウ)論ずる、言う
(ア)ある高い価値観に基づいた肯定的評価の態度を示す動詞
(イ)対象に対する感情的態度を示す動詞
(ウ)言語を中心とした人間の認識活動にかかわる動詞

Bの動詞は大きく見て、評価や人間の感情、認識に関わるタイプのものという特徴がある。「（〜に）足る」というみとめの形では、(イ)に「愛する」のような肯定的な感情に基づく態度を示す単語も見られたが、打ち消しの形では否定的な感情に基づく態度を表す単語ばかりであることが、「（〜に）足る」の場合とは大きく異なる。AはBの(ア)に属する動詞「信頼する」からの動作名詞である。その他、以下のような使用例も見られた。

　　ⓐ：経営者に足らない、会社に足らない
　　ⓘ：二十に足らない若い妻、まわり一里にも足らぬ小城、一割に足らない
ⓐは経営者や会社にとって不足している、ⓘ二十未満、周囲一里未満、一割未満という意味である。これらは「足る」の実質的意味である「不足や欠けたとこ

ろがない状態になる」の打ち消し、「不足した状態、欠けたところがある状態」を表しているので、補助述語詞「足る」の打ち消しの形「足らない」に関してはこれらを除外して考察を行う。

Ⅰ．ある高い価値観に基づいた肯定的評価の態度を示す動作名詞や動詞と共に「(〜に)足らない」が用いられて述語を作り、「その動作名詞や動詞が表す肯定的な評価的態度の発現に相当するだけの価値がない、〜に値しない」という否定的価値評価を示す。

① ことし三月末に宮城大学長を退き、名誉学長の称号を受けた野田氏は講演などで、「公務員(学長)としての生活は大きな苦痛だった」「県議には信頼に足らない人物もいる」などと歯に衣(きぬ)着せぬ弁舌を披露していた。

(「河北新報2001/10/10(朝刊)」河北新報 2001)

② 我が国に固有の古代文字があったという説はありはするが信ずるに足らない。

(吉野政治『漢字の復権』日中出版 1998)

Ⅱ．対象に対する否定的な感情に基づく否定的な態度を示す動詞と共に「(〜に)足らない」が用いられて述語を作り、その動詞で表される否定的な感情的態度をとるのに相当しない、不必要であるという否定的程度評価を述べる。否定的な感情に基づく否定的な態度を示す動詞と共に用いられるため、「スルに　たらない」全体で肯定的な意味になる。

③ ファッション記事なんて、恐れるに足らず！

(小池りうも『大ヒット雑誌 get 指令』新風舎 2004)

④ ハウプトマンの心中にオヂツセウスの悲憤が発するのは怪むに足らぬではないか。(『オヂツセウスの弓』大正四年)　右の文はハウプトマンの心中を解説する以上に、鷗外の心中を解説している。

(佐々木雄爾『長明・兼好・芭蕉・鷗外』河出書房新社 2004)

「(〜に)足らず」という形は、古い文章や硬い文体の文章から多く検出されたが、「恐れるに足らず」は、例③のように比較的新しい、カジュアルなタイプの文からもいくつかの数が得られた。その理由としては、「恐れるに足らず」は古めか

しい響きが独特の力強さを醸し出し、「大したことではない」という程度評価を強く示す効果を発揮するため、現代でもレトリックとして広く用いられるということが考えられる。

Ⅲ．言語を中心とした人間の認識活動にかかわる動詞と「(〜に)足らない」が述語を作り、「〜という行為を行うだけの資格、価値がない」という否定的な価値評価を示す。

⑤　西郷南洲(隆盛)の言葉として傳へられてゐる金もいらぬ、名譽もいらぬ、生命もいらぬといふ者は、始末に困る、しかしかういふ男でなければ、ともに語るに足らない。は正に名言である。

(宇野精一『論語と日本の政治』明治書院 2002)

Ⅲの「(〜に)足らない」は現代語としては、生産的に用いられておらず、「語るに足らぬ」や「論ずるに足らぬ」などが、一種、慣用的に使用される程度といえる。

　補助述語詞「足る」の打ち消しの形の「足らない」は、格助辞ニと不定型の接続（非過去みとめの形）をする、肯定的な評価的態度や、人間の感情、認識に関わる動詞や動作名詞と組み合わさって述語を形成し、「〜するほどの価値がない」、「〜する必要はない（〜するほどの程度ではない）」、「〜という行為を行うだけの資格、価値がない」等、肯定的評価的態度や、感情的態度発現の妥当性、行為遂行の価値に対する否定的な評価、判断を表す。

　ここで、（2）で取り上げた「(〜に)たえる」と「(〜に)足る」の比較を簡単な形で試みる。

　　　鑑賞に足る作品だ。　　　　　　　…ア
　　　鑑賞に堪える作品だ。　　　　　　…イ

鑑賞はある高度な知的レベルを要求する人間の認識活動に関わる行為を表す動作名詞である。アは「鑑賞という行為を行うだけの価値が十分ある作品」と、作品に対して積極的な肯定的評価を示す。一方、イは「鑑賞という行為が何とか遂行できる程度の(特別優れているとは評価できない)作品」という消極的な肯定的評価を示す表現といえる。作品の価値に対する送り手の評価の違いが用い

る形式の違いとして表れている。

## 【4】あたらない　　「(スルに／スルには)あたらない【C】」

用例：驚くにはあたらない

　「あたらない」は、動詞「あたる」由来の補助述語詞である。『大辞林』は「あたる（当たる）」について、「動いていった物が、他の物に勢いよく接触する。ぶつかる。」を第一の意味として挙げている。

　「現代日本語書き言葉均衡コーパス」及び、『CD-ROM版　新潮文庫の100冊』を用いて「にはあたらない」という形を検索すると、「理由」や「幇助罪」のような名詞と組み合わさる場合と、「驚く」、「異とする」のような動詞と組み合わさる場合の二つのタイプが見られた[13]。前者と用いられる「あたらない」は「該当しない、あてはまらない」、後者と用いられる「あたらない」は「適当でない、相当しない、必要ない」という意味を表す。「該当しない」という意味の前者の「あたらない」は肯定形でも用いられる上、「あたらず」、「あたり」、「あたれば」、「あたろう」のように動詞としての語形を豊富に有している。一方、「適当でない、相当しない、必要ない」という意味の後者の「あたらない」は、常に打消しの形で用いられ、他に「あたらぬ」、「あたりません」、「あたらなかった」、「あたらないでしょう」といった語形が検出できただけであった。ここからは、「適当でない、相当しない、必要ない」という意味に用いられる「あたらない」は、動詞「当たる」の本来の「動いていった物が、他の物に勢いよく接触する。ぶつかる。」という意味を失っているだけでなく、動詞としての働きも多く失っていることが指摘できる。そこで、本書では、格助辞ニと不定型Ⅰの形で接続する動詞に、「適当でない、相当しない、必要ない」という意味を加えて述語を形成する「あたらない」を、単独では文の成分となれず、専ら文法的役割を果たす補助的な単語である補助述語詞と捉えることとする。

　「現代日本語書き言葉均衡コーパス」によって検索された「(スルに)／(スルには) あたらない」の類の語形は以下の通り。

　　「(スルに) あたらない」、「(スルに) あたりません」

「(スルには) あたらない」、「(スルには) あたりません」、「(スルには) あたらぬ」、「(スルには) あたらなかった」、「(スルには) あたらないでしょう」、「(スルには) あたるまい」

　上の結果から、「スルに」という形と述語を作る「あたらない」の方は、丁寧さのカテゴリーのみ見られたのに対して、「スルには」という取り立ての形と述語を作る「あたらない」は、丁寧さのカテゴリーのほかに、テンスのカテゴリーや、推量形が得られたため、のべたてのカテゴリーの存在も指摘できて、取り立ての形と述語を作る「あたらない」の方がカテゴリーの種類が豊富であることが理解される。

　また、「スルに　あたらない」及び、「スルには　あたらない」という形式で「適当でない、相当しない、必要ない」という意味を表す述語を形成する単語とその数は以下の通り。

　「驚く」32例、「問題とする」2例、以下、「異とする」、「非難する」、「騒ぎたてる」、「重視する」、「喜ぶ」、「笑う」、「叱る」、「恐るる」、「やめる」各1例等

　これらの例からは、「驚く」が突出して多いことが見て取れるが、これは「驚くに(は) あたらない」という表現が慣用化している事実を示唆するものといえよう。また、「恐るる」のように古語の文法の名残が見られるケースも見られた。

　その他「驚くに　あたらない」の検出例が8例であったのに対し、「驚くには　あたらない」の検出例は24例であったことも注目される。これはカテゴリーの種類の豊富さと共に、用例数からも、「あたらない」が「スルには」という取り立ての形と述語を作る方の優勢を予想させるものである。

　「現代日本語書き言葉均衡コーパス」及び、『CD-ROM版　新潮文庫の100冊』から検出された例を検討すると、「スルに　あたらない」、「スルには　あたらない」という形で形成される述語は、その働きから2つのタイプに分類できる。

Ⅰ．ある真理や事実、また、当然と考えられる状況の下では、論理的に考えて、

それは適当ではない、それには相当しない、そうすべきではないという判断を示す。
① 診療担当者代表は、医師会等に推薦を依頼することが基金法に定められていることから批判には<u>あたらない</u>が、…。
(橋本巌『医療費の審査』清風堂書店 2004)
② 都市銀行が大きなリスクを感じるベンチャー企業への融資を渋るのは、金融業がもつ保守主義の原則からは当然であって、別段、非難するには<u>あたりません</u>。　(松下武義『経営と権力』日本放送出版協会 2000)
③ 「それがすべて芸というものだ。驚くには<u>あたらぬ</u>」　(国盗り物語)
④ その事実を知る者には今回のスピード処刑は驚くに<u>あたらない</u>。
(浅井信雄『ミステリーと虚構の国際政治』時事通信社 1992)
⑤ 化粧ひとつで人生が変わり、服一着で気分も変わります。これも真理のひとつですね。そういうふうに捉えれば、この王様、決して笑うに<u>あたらない</u>のではないでしょうか。
(宮川俊彦『ハッ！とさせるための「文章力」入門』学習研究社 2002)

②は、「都市銀行が大きなリスクを感じるベンチャー企業への融資を渋るのは、金融業がもつ保守主義の原則からは当然」だから、都市銀行がベンチャー企業への融資を渋るのを非難することは適当ではない、または都市銀行がベンチャー企業への融資を渋ることは、非難には相当しない、非難すべきではないという意味であると考えられる。このグループには、「何ら」、「決して」、「別段」、「もちろん」のような陳述詞が多く用いられる。

Ⅱ．周囲の状況や一般常識から考えると、そのような程度、レベルには相当しない、その必要はないという判断を示す。
⑥ 金沢という古い町には、そんなのびやかな気風もあるのである。せせこましい袋小路の奥から、金箔を打つ音のかわりに、ロシア語の変化を暗誦する声が流れてきたとしても、驚くには<u>あたるまい</u>。　(風に吹かれて)
⑦ 理解している自分を、理解しはじめる。理解してみると、その提案は、さほど驚くには<u>あたらない</u>ようにも思われるのだ。　(砂の女)

⑧　いま木蔭から信長がひょいと青白い瓜実顔をのぞかせたとしてもおどろくにはあたらない。この城は人間の四百年の歴史を一瞬のまばたきで見逃してしまったかもしれなかった。

(真木健一『海豚座に捧ぐ百一発の砲声』河出書房新社 1997)

⑨　明るい単一色が好ましいとか、黄色がかったものよりも赤みの強い方がいい、と言われたりしますが、さほど重視するにはあたらないでしょう。

(坂野光弌『ダックスフント』誠文堂新光社 2002)

⑥は「金沢はのびやかな気風があるのだから、せせこましい袋小路の奥から、金箔を打つ音のかわりに、ロシア語の変化を暗唱する声が流れてきたとしても、驚く程のことはない、驚く必要はない、十分あり得る。」という判断を示している。⑨は「一般的に言って重視する程のことはない、その必要はない。」という判断を、先行の節が表す内容について示す。このグループは、仮定の譲歩形式や、「さほど」という工藤(2000)が否定の程度限定性に分類する叙法の陳述詞と共に用いられることが多い。

「驚く」に関して言えば、Ⅰの「驚くにあたらない」は論理的に「当然だ」という積極的なニュアンスの表現で言いかえられ、Ⅱの「驚くにはあたらない」は状況から見て「不思議ではない、有り得る」という、やや消極的なニュアンスの表現で言いかえられる。特にⅡの場合、常にとりたて形式が用いられていることは注目される。Ⅰのとりたて形式の「驚くにはあたらない」は、主張の婉曲化を目指す言語主体の意志の反映と捉えられる。

「あたらない」は「スルに(は)あたらない」という形で述語を作り、ある真理や事実、当然と考えられる状況の下では、論理的にそれは適当ではないという判断や、周囲の状況や一般常識から考えるとその様な程度に相当しない、それは必要ないという判断を表す。

## 【5】至る　　「(NV／スルに)至る【C】」

本章 1.2 形式動詞【2】「至る」における検討で、ある事態の成立を示す「繁栄、契約、確信」等の動作名詞や、「衝突する、興味を持つ、生み出す」等の動詞(不定型接続の文相当の形式の述語)の非過去認めの形と組み合わさって、「NV

／スルに　至る」という実現相のアスペクトを表現する述語を形成する「至る」を補助述語詞と位置付けた。ここでは補助述語詞「至る」に関して検討を行う。形式動詞「至る」の項で述べた通り、補助述語詞「至る」は、「その場所に行き着く。到達する。(『大辞林』)」を第一の意味に持つ動詞「至る」に由来する。

　他の多くの１級の補助述語詞と異なり、「現代日本語書き言葉均衡コーパス」からは、「至る」、「至った」、「至らない」、「至らなかった」、「至ります」、「至りません」、「至りました」、「至りませんでした」、「至って」、「至り」、「至っている」、「至れば」、「至ったら」、「至ると」、「至っても」など多くの語形が得られた。このように補助述語詞「至る」が多様な語形を持ち、様々な形で用いられることは、他の１級の補助述語詞が多くの場合、文のモダリティ表現に関わる述語を形成するのに対し、補助述語詞「至る」はアスペクトという命題形成に関与する述語形成に与っていることが理由として考えられる。

　補助述語詞「至る」は、「NV／スルに　至る」という形式で、下の例①〜④のような形で文の述語となったり、⑤のような形で連体節の述語となって規定成分として働いたりする。⑥は第二中止形の形で重文の先行節の述語として働いている例、⑦はふたまた述語文の先行する述語の取立ての形、⑧は条件節の述語となっている例である。

① 　一般的なカウンセリングにおいても、契約以前にインテーク面接をし、見立てをした上で、契約に至る。
　　　　　　　　　(前田由紀子『教師とカウンセラーのための学校心理臨床講座』昭和堂 2005)
② 　クラインはカリフォルニア大学バークレー校で経済学の勉強を始め、ここでR・A・ゴードン(景気循環論の筆者、シカゴ大学教授R・ゴードン氏の父)の指導を受け、実証分析に興味を持つに至る。
　　　　　　　　　(森口親司『現代経済学の巨人たち』日本経済新聞社 2001)
③ 　キリスト教国民の道徳的な優越性が開港地の生活の中でまったく実証されていないのを見た青年は、宗教的には懐疑派、政治的には自由思想家となって、当時の政府とも衝突するに至る。
　　　　　　　　　(仙北谷晃一『人生の教師ラフカディオ・ハーン』恒文社 1996)

④ 中国といえば、今や世界の生産工場としてなくてはならない位置を占めるに至った。　　　　　　　　　（根岸康雄『万国「家計簿」博覧会』小学館 2004）

⑤ 問題点としては、まず合意に至る討議はＥＣや各国の官僚および政治家のみで進められ、域内市民の参加が全くなかった点が挙げられる。
　　　　　　　（村上直久『"奇妙な巨人"欧州連合が超国家となる日』実業之日本社 1996）

⑥ 酸性雨の被害が生じるに至って地球大気は無限の容量を持つごみ捨て場ではないことを人々は知った。
　　　　　（環境省総合環境政策局環境計画課長『環境白書平成4年版（総説）』大蔵省印刷局 1992）

⑦ 列の先頭の客が店の人と世間話を長々としているのを見て、イライラし、さらに、二番目以降の客たちがこのことをさして気にする様子もなくしんぼう強く待っているのを見るに至っては、いったいイギリス人とはどんな人たちなのだろうかと、あきれ果てたものである。
　　　　　　　　　　　　　（多賀敏行『シャープなリンゴとルーズなトマト』小学館 1999）

⑧ ひとたび以上の制約をある数が満たすに至れば、数学においてはその数は存在しており、実在的であるとみなすことが可能であり、またそうみなさねばならない。　　　　　　　　　　（足立恒雄『無限のパラドクス』講談社 2000）

例①～⑧まで「NV／スルに　至る」は動きや事態の成立を示す。これは、村木（1991）で述べられているアスペクト表現の諸相の一つである「実現相」を表すものである (p. 284)。

　例①、⑤のように「至る」が事態の成立を示す動作名詞と用いられる場合は「いくつかの過程を経た上で、動作名詞で表される最終的な事態が成立する」という意味を表すが、そこには「契約」や「合意」が「ようやく実現する最終的な事態であり、その成立までには長いプロセスが存在する」という言語主体の意識も込められる。例②、③、④のように動詞と用いられる場合も、「様々な過程を経て、最終的にその動きや、その動きで表される事態が成立する」意味を含み持つ。②の「興味を持つに至った」には、「興味を持つ」までにいくつかの過程を経ていることや、「興味を持つ」ことが特別で、普通ではなかなかそうならないというニュアンスが込められている。③の「衝突するに至る」は、様々な経緯の結果、最終的に極端な事態（衝突する）が成

立するニュアンスを持つ点が特徴的である。④は、「世界の生産工場としてなくてはならない位置を占める」という「特別な段階に到達した事態」の成立だけでなく、「いくつかのプロセスを経て」という「経過」も示唆される。⑥も③と同様にいくつかのプロセス経過後の「酸性雨の被害が生じる」という「極端な事態」の成立を示すのであるが、同時にその事態成立に及んで「はじめて」、「やっと」、次に述べる事態が成立するという言語主体の意識も表される。⑦の「至る」の第二中止形の取り立ての形は、様々な段階を経て「しんぼう強く待っているのを見る」という「極端な事態が成立するに及んだ段階」では「他の段階と異なって」という意味を表すが、「極端な事態の成立」を取り立てて特に強調して示すとともに、「極端な事態」に対応した、それまでと異なる特別な事柄がこれから述べられることを予告する。⑧は、後件成立の要件である「以上の制約をある数が満たすという最終的な事態の成立」が特別な段階に達した事態であると強調して述べる。

　補助述語詞「至る」は、動作名詞と用いられた「NVに　至る」の場合、「ある最終的な段階となる事態の成立」を「さまざまな過程を経てようやく実現した事態であるという言語主体の意識」と共に表し、動詞と用いられた「スルに　至る」の場合、「さまざまな過程を経た後の、通常とは異なる特別なレベル、極端なレベルであると言語主体に認識される動きや事態の成立」を表す。形式動詞による「Nに　至る」同様、補助述語詞を用いた「NV／スルに　至る」は、「事態成立までの時間的、段階的過程の存在」を内包する点が特徴的である。このような特徴は、実質動詞「至る」が持つ、「ある地点」までの「いくつものプロセスを経ての到達」という実質的な語彙的意味が抽象化された結果であることが推測される。

　補助述語詞「至る」は「NV／スルに　至る」という形式によって、「さまざまな過程を経た上での動きや事態の成立」という実現相のアスペクトを表す述語を形成する。

〔ヲ格の名詞的述語と組み合わさるもの〕
【1】余儀なく　する　　「（Nを）余儀なく　する」
　「余儀なく　する」は、第一形容詞「余儀ない」の第一中止形「余儀なく」

と形式動詞「する」からなる「くみあわせ動詞」である。「余儀ない」は「余儀がない」という文から格助辞「が」が脱落してできた形容詞、または名詞「余儀」と第一形容詞「ない」が複合した形容詞と考えられる。『大辞林』には、「余儀」は「ほかの事。ほかの方法。」という意味の名詞、「余儀ない」は「それ以外に方法がない。やむをえない。」を第一の意味とする形容詞であるとの記述でそれぞれ一項目立てられており、「余儀ない」には「余儀ない事情で欠席する。」という例文が挙げられている。

「余儀ない」に関しては、『CD-ROM版　新潮文庫の100冊』から以下の文が検出された。

「あのとき、なにぶん事は秘計を要するゆえ、余儀ないことであった。しかしふびんなことをしたとあとあとまで後悔した。ゆるせ。」(国盗り物語)
「十年許り前に親父が未だ達者な時分、隣村の親戚から頼まれて余儀なく買ったのだそうで、畑が八反と山林が二町ほどここにあるのである。」
(野菊の墓)

これらの「余儀ない」は、『大辞林』の「余儀ない」の項に記された「やむをえない」という意味で用いられている。「余儀なく　する」に関しては、「現代日本語書き言葉均衡コーパス」より以下のような例文が検出された。

① 第三は八〇年代に問題化した中央・地方関係が、分税制の導入やマクロ・コントロールの強化など制度化を通した再編成を余儀なくしており、経済・政治的にいっそう複雑化していくであろうことである。
(天児慧『現代中国』東京大学出版会 1998)
② 例えば豊群グループの来来百貨、統領百貨、永埼百貨は連続2年の業績衰退の現象にある。また若干の中小型デパートはクローズを余儀なくしている。　(実著者不明『台湾の流通事情』交流協会 2001)
③ 自動車をそれぞれ車道の片側に交互に駐車させるように駐車帯を設置することによって、走行する車がジグザグ運転することを余儀なくする「路側交互駐車」や、植栽やコンクリートなどを車道上に設置して、走行する

車の進行方向の視界を制限し、高速走行ができないようにする「制流フォルト」、道路の一部短区間を故意に一車線に狭める「車道狭窄」などがあります。　　　(山本耕一・澤田晴委智郎・鈴木敏『街路のはなし』技報堂出版 1988)
④　近代工業化されてゆく社会は、生活をも画一化の方向に向かわせます。アメリカ的な生活に憧れ、今までに経験したことのない斬新なデザインの電化製品や、大量生産された生活用品に囲まれます。しかし、これらの品々は、生活の画一化と没個性を余儀なくしました。」

(佐藤伸雄『酒と器のはなし』海鳥社 2005)

「現代日本語書き言葉均衡コーパス」から、「余儀なく　する」は常に上の例のような「Nを　余儀なく　する」というヲ格の名詞や名詞句[14]と組み合わさる形で全12例検出された。それらは、②、④のような文の述語や、①のようなふたまた述語文の先行の述語、③のような連体節の述語と、全て述語に用いられていた。出典には「Yahoo!」関係が1例も見られなかったことから、「Nを　余儀なく　する」という形式は一般にはほとんど使用されないものであることが理解される。

「余儀なく　する」の「余儀なく」は、「それ以外に方法がない。やむをえない。」という意味の第一形容詞「余儀ない」が、変化という作用を表す他動詞である形式動詞「する」の修飾成分として機能して、その作用を受けた結果としての「やむを得ない状態」を示すものと考えられる。これは、「写真を大きくする（大きい状態に変える）」、「ヒーターをつけて部屋を暖かくする（暖かい状態に変える）」の「大きく」、「暖かく」と同じレベルで「余儀なく」が考えられるという意味である。したがって、「余儀なく　する」は「やむを得ない状態に変える」という意味を表すと捉えられる。これによると、④は全体として「これらの品々は、生活の画一化と没個性をやむを得ない状態とした（生活の画一化と没個性の状態に追い込んだ、生活の画一化と没個性を強制した）」という意味を表すことになる。ここからは、「余儀なく　する」に関して「強制する」という意味が得られる。

このように見ると、「余儀なく　する」は、ヲ格の名詞や名詞句と共に「Nを　余儀なく　する」という形で「Nを強制する」という意味の述語を形成

する補助述語詞と認められ得る。補助述語詞「余儀なく　する」は動作主体をＡとして「Ａは　Ｎを　余儀なく　する」の形で、「ＡはＮを強制する」という意味を表す文を作る。しかし、「余儀なく　する」で表される強制は、「Ｎ以外の選択肢をなくし、やむを得ない状況に追い込まれた結果、仕方なくＮを強制的に行う、Ｎの状態を出現させる」という性質を持つものである。

　さらに、④を詳しく検討すると、「Ａは　Ｘの　Ｎを　余儀なく　する」という形で、「ＡはＸにＮを強制する」という意味を表していることがわかる（「生活の」は「画一化と没個性」という動きや状態の主体）。①、②はＸがＡ自身であって省略されている場合、③はＸが「Ｎを　余儀なく　する」を構成要素とする連体節の主語で、Ａはその連体節が規定する部分である場合と捉えられる。

　「余儀なく　させる」、「余儀なく　される」は、「余儀なく　する」のそれぞれ使役動詞、受身動詞という文法的派生動詞と考えられる。この使役動詞、受身動詞は、日本語能力試験３級の文法事項である。また、形容詞の第一中止形と形式動詞「する」によって変化の結果を表す形式は、４級の文法事項に含まれている。

## 【１】-１　余儀なく　させる　　「(Ｎを)余儀なく　させる」

用例：撤退を余儀なくさせる

　「余儀なく　させる」は補助述語詞「余儀なく　する」の使役動詞である。ヲ格の動作名詞、及び名詞句と組み合わさって述語を形成する。

　「現代日本語書き言葉均衡コーパス」からは、「余儀なく　させる」、「余儀なく　させた」、「余儀なく　させて（いる／いた／いった）」、「余儀なく　させ」という語形が得られた。これらは全て普通体、みとめの形であって、中止形や過去の形も見られるが、丁寧体、打ち消しの形は検出されなかった。このように、みとめ方やのべたて、丁寧さのカテゴリーなどが見られないことから、「余儀なく　させる」は使用がかなり固定的であるといえる。その他、文の述語以外に、連体節の述語、ふたまた述語文の先行する述語、重文の先行節の述語に用いられている例が見られた。

　「現代日本語書き言葉均衡コーパス」から得られた「Ｎを　余儀なく　させる」の類の例は計18例にとどまった。その中で「Yahoo!」関係からは１例

も検出されなかった。従って、「Nを　余儀なく　させる」は一般にはあまり使用されない形式であるということができる。

「現代日本語書き言葉均衡コーパス」からは、「Nを　余儀なく　させる」の形で用いられるNとして、以下のA〜Cのタイプのものが得られた。

A：残業、退職、撤退、譲歩、変質、再編成、手抜き、編制替え
B：職能団体の解体とともに消滅すること、組織を再編成して効率的な経営を追究すること、そうした用語で考えること
C：警戒態勢、社会心理学的負担

Aは動作名詞、Bはみとめ・非過去の連体形の動詞と形式名詞「こと」が形成する名詞句、Cは漢語名詞句で、動詞を含む名詞句から格助辞や動詞を脱落させることによって漢語のみに圧縮したものと考えられる＊。具体的に「警戒態勢」と「社会心理学的負担」は、それぞれ「警戒態勢をしくこと」、「社会心理学的な負担を負うこと」のようにBのタイプに言いかえることができる。つまり、「余儀なく　させる」は、A〜Cまでいずれも動詞の意味を含む名詞や名詞句と使用されることがわかる。

　＊　村木(2012)は漢字の四字熟語は単語か句かという解説に「単語が社会的にあたえられたものであるのに対して、典型的な句は、話し手や書き手が個人的に、言語活動の場でつくりだすものである(p. 112)」と述べている。ここから、Cのタイプのものは漢語名詞句と見ることができる。

次に、「現代日本語書き言葉均衡コーパス」を用いて、「(を) 余儀なく　させる」という形式の類を検索して得られた例文を以下に示す。

① 　中国で発生し広まった「SARS」は隣国に恐怖を与え厳戒態勢を<u>余儀なくさせた</u>。
（長谷川光一郎『本物の思考力』彩図社 2004）
② 　俗に言う「競争のグローバル化」や情報技術などの新展開は、企業に組織を再編成して効率的な経営を追求することを<u>余儀なくさせる</u>。
（川濱昇『岩波講座現代の法』岩波書店 1998）
③ 　躁病エピソード急性期は患者本人のみならず周囲の関係者にも大きな社

会心理学的負担を余儀なくさせ、すこしでも早期の回復が望まれる病態である。」　　　　（富田克・前田久雄『双極性障害の治療スタンダード』星和書店 2002）

④　そこで今後の課題になりそうな問題を参考に挙げてみると、第一には、邪馬台国の東遷を余儀なくさせた事情—国内的事情も、国外的情勢も含めて—の解明、第二には…。　　　　　　（江上波夫『日本の古代』中央公論社 1988）

「余儀なく　させる」は「余儀なく　する」の「使役動詞」である。【1】の例④で既に考察したように、「余儀なく　する」は、動作主体をAとして、「A(これらの品々)は　X(生活)の　N(画一化と没個性)を　余儀なく　する」…㋐という形で、「Aは(XのN以外の選択をなくして、やむなく)XのNを仕方ない状態とする、AはXにNを強制する」という意味を表す。①〜③を見ると、使役主体をA、動作者をXとして、いずれも文の構造は、「Aは　Xに　Nを　余儀なく　させる」…㋑という形であって、「使役主体Aは、動作者Xに強い力を持って働きかけ、Xの意向に関わらず、N以外の選択をなくして、又は、Nをやむを得ない状況として、XにNを強いる、Nをせざるを得なくさせる」という意味を示す。例えば①は、「「SARS」は強い力をもって、「厳戒態勢をとる」以外の選択をなくして、または、それをやむを得ない状況として、隣国に厳戒態勢をとることを強いた、厳戒態勢を取らざるを得なくさせた」を意味する。㋑は㋐の使役主体と動作者、そして使役の意味を明確にした形式と言える。④は「Nを　余儀なく　させる」が使役主体A(事情−国内事情)を規定する場合で、動作者X(邪馬台国)は名詞N(東遷)が表す動きの主体を示すノ格の形で表されている。また、①〜④の使役主体は全て「原因」と言えるものである。

「Nを　余儀なく　させる」という形式は強い強制を表すが、「原因といえるある事情が、ある対象に対して、強い力をもって、N以外に取るべき選択肢がないという状況に追い込んだ」という状況を示すことによって、結果的に「そうさせた」という強制的行為を暗示する。直接行為を述べることなく、状況を提示することによって結果を暗示し、強制的行為であるという理解を受け手に期待すること、また動作者の「仕方なく〜する」という心情が含まれること、これらが、「「SARS」は隣国に恐怖を与え厳戒態勢をとらせた」という単純な使役動詞による表現との違いである。状況を提示することによっ

て結果を暗示し、受け手に対して強制という理解を期待するため、強い強制という意味を発揮しつつも全体としては客観性を帯びた落ち着いた表現となっている。この強い強制という主観的内容の客観的表現が「Nを　余儀なく　させる」という形式の特徴のように考えられる。

「余儀なく　させる」は、動詞の意味を含むヲ格の名詞や名詞句Nと「AはBにNを余儀なく　させる」という形式を形成し、「AはBにNを強いる」を意味する「AのBに対するN履行の強制」を表す。

## 【1】-1-1　余儀なく　させられる　「(Nを)余儀なく　させられる」

「余儀なく　させる」は「余儀なく　する」の文法的派生動詞としての使役動詞であるが、「現代日本語書き言葉均衡コーパス」を用いて検索を行うと、「余儀なく　させる」の文法的派生動詞としての受身動詞である「余儀なく　させられる」の類が9例検出された。「余儀なく　させられる」は、「余儀なく　する」のいわゆる使役受身動詞であって、「余儀なく　させる」から二次派生したものと考えられる。

「余儀なく　させられる」も常に「Nを　余儀なく　させられる」という形で用いられており、「現代日本語書き言葉均衡コーパス」からは、「余儀なく　させられる」、「余儀なく　させられた」、「余儀なく　させられ」、「余儀なく　させられて(いる)」の語形が得られた。

「余儀なく　させる」同様、これらは全て普通体、みとめの形で、過去の形や中止形もあるが、丁寧体の形、打ち消しの形、推量形は見られないため、丁寧さやみとめ方、のべたてのカテゴリーなどは認められない。また、Yahoo!関係の例文は1例も検出できなかった。

「余儀なく　させられる」と用いられる単語は、「余儀なく　させる」と同じく以下のように分類できる。

A：同調、移住、遠回り、単身赴任、撤退、生活、退学
B：いわゆる「新価格体系」に移ること
C：抑留生活

このように「余儀なく させられる」もＡ動作名詞(「単身赴任」はこの形で『大辞林』に一つの項目としてあがっているため、一般的な動作名詞とみなした)や、Ｂみとめ・非過去の連体形の動詞と形式名詞「こと」が形成する名詞句、Ｃ動詞を含む名詞句から格助辞や動詞を脱落させることによって漢語のみに圧縮した漢語名詞句(Ａ〜Ｃ、いずれも動詞の意味をもつ名詞や名詞句)と合わさって、「Ｎを 余儀なく させられる」という形式で述語を形成していることがわかる。

⑥ またブリヂストンや三菱重工の工場も撤退を<u>余儀なくさせられている</u>。

(大前研一『世界が見える／日本が見える』講談社 1986)

⑦ 48年秋の石油危機により、経済活動に欠かせないエネルギーの価格は大幅に上昇し、我が国経済はいわゆる「新価格体系」に移ることを<u>余儀なくさせられた</u>。

(環境省総合環境政策局環境計画課長『環境白書平成4年版（総説）』
環境庁企画調整局計画調査室大蔵省印刷局 1992)

⑧ このあたりは、利根川が何回も流れをかえた湿地帯であったから、至る所に池沼がのこり、冬で水量が少ないとはいえ遠回りを<u>余儀なくさせられる</u>。

(田村紀雄『川俣事件』社会評論社 2000)

⑨ 普通の学校なら在籍を許されそうもなく、直ちに退学を<u>余儀なくさせられるのではないか</u>と思うが、こうした生徒はいつも自分の居場所が定まらず、不安定なまま大人の社会に放り出されることが多い…。

(金高茂昭・南本きよみ『児童福祉』八千代出版 2001)

⑥〜⑨を見ると、どれも「Ａは Ｎを 余儀なく させられる」という形で、「Ａは、Ａの意向はどうであれ、他からの強い力によって、Ｎを強いられる」という意味を表している。強要する指示者である主体(受身動詞のもとになる動き(使役動詞)の主体(使役主体))は、「現代日本語書き言葉均衡コーパス」から検出された9例には明示されていなかった。「Ｎを 余儀なく させる」と異なり、強要する使役主体の明示が必要とされないので、それが特定できない場合にこの形式が使われることが考えられる。またこの形式は、受身文の主語ＡがＮの履行を強く迫られる、強いられるというように、強制作用をＡが強く受けるニュ

アンスが示される点が特徴的である。

## 【1】-2　余儀なく　される　　「(Nを)余儀なく　される」

用例：退学を余儀なくされる

　「余儀なく　される」は、補助述語詞「余儀なく　する」の文法的派生動詞である受身動詞で、ヲ格の動作名詞や名詞句と共に述語を形成する。
　「現代日本語書き言葉均衡コーパス」から得られた「(Nを)余儀なく　される」の語形は、以下の通りである。

　　「余儀なく　される」、「余儀なく　された」、「余儀なく　され」、「余儀なく　されて（いる／おられる／いた／きた／います／まいります／おりまして）」、「余儀なく　されたり」、「余儀なく　されるだろう」、「余儀なく　されます」、「余儀なく　されました」

　これらは全てみとめの形であるので、認め方のカテゴリーは見られないものの、過去形や推量形があることから、テンスや述べたてのカテゴリーの存在が認められる。また、「(Nを)余儀なく　させる」の語形が普通体の形しか見られなかったのに対して、「(Nを)余儀なく　される」には、「余儀なく　されます」、「余儀なく　されました」といった丁寧体の形があり、「余儀なく　されて　まいりました」、「余儀なく　されて　おられる」のように謙譲語や尊敬の動詞とも組み合わせて用いられている。これは、「(Nを)余儀なく　される」が「(Nを)余儀なく　させる」に比べて、実際のコミュニケーションの場で広く使用されている事実を示唆するものである。一方、丁寧さのカテゴリーがない「(Nを)余儀なく　させる」は、具体的に述べる対象が想定されない書き言葉に使用が限定されることが推測できる。
　また、「現代日本語書き言葉均衡コーパス」から検出された「(Nを)余儀なく　される」の類は697例にのぼった。「(Nを)余儀なく　させる」の類が全部で18例しか検出されなかったことと比べると、その差は興味深い。さらに「現代日本語書き言葉均衡コーパス」から検出された「(Nを)余儀なく　される」の類は、書籍からの例が多数を占めるが、Yahoo!知恵袋や、ブログ、

雑誌、白書、国会会議録からの例も見られ、「(Nを)余儀なく　される」の類が様々な分野にわたって幅広く用いられている状況が読み取れる。「(Nを)余儀なく　させる」が、18例中、国会会議録からの1例を除いて全て書籍からであることを考えると、同じ「余儀なく　する」から派生した受身動詞と使役動詞ではあるが、使用のされ方に大きな違いがあることが指摘できる。

　文中での使われ方としては、例文①、②のような文の述語だけでなく、③、④のような重文の先行節の述語や、⑤のような連体節の述語に用いられる例もみられた。

　次に、「余儀なく　される」と用いられる単語を調べてみると、「余儀なく　させる」と同じく以下のように三つのタイプに分かれる。

A：引退、負担、転地療養、避難生活、方向修正、一人暮らし、足踏み、先送り
B：家探しに奔走すること、政党の意義を認めること、提供される情報を瞬時に理解すること、その周囲を迂回すること
C：高金利、困難な調整過程、大幅な赤字、販売減、貧しい暮らし

Aは動作名詞、Bは、みとめ・非過去の連体形の動詞と形式名詞「こと」が形成する名詞句、Cも名詞句で、「高い金利になること」、「調整を行う過程が困難であること」、「大幅に赤字に陥ること」、「販売が減少すること」、「貧しい暮らしをすること」のようにBのタイプに言いかえられる。つまり、「余儀なく　させる」と同様に、「余儀なく　される」も動詞の意味を含むヲ格の名詞または名詞句と用いられるといえる。

　以下、「現代日本語書き言葉均衡コーパス」を用いて検索した例文を示す。

① 　先月二十一日、突如、大島の三原山が大噴火を起こしまして、島民約一万人が緊急避難を余儀なくされました。
　　　　　　　　　　（鈴切委員『国会会議録／衆議院／常任委員会』第107回国会 1986）

② 　普通ならば住む場所を決めるにあたっては、赴任前に候補としてあげられた物件に何度となく足を運び、入念に比較検討をした上で決めるのが常識というものだ。実際、アメリカに赴任した当初は、高見も家探しに奔

走することを余儀なくされたものだった。

(池野佐知子・サンデー毎日編集部・楡周平「サンデー毎日」2004 年 8 月 8 日号（第 83 巻第 44 号、通巻 4641 号）毎日新聞社 2004)

③ ソ連の勢力拡張を危惧したアメリカは、自らがその対抗勢力の中心になることを余儀なくされ、トルーマン大統領は〈トルーマン・ドクトリン〉を発表した。 　　　　　(今井夏彦『アメリカ文化ガイド』荒地出版社 2000)

④ 金融危機以降、トヨタが「ドル箱」にしてきた米新車市場の落ち込みが止まらない。これまで競争力の高かった日本車も販売減を余儀なくされており、トヨタの 11 月の米新車販売台数は前年同月比 34％減の 13 万 307 台となった。 　　　　　　　　　　　　　　　　　　(「Yahoo! ブログ」Yahoo! 2008)

⑤ 「この土日は一人でした(￣ー￣)ってか、彼氏くんが体調不良でダウン↓↓↓ 一人を余儀なくされた土日です(つд｀｡)　あーあ。」
　　　　　　　　　　　　　　　　　　　　(「Yahoo! ブログ」Yahoo! 2008)

⑥ 公私に亘って充実のジャンでしたが、体調を崩し、転地療養を余儀なくされるという予期せぬ出来事に見舞われます。

(高輪沙羅「月刊 MOE」2005 年 9 月号（第 27 巻第 9 号、通巻 311 号）白泉社 2005)

⑦ 発展途上国との競合状況を、アメリカ市場についてみてみると（第 2-3-7 図）、我が国がかつて圧倒的なシェアを誇っていた、合板、人形、洋傘、綿織物についても、近年の発展途上国の厳しい追い上げにより、シェアの低下を余儀なくされていることがわかる。

(経済産業省中小企業庁事業環境部企画課調査室『中小企業白書　昭和 51 年版』大蔵省印刷局 1976)

「余儀なく　される」は補助述語詞「余儀なく　する」の「受身動詞」である。前に述べたように、「余儀なく　する」は、「Ａは　Ｎを　余儀なく　する」という形で、「動作主体Ａは（Ｎ以外の選択をなくして）Ｎを仕方ない状態とする、仕方なくＮを強制する」という意味を表す。一方、例①～⑦から、「余儀なく　される」は、「Ａは　Ｎを　余儀なく　される」という形で文を形成し、全体として、「受身文の主語であるＡはＮ以外に選択がない状態に追い込まれ、その結果、やむを得ない状況としてＮを強いられる。」という内容

の文を作っていることがわかる。実際①は「三原山の大噴火によって避難以外に選択がない状態に追い込まれ、その結果、島民約一万人がやむを得ず緊急避難することを強いられた。」という意味を表している。ここで重要な点は、主語Aが、自分の意に反して、強制的にNを受け入れざるを得ない状況に追い込まれるというニュアンスが言外に示されていることである。

　また、受身動詞のもとになる動きの主体は⑦に「発展途上国の厳しい追い上げにより」という形で明示されている以外、明確には示されていない。しかし、文を読めば、①の場合「大島の三原山が大噴火したこと」、②は「常識」、③は「ソ連の勢力拡張」、④は「金融危機」、⑤は「彼氏くんが体調不良でダウンしたこと」、⑥は「体調を崩したこと」と理解される。①に見られる「三原山が大噴火したこと」のような受身動詞のもとになる動きの主体に相当するものは、AがNを強いられることになる原因とも言うべき事柄である（⑦の「発展途上国の厳しい追い上げ」も原因とみることができる）。

　この「Nを　余儀なく　される」の特徴は、特定の動作主体によってというより、①～⑦に見られるように、多くの場合、「ある社会的状況、自然現象、常識等の原因」によって、受身文の主語が「自身の意に反して、やむを得ず、Nを強いられる、Nの状況に追い込まれる」という内容を表す点にあると言えよう。これは、この文型は「Aは　Nを　余儀なく　する」という文が受身文になったのではなく、その文の補助述語詞「余儀なく　する」が、受身動詞「余儀なく　される」に代わったものである点に理由が求められる。すなわち、受身文の元の文が存在しないため、受身動詞の元の動きの主体も存在しないという理由である。

　「余儀なく　される」は、「セザルを　得ない」、「シナイ　わけには　いかない」と類似の表現形式だが、「それ以外の選択肢がない状況に追い込まれる」という状況の提示により、結果として「それを受け入れざるを得なくなる」事態の出現を暗示している点が特徴的である。これは、示された状況に対する受け手の常識的理解に、原因と「そうせざるを得なくなる」という結果の推測を期待する形式といえる。災害の被災者に関するニュースで、「Nを　余儀なく　される」という形式が多用されるのは、受け手の理解に協働を求める形で、災害の状況を原因も含めコンパクトに表現することができるため

であると考えられる。

「余儀なく　する」の使役受身動詞を用いた「Nを　余儀なく　させられる」については【1】-1-1において既に考察を試みたが、これは受身動詞を用いた「Nを　余儀なく　される」との関連が指摘できる。そこで、以下のア、イにより両者の簡単な比較を試みる。

「会社に損失を与えた社員は退職を余儀なくさせられる。」　　　…㋐
「会社に損失を与えた社員は退職を余儀なくされる。」　　　　　…㋑

㋐は「(会社は)会社に損失を与えた社員に退職を余儀なくさせる。」という使役文の動作主体を主語として表した受身文で、主語である「社員」は非明示の使役主体によって退職を強く迫られる、強制されるというニュアンスが示される。一方㋑では、主語である「社員」は「会社に損失を与えた」ことから、状況として退職という事態に追い込まれるというニュアンスが示される。㋐と㋑はほぼ同様の内容を表すが、若干の違いは、㋐が「AはBにNを余儀なくさせる」という使役文の受身文であり、受身動詞の元の動詞(使役動詞)の主体である使役主体Aが存在するのに対し、㋑は「BはNを余儀なくする」という文の補助述語詞「余儀なく　する」が受身動詞に代わっただけで、㋑に対する元の文がない(受身動詞のもとになる動きの主体がない)点に起因すると考えられる。

「Aは　Nを　余儀なく　される」は、「Aは、ある社会的状況、自然現象、常識等の原因によって、N以外に選択肢がない状況に追い込まれ、その結果、やむを得ずNを強いられる」という意味の、「Aについての被強制作用」を表す。「Aは　Nを　余儀なく　される」という文型において、「余儀なく　される」は、ヲ格の名詞や名詞句と共に「Nを　余儀なく　される」という形の述語を形成する。

【2】禁じ得ない　　　「(Nを)禁じ得ない」　　　　　　用例：同情を禁じ得ない

「禁じ得ない」は、「人の行動をとどめる。禁止する。(『大辞林』)」という意味を持つ動詞「禁じる (禁ずる)」を前要素、動詞「得る」を後要素とする、文法的な複合動詞である可能動詞「禁じ得る」に由来する補助述語詞である。ヲ

格の名詞や名詞句、名詞節と組み合わさって「Nを　禁じ得ない」という形式で述語を形成する。「得ない（得ず）」は漢文の「不得-」という不可能の意味の訓読に由来するものと見られ、「禁じ得ない」は「とどめることができない、禁止できない」という意味を表す。『大辞林』には「禁じ得ない」という項目で挙がっており、「連語」と付して「（ある感情を）抑えることができない。」と解説されている。

「現代日本語書き言葉均衡コーパス」から検出された「(Nを)禁じ得ない」の語形は以下の通りである。常に打消しの形で用いられるが、テンス、丁寧さのカテゴリー、及び推量形があることから述べたてのムードのカテゴリーが見られる。例文⑥のような少数の例を除いて、ほとんどの場合、文の述語の形成に使われる。

「禁じ得ない」、「禁じ得ぬ」、「禁じ得なかった」、「禁じ得ません」、「禁じ得ませんでした」、「禁じ得ないだろう」

「Nを　禁じ得ない」の類は「現代日本語書き言葉均衡コーパス」から計117例検出された。「禁じ得ない」がどのような単語と用いられているか調べてみたところ、それらは全て名詞や名詞句、名詞節で、117例中最も多かったのは「同情」と「驚き」の各10例、次いで「怒り」6例、「憤り」4例、後はどれも1〜2例ずつであった。

以下は、「現代日本語書き言葉均衡コーパス」と『CD-ROM版　新潮文庫の100冊』から得られた、「禁じ得ない」と用いられる単語例の分類である。

名詞、名詞句
感情　：感慨、驚き、怒り、憤り、腹立たしさ、嬉しさ、気恥ずかしさ
気持ち：尊敬の念、賞賛の念、共鳴の念、共感、羨望の念、複雑な思い、疑問、不審、同情、遺憾の念、軽蔑の念、自嘲、失意
＊ある事柄に対して瞬間的に沸き起こる心の動きを表すものを「感情」、より持続的な心の中の思いを「気持ち」として暫定的に分類を試みた。
印象　：唐突さ、異様の念

ある感情に起因する身体現象：涙、おののき、武者震い、微笑み、笑い、失笑、苦笑、ため息

連体節に規定された名詞
　奈落の底へ落ち込むような気持ち、何をしようとしているのかの問い、この兵器を一刻も早く実戦で使用したいといった誘惑、ジェラシーにも似たもの

名詞節
　さまざまな想念がおこるの、思わず涙の溢れて来るの
　次第に失意の気持ちが強くなるの、二高恋しの思いが胸中に高鳴るの

　上の名詞、名詞句、名詞節は、例外なく感情や気持ちの表現に関わるものである。連体節に規定された名詞も、気持ち、疑問、嫉妬、もの（感情）というものであり、名詞節が表すものも、さまざまな想念、溢れ出る涙、失意、恋しさといった感情や気持ちに関わる表現である。それらの感情や気持ちはプラスのものもマイナスのものもあるが、どちらかと言えばマイナスの場合の方が多いように見える。

Ⅰ．「禁じ得ない」が作る述語が過去形であったり、節の述語であったりする場合（主語の人称は問わない）、その他、Ⅱ、Ⅲ以外の場合、「Nを　禁じ得ない」という形で、Nで表される、自然に体の中から沸き起こってくる感情や気持ちを不可避の事態として、改まった調子で客観的、冷静に示す。

① それには「タラワ島ノ全員玉砕ス……」とありました。私はおののきを<u>禁じえませんでした</u>。　　　　　　　　　　　　　　　　　（ビルマの竪琴）
② 汐見の明るい表情、──しかも何かを隠したような不可解な表情を見詰めながら、私は一種の不安を<u>禁じ得なかった</u>。　　　　　　（草の花）
③ 関東管領ともあろう人物が、越後の国主の自分に救援と、関東の回復を依頼してきたこと自体に、景虎は、驚きを<u>禁じ得なかった</u>。
　　　　　　　　　　　　　　　　　　　（咲村観『上杉謙信』講談社 1986）
④ 僕は僕なりに覚悟をしていたつもりだったが、下宿のお内儀さんから赤紙を手渡された時に、奈落の底へ落ち込むような気持を<u>禁じ得なかった</u>。

(草の花)

⑤ 一夜、「鳳鳥至らず。河、図を出さず。已んぬるかな。」と独言に孔子が呟くのを聞いた時、子路は思わず涙の溢れて来るのを禁じ得なかった。（弟子）
⑥ これが、みじめな思いを禁じ得ないゆえんである。

(伊藤栄樹『人は死ねばゴミになる』新潮社 1988)

「Nを 禁じ得ない」が示す部分について、①は「怖くて体が自然に震えてしまった」、②は「何となく不安な気持ちになってしまった」、③は「思わず驚いてしまった」、④は「絶望的な気持ちになってしまった」、⑤「気の毒に思えて泣けてきた」、⑥「みじめに感じてしまう」という意味で、いずれも内部から自然に沸き起こる「不可避」の感情や気持ちを表している。①や④、⑤のように身体現象の描写や比喩を用いた表現であっても、その身体現象や比喩はある感情や気持ちに起因するものであるため、それらが読み取れる。しかし、感情や気持ちを比喩的に表したり、「おののき」、「一種の不安」、「驚き」のような名詞的表現を用いて表したりする点に、ある種の客観性や冷静さが示される。さらに、「禁じ得ない」自体が漢文訓読に由来する形式であることが、その感情表現の客観性、冷静さに重厚さを加えている。

Ⅱ．「禁じ得ない」が作る述語が非過去の形の文の述語で、その主語が1人称の場合、「Nを　禁じ得ない」は、主語である言語主体が現在認識する、Nで表される自分の強い感情や気持ちを、やや改まった態度で、客観的、冷静に、そして毅然として提示する。

⑦ 「近く日本の陸海軍は解散することになるが、マッカーサー元帥が、同じ軍人として同情を禁じ得ない。米内海相の希望があれば一夕懇談の機会をもうけたいとの内意です」と伝えた…。

(阿川弘之『米内光政（下）』新潮社 1978)

⑧ 戦中・戦後の住民の犠牲と損失を思う時、心の底からの憤りを禁じ得ない。

(山内徳信『憲法を実践する村』明石書店 2001)

⑨ 花形、大きさ、色合等、非常にバラエティーに富んだ品種群と聞くが若干の戸惑いを禁じ得ない。　　　　　　　　　　　(「Yahoo! ブログ」Yahoo! 2008)

⑩　思想でも現実でも私の中でも殆んど完全に無化してしまった「共産主義」を冠する「ブント」について語ることには滑稽な感さえ湧いてくるのを<u>禁じ得ない</u>。　　　　　　　　　　　　　（島成郎『ブント私史』批評社1999）
⑪　政治・経済・学術・産業の各界の指導者たちの中で真に国家の将来に関心が高く、高邁な精神力と哲学を持って国家の将来の有りようを論じる者が皆無であることが日本の国家としてのこれまでの過ちであり、将来の危惧を<u>禁じ得ない</u>。（松下薫一『「成功への方程式」、解は「失敗しないこと」』文芸社2003）

　⑦〜⑪の「禁じ得ない」が作る述語は非過去の形の文の述語で、主語は全て1人称である。⑦はGHQ最高司令官という立場のマッカーサー元帥の発言の直接の引用で、⑧は沖縄の読谷村長という立場の人の自著の中の言葉である。そのような公的立場の人が自分の心情を述べる場合、⑦を「気の毒だ」、⑧を「腹が立つ」と、形容詞や動詞によって具体的に表現するよりも、それらを一般化、概念化した「同情」や「憤り」という名詞を用いて「禁じ得ない」と共に表した⑦や⑧の方が、冷静な落ち着きを示しつつ、毅然とした態度で強い気持ちや感情を提示するため、公人としての立場上相応しく思われる。

　動詞や形容詞はその時点の感情や気持ちの動きを直接的、具体的に示す。しかし、それらは移りゆく時間の流れの中でのその時、その場の感情表現であって、どうしても言葉としての重みに欠けがちである。一方、名詞による感情表現は自己のその時の感情を一度理性により客観化する作業が行われるため、意味は動詞や形容詞と同じであっても、語感として冷静さ、安定性を有する（但し、その場での生き生きとした臨場感は失われる）。また、「禁じ得ない」と用いられる単語のタイプが、多くの場合漢語や改まった和語であること、「禁じ得ない」自体が漢文訓読由来の表現であることは、客観性、冷静さ、安定感に重厚さ、力強さ、そして改まった中にも毅然とした語感を付け加える。このような理由から、感情や気持ちを直接的に激しく表すことができない立場の人にとって、この「Nを　禁じ得ない」は自分の心情を強く示す手段として有効な表現形式と言えよう。

　書く場合、成人男性は一般的に自分の感情や気持ちを単純な形容詞や動詞を用いて直接表すことが幼稚に感じられるものである。⑨の作者は一般の男

性と推測されるが、ブログというカジュアルな書くジャンルの文ではあるものの、「ちょっと戸惑った」思いを客観化して、改まった態度で重厚に示そうという意図から、この形式を選択したことが考えられる。⑩は思想活動に関わる文章において、「ばかばかしい」という主観的な強い思いを、「滑稽な感が湧いてくる」と名詞を用いて客観性を保ちつつ改まった態度で説明的に表現しており、⑪は論文調の硬いスタイルの中で、「将来が心配だ」という現在の気持ちを自己の認識として名詞化し、客観性と重厚さをもって、力強く提示している。

Ⅲ.「禁じ得ない」が感情や気持ちを表す名詞や名詞句と共に作る述語が非過去の形の文の述語であって、主語が1人称、さらに、ある具体的な場面で聞き手に直接述べる場合、主語である言語主体(送り手)の現在わき起こる自己の強い感情、気持ちを客観性と、重厚さ、品格をもって、強力に表し出す。公的立場にある人が改まった場で自分の今の強い感情、気持ちを公人として聞き手に直接強力に表出する場合に多く用いられる。

⑫ 「御芳書によりますと、あいかわらず困難な事件と四つになってお取り組みの御様子、小生老来の怠惰を慚愧するとともに、御精励の御活動にたいして羨望の念を<u>禁じえません</u>。」　　　　　　　　　　　　(点と線)

⑬ 国の一年間の税収入五十八兆円をも超える巨大な額が決まる経過としては、余りにも理不尽と言うほかなく、一体国民の血税を何と心得ているのか、怒りを<u>禁じ得ません</u>。

(八田ひろ子君『国会会議録』第143回国会参議院／本会議 1998)

⑫、⑬は公的立場にある人の公的な改まった場での話やスピーチであって、その意味は⑫は「大変羨ましい」、⑬は「大変怒っている」に相当すると考えられる。しかし、公の場において公人として強い感情や気持ちをそのような単純な形容詞や、動詞、副詞を用いて直接表すことは常識的に躊躇される。そこで、客観的ではあるが重厚さと品格をもって自己の現在の思いを強く訴えかけることができる、漢文訓読由来の補助述語詞である「禁じ得ない」を用いた「Nを禁じ得ない」という形式を選び、自分の感情や気持ちを概念化した名詞である

「羨望の念」、「怒り」と共に表現したことが推測できる。「Nを　禁じ得ない」は、わき起こる強い感情や気持ちを直接表すことが憚られる公的な改まった場におけるスピーチ等での強い感情表現手段として有効である。

　以上から、「禁じ得ない」は感情や気持ちの表現にかかわる名詞や名詞句、名詞節と共に「Nを　禁じ得ない」という形で述語を形成すること、そして「～という思いを抑えられない、～と強く感じる」のような、体の中から自然に沸き起こってくる不可避の強い感情や気持ち、言語主体が現在認識する自分の感情や気持ちを、やや改まった調子ではあるが、客観的に強力に示したり、公的立場にある人が改まった場で自分の強い感情や気持ちを聞き手に直接強力に表し出したりする場合に用いられる形式といえる。なお、「同情を禁じ得ない」と「驚きを禁じ得ない」は「現代日本語書き言葉均衡コーパス」からそれぞれ10例得られていることから、これらは慣用的な表現と見ることが可能である。

・「Nを　禁じ得ない」と他の類似表現形式
　②「私は一種の不安を禁じ得なかった」は、日本語能力試験4級の文法事項を用いて、「私は少し心配だった」のように、程度副詞と第二形容詞で言い換えることができる。「不安を禁じ得なかった」は、「心配な気持ち」を「不安」と名詞化することによって客観化、概念化し、それが自分の内から湧き出てくると、話者が自己の感情の表出を自分の認識として冷静に示している。それだけに熱い感情の直接的な伝達とはならないが、逆に自己の感情を冷静に表現することになるので、それが求められる立場の人にとって、また、感情を直接激しく表すことが憚られる公的な改まった場における強い感情表現として有効である。

　⑫「羨望の念を禁じえません」は、日本語能力試験2級の補助述語詞を用いて、「羨ましくてなりません」と同等の意味に言い換えられる。しかし、「羨ましくてなりません」は、「羨ましい」と「ならない」という、日本語能力試験2級の和語の形容詞、及び基本的な動詞由来の2級の補助述語詞からなっており、「羨望の念」、「禁じ得ない」という漢語的な名詞と漢文訓読由来の補助述語詞で形作られている「羨望の念を禁じえません」とは、構成要素とな

る単語のレベルにおいてまず異なりを見せる。そこに、「羨ましい」と「羨望の念」という、これまでにも述べてきた形容詞と名詞との語彙の質的な差も加わる。さらに、「禁じ得ない」という漢文訓読由来の補助述語詞は、「ならない」という一般の口語的和語由来の補助述語詞よりも格調高く、重厚で力強い上、改まった語感も表し出す。以上の点に、「(Nを)禁じ得ない」の特徴が示されると共に、改まった場面において、冷静に自己の感情や気持ちを強く示す手段として、この形式が有効である理由も改めて指摘できる。

### 6.1.2　形容詞型補助述語詞(第一形容詞型)

【1】かたく　ない　　「(NVに／想像するに)かたく　ない　［NV：動作名詞］【C】」

用例：想像にかたくない

「かたく　ない」は第一形容詞「難い(かたい)」由来の補助述語詞。格助辞ニと不定型接続の非過去みとめの形で接続する動作名詞、及び動詞「想像する」と組み合わさって述語を形成する。『大辞林』は「難い」について「文語形」と表示して、「なかなかできない。難しい。困難だ。」を第一の意味に挙げている。

みとめの形の「(スルに)難い」に関しては、「現代日本語書き言葉均衡コーパス」から6例検出できたが、それらは全て次の例のように「実際にある行為を行うことが難しい」といった実質形容詞「難い」の表わす「なかなかできない。難しい。困難だ。」という意味で用いられていた。また、『大辞林』は「「守るに易く攻めるに―い」「言うはやすく行うは―し」」という、次の例文中に見られる「スルに　難い」を例文として提示していることから、この「スルに　難い」は古語の名残の文語形式の慣用的な表現と考えられる。

　　　「長安は周囲を山に囲まれた天然の要害で、守るに易く攻めるに難いところであった。」
　　　　　　　　　　　　　　　　　　　(安能務『中華帝国志』講談社1993)
　　　「まさに山城、攻めるに難いというのを実感できますよ。」
　　　　　　　　　　　　　　　　　　　(「Yahoo!ブログ」Yahoo! 2008)
　　　「この戦略は言うに易く行うに難い。」
　　　　　　　　　　　　　(株式会社ジョブウェブ『コンサルティング業界大研究』産学社2001)

「この最後の役割だけでさえ演ずるに難いのに、じつに驚嘆すべき資質と伎倆および産出の豊饒多産といわなければならない。」

(大室幹雄『ふくろうと蝸牛』筑摩書房 2004)

　一方、打消しの形の「難く　ない」は、下の①〜④の例からもわかるように「NV／想像するに　難く　ない」という形式で述語を形成して、「容易に〜できる」という意味を述語の本体である動作名詞や「想像する」に加えている。

① 　ベエトオヴェンという沃野に、ゲエテが、浪漫派音楽家達のどの様な花園を予感したか想像に難くない。　　　　　　　　　　　　　　　　（モオツァルト）
② 　おそらくスパルタの時代にも同様の体力測定をしていたことは想像に難くない。　　（矢部京之助『身体障害者のスポーツ指導の手引』ぎょうせい 1997）
③ 　将軍の激怒は想像するに難くない。　（福島四郎『正史忠臣蔵』中央公論社 1992）
④ 　現代に入って編まれた町史の記録に載ってはいないものの、この地からソバの実も都に運ばれていたであろうことは、推測にかたくない。

(石川文康『そば往生』筑摩書房 2002)

　「現代日本語書き言葉均衡コーパス」によって検索された「(NVに) 難く　ない」の類全 144 例中、「難く　ない」は 121 例で、その他は「難く　ありません」、「難く　ないです」、「難く　なかった」、「難く　ないでしょう／ないだろう／ないで　あろう」が得られただけであった。このように、わずかに丁寧さとテンス、のべてのカテゴリーが認められるだけであることから、「(NVに) 難く　ない」という普通体の非過去形で、ほぼ固定的に用いられていることが指摘できる。動詞と用いられる例も 4 例検出できたが、いずれも「難く　ない」という普通体の非過去の形で、動詞は全て「想像する」であった。
　また、「現代日本語書き言葉均衡コーパス」検出の「(NVに) 難く　ない」全 144 例中、「Yahoo!」関係では「Yahoo! 知恵袋」からは例なし、「Yahoo! ブログ」からは 7 例であった。ここからは「(NVに) 難く　ない」が一般にはあまり用いない形式であることが理解できる。さらに、①〜④の例からはこの形式が硬い書き言葉に使用されている事実が看取される。それは「難く

ない」が古語に由来する文語の表現形式であることが要因として考えられる。

　その他、「現代日本語書き言葉均衡コーパス」から検出された「(NVに) 難く　ない」全144例中、使用された動作名詞は、「理解」、「推測」各1例、「推察」、「予想」各2例以外、全て「想像」であった。従って、補助述語詞「難く　ない」は、ほとんどの場合「想像」と共に用いられる、非常に固定的で、慣用的な表現形式であることが指摘できる。「想像」以外で「難く　ない」と組み合わさる単語も、「推測」、「予想」のようにある状況から思い浮かべる、または先を見通すという行為にかかわる動作名詞である。「想像に難くない」は、例①〜③から、「容易に想像できる、明白である」という評価を表すものと捉えられる。例④の「推測に難くない」も「容易に推測できる」という評価を表している。

　「想像に難くない」と同等の意味を表す文を、文法的複合語を形成する2級の'〈機能語〉の類'の「得る」を用いて表す場合、「容易に想像し得る」となり、「容易に」という副詞の働きをする単語を加える必要がある。補助述語詞「難く　ない」を用いた「想像に難くない」という表現の特徴は、その中に「容易に」という意味が既に含まれているため、「ある事態について容易に思い浮かべられる」、すなわち「ある事態は明らかである」という主語に対する言語主体の評価をコンパクトに示すことができる点にある。

　補助述語詞「難く　ない」は格助辞「ニ」と不定型接続のⅠタイプの接続をする「想像」を主とした動作名詞（多くは、ある状況から思い浮かべる、または先を見通すという行為にかかわる動作名詞）、及び、動詞「想像する」と組み合わさって述語を形成し、「容易に〜できる」という意味を述語の本体に加え、評価を表す述語を作る。「難い」が文語形式であることから、「(NVに／想像するに) かたく　ない」は書き言葉的で硬い表現といえる。

### 6.1.3　名詞型補助述語詞
①擬似連体節と組み合わさるもの
〔モノ・コト系補助述語詞〕
【1】ものでも　ない　　「（シナイ）ものでも　ない【T】」

用例：ひょっとして、引き受けないものでもない

　補助述語詞「ものでも　ない」は形式名詞「もの」由来の補助述語詞「もの（だ）」の打消しの取り立ての形と考えられる。擬似連体節（連体型接続の文相当の形式）の述語の本体である動詞（連体形）の非過去打ち消しの形（連体型Ⅱ）と組み合わさって「シナイ　ものでも　ない」という形の述語を作る。

　「現代日本語書き言葉均衡コーパス」と『CD-ROM版　新潮文庫の100冊』から得られた「（シナイ）ものでも　ない」の語形は以下の通り全て非過去の形で、わずかに丁寧体の形、推量形が見られるだけであることから、かなり固定的に使用されることがわかる。

　　「（シナイ）ものでも　ない」、「（セヌ）ものでも　ない」、「（シナイ）ものでも　ございません」「（セヌ）ものでも　ございませぬ」、「（シナイ）ものでも　ございますまい」

　「現代日本語書き言葉均衡コーパス」から検出された「シナイ　ものでも　ない」の類は9例で、『CD-ROM版　新潮文庫の100冊』からの10例と合せても計19例得られたに過ぎない。また、「Yahoo!」関係には全く例が見られなかったことからも、「シナイ　ものでも　ない」は一般に使用されることがまれな形式であることが理解できる。

①　金俊明の部屋は幸い台所にも便所にも近く、茶の間に来る客と顔を合わさずにすむ間取りにはなっているが、いつひょっと顔を合わさぬものでもない。
（三浦綾子『銃口』小学館 1994）
②　「ああ、あなたは気が狂ったか。それでは、うんと走るがいい。ひょっとしたら、間に合わぬものでもない。うんと走るがいい。」
（宮地裕他著『国語2』光村図書出版株式会社 2005[15]）

③　もしできることなら、札幌一の名医にふじ子を診てもらいたかった。名医なら万にひとつ、なおらぬ病気でもひょっとしてなおせないものでもない。
(塩狩峠)

④　すると浜田は、今度はグルリと反対を向いて、停車場の方へ歩き出しましたが、考えて見ると、その方角も満更危険でないことはない。ナオミが未だに曙楼へ行くのだとすれば、ちょうど今頃熊谷を連れて出て来ないとも限らないし、例の毛唐と京浜間を往復しないものでもないし、いずれにしても省線電車の停る所は禁物だと思った。
(痴人の愛)

⑤　「待て。待て。予の命が欲しくば、次第によってくれてやらぬものでもない。」
(邪宗門)

⑥　「次第によっては、御意通り仕らぬものでもございませぬ。」　(邪宗門)

上の例から、「シナイ　ものでも　ない」という形式は、「ひょっとしたら」、「ひょっと」、「ひょっとして」等、「不確定」を表す叙法の陳述詞[16]や、②、③、④、⑤、⑥に見えるような条件的表現と多く共起すること（②は「うんと走るがいい」が「うんと走れば」という条件的意味になっていることが読み取れる）がわかる。

　①に関しては、「一般的、常識的に「顔を合わす」ことはない間取りだが、可能性として完全に否定してしまうことはできない。」という意味が考えられる。②に見られる「間に合うこと」、③の「病気がなおせること」、④の「例の毛唐と京浜間を往復すること」は、いずれも状況や常識的観点から実現が難しいことが文から認められる。しかし、②～④まで全て、ある条件を伴った「シナイ　ものでも　ない」という形式によって、「常識的、一般的には実現が困難なことではあるが、ある条件下では実現の可能性を完全に否定してしまうことはできない」という、ある条件下での実現の可能性の否定の消極的保留が表される。具体的には、②は「うんと走れば」、③は「名医なら」、④は「ナオミが未だに曙楼へ行くのだとすれば」が示された条件である。

　⑤、⑥は会話の中で、一人称（話し手）を動作主体とする動詞が「シナイ　ものでも　ない」に用いられたものである。これは、「ある特別な条件」においてであれば（「次第によって（は）」）、「一般的、常識的に不可能に近いこと（⑤の場合「自分の命をくれてやること」、⑥の場合「御意の通り仕る事」）」も特別に行う可能

性があるから「特別な条件に関わる事をしろ」という意味で、「シナイ　ものでも　ない」という表現形式を用いて「特別な条件の下で特別な行為を特別に行う可能性の存在を提出」することによって、実際にはある事柄の「履行要求」を聞き手に直接働きかけている。この⑤、⑥からは、『日本語文法事典』の「モダリティ[2]」の項の解説にある「事態めあてのモダリティ」がそのまま「発話・伝達のモダリティ」として機能している様が窺える。

　ここで重要な点は、①～⑥までの「シナイ　ものでも　ない」の「シナイ」に示されたことを「スル」ことは、全て「一般的に、常識的に」その実現の可能性がわずかであると認識されることである。「一般的、常識的」ということは通常の成人であれば特に言及しなくても皆それが認識できるということであって、裏を返せば、言語主体には受け手がその実現が難しいことを当然理解することができるという「前提」がある。この前提を抜きにしては「シナイ　ものでも　ない」は意味をなさない。

　坪根（1994）によると、「ものだ」の意味は、「前接する命題について「一般的にこうだ」ということを、話し手の意志・判断として相手に訴えかけることである。(p.66)」という。それを考慮すると、「シナイ　ものでも　ない」は、「一般的にシナイと認められる」ことを「シナイ　もの」と提起した後、それを取り立ての形で打ち消すことによって、「一般的にシナイと認められる」のではあるが、「シナイ」と断言してしまうことはできない。ある条件の下ではそうでない場合もあるという認識を断定保留の形で述べるものと捉えることができる。坪根（1994）の指摘する「ものだ」の持つ「一般性」は、「シナイ　ものでも　ない」という形式にもあてはまり、その「一般性」の表現は補助述語詞「もの（だ）」の持つ特質として捉えることが可能である。

　以上から、①補助述語詞「もの（だ）」の取り立ての打消しの形「ものでも　ない」は、連体形の非過去打消しの形の動詞を述語とする擬似連体節（連体型接続の文相当の形式）と組み合わさって、「シナイ　ものでも　ない」という形式で述語を形成すること、②「シナイ　ものでも　ない」は、「もしかしたら」、「ひょっとしたら」のような「不確定」を表す叙法の陳述詞と多く共起すると共に、一般に条件表現を伴って、「常識的に実現が難しいことだが、ある条件下では、その可能性を否定してしまうことはできない、実現の可能性が存

在し得る」という認識を示す、実現の可能性の否定の消極的保留を表すこと、③会話の中で用いられる「シナイ　ものでも　ない」が形成する述語の主語が1人称であるとき、主語である言語主体（話し手）から受け手（聞き手）へのある事柄の「履行要求」が示される場合があること、④「シナイ　ものでも　ない」が用いられるには、だれもが常識的にその実現が難しいと認識できる「前提」の存在が必要であることが指摘できる。

　「シナイ　ものでも　ない」が丁寧さのカテゴリーを持つことについては、受け手が存在する場面で用いられる場合があるという理由が考えられる。ここからは、「シナイ　ものでも　ない」は会話に用いられる傾向があることが推測できる。事実、例文②、⑤、⑥は会話からの例で、①と③は独白、④は頭の中で考えた内容を自分自身に対して述べているものと見られる。

　ここで④の文を用いて、「シナイ　ことは　ない」、「シナイとも　限らない」、「シナイ　ものでも　ない」という類似の表現形式の概略的な比較検討を試みる。「シナイ　ことは　ない」は、日本語能力試験の『出題基準』の2級の'〈機能語〉の類'のリストに掲げられているものである。「シナイとも　限らない」は、『出題基準』のリストに載せられてはいないが、『どんな時どう使う日本語表現文型辞典』を始めとする日本語の文法書や文法教材に日本語能力試験2級レベルの形式として取り上げられている「〜とは限らない」の項目に、打ち消しの形との接続の例文で示されている。従って、「シナイとも　限らない」も「シナイ　ことは　ない」同様、日本語能力試験2級の'〈機能語〉の類'に相当する形式であると捉えられる。

(1) 考えて見ると、その方角も満更危険でない<u>ことはない</u>。
(2) ナオミが未だに曙楼へ行くのだとすれば、ちょうど今頃熊谷を連れて出て来ない<u>とも限らない</u>。
(3) （ナオミが未だに曙楼へ行くのだとすれば）、…　例の毛唐と京浜間を往復しない<u>ものでもない</u>。

④ではこの(1)〜(3)の三つの形式が連続して描かれているが、その連続した表現からは以下のような浜田の思考の推移が読み取れる。まず、(1)「考えて見

ると、その方角も満更危険でないことはない。」と危険でない可能性に対し、客観的に「方角を考えて」単純に断定保留[17]（単純な打ち消しの断定保留）した後、(2)「ナオミが未だに曙楼へ行くのだとすれば、ちょうど今頃熊谷を連れて出て来ないとも限らない(100%確実なことではない[18])」と、「ナオミが未だに曙楼へ行く」可能性を思い起こし、それに伴った事態生起の可能性を浜田自身が消極的ではあるが主体的に認識（ある仮定の下で、いくらかの可能性の存在を認識する、話者の主体的な打ち消しの断定保留）、さらに、(3)（ナオミが未だに曙楼へ行くという仮定の下に立てば、）普通なら起こり得ないことだが、「例の毛唐と京浜間を往復しないものでもない（絶対に往復しないと断定して述べることはできない）」と、ある条件下での事態生起のわずかな可能性の存在を認識し、打ち消しの断定を消極的に保留、そして最終的に、「いずれにしても省線電車の停る所は禁物だ」と判断を下したのである。浜田の認識としてあり得る可能性は高い順に、「その方角が危険であること→（ナオミが未だに曙楼へ行くのだとすれば）ちょうど今頃熊谷を連れて出て来ること→例の毛唐と京浜間を往復すること」であることが理解できる。

　前に述べたように、「シナイ　ものでも　ない」には、ある事柄の実現の可能性を判断する基準として、「一般的に」その実現が困難であるという認識を誰もが共通に持ち得るという「前提」がある。つまり、「シナイ　ものでも　ない」が使われる場合、言語主体（送り手）と受け手を共通して取り囲むその場の状況、常識、社会通念という、広い意味でのコンテクストの存在が想定されるということである。コンテクストなくしてその実現の可能性がわずかであることの理解は難しいといえる。実際に上の例文④の各形式の比較から見ても、「シナイ　ことは　ない」に比べての、「ナオミが未だに曙楼へ行くという」条件を持つ「シナイ　ものでも　ない」のコンテクスト依存性が指摘できる。「シナイ　ものでも　ない」が条件的表現と多くの場合共起することは、事態実現の可能性がわずかである状況を、条件がコンテクストとして設定する働きをしているためであると捉えることが可能である。日本語能力試験1級・2級の'〈機能語〉の類'として提示されているものの中には、「（シナイ）ものでも　ない」のように、言語主体（送り手）と受け手が共通して持つと考えられる常識や社会通念、その場の状況理解を、文の理解の拠り所とするものがかなり見られる。「（シナイ）わけには　いかない」、「（Nに）

しては」、「Nならではの」などはその例である。「(シナイ)ものでも　ない」は、モダリティに関して言及する際のコンテクストという視点の必要性を示唆している。

　また、例⑥、⑦に見られるように、事態めあてのモダリティがそのまま発話・伝達モダリティとしても機能する「(シナイ)ものでも　ない」は、その二つが単純に分割できるものではないことを示していると考えられる。

　補助述語詞「ものでも　ない」は連体型接続の文相当の形式(擬似連体節)の述語である動詞(連体形)の非過去打ち消しの形と組み合わさって、「シナイ　ものでも　ない」という形の述語を作る。「シナイ　ものでも　ない」は、「常識的に実現が難しいことだが、ある条件下ではその可能性を否定してしまうことはできない、非常に低いが実現の可能性が存在する」という認識を示す、事態生起の可能性否定の消極的保留を表す。「シナイ　ものでも　ない」が会話の中で用いられ、それが形成する述語の主語が1人称である場合、話し手から聞き手へのある事柄の「履行要求」が示される場合もある。

## 【2】ものを　「(T(A1／A2／V))ものを　【T】」

　　　　　　　　　　　　　　　用例：知っていれば、助けてあげたものを

　「ものを」は形式名詞「もの」由来の補助述語詞で、擬似連体節(連体型接続の文相当の形式)の述語である連体形の動詞、第一形容詞、第二形容詞の非過去、及び、過去みとめの形と組み合わさり、述語を形成する。

　補助述語詞「ものを」は、『CD-ROM版　新潮文庫の100冊』では、『こころ』から1例、『国盗り物語』から1例、『新源氏物語』から38例、『破戒』から4例、『羅生門』から2例、『草の花』の中の文語版「聖書」から1例、『風立ちぬ』から1例検出された。このように、『新源氏物語』や『羅生門』のような古典にもとづく作品や、『国盗り物語』のような歴史小説、『こころ』や『破戒』、『風立ちぬ』のような比較的古い時代に書かれた小説、文語版の「聖書」といった、古語的な言い回しを用いた作品から例が得られただけで、特に『新源氏物語』に偏っていることが特徴的である。「現代日本語書き言葉均衡コーパス」については、書籍から24例、雑誌から1例、Yahoo!ブログから4例、Yahoo!知恵袋から1例、全30例が得られたが、書籍からの

24例のうち11例が歴史物から検出されたものであった。これらからは、「ものを」という形式が古語的表現であることが示唆される。

「ものを」と組み合わさる単語の語形は、動詞は「ある」、「なれる」、「落ちまする」、「話した」、「討たれない」、「許されなかった」、「できよう」、「賞めそやしたろう」、第一形容詞は「いい」、「良い」、「よかった」、第二形容詞は「御安泰である」、及び、派生第二形容詞「好かりそうな」であって、非過去、みとめの形だけでなく、過去、打ち消し、推量の形も見られた。会話の場合、「もうしますものを」のような丁寧体も用いられる。「落ちまする」、「好かりそうな」からわかるように、接続のタイプは連体型といえる。また、「できるだろう」ではなく、「できよう」としていることなどを始め、「賞めそやしたろうものを」、「うけ取りしものを」、「好かりそうなものを」、「落ちまするものを」、「せずともよいものを」のような古語的形式を用いていることも特徴的である。これらから、補助述語詞「ものを」は、連体型接続の動詞、第一形容詞、第二形容詞と共に「T（A1／A2／V）ものを」という形式で述語を形成することが指摘できる。

「ものを」を述語に使った文を見ると、「スレバ」、「シタラ」、「スルナラ」といった条件形式と共に用いられるタイプと、条件形式とは用いられないタイプの二つに大別される。さらに条件形式と共に用いられるタイプは、「スレバ」、「シタラ」、「スルナラ」の後に、「いいものを」が続くものと、それ以外のものに分かれる。そこで、これらのタイプをⅠ「条件形式＋T（A1／A2／V）ものを」、Ⅱ「条件形式＋いいものを」、Ⅲ「T（A1／A2／V）ものを」の3つに分類して検討を行う。

Ⅰ.「条件形式＋T（A1／A2／V）ものを」

「条件形式＋T（A1／A2／V）ものを」の場合、「励んでいるであろうものを」、「召つれようものを」、「賞めそやしたろうものを」のように「ものを」に前接する語形が、過去形、非過去形にかかわらず推量形であるものが見られた。

A：非過去形と共に「ものを」が用いられる場合

反現実の条件によって成立するはずの、現在願望する非実現の事態を表す

文相当の形式（述語は連体型の非過去形の動詞）と「ものを」を組み合わせ、反現実の条件と共に述べることにより、願望する事態が実現しない現状に対して嘆き悔やむ思いを表しだす。そして、それによって、反現実の条件に示される反現実の事態の非成立に対する悔しさ、憤りの思いが強く表現される。

① あんな事件が起きなければ、何一つ不自由のない生活を送りながら、一軍の将となるべく勉学に励んでいるであろう<u>ものを</u>。

(楡周平『青狼記』講談社 2003)

② 「始めから、そう仰せらりょうなら、下人共なりと、召つれよう<u>ものを</u>。」

(羅生門)

③ 「身分さえなければ—。 最高の喧嘩友達になれる<u>ものを</u>。」

(友野詳『黄金の輝きを！』角川書店 2001)

①、②、③は、「T(A1／A2／V) ものを」の後につづく文が省略されたタイプである。①は「あんな事件が起きたから、一軍の将となるべく勉学に励めない」、②は「そう仰せられないから、下人共を召つれるようなこともできない」、③は「身分があるから、最高の喧嘩友達になれない」というような「現在の不満な状況、不本意な状況と、それをもたらした原因」を表す文が省略されている。それらを省略して、「反現実の条件」と、それによって成立するはずの「現在願望する非実現の事態」を表す文相当の形式の述語に「ものを」を加えて示すことで、願望する事態が実現しない現状に対して嘆き悔やむ思いを表し出している。また、それにより、「反現実の条件」に示される反現実の事態の非成立に対する無念の思い、口惜しさ、憤りの気持ちが強く表現される。

この形式で言語主体が最も強く主張したいことは、「現在願望する非実現の事態」の実現を可能とする「反現実の条件に示される反現実の事態」が成立しない、或いは成立しなかったことへの憤りや、悔しさ、無念の思いである（①「あんな事件が起きなければよかった。」、②「初めから、そうおっしゃってくれればよかった。」、③「身分などなければよかった。」）。

B：過去形と共に「T(A1／A2／V) ものを」が用いられる場合

反現実の条件によって成立したはずの、願望した非実現の事態を表す文相当の形式（述語は連体型の過去形の動詞）と「ものを」を組み合わせ、反現実の条件と共に述べることにより、願望した事態が実現しなかった、或いは実現されない現実に対し嘆き悔やむ思いを、憤りや腹立たしさ、口惜しさといった感情と共に激しく表しだす。

④　昨夜のサン・トノレ通りにも、枢機卿付の銃士が居合わせてくれたなら、あの無頼漢とも俺は友人になれた<u>ものを</u>。

(佐藤賢一『二人のガスコン』講談社 2001)

⑤　えい、あのバカエーリアンさえあんなところで脱走しなけりゃ、いまごろは、さいしょの目的の二百億クレジットをためて、ゴールデンボール・キニスン探偵事務所をひらき、キャプテン・キニスンと名のり、キニスンメンを従えて、正義のために活躍する夢がはたせた<u>ものを</u>。

(栗本薫『エーリアン殺人事件』角川春樹事務所 1998)

⑥　この、心にやましい秘めた恋がなくて、源氏を見るのなら、どんなにかはればれと、この宴席の人々と同じように源氏を賞めそやしたろう<u>ものを</u>、とひとりお心に辛く思われた。

(新源氏物語)

④は「枢機卿付の銃士が居合わせてくれなかったから、あの無頼漢と俺は友人になれなかった。」、⑤は「あのバカエーリアンが脱走したから、正義のために活躍する夢がはたせなかった。」、⑥は「心にやましい秘めた恋があるから、源氏を賞めそやせない。」というような「願望した事態が実現されなかった、或いは実現されない現実を表す文と、それをもたらした原因」を表す文が後に省略されている。それを省略して、「反現実の条件」と、それによって成立したはずの、「願望した非実現の事態」を表す文相当の形式（述語は連体型の過去形の動詞）と「ものを」を組み合わせて示すことによって、願望した事態が実現されなかった、或いは実現されない現実に対し嘆き悔やむ思いを、憤りや腹立たしさ、口惜しさといった感情と共に激しく表し出している。

　この形式で言語主体が最も強く主張したいことは、願望した事態が実現されなかった、或いは、実現されない現実に対し、嘆き悔やむ思いである（④

「友だちになりたかった。」、⑤「正義のために活躍する夢を果たしたかった。」、⑥「源氏をほめそやしたかった。」)。

Ⅱ.「条件形式＋いいものを」
A:「条件形式＋いいものを(第一形容詞「いい」の非過去形)」
　現実とは異なる望ましい事態を条件形式に示し、それが良いと述べる文相当の形式(述語は第一形容詞「いい」の非過去形)と「ものを」を組み合わせることによって、期待する事態(条件形式で示される事態)とは異なる現実の事態を引き起こした主体(条件形式の動詞が表す動きの主体)に対する非難めいた思いや、腹立たしい思いを表す。

⑦　友里恵もそんなに好きなら握手くらいしてもらえばいいものを。
　　　　　　　　　　　　　　　(郷ひろみ『ダディ』幻冬舎 1998)
⑧　この兄たちは、全く莫迦ではないだろうか。いつまで経っても馴染まぬ弟のことなど放っておけばいいものを。　(須賀しのぶ『虚剣』集英社 2005)
⑨　私は今まで必死に生きてきた。表面平気な顔をしながら。最後までたとえ何の役に立たなくても努力しなければならないのだ。私は私として死にたい。無意味なことと知りながらでも、それをしなくてはならないのだ。どうも私は根が貧乏性な男だ。心静かに死を待てばいいものを。
　　　　　　　　　　(河瀬宗一郎『遥かなる旅路へ』リトル・ガリヴァー社 2003)

⑦、⑧は他の人が、⑨は自分が行うことについてではあるが、現実とは異なる望ましい事態が条件形式に表されている。そして、それを「よし」として実現を促し勧める文相当の形式に「ものを」を組み合わせて表現することにより、期待に反する現実の事態(⑦握手をしてもらわない、⑧放っておかない、⑨心静かに死を待たない)を引き起こした主体(条件形式の動詞の表す動きの主体)に対する、「どうして条件形式に表された望ましい行為をしないのか、自分ならそうするのに」のような非難めいた気持ちや、その主体の行動が理解できないといった腹立たしさを表している(⑦、⑧)。⑨はその感情が期待に反する現実の事態を引き起こした自分に向かい、自分が理解できないという腹立たしい思いや、どうしてそん

なバカなことをするのかという自嘲めいた思いの発現となっている。

B:「条件形式＋よかったものを(第一形容詞「いい」の過去形)」
　過去の望ましくなかった事態に対して、それとは異なる、あるべき好ましい事態を条件の中に示し、そうであればよかったと評価して述べる文相当の形式（述語は第一形容詞「いい」の過去形）と「ものを」を組み合わせて示すことにより、期待される事態とは異なる過去の現実の事態に対する悔恨、無念さ（そうでなかったから残念だ）といった心情を表し出している。

⑩　金　別格扱いしすぎたか？　田　そうですね。移動なんかも含めて、他の選手と一緒にしとけばよかったものを。
（金村義明・週刊プレイボーイ編集部・田口壮「週刊プレイボーイ」平成13年5月1日号(No.18、第36巻第16号) 集英社 2001）

Ⅲ.「T(A1／A2／V)ものを」
A:「T(A1／A2／V)ものを」の後につづく文が省略されたタイプ
　非実現の現在の期待や願望、意向、あるいは、非実現の過去の期待や願望、意向を表す文相当の形式と共に「ものを」を用いて、そのような期待、願望、意向とは異なる不本意な現実の事態に対する口惜しさ、憤り、恨めしさ等の思いを強く表し出す。

⑪　(私の夫は大王様しかないものを。誰に言われなくとも夢のような逢瀬のあとは故郷に戻り、ひっそりと後世を過ごすつもりであったものを)自分にハヤマチをあてがってイワノヒメの怒りから逃れたオオサザキがクガヒメは恨めしい。
（石川逸子『てこな』西田書店 2003）

⑫　悪しくかつ惰れる僕、わが播かぬ処より刈り、散さぬ処より斂むることを知るか。さらば我が銀を銀行にあずけ置くべかりしなり、我きたりて利子とともに我が物をうけ取りしものを。
（草の花）

⑬　俺たちニューヨーク市民の電気が、カナダから送られていたなんて誰が知っていた。五大湖のエリー湖をぐるりと回ってこちらに向かったって？

誰が想像できた。65年と77年のニューヨーク大停電の後、二度と起こさないように手を打つと言ったのはどこのどいつだ。すっかり整備されたものと信じていた<u>ものを</u>。　　（山家公雄『北米大停電』日本電気協会新聞部 2004）

⑪は「私の夫は大王様だけなのに（大王様は私にハヤマチをあてがう、無念だ、悔しい、私の夫は大王様だけであって欲しい）。…故郷に戻って、ひっそりと後世を過ごすつもりだったのに（そうできない、何と恨めしいこと、そうしたかった）…。」、⑫は「利子と共に私の金も受け取ったのに（利子も何も受け取れない、腹立たしい、利子と共に私の金を受け取りたかった）」、⑬は「すっかり整備されたものと信じていたのに（全く整備されていない、裏切られた、悔しい！、整備されていてほしかった）」といった意味が考えられる。いずれも（　）の中に示したような、「ものを」で示される、現在の期待や願望、意向、或いは、過去の期待や願望、意向の非実現の結果としての「不本意な現実の事態を表す主節」の省略が、文脈から受け手に理解される。省略が推測される主節は、自分の期待、願望、意向とは異なる現実の不本意な、又は不満な事態に対する、やるせない思い、蔑み、怒り、恨めしさ、悔しさといった感情や、今なお期待、願望、意向の実現を願う思い、期待、願望、意向の非実現を悔やむ思い等が含まれたもので、「なあ」という感動・詠嘆の意を表す終助辞や、「ああ」のような感動詞、「！」のような感嘆符をこの文の末尾に付け加えるかのごとき効果を発揮している。すなわち、補助述語詞「ものを」で示される本来の従属節は、主節の省略によって、形に表されない主節が示す意味を含み持ち、深い余情を漂わせることが考えられる。明示されないだけ、受け手は自分の想像で省略された思いを自由に汲み取ることができる。

　　白川（2009）は「主節を伴わずに従属節のみで表現される文」を「広義の言いさし文」とし、それを「従属節だけで言いたいことを言い終えているか否か」によって、「言い終わり」と「言い残し」に分類している (pp.7–8)。Ⅰ、Ⅱ、ⅢＡに分類される補助述語詞「ものを」が用いられた文は「言い残し」に該当する。白川（2009）によると、「言い残し」の文は、「表現されなかった内容は、聞き手の側で見当をつけなければならない。その意味で、文字通りの言いさしであり、内容的に未完結である。(p. 8)」という。Ⅰ、Ⅱ、ⅢＡに分類される補助述語詞「ものを」が用いられた文が漂わせる「余情」とい

うものは、未完結であって、さらに受け手にその未完結部分が「見当をつけて」共有できる中にこそ発現するものと言えよう。

　また、堀江（2014）は、日本語では「従属節の主節化」の現象が生産的に観察されると指摘して、白川（2009）の「言いさし」を「従属節の主節化」形式としている（p.688）。そして、日本語のようなSOV言語の場合、「述語の生起する文末、すなわち「右端」の位置は、文法形式が様々な語用論的・談話的機能を獲得する「語用論化」が顕著に起こる位置であることから、従属節が右端の位置で多様な語用論的・談話的機能を獲得する現象が生産的に観察されるのは自然である。（p.686）」と述べている。補助述語詞「ものを」の終助辞や感動詞、感嘆符のような働きは、従属節の主節化によるものと考えられる。

B：「T(A1／A2／V) ものを」の文がその前の文と倒置されているタイプ
⑭　源氏はそれを聞いて、自分が責められるように心苦しかった。この男は、運命の転落をどんなに辛がっているだろう。思えばあの時は、人よりも花やかによそおい、若者らしく気負って得意満面でいた<u>ものを</u>、と可哀そうになる。
　　　　　　　　　　　　　　　　　　　　　　　　　　　　　　　　（新源氏物語）
⑮　「どうしてご辞退したのだ。ひがんでいるようにお思いになるかもしれぬ<u>ものを</u>。」
　　　　　　　　　　　　　　　　　　　　　　　　　　　　　　　　（新源氏物語）
⑯　近代人の魂の中では最も貪欲な部分、すなわち金銭への欲望が支配的である。…かつては人々がそれらについて必要は認めていても自らの高貴さをもって見下していた<u>ものを</u>。
　　　　　　　　　　　　　　　（松田幸子『女性を生きるための哲学入門』夏目書房 1999）

⑭、⑮、⑯は、「T(A1／A2／V) ものを」の文がその前の文と倒置されているタイプであって、⑭は「思えばあの時は、人よりも花やかによそおい、若者らしく気負って得意満面でいたものを、この男は、運命の転落をどんなに辛がっているだろう。」、⑮は「ひがんでいるようにお思いになるかもしれぬものを、どうしてご辞退したのだ。」、⑯は「かつては人々がそれらについて必要は認めていても自らの高貴さをもって見下していたものを、近代人の魂の中では最も貪欲な部分、すなわち金銭への欲望が支配的である。」という文が倒置されたも

のと考えられる。元の文では、⑭は「この男は、運命の転落をどんなに辛がっているだろう」、⑮は「どうしてご辞退したのだ」、⑯は「近代人の魂の中では最も貪欲な部分、すなわち金銭への欲望が支配的である」という主節の部分が文の主張の中心となる。しかし、日本語の構造上、主節は従属節の後に位置するので、言語主体の発話意志によって、主張の中心である主節をどうしても先に述べたい時、文の倒置が行われる。これに関して、『日本語文法事典』の「倒置」の項では、「倒置」を「後置」と呼び後置文の非後置部分は情報のやりとりの基幹の部分を担うと解説している。だが、倒置によって二つの文に分かれることで、⑭、⑮、⑯いずれも「ものを」が形成する従属節の部分が独立して主節化し、一つの文としての重みを得ると共に、右端の述語の位置で多様な語用論的・談話的機能を獲得するに至っている。事実、⑭の「ものを」が述語を形成する文は、前置の文が表すこの男の現在の不本意な状況と対照的な過去の晴れやかな様子を、深い憐みの思いと共に前置の文に対して対比的に表し出し、⑮の「ものを」が述語を形成する文は、前置の文が表す期待外れの行動に対する非難の思いを、その行動によって引き起こされる可能性のある不都合な事態に対する懸念と共に強力に表出している。また、⑯の「ものを」が述語を形成する文は、前置の文が表す好ましくない現在の事態に対する落胆の思いを、過去の望ましい状況と共に対比的に表出している。これら、憐みや非難、落胆の思いが、「ああ」のような感動詞や、「なあ」のような感動・詠嘆を表す終助辞、感嘆符を伴うかのように強く表出されている点が特徴的である。

実際に「ものを」は、従属接続詞としても以下のように用いられる。

⑰ …その昔は父帝のおそばに侍って、藤壺の宮のおひざもとへも近寄れた<u>ものを</u>、いまは他人行儀にお疎み遊ばす、…と源氏はうらめしく思うのであった。 (新源氏物語)

⑱ 少しばかりの金が、こんなに勇気づけてくれる。公園でのびのびとラムネを飲めばよい<u>ものを</u>、銭勘定をしながらびくびくして飲んだ事に腹立たしくなる。 (放浪記)

⑲ 李陵は単于からの依嘱たる降服勧告については到頭口を切らなかった。蘇武の答は問うまでもなく明らかである<u>ものを</u>、何も今更そんな勧告によっ

て蘇武をも自分をも辱しめるには当らないと思ったからである。　(李陵)

　これら、⑰、⑱、⑲は、やはり、それぞれ、⑰は「いまは他人行儀にお疎み遊ばす」、⑱は「銭勘定をしながらびくびくして飲んだ」、⑲は「何も今更そんな勧告によって蘇武をも自分をも辱しめるには当らない」という主節に当る部分が主張の中心である。それに対して、「ものを」が補助述語詞として用いられている⑭、⑮、⑯は、「T(A1／A2／V)ものを」を述語とする従属節が主節化して、独立した一つの文をなし、その文で表される主張が、憐れみ、非難の気持ち、口惜しさといった感情と共に強く表出される。その点に、「ものを」が従属接続詞として用いられている⑰、⑱、⑲との差異が指摘できる。
　Ⅰ～Ⅲをまとめると、「ものを」は古語的な形式であって、連体型接続の文相当の形式（擬似連体節）の述語である動詞、第一形容詞、第二形容詞と組み合わさり、「T (A1／A2／V) ものを」という形式で述語を形成し、願望する事態が実現しない現状や、願望が実現されなかった現実に対する、口惜しさ、憤り、悔恨、落胆の気持ち、その他、他の人についての望ましくない事柄に対する非難の気持ち、または、期待、願望、意向とは異なる、不本意な現実の事態に対する、口惜しさ、憤り、恨めしさ等の思いを、「ああ」のような感動詞や、「なあ」のような感動・詠嘆を表す終助辞、「！」のような感嘆符を伴うかのように強く表し出す働きを行う。

・「ものを」と「のに」
　ここで、日本語能力試験3級の文法事項に挙げられている「のに」の終助辞的な用法と補助述語詞「ものを」との違いについて、一つの考察を試みたい。

⑨　どうも私は根が貧乏性な男だ。心静かに死を待てばいいものを。
　　　　　　　　　　(河瀨宗一郎『遥かなる旅路へ』リトル・ガリヴァー社 2003)
⑨*　どうして、しなくてもいいことしちゃうんだって、自分でもわかってるんだ。放っておけばいいのに。でも、放っておけない。壊したくてたまらなくなる。
　　　　　　　　　　(馳星周『虚の王』光文社 2000)

⑨は「ものを」を、⑨＊は「のに」を用いた文である。自分が期待する望ましい事態の実現を促し勧める文相当の形式に「ものを」や「のに」を組み合わせて表すことにより、期待に反する事態を引き起こしている自分に対して、どうして自分が期待するようにしないのか、そうするのが望ましいのに等、自分が理解できないという腹立たしさや憤りを含む自嘲の思いをどちらも表現している。しかし、⑨の方には、さらに「心静かに死を待てばいい」、それは本質的にそうであるべきもの、本来そうあるはずのもの、それを深く実感しているといった、事態の本質に対する言語主体の深い認識が実感を伴って示されている。また、それにもかかわらず、そうできない、自分は愚かだなあといったような、認識と現実との差に基づく複雑な心の葛藤、その結果としての落胆、自嘲の思いが詠嘆的に表出されている様が看取される。一方、⑨＊には、期待する事態と期待に反する現状とのギャップから生じる強い落胆や腹立たしさ等の思いが表されるのみである。⑨と⑨＊との差からは、3級レベルは伝える事態の内容を表す命題的部分の表現形式を主に学習する段階であるが、1級レベルになると、命題に対する言語主体の主体的認識や、言語主体によって主体的に認識された命題のさらに主観を伴う伝達という、複雑な二つのモダリティを併せ持つ高度な表現形式を学習するといった、レベル間の差異が理解される。

〔非モノ・コト系補助述語詞〕
【1】しまつ（だ）　　「（スル）しまつ（だ）【T】」

用例：ついには家出までするしまつだ

「しまつ（だ）」は名詞「始末」由来の補助述語詞である。『大辞林』によると、「始末」の第一の意味は「(物事の)しめくくりを付けること。片付けること。処理。」であって、「始末を付ける」のように用いられるという。

補助述語詞「しまつ（だ）」は擬似連体節（連体型接続の文相当の形式）と組み合わさり、一般に後に繋辞「だ」を伴って述語を形成する。具体的には、連体型接続の文相当の形式の述語である動詞（連体形）Ⅰ、Ⅱ、Ⅲ、及び、「スルような」と組み合わさる。

「現代日本語書き言葉均衡コーパス」と、『CD-ROM版　新潮文庫の100

冊』から得られた「（スル）しまつ（だ）」の語形は以下の通り。繋辞のない形、過去の形、第二中止形、丁寧体の形が見られるが、常にみとめの形で用いられており、みとめかたのカテゴリーは認められない。また、推量形の例もないので、述べかたのカテゴリーも認められない。第二中止形は、重文の先行節の述語や、ふたまた述語文の先行の述語に用いられる。

　　「しまつ」、「しまつだ」、「しまつで」、「しまつだった」、「しまつです」、「しまつでした」、「しまつで　ある」、「しまつで　あった」、「しまつで　ございます」、「しまつで　ございました」

　「現代日本語書き言葉均衡コーパス」より検索した「（スル）しまつ（だ）」の類全425例中、繋辞がない「（スル）しまつ」で文が終わる形は146例（約三分の一）。また、繋辞がある279例中、「Yahoo!」関係は、「Yahoo! 知恵袋」からの29例、「Yahoo! ブログ」からの16例（「Yahoo!」関係は約16％）であったのに対して、繋辞がない146例の方は、「Yahoo! 知恵袋」から18例、「Yahoo! ブログ」から46例（「Yahoo!」関係は約44％）が得られた。繋辞がないタイプの全体に占める割合の多さと、繋辞がないタイプに見られる「Yahoo!」関係、特に「Yahoo! ブログ」の割合の多さが注目される。繋辞がない「（スル）しまつ。」は、「Yahoo! ブログ」のような自由に自分の心情を書き綴れる軽い書き言葉の文に多く用いられる形式であるといえる。

Ⅰ．非過去の形式の場合
　「スル　しまつ（だ）」という非過去の形式は、「一連の事態の結果として至った好ましくない現在の状況」という、現在の状況に対する言語主体の評価的認識を示す。繋辞がないタイプは、現在の状況に対しての好ましくないという言語主体の評価的認識を、不満や苛立ち等の感情と共に強く表し出す。

①　相手があまり自信たっぷりだし、最近の文壇事情など手にとるように通じているので、私の方が不安になったりする始末だ。　　　（風に吹かれて）
②　「…さち枝ですか？　あの子もお爺さんお婆さんと寝るようになってから、

ほんとに夜が早くなって、夕飯がすむともう寝ちまう<u>始末</u>でね」

(楡家の人々)

①は「相手があまり自信たっぷりだし、最近の文壇事情など手にとるように通じているので、その結果私の方が不安になったりする。それはよくない状況だ。」、②は「さち枝はお爺さんお婆さんと寝るようになってから、ほんとに夜が早くなって、その結果、今では夕飯がすむともう寝てしまう。それは好ましくない状況だ。」という意味で、一連の事態の結果として至った現在の状況に対し、好ましくないという言語主体の認識を示している。

③　父は薬の飲み過ぎ。1日に毎食後の3回と、服用量が決まっているのに、父は傷むたびに薬を服用してしまった。5日分の薬が、3日間でなくなる<u>始末</u>。

(「Yahoo! ブログ」Yahoo! 2008)

④　皆さんは、「南房総は温かい」とは言いますがここ数日寒かった。陽は差さないし…ミゾレは降るし…ヒョウは降るし…雪まで降る<u>始末</u>！そんな南房総でも「春」は来ています。

(「Yahoo! ブログ」Yahoo! 2008)

⑤　今回の世界戦運営は"ルーズ"の一言に尽きる。実際、本日から12分の1クラスの予選が始まるのだが、予定時間になってもレースの組み合わせに関して話し合ってる<u>始末</u>。結局、前日の公式練習でのタイムを採用して組み合わせが決定された。

(長谷川敦「ラジコンマガジン」2005年2月号 (第28巻第2号、通巻340号) 八重洲出版 2005)

③〜⑤は繋辞がないタイプである。③は「父は傷むたびに薬を服用した結果、5日分の薬が、3日間でなくなるというよくない状況に至っている。」という、ブログの書き手である言語主体の、現在の父の状況に対する「好ましくない」という認識を呆れ気味に強く述べ出している。④は「ここ数日の寒い天候の結果は、雪まで降る最悪の状況である。」という、一連の寒い天候 (陽が差さない、ミゾレが降る、ヒョウが降る) の行き着いた結果としての「雪が降る」という現在の状況に対する言語主体 (書き手) の最悪という認識を驚きの感情と共に表し出してい

る。「！」はその強い感情の表れと思われる。⑤は「一連の"ルーズ"な世界戦運営の行き着いた結果として、予定時間になってもレースの組み合わせに関して話し合ってる」現状に対して、それは好ましくない状況であるとする言語主体(書き手)の認識が呆れたという気持ちと共に表し出されている。繋辞がないタイプは、現在の状況に対する言語主体の認識が不満や困惑、苛立ち等の感情と共に強く表し出される点に、繋辞があるタイプの例との違いが指摘できる。「Yahoo!ブログ」からの例文に繋辞がないタイプのものが多いのは、ブログが自分の意見を自由に書き込む日記形式のものであるため、書き手(言語主体)の感情が表し出されやすいことが理由として考えられる。

Ⅱ. 過去の形式の場合

　過去の形式「スル　しまつだった」は、過去の状況に対し、それを「一連の事態の結果として最終的に至った最悪の状況であった」とする、言語主体の評価的認識を示す。

⑥　まったく、コルフに寄港した後もさらに南下し、ペロポネソス半島の南端のモドーネに着くまでは、これまたベテランぞろいの漕ぎ手たちも暇をもてあまし、船上では博打が開帳される<u>始末だった</u>。

(コンスタンティノープルの陥落)

⑦　館内の壁は落ちかかって漆喰が見え、廊下にはおびただしい紙屑が散らばっていた。二階へあがってみると、上映開始時間にはまだ間があるというものの、観客は周二を除いて一人もいなかった。座席は布がすっかりはぎとられ、スプリングのばねや藁がむき出しになっている。これで果して本当に映画が上映されるのかどうか疑われてくる<u>始末であった</u>。

(楡家の人々)

⑧　この調子だからたまったものではありません。おかずだけならまだしもですが、時には御飯を炊くのさえ億劫がって、飯まで仕出し屋から運ばせると云う<u>始末でした</u>。

(痴人の愛)

⑥は、「ベテランぞろいの漕ぎ手たちも暇をもてあまし、挙句の果てに、船上で

は博打が開帳されるという最悪の事態に至っていた。」と言い換えられる。

Ⅲ. 重文の先行節の述語や、ふたまた述語文の先行の述語の場合
　「始末で」が組み合わさる疑似連体節が表す事態に対し、「一連の事態の結果として至った好ましくない状況である」という言語主体の評価的認識を示しながら、後続の節に続ける。⑨、⑩、⑪は、「始末で」が作る節が表す事態が、後続の節で述べられるよくない事態の原因となっている。

⑨　編隊戦闘に不可欠な隊内通話ができないため、敵機発見を知らせるのも手信号に頼る始末で、これでは連携プレーなどできない。
　　　　　　　　　　　　　　　(稲垣武『このヒジョーシキが日本を滅ぼす』恒文社 2004)
⑩　考え事などは少しも出来ず、新聞をよんでも頭脳が乱れて来るという始末で、書くことは勿論しゃべることさえ順序が立たんのである。
　　　　　　　　　　　　　　　(正岡子規『子規人生論集』講談社 2001)
⑪　二人の板挟みになった智恵子さんが病気になる始末で、家の中は明かりが消えた感じになってしまった。(鈴木忠雄『人生正午の鐘が鳴る』徳間書店 1995)
⑫　そんなあるとき、友人からサークルの女の子との仲立ちを頼まれたことがあった。それとなく彼女に気持ちを訊ねたところ、逆に告白される始末で、友人を裏切るつもりも、彼女の好意に応えるつもりもなかったから、この顛末をどう報告したものかと考えあぐねているうちに、どうしたことか友人本人が知る事態となってしまった。
　　　　　　　　　　　　　　　(藤森ちひろ『甘い罪の果実』ハイランド 2003)

Ⅳ.「この始末です。」
　「この始末です。」は、聞き手に実際に現状を指し示しながら、一連の事態の結果として至った現在のこの状況は好ましくないものであると、話し手（言語主体）が自分の評価的な認識を述べる時、慣用的に用いられる表現。
⑬　「何が気に障ったか知らないが、この始末です。自分の物を自分で壊すのは勝手や。だけどこの家も、この家の内部の品も、わたしが半分は造ったものです。」
　　　　　　　　　　　　　　　　　　　　　　　　　　　　　　(あすなろ)

・「スルしまつ（だ）」と他の類似の表現形式

　「スルしまつ（だ）」は日本語能力試験3級の文法事項である述語形成辞「の（だ）」、2級の'〈機能語〉の類'の補助述語詞「わけ（だ）」、「次第（だ）」と通じる点が見られる。①を例としてこれらを比較すると、以下の一つの考察が得られる。

　　「相手があまり自信たっぷりだし、最近の文壇事情など手にとるように通
　　じているので、私の方が不安になったりする始末だ。」　　　　　…①

　①の「私の方が不安になったりする始末だ」を述語形成辞「の（だ）」を用いて「私の方が不安になったりするのだ」とすると、接続助辞「ので」を用いて述べられた理由によって不安になったりする今の自分の状況を受け手に説明しようという言語主体である送り手の意図が示される。
　補助述語詞「わけ（だ）」を用いて「私の方が不安になったりするわけだ」とすると、「の（だ）」より一歩踏み込んで、現在の「私の方が不安になったりする」状況と原因との因果関係を明確にし、現在の自分の状況は「ので」で示された原因による当然の結果であると結論付け、自己の見解として積極的に受け手に説明して述べる意識が提示される。
　補助述語詞「次第（だ）」を用いた「私の方が不安になったりする次第です」は「わけ（だ）」と同様に現在の状況と原因の因果関係を説明する意識が示されるが、「私の方が不安になったりする」のは原因からの一連の流れの上での当然の帰結であると、現状に対する客観的な認識を受け手に述べ伝えるニュアンスを発揮するため、「次第（だ）」が漢語由来の補助述語詞ということも相まって、「わけ（だ）」より改まった感じを呈する。
　これらに対して、①の「始末（だ）」を用いた文は、受け手に直接働きかけることはせず、一連の事態の結果として至った現在の状況が好ましくないものであるという送り手の認識を受け手に提示するのみであるが、現在の状況に対する評価が含まれている点が特徴的といえる。

◇非擬似連体節と組み合わさるもの

〔形容詞との組み合わせ〕

【1】かぎり（だ）　　「(T(A))かぎり（だ）【T】」　　　　　　用例：心細い限りだ

　「かぎり（だ）」は、動詞「限る」の第一中止形が名詞に転成した「限り」由来の補助述語詞である。「限り」は「一定の範囲の限界となるぎりぎりの点。(『大辞林』)」を第一の意味とする。一般に、後に繋辞「だ」を伴って補助述語詞として働く。

　『CD-ROM版　新潮文庫の100冊』及び「現代日本語書き言葉均衡コーパス」から検出された語形は以下の通り。テンスと丁寧さ、及び命題ののべたてのカテゴリーは見られるが、打ち消しの形はレトリックとして以外認められず、常にみとめの形で用いられる。

　　「かぎり」、「かぎりだ」、「かぎりだった」、「かぎりだろう」、「かぎりである」、「かぎりで　あった」、「かぎりだったのだろう」、「かぎりです」、「かぎりでした」、「かぎりで　ございます」、「かぎりでは　ないですか（レトリックとしての打ち消し）」

　「現代日本語書き言葉均衡コーパス」から検出された「(T(A))かぎり（だ）」の類全326例中、「Yahoo! 知恵袋」からの例は44例、「Yahoo! ブログ」からの例は111例であったことから、これは一般に用いられる形式であるということができる。

　「現代日本語書き言葉均衡コーパス」から検出された例を見ると、「かぎり（だ）」の類と用いられる単語は、うれしい（85例）、羨ましい（53例）、寂しい（31例）、恥ずかしい（22例）、頼もしい（13例）等で、感情形容詞が大部分であり、中でも第一形容詞がそのほとんどを占める。「うれしいかぎり（だ）」、「羨ましいかぎり（だ）」、「寂しいかぎり（だ）」は慣用表現と見ることができる。

　感情形容詞以外では、「頼もしい」のような、ある事柄に対する何らかの感情を伴った評価を示す属性形容詞とも用いられる。

　「かぎり（だ）」は、一般に第一形容詞と（少数の第二形容詞とも）連体型接続で述語を形成するが、名詞や第二形容詞と「N／A2の　かぎり（だ）」という形

で組み合わさる場合もわずかに認められる（「現代日本語書き言葉均衡コーパス」では、「N／A2の　かぎり（だ）」という形が計10例検出できた）。

　「N／A2の　かぎり（だ）」という形式に用いられている単語は、「みずみずしさ」、「頼もしさ」、「感謝」、「感激」、「光栄」、「哀れ」、「おそまつ」、「気の毒」（2例）、「僭越」であった。「みずみずしさ」、「頼もしさ」は第一形容詞派生の名詞、「感謝」、「感激」は動作名詞で、「感謝」、「感激」については、それぞれ『大辞林』に「ありがたいと思うこと」、「人の言動や物事のすばらしさに心を打たれ、感情が高まること」という意味が書かれていた。残りの「光栄」等については、一般的に第二形容詞と見られているが、辞書を見ると殆どが名詞の用法も持つと記されている[19]。名詞と第二形容詞が「の」を後に伴う形で補助述語詞「かぎり（だ）」と述語をつくる場合、後述の補助述語詞「至り（だ）」、「極み（だ）」同様、不定形で「の」に接続する。不定形の名詞と第二形容詞は同形であるので、この場合、「光栄」、「気の毒」等については、名詞か第二形容詞かを区別する必要はないと思われる。（鈴木（1972b）は「第二形容詞の語幹には、名詞としてももちいられるものがある。(p. 452)」として、「健康な」と「健康が（を…）」、「親切な」と「親切が（を…）」を例に挙げて述べている。「第二形容詞の語幹」は「第二形容詞の不定形」と同形である。）だが、学習者の混乱を避ける意味から、「光栄」、「哀れ」、「おそまつ」、「気の毒」等、一般に連体形式で用いられるときに「‐な」の形であるものを、本書では第二形容詞とする。上記「みずみずしさ」から「僭越」まで、全て感情や性質、状態を表す形容詞的意味を持つ単語といえる。

　上記の単語の内、「気の毒」は「T(A)　かぎり（だ）」と「N/A2の　かぎり（だ）」の両方で使われているので、これを用いて二つの形式の比較を試みる。

　　「専門芸術家が仕事故に心を亡ぼし、詞藻も枯らし、健康まで害したとあってはお気の毒の限りだが同情を集めることは少なかろう。」　…㋐
　　　　　　　　　　　　（木津川計『人間の歴史を考える』岩波書店 1992）
　　「マリアは巻き添えを食った形で、気の毒なかぎりであった（涙）。」…㋑
　　　　　　　　　　　（北迷眞・比賀始『鋼の錬金術師」解読』三一書房 2005）

⑦の「お気の毒の限り」は、「お気の毒の」と「限り」が組み合わさって、「「気の毒」という単語が表す最高限度の「気の毒さ」である」と、「気の毒」という感情の程度の高さを表す。一方、④の「気の毒なかぎり」には、⑦と同様に「気の毒な」と「かぎり」が組み合わさって、「「気の毒」という単語が表す最高限度まで「この上もなく気の毒である」」といった、「気の毒である」という感情の程度の高さを表す場合と、「気の毒な」と「かぎり」が一まとまりとなって「気の毒以外適当な表現がない」、「まさに気の毒である」と強く感じる気持ちを表す場合の二つのタイプがあるように思われる。「かぎり」により単語としての意味を認めれば前者に、「かぎり」に単語としての意味をそれ程認めず、形容詞に重きを置き「気の毒なかぎり」と一まとまりにすると後者になることが、この二つのタイプの存在の背景として考えられる。前者は形容詞が表わす状態や感情の程度が表現の中心であり、後者はその形容詞で表される状態や感情を感じる認識の程度が表現の中心となっているといえる。ここからは、「かぎり」が一つの固定した補助述語詞の形式となっているのではなく、文脈や受け手の受け取り方により、補助述語詞「かぎり」の文法化の程度が変化するという現象が観察される。なお、「かぎり」は「気の毒な」に対して、前者の場合、「とても」という程度副詞のように、後者の場合は、「まさに」という陳述詞のように働いているといえる。

　「T（A）かぎり（だ）」の形で用いられる第一形容詞の場合も「気の毒なかぎり」と同様に、「かぎり」により単語としての意味を認めれば、「その形容詞が表す状態や感情の極限までの高い程度」の表現と捉えられ、「かぎり」に単語としての意味をそれ程認めず、形容詞を主にして「T（A）　かぎり（だ）」と一まとまりにすると、「その形容詞以外適当な表現がない」、「まさにその形容詞が表す状態や感情である」と強く感じるといった、認識の強い程度の表現と捉えられる。したがって、次の例④「侘しい限りだった。」は、「限り」に単語としての意味をより認めれば、「侘しい」という単語が表し得る最高限度の「侘しさ」である、「この上もなく侘しい」という、「侘しい」程度の高さを表し、「限り」に単語としての意味をそれ程認めず、「侘しい」に重点を置き「侘しい限り」を一まとまりで捉えると、「「侘しい」以外適当な表現がない」、「「侘しい」という感情しかない」、「まさに侘しい」等、「侘しいと感じ

る認識の最高に強い程度」を表すことになる。

　以下、「T（A）　かぎり（だ）」を中心に考察を進める。

Ⅰ．感情形容詞や、評価的性質・状態を表す属性形容詞と補助述語詞「かぎり（だ）」が作る「T(A)　かぎり（だ）」が文の述語以外の節の述語で用いられたり、断定形でなかったり、過去の形で文の述語に用いられたりした場合、ある事態に対し、その形容詞が表現し得る最高限度の程度であるという言語主体の評価(属性形容詞)や認識(感情形容詞)、その形容詞以外適当な表現がないとする言語主体の認識(属性形容詞は評価的認識)の強い程度を表す。感情形容詞で感情の主体が3人称の場合(⑥、⑦)、言語主体が推測する形式で示される。

① 　大学図書館とは名ばかりで、実態はお寒い限りだった。
　　　　　　　　　　　(長峯五幸『ヴァイオリン万華鏡』インターワーク出版 2003)
② 　宮村にとって、加藤のような登山家になることが目標であったとして、今その目標の前で、見事にそれを乗り越えたところを見せようとしているのだとすれば、それこそおろかな限りだと思った。　　　　　(孤高の人)
③ 　剣の腕は頼もしいかぎりで、そういう意味では安心してみていられる。
　　　　　　　　　　　　　　　　　(榎木洋子『緑のアルダ』集英社 2003)
④ 　冬の夜、灯りの消えたわが家にたどり着き、暖房を入れて、一人で夕食を食べるなど侘しい限りだった。
　　　　　　(森茂『七十歳男の出番「心と考えが若ければ」青春人生』ミネルヴァ書房 1993)
⑤ 　「こだわりの詰まったキッチンは愛しいかぎりで、毎日楽しく磨き込んでいます」
　　　　(十亀優子・実著者不明・竹迫昇治・阿部ルミ子『新しい住まいの設計』扶桑社 2004)
⑥ 　皆が食糧に苦しんでいた時期だったので、俵単位でヤミ米を買うなど一般にはうらやましい限りだったのだろう。
　　　　　　　　　　　　(中野清見『回想・わが江刈村の農地解放』朝日新聞社 1989)
⑦ 　関西で料理を作ることに誇りをもっている料理人にとっては、口惜しいかぎりだろう。　　　　(小山薫堂『小説・料理の鉄人』フジテレビ出版 1995)

①、②、③は何らかの評価を伴った性質、状態を示す属性形容詞と「かぎり(だ)」が組み合わさった例である。①は「この上もなくお寒かった、お寒いという以外なかった」、②は「この上もなく愚かである、愚かという以外ない」、③は「この上もなく頼もしい、まさに頼もしい」と、ある事態に対して、その形容詞が表現し得る最高限度の程度であるという評価や、その形容詞以外適当な表現がないという言語主体の評価的認識の強い程度を表す。④〜⑦は感情形容詞に「かぎり(だ)」が接続したもので、感情の主体が言語主体と同じ1人称である④と⑤は、それぞれ、「この上もなく侘しかった、侘しいという以外なかった」「この上もなく愛しい、愛しいという以外ない」と、ある事態に対し、その形容詞が表現し得る感情の最高限度の程度であるという認識や、その形容詞が表現する感情以外適当な表現がない程その感情を強く感じる言語主体の認識の強い程度を表す。感情の主体が3人称である⑥、⑦は、言語主体が推測する形式(推量形)で示されている。

Ⅱ. 評価的性質・状態を表す属性形容詞や、感情形容詞(感情の主体は1人称)と補助述語詞「かぎり(だ)」が組み合わさった「T(A)　かぎり(だ)」が非過去の形で文末に用いられる場合、ある事態に対してその形容詞が表現し得る最高限度の程度の状態や感情であるとする、言語主体の現在の評価(属性形容詞)や認識(感情形容詞)を提示したり、まさにその形容詞が表す状態そのものであるという言語主体の現在の強い認識や、まさにその形容詞が表す感情そのものであるという言語主体の現在の強い感情を提示したりする。

⑧ 広場のいたるところでアイスクリームをほおばる姿は、ほほえましい<u>限りだ</u>。
(南久美子『バレエに恋して五十年』文芸社 2003)

⑨ 日本の象徴ともいわれたあの美しい松林も、松喰虫が日本全国に広がり、その惨状は痛ましい<u>かぎりです</u>。
(西満正『がんは死の宣告ではない』文化出版局 1997)

⑩ 夜に1万円を切る料金で楽しめる店は、うれしい<u>限りだ</u>。
(実著者不明『歩く京都』2002年版 昭文社 2001)

⑪ 豪華なインテリア、いくつもある部屋、広いプール付きの庭…うらやましい<u>限りです</u>。
(石島洋一『決算書がおもしろいほどわかる本』PHP研究所 2004)

⑧、⑨は属性形容詞(評価的性質、状態を示す)と「かぎり(だ)」が組み合わさったもので、⑧は「この上もなくほほえましい、ほほえましい以外の何物でもない」という、現在のある事態に対する言語主体である送り手の、その形容詞が表現し得る最高限度の程度の状態であるという評価や、まさにその形容詞が表す状態そのものであるという現在の強い認識を提示している。⑩、⑪は感情形容詞と補助述語詞「かぎり(だ)」が組み合わさったもので、⑩は「この上もなくうれしいと感じる、うれしいの一言に尽きる」という、言語主体である送り手自身が現在感じる、その形容詞が表す最高程度の感情であるという認識や、まさにその形容詞が表す感情であるという強い感情を提示している。

Ⅲ. 評価的性質・状態を示す属性形容詞や、感情形容詞(感情の主体は1人称)と組み合わさった「T(A)　かぎり(だ)」が非過去形で文末に用いられ、受け手がいるなど現場性がある場合、その形容詞が表現する最高限度の程度の状態や感情である、その形容詞以外適当な表現がない、まさにその形容詞で表される状態や感情であるといった、ある事態に対する言語主体である送り手の発話時における評価的思いや強い感情を直接表し出す。

⑫　「このマルマルマルマルという箇所が、なんとも言いがたい趣なのでアル。いやあ諸君、勇ましきかぎりではないデスか!」　　　　　　（楡家の人々）

⑬　出来たばかりのわが家は、眩しいかぎり。
（島崎保彦『宵越しのゼニはもつな!』アイ・アンド・アイ；K&K プレス（発売）2002）

⑭　カジュアルの原点を今も変わらず追求してくれているのがうれしい限り!
（真柄恵理『POPEYE』2001 年 8 月 13 日号（No.615、第 26 巻第 14 号）マガジンハウス 2001）

⑮　「われらが選ぶ日本一の美酒コンテスト、ようやく四回めを迎えましたが、回を重ねるに従って、盛況の一途、うれしい限りでございます。」
（日下圭介『「天の酒」殺人事件』光文社 1991）

⑫は「勇ましい」というプラスの評価を示す属性形容詞と補助述語詞「かぎり(だ)」が述語を形成して、言語主体である送り手がその対象に対して、「「勇ましい」という形容詞が表現できる最高限度まで「勇ましい」」と感じる思い、ある

いは「まさに勇ましい」と感じる思いを、「勇ましきかぎりではないデスか!」といった呼びかけの形によって、聞き手である受け手にリアルタイムに直接強く表し出している。「!」の感嘆符がなくても、「～かぎりではないですか」という形式が、小説という音声が伴わない表現上の制約を克服して、強い語調で受け手に訴えかける。⑬も「眩しい」という、この場合プラスの評価を示す属性形容詞と補助述語詞「かぎり(だ)」が述語を形成して、言語主体が「この上もなくまぶしい」、「まさに眩しい」と強く感じる思いを、繋辞がない形で思いのまま直接表出している。この「眩しい」は、「光が強くて、目をあけていられない。(『大辞林』)」という感覚形容詞ではなく、「輝くほど立派で、まともに目を開けて見られないほどすばらしい(わが家)」という意味で用いられる属性形容詞と捉えられる。⑭、⑮は感情形容詞と補助述語詞「かぎり(だ)」が述語を形成するもので、⑭は「うれしい限り!」と、繋辞がない形で感嘆符「!」を用いて、言語主体である送り手が「まさにうれしい、うれしいという一言に尽きる」、または「この上もなくうれしい。」と強力に感じる今、ここでの感情を、感動を伴って表し出している。感嘆符「!」は、送り手の気持ちの高ぶりがあふれる語調を視覚的に記号化して示すが、それがなくとも「うれしい限り」だけで送り手の感情の高揚ぶりが受け手に伝わる。こうしてみると、繋辞がない「T(A)　かぎり。」は感嘆符「!」を伴っているかのように捉えられる。⑮は「美酒コンテスト」でのあいさつの一節であることが考えられ、改まった席での言語主体である送り手の「まさにうれしい」と強く感じる思い、または「うれしい」という形容詞が表し得る最高限度まで「この上もなくうれしい」と感じる思いを、その状況にふさわしい抑制された形でその場の出席者に述べ伝えている。

　強い感情をイントネーション等の助けを借りて直接表すことができない小説等、書くスタイルにおいて、この「(T(A))かぎり(だ)」という補助述語詞は強い感情を描き出す手段として有効である。

・「(T(A))かぎり(だ)」と他の類似の表現形式

　「(T(A))かぎり(だ)」が表す意味と類似の意味は、日本語能力試験4級、3級レベルでは、「とても」あるいは、「大変」等の程度副詞を用いて表すことになる。2級レベルの'〈機能語〉の類'では、「(A／V第二中止形)たまらない」、

「(A／V第二中止形) ならない」が、「(T (A)) かぎり (だ)」に相当する。「(A／V第二中止形) たまらない」と「(A／V第二中止形) ならない」そのものについては、松木・森田 (1989) 等に詳しい解説があるので、今はそれらと「(T (A)) かぎり (だ)」との比較に絞って検討を試みる。

・欲しかった花なのでうれしくてたまりません。　(「Yahoo! ブログ」Yahoo! 2008)
・生まれてはじめて自分専用の楽器を手にし、うれしくてなりません。
　　　　　　　　　　　　　　　(加藤千代『シンガー・ソングライターイルカ』理論社 2000)
・ますます選択肢が増えてうれしい限りです。　(「Yahoo! ブログ」Yahoo! 2008)

　「(A／V第二中止形) たまらない」を「現代日本語書き言葉均衡コーパス」によって検索すると、感情形容詞の他に、「痛い」、「かゆい」のような感覚形容詞、「辛い」、「苦しい」のような感覚を反映する形容詞(感情形容詞と感覚形容詞の両方の用法が見られる)、「会いたい」、「見たい」、「知りたい」のような派生感情形容詞、「いらいらする」、「気になる」、「臭いがする」、「のどが渇く」のような感情や心情、感覚、生理的欲求を表す動詞表現と共に使われていることが分かる。また、「しんどい」、「うっとうしい」のような口語的形容詞と用いられている例も多く得られた。「(A／V第二中止形) たまらない」は、そのような形容詞や動詞と共に、ある感情、心情、感覚をその主体である主語が抑えきれない程強く抱いている状態を直接的に表す述語を形成する。

　「(A／V第二中止形) ならない」も、「現代日本語書き言葉均衡コーパス」で検索すると「悔しい」、「怖い」、「うれしい」のような感情形容詞と用いられている例が多く見られた。ただ、「かゆい」、「痛い」のような感覚形容詞は「痛い」が1例得られたのみであり、派生感情形容詞も「言いたい」が1例得られたのみであった。「(A／V第二中止形) ならない」の特徴は、「怪しい気がして」、「気の毒に思われて」、「もったいない気がして」のように、評価や感情を表す形容詞が単独ではなく、「思われる」や「気がする」といういわゆる自発を表すような動詞と共に多く用いられることにある。このことから「(A／V第二中止形) ならない」は、ある感情や思いがその主体である主語の内部から自然にとめどなくわき起こってくる状態として、やや抑制的に表す述語を

形成していることが指摘できる。

　このような、主語の心の状態を描写する「(A／V第二中止形) たまらない」や「(A／V第二中止形) ならない」に対して、「(T (A)) かぎり (だ)」は、ある事態に対する評価的思いや感情がその形容詞が表現できる「最高限度の」程度であることを表したり、その形容詞が表現する評価的思いや感情以外に適当な表現がない程その思いや感情を最高に強く感じるといった認識の強さを表したり、言語主体の評価的思いや感情の程度のレベル認識（最高の程度である）の表現に重点を置いた形式といえる。

　この差は、動詞や形容詞の第二中止形と動詞起源の補助述語詞の組み合わせからなる形式と、不定型接続の文相当の形式の述語である形容詞と名詞起源の補助述語詞の組み合わせからなる形式との相違に起因することが考えられる。即ち、前者は述語の本体である動詞や形容詞と補助述語詞が一体となって、主語がどのようであるかという一つの事態（命題）を描き出すのに対し、後者は一つの命題を形成する文相当の形成の述語の本体である形容詞に補助述語詞を加え、命題に対して一定の認識に基づいた述べ方（この場合、最高程度である）を与えて表し出しているのではないかという仮説である。

　「(T (A)) かぎり (だ)」という補助述語詞を用いると、程度の副詞を用いることなく、ある種の客観性をもって（従って、上品に）組み合わさる形容詞の示す程度が最高である、または、その形容詞の示す感情や状態を最高程度に強く感じると表すことができる上、形容詞で文を終わるという幼い表現を避ける効果も得られる。それは、強い感情を直接的に表すことが憚られる改まった場において自らの強い感情を表すのに有効な手段でもあると言える。

### 考察5　南(1993)の述語句について

　南(1993)は「独立語文」について、「その成分として述部をふくまないもの(p. 15)」と述べ、「アラ、マア。」「アッチッチ。」「ネエ、サッチャン。」「ウウン。」「ソレッ。」のような、「感情・感覚の直接的表現、呼びかけ、応答、かけ声など」を挙げている。さらに、南(1993)は独立語文の範囲を拡張し、「述語文的な構造（つまり、述部と呼べる成分を持った構造）で、文とは呼べないもの (p. 17)」も独立語文に含め、「述語句」と名づけている。具体的に南(1993)では、

次のような拡張した独立語文である述語句を示している。

・蜂！(＝蜂ガ来タなど)
・8ページカラ16ページマデカナラズ読ンデクルコト(＝読ンデコイ)
・牛もも肉100グラム480円。

　Ⅲの「Ｔ（Ａ）　かぎり（だ）」で、例⑬のように繋辞が用いられない場合、評価的思いや感情が感動を伴って強く直接的に表し出される。この繋辞なしの形で表された「出来たばかりのわが家は、眩しいかぎり。」は述語文的な構造ではあるが、文とは呼べないもので、南（1993）において「独立語文」の中の「述語句」としているものと捉えることができる。
　南（1993）は「独立語文」を間投文、はたらきかけ文、応答文、提示文、その他に分類しているが、⑬は「間投文」に属すると考えられる。「間投文」とは「感情あるいは感覚の直接的な表現、あるいはかけ声などで、受け手（聞き手、読み手）の存在を前提としないもの（もっとも、受け手または傍受する者がいてもかまわない）。(pp. 63–64)」であるという。「間投文」の例としては、「アッ。」「フーン。」「ヤレヤレ。」「アイタッ。」「エイッ。」「ザンネン。」「ヤッタア。」等が示されている。また、南（1993）は、この「間投文」に関して表出段階にかかわる程度が大きいように思われると述べている (p. 73)。
　南（1993）では、文の構造を「描叙、判断、提出、表出」の四つの段階からなる階層的性格のものとして捉え、「描叙段階、またはそれに近いものほどその文で表現される内容のうち客観的事態や論理的関係にかかわる性格の程度が大きく、表出段階またはそれに近いものほど、言語主体の態度、情意の面にかかわる性格が強くなる。(p. 22)」としているが、この「描叙、判断、提出、表出といった構造上の階層は、独立語文にも関係があると考えられる (p. 72)。」と述べている。南（1993）の指摘は、言語主体がその事態に対して強く感じる思いを、思いのまま直接表し出す⑬、⑭のような繋辞がない形式（「独立語文」の中の「述語句」で、「間投文」に属すると捉えられるもの）が、「表出段階」、即ち、言語主体の態度、情意の面にかかわっていることを示唆するものである。
　本書では、繋辞がない⑬のタイプの、南（1993）で示された「述語文的な構

造（述部と呼べる成分を持った構造）で、文とは呼べないもの」を「述語句」と呼ぶこととする。

〔名詞との組み合わせ〕
【1】至り（だ）　　「(N／A2の)至り（だ）【C】」　　　　　　用例：光栄の至り

　「至り」は、動詞「至る」の第一中止形が名詞に転成した「至り」由来の補助述語詞と考えられる。「至る」は、「ある極まった最終段階、高いレベルの段階へのある事態の到達」をあらわす形式動詞や、実現相のアスペクトを表現する補助述語詞としての働きもある。「至り」に関しては、『大辞林』には名詞として一項目立てられ、第一の意味に「物事の行き着く最高の状態。極み。」という記述がなされている。「至り」は、一般に繋辞「だ」を伴って補助述語詞として働き、格助辞「の」と不定型接続の非過去みとめの形で接続する名詞、または第二形容詞と組み合わさって述語を作る。

　「現代日本語書き言葉均衡コーパス」から得られた「(N／A2の) 至り（だ）」の語形は、以下の通り。全てみとめの形で、テンスと丁寧さのカテゴリーのみ見られる。敬語が用いられているので、改まった会話に使われることが窺われる。「若気の至り（だ）」も多く得られたが、これは慣用表現として除外して、ここではそれ以外の「(N／A2の) 至り（だ）」の語形に限って示した。

> 「至り」、「至りだ」、「至りです」、「至りなり」、「至りで　ある」、「至りで　あった」、「至りで　あります」、「至りで　ございます」、「至りに　存じます」（他に「至りなれば」という語形も得られたが、これは古語の文法における確定条件形と考えられるので、ここでは参考程度にとどめておく。)

　「至り（だ）」という形式と用いられる単語を調べたところ、「現代日本語書き言葉均衡コーパス」から検出された104例中、「若気」47例、「光栄」9例、「汗顔」6例、「同慶」3例、「感服」2例、「慶賀」2例、「恐縮」2例、「気の毒」2例等と、「若気」が群を抜いて多く見られ、全体の45％以上を占めた。中でもYahoo! 知恵袋とYahoo! ブログからそれぞれ得られた8例と6例をあわせた14例では13例が「若気の至り（だ）」として使われており、そこから

は、「至り（だ）」という形式が「若気の至り（だ）」の形で現在慣用的に多く用いられている状況が窺われる。「若気」以外の単語は感情や心情にかかわる名詞や第二形容詞の不定形（語幹と同形）で、それらのほとんどが硬い漢語であることが特徴的である。「若気の至り（だ）」は一種の慣用表現と捉えられるため、ここでは考察の対象としない。

　また、「若気」以外に「至り（だ）」と共に述語を形成する単語には、「（N／A2の）かぎり（だ）」と同様に名詞と第二形容詞の両方にまたがる単語が多くみられる。「光栄（な）」、「汗顔（な）」、「心配（な）」、「不届き（な）」、「不心得（な）」、「気の毒（な）」等はその例である。名詞と第二形容詞は、補助述語詞「至り（だ）」と述語を作る場合、「かぎり（だ）」と同じく、不定形で「の」に接続する。不定形の名詞と第二形容詞は同形であるので、この場合、名詞か第二形容詞かを区別する必要はないと思われる。だが、学習者の混乱を避ける目的で、「（N／A2の）かぎり（だ）」に倣って、「気の毒」、「不届き」、「不心得」等、一般に連体形式で用いられるときに「-な」の形であるものを、ここでは第二形容詞とする。

　続いてこの述語形式の具体的な用いられ方を「現代日本語書き言葉均衡コーパス」によって確認してみると、手紙に用いられているものが4例、手紙の書き方を指導する教本に例文として書かれているものが4例得られた。なお、これらは全て「若気の至り（だ）」ではなかった。「若気の至り（だ）」以外の全57例では、上記手紙文、手紙例文を除いた49例中29例が会話文で、そのうち4例が国会という場でのスピーチであった。その他、手紙ではないが、追悼文や他の人へのメモ、新聞記事の中のある人の声明等、他の人に積極的に発信することを前提としたものが4例あった。このように「補助述語詞（N／A2の）至り（だ）」は、手紙文や国会でのスピーチも一種のメッセージと考えると、全57例中41例まで他の人に対するメッセージに用いられていることが分かる。そのメッセージも、⑤、⑦の例のように国会という改まった場面で行われたものであったり、⑧のように十分な敬意を表すべき人物に対してであったりと、メッセージの発信者としてはかなりの緊張を伴う改まった状況で発せられたものと言える。改まった状況ではない場合でも、④のように皇室という特別な存在に関わる事柄について述べた文では、書き手は「伝

統的な権威」というものに対して相当の敬意を持って臨む必要があることを常識的に自覚している。そのため、たとえ Yahoo! ブログ掲載の記事であっても、そうした態度が示せるこの形式が選ばれたことが考えられる。「光栄」はこの形式と用いられる例が9例(57例中)確認されているので、「光栄の至り(だ)」は慣用表現と見ることも可能である。

Ⅰ．補助述語詞「至り(だ)」が過去の形の場合や、非過去の形でも節の述語の場合(文の述語でない場合)、感情や心情を反映したり、評価的内容を表したりする第二形容詞、名詞とともに用いられて、ある感情や心情、ある事態に対する評価的内容の程度が頂点に到達しているという言語主体の評価的な認識を示す。

① こちらの身には政の怨を買うおぼえさらになく、何とも迷惑の<u>至りであった</u>が、政は政なりにどこに柄をすげているのか多少思い当るふしがないではなかった。　　　　　　　　　　　　　　　　　(焼跡のイエス/葦手)

② これを聞いた荷風は、「軍部の横暴なる今更憤慨するも愚の<u>至りなれば</u>そのまま捨置くより外に道なし。…」

(野坂昭如『「終戦日記」を読む』日本放送出版協会 2005)

①は、主体が1人称である感情形容詞と「至り(だ)」の過去形が重文の先行節の述語を形成して、「迷惑である」という思いが頂点に達していた(これ以上はない程度の、最高の迷惑であった)という評価的認識を示す。②は評価的内容を表す名詞と補助述語詞「至り(だ)」(繋辞は古語の「なり」の確定条件形)が理由を表す従属節の述語を形作って、憤慨するのは「最高の愚である(頂点に達した「愚」である)」という言語主体(荷風)の評価的な認識を表す。

Ⅱ．非過去形の補助述語詞「至り(だ)」が、文の述語や、重文の先行節の述語に用いられる場合、感情や心情を反映したり、評価的内容を表したりする第二形容詞、名詞と共に用いられて、ある感情や心情、ある事態に対する評価的内容の程度が、頂点に達していると感じる言語主体の現在の認識を提示する。

③ 中央大学が法律学校から発展したのは周知だが、文学研究科でも今や裁判趣味を養成するとは、奇特の至りである。
(谷沢永一『これだけは聞いてほしい話』PHP研究所　1997)
④ また、和歌山を代表する木が殿下のお印に選ばれたことは光栄の至りです。
(「Yahoo!ブログ」Yahoo! 2008)
⑤ まことにごもっともな御指摘でございまして、私ども汗顔の至りでございますが、…。(水野政府委員『国会会議録／衆議院／常任委員会』第112回国会 1988)
⑥ 思いがけなく還暦になるかならぬかで、長逝されたのは誠に残念であり、お気の毒の至りである。謹んでご冥福をお祈り申し上げる。」
(上沼健吉追悼・遺稿集『沼さん』〈私家版〉一九七〇年八月。原題「大人の風格」) (宮崎市定『地図の歴史』(織田武雄著) 序　中央公論新社 2001)

③〜⑥、全て非過去形の補助述語詞「至り(だ)」が、文の述語や、重文の先行節の述語に用いられたケースである。③は評価的内容を表す属性形容詞「奇特」が、非過去形の「至りである」と共に用いられて、「奇特さが頂点に達している、最高に奇特である」とする言語主体の認識が示されている。④〜⑥は感情、心情を表す第二形容詞や名詞と「至り(だ)」が用いられた例。④の「光栄の至りです」は、「光栄という思いが頂点に達している(最高に光栄である)」、⑤の「汗顔の至りでございます」は、「恥ずかしい感情が頂点に達している(最高に恥ずかしい)」、⑥の「お気の毒の至り」は、「気の毒な気持ちが頂点に達している(最高に気の毒である)」という意味で、「至り(だ)」は感情や心情を表す単語と用いられて、ある感情や心情がその頂点に達していると感じる言語主体の認識を示す。

Ⅲ．非過去形の「至り(だ)」が、感情や心情、評価的内容を表す名詞、第二形容詞とともに文の述語に用いられ、さらに現場性がある場合、ある感情や心情、ある事態に対する評価的内容の程度が頂点に到達していると感じる言語主体の、今、ここでの強い思いを直接表し出す。繋辞のない述語句は、その思いを思いのまま強烈に表し出す。

⑦ 円高の目標につきましては、九月二十二日の五カ国蔵相会議以来ドル高是正が進んでおりまして、各国の基礎的経済条件が為替相場に反映する

ようになってきたことは御同慶の至りであります。

(国務大臣（中曽根康弘君）『国会会議録／参議院／本会議』第103回国会 1985)

⑧　薫風の候、古藤先生には、ますますご壮健にて古稀のお祝いを迎えられますとのこと、慶賀の至りに存じます。(おつきあいのマナーと文例)

(講談社（編）『あいさつ・スピーチと手紙の事典』講談社 2001)

⑨　「おのれ長政め、儂に背くとは浅慮の至り。…」

(津本陽『絵物語・下天は夢か』日本経済新聞社 1991)

　⑦の「御同慶の至りであります」は「自分もまた同様に喜ばしいという感情の頂点に達している」、⑧の「慶賀の至りに存じます」は、「私は喜ばしいという感情の頂点に達している」という意味で、ある感情をこれ以上ない最高の程度であると感じるという言語主体の思いを、⑦は国会の場で他の議員に対して、⑧は手紙を書きながら受取人に対して直接表し出している。⑨は評価的内容を表す名詞と繋辞なしの形の補助述語詞「至り」が述語句を形成し、「長政」に対して「浅慮が頂点に達している、最高の浅慮」と強く感じる言語主体である送り手の評価的な認識を、独白として、強い憤りの感情と共に強烈に表し出している。これらは、述べる対象に対して敬意と緊張が要求される改まった状況、或いは、非常に緊迫した状況において、ある感情、または、ある事態に対する評価的認識が頂点に達していると感じる言語主体の思いの直接的表出に用いられている。

　「至り」は、動詞「至る」の第一中止形が名詞に転成した「至り」由来の補助述語詞である。「至る」の実質動詞としての意味は、既に示したように「その場所に行き着く、到達する。」であるが、形式動詞としては、「ある事態の、ある極まった最終段階、高次（低次）の段階への到達」を表す。そのような形式動詞としての「至る」が、「ある感情や心情、ある評価的内容の程度の頂点への到達」という認識を示す補助述語詞「至り（だ）」へと推移したことが推測される。

　この形式に用いられる「光栄」、「汗顔」、「同慶」、「慶賀」といった漢語の第二形容詞や名詞は、重厚で格調高い響きを持つ。また、「至り」のもととなる動詞の「至る」は、「着く」、「なる」等と同様の意味を表すが、それは日本

語能力試験2級配当の単語であって、4級配当の「着く」、「なる」に比べると非日常的で硬く改まった語感を呈す。その「至る」由来の「至り」が硬く改まった語感を持つことも、「N／A2の至り（だ）」の示す重厚さや格調の高さに影響を及ぼしていることが考えられる。

　このような性質の単語の組み合わせからなる「N／A2の至り（だ）」は、「ある感情や心情、ある事態に対する評価的内容の程度が、頂点に到達している」という言語主体の認識を、改まった状況において、述べる対象や伝える対象に対する敬意、緊張感等を示しつつ、格調高くメッセージ的に表すのに相応しい表現形式と考えられる。⑥のように漢語由来ではない感情形容詞の第二形容詞もこの形式と用いられて、「大変気の毒に思う」という意味を簡潔に、しかも一定の風格をもって表す。⑥は大学教授で、著名な研究家たる筆者がある人の追悼の辞として書いた文章であるから、「とてもお気の毒です」、「大変お気の毒に思います」のような単純で稚拙な印象を与える文の終わり方を避けると共に、自己の立場を考慮し、自身の品格を保つという意図からこの形式を選んだことが考えられる。

　「N／A2の　至り（だ）」という形式は改まった状況での感情表現としてだけでなく、ある事態に対する評価的内容の程度が頂点に達しているという言語主体の認識を、強く、直接、コンパクトに、表し出す効果も持つ。⑨の「浅慮の至り」はその例で、「長政」に対する「浅はかさが頂点に達している、最高に浅はかだ」という評価的な認識を、漢語名詞を用いて、簡潔に、しかも漢語独特の強烈な糾弾のニュアンスを発揮させつつ、さらに繋辞を省くことによって、強い憤りの感情と共に直接表し出すことに成功している。この言語主体（話者）は武士の棟梁という力強さが求められる立場にある。そのような人物が、評価的認識を自己の強い感情と共に激しく表出させたいとき、この形式は非常に有効に働く。

　「N／A2の　至り（だ）」は、述べる対象や伝える対象に対する敬意、緊張等が要求される改まった状況において、ある感情や心情がその頂点に達していると感じる言語主体の認識や、これ以上ない頂点に達した最高の程度であるという評価的認識を強く表現する際に有効な形式と言える。

【2】極み（だ）　　「(N／A2の)極み（だ)　【C】」　　　　　　　用例：感激の極み

「極み（だ）」は、「物事のきわまるところ。至り。限り。きわまり。(『大辞林』)」を第一の意味とする名詞「極み」由来の補助述語詞である。一般に、繋辞「だ」を伴って補助述語詞として働き、格助辞「の」と不定型接続の非過去みとめの形で接続する名詞や第二形容詞と組み合わさって述語を作る。

「現代日本語書き言葉均衡コーパス」によって述語の部分に用いられる「極み（だ）」の類を検索すると、4例を除いた162例が「～の 極み（だ）」という形であった。従って「極み（だ）」は、「～の 極み（だ）」という形式で述語部分に用いられることがほぼ認められる。残りの4例は「もったいない極みです」、「あさましい極みとおぼえた」、「喜ばしい極みであり」、「情けないきわみでありあります」で、いずれも第一形容詞が「極み（だ）」に直接続いて用いられている。この第一形容詞が「極み（だ）」と述語を作る形は後述する。

「極み（だ）」の語形としては、下記の繋辞がない形、非過去形、過去形、丁寧体の形、推量形が得られたが、打ち消しの形は検出できなかった。これらから「極み（だ）」は、テンスと丁寧さ、命題の述べたてのカテゴリーのみ持つことがわかる。

「極み」、「極みだ」、「極みだった」、「極みで　ある」、「極みで　あった」、「極みで　あったろう」、「極みで　あります」、「極みです」、「極みでしょう」、「極みで　ございます」

また、「現代日本語書き言葉均衡コーパス」から採取された162例の「(N／A2の)極み（だ）」の類中、「Yahoo!」関係は「Yahoo! 知恵袋」4例、「Yahoo! ブログ」18例であった。「((T (A))かぎり（だ）」の類は全326例で、「Yahoo! 知恵袋」44例、「Yahoo! ブログ」111例、「(N／A2の)至り（だ）」の類は、全57例（「若気の至り（だ）」を除く）で、「Yahoo!」関係は「Yahoo! ブログ」からの1例だったことから、この三つの形式の中で「(T (A))かぎり（だ）」が最も一般に使用されており、続いて「(N／A2の)極み（だ）」となること、「(N／A2の)至り（だ）」は一般にそれほど使われていない状況がわかる。

次に、「現代日本語書き言葉均衡コーパス」、及び、『CD-ROM版　新潮文

庫の100冊』から検出された、「極み（だ）」と共に述語をつくる第一形容詞以外の単語を分類して下に示す。この分類から、「極み（だ）」は名詞、及び第二形容詞と述語を形成することが理解される。

名詞：至福、痛恨、悦楽、名文、ローテク、横着者、恥、愚、哀傷、グリーフ、喜び
　　　エレガンス、女らしさ、デカダンス（形容詞の名詞形）　　　　　　　　…A
　　　感激、驚嘆、感動、困惑、恐縮、感謝、洗練、疲労、リラックス、混乱　…B
　　　衝動、植民意識、失態、飽食、ヒーリング　　　　　　　　　　　　　　…C
　　　漬物、スチール　　　　　　　　　　　　　　　　　　　　　　　　　　…D
　　　地獄、横浜　　　　　　　　　　　　　　　　　　　　　　　　　　　　…E
　　　兵法の道、弓技　　　　　　　　　　　　　　　　　　　　　　　　　　…F
第二形容詞：贅沢、不用心、軽薄、無能、不幸、無謀、愚鈍、悲惨、心外、痛快、下
　　　品、愚か、無知、不敬、エゴイスティック、遺憾、無念、非道、野蛮、ものぐ
　　　さ、お粗末、ナンセンス、無責任、理不尽、不遜、不道徳、滑稽、無法、笑止
　　　　　　　　　　　　　　　　　　　　　　　　　　　　　　　　　　　　…G

Aは、「至福」は「至高の幸福」、「名文」は「すばらしい文」のように、単語の中に形容詞的要素を含む名詞、Bは感情や、心身、事物の状態を表す動作名詞、CはA、B、D、E、Fにあてはまらない名詞、Dは「漬物」という食品、「スチール」という材料のタイプのような実際に存在する物の種類を表す名詞、Eは場所を示す名詞、Fはあることを追求して極めていくことができるものを示す名詞である。Gは第二形容詞としたが、『大辞林』では、そのほとんどの単語に名詞の表記も見られる。補助述語詞「極み（だ）」は補助述語詞「(N／A2の) 至り（だ）」と同様に、不定形で「の」に接続する名詞や第二形容詞と述語を形成する。不定形の名詞と第二形容詞は同形であるので、この場合、名詞か第二形容詞かを区別する必要はないが、学習者の混乱を避ける目的で、「(N／A2の) 至り（だ）」と同じく、非過去みとめの連体形が一般に「-な」の形であるものを第二形容詞とした（A～Eの単語は非過去みとめの連体形で「-な」の形とならない）。Gの第二形容詞は、漢語、或いは外来語由来のものが大半を占める。

　　上記A～Gの単語と用いられる「極み（だ）」について、以下グループ毎に

検討を行う。

（Ⅰ）単語の中に形容詞的要素を含む名詞(A)と「極み（だ）」が組み合わさって、その名詞が抽象名詞の時は、それが表わすことができる概念の中で、それ以上ない域にまで達した最高(最低)のものであることを、具体名詞の時は、それ以上のものはないレベルにまで達した最高(最低)のものであること示す述語を作る。

① うつろいやすい人間の心を考えるとき、不動の愛を貫き通すことができるのは、人間として喜びと至福の極みではないのか。

(春江一也『プラハの春』集英社 1997)

② ずいぶん書き直しましたけど、それでも文章甘いし、よくないですよ。——いえ、これこそ記者による名文の極みではありませんか。気取らず、簡潔で、正確で。

(尾崎真理子・徳岡孝夫・Voice 編集部「Voice」平成17年12月号(通巻336号)PHP 研究所 2005)

③ 岡田四郎社長も「原型は現在にいたるまで変わっていない。(ハイテクの反対の)『ローテク』の極み」と苦笑する。

(天野真志・石田尚久『ヒットするには法則がある』読売新聞社 1998)

①、②、③は単語の中に形容詞的要素を含む名詞が「Nの 極み（だ）」の形式に用いられている例で、①は抽象名詞、②、③は具体名詞の例である。①～③の場合、「極み（だ）」は前接の名詞に「最高の」という意味を加え、全体として①「喜びと至福が表す概念の中で、これ以上喜びと至福と呼べない域にまで達した、最高の喜び、喜びの中の喜びであり、最高の至福、至福中の至福である」、②「これ以上の名文はないというレベルにまで達した最高の名文、名文中の名文である」、③「これ以上ローテクと呼べるものはないレベルにまで達した最高のローテク、ローテク中のローテクである」という、「その名詞が表現し得る概念やものの中で、それ以上ない域にまで達した最高のもの、それ以上のものはないレベルにまで達した、最高のものである」ことを示す述語を作っている。

④ レンティノのブラックドレス＆バッグ〈プレゼントセットで1名様〉まさ

にエレガンスの極み。女としての自信が高まる究極のパーティドレス正式なドレスアップを求められるシーン。

(Precious編集部「Precious」2004年4月号（第1巻第1号）小学館)

⑤ 剣術における間合いの感覚を剣道のそれと同じように考えるのは愚の極みだった。　(雑賀礼史『リアルバウトハイスクール』富士見書房2004)

④、⑤は形容詞の名詞形に「極み（だ）」の形式が用いられている例である。「エレガンスの極み」は、「エレガンスという概念が、これ以上のエレガンスはないという域にまで達した最高のエレガンス、究極のエレガンス」、「愚の極みだった」は「「愚」という概念がこれ以上の愚はないという域にまで至り着いた、愚の中の愚、究極の愚だった」という意味で、「極み（だ）」は形容詞の名詞形と組み合わさって、その名詞が表わす概念の中で、それ以上ない域にまで達した最高のもの（肯定的意味でも否定的意味でも）、究極のものであることを表す述語を形成している。

(Ⅱ) 感情や、心身、事物の状態を表す動作名詞(B)と「極み（だ）」が組み合わさって、その動作名詞が表わすことができる概念の中で、これ以上ない域にまで達した、最高(最低)の感情や状態であることを示す述語を作る。

⑥ 「こんな服を着こなしている人にぜひ会いたい」と両氏を虜にしたランバン。どれも洗練の極みともいえるほど、隙のないエレガントなコレクション。

(GINZA編集部「GINZA」2004年6月号（No.84、第8巻第6号）マガジンハウス 2004)

⑦ 大きな窓の向こうのグリーンあふれる庭を目の前にすれば、もうリラックスの極み。

(POPEYE編集部「POPEYE」2002年6月24日号（No.635、第27巻第11号）マガジンハウス 2002)

⑥と⑦は、それぞれ事物の状態、心身の状態を表す動作名詞に「極み（だ）」が用いられている例である。「洗練の極み」は「これ以上洗練しているといえない域にまで達した最高の洗練」、「リラックスの極み」は、「これ以上リラックスして

いるといえない域にまで達した最高のリラックス」という意味を示している。

(Ⅲ) Cタイプの名詞と「極み(だ)」が組み合わさって、その名詞が表し得る概念の中で、これ以上ない域にまで達した最高のものであることを示す述語を作る。

⑧ 過労死まで働く、太平洋戦争は過労死であったのではないか。開戦は、衝動の極みであったろう。このように自分を追い込むことしか出来ない。これが衝動性である。　　　　　　　　　　　　　　（「Yahoo! ブログ」Yahoo! 2008）

⑨ いまの日本の横文字ミーハー文化は、植民意識の極みですよ。
（舟崎克彦『これでいいのか、子どもの本‼』風濤社 2001）

⑩ 「ジャリ・ムナリ」とは、英語でフィンガー・ダンシング。セラピストたちの指の動きはヒーリングの極み。
（『地球の歩き方』編集室『アジアンベストリゾート』ダイヤモンド・ビッグ社；ダイヤモンド社（発売）2002）

⑧は「衝動」という単語が示し得る概念の中で、これ以上ない域にまで達した最高の「衝動」、「衝動の最たるもの」という意味を表し、⑨は「植民意識」という単語が示し得る概念の中で、これ以上ない域にまで達した最高の「植民意識」、これ以上の植民意識はないほどの植民意識、⑩はヒーリングにも様々なレベルがあるが、これ以上ヒーリングと呼べるものはない域にまで達した最高のヒーリング、ヒーリングの極致という意味を表している。⑧～⑩の「Nの極み(だ)」は、名詞Nが表わす概念の中で「これ以上Nと呼べるものはない域にまで達した最高のものである」ことを示す述語を作っている。

(Ⅳ) 物の種類を表す名詞(D)と「極み(だ)」が組み合わさって、その名詞が表す物の中で、これ以上ない域にまで達した最高の物であることを示す述語を作る。

⑪ 土からつくる漬物の極み　針塚農産　針塚藤重さん最後の晩餐はこの漬け物だ！
（小泉武夫『食の堕落を救え！』廣済堂出版 2004）

⑪は、実際に存在する物の種類を示す名詞と「極み(だ)」が述語を作る例である。「漬物の極み」は「漬物の中の漬物」、「これ以上漬物と呼べるものはない域にまで達した最高の漬物」という意味を表している。

(Ⅴ) 場所を示す名詞(E)と「極み(だ)」が組み合わさって、その場所の特質が最高に表れた場所であることを示す述語を作る。
⑫ 横浜のブルースを聞け！YOKOHAMA"裏ヨコハマ"ディープ地帯は今…!?大人街"横浜"の極み、横浜の"深奥"黄金町、そして曙町、真金町の現在を訪ねる！
　　　　　　　　　　　　　(川上治・広瀬謙一郎「荷風！」v.5日本文芸社 2005)

⑫は場所を示す名詞と「極み(だ)」が述語を作る例である。「"横浜"の極み」は全体として「"横浜"の中の"横浜"」、「横浜の神髄」、「横浜の特質が最高に表れた場所」という意味を表している。

(Ⅵ) あることを追求して極めていくことができるものを示す名詞(F)と用いられる。
⑬ 「計略：弓技の極み」　　　　　　　　　　　　　　(「Yahoo!ブログ」Yahoo! 2008)

⑬は実際にあることを追求して極めていくことができるものを示す名詞と「極み」が用いられている例である。これは「弓技の極致」という意味で、これに用いられている「極み」は、名詞「極み」がもともと持つ「物事のきわまるところ。至り。限り。きわまり。」という意味を示していると考えられる。この場合の「極み」は、機能語の定義から外れるので、Fのタイプの名詞と共に用いられる「(Nの)極み(だ)」は本書の考察の対象としない。

(Ⅶ) 第二形容詞の不定形(G)と「極み(だ)」が組み合わさり、その形容詞が表し得る概念の中で、それ以上ない域にまで達した最高(最低)の状態や感情、心情であることを示す述語を作る。
⑭ 汪兆銘と蒋介石は互いに争い、盟邦ドイツは愚鈍の極みだった。
　　　　　　　　　　　　　(佐久協『将軍たちの遺墨』毎日ワンズ 2003)

⑮ わが防衛庁と自衛隊にとっては、最悪のシナリオになりつつあるのは無念の極みだが、やむをえまい。　　　　　　（内田康夫『氷雪の殺人』文藝春秋 2003）
⑯ あなたも御病気で悲惨のきわみだけれど、私も貧乏で、悲惨のきわみです。　　　　　　　　　　　　　　　　　　　　　　　　　　　　　　　　　（放浪記）
⑰ ここで思い出すのは選挙違反である。なかでも買収と饗応であるが、ここで論じるのは買収である。これが以前から問題視されながら、依然として根絶できないのは遺憾の極みである。　　　　（丸谷才一『女ざかり』文芸春秋 1993）

　⑭〜⑰は第二形容詞の不定形に「極み(だ)」が用いられて述語を作る例である。「悲惨のきわみ」は「これ以上悲惨といえる状態はない、最高に悲惨な状態」、「遺憾の極み」は「これ以上遺憾といえる気持ちはない、最高に遺憾な気持ち」という意味を表している。
　続いて「N／A2の　極み（だ）」が文中で果たす機能の検討を試みる。

I 「N／A2の　極み(だ)」が節の述語の場合や、過去の形で文末に用いられた場合、「極み(だ)」と組み合わさる名詞や形容詞が表わす具体的なものや、抽象的な事柄の概念、状態、感情、心情の中で、それ以上ないレベルや域にまで達した、最高(最低)のものや状態、感情、心情であるという言語主体の評価(もの、概念、状態)や、評価的認識(感情・心情)を示す。
⑤ 剣術における間合いの感覚を剣道のそれと同じように考えるのは愚の極みだった。　　　　　（雑賀礼史『リアルバウトハイスクール』富士見書房 2004）
⑥ 「こんな服を着こなしている人にぜひ会いたい」と両氏を虜にしたランバン。どれも洗練の極みともいえるほど、隙のないエレガントなコレクション。
(GINZA 編集部「GINZA」2004 年 6 月号（No.84、第 8 巻第 6 号）マガジンハウス 2004)
⑧ 過労死まで働く、太平洋戦争は過労死であったのではないか。開戦は、衝動の極みであったろう。このように自分を追い込むことしか出来ない。これが衝動性である。　　　　　　　　　　　（「Yahoo! ブログ」Yahoo! 2008）
⑭ 汪兆銘と蒋介石は互いに争い、盟邦ドイツは愚鈍の極みだった。
　　　　　　　　　　　　　　　　（佐久協『将軍たちの遺墨』毎日ワンズ 2003）

⑮　わが防衛庁と自衛隊にとっては、最悪のシナリオになりつつあるのは無念の極みだが、やむをえまい。　　　　　（内田康夫『氷雪の殺人』文藝春秋 2003）

⑥、⑮は節の述語として用いられる場合、⑤、⑧、⑭は文末に用いられる場合。

Ⅱ　「N／A2の　極み（だ）」が文末に非過去形で用いられる場合、「極み（だ）」と組み合わさる名詞や形容詞が表わす具体的なものや、抽象的な事柄の概念、状態、感情、心情の中で、それ以上ないレベルや域にまで達した、まさに最高（最低）のものや状態、感情、心情であるという言語主体の現在の認識を提示する。

⑨　いまの日本の横文字ミーハー文化は、植民意識の極みですよ。
　　　　　　　　　　　（舟崎克彦『これでいいのか、子どもの本‼』風濤社 2001）

⑰　ここで思い出すのは選挙違反である。なかでも買収と饗応であるが、ここで論じるのは買収である。これが以前から問題視されながら、依然として根絶できないのは遺憾の極みである。　　（丸谷才一『女ざかり』文芸春秋 1993）

⑱　こっちなど、ダウンチューブにあったシフトレバーをブレーキレバーと一体化させたり、フレームをとにかく軽く仕上げるのに血眼になったりと、ピストと比べると贅沢の極みだ。　　　　（「Yahoo! ブログ」Yahoo! 2008）

Ⅲ　「N／A2の　極み（だ）」が非過去形で文末に用いられ、受け手がいるなど現場性がある場合、「極み（だ）」と組み合わさる名詞や形容詞が表わす具体的なものや、抽象的な事柄の概念、状態、感情、心情の中で、それ以上ないレベルや域にまで達した、まさに最高（最低）のものや状態、感情、心情であると強く感じる言語主体である送り手の発話時における思いを直接表出する。繋辞がない場合は、感動と共に強く表し出される。

②　ずいぶん書き直しましたけど、それでも文章甘いし、よくないですよ。――いえ、これこそ記者による名文の極みではありませんか。気取らず、簡潔で、正確で。

（尾崎真理子・徳岡孝夫・Voice 編集部「Voice」平成 17 年 12 月号（通巻 336 号）PHP 研究所 2005）

⑲ 中高年の皆様、お忙しいなかご臨席をたまわり、言葉に尽くせない喜びと同時に感激の極みでございます。

（綾小路きみまろ『有効期限の過ぎた亭主・賞味期限の切れた女房』PHP研究所 2002）

⑳ 栃木県警は石橋事案で非難を浴び、種々の込み入った事情もあって、その後の対応に必ずしも迅速な措置が取れず、後手後手に回ってしまいました。県警の信用をどん底まで落としてしまったことは痛恨の極みです。」

（広畑史朗『警察の視点社会の視点』啓正社 2004）

②は「名文の極みではありませんか」という呼びかけの形で、言語主体である送り手の「これ以上の名文はないというレベルにまで達したまさに最高の名文、名文中の名文」と強く感じる思いを強力に受け手に表出している。⑲と⑳は、スピーチなどで「N／A2の　極み（だ）」が用いられた例である。公的な場において、それなりの地位の人が聴衆に対して、⑲は「これ以上感激しているといえない域にまで達した、最高の感激を強く感じている」、⑳は「これ以上悔しいといえない域にまで達した、最高に悔しい気持ちである」と述べているもので、「極み（だ）」と組み合わさる単語が表す自分の感情が、それ以上ない域にまで達した最高レベルのものであると感じる、現在の自己の感情のレベルの高さを受け手に直接伝えようとしている。この「N／A2の　極み（だ）」が、⑲、⑳のように公的な挨拶の場で用いられるのは、単純な形容詞や副詞を用いることなく、「それ以上ない域にまで達した最高レベルの感情を強く感じていること」を強力に表現し得るからであると考えられる。

⑩ 「ジャリ・ムナリ」とは、英語でフィンガー・ダンシング。セラピストたちの指の動きはヒーリングの極み。

（『地球の歩き方』編集室『アジアンベストリゾート』ダイヤモンド・ビッグ社；ダイヤモンド社（発売）2002）

㉑ 前沢牛のステーキ＆高級ワイン・パローロを煮詰めたソース…、贅沢の極み！

（集英社・村上早苗「COSMOPOLITAN 日本版」2003年5月号（第25巻第5号、通巻270号）集英社）

⑩、㉑は繋辞がないもので、「N／A2の　極み」が述語句を形成している。⑩は「これ以上ない域にまで達した最高のヒーリング」、㉑は「贅沢の中の贅沢、これ以上ない域にまで達した最高の贅沢」という言語主体の強い思いを、そのまま直接強力に表し出している。

　㉑「贅沢の極み」は、「究極の贅沢」、「この上もない贅沢」と同様の意味ではあるが、「究極の」や「この上もない」といった形容詞や形容詞的表現で「贅沢」が規定されると、「究極の」や「この上もない」は語彙的意味を持つため、「贅沢」という単語がその中に既に語彙的意味やある価値観を有しているにもかかわらず、「究極の贅沢」、「この上もない贅沢」という表現セット内において、「贅沢」という単語が持つ意味や価値観の比重が相対的に下がる。しかし「贅沢の極み」とすると、「極み」が機能語で、それ自身が語彙的意味をほとんど持たず、ただ「贅沢」のレベルの高さを後から加える働きをするだけなので、「贅沢」という単語が持つ「語彙的意味」が、それが表す「ある価値観」と共に前面に押し出されることになる。また、「極みだ」と繋辞を付けると、言語主体の思考によって文を完結させようとする理性の働きが加わるが、繋辞がない場合は、述語句として言語主体の感情の直接の強力な表出となり、より直接的、感覚的に受け手にアピールする。そのため、感嘆符がなくても「贅沢!!!」のように感嘆符を付けたものと同様の効果が得られる。雑誌の見出しに例㉑の「贅沢の極み」のような繋辞を伴わない形がしばしば用いられるのは、その形式が持つ、読者への強力な直接的、感覚的アピール力に原因が求められるのではないかと思われる。それに加え、「贅沢の極み」とすると、最も示したい「贅沢」が先頭に置かれるのでそれが強く印象付けられることも、効果として既に指摘した通りである。「究極の贅沢」、「この上もない贅沢」とすると、先に表現される「究極の」、「この上もない」にまず目が行って、後の「贅沢」がかすんで見える恐れがある。

　それでは、前に検討した「T（A）　かぎり（だ）」「N／A2の　至り（だ）」という述語を形成する補助述語詞「かぎり（だ）」、「至り（だ）」は、「N／A2の極み（だ）」という述語を形成する「極み（だ）」とどのように異なるのか。「感謝」はこれら三つの補助述語詞全てに使われていることが確認されているので、これを用いて「かぎり（だ）」、「至り（だ）」、「極み（だ）」という補助述語

詞の一つの比較を試みる。

㋐　見学ルートにメダリストを輩出している桜花レスリング道場を加えるなど内容は盛りだくさん。参加者からは大変な好評をいただき、感謝の<u>極みです</u>。　　　　　　　（市報とおかまち「だんだん」2008年21号新潟県十日町市 2008）

㋑　回答者様、一番乗りに回答してくださって感動と感謝の<u>限りなんですが</u>、第二の性を著しサルトルと付き合ってたのはボーヴォワールです。
（「Yahoo! 知恵袋」Yahoo! 2005）

㋒　「(かちっ)まったくもって、アンプルティ殿には感謝の<u>いたり</u>(かちっ、かちっ)」深々と頭を下げ、鉄で張った歯をさも楽しげにかちっかちっと鳴らした。
（五代ゆう『パラケルススの娘』メディアファクトリー 2005）

　「かぎり（だ）」は、主に第一形容詞の中の感情形容詞と共に用いられて言語主体の感情の極限を示す。㋑「感謝の限り」は動作名詞と用いられている例で、「感謝という単語が表しうる最高限度まで感謝している、この上もなく感謝している」という最高限度の感謝を感じる思いを表している。

　「至り（だ）」は、心情を表す主に硬い漢語の名詞や第二形容詞と共に用いられて、その単語の示す状態や感情の頂点に到達しているという言語主体の認識を表明する表現である。㋒「感謝のいたり」は、「感謝の感情が頂点に到達している」という言語主体の認識の表明といえる。

　「極み（だ）」は形容詞的要素を含む名詞や動作名詞、第二形容詞と用いられる場合、それが表わす概念の中で「これ以上ない域にまで達した最高のもの、状態、感情、心情である」と感じる言語主体の思いを表明する。㋐「感謝の極みです」は、「感謝という単語が表し得る最高の域にまで達した最高レベルの感謝を感じている、これ以上感謝と言える感謝はない」という、言語主体の心情を表す表現と見られる。

　「感謝の限り」は「感謝という単語で表し得る最高限度の高い程度の感謝を感じる思い」を、「感謝の極み」は「感謝という単語が表し得る最高の域にまで達した最高レベルの感謝を感じる思い」を表しているが、どちらも、その単語の持つ最高の限度やレベルの感情を言語主体が主観的に感じていること

を主張する。それに対して、「感謝の至り」は、「感謝の気持ちが頂点に達している」という「感謝の気持ち」のより客観的な認識を示す。いずれも言語主体の高度の感謝の思いの表明ではあるが、「至り（だ）」を用いた形式がスピーチとして定着しているのは、それが客観性を帯びているため、主観的表現が憚られる公的なスピーチの場により適しているからであるという可能性が考えられる。

　また、「かぎり（だ）」、「至り（だ）」と、「極み（だ）」との違いに目を向けると、「かぎり（だ）」、「至り（だ）」が、主として言語主体の感情表現やある事態に対する言語主体の評価的認識の表現に用いられるのに対して、「極み（だ）」は、そのような感情表現や評価的認識の表現だけではなく、「植民意識の極み（だ）」や、「漬物の極み（だ）」、「ヒーリングの極み（だ）」のように、ある事柄や物、状態に対する言語主体の評価の表現にも用いられることが指摘できる。このため、「極み（だ）」は、前記例文⑥、⑦、⑩、⑪、⑫、⑲のように、雑誌の中でのおすすめの品物や料理、観光スポットの紹介にも頻繁に使われる。ここに「極み（だ）」の大きな特徴が見られる。

　最後に、冒頭に示した第一形容詞に「極み（だ）」が続いて述語を形成する場合について触れておきたい。これに関しては、「現代日本語書き言葉均衡コーパス」から、「もったいない極みです」、「あさましい極み」、「喜ばしい極みであり」、「情けないきわみであります」の4例が検索された。

㉒　私の宮崎県も大変おくれておりまして、福島県は高速道路が二本通っておりますが、私のところは一メートルもありませんで、まことに情けないきわみであります。　　　　　　（江藤国務大臣『国会会議録』第104回国会 1986）

㉓　特に、日中国交正常化30周年にあたる本年、日中医療者による本書を上梓することが出来ましたことは誠に喜ばしい極みであり、改めて日中両国民の平和と健康を心より希求いたします。

（和田櫻子『四季の薬膳』近代文芸社 2003）

㉒「情けない」は感情形容詞で、「情けないきわみであります」は、「これ以上「情けない」と言えない域にまで達した最高に情けない気持ちである状態」を表し

ている。㉓「喜ばしい」は評価的性質・状態を示す属性形容詞で、「喜ばしい極み」は、「これ以上「喜ばしい」と言えない域にまで達した最高に喜ばしい状態」というような意味を表す。「極み(だ)」は組み合わさる第一形容詞に「最高に」、「その形容詞が表しうる最高の域にまで達したレベルの」という程度副詞的意味を加えている。ここでは補助述語詞「極み(だ)」が第一形容詞と組み合わさって、その程度を示す構造を持つ述語を形成している様が見られる。

　以上をまとめると、補助述語詞「極み(だ)」は、主に格助辞「の」と不定型非過去みとめの形で接続する名詞、または第二形容詞と組み合わさって、「N／A2の　極み(だ)」という形の述語を作る。そして、「極み(だ)」が作る述語は、組み合わさる名詞や形容詞が表現し得る最高の域やレベルにまで達したものであるという、言語主体の評価や認識を提示、或いは、直接表出する働きをすることが指摘できる。

### 考察6　文章を書く技法としての'〈機能語〉の類'の役割

　'〈機能語〉の類'に関して、それが持つ文章を書く技法としての意味はこれまであまり議論されることがなかった。例えば、日本語能力試験2級の'〈機能語〉の類'に挙げられている「(～に)したがって」、「(～に)つれて」、「(～に)ともなって」等について、それらの意味、機能、用法等は、様々な研究者によって詳細に検討されてきたが、文章を書く技法上の働きに触れられることは限られていたように思われる。このような類似した表現が幾つも存在する背景としては、単に意味や機能の差が存在するからだけではなく、文章を書く際、近接した場所に同一の表現を繰り返し使用するのを回避するための手段として必要とされるという、実際的な要求も存在することがいえる。このように、'〈機能語〉の類'の役割として、こうした文章を書く技法上それが求められるという側面も積極的に認めることが重要ではないかと考える。すなわち、洗練された文章を書くために、類似の意味や機能を持つ表現であっても多くの形式を習得する実際的な必要があることがここに指摘される。

## 6.2 群補助述語詞

### 6.2.1 存在動詞系群補助述語詞

【1】きらいが ある　　「(Nの／スル) きらいが ある【T】」

用例：人の意見を無視するきらいがある

　『大辞林』によると、「きらい」は動詞「嫌う」の連用形（第一中止形）由来の単語で、名詞と形容動詞（第二形容詞）としての働きがあり、その第一の意味は「きらうこと。いやがること。また、そのさま。」であるという。「きらいが ある」は、動詞「嫌う」由来の名詞「嫌い」の文法化によって生じた補助述語詞「きらい」のガ格の形と補助述語詞「ある」とが組み合わさった群補助述語詞と捉えられる。名詞や動詞（連体形）を述語とする擬似連体節（連体型接続の文相当の形式）と連体型Ⅰ、Ⅱ、Ⅲの接続で組み合わさり、「Nの／スル　きらいが　ある」という形式で述語を形成する。

　形式動詞としての「ある」は、村木（1991）が述べるように、「実質的な意味を名詞にあずけて、みずからはもっぱら文法的な機能をはたす (p, 203)」。また、実質動詞「ある」が「モノの存在」をあらわすのに対し、形式動詞としての「ある」は「デキゴト（あるいはコト）の存在」を示す働きをする (p. 218)。たとえば「パーティーがある。」という場合、この「ある」は、「パーティー」という「デキゴトの存在」を示す働きをする形式動詞である。しかし、「きらいが ある」の「きらい」は、本来の「きらうこと、いやがること」という意味から「好ましくない傾向、好ましくない感じ」という抽象的な意味へと派生していて、実質的な意味を持たない。したがって、この場合の「ある」は「実質的な意味を名詞にあずけて、みずからはもっぱら文法的な機能をはたす」形式動詞と見ることはできない。それだけでなく、「パーティーがある」の形式動詞「ある」とは異なり、「デキゴトの存在」を示す働きもしていない。さらに、「きらいが ある」の「ある」は、後述の例からわかるように固定的な語形で使用される（「パーティーがある」は、「パーティーがあれば」、「パーティーがあるだろう」、「パーティーがない」のような様々な動詞の語形が見られる）。「きらい」については、「Nの／スル　きらいを」や、「Nの／スル　きらいに」、「Nの／スル　きらいで」などの形は「現代日本語話し言葉均衡コーパス」から検索されなかった。したがって、「きらい」は名詞として機能していないことがわ

かる。その他、「現代日本語話し言葉均衡コーパス」で検索すると、常に「Nの／スル　きらいが　ある」という形で述語を構成する部分として用いられていた。これらは、「きらいが　ある」全体で述語形成に与る一つの補助述語詞として働いている事実を示唆している。

ところで、英語では、'put up with' や 'take care of' のように動詞が副詞や、名詞、前置詞などと結合して一つの動詞の働きをするものを句動詞または群動詞という。また 'as soon as'、'even if' のように2語以上が集まって一つの接続詞として働く群接続詞や、'in addition to'、'according to' のように2語以上が集まって一つの前置詞として働く群前置詞もある。こうしたことから、本書では、「きらいが　ある」全体を複数の補助述語詞が組み合わさって一つの補助述語詞として働く群補助述語詞と位置づけたいと考える。

「現代日本語書き言葉均衡コーパス」から得られた「(Nの／スル) きらいが　ある」の形は、「(Nの／スル) きらいが　ある／あります／あった／ありました／あり／あって」であった。従って、テンスと丁寧さのカテゴリー、中止形の存在が指摘できる。打ち消し形式も見られるが、「(Nの／スル) きらいがないでも　ない／なくも　ない／なきにしも　あらず」のように、どれも後に打ち消し形式が続いており、全体ではみとめの意味になっている。その他、「(Nの／スル) きらいは　あるが／ありますが」のようにとりたての形式も見られるが、「(Nの／スル) きらいが　ある」という形式はかなり固定的に使用されることがいえる。

「現代日本語書き言葉均衡コーパス」から検出された「(Nの／スル) きらいが　ある」の類全126例中、Yahoo! 関係は、「Yahoo! ブログ」から3例得られたのみであった。したがって、これは一般には余り用いられない形式であることが理解される。

① 科学者というものは知の鉱脈を前にするとそれ以外の状況が眼中になくなってしまうきらいがあるのです。　　　　　　　　　　　（世界の終わり）
② 生徒は、一般に純朴であるが、積極的意欲的な態度に欠けるきらいがある。
　　　　　　　　　　　（高城修身『子どものための学校5日制』ぎょうせい 1992）
③ また、従来の運転免許行政は、運転免許のみに着目して、各種の施策が行

われてきたきらいがある。　（警察庁『昭和53年度版警察白書』大蔵省印刷局 1978）
④　私自身もどうやらグルメだと思われているきらいがあり、大変迷惑しているのであるが、…。（大木信明・郡司和夫『怖い食品1000種』ナショナル出版 1991）
⑤　着任早々、はりきりすぎて、すぐに業務改善というのも拙速のきらいがあります。　　　　　　　　（本間正人『「入門」ビジネス・コーチング』PHP研究所 2001）

　①、②のようにある事柄の一般的な性質について述べる文に「きらいが　ある」が続く場合は、その事柄の一般的に考えられている性向が好ましくないものである、③のようにこれまでの過程を述べる文に続く場合は、その過程が好ましくない傾向を持つ、④、⑤のように現在の状態を述べる文に続く場合は、その可能性や印象、兆候があるが、それは好ましくないものであるというように、「きらいが　ある」と組み合わさる擬似連体節で表される事柄の一般的な性向や傾向、可能性、印象、兆候について、それが顕在化してはいないが、確かに存在することを言語主体が認識し、さらにそれは好ましくないものであると、婉曲にではあるが否定的に評価して述べる文を形成している。

・「(Nの/スル)きらいが　ある」と他の類似表現形式

　傾向を表す他の表現形式としては、「(Nの/スル)傾向が　ある」や2級の'〈機能語〉の類'の「シがち（な）」が挙げられる。「(Nの/スル)傾向が　ある」は、①〜③のような「ある事柄の一般的性向、傾向」や⑤のような「現在の状態の好ましくない印象、兆候」については用いられるが、④のような好ましくないと評価される「可能性」には用いられにくい。④に「(Nの/スル)傾向が　ある」が用いられにくいのは、「傾向」（アクチュアルなこと）と「可能性」（ポテンシャルなこと）は両立できないことが考えられる。一方、「シがち（な）」の「-がち（な）」は第二形容詞性接尾辞として動詞性語基に接尾して、「その（よくない）ようになりやすい傾向がある」、「よくその（よくない）状態になる」という意味を表す第二形容詞を派生するので、⑤のような名詞（第三形容詞、または第二形容詞と見ることもできる）と使われることはない。また、③のようなこれまでの連続した過程について述べる文や、④のような現在の状態を表す文にも用いられない（④は「思われがち」の場合、使用可能）。

以下、「(Nの/スル) きらいが ある」、「(Nの/スル) 傾向が ある」、「シがち(な)」の三つの形式の一つの比較を、①を少し変更した文を用いて行う。

「科学者というものは知の鉱脈を前にするとそれ以外の状況が眼中になくなってしまうきらいがある。」　　　　　　　　　　　　　　　　…①

①を「(Nの/スル) 傾向が ある」を用いて表すと、「知の鉱脈を前にするとそれ以外の状況が眼中になくなってしまう」ことに対して価値判断を下さず、中立的にただ「科学者というもの」にはその傾向があると、「傾向」という実質名詞を用いて明確に述べる。「傾向」は＋の内容にも、－の内容にも用いられる。

①を「-がち(な)」という第二形容詞性接尾辞を用いて表すと、「知の鉱脈を前にするとそれ以外の状況が眼中になくなってしまいがちである」という第二形容詞の述語を形成し、言語主体が主語である「科学者というもの」に対して「そのような好ましくない事態に陥りやすい傾向がある」と否定的評価を示す文になる。

一方、①は群補助述語詞「きらいが ある」を用いて、「必ずしも全てそうであるというわけではないが、科学者にはそのような事態に陥る好ましくない性向(傾向)がある」というように、「好ましくない」という否定的評価の認識を示しながら、それを科学者に対する一般的性向、あるいは傾向として(100%であるとは言えない、そうでない場合もあるがというニュアンスを込めながら) 婉曲に述べる述語を作っている。このように、ある事柄に関して、好ましくない一般的傾向、性向があるという否定的評価を婉曲に示す点に、「(Nの/スル) きらいが ある」の特徴が認められる。

【2】いったら ない／ったら ない／ったら ありゃ しない
　　　「(Cと)いったら ない／(C)ったら ない／
　　　(C(A/V))ったら ありゃ しない」
　　　　　　　　　　　　　　　　　用例：おかしいといったらない

「(Cと) いったら ない」は、補助述語詞「いう」の第三条件形「いったら」と、第一形容詞型補助述語詞「ない」が組合わさった群補助述語詞と見

られる。引用の助辞「と」と不定型接続Ⅰの形で接続する第一形容詞、名詞を中心として、第二、第三形容詞、動詞と用いられる。

　この形式は、「(〜と) いったら　ない」の語形の類（「(〜と) いったら　ない」の類とする）と、「(〜と) いったら」の縮約形である「(〜) ったら」を用いた「(〜) ったら　ない」の語形の類（「(〜) ったら　ない」の類とする）とに分かれ、さらに「(〜) ったら　ない」の語形の類は、「(〜) ったら　ない」と、その取り立ての形の「(〜) ったら　ありは　しない」の縮約形である「(〜) ったら　ありゃ　しない」の語形の類（「(〜) ったら　ありゃ　しない」の類とする）とに二分される。

　「現代日本語書き言葉均衡コーパス」、及び『CD-ROM版　新潮文庫の100冊』から得られた、「(〜と) いったら　ない」の類の形、「(〜) ったら　ない」の類の形は共に、常に打消しの形で用いられるが、他に丁寧体の形、過去の形が見られた。「(〜) ったら　ありゃ　しない」の類も常に打消しの形で用いられるが、他には丁寧体の形が検出できただけで、過去の形は見られなかった。このように「(〜と) いったら　ない」の類も「(〜) ったら　ない」の類も「(〜) ったら　ありゃ　しない」の類も、形としてはかなり固定的であることが認められる。

　用例数について述べると、「現代日本語書き言葉均衡コーパス」から、「(〜と) いったら　ない」の類27例（内 Yahoo! ブログから1例、Yahoo! 知恵袋から1例）、「(〜) ったら　ない」の類31例（内 Yahoo! ブログから3例、Yahoo! 知恵袋から1例）、「(〜) ったら　ありゃ　しない」の類46例（内 Yahoo! ブログから15例、Yahoo! 知恵袋4例）検出された。ここからは、「現代日本語書き言葉均衡コーパス」では、「(〜と) いったら　ない」の類、「(〜) ったら　ない」の類、「(〜) ったら　ありゃ　しない」の類の順に用例数が多くなること、「(〜) ったら　ありゃ　しない」の類に Yahoo! 関係からの例が多いことが指摘できる。

　表2を見ると、丁寧体に関して、「(〜と) いったら　ない」の類は全27例中11例（約40%）で、「(〜) ったら　ない」の類の全31例中5例（約16%）、「(〜) ったら　ありゃ　しない」の類の全46例中1例（約2%）に比べ、比率が高いことがわかる。

　過去形も「(〜と) いったら　ない」の類の方は全27例中11例（約40%）と、

「(〜)ったら　ない」の類（全31例中9例で約29%）より高い割合を占めている（「(〜)ったら　ありゃ　しない」の類に過去形は見られなかった）。

　会話からの例は、「(〜と)いったら　ない」の類が全27例中6例（約22%）、「(〜)ったら　ない」の類が全31例中18例（約58%）、「(〜)ったら　ありゃしない」の類の全46例中15例（33%）で、これは「(〜)ったら　ない」の類に多くみられることがわかる。なお、『CD-ROM版　新潮文庫の100冊』には、「(〜と)いったら　ない」の類2例、「(〜)ったら　ない」の類2例、「(〜)っ

表2　「(〜と)いったら　ない」の類、「(〜)ったら　ない」の類、「(〜)ったら　ありゃ　しない」の類の語形

| | 現代日本語書き言葉均衡コーパス | | | 新潮文庫の100冊 |
|---|---|---|---|---|
| (〜と)いったら ない | 全8例 | 会話3 | 名8 | |
| (〜と)いったら ないです | 全2例（ブ1） | 会話1 | 名2 | |
| (〜と)いったら ありません | 全6例（知1） | 会話0 | 名5、動1 | 全2例（会話調）、名詞2 |
| (〜と)いったら なかった | 全8例 | 会話0 | 名7、形1 | |
| (〜と)いったら なかったです | 全2例 | 会話2 | 名2 | |
| (〜と)いったら ありませんでした | 全1例 | 会話0 | 名1 | |
| 「(〜と)いったら ない」の類 | 全27例（知1、ブ1） | 会話6 | 名25、形1、動1 | 全2例（会話調）、名詞2 |
| (〜)ったら ない（のよ、わ、わよ…） | 全18例（ブ2） | 会話12 | 名4、形13、動1 | 全1例（会話）、動詞1 |
| (〜)ったら ないです | 全4例（知1、ブ1） | 会話2 | 名2、形2 | |
| (〜)ったら なかった（よ、ぜ、わ、だろう） | 全8例 | 会話3 | 名6、形2 | 全1例（会話）、名詞1 |
| (〜)ったら なかったんです | 全1例 | 会話1 | 形1 | |
| 「(〜)ったら ない」の類 | 全31例（知1、ブ3） | 会話18 | 名12、形18、動1 | 全2例（会話）、名詞1、動詞1 |
| (〜)ったら ありゃしない | 全43例（知4、ブ13） | 会話15 | 形38、動5 | 全6例（会話）、形容詞6 |
| (〜)ったら ありゃしないですね | 全1例（ブ1） | 会話0 | 形1 | |
| (〜)ったら ありゃしないでは ないか | 全1例 | 会話1 | 形1 | |
| (〜と)いったら ありゃしない＊ | 全1例（ブ1） | 会話0 | 形1 | |
| 「(〜)ったら ありゃしない」の類 | 全46例（知4、ブ15） | 会話15 | 形41、動5 | 全6例（会話）、形容詞6 |

知：Yahoo! 知恵袋、ブ：Yahoo! ブログ、名：名詞、形：形容詞、動：動詞
＊「(〜と)いったら ありゃしない」は「(〜)ったら ありゃしない」の類に含める。

たら　ありゃ　しない」の類6例が見られたが、これらは全て会話または会話調の文に用いられた例であった。また、「(〜)ったら　ありゃ　しない」の類が用いられた会話6例は全て女性の発言であったことも注目される。

　さらに、「(〜と)いったら　ない」の類の場合、「現代日本語書き言葉均衡コーパス」も『CD-ROM版　新潮文庫の100冊』も、名詞とほとんど使用されるのに対して、「(〜)ったら　ない」の類、及び「(〜)ったら　ありゃ　しない」の類の場合は、どちらも形容詞と多く用いられている。特に「(〜)ったら　ありゃ　しない」の類は「現代日本語書き言葉均衡コーパス」も『CD-ROM版　新潮文庫の100冊』もほとんどが形容詞と用いられている。「(〜)ったら　ない」の類と「(〜)ったら　ありゃ　しない」の類の形容詞の内訳は、「現代日本語書き言葉均衡コーパス」では、「(〜)ったら　ない」の類に第二形容詞が2例、「(〜)ったら　ありゃ　しない」の類に第二形容詞が1例、第三形容詞が1例見られただけで、他は全て第一形容詞であり、『CD-ROM版　新潮文庫の100冊』でも、「(〜)ったら　ありゃ　しない」の類の形容詞6例のうち5例が第一形容詞、1例が第二形容詞と、どちらの用例も第一形容詞が大半を占めている。

　以上をまとめると次のようになる。

(Ⅰ)「(〜と)いったら　ない」の類
・名詞とほとんどの場合用いられる。
・過去形、及び丁寧体の形が用いられる比率が高い。

(Ⅱ)「(〜)ったら　ない」の類
・第一形容詞と多く用いられる。
・会話に多くみられる。

(Ⅲ)「(〜)ったら　ありゃ　しない」の類
・第一形容詞を中心とする形容詞とほとんどの場合用いられる。
・過去形が見られない。丁寧体の形も1例見られるのみである。
・Yahoo! 関係からの例の割合が高い。
・『CD-ROM版　新潮文庫の100冊』からの例は、全て女性の会話に用いられている。

「(〜)ったら　ありゃしない」の類は、形態的に大きくは「(〜)ったら　ない」の類に属するが、ほとんどの場合形容詞と用いられていることや、過去形が見られないこと、Yahoo! 関係から多く例が得られていることなど、「(〜)ったら　ない」の類とは用法が異なる。これは「(〜)ったら　ありゃ　しない」の類を一つのグループと見ることの妥当性を示すものである。

　『出題基準』の'〈機能語〉の類'のサンプルに見える「〜といったらありはしない」は「現代日本語書き言葉均衡コーパス」からも『CD-ROM版　新潮文庫の100冊』からも例が検出されなかったため、検討対象とできなかった。また、もう一つのサンプルの「〜といったらありゃしない」は、「(〜と)いったら　ない」の取り立て形の「(〜と)いったら　ありは　しない」の縮約形とみられるもので、「現代日本語書き言葉均衡コーパス」から1例のみ得られた。これは、第一形容詞と用いられていることや、Yahoo! ブログからの用例であること、丁寧体の形ではないことなど、「(〜)ったら　ありゃ　しない」の類の例と似た性質を示しているので、「(〜)ったら　ありゃ　しない」の類に含めることとする。

　以下、本書では（Ⅰ）「(〜と)いったら　ない」の類、（Ⅱ）「(〜)ったら　ない」の類、（Ⅲ）「(〜)ったら　ありゃ　しない」の類の三つのタイプについて検討を行う。


（Ⅰ）「(〜と)いったら　ない」の類
① いわゆるやませ風の季節なので、千島の東方から流氷がぐんぐん流れよって、その寒さといったらない。　　　　　　　　　　（菊地慶一『流氷』響文社 2004）
② 「金を出してと思うようですが、いや、長いあいだ探していた本が手に入った時のうれしさといったらないですよ[20]。」

（横田順彌『古書狩り』筑摩書房 2000）
③ 「お店で買ってきた方が簡単だ」ですって？　試しに御自分で作ってごらんなさい。香ばしさが全然ちがうし、自家製のできたての熱々のおいしさといったらありません。(田原米子『ひかり求めて』ダイナミックセラーズ出版 1992)
④ 夫は、お茶とほんの一口だけおかずを箸の先でつまむと、先に立ってしまい、その早さといったらなかった。

(萩原葉子『朔太郎とおだまきの花』新潮社 2005)

⑤ 語りたくもないし、皆さんも知りたくもないだろうけれども、その悲惨なことと いったらない。　　(林真理子『美女に幸あり』マガジンハウス 2005)

⑥ ファイヤーをじっと見つめる目のきれいなことと いったらありません。
(福永令三『クレヨン王国なみだ物語』講談社 1989)

⑦ 半分凍ってるので、その音の大きいことと いったらないです。
(「Yahoo!ブログ」Yahoo! 2008)

⑧ 冬には雪まじりの風が吹きわたって、その寒いことと いったらありません。　　(泉・ブラーシュ『夢はつばさにのせて』国土社 1990)

⑨ 長渕を見たときの秋庭のおどろきようと いったらなかった。口がぽかんとあいたのだ　　(志水辰夫『ラストドリーム』毎日新聞社 2004)

⑩ 朝、そのオバチャンに会ったときの自己嫌悪と いったらなかった。
(北方謙三『風待ちの港で』集英社 2003)

⑪ 昔、まっ暗な坑内から坑口にあがった時のことを思いだします。それにひきかえ、夜の三番方にさがる時の、あの嫌な気分と いったらなかったですね。途中から逃げて帰りたかったですよ」
(上野英信『出ニッポン記』社会思想社 1995)

⑫ 久しぶりに顔を見せた済尼ですら、いきなり、そんなことを尋ねてまいりますもので、わたくしの不安と いったらありませんでした。
(井上祐美子『柳絮』徳間書店 1997)

⑬ 世界の早回りは苦しいと いったらなかった。
(鈴木五郎『飛行機の100年史』PHP研究所 2005)

⑭ 「成る程」と相槌を打って、納得したように話は聞いていますが、それが疲れると いったらありません。　　(「Yahoo!知恵袋」Yahoo! 2005)

「現代日本語書き言葉均衡コーパス」から得られた「(〜と)いったら　ない」の類の中で、第一形容詞と共に用いられた例は⑬の「苦しい」の他、「汚い」の1例のみ。その他は⑭の「疲れる」という動詞以外、全て名詞と用いられている。それらの名詞は、⑩の自己嫌悪、⑫の不安をはじめ、落胆、落胆ぶり、狼狽ぶり、あわてよう、驚きよう、いやな気分等、ある感情や、それらの感情が外に表れた様

子を示すものや、①〜④のような名詞性接尾辞「-さ」によって形容詞から派生した名詞であったり、⑤の「悲惨なこと」、⑦の「大きいこと」、⑧の「寒いこと」のような形式名詞「こと」と形容詞による名詞句であったりと、ある事柄の状態や性質を示す形容詞的意味を持つものであることが特徴的である。用いられる名詞の構成からみたタイプには、前述の名詞性接尾辞「-さ」によって形容詞から派生した名詞、形式名詞「こと」と形容詞による名詞句以外に、「落胆ぶり」、「狼狽ぶり」のような「落胆」、「狼狽」といった動作名詞と名詞性接尾辞「-ぶり」からなる派生名詞や、「あわてよう」、「驚きよう」のような「あわてる」、「驚く」といった動詞と名詞性接尾辞「-よう」からなる派生名詞、「自己嫌悪」のような名詞と動作名詞の複合名詞などが見られる。これらの派生名詞、複合名詞を構成する動作名詞、動詞は全て、ある事態に対して発生する心の動きを示す。また、「(と)いったら　ない」と用いられる単語には、「苦しい」、「悲惨さ」、「疲れる」、「不安」というマイナスの意味を持つものだけでなく、「きれいなこと」、「うれしさ」、「おいしさ」のようなプラスの意味を持つものもある。

　①の「寒さ」のような接尾辞「-さ」によって形容詞から派生した名詞を用いた文と、⑧の「寒いこと」のように形式名詞「こと」と形容詞による名詞句を用いた文との違いは、前者は「(ある対象の) 寒い度合い」が表現の中心であり、後者は「(ある対象の) 寒いという状態、性質、様子」が表現の中心となることのように思われる。「寒いといったらない」という形容詞「寒い」を用いた文であれば、「寒い」と感じる言語主体の感覚を表すことになる。

　形容詞が用いられた⑬と、動詞が用いられた⑭の場合、「(〜と) いったらない」は、それぞれ述語の本体である形容詞と動詞と組み合わさって、⑬「非常に苦しかった」、⑭「非常に疲れる」と、感情や、体が受ける変化、感覚を強く述べ表す。一方、名詞が用いられた場合、例えば②では、群補助述語詞「(〜と) いったら　ない」は述語の本体である「長いあいだ探していた本が手に入った時のうれしさ」と組み合わさり、その部分全体に対して非常な程度であるとする言語主体の評価的な程度認識を感動をこめて強く述べ出す。それは、「うれしさ」を規定する連体修飾部分が表す状況説明も含めて感嘆符で示される、「長いあいだ探していた本が手に入った時のうれしさ！」のような、事態全体に対し感動をもって述べる述語句に相当する。形容詞を用いて言い

換えた②＊の場合、「（〜と）いったら ない」は「うれしい」のみに関与して、「うれしくてたまらない」のような、うれしいという言語主体の感情を強く述べる文になる。村木 (1991) は、名詞表現と動詞表現を比べて、「名詞表現は、動作・作用・現象などをさししめす名詞が連体修飾を自由にうけて、表現内容をくわしくゆたかにするということがある (p. 233)。」と指摘している。まさに、②は多くの連体修飾を受け、感情の背景も含めた「うれしさ」にまつわる事態全体を強い感動をもって表し出している。

②＊ 長いあいだ探していた本が手に入った時は、うれしいと いったらないですよ。

　名詞は現実の時間から離れ、事態を概念化して客観的に述べるのに対して、動詞や形容詞（特に第一形容詞）は現実の時間と関わってその事態を具体的に表現する。そのような、時間を超えた、より一般的、抽象的な名詞表現と、現実の時間にかかわって、より個別的、具体的、実際的な動詞や形容詞（特に第一形容詞）表現という、用いられる単語の性質による表現の違いや、事態を述べるか、言語主体の状態の変化や感覚、心の動きを述べるかという叙述の対象の違いから、名詞を用いたものは、形容詞や動詞が用いられた⑬、⑭よりも客観性を帯び、落ち着いた表現となっていることが理解される。
　以下、「（〜と）いったら ない」が文中で果たす働きを考察した結果を示す。

1. 「（〜と）いったら　ない」が過去の形の場合、ある過去の事態の状態や性質が極端であることや、その程度がはなはだしいこと、また、ある過去の事態に対する言語主体の感情が言葉で表現できない程強かったり、その感情から発生する言語主体の状態が極端だったりするという、過去の時点での言語主体の程度認識を、感慨をもって表す。

④　夫は、お茶とほんの一口だけおかずを箸の先でつまむと、先に立ってしまい、その早さといったらなかった。

(萩原葉子『朔太郎とおだまきの花』新潮社 2005)

⑨　長渕を見たときの秋庭のおどろきようといったらなかった。口がぽかんとあいたのだ。　　　　　　　　（志水辰夫『ラストドリーム』毎日新聞社 2004）

⑩　朝、そのオバチャンに会ったときの自己嫌悪といったらなかった。
　　　　　　　　　　　　　　　　（北方謙三『風待ちの港で』集英社 2003）

⑪　昔、まっ暗な坑内から坑口にあがった時のことを思いだします。それにひきかえ、夜の三番方にさがる時の、あの嫌な気分といったらなかったですね。途中から逃げて帰りたかったですよ」
　　　　　　　　　　　　　　　　（上野英信『出ニッポン記』社会思想社 1995）

⑫　久しぶりに顔を見せた済尼ですら、いきなり、そんなことを尋ねてまいりますものの、わたくしの不安といったらありませんでした。
　　　　　　　　　　　　　　　　（井上祐美子『柳絮』徳間書店 1997）

⑬　世界の早回りは苦しいといったらなかった。
　　　　　　　　　　　　　　（鈴木五郎『飛行機の100年史』PHP研究所 2005）

「（～と）いったら　ない」はほとんどの場合名詞と用いられるが、その約40%が過去の形であった。名詞と用いられる「（～と）いったら　ない」に事態の極端な程度を表す過去の形が多いのは、名詞が用いられる場合、言語主体の感情や心の動きが、「既に起こったある事態」として客観的、全体的に捉えられるからであるように思われる。形容詞が用いられる場合、言語主体の感情や心の動きを表す単語が述語となって、刻々と動く「今、その時」の言語主体の感情や、ある事態に対する主観的な思いをリアルタイムに表す傾向が強い。

2.　「（～と）いったら　ない」が非過去の形の場合、ある事態の状態や性質が極端であったり、その程度がはなはだしかったりする、また、ある事態に対する感情が言葉で表現できない程強かったり、その感情から発生する自己の状態が極端であったりするという言語主体の発話時の認識を、感慨や感動を込めつつも、やや客観的、冷静に提示する。

①　いわゆるやませ風の季節なので、千島の東方から流氷がぐんぐん流れよって、その寒さといったらない。　　　　　　　（菊地慶一『流氷』響文社 2004）

② 「金を出してと思うようですが、いや、長いあいだ探していた本が手に入った時のうれしさといったらないですよ。」（横田順彌『古書狩り』筑摩書房 2000）
③ 「お店で買ってきた方が簡単だ」ですって？ 試しに御自分で作ってごらんなさい。香ばしさが全然ちがうし、自家製のできたての熱々のおいしさといったらありません。（田原米子『ひかり求めて』ダイナミックセラーズ出版 1992）
⑤ 語りたくもないし、皆さんも知りたくもないだろうけれども、その悲惨なことといったらない。　　　（林真理子『美女に幸あり』マガジンハウス 2005）
⑦ 半分凍ってるので、その音の大きいことといったらないです。
　　　　　　　　　　　　　　　　　　　　　　（「Yahoo! ブログ」Yahoo! 2008）
⑧ 冬には雪まじりの風が吹きわたって、その寒いことといったらありません。　　　　　（泉・ブラーシュ『夢はつばさにのせて』国土社 1990）
⑪ ファイヤーをじっと見つめる目のきれいなことといったらありません。
　　　　　　　　　　　　　　　（福永令三『クレヨン王国なみだ物語』講談社 1989）
⑭ 「成る程」と相槌を打って、納得したように話は聞いていますが、それが疲れるといったらありません。　　　　　　　　（「Yahoo! 知恵袋」Yahoo! 2005）

「(〜と)いったら ない」の類は他のグループに比べて丁寧体の形式が用いられる例が多くみられる。丁寧体の形式が多く使用されることは、受け手が存在する、やや改まった場を意識している表れといえる(実際に③は、読み手に働きかけている)。また、「(〜)ったら」が「(〜と)いったら」の縮約形で口語的であることの裏返しとして、「(〜と)いったら」がそれほど口語的でないことと関連して、「(〜と)いったら ない」は、一般的、抽象的、観念的な概念を表す名詞的表現とともに用いられて、言語主体の発話時における自身の強い認識を、やや改まって、冷静に、しかも感慨・感動を込めて提示する(丁寧体のときは受け手に)ことを可能としている。

(Ⅱ)「(〜)ったら ない」の類
⑮ 何度も言いますが 若い頃の井上の完璧さ ったらないぞ！
　　　　　　　　　　　　　　　　　　　　　　（「Yahoo! ブログ」Yahoo! 2008）
⑯ 師匠のからだ、利かなくなっちゃうんです。すぐにべろべろになる。その

ときの重さ ったらないですよ。　　（古今亭圓菊『背中の志ん生』うなぎ書房 2001）

⑰　「男は平気でお前をあざむく。その証拠に 去っていくときのフットワークの軽さ ったらなかっただろう」
　　　　　　　　　　　　　　　　　　　　　（三田薫子『女恋坂』菁柿堂 2002）

⑱　まんまるに見開かせて驚き、そしてその直後には全身を使って狂喜する。 あの喜びよう ったらない。　　　　（素樹文生『旅々オートバイ』新潮社 2002）

⑲　もうね、ピースして満面の笑みで、無邪気 ったらない。
　　　　　　　　　　　　　　　　　　　　　　　（「Yahoo! ブログ」Yahoo! 2008）

⑳　窓に額をつけると、ほてった顔が冷やされて 気持ちいい ったらない。
　　　　　　　　　　　　　　　　　　　　　（辻真先『風雪殺人警報』光文社 1998）

㉑　部屋は、見た目は綺麗なんですが良く見るとあちこち 汚い ったらないです。
　　　　　　　　　　　　　　　　　　　　　　（「Yahoo! 知恵袋」Yahoo! 2005）

㉒　心臓の異様な鼓動は消えたが、代わりに強い怒りが湧きあがってくる。いやみったらしい ったらないわね。ここまで一緒に来て、あてつけがましく別行動を取るなんて。　　（六道慧『蝶々夫人の事件簿』中央公論社 1996）

㉓　「まあ静かで善いじゃないサ。うちのくたばり損ないなんざ、どたどたとんかん 喧しい ったらないし、寝りゃあ寝たで歯軋り噛むは鼾はかくはサ。」
　　　　　　　　　　　　　　　　　　（京極夏彦『覘き小平次』中央公論新社 2005）

㉔　長雄はまたしてもわりをくうはめになった。「トクなやっちゃなあ」つくづく、いまいましい ったらなかった。
　　　　　　　　　　　　　　　　（生源寺美子『きらめいて川は流れる』ポプラ社 1993）

㉕　「すぐに、ふたりでもりあがってよ。うるさい ったらなかったよな。」
　　　　　　　　　　　　　　　（朝比奈蓉子『へそまがりパパに花たばを』ポプラ社 1997）

　既に指摘した通り、「（〜）ったら　ない」は名詞とも用いられるが、「（〜と）いったら　ない」と比べると形容詞（特に第一形容詞）が多く使われている（名詞12例に対し、形容詞18例、「（〜と）いったら　ない」は名詞25例に対して形容詞2例）。⑮「完璧さ」や⑯「重さ」、⑰「軽さ」のような形容詞から派生した名詞と用いられる場合、その名詞と連体修飾部分が表す事態（⑮の場合「若いころの井上の完璧さ」）を強く述べる客観的色彩の濃い表現を形成する。しかし、「（〜）ったら　ない」は、⑲、⑳、㉑、㉒のように形容詞を用いて、ある事柄に対する言語主体の感情や評価を強く表

す主観的な表現が「(〜と)いったら　ない」に比べて多いことが特徴的である。

　丁寧体の形は「(〜と)いったら　ない」の類の40％程多くはないが、「(〜)ったら　ない」の類も、丁寧さを示す「(〜)ったら　ないです」という形が全体の16％見られる。ただ「(〜)ったら　ないです」の「ないです」は「ありません」より丁寧度が低い、口語的なタイプといえる。また、「(〜)ったら　ないわね」、「(〜)ったら　ないわよ」、「(〜)ったら　ないですよ」など終助辞が用いられている例が他の二つの類よりも多く得られている。丁寧体の使用には、受け手というものの存在に対する言語主体の意識が示されるが、終助辞には、言語主体が受け手を認識し、さらにそれに積極的に働きかけようという意識が表れる。この終助辞の使用頻度が他の二つの類に比して高いということは、「(〜)ったら　ない」の類の例が会話から多く得られていることと関連しているように思われる。

　「(〜)ったら　ない」と用いられる名詞や形容詞、動詞としては、「現代日本語書き言葉均衡コーパス」から、「完璧さ」「気持ちいい」「無邪気」のような肯定的な評価意識を示す例も検出されたが、総じて「いやみったらしい」、「汚い」、「うるさい」、「いまいましい」、「だらしない」のような否定的評価意識を示すものの方が多いといえる。

1. 「(〜)ったら　ない」が過去の形の場合、ある過去の事態の状態や性質が極端であることや、その程度がはなはだしいこと、また、ある過去の事態に対する言語主体の感情が言葉で表現できない程強いといった、過去の時点での言語主体の程度認識を表す。

⑰　「男は平気でお前をあざむく。その証拠に去っていくときのフットワークの軽さったらなかっただろう」
　　　　　　　　　　　　　　　　　　　　　　（三田薫子『女恋坂』菁柿堂 2002）
㉔　長雄はまたしてもわりをくうはめになった。「トクなやっちゃなあ」つくづく、いまいましいったらなかった。
　　　　　　　　　　　　　　　　（生源寺美子『きらめいて川は流れる』ポプラ社 1993）
㉕　「すぐに、ふたりでもりあがってよ。うるさいったらなかったよな。」
　　　　　　　　　　　　　　　　（朝比奈蓉子『へそまがりパパに花たばを』ポプラ社 1997）

⑰の「フットワークの軽さったらなかっただろう」の「なかっただろう」は推量形の形をとっているが、これは、高橋他(2005)で述べる終助辞「ね」の「はなし手ときき手がいっしょにいるばめんで、きき手もおなじように認識しているだろうとはなし手がかんがえて発言する(p. 240)」用法と同等に考えられる。

　過去形は「(～と)　いったら　ない」の類が全27例中11例（約40%）であるのに対して、「(～)　ったら　ない」の類は全31例中9例（約29%）で、「(～)　ったら　ない」の類における過去の形の割合の相対的な低さが指摘できる。これは、過去の時点での言語主体の程度認識を示す形式として、「(～)　ったら　ない」の類は「(～と)　いったら　ない」の類程用いられていない事実を示唆している。

2. 「(～)ったら　ない」が非過去の形の場合、ある事態の状態や性質が極端だったり、程度がはなはだしかったりする、また、ある事態に対する感情が言葉で表現できない程強かったり、ある事態から発生する言語主体の状態が極端だったりするという言語主体の発話時の認識を強く提示する。

⑮　何度も言いますが若い頃の井上の完璧さったらないぞ！
　　　　　　　　　　　　　　　　　　　　　　　　（「Yahoo! ブログ」Yahoo! 2008)

⑯　師匠のからだ、利かなくなっちゃうんです。すぐにべろべろになる。そのときの重さったらないですよ。　（古今亭圓菊『背中の志ん生』うなぎ書房 2001)

⑱　まんまるに見開かせて驚き、そしてその直後には全身を使って狂喜する。あの喜びようったらない。　　　　　（素樹文生『旅々オートバイ』新潮社 2002)

⑲　もうね、ピースして満面の笑みで、無邪気ったらない。
　　　　　　　　　　　　　　　　　　　　　　　　（「Yahoo! ブログ」Yahoo! 2008)

⑳　窓に額をつけると、ほてった顔が冷やされて気持ちいいったらない。
　　　　　　　　　　　　　　　　　　　　　（辻真先『風雪殺人警報』光文社 1998)

㉑　部屋は、見た目は綺麗なんですが良く見るとあちこち汚いったらないです。　　　　　　　　　　　　　　　　　（「Yahoo! 知恵袋」Yahoo! 2005)

㉒　心臓の異様な鼓動は消えたが、代わりに強い怒りが湧きあがってくる。いやみったらしいったらないわね。ここまで一緒に来て、あてつけがましく

別行動を取るなんて。　　　　　（六道慧『蝶々夫人の事件簿』中央公論社 1996）

㉓　「まあ静かで善いじゃないサ。うちのくたばり損ないなんぞ、どたどたとんかん喧しい<u>ったらないし</u>、寝りゃあ寝たで歯軋り噛むは鼾はかくはサ。」

（京極夏彦『覗き小平次』中央公論新社 2005）

「(〜)ったら　ない」は「(〜と)いったら　ない」と比較すると過去の形の占める割合が少なく、非過去形で示される言語主体の発話時の認識の提示が表現の中心となっている。前にも示した通り、「(〜)ったら　ない」は「(〜と)いったら　ない」に比べて、くだけた口語的表現形式である。事実、「現代日本語書き言葉均衡コーパス」から得られた「(〜)ったら　ない」の58%が会話に用いられている。また、その会話では、「(〜)ったら　ない」によって提示された言語主体の認識に終助辞が付け加えられる場合が多く、その終助辞の働きを得て、言語主体の認識がある意図を持って受け手である聞き手に伝達される。⑮の「完璧さったらないぞ！」は、「(〜)ったら　ない」の形式に終助辞「ぞ」が用いられることで、送り手の「まさに完璧である」という極端な程度の認識が、受け手に対する意識喚起の思いと共に強く表し出される。送り手の極端な程度認識の意識と受け手への意識喚起の強烈さは感嘆符「！」に示されている。

(Ⅲ)「(〜)ったら　ありゃ　しない」の類

1. ある事態の状態や性質が極端であったり、その程度がはなはだしかったりするという言語主体の発話時の評価的認識や、ある事態に対する言語主体の発話時の強い感情、ある事態から発生する言語主体の感覚や状態が言語で表現できない程強いという言語主体の発話時の意識（ほとんどの場合否定的）を強烈に表出する。

㉖　ご飯食べててもぶんぶんぶんぶん‼昼寝しててもぶんぶんぶんぶん‼ <u>うっとうしい</u> ったらありゃしない‼何故こんなにハエが多いのかはよくわからないけど、とにかくオーストラリアはハエが多い‼

（「Yahoo! ブログ」Yahoo! 2008）

㉗　マイルールがいやなら入札しなけりゃいい。入札した後になって、どうの

こうのと ウザイ ったらありゃしない。そう思わない？

(「Yahoo! 知恵袋」Yahoo! 2005)

㉘ 「何よ、あんな女の子におどかされて！ 見っともない ったらありゃしない！」

(赤川次郎『三毛猫ホームズの歌劇場』光文社 1986)

㉙ ここのたい焼き、薄くてパリパリの皮に、餡子が『これでもかっ!!』て位詰まってましてね♪ その餡子が甘すぎず〜♪ もう 美味い ったらありゃしない!!(@￣﹃￣@)

(「Yahoo! ブログ」Yahoo! 2008)

㉚ どうして、『運命のタロット』のメンバーってこんな奴ばっかなんだ。くやしい ったらありゃしないっ！

(皆川ゆか『〈愚者〉は風とともに』講談社 1993)

㉛ 「…なんだか知んないけどサイズだけはやたらとデカくって、もー、痛い ったらありゃしない」

(横森理香『ワルツ』祥伝社 2004)

㉜ しかしよりによって人間ドックの担当看護婦に正体を知られているなんて、やりにくい ったらありゃしないではないか。

(原田宗典『本家スバラ式世界』主婦の友社 1994)

㉝ それにしても、パソコンに頼りすぎる生活も考えものです。情けない ったらありゃしないですね。

(「Yahoo! ブログ」Yahoo! 2008)

㉞ 情けない と言ったらありゃしない。

(「Yahoo! ブログ」Yahoo! 2008)

㉟ 「ほほほほ、この人、いなか者のくせに、そりゃ負けずぎらいなの。なんかつ言うと、すぐ突っかかってきて、なま意気 ったらありゃしないわ。」

(路傍の石)

㊱ まったく、こんな関係、お互いに シツレイだ ったらありゃしない。

(高橋章子『あっこのおきらくジンセイ論』ミリオン書房 1995)

㊲ 主人公せっかく食い意地張るコミカルな演出も 台無し ったらありゃしない。

(「Yahoo! ブログ」Yahoo! 2008)

㊳ いらいらする ったらありゃしない。はやく離縁したいもんだ。

(米村圭伍『紀文大尽舞』新潮社 2003)

「(〜)ったら ありゃ しない」は、「(〜)ったら」も「ありゃ しない」も縮約形であることから、極めて口語的な形式であるといえる。また、「(〜)ったら ありゃ しない」の類は全て形容詞と用いられ、そのほとんどが第一形容詞であ

る。その形容詞は、「現代日本語書き言葉均衡コーパス」から得られた例中、㉙「美味いったらありゃしない」以外全てマイナス評価のものであった。いずれも非過去の形で、ある事態に対する言語主体の今ここでの感情や感覚、評価的認識を強く表し出す。丁寧体の形はわずか1例(約2%)であり、「(～と)いったらない」の類の約40％、「(～)ったら　ない」の類の約16％に比べると、その差は顕著である。「(～)ったら　ない」の類に多くみられた終助辞は3例得られたのみで、丁寧体が1例であったことと考えあわせると、「(～)ったら　ありゃ　しない」の形は受け手の存在を意識しない、または、受け手の存在を必要としない「言語主体の意識の強い表出」、すなわち「強烈な真情の吐露としての独白」に多く用いられる形式であることが推測される。「現代日本語書き言葉均衡コーパス」から得られた「(～)ったら　ありゃ　しない」の類全46例中、15例が「個人の意見の表明」を基本とするYahoo!ブログからのものであったことは、それが「強烈な真情の吐露としての独白」に主として用いられる形式であることを裏付けるもののように思われる。その他、『CD-ROM版　新潮文庫の100冊』の例では、「(～)ったら　ありゃ　しない」は全て女性の会話に用いられていた。『新潮文庫の100冊』は小説であるから、「(～)ったら　ありゃ　しない」は、書く形式としての小説中の会話において、特に女性の強い感情を表現するための技法と考えることも可能である。書く場合、言語主体(書き手)はイントネーションや表情、ジェスチャーなど、言語以外の要素によって自分の感情を強く表現することができない。「(～)ったら　ありゃ　しない」は、書く形式におけるそのような自己の感情表現の不足要素を補う技法の一つであることが考えられる。

　「(～)ったら　ありゃ　しない」が「言語主体の感情や感覚、ある事態に対する評価的認識の強い表出」を表すことは、「(～)ったら　ありゃ　しない」が直後に「！」、「!!!」、「っ！」等を伴って書き表される例が多く見られる点にも現れている。書く形式では強い口調やイントネーションといった音声的な側面を示すことができない。「！」、「!!!」、「っ！」等には、書いて表す場合、「(～)ったら　ありゃ　しない」の形式だけではどうしても表しきれない強烈な思いを、視覚的手段をもって表し出そうという書き手である言語主体の意図を見ることができる。

「(〜)ったら ありゃ しない」に用いられた終助辞は、『CD-ROM版 新潮文庫の100冊』と「現代日本語書き言葉均衡コーパス」あわせて、「よ」、「わ」、「ね」の3例であった。これらは次のように文中に使われている。「もう慌ただしいったらありゃしないよ。」、㉝「情けないったらありゃしないですね。」、㉟「なま意気ったらありゃしないわ。」高橋他(2005)によると、終助辞「よ」は「はなし手がすでに認識し、きき手がまだ認識していない情報について、はなし手がきき手に対してつたえる必要があると判断してつたえるときにつかわれる。(p.238)」もので、「わ」は「女性であるはなし手が自分の認識、判断したことを（あいてにわかってもらうために）あいてにつたえる文にくっつけられる。(p.242)」。「ね」は「はなし手ときき手がいっしょにいるばめんでは、きき手もおなじように認識しているだろうとはなし手がかんがえて発言するのにもつかわれる。(p.240)」という。これらに共通することは、話し手である言語主体が聞き手である受け手に自分の認識や考えを伝える働きをするという点である。基本的に受け手を必要としない「言語主体の意識の強い表出」形式である「(〜)ったら ありゃ しない」には、受け手を想定する終助辞が用いられるケースはわずかではあるが、たとえ終助辞が用いられる場合でも、実際に使われるのは「受け手に自分の認識や考えを伝える」タイプのものであり、「(〜)ったら ありゃ しない」で表出された言語主体の意識を受け手に一方向的に伝達する働きをする。

「(〜)ったら ありゃ しない」の類は全46例中15例(33%)が会話で用いられており、「(〜)ったら ない」の類の全31例中18例(約58%)程ではないが、「(〜と)いったら ない」の類の全27例中6例(約22%)より多い。しかし、㉘、㉛のように「(〜)ったら ありゃ しない」は会話で用いられていても、単なる言語主体の認識や感覚の表出であって、受け手の存在は問題とされていない（これは「(〜)ったら ない」の類も同様で、「(〜)ったら ない」の類は会話に多数用いられるが、その場合にも、「わ」、「よ」、「ぞ」、「ね」のような話し手である言語主体が聞き手である受け手に自分の認識や考えを伝えるタイプの終助辞が選ばれている。従って、非過去形の「(〜)ったら ない」の類も、基本的に言語主体の認識や感情、感覚の表出に用いられるものと言える）。具体的な受け手に自分の感情や認識を示す場合は、㉗「入札した後になって、どうのこうのとウザイったらありゃしない。そう

思わない?」のように、後で受け手の認識を確かめる文が付け加えられている。会話に用いられるのは、それが口語形式であることが大きな理由であるように思われる。

　「(～) ったら　ありゃ　しない」と「(～) ったら　ない」、「(～と) いったら　ない」を比べると、「(～) ったら」も「ありゃ　しない」も縮約形であることから、「(～) ったら　ありゃ　しない」が最も口語的、或いはくだけた形式であることがいえる。実際に「(～) ったら　ありゃ　しない」は形容詞が使われるだけで、名詞が用いられることはなく、機能も事態に対する言語主体の現在の評価的認識、感情、感覚の直接的で強烈な表出に限られる。ほぼ決まった一定の形で用いられることを考慮すると、「(～) ったら　ありゃ　しない」は、三つの形式の中で、事態に対する自己の現在の評価的認識、感情、感覚を直接、強烈に表出するための、最も文法化された、あるいは様式化された形式であることが指摘できる。

　㉟は『CD-ROM 版　新潮文庫の 100 冊』から得られた、第二形容詞「なま意気」が「(～) ったら　ありゃ　しない」に接続して用いられた例、㊱は「現代日本語書き言葉均衡コーパス」から得られた、第二形容詞「シツレイ」が「(～) ったら　ありゃ　しない」に接続して用いられた例で、ここからは「(～) ったら　ありゃ　しない」が不定型接続 (不定形) の非過去みとめ形の第二形容詞に接続する㉟の場合と、終止型接続 (終止形) の非過去みとめ形の第二形容詞に接続する㊱の場合があることがわかる。不定型接続の㉟の場合は、「この人」に対して抱いた「なまい気」という思いを「まさになまい気!」のように「感情のまま」直接強く表し出すが、終止型接続の㊱の場合は、「こんな関係」に対して「非常に失礼である」と話者である言語主体が「判断、断定した」自己の考えを強く示すという違いが見られる。不定型接続のまだ述べ方を持たない不定形を用いた㉟の方は、より直接的、感情的表現であるのに対して、終止型接続の㊱の方は、断定形の終止形を用いて、状況に対する一定の評価を送り手自身が判断したものとして、強く述べ表す形になっているため、㉟より落ち着いた、また、断定的な表現となっている。

　第一形容詞は不定型接続か、終止型接続か語形からだけでは判断が付きにくいが、㉖「うっとうしいったらありゃしない!!!」や㉘「見っともないった

らありゃしない！」のように「！」がつけられて非常に感情的であることを示す例があるところを見ると、感情や思いをそのまま直接強く表し出す不定型の接続と見た方が言語の事実に即しているように思われる。実際、第三形容詞は㊲に見るように不定型の接続をしている。㊳の動詞の場合も語形からだけでは不定型接続か、終止型接続か判断が付きにくいが、これも形容詞と同様に不定型の接続と捉える方が適当であると思われる。動詞のタイプとしては、「いらいらする」という感情を表すものが用いられている。㉗の「ウザイったらありゃしない。」の「ウザイ」は現代の若者によく用いられる「目ざわり、気に食わない、いやな」という意味の第一形容詞の俗語で、極めて激しい語感を持つ。以上から「（～）ったら　ありゃ　しない」は、第一形容詞を主とする、口語的で、激しい語感や、マイナス評価の意味を持つ単語と不定型接続で多くの場合用いられる形式であるということができる。

　「（～と）いったら　ない」の類も「（～）ったら　ない」の類も過去の形の場合、ある過去の事態の状態や性質が極端であることや、その程度がはなはだしいこと、また、ある過去の事態に対する言語主体の感情が言葉で表現できない程強かったり、その感情から発生する言語主体の状態が極端であったりする程度認識を表す。非過去の形の場合、そのような事態の程度や言語主体の感情の程度、状態が極端であるという言語主体の発話時の認識を提示する。「（～と）いったら　ない」の類の方は名詞と用いられることが多く、客観性を帯びた表現である。「（～）ったら　ありゃ　しない」の類は常に非過去の形で、第一形容詞と主として用いられ、ある事態の状態や性質が極端であったり、その程度がはなはだしかったりするという言語主体の評価的認識や、ある事態に対する言語主体の感情や感覚、それらから発生する言語主体の状態が言葉で表現できない程強いという、言語主体の発話時の意識（ほとんどの場合否定的）を強烈に表出する。

　「（～と）いったら　ない」の類、「（～）ったら　ない」の類、「（～）ったら　ありゃ　しない」の類、いずれも事態の程度がはなはだしいとする言語主体の事態に対する認識や評価を、それと組み合わさる名詞や形容詞、動詞に加えて述語を形成することが特徴といえる。

### 6.2.2 非存在動詞系群補助述語詞

【1】いう／いった　ところ（だ）　「（Cと）いう／いった　ところ（だ）【C】」

用例：時給は700円から1000円というところだ
帰省？まあ、2年に1回といったところだ

　「（Cと）いう／いった　ところ（だ）」は、動詞「いう」由来の補助述語詞「いう」と形式名詞「ところ」由来の補助述語詞「ところ（だ）」とからなる群補助述語詞と考えられる。『大辞林』には、「いう」の第一の意味として「声を出して単語や文を発する。」、「ところ」の第一の意味として「空間的な位置、場所」が挙げられている。

　「現代日本語書き言葉均衡コーパス」を用いて「と　いう　ところ（だ）」、及び「と　いった　ところ（だ）」と組み合わさる単語を調べてみたところ、ほとんど不定型接続の文相当の形式の述語である不定形の名詞の非過去みとめの形（Ⅰ）と、動詞の非過去、過去みとめの形（Ⅰ、Ⅲ）であることがわかった。形容詞は、調査の限りでは、「引手数多」、「間一髪」、「並」といった第三形容詞、「必要」「幸い」という第二形容詞、「少なくない」という第一形容詞が見られるにすぎなかった。また、名詞では「約1時間半」、「三十五、六歳」といった数量名詞が多用されていることが注目される。

　引用の助辞「と」に接続する語形は一般的には「終止形」ととらえられているが、この群補助述語詞は、「藤の花というところだ」、「園遊会といったところだった」、「引手数多というところだった」、「必要というところだった」という例から見えるように、「不定形」で「と」と接続する不定型接続の文相当の形式の述語の単語と組み合わさって述語を形成する。その述語は、ほとんどの場合、文の述語や、重文の先行節の述語に用いられている。

　「いう／いった　ところ（だ）」の語形については、「現代日本語書き言葉均衡コーパス」の検索から以下のような例が得られた。

「いう／いった　ところ（だ）」、「いう／いった　ところだった」、「いう／いった　ところだろう」、「いう／いった　ところで　ある」、「いう／いった　ところで　あった」、「いう／いった　ところで　あろう」、「いう／いった　ところです」、「いう／いった　ところでした」、「いう／いった

ところでしょう」、「いう／いった　ところでしょうか」、「いう　ところ　で　あったろう」

　検索結果からは、「いう　ところで　あったろう」を除いて、「(Cと)いう」も「(Cと)いった」も共に同じ「ところ(だ)」の語形との組み合わせで用いられていることが得られた。これらは全てみとめの形なので認め方のカテゴリーは見られないが、テンスのカテゴリー、丁寧さのカテゴリー、そして、推量形があることから、命題の述べたてのカテゴリーが認められる。
　次に「現代日本語書き言葉均衡コーパス」から得られた「(Cと) いう／いった　ところ (だ)」の用例を検討すると、以下のⅠ〜Ⅵの用法が見られた。

Ⅰ．数量名詞と共に用いられて、断言はできないが、おおよそその程度だとする、言語主体の断言を避けた控えめな態度を述語に加える。
① トゥルムまで、くたびれたビートルにいくら鞭をくれても、二時間はかかるだろう。アクマルまでは一時間半というところだ。
(北方謙三『いつか光は匂いて』講談社 1996)
② 首筋や目尻のしわから察するに、四十五、六歳というところだろうか。」
(宮部みゆき『人質カノン』文芸春秋 1996)
③ 「手を引く湯」と書くが、文字通り指を入れたときに「熱い」と感じ、思わず手を引いてしまうくらいの温度の湯のことである。具体的には、七〇〜八〇度といったところだ。　(高島徹治『プロが使う秘密の日本』幻冬舎 2004)

「用例」の「時給は700円から1000円というところだ。」は、「断言はできないが、おおよそ700円から1000円程度だ」という意味が考えられる。

Ⅱ．その時点での状況が、送り手にとってCに示される事柄のような「可もなく、不可もなし」という、ごく普通の程度であるという、言語主体の断言を避けた控えめな評価を表す。
④ 大抵は「ちょっとお茶でも飲みに……」という程度の世間噺のおつきあい、というところだったが、たまに展示会の取材に同行を乞われる、とい

うようなことがあった。」 （新橋烏森口青春篇）
⑤ 「まあまあ、といったところでしょうね。……でも、絶対にいい試合をさせます」 （一瞬の夏）
⑥ 「寝たり起きたりというところでしょうな」 （点と線）

④に「大抵は『ちょっとお茶でも飲みに……』という程度の世間噺のおつきあい、というところだった…」とあるところからも、この場合の「（Cと）いう／いったところ（だ）」の「ところ」が程度を表すことが示される。

Ⅲ. この比喩が適当かどうかわからないが、敢えて例えてみれば、おおよそこの程度に当たるという、ある対象に対する言語主体のためらいがちな「見立て」としての程度評価を表す。

⑦ （美しいなあ。年ごろになったらどんな美人になるだろう。この姫君は、たとえれば、藤の花というところだろうか……） （新源氏物語）
⑧ 人生でいえば初恋の女性、作家でいえば処女作、役者でいえば初舞台といったところだった。 （人民は弱し官吏は強し）

Ⅳ. 現在の状況を仮にあるもので例えて換言してみれば大体その程度だという、現在の状況に対する送り手の控えめな評価を表わす。

⑨ 「心ここにあらずといったところですな」 （エディプスの恋人）
⑩ 「浅黄幕が落ちて、口上から世話場があいたというところだな」栄二はなにも聞かなかったような口ぶりで云った。 （さぶ）
⑪ 「気がついたのかい。見あらわされた玄関先、というところだね。どうだい、うまく化けたろう。」 （ビルマの竪琴）

Ⅴ. ある対象の段階やレベルに対し、その程度であろうと断言を避けた婉曲な評価を示す。

⑫ 「まだ若くて位もこれからというところだが、実直な人柄で、朝廷の後見ともなれる実力がありそうに思うし……」 （新源氏物語）
⑬ 他の2つに比べると、白餡団子は正統派といったところだろうか。

(本多由紀子『日本一の団子』小学館 1996)

VI. 「(Cと)いう／いった ところだろう」の形式で、その時点での他人の心の状態のおおよその段階を推測する。

⑭ 「おやじにすれば、植木屋になるつもりかというところだろうけど」

(太郎物語)

⑮ 彼の気持ちを考えると少々不安ではあった。嫌いではないが積極的に好きでもない、といったところだろう。(光野桃『妹たちへの贈り物』集英社 2000)

『大辞林』では、「ところ」の第一の意味を「空間的な位置、場所」としているが、「(Cと)いう／いった ところ(だ)」の「ところ」にはその実質的な意味は見られず、「ある事柄や状況の程度、段階」を表すことが指摘できる。

「(Cと)いう／いった ところ(だ)」は、多くの場合不定型Ⅰの形の名詞や不定型Ⅰ、Ⅲの形の動詞に接続して用いられる。そして、ある数量や、ある事柄・状況の程度、ある対象や状況のレベルや段階の評価について述べる際の、断言を避けた、婉曲で控えめな言語主体の態度を表す。Ⅰ～Ⅵまで、全てに「断言はできないが、確実とは言えないが、おおよそ」という言語主体の程度認識や評価に対する控えめな態度が示される点が特徴的である。

①～⑮の例文を見ると、「(Cと)いう ところ(だ)」と「(Cと)いった ところ(だ)」では、後者にやや断定的なニュアンスが加わっているものの、どちらもほぼ同様に使用され、「いう」と「いった」のテンスの対立はほとんど認められないことがわかる。「(Cと)いう／いった ところだ」は全体として「～に相当する程度だ、段階だ」という意味を表しており、この場合の「いう／いった」は、「と」に前接する部分に対して「(～に)相当する」といった関係的な意味を加えて、後の「ところ(だ)」に続ける働きをしている。これは「いう」が運動を表すという動詞の中心的な意味から離れ、関係的なものの表現に変化していることを示している。高橋他 (2005) が述べるように、関係を表す動詞の連体形の非過去形と過去形は意味の違いがない場合が多い (p. 127) ので、両者がほぼ同様に用いられても不思議ではない。この「いう」の特徴は、補助述語詞としての性質と考えられる。

引用の助辞「と」の場合、「Sと　思う」、「Sと　言う」のような終止型の接続の文では終止形の単語に接続するが、「Cと　いう／いった　ところだ」は不定型の接続で、不定形の単語に接続する。終止形の単語が一定のムードを持って命題を現実と関係づけて文を終止させる働きを持つ（「Sと　思う」や「Sと　言う」という形式で用いられる場合のSは、目に見えぬ引用符で囲まれていると捉えられる）のに対し、不定形の単語はムードを持たず、現実と関係づけられていない。そのような、命題の内容概念を表すにとどまっている、ムードを持たない不定形の単語を述語とする文相当の形式に、群補助述語詞「(Cと) いう／いった　ところ（だ）」は控え目な程度認識や、程度評価的判断というモーダルな意味（きもち的な意味[21]）を加えて文を完成させることが指摘できる。

考察7　形式名詞「ところ」について

「ところ」について、日本語能力試験4級レベルでは、「奈良はきれいなところです。」や、「ここは私が住んでいるところです。」のような形容詞や連体節をうける形式で、その第一の意味である「空間的な位置、場所」を表す形式名詞として学習する。3級では一歩進んで、運動の局面を表す補助述語詞としての形式「(スル／シテイル／シタ) ところ（だ）」を学習する。鈴木（1972b）によると、「「…する　ところだ」は、動作の行われる直前であることを、「…して　いる（いた）ところだ」は、動作の進行中の状態である（あった）こと、「…した　ところだ」は、動作が直前に完了した状態であることをあらわす（p. 391）」という。この「ところ」は動詞が表す「動きの段階的位置」としての「運動の局面」と見ることができる。2級では、「教室を出ようとするところを友達に呼び止められた」、「食事しているところへ、友達からの小包が届いた」、「会議が終わったところに、取引先から電話が入った」のような、ある状況の中での「動きが行われる場面」といった、時間の流れにおける「動きの位置」を表す形式名詞「ところ」を学習する。3級の「(スル／シテイル／シタ) ところ（だ）」は、2級の「ところ」が示す「動きの時間的位置」を「運動の局面」に特化した形式と捉えることも可能である。更に1級の「(Cと) いう／いった　ところ（だ）」は、より抽象的な、ある事柄や状況の「程度、段階」における「位置」を表す。この場合の「ところ」には、「動きの場面」を

表す「ところ」のような名詞性（補語や主語として働く）は見られない。これは形式名詞「ところ」の文法化との関連が指摘できる現象といえよう。

| 4級 | → | 3級 | → | 2級→ | → | 1級 |
|---|---|---|---|---|---|---|
| 「空間的な位置、場所を表す」 | | 「運動の局面を表す」 | | 「動きの場面を表す」 | | 「事態の程度・段階を表す」 |
| | | 動きの過程における位置 | | ある状況における動きの時間的位置 | | 程度・段階上の位置 |
| 具体的な形式名詞 | | 補助述語詞 | | 抽象的な形式名詞 | | 補助述語詞 |

図3　「ところ」の学習の推移

## 7. 周辺的な品詞：自立できない周辺的な品詞——とりたて詞

「とりたて詞」は、語彙的意味に乏しく、名詞（及びその他の名詞相当の形式）とくみあわさってはじめて文の成分になれる非自立的な補助的単語で、くみあわさる名詞（及びその他の名詞相当の形式）をある意味をもってとりたてると共に、後続の事柄と関係づける働きをする。「は」、「も」などのとりたて助辞によって取り立てられた名詞（及びその他の名詞相当の形式、格形式の名詞を含む）のとりたて形式と組み合わさって、その名詞をある意味を持って取り立てるとともに、後により強調される事柄が述べられることを予告する「陳述性とりたて詞」と、名詞（及びその他の名詞相当の形式）の格の形式と組み合わさって、その名詞を累加的に取り立てる働きをする「累加性とりたて詞」がある。

「陳述性とりたて詞」には、後に他のとりたて形式、或いはとりたて相当の形式を導く「第一陳述性とりたて詞」と、後続の部分の前置きのような働きをしたり、注釈的な挿入となったりする部分を作る「第二陳述性とりたて詞」が確認できる。「第一陳述性とりたて詞」は、「（Nは）もちろん」、「（Nは）もとより」、「（Nは）おろか」のような単語で、「第二陳述性とりたて詞」は、「（Nは）いざしらず」、「（Nでは）あるまいし」のような単語である。「（Nも）さることながら」、「（Nは）さておき」、「（Nは）ともかく」のように、「第一陳述性とりたて詞」と「第二陳述性とりたて詞」の両方の働きを持つものもある。

「累加性とりたて詞」は「（Nと）いい」、「（Nに）しろ」、「（Nに）せよ」、「（N

に）しても」、「(Nに)したって」、「(Nと)いわず」のような単語で、通常「(Nと)いい、(Nと)いい」のように重ねて用いられる。

「陳述詞」はそれ自身で文の部分になれるが、「とりたて詞」は、とりたて形式や格形式の名詞と組み合わさることによって文の部分になることができる補助的な単語である。また、高橋他（2005）によると、「とりたての陳述詞」は、「ただ」や「たとえば」のように、とりたてる対象の直前に位置するのを原則とするものが多いというが、「とりたて詞」はとりたてる対象の直後に位置する。

## 7.1 陳述性とりたて詞

### 7.1.1 第一陳述性とりたて詞

「は」、「も」などのとりたて助辞を用いて取り立てられた名詞（及び、その他の名詞相当の形式）のとりたて形式と組み合わさり、その名詞をある意味を持って取り立てると共に、後にとりたて助辞で取り立てられる他の事柄、或いはとりたて相当の形式で示される事柄が述べられることを予告し、さらにその後続の事柄の取り立てにもある意味を持たせる補助的単語を第一陳述性とりたて詞とする。

【1】おろか　　「(Nは)おろか　[N：名詞、及び名詞相当の形式]」

用例：漢字はおろかひらがなも書けない

『大辞林』によると、「おろか」は「程度が不十分な意」を表す第二形容詞であるという。

① 漢字は おろか ひらがなも 書けない。　　　　　　　　　　　　（用例）
② 意見を述べることは おろか、まともに顔を見ることさえ できない。
　　　　　　　　　　　　　　　　　　　　　　　　　　　　　　　（用例）
③ 彼女の居場所は おろか、電話番号まで 突き止めているのだ。
　　　　　　　　　　　　　　　　　　（折原一『耳すます部屋』講談社 2003）
④ 人は おろか 犬の子一匹 通らない。　　　　　　　　　　　（『大辞林』）

①「漢字はもちろん書けない（それは常識的に納得できる）が、普通なら誰でも書け

る、漢字よりはるかに簡単なひらがなも書けない(従って、日本の文字は何も書けない)。」、②「意見を述べることができないことは一般的に理解できるとして、まともに顔を見るような簡単なことさえできない(人とコミュニケーションが全く取れない、恥ずかしがり屋だ)。」、③「彼女の居場所を知っていることは有り得ることとして、常識的にはより困難と見られる電話番号まで知っている(彼女についての情報は何でも知っている)。」、④「人が通らないことは不思議といえないが、犬の子一匹すら通らない(全く何も通らない静かな所だ)。」という意味が考えられる。

　この形式では、まず「Xは　おろか」によって、言語主体は常識的な一般認識に基づいて、Xを当然あり得る一般的な事柄(Yの述語が認めの形で示される場合、XはYより容易な事柄、Yの述語が打消しの形で示される場合、XはYより困難な事柄)としてとりたてて示す。それと同時に「Xは　おろか」は、次に他のとりたて助辞で取り立てられる、程度のはなはだしい事柄が述べられることを予告する。そして、続いて常識的に普通ではない「Y～」を、とり立て助辞を用いて驚きや意外な気持ちを持って加え、全体として、Yがみとめの形で示される場合はYを含んだ全肯定、Yが打消しで示される場合は全否定の事態が、程度のはなはだしさや、意外だという認識を強く表しながら表現される。

　①を例にとると、「漢字もひらがなも(何も)書けない」が、もともとの意味する文である。それを強調したり、意外なこととして表したりすることを目的として、まず「漢字はおろか」という形で、言語主体は「漢字は難しい」という常識的な一般認識を背景に「難しい漢字はもちろん」と「漢字」を取り立てて提示する。それと共に、次にそれに関係して、別のとりたて助辞で取り立てられる他の「極端な事柄(誰でも書けると思われている簡単なひらがなが書けない)」が述べられることを予告する。続いて、予告したとおり、別のとりたて助辞で取り立てられた、常識的には考えにくい「ひらがなが書けないこと」を、驚きをもって加えて述べ、後者の特殊性を際立たせる。そして、それによって、そもそもの主張である「ひらがなも漢字も何も書けない」ことを、何もできない程度のはなはだしさや意外性の強調と共に、レトリカルに表現する。

　④の場合は、まず「人はおろか」という形で、「人が通らない」ことを有り得る一般的な事柄として、「人はもちろん」と「人」をとりたてて提示す

る。それと共に、次にそれに関係して、別のとりたて助辞で取り立てられる他の「極端な事柄（普通なら犬の子一匹ぐらい通るものだが、犬の子一匹も通らない）」が述べられることを予告する。続いて、予告したとおり、常識的には考えにくい「犬の子一匹（も）通らない」ことを、驚きを持って加え、後者の特殊性を際立たせる。そして、それによって、そもそもの主張である「全く何も通らない」ことを、その事態の程度のはなはだしさや意外性の強調と共に、レトリカルに表現する。「Y　一類別辞（も）〜ない」（Yは名詞または名詞相当の形式）の形で、「全く何も〜ない」という事態を表す。

「Xは　おろか　Yも／さえ／すら／まで（Y　一類別辞（も））〜」という形式において、「おろか」はXという対象や、XとYの関係に対する言語主体の認識を示すのみで、語彙的意味に乏しい。また、「Xは　おろか」の形で文の部分となるのであり、「おろか」だけで文の部分とはなり得ない。さらに、取り立ての陳述詞がその後に続く対象を取り立てる[22]のに対し、「おろか」は、その直前に位置する取り立て助辞「は」で取り立てられた対象を取り立てると共に、後に程度のはなはだしい事柄が述べられることを予告する。このように「おろか」は「とりたて詞」としての特徴を満たしている。

第一陳述性とりたて詞「おろか」は、「Xは　おろか　Yも／さえ／すら／まで〜（X, Yは名詞または名詞相当の形式）」の形で、取り立て助辞「は」を伴う「X」を「常識的に当然あり得る事柄」として取りたてながら、次に別のとりたて助辞で取り立てられる「程度のはなはだしい事柄Y」が述べられることを予告する。続いて予告通り常識的に普通ではない「Y〜」が、驚きをもって加えられ、全体として、全肯定、或いは、全否定の事態を程度のはなはだしいものとして強調して示したり、意外だという認識をもって強く表したりする。また「Xは　おろか　Y　一類別辞（も）〜ない」の形で、全否定の事態を強調、または意外な事態として表す。

【2】さることながら　　　　「（Nも）さることながら　［N：名詞、及び、名詞相当の形式］」
　　　　　　　　　　　　　　　　　　　　用例：親の希望もさることながら

「さることながら」の中の「さること」は、「そのような」に相当する古語の「さる（然る）」と形式名詞「こと」からなる。しかし、「さる」は現代では語

彙的意味をなしていないため、今は「さること」は一単語と捉えられる。『大辞林』では「さること」として一項目が立てられ、「①そのようなこと。②当然のこと。もっともなこと。いうまでもないこと。」との説明がなされている。「さることながら」は、そのような名詞「さること」に副詞性接尾辞「-ながら」が接尾して派生した副詞に由来するものと見ることができる。このタイプの副詞について村木（2006）は、「ひとごとながら」、「陰ながら」等を例に挙げて、「用言にかかる副詞というより、文全体にかかる陳述（副）詞というべきものである（p.3）。」と述べている。

① カロリーの全体量もさることながら、総カロリー中に占める脂肪の割合も大きな問題なのである。
（安陪常正『玉川温泉で難病を克服する』法民事法研究会 2005）

② 絵の出来上がりもさることながら、失敗が少なく、気軽に楽しく描けることも大きなメリットです。　（森田健二郎『プロが隠す秘密の画法「トレース水彩画」入門』アーティストハウスパブリッシャーズ 2004）

③ 料理屋では、しその葉もさることながら、花穂の部分もよく使います。
（柿澤津八百・平松洋子『旬の味、だしの味』新潮社 2004）

④ 現在では日本の農薬に関する事情はだいぶ改善されてきましたが、やっぱり農薬を不安に思う人はたくさんいます。また、農薬もさることながら、化学肥料は、どの程度安全なのかと不安に思う人もたくさんいるようです。　（服部津貴子『中学生・高校生のための「おいしい」食育講座』同友館 2004）

⑤ 「周辺事態」によっては大量の戦傷米兵が日本に搬送されます。民間病院の動員もさることながら、自治体病院の確保は不可欠ということになりましょう。
（山崎静雄『こわい新「ガイドライン」（新日米防衛協力の指針）の話』本の泉社 1997）

⑥ 果物屋で、桟俵に包まれた「ジャンボスイカ」を発見した。ラグビーボールのような形もさることながら、その大きさにびっくりした。
（岩村文雄『畑の花を訪ねて』恒文社 2002）

⑦ 『百年の孤独』は、コルクをあしらったボトルのデザインもさることながら、マルケスの小説の題名にあやかったネーミングがキレのよい味にぴっ

たり。

(藤原作弥『素顔の日銀副総裁日記』集英社 2003)

⑧　冬は、寒さもさることながら、食物が問題である。

(立花隆『同時代を撃つ』講談社 1990)

　「さることながら」の用法は、A「Xも　さることながらYも／Yは～」とB「Xも　さることながら、～」という二つのパターンにまず大きくわかれる。Aは例①～⑤のように「Xも　さることながら」の後に「Yも／Yは～」というとりたて助辞「も」や、「は」による名詞のとりたて形式が続く場合で、Bは例⑥～⑧のように「Xも　さることながら」の後に名詞のとりたて形式が続かない場合である。先に第一陳述性とりたて詞と第二陳述性とりたて詞について説明したが、Aは後に他のとりたて形式を導く第一陳述性とりたて詞、Bは後続の部分の前置きのような働きをしたり注釈的な挿入となったりする部分を作る第二陳述性とりたて詞である。第二陳述性とりたて詞であるBのタイプは次の項で検討を行うこととし、ここではAタイプの第一陳述性とりたて詞の「さることながら」を取り上げる。

　第一陳述性とりたて詞の「Xも　さることながら」については、Yをとりたてるとりたて助辞によって、例文①、②、③のようなⅠ「Xも　さることながら　Yも～」と、例文④、⑤のようなⅡ「Xも　さることながら　Yは～」の二つのグループに分かれる (X、Yは名詞、及び、名詞相当の形式)。

Ⅰ「Xも　さることながら　Yも～」

　例文①、②のように文頭の部分で用いられても、③のように文中で用いられても、①は「カロリーの全体量も総カロリー中に占める脂肪の割合も大きな問題である」、②は「絵の出来上がりも、失敗が少なく、気軽に楽しく描けることも大きなメリットです」、③は「しその葉も花穂の部分もよく使います」のように、「XもYも～」という意味を基本的に表す。しかし実際の文をよく見ると、例えば①は、まず「カロリーの全体量もさることながら（カロリーの全体量ももちろんだが）」と言う形で「カロリーの全体量」を当然のこととして取り立てて認めつつ、より強調される事柄が次に言及されることを予告、全体として、後続の「総カロリー中に占める脂肪の割合」の方を強調し

て述べていることがわかる。②、③も同様に「Xも　さることながら」の形で、Xを当然の事柄と取り立てて認めつつ、より強調される事柄が後に述べられることを予告、全体として後続の部分の方を相対的に強調する文を形成している。中でも③は、Yが意外性をもって強調して述べられている点が特徴的である。

　Yの部分が強調されたり、さらにそれが意外性を持ったりするのは、①の場合「カロリーの全体量は当然大きな問題だが、総カロリー中に占める脂肪の割合は一般的にそれほど重視されることはない」、②の場合「常識的に絵の出来上がりは大きなメリットであるが、失敗が少なく、気軽に楽しく描けることはさほど顧みられることがない」、③の場合「普通しその葉は使うが「花穂の部分」は使用しない」という共通認識が存在する点に原因が求められる。一般的ではないYについて、取り立て助辞「も」を用いて「Yも」という形で、一般的だと認められているXと同様であると並べて取り立てるところに一般的認識とのギャップが生じ、それが強調につながる。③は普通しその「花穂の部分」は使用しないにもかかわらず、「葉」同様「よく使う」と述べるところに、一般常識との大きな認識的ギャップが生じ、そこから「意外性」が発生するが、①、②の場合は一般常識との認識的ギャップがそれほど大きくないので単なる「強調」となっていることが考えられる。ここから、「Xも　さることながら　Yも～」を用いた文に現れた強調や意外性は、我々の常識や一般的な共通認識に支えられたものであることが理解される。

Ⅱ「Xも　さることながら　Yは～」

　④も⑤も「Xも　さることながら」の部分は前の文を受けて、④は「農薬もさることながら」と農薬について不安に思うこと、⑤は「民間病院の動員もさることながら」と民間病院の動員が重要であるということを当然であると認めて取り立てつつ、より強調される事柄が次に述べられることを予告している。しかし、Ⅰとは異なり、Ⅱの場合は、「Xも　さることながら」に続く「Yは～」の部分がXと対比的に、或いは、より一層強調して述べられる（④では「農薬」とは別に、対比的に「（それでは一方、やはり不安視される）化学肥料の方は」、⑤では「民間病院の動員」とは別に「（とりわけ国からの要請が当然のこととして強く求められ

る）自治体病院の確保はさらに」という意味が見られる。）。それは、④には「農薬」が問題になるなら、それに関連して当然「化学肥料」も問題になるはず、⑤には「民間病院の動員」が必要なら、勿論立場上「自治体病院の確保」はさらに国から一段と強く求められるはずであるという一般的な認識が存在することに起因している。

　第一陳述性とりたて詞「さることながら」は、とりたて助辞「も」によってとりたてられた「X」と組み合わさって、「Xも　さることながら」という形を作る。そして、Ⅰ「Xも　さることながら　Yも〜（X、Yは名詞または名詞相当の形式）」の形で、Xを当然の事柄と認めて取り立てつつ、より強調して述べられる事柄が後に続くことを予告し、全体として「XもYも〜」という文を形成する。後続のYは、Xより強調される事柄、時には意外性をもって取り立てられる事柄である。また、Ⅱ「Xも　さることながら　Yは〜（X、Yは名詞または名詞相当の形式）」の形で、これもXを当然の事柄と認めて取り立てながら、より強調して述べられる事柄が後に続くことを予告する文を形成するが、この場合のYは、Xと対比的に、或いは、一段と強調して取り立てられる事柄である。

### 7.1.2　第二陳述性とりたて詞

　「は」、「も」などのとりたて助辞によって取り立てられた名詞のとりたて形式や、格形式の名詞のとりたて形式と組み合わさって、その名詞をある意味を持って取り立てるとともに、後続の部分の前置きのような働きをしたり、注釈的な挿入となったりする部分をつくる補助的な単語を第二陳述性とりたて詞とする。

【1】さることながら　　「(Nも)さることながら　[N:名詞、及び、名詞相当の形式]」
① 果物屋で、桟俵に包まれた「ジャンボスイカ」を発見した。ラグビーボールのような形もさることながら、その大きさにびっくりした。

（岩村文雄『畑の花を訪ねて』恒文社 2002）

② 『百年の孤独』は、コルクをあしらったボトルのデザインもさることながら、マルケスの小説の題名にあやかったネーミングがキレのよい味にぴっ

たり。

(藤原作弥『素顔の日銀副総裁日記』集英社 2003)

③　冬は、寒さもさることながら、食物が問題である。

(立花隆『同時代を撃つ』講談社 1990)

　①は「(「ジャンボスイカ」は) ラグビーボールのような形ももちろんだが (びっくりしたが)、それ以上にその大きさにびっくりした。」、②は「『百年の孤独』は、コルクをあしらったボトルのデザインももちろんだが (キレのよい味にぴったりだが)、それにもましてマルケスの小説の題名にあやかったネーミングがキレのよい味にぴったり。」、③は「冬は、寒さももちろんだが (問題であるが)、まず食物が問題である。」という意味を表している。①～③の例から、第二陳述性とりたて詞の「さることながら」は、「Xも　さることながら」の形で、Xを「もちろん」という意味で取り立てて認めながら、より強調される事柄が次に述べられることを予告していることがわかる。

　第二陳述性とりたて詞の「さることながら」の場合、①～③全て「さることながら」が作る部分は省略しても、文全体の主張が変わらないだけでなく、統語的にも文として成立する。①の「ラグビーボールのような形」は「スイカの大きさ」を引き出すための前置きのような役目を果たしているだけであり、②の「コルクをあしらったボトルのデザイン」も、「ネーミングのすばらしさ」を引き出す前置きとして、ただ挿入されているものである。また、③の伝えたい内容は「冬は食物が問題である。」ということであって、「寒さ」は一般的に認識されている冬の問題として、後述の「食物の問題」を対比的に強調するために注釈的に挿入されているにすぎない。

　第二陳述性とりたて詞の「さることながら」は、「Xも　さることながら」の形で前置きや注釈的な挿入として用いられ、「Xももちろん」とXを取り立てて認めつつ、「しかし、それ以上に」という意味で、よりレベルの高い事柄や、「それとは別に」という意味で、対比的により重要な事柄が続けて述べられることを予告する。

【2】あるまいし 　　「(Nでは)あるまいし　[N：名詞、及び、名詞相当の形]」

　　　　　　　　　　　用例：君ではあるまいし、そんなことをするものか

　第二陳述性とりたて詞「あるまいし」は、名詞と組み合わさって述語をつくる補助述語詞「ある」の非過去打ち消し推量形「あるまい」に接続助辞「し」が合わさったものに由来すると考えられる。「Xでは（じゃ）あるまいし」は、デ格形式の名詞のとりたて形と第二陳述性とりたて詞「あるまいし」が組み合わさったものである。

　「Xでは」の「-で」について、鈴木（1972b）は、以下のように述べている（p. 415）。

　　　これらのむすびとくみあわさる名詞の「-で」の形の「で」は、むすびのくっつき「だ」のなかどめの形とみとめられる。この「で」は、名詞ので格のくっつきの「で」と起源的にはおなじものであるから、これをで格の「で」とみなしておいてもかまわない。どちらにしても、ここでは本来のはたらきからずれていて、名詞がむすびとくみあわさるときにとる形式としてつかわれているだけなのであるから。

ここに見える「むすび」は、「ある」のような、名詞の述語をつくる補助述語詞、「むすびのくっつき」は述語形成辞を指す。上記鈴木（1972b）に従って、本書では第二陳述性とりたて詞「あるまいし」とくみあわさる「Xでは」をデ格形式の名詞のとりたて形とした[23]。

① 君では あるまいし、そんなことをするものか。　　　　　　　　（用例）
② 十代の娘じゃ あるまいし、そんなミニスカートなんかはけませんよ。

　　　　　　　　　　　　　　　　　　　　　　　　　　　　（『大辞林』）
③ どさまわりの旅役者じゃ あるまいし、よくあんな芝居を平気でやっていられるね。

　　　　　　　　　　　　　　　　　　　　　　　　　　　　（『大辞林』）
④ うるさいね。身元調査じゃ あるまいし、いちいち聞きすぎじゃないの。

　　　　　　　　　　　　（佐藤綾子『自分をどう表現するか』講談社 1995）

①～④の各文の主張は、①「まさか（私は）そんなことはしない」、②「まさか（私は）そんなミニスカートなんかはけない」、③「もちろん（あなたは）あんな芝居をやるべきではない」、④「もちろん（あなたは）いちいち聞くべきではない」である。「Xではあるまいし」の部分は全て、それらの主張を強調して述べるために、「まさか」、「もちろん」という陳述詞に代わって前置きとして示された、極端な、ある意味で突拍子もない「例え」と言える。

　①の「君ではあるまいし」は、省略されている主語「私は」に関して、「まさか（私は）君ではない」と「君」を例として否定的に強く取り立てて示すと同時に、続いて、「君」から予測される事柄（そんなことをする）とは程遠い内容の事柄（私はそんなことはしない）が、「もちろん」という言語主体の断定的な認識と共に述べられることを前置きとして予告している。②の「十代の娘じゃあるまいし」も、省略されている主語「私は」に関して、「まさか（私は）十代の娘ではない」と「十代の娘」を例として否定的に強く取り立てて示すと同時に、続いて、「十代の娘」から予測される事柄（そんなミニスカートをはく）とは程遠い内容の事柄（私はそんなミニスカートなんかはけない）が、「もちろん」という言語主体の断定的な認識と共に述べられることを前置きとして予告している。

　③は「どさまわりの旅役者じゃあるまいし、（あんな（つまらない）芝居をすべきではないのに）、よくあんな芝居を平気でやっていられるね。」、④は「身元調査じゃあるまいし、（いちいち聞くべきではないのに）、いちいち聞きすぎじゃないの。」という文の括弧の中の部分が省略された文である。③は省略されている主語（あなたは）に関して、「もちろんどさまわりの旅役者とは違う」と「どさまわりの旅役者」を例として断定的に否定して強く取り立てて示すと同時に、「どさまわりの旅役者」から予測される事柄（あんな芝居をする）を否定する内容の望まれる事柄（あんな芝居をすべきではない）が、「当然」という言語主体の断定的な認識と共に後で述べられることを前置き的に予告している。しかし、実際にはその部分は省略され、それが示す期待に反する現実の不満な状況を、言語主体の否定的感情と共に述べる文になっている。④も省略されている主語（これは）に関して、「もちろん身元調査とは違う」と「身元調査」を例として断定的に否定して強く取り立てて示すと同時に、「身元調査」から予測さ

れる事柄（いちいち聞く）を否定する内容の望まれる事柄（いちいち聞くべきではない）が、「当然」という言語主体の断定的な認識と共に後で述べられることを前置き的に予告している。しかし、実際にその部分は省略され、③と同様に、それが示す期待に反する現実の不満な状況を、言語主体の否定的感情と共に述べる文になっている。

　第二陳述性とりたて詞「あるまいし」は、「Xじゃ　あるまいし」という形式によって、通常省略されている主語に関して、名詞（名詞相当の形式）Xを例として、陳述詞「まさか（ありえない、到底考えられない）」に相当する認識をもって否定的に強く取り立てて示すと同時に、Xから予測される事柄とは程遠い内容の事柄が、陳述詞「もちろん（言うまでも無く）」に相当する言語主体の断定的な認識と共に後で述べられることを前置き的に予告する。また、省略されている主語に関して、Xを例として陳述詞「もちろん（言うまでも無く、明らかに）」に相当する認識をもって断定的に否定して強く取り立てて示すと同時に、Xから予測される事柄を否定する内容の事柄が陳述詞「当然」に相当する言語主体の断定的な認識と共に後で述べられることを前置き的に予告する場合も見られる。「まさか」という陳述詞で示される前者は反現実的な例で、「もちろん」という陳述詞で示される後者のXは現実にあり得る例と言える。

## 7.2　累加性とりたて詞

　累加性とりたて詞は、語彙的意味に乏しく、非自立的で、格形式の名詞と組み合わさって文の成分となり、その名詞を累加的に取り立てる働きをする補助的な単語である。

【1】いい　　「(Nと)いい」

用例：壁といい、ソファーといい、薄汚れた感じだ

　「Nと　いい」は、動詞「言う」の第一中止形由来の累加性とりたて詞「いい」が、ト格形式の名詞と組み合わさったものである。「N1と　いい、N2と　いい、XはY」、または、「Xは、N1と　いい、N2と　いい、Y」という形で、「ある事柄Xについて、Y（X：主題、Y：Xに関する評価的な内容を示す）」と述べるとき、Yの具体例としてXに属するN1やN2をまず取り立てて示

し、そのN1、N2を含むXの全てがYにあてはまることを受け手に予測させるとともに、これから後にXに関する評価的な内容Yが述べられることを予告する。通常は「N1と　いい、N2と　いい」のように、「Nと　いい」を重ねて用いる。

① このイラストと いい ロゴと いい、見たことがあるようでないような、ファーストブックシリーズ。　　　　　　（あだちなみ・立本倫子・100%ORANGE
　　　　　　　　　　　　　「月刊MOE」2005年12月号（第27巻第12号、通巻314号）白泉社 2005）
② 涌井投手と いい、ホームラン＆ツーベースを打った 中島選手と いい西武は若くて勢いがあります。　　　　　　（「Yahoo! ブログ」Yahoo! 2008）
③ そのうちの一棟は、入母屋造りの屋根と いい、アーチ型の唐破風と いい、ただの民家でないことは容易に察せられた。
　　　　　　　　　　　　　　（野村宏平『日本怪奇幻想紀行』同朋舎；角川書店（発売）2001）

①は、例えば「このイラスト」も「ロゴ」も、「ファーストブックシリーズ」についていうと、全て見たことがあるようでないようなものである、②は、例えば「涌井投手」も、「中島選手」も、「西武」について言うと、選手は全員若くて勢いがある、③は、「そのうちの一棟」について言うと、例えば「入母屋造りの屋根」も、「アーチ型の唐破風」も、全ての面から、ただの民家でないことは容易に察せられたという意味が考えられる。

　これら①～③の例文は基本的に「XはY (X：主題)」というタイプの文である（Yは題述で、Xに関する評価的内容を示す）。たとえば②は「西武（の選手）は若くて勢いがある。」が基本的な文と考えられる。その「若くて勢いがある」例として「西武の選手」に属する「涌井投手」や「中島選手」が挙げられているのである。つまり、「N1といい、N2といい、XはY」は、題述として述べられるYの例としてXに属するN1やN2を取りたてて、「例えばN1もN2もそれ以外のものも含めて全て、XはY」とXを評価して述べる形式といえる。「N1も、N2も」と「N1と　いい、N2と　いい」は、「他の物事と同様であって、そのどれもが成り立つことを表す」という点では同じだが、後者はYの例としてXに属するN1やN2を一つ一つ特に強く取り立てて述べる

送り手(言語主体)の意識を示すことと、主題に対する評価的な事柄が続いて述べられることを予告する点が特徴的である。

【2】あれ　　「(Nで)あれ」　　　　　　　　用例：男であれ女であれ

　「Nで　あれ」は、補助述語詞「ある」の譲歩形由来の累加性とりたて詞の「あれ」が、デ格形式の名詞と組み合わさった形式である。この「Nで　あれ」によって、ある事柄(主題)について、それに属する「N」を例として取り立てて、それらも含めて全てと強調して述べる。通常は「N1で　あれ、N2で　あれ」のように、「Nで　あれ」を重ねて用いる。

① 　こと「若衆」となると、網元であれ、庄屋であれ、村の大人系列の家の権威などは何の役にも立たない。　　　　　(司馬遼太郎『菜の花の沖』文藝春秋 2000)
② 　アングルであれ、セットの雰囲気であれ、置くものであれ、周りをとりまいているスタッフであれ、ぜんぶ自分にとって違和感のあるものはいやだということで徹底した。　　　　(大島渚『大島渚1960』青土社 1993)
③ 　幕末から明治にかけてやってきたイギリス人は、神戸や横浜の商人であれ、大学や旧制高校の先生であれ、牧師であれ、ほとんどが愛国者だったので、彼らは日本での見聞を手紙やレポートに書いて、せっせとロンドンに送った。
　　　　(中西輝政『国民の文明史』産経新聞ニュースサービス；扶桑社(発売) 2003)

　①の「網元」や「庄屋」は「村の大人系列の家」の例であって、「網元であれ、庄屋であれ」には、「例えば「網元」も、「庄屋」も、他のものも「村の大人系列の家」に属するもの全て」と強調する送り手(言語主体)の意識が見られる。②は、「アングル」も、「セットの雰囲気」も、「置くもの」も、「周りをとりまいているスタッフ」も、「自分にとって違和感のあるもの」の例で、①と同様に、「例えばそれら、「アングル」も、「セットの雰囲気」も、その他のものも「自分にとって違和感のあるもの」全て」と強調して述べる送り手の意識が示されている。

　「N1で　あれ、N2で　あれ」は基本的に「N1で　あれ、N2で　あれ、Xは～」や、「Xは、N1で　あれ、N2で　あれ、～」の形で、Xに属するN1

や、N2を例として累加的に取りたてて、「例えばN1もN2もそれ以外のものも含めてXに属する全て〜」と述べる形式である。「N1も、N2も」と比べて、N1とN2は例であり、「N1も、N2も、それ以外のものも含め、Xに属する全てに該当する」と強調する送り手の意識が加わる点が特徴的である。

累加性とりたて詞には、ここで示した「(N1と)いい、(N2と)いい」、「(N1で)あれ、(N2で)あれ」の他に、「(N1に)しろ、(N2に)しろ」、「(N1に)せよ、(N2に)せよ」、「(N1に)しても、(N2に)しても」、「(N1と)いわず、(N2と)いわず」等が挙げられる。

　警察にしろ消防にしろ、相手が聞いてくることに答えるだけですよ。
　　　　　　　　　　　　　　　　　　　（「Yahoo!知恵袋」Yahoo! 2005）
　たしかに、人にせよ、花々や生きものにせよ、われこそはと、これ見よがしに迫られては、見たいと思う、せっかくの気持が失せてしまう。
　　　　　　　　　　　　　　　　　　　（渡辺淳一『化身』集英社 1986）
　イチロー選手にしても、中田英寿選手にしても、タイガー・ウッズにしても、すぐれたスポーツ選手は、気づくのが速いのです。
　　　　　　　　　　　（中谷彰宏『なぜあの人は仕事が速いのか』ダイヤモンド社 2002）
　陸地といわず海上といわず、赤や青や白、色とりどりの明かりがいっせいに瞬きはじめた。
　　　　　　　　　　　　　　（内田康夫『讃岐路殺人事件』飛天出版 1993）

[注]

1 ——「ふたまた述語文」とは、高橋他（2005）において「ひとつの主語に対して述語がふたつある文である。(p. 272)」と述べられているもので、「おばあさんは　うちに　かえって、おじいさんを　まって　いました。」のような例文が示されている。
2 ——『出題基準』では、「'文法的な〈機能語〉の類'を"文法事項-助詞／指示詞／疑問詞等"（A-Ⅱ）と"表現意図等"（B）とに一応分けて、それぞれリストに示した (p. 151)」とある。「Nになる」は"表現意図等"（B）に見える。
3 ——『新釈漢文大系39　史記二（本紀）』（吉田賢抗著）明治書院昭和48年初版発行
4 ——「事象」は、村木（2010a）において「述語と主語（補語、修飾語）からなる (p. 107)」とされているものである。

5──とりたての働きをする「まで」を本書では副助辞に位置付ける。これについては副助辞「まで」の項で詳しく述べる。

6──「とりたて形成句」に関しては、第5章2.1で述べる。

7──『新日本古典文学大系10　千載和歌集』（片野達郎・松野陽一校注）岩波書店1993年発行

8──『新編日本古典文学全集11　古今和歌集』（校注・訳者　小沢正夫　松田成穂）小学館1994年

9──「セン（古語ではセム）」の連体の非過去みとめの形は、第一変化動詞では例えば「書く」は「kak-an（古語ではカカム）」、第二変化動詞では例えば「起きる」は「oki-n（古語ではオキム）」、不規則変化動詞の「する」は「セン（古語ではセム）」、「来る」は「コン（古語ではコム）」である。

10──以後「〜の類」の表記は、代表形（この場合「シテ　やまない」）に集約される様々な活用の語形をあわせたもの（この場合「シテ　やまなかった」等全6つの語形をあわせたもの）という意味で用いる。

11──「感に堪えた」、「感に堪える」、「感にたえた」という形で「現代日本語書き言葉均衡コーパス」から計7例検出されたが、『大辞林』に「感に堪える」という見出しで項目が立てられているため、ここでは慣用表現とみなし、検討の対象とはしない。

12──補助述語詞「(に)足らぬ」は不定形の動詞と用いられるのであるが、古語では「恐る」のように連体形が用いられていた。そこで、ここでは「恐るる」を古語の名残の形とした。古語で活用語の連体形は、連体修飾に用いられたり、体言として用いられたり、はだか格の名詞と同様に格助辞に続く形として用いられたりしていた。第2章6.2で不定形の名詞的性質について述べたが、「(に)足る」等の補助述語詞に動詞の不定形が格助辞を後に伴って用いられることからは、古語の活用語の連体形が、現代語では、連体形、連体格助辞型の接続の単語が名詞節形成辞「の」とくみあわさったもの、不定形の三つの語形に文法的意味とともに分化したことが示唆される。

13──「にあたらない」という形を検索すると、「ボール」や「電磁波」、「当番」、「富くじ」のような名詞と組み合わさる例も見られた。これらの名詞と組み合わさった「にあたらない」も、みとめの形など、様々な語形を持っている。

14──本書では、連体型接続の文相当の形式（連体節）に形式名詞「こと」、「もの」、「ところ」などが続いたものを「名詞句」とする。それは、形式名詞「こと」は「事態」、「場合」、「経験」など、「もの」は「品物」、「物体」など、「ところ」は「場所」、「部分」などの別の名詞に言い換えられるからである。また、連体格助辞型接続の文相当の形式に名詞節形成辞「の」が続いたもの、及び、不定型接続の文相当の形式に終助辞「か」が続いたものを名詞節とする。

15──『中学国語2』の教科書に採られている『太宰治『走れメロス』』が元々の出典である。

16──「ひょっとしたら」は、高橋他（2005）では「陳述副詞（本書では「陳述詞」）」の中の「ムード副詞（本書では「叙法の陳述詞」）」に位置付けられているもので、さらにその内の「現実認識的なムード」の中の「不確定」に分類されている。

17 ── この場合の「ないことはない」について、『教師と学習者のための日本語文型辞典』では「「一面ではそうだが100パーセントそうだというわけではない」といった断定を保留して言うような場合に用いる。」としている。

18 ── 「ないともかぎらない」について、『教師と学習者のための日本語文型辞典』では「「…ということは100パーセント確実なことではない」という意味を表す。」としている。

19 ── 『明鏡国語辞典』は「おそまつ」について一項目立て、品詞として「形容動詞」と「名詞」を併記している。また、「現代日本語書き言葉均衡コーパス」からは、「お粗末の一言だ。」のような「お粗末の」という例が3例得られた。

20 ── 「長いあいだ探していた本が手に入った時のうれしさといったらないですよ。」の「よ」のような終助辞は話者である言語主体の特別な表現意図や伝達意図を示すので、それを除外して考察を行い、終助辞の問題に関しては、後で取り上げることとする。

21 ── 鈴木（1972 b）では、「きもち的な（モーダルmodalな）意味（p. 480)」としている。この中の「きもち」は、鈴木（1972b）が述べる「文にあらわされる話し手のきもち（陳述的な意味）（p. 476)」と考えられる。

22 ── 高橋他（2005）には、「とりたて副詞」の文中での位置は、「「むしろ」のように比較的自由にいろいろな箇所にもちいられるものもあるが、「ただ」や「たとえば」などのように、とりたてる対象の直前に位置するのを原則とするものがおおい。(p. 160)」とある。

23 ── 「あるまいし」は、補助述語詞でもなく、とりたて詞であるため、形式的にデ格の形をとる名詞と組み合わさるという認識は妥当性があると考えられる。

第 **4** 章　品詞という観点で捉えるもの（2）
——単語の部分であるもの——

## 1. 単語の付属辞であるもの

### 1.1 活用語の活用語形の部分であるもの

#### 1.1.1 動詞の活用語形の部分であるもの

<u>動詞の活用形</u>

　高橋他（2005）では、「よみながら」、「よみよみ」、「よみつつ」、「よみに」、「よもうと」など、「述語になる用法（それ自身の主語といっしょになって節をつくる用法）がなく、もっぱら連用的につかわれる語形（p. 134）」を「副動詞」と捉え、その中の「よみながら」、「よみよみ」、「よみつつ」を「同時形」、「よみに」を「目的形」、「よもうと」を「意図形」と呼んでいる。副動詞については、「ひろい意味では動詞の語形のなかにふくまれる（p. 134）」としながら、以下のような特徴を指摘している。①は動詞としての特徴であり、②〜④の特徴は副詞と似ているという（pp. 134–135）。

① まえの語に対しては、格支配など、動詞としての機能を持っている。
② 主語を持たない。
③ ていねい動詞にこのかたちがない。
④ 原則としてうちけしとなじまない。

清瀬（1989）は、動詞には文の中途に現れ、連用節を導く副詞的な働きがあるとして、その連用節を成す動詞の形を連用形と呼んでいる（p. 60）。また、連用形として用いられた動詞はロシア文典風に副動詞とも呼ばれると紹介している。清瀬が述べる連用形は、以下に示すような連用形形成の文法接尾辞である動詞接尾辞（動詞語幹に接尾して、その語幹に文法的職能を付与する（p. 7））が動詞語幹に付着して作られるが、その職能も接尾辞の種類に従って多様であるという（p. 60）。以下、清瀬（1989）に挙げられた動作動詞連用形形成の文法接尾辞の例を示す（p. 66）。

　　順接「-(i)」、完了「-(i)te」、譲歩「-(i)temo」、却下条件「-(i)tewa」、開放条件「-(r)uto」、仮定条件「-(r)eba」、完了条件「-(i)taraba / -(i)tara」、否定「-(a)zuni / -(a)zu」、同時「-(i)nagara」、目的「-(i)ni」、同時進行「-(i)tutu」、前望譲歩「-(y)ooto」

清瀬の動詞の連用形、または副動詞は、村木（2010b）や高橋他（2005）にならって作成した本書の第2章4.「本書における活用の語形」表2[動詞の活用]の中に示した、用言につながる広い意味での「連用」の部分に、中止形、条件形、譲歩形などと共に、高橋他（2005）が副動詞とする、「よみながら」、「よみつつ」、「よみに」、「よもうと」を位置づけるものである。つまり、清瀬（1989）には、高橋他（2005）が「述語になる用法（それ自身の主語といっしょになって節をつくる用法）がなく、もっぱら連用的につかわれる語形」とするものも、動詞の連用形として中止形や条件形と同様に捉えようという考え方が見られる。
　ところで、動詞の第二中止形「シテ」について南（1990）は次の四つに分類している（p. 56）。

①「〜テ₁」：「首ヲカシゲテ走ル」など。
②「〜テ₂」：「戸ヲバタントシメテ出テイッタ」、「左手デ吊革ニブラサガッテ右手デハソバノ子ドモノ体ヲササエテイタ」など〈継起、並列〉の意味を持ったもの。
③「〜テ₃」：「カゼヲヒイテ休ンダ」など〈原因・理由〉を表すもの。

④「〜テ₄」:「A社ハタブン今秋新機種ヲ発表スル予定デアリマシテ…」など、提題の〜ハ、陳述副詞などを含むもの。

①〜④から観察されるように、動詞の第二中止形には、述語性に欠けて独立した節を作らず、後に続く動詞の動きの様子を表すといった副詞的働きをする「〜テ₁」から、重文の先行節の述語を形成して後続の節につづく「〜テ₄」まで、さまざまなタイプが認められる(南(1990)では、「〜テ₁」のタイプについて「動作のようすなどを表現する状態副詞に近い性質のもの(p.61)」という解説がなされている。)。南(1990)は「〜ナガラ」についても、「首ヲフリナガラ走ル」のような〈平行継続〉と「残念ナガラ」のような〈逆接〉に分類して、前者を「〜テ₁」の「動作のようすなどを表現する状態副詞に近い性質のもの」、後者を「〜テ₂」の〈継起、並列〉グループと同レベルにそれぞれ位置付けている。

村木(2010a)は「動詞の一次的な機能は、述語になることである。(p.109)」と述べている。また、鈴木(1972b)によると、「主語と述語とは、対をなしている相関的な文の部分である(p.69)」という。従って、一般的にその動詞が述語の働きをしていれば、そこに主語が存在することになる。つまり、その動詞が述語の働きをしているかどうかと、それが主語を持っているかどうかは連動していると考えられる。

上記南(1990)の例文①〜④を見ると、第二中止形の動詞が作る述語と主語に関して以下の点が理解できる。「〜テ₁」タイプの第二中止形の動詞は述語である動詞が示す動きの様子を表し、修飾成分を形成しているため、それ自身述語として働いておらず、主語を持たない。「〜テ₂」タイプの第二中止形の動詞は、ふたまた述語文の先行の述語として機能しているが、主語は後続の述語の主語と同じ。「〜テ₃」タイプの〈原因・理由〉を表す第二中止形の動詞については、南(1990)の例では、その動詞が先行の述語となるふたまた述語文の後続の述語と同じ主語を持つが、「電車が遅れて、私は会社に遅刻した。(「〜テ₃」*)」のように、重文の先行節の述語として働き、それ自身の主語を持つ場合もある。「〜テ₄」タイプの第二中止形の動詞は重文の先行節の述語として機能して、それ自身の主語を持つ。

ある動詞がその動きや状態の主体としての主語を持つかどうかは、その動詞

が述語として働いているかどうかと関わる。その動詞が述語として働いていれば、主語を持ち、文や節を形成する（「〜テ$_2$」〜「〜テ$_4$」の場合）。さらに、その動詞を述語とする主語が主節の主語と同じかどうかは、その述語と主語が作る節の主節からの独立度と関わる。その節の述語の主語と主節の主語が異なれば主節から独立的な節と考えられる（「〜テ$_3$」*、「〜テ$_4$」の場合）。

このような観点から見ると、動詞の第二中止形として活用表に示されている「シテ」も、高橋他（2005）が副動詞とする「シナガラ」も、修飾成分となる（述語にならない）状態副詞的レベルから、述語として自身の主語を持って主節から独立的な節を作るレベルまで、両者に節の独立性に関するレベルの違いはあるものの、それぞれ働きに幅が存在することが指摘できる。

本書では清瀬（1989）に倣い、高橋他（2005）で副動詞としたものも、中止形、条件形と同様に用言につながる動詞の連用の語形に含めてとらえ、その連用の語形の中に、節を作る述語とならず、修飾成分を形成することによって、副詞的に働くものから、広い意味での連用節の述語となり、それ自身の主語を持って主節から独立的な節を作るものまで、述語を形成する能力としての述語性にレベル差の存在を認めたいと考える。

次に動詞の個々の活用形について検討を行うに先立ち、上述の考えに沿って、南（1990）の動詞の「シテ」、及び、「シナガラ」の分類や、高橋他（2005）の副動詞の考え方を参考に、動詞の連用形である語形を、主語との関係から、次のように分類する試案を提案する。

まず、文中で用いられる動詞の連用形を述語の形成という観点から、「Ⅰ．自身の主語を持たないもの」と「Ⅱ．自身の主語を持つ（述語となる）もの」に分類する。さらに、「Ⅰ．自身の主語を持たないもの」を「A 主語を持たない（述語とならない）もの」と「B（述語となるが）主節の主語と同じ主語を持つもの」に分ける。Ⅰに属する動詞の連用形の多くは、文中での用いられ方によって、Aの場合であったり、Bの場合であったりする。「Ⅱ．自身の主語を持つ（述語となる）もの」をCとすると、Aは節を作らない（述語とならない）タイプのもの、Bは主節に従属的な節を作る述語となるタイプのもの、Cは主節から独立的な節を作る述語となるタイプのものといえる。

例えば、「シタラ（条件形）」と「シテモ（譲歩形）」はAのケースは見られな

いが、「シナガラ（並立形）」は、AからBが中心で、場合によってはCのケースもある。「シテ（第二中止形）」はAからCまで幅広くみられる。

| | I | | II | |
|---|---|---|---|---|
| | A（述語に従属） | B（主節に従属） | C（主節から独立的） | |
| シナガラ（並立形） | ─────────────→ | | | I（第一中止形型） |
| シタラ（条件形） | | ─────────→ | | II |
| シテモ（譲歩形） | | ─────────→ | | II |
| シテ（第二中止形） | ───────────────────→ | | | 特殊型 |

**図1** 動詞の連用形が作る述語のタイプ

「シナガラ」A ：「首ヲフリナガラ走ル」
　　　　　B1：「仕事を辞めてから、午前中のひとときはテレビを見ながらブログを書いていることが多いです。」
　　　　　B2：「りっぱな きものを きながら、つまらない ことを かんがえている。」
　　　　　C ：「おまえが ついて いながら こんな ことに なるなんて！」
　　　　　　　（Aは南（1990）からの例、B1は「現代日本語書き言葉均衡コーパス」
　　　　　　　「Yahoo!ブログ」Yahoo! 2008からの例、B2、Cは高橋他（2005）からの例）

「シテ」　　A ：「首ヲカシゲテ走ル」
　　　　　B1：「左手デ吊革ニブラサガッテ右手デハソバノ子ドモノ体ヲササエテイタ」
　　　　　B2：「戸ヲバタントシメテ出テイッタ」
　　　　　C ：「飛行機が 墜落して、たくさんの ひとが 死んだ。」
　　　　　　　（A〜B2は南（1990）からの例（B1：並立、B2：継起）、Cは高橋他（2005）からの例）

I．自身の主語を持たないもの
A 主語を持たないもの（述語にならず、修飾成分を形成して述語の動詞に従属）

　上の例からわかるように、「首ヲフリナガラ」、「首ヲカシゲテ」は、各文の述語である動詞「走ル」の動きの様子を詳しく述べる修飾成分（句）[1] として働いている。Aタイプの連用形の動詞は述語に従属する修飾成分（句）を形成

するもので、それ自身は述語として働いておらず、主語を持たない。

B 主節の主語と同じ主語を持つもの(主節内部に従属する従属節の述語となる)

「シナガラ」B1 の「テレビを見ながら」⑦、B2 の「りっぱなきものをきながら」④、「シテ」B1 の「左手デ吊革ニブラサガッテ」⑨、B2 の「戸ヲバタントシメテ」㊤という部分の動詞「見ながら」、「きながら」、「ブラサガッテ」、「シメテ」の動作主体は、主節の主語で表されるものと同一である。したがって、それらの動詞は対応する主語が認められるので述語を形成しているといえる。⑦、④、⑨、㊤は、主節の主語と同じ主語とそれぞれの述語が作る従属節で、主節の内部にとどまって主節に従属している。

Ⅱ. 自身の主語を持つもの
C 主節の主語と異なる主語を持つもの(主節から独立した従属節の述語となる)

条件形や譲歩形の動詞は主節の主語と異なる主語を持つ述語となれる(主節と主語が同じ場合もある)。また、「飛行機が 墜落して、たくさんの ひとが 死んだ。」のような、原因・理由を表す第二中止形の動詞も主節とは異なる主語を持つ述語となることができる(主節と主語が同じ場合もある)。条件形や譲歩形、原因・理由を表す第二中止形の動詞を述語とする条件節や譲歩節等は、村木 (2010a)で述語と主語からなる〈事象〉全体をとりまく〈外的状況〉を表すとされる状況成分となる。この場合、「述語と主語からなる」は「主節」を意味すると考えられ、それを「とりまく」は「主節が示す事態からは独立的に」ということが理解される。

AやBといった自身の主語を持たないⅠのグループの動詞の連用形については、自身の主語を持つⅡのグループの動詞の連用形と区別して、「第一中止形型」の語形と呼ぶこととしたい。それは、Ⅰのグループの動詞の連用形の多くは、「第一中止形」の活用語尾にさらに要素が加わった形であるためである。例えば、「書く」、「食べる」の場合、語幹は「kak-」と「tabe-」で、第一中止形の活用語尾は「-(i)」なので、「第一中止形」は、それぞれ「書き(kak-i)」、「食べ(tabe-φ)」と表記される。「第一中止形型」の語形、「シナガラ」の活用語尾は「(-i) nagara」で、「書く」、「食べる」は、「書きながら(kak-inagara)、「食べながら（tabe-nagara）」となる。なお、清瀬（1989）は「(-i) nagara」などに見られる「-(i)」を連結母音と呼んでいる。

　「第一中止形型」のグループの「動詞の連用形」は、前の語に対しては、格支配など、動詞としての機能を持っているが、一般的に打消しの形が見られず[2]、丁寧動詞にこの語形がない上、一般に自身の主語も持たず、それが作る句や節は述語や主節に従属している。また、同一の語形であっても文中での用いられ方によって、副詞的に修飾成分として働いたり、主節の主語と同じ主語を持って、主節内部にとどまる従属節の述語を形成したりするという特徴がある。この「第一中止形型」のグループの「動詞の連用形」は、高橋他（2005）に倣って「（自身の）主語を持たない」という理由から第2章4表2の活用表には載せていない[3]。第二中止形の動詞「シテ」はA〜Cまで幅広い用法で用いられるため、別に「特殊型」として単独で扱う。日本語能力試験1級‘〈機能語〉の類'には、「シガテラ」、「シツ」、「シナガラニ」、「シナガラモ」という「第一中止形型」に属する動詞の連用形が見られる。

　日本語能力試験1級‘〈機能語〉の類'のサンプル中、活用語の語形の部分とみられるものに関しては、単語という観点に基づいて一つの活用の語形全体で表し、その上で分類を試みた。以下、それらについて検討を行う。

《1》自身の主語を持たない、述語となる動詞の活用語形（述語にならない場合もある）の
　　部分（アルファベットで示す）
【1】同時意図形　シガテラ　　「シガテラ（(-i)gatera）」

用例：散歩しがてら

　「シガテラ」は第一中止形型の動詞の語形で、「-がてら」は、動作名詞に接尾して副詞を派生する副詞性接尾辞である。ここでは、動詞の連用形の中の同時意図形である「シガテラ」と副詞性接尾辞「-がてら」が動作名詞に接尾して派生した副詞「NVがてら」をあわせて検討する。

① 散歩がてら夫婦は町内を一周し、家に戻った。

(群ようこ「家の光」2001年5月号（第77巻第5号）家の光協会 2001)

② 吹奏楽部に入部したいと言ってるので、<u>見学がてら</u>聴きに行ってきました。
（「Yahoo!ブログ」Yahoo! 2008）

③ マイミクさんのお馬、ＤＯＮちゃんが、牧場の仲間に加わった。なので、ピンキーさんに<u>報告がてら</u>、写真をアップします。
（「Yahoo!ブログ」Yahoo! 2008）

④ 飯も食い終わって、必要な書類を書く前にちょっと<u>休憩がてら</u>、ブログ更新なんて思ったら…今日はポルノグラフィティのライブトークの日やんけ!!
（「Yahoo!ブログ」Yahoo! 2008）

⑤ 昼間は暑いので、夜になって<u>涼みがてら</u>買い物に行きます。
（わいふ編集部（編）『年金で豊かに暮らせる日本の町ガイド』学陽書房 2003）

⑥ 母さんはウエイトレスをしていて昼も夜も働いてた。だからオレ、学校帰りに母さんに<u>会いがてら</u>、その食堂へ行って飯を食ったりしてたんだ。
（久和まり『Stay gold』集英社 2001）

⑦ 賢治たちは軍の支給品を<u>返却しがてら</u>、帰国の船のオーダーを貰いに米軍座間基地へ行くことになっていた。（山崎豊子『二つの祖国』新潮社 1983）

⑧ 客を駅まで<u>送りがてら</u>、買い物してきた。（『大辞林』）

⑨ 郵便局からモーテルに<u>戻りがてら</u>、ガソリンスタンドに立ち寄った。
（小林至『不幸に気づかないアメリカ人幸せに気づかない日本人』ドリームクエスト 2002）

⑩ 長女は週に一度は母親へ電話してくる。変わりはないかと<u>訊ねがてら</u>、今年二歳になる孫息子の近況を知らせるためだ。
（内海隆一郎『懐かしい人びと』PHP研究所 2003）

①は副詞性接尾辞「-がてら」が動作名詞「散歩」に接尾して、「散歩の意図を併せ持って」という意味の副詞を派生している。この「散歩がてら」は、動詞の示す働きの様子を表す副詞として、村木(2010a)が「述語が表す属性の〈内的特徴〉（様子、程度、量）をくわしくする」とする修飾成分を形成するというより、「散歩がてら」が属するふたまた述語文の先行する節[4]全体にわたって、主語である「夫婦は」どのように（どのような意図を併せもって）「町内を一周する」のか、「町内を一周する」際の主語の状況を解説する付帯状況を表すものといえる。②～④の動作名詞「見学」、「報告」、「休憩」に「-がてら」がそれぞれ接尾した「見学がてら」、

「報告がてら」、「休憩がてら」も、それらが属する節や文で示される事柄全体にわたって、それが行われる際の主語の状況を「～の意図を併せ持って」と述べる付帯状況を表している。このような副詞性接尾辞「-がてら」が動作名詞に接尾して作られた副詞は、それが属する節や文で表される事態に対し、主語がどのような意図を併せ持って行うかを詳しく述べる「節副詞」と呼べる働きをしているとみることができる。

⑤の「涼みがてら」は動詞の同時意図形である。その主語は主節の述語の「買い物に行きます」の主語と同じと見られ、「涼みがてら」は①の「散歩がてら」と同じく、「涼むという意図を併せ持って」という、主節で表される事態「買い物に行きます」が行われる時の主語の状況を説明する付帯状況を表している。それは、「涼みがてら」は「買い物に行きます」という動詞で表される動きの内的特徴（様子）を詳しく述べるのではなく、主節で示される「買い物に行きます」という行為を、主語がどのように（どのような意図を併せ持って）行うのか、主節で示される事態生起の際の主語の状況を詳しくしているという意味である。⑥の「会いがてら」、⑦の「返却しがてら」は、それぞれ「オレ、学校帰りに母さんに会いがてら」、「賢治たちは軍の支給品を返却しがてら」という部分の述語となっており、その主語である「オレ」、「賢治たちは」は主節の述語の主語と同じである。そして、それぞれ「オレ、学校帰りに母さんに会うという意図も持って」、「賢治たちは軍の支給品を返却するという意図を併せ持って」という意味によって、主節で示された行為がどのような主語の他の意図を併せもって行われたのか、その時の主語の状況を詳しく説明する付帯状況を表している。⑥、⑦の「シガテラ」が形成する部分は補語が加わったため、⑤よりも文らしさが増しており、特に主語が明示されている点が注目される。

⑤、⑥、⑦の動詞「シガテラ」は、それが述語となる節の主語が主節の主語と同じBタイプのものということが可能である。そして、「シガテラ」が形成する節は、主節で表される行為を主語がどのような他の意図を併せ持って行うのかという、事態生起の際の主語の状況を詳しく説明する付帯状況を表す付帯状況節として働いている。また、「シガテラ」が形成する節は、副詞性接尾辞「-がてら」と同様の観点から、主節で表される行為を主語が「どの

ような意図を併せもって」行うのか詳しくする「節副詞節」であって、「節修飾成分」として働いていると見ることができる。従って、「付帯状況節」は「節副詞節」であり、「節修飾成分」として捉えられるものといえよう。

　例⑤、⑥、⑦は、「シガテラ、〜へ行く」という文型で、この場合「シガテラ」は移動の目的相当の意図を表す。特に⑤と⑦は「買い物に行きます」、「帰国の船のオーダーを貰いに米軍座間基地へ行く」という移動の目的を表す文なので、その目的に「〜スル他の意図を併せ持って（行く）」という意味で、移動目的相当の意図を加えて表す表現となっている。

　⑧〜⑩は主節の述語の動詞が「行く」でない場合である。⑧の「送りがてら」は、「客を駅まで送りがてら」という部分の述語となっており、その主語は⑤〜⑦と同様に主節の「買い物してきた」の主語と同じと見られる。しかし、「客を駅まで送りがてら」は、「客を駅まで送るのは買い物によい機会なので、客を駅まで送るのに併せて」という意味を表しており、⑤〜⑦が表す意味とは異なる。これは、⑧は「買い物して来た」のであって、「買い物に行く」という移動の目的、意図を表す文ではないためであると考えられる。⑨、⑩も、それぞれ「郵便局からモーテルに戻るのはガソリンスタンドに立ち寄るのによい機会なので、モーテルに戻るのに併せて」、「変わりはないかと訊ねるのは息子の近況を知らせるのによい機会なので、訊ねるのに併せて」という意味を表している。⑧〜⑩の文の構造も、⑤〜⑦と同様に、主節で表される行為がどのような主語の状況下で行われたのか、その時の主語の状況を詳しく説明する付帯状況を示している。

　①＊ 散歩のついでに夫婦は町内を一周し、家に戻った。
　⑧＊ 客を駅まで送るついでに、買い物してきた。

　上の①＊、⑧＊は日本語能力試験2級の'〈機能語〉の類'に挙げられている後置詞「(NVの) ついでに」と従属接続詞「(スル) ついでに」とを用いて、①、⑧を書きかえたものである。①と①＊、⑧と⑧＊は類似しているが、表す意味がやや異なる。①＊の「散歩のついでに」は「散歩の機会を利用して、その時に」、⑧＊の「客を駅まで送るついでに」は「客を駅まで送る機会を利

用して、その時に」という意味で、後続の部分で述べられる行為を行う時を表す。①＊と⑧＊では、「ついでに」が組み合わさる「散歩」と「客を駅まで送る」が主な行為で、「町内を一周」する、「買い物してきた」は従の行為である。それに対し、①と⑧は主と従があいまいである。①は「町内を一周したが、それは散歩の意図も併せ持っていた」、⑧は「客を駅まで送るのは買い物に行くのにちょうどよい機会なので、客を駅まで送るのに併せて」という意味で、「NV がてら」や「シガテラ」を用いた文には、前件と後件のうちどちらが主でどちらが従かという明確な意識を認めることはできない。

　①「散歩がてら」と⑧「客を駅まで送りがてら」は、それが属する文や節が表す事柄が行われる際の主語の状況を「他の意図を併せ持って（〜する）」、「〜するのに併せて（〜する）」と詳しく説明する付帯状況を示す。そのため、二つの行為の主従が明確には区別しにくい。しかし、①＊の「散歩のついでに」は、後置詞「ついでに」が状況成分を形成していて、後続の「夫婦は町内を一周する」という主語と述語で形成される事象に対して独立的にそれが行われる外的状況を説明する構造になっている。即ち①＊では、「町内を一周する」ことは「散歩」の機会を利用して行われた副次的行為であることが、後置詞「ついでに」によって明確に示されているといえる。⑧＊「客を駅まで送るついでに」も、従属接続詞「ついでに」が状況成分を形成し、それによって「買い物してきた」が「客を駅まで送る」機会を利用して行われた副次的行為であることを文法的に明示している。

　このように見ると、「NV がてら」、「シガテラ」と、「NV の　ついでに」、「スル　ついでに」が表す事柄の、それぞれの主節で表される事柄との関係の差は、文の構造の違いにあることが指摘できる。本書では「シガテラ」を第一中止形型の動詞の連用形の一つと見て、同時意図形と名付ける。

　副詞性接尾辞「-がてら」は、動作名詞に接尾して「NV がてら」という副詞を派生する。「NV がてら」は、「〜の意図を併せ持って」という意味により、それが属する節で表される事柄全体にわたって、それが行われる際の主語の状況を述べる付帯状況を表す。動詞の同時意図形「シガテラ」は、「〜するという意図を併せもって」、または、「〜するのに併せて」という、主節で表される行為が行われる時の主語の状況を詳しく説明する付帯状況を表す。

## 【2】並立形　シナガラ　「シナガラ((-i)nagara)」

　次のa.～e.は、「シナガラ」を大きく五つのタイプに分類したものである。この他にも分類の可能性が考えられようが、今はこの五つのタイプを検討することとする。

a. アイスクリームを<u>ペロペロなめながら</u>食べる。
b. <u>音楽を聴きながら</u>コーヒーを飲む。
c. <u>アルバイトをしながら</u>大学に通う。
d. <u>悪口を言われながら</u>、少しも怒らない。　　　　　　　　　　　『大辞林』
e. おまえが<u>ついて　いながら</u>こんな　こと　に　なる　なんて！　（高橋他 2005）

　村木(2010a)によると、動詞の典型は〈運動〉を表し、述語になることが一次的な機能であるという(p. 109)。上の例aの「なめながら」は運動を表すが、情態副詞のようにアイスクリームを食べる様子、即ちどのように食べるかを表現しており、文中では述語ではなく修飾成分として働いている。aタイプの「シナガラ」は、南(1990)の「首ヲカシゲテ走ル」の中の「動作の様子を表す」動詞第二中止形「シテ」である「首ヲカシゲテ」に相当する。例bの「音楽を聴きながら」は、「私は音楽を聴く」、そして「その状態」で「私はコーヒーを飲む」という同一主体による二つの別の動作の同時並立進行と考えることができる。これは、南(1990)で示された「左手デ吊革ニブラサガッテ右手デハソバノ子ドモノ体ヲササエテイタ」の〈並列〉タイプの「〜テ₂」に相当する。この場合の「聴きながら」には述語性が認められ、それと並立する「コーヒーを飲む」と同一の主語ではあるが、「聴きながら」にも主語の存在が認められる。例bのタイプの「シナガラ」は、主節の述語で示される動作が行われる際に、主節と同じ主語によって行われる別の動作の同時並立進行を表す付帯状況節の述語である。この例bのタイプの「シナガラ」は、第一中止形型Bのものと見ることができる。例cは「アルバイトをする」(その状況で)「大学に通う」という、例bよりもさらに独立した、同状況下での二つの事態の並立として捉えられる。例bの「音楽を聴きながら」は、主節の動作が行われる際の、主節の主語による別の動作の同時並立進行を表すが、例cの「アルバイトをしながら」は、主節で表された事態(大

学に通う)が成立する際に、主節の主語によって並立して行われる別の事態を表している。「アルバイトをしながら」の部分は、主節の主語と同じ主語という制限はあるものの、主節の文からの空間的、時間的独立性が増し、述語性が強まっていることが窺われる。例cのタイプの「シナガラ」は、主節の事態が成立する際に同状況で並立している、主節の主語の他の状況を表す付帯状況節の述語となる、第一中止形型Bのものといえる。例dは南(1990)で示された「残念ながら」のような〈逆接〉の意味を表すが、これも「悪口を言われる」、(その状況であって)「少しも怒らない」という、同一状況下での同一主語による二つの事態の並立と見ることが可能である。この二つの事態は、常識的には同時に並立しない(「悪口を言われる」と「怒る」は常識的なつながりである)ものであるが、同じ状況で並立すると示されるところに対比性が現れ、逆接的意味が生じることが考えられる。この例dも南(1990)の「〜シテ₂」の〈並列〉に相当すると言える。例eも例dと同じく、「おまえがついている」、(その状況であって)「こんなことになる」という、同状況下での二つの対比的な事態の並立から逆接的な意味が生じている例と捉えることができる。例eは他と異なって、先行節の述語「シナガラ」の主語「おまえが」と後続節の主語(明記されていないが「事態が」のようなもの)が別である点、即ち、この「シナガラ」は図1に示された、自身の主語を持つCタイプのものである点が注目される。

動詞の第二中止形は、副詞的性質を持って修飾成分を形成する南(1991)

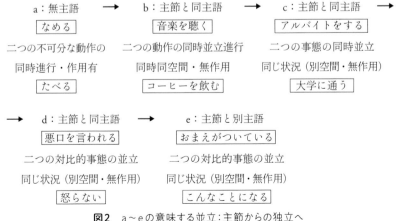

図2　a〜eの意味する並立：主節からの独立へ

の「〜テ₁」から、重文の先行節の述語となって後続節に続く働きをする「〜テ₄」まで、即ち、主語を持たず、また自ら述語となることなく、修飾成分として述語に従属する、図1に示したAタイプから、自身の主語を持ち、主節から独立した節の述語を形成するCタイプまで、様々なタイプが認められる。同様に、「第一中止形型」の動詞の連用形の一つである「シナガラ」も、上記例a〜例eまで、即ちAタイプからCタイプまで、様々なタイプが見られる。このような働きをする「シナガラ」を、主節で示される動きや事態と並立した動きや事態を表す動詞の「並立形」と位置づけることとしたい。「並立形」とするのは、例aについても、本来別の動作である「なめる」と「食べる」が不可分に一体化して並んで同時進行的に行われることによって、「なめながら」が「食べる」の様子を表していると捉え得るからである。

【2】-1　反復並立形　シツ　「シツ((-i)tsu)」　　　　　　　用例：行きつ戻りつ

　「シツ　シツ」という形で二つの対になる動作・作用の繰り返し反復する動きを表す。反復する動きの継続的な繰り返しと並立して、主節で示される事態が生起することを表す。これには「シナガラ」と同様に、述語で示される動詞の動きの様子を表す修飾成分としての用法もある。

① 　家の前を行きつ戻りつする。　　　　　　　　　　　　　　　　　　（『大辞林』）
② 　駒井甚三郎は甲板の上を、行きつ、戻りつ、とつ、おいつ、思案に耽っていたが、ふと、船首に向って歩みをとどめて、ギョッとして瞳を定めたものがありましたが…。　　　　　　　　　　　　　　（中里介山『大菩薩峠』筑摩書房 1996）
③ 　見えつ隠れつ、ずっと後をつけて行った。　　　　　　　　　　　　（『大辞林』）
④ 　まことの愛の有様は、たとへば、みゆき、朝顔日記、めくらめつぽふ雨の中、ふしつ、まろびつ、あと追うてゆく狂乱の姿である。
　　　　　　　　　　　　　　　　　　　　　　　　（野原一夫『太宰治結婚と恋愛』新潮社 1989）

例文①は後に形式動詞「する」を伴って、継続的に繰り返される二つの対になる動作・作用を並べて述べる文である。例文②は、「シタリ　シタリ　シナガラ」という意味によって、ふたまた述語文の先行の節の「(駒井甚三郎は)甲板の

上を、行きつ、戻りつ、とつ、おいつ」が、後続の節で表される、主語である動作主体(駒井甚三郎)が「試案に耽っていた」時の状況を示している。これは、動詞の並立形「シナガラ」の例 b のタイプの、「二つの動作の同時並立進行」の用法に相当する。一方、③の「見えつ隠れつ」は、「見えたり隠れたりしながら」という意味で、「つけていった」という文の述語の動詞の動きの様子を表しており、④の「ふしつ、まろびつ」も「地面にうつ伏せになったり、転んだりしながら」という意味で、「あと追うてゆく」という連体節の述語の動詞の動きの様子を表している。③、④の「シツ、シツ」は、「シナガラ」の例 a のタイプに当たり、修飾成分を形成している。

「シツ」は古語の動詞の完了形由来の語形で、現在は「行きつ、戻りつ」、「見えつ、隠れつ」等、ある決まった対になる単語とともに、文学的な表現として慣用的に用いられるのが主流と言える。

## 【2】-2　継続的並立形　シナガラニ　「シナガラニ((-i)nagarani)」

「現代日本語書き言葉均衡コーパス」で、「シナガラニ」という語形が確認された動詞は、「いる」、「生まれる」、「生きる」の 3 動詞のみで、「生まれながらに」62 例、「いながらに」2 例、「生きながらに」2 例が検出された。『CD-ROM 版　新潮文庫の 100 冊』からは、「生まれながらに」、「居ながらに」、「生きながらに」以外に、「眼と眼を見合しながらに」、「たおれながらに」、「あるきながらに」、「みだれながらに」という例も得られた。

村木 (2006) は、「生まれながら」について、例①、②のような「-ながら」という派生辞によって副詞に派生した単語レベルの派生語と、例③のような名詞の格支配をともなう句を構成する場合とに分けている。後者の場合「現代日本語書き言葉均衡コーパス」を用いて調べた限りでは、全て南 (1990) で「逆接」とされるタイプのものであった。

① もし、<u>生まれながら</u>能力が平等に賦与されていれば、「機会の平等」が達成されている可能性は高いが、…。

(橘木俊詔『封印される不平等』東洋経済新報社 2004)

② 聖痕は、<u>生まれながら</u>身に帯びている場合と、生まれたのち背負い込む場

合とがある。

(明野照葉『憑流』文藝春秋 2001)

③　伝統と格式のある家に生まれながら、家業を継がずにあえて別の道を選択した人たちにスポットを当てる。

(高知新聞社「高知新聞」2005/5/19朝刊　高知新聞社 2005)

　村木の指摘のように、①、②の「生まれながら」は「生来」、「生まれつき」といった意味の、単語レベルの派生語の副詞として働いているため述語性は認められない。しかし、③の「生まれながら」は「伝統と格式のある家に生まれ、それでいて(伝統と格式のある家に生まれたにもかかわらず)」という意味で後続の節に続く働きをする、ふたまた述語文の先行の節の述語を形成していると捉えることができる。また③の「生まれながら」には「伝統と格式のある家に生まれる」という運動性が見られるが、①、②の派生語の「生まれながら」は「生まれる」という運動性が希薄で、この「生まれ」には「1975年生まれ」の「生まれ」ような「誕生」といった意味の名詞性が窺われる[5]。【2】並立形で示したa〜eに見えるように、「シナガラ」という動詞の並立形は、基本的に主節で表される動きや事態と並立した動きや事態を表す。③の「生まれながら」は、後続の部分で示される事態(家業を継がずにあえて別の道を選択した)と並立する、「伝統と格式のある家に生まれる」という事態を実現させる動きとして理解できる。一方、①、②の「生まれながら」は「生まれつき、生来」という意味によって述語の動詞が表す様子を「どのように」と詳しくしており、後続の部分で表される動きや事態と並立する動きや事態を示すものとは言えない。このように「-ながら」という派生辞で副詞に派生した単語レベルの①、②の「生まれながら」と、動詞の語形である③の「生まれながら」とは文法的性質が異なることが指摘できる。

　「現代日本語書き言葉均衡コーパス」から検索された「生まれながらに」は、①、②の「生まれながら」同様、全て次の例の「生まれながらに」のような「生まれつき」、「生来」という副詞に属する派生語に相当するものであったため、ここでは考察の対象から除外することとする。この「生まれながらに」は、「生まれながら」のヴァリアントと捉えられる。

　人はみな生まれながらに良心をもって生まれている。

(内海正彦『自然から学んだお爺ちゃんの知恵袋』新風舎 2005)

彼は生まれながらに大きなハンディを背負うが、才能がそれを乗り越えていく。
(実著者不明『朝鮮科学文化史へのアプローチ』明石書店 1995)

④ 「信玄が多勢を引き連れ、われらが屋敷の背戸を踏みきりて通るを、家内にいながらに出でて咎めざるは、いかがなるものかや。負けたとて、いったんは咎むるべきだで」
(津本陽『下天は夢か』日本経済新聞社 1989)

⑤ 忠継は二男だが、利隆の異腹の弟である。家康の女を母に持った。大御所の外孫だけに、岡山城を動かず、いながらに備前一国三十一万五千石を承けた。
(三田村鳶魚『敵討の話幕府のスパイ政治』中央公論社 1997)

⑥ 彼の宗教は彼を救わず、生きながらに地獄に落としてしまう。
(渡辺水央『Trigun maximum 深層心理解析書』フットワーク出版 2001)

⑦ 車をめぐっていた覆面の頭が、互に眼と眼を見合わしながらに、一しきりざわざわと動くようなけはいがございましたが、やがてそれが又静かになりますと、突然盗人たちの唯中から、まるで夜鳥の鳴くような、嗄れた声が起りました。
(羅生門)

⑧ 貞子はあるきながらに、やっぱりふりむかないままで、こういった。
(焼跡のイエス)

⑨ たおれながらに隙も見せず、つっと廊下に流れて、柱にすがって立ったすがたの、こいつ、見立は…あほらしい、古風ごのみにもほどがある、まさか王子路考でもないだろう。
(焼跡のイエス)

⑩ みだれながらに、草行の字画あやまたず、文章の意気かえって揚っているように見えるのは、尋常書生の筆写には似ない。
(焼跡のイエス)

例④は「(われらは)家内にいるままの状態で」、「(われらは)出でて咎めない」こと、⑤は「(忠継は)岡山城にいるままの状態で」、「(忠継は)備前一国三十一万五千石を承けた」こと、⑥は「(彼が)生きたままの状態で」、「(彼の宗教は彼を)地獄に落としてしまう」ことを意味する。④～⑥の「シナガラニ」は括弧内に示された主語が想定されることから述語性が存在し、それらは、主節の事態が成立する際に同時並立する、主節の主語の別の継続的な状態(付帯状況)を強調して表して

いる。

　例⑦は、「「覆面の頭が「互に眼と眼を見合わす状態が続いている状況で」、一しきりざわざわと動く」、そのようなけはいがございました」という意味で、「シナガラニ」が作る節は、主節で表される動き（覆面の頭が一しきりざわざわと動く）が起こるとき、それと並立して主節の主語による別の動作が継続して行われている状況を特に強く表している。⑧も⑦と同様に「あるきながらに」は、貞子が「こういった」ときに貞子の別の動作「歩く」が並立して継続的に行われていた状況を強調して示している。これらは⑦、⑧の「シナガラニ」の形の動詞が「見合わす」、「歩く」のような動作動詞であることによると考えられる。

　⑨の「たおれながらに」は「たおれつつある状態であって」という意味で、主節で表される事態（隙も見せず）が成立するときに、それと並立して、主節の主語にある変化（たおれる）が継続して進行しつつある状態を強調して表している。⑩も「みだれながらに」は「だんだん字画がみだれていっている状態であって」という意味で、これも主節で表される事態（草行の字画あやまたず）が成立するときに、それと並立して、主節の主語にある変化（みだれる）が継続して発現しつつある状態を強調して表している。これら⑨、⑩の「シナガラニ」の形の動詞は「倒れる」、「乱れる」という変化動詞である。

　⑦〜⑩までの「シナガラニ」という形式は全て、主節の事態が成立する時に、主節の主語による別の動作が並立して継続的に行われる状況、或いは主節の主語にある変化が並立して進行、発現しつつある状況（付帯状況）を強く示す。この中で、⑨は「たおれつつある状態であって」、「隙も見せず」、⑩は「だんだん字画がみだれていっている状態であって」、「草行の字画あやまたず」と、やや対比的内容の二つの事態を並立させて述べているところに、わずかな逆接的な関係が示されている点が特徴的である。

　「シナガラ」と「シナガラニ」の違いは、「シナガラ」の場合、例えば、⑧*「あるきながら」に見える通り、主節で表される事態が成立する際に、主節の主語で示される主体によって別の動きが並立して行われている状況が表現されるのに対し、「シナガラニ」の方は、主節で表される事態が成立する際に、主節の主語で示される主体によって別の動きが並立して「継続的」に行われ

ている状況、状態を「強調」して表現する（〜している状況、状態であって、〜しているままで）という、運動の継続的状態の強い主張が見られる点にある。また、「強調」して表現する点に、主節からの分離性、独立性が表される。

⑧＊貞子はあるきながら、やっぱりふりむかないままで、こういった。

　「シナガラニ」は、南（1990）で示された、「左手デ吊革ニブラサガッテ右手デハソバノ子ドモノ体ヲササエテイタ」の〈並列〉タイプの第二中止形「シテ」に相当する文法的性質を基本的に持つといえる。日本語では一般に同じ主語を繰り返さないだけで、④〜⑩の「しながらに」は、多くの場合主節と同じではあるが、それ自身の主語がある。例えば⑧の「あるきながらに」の主語は「貞子は」と見ることができる。そのため、この「歩きながらに」には述語性があるといえる。同様に④の「いながらに」の主語は「われらは」、⑤の「いながらに」の主語は「忠継は」、⑥の「生きながらに」の主語は「彼が」、⑦の「眼と眼を見合わす」の主語は「覆面の頭が」といえるので、それらの動きを示す動詞には述語性が認められる。特に⑥の「生きながらに」の主語は「彼が」で、主節の主語である「彼の宗教は」と異なっているところに、主節からの独立性が見られる。それは、「シナガラニ」が図1に示されたB〜Cタイプにまで広がる語形であることを示唆している。

　「シナガラニ」は、現在ほぼ「いながらに」、「生きながらに」の単語が用いられるだけであるが、やや古いテキストでは⑦〜⑩の例のようにより広い動詞で使用されていた事実もある。そこで、この「シナガラニ」を、大きくは「シナガラ」と同様の「並立形」に属するが、その中で特に「継続性」を主張した、動詞の「継続的並立形」という語形として、「シナガラ」の下位に位置づけたいと考える。

　「シナガラニ」という形式は、現代では「シナガラニ　して」の形で多くみられることが特徴的である。「現代日本語書き言葉均衡コーパス」を用いて検索した各動詞の「シナガラニ」と「シナガラニ　して」の数を比較すると、以下のようになる（「寝る」、「立つ」は「寝ながらにして」、「立ちながらにして」の形だけで「寝ながらに」、「立ちながらに」という形で使われた例は見いだせなかった）[6]。

表1 「シナガラニ」と「シナガラニ して」

| シナガラニ | 例数 | シナガラニ　して | 例数 | 合計数 |
|---|---|---|---|---|
| いながらに（居ながらに） | 2例 | いながらにして（居ながらにして） | 62例 | 64例 |
| 生きながらに | 2例 | 生きながらにして | 17例 | 19例 |
|  |  | 寝ながらにして | 3例 | 3例 |
|  |  | 立ちながらにして | 1例 | 1例 |

　表1からは、「いながらに」も、「生きながらに」も、実際は「いながらにして」、「生きながらにして」の形で用いられる場合がほとんどであることがわかる。⑭の「寝ながらにして」のように、「シナガラニ　して」の形のみが得られる場合もある。

⑪　ホテルを思わせる瀟洒な設えの個室に居ながらにして、ほぼすべての診療を受けることができるのが特徴。

(BRUTUS編集部「BRUTUS」2001年6月1日号(No.479、第22巻第10号)

マガジンハウス 2001)

⑫　住宅の小さな部屋に居ながらにして野外で感じるような音がしたり、大きな教会で聞くように音が響いたり、ヨーロッパのコンサートホールにいるような音を再現することができるので、より自然に近い体験ができるというオーディオシステムだ。

(杉山知之『高齢化時代の住まいづくり』彰国社 1988)

⑬　虚無は、その人間やその国家を生きながらにして錆びつかせてしまいます。

(西部邁『無念の戦後史』講談社 2005)

⑭　都市に滞在しながら郊外へ出かけたり人気の観光列車で途中下車の旅を楽しんだり豪華なホテルトレインで寝ながらにして隣国へ出かけたりヨーロッパの旅は鉄道サイズそんな自分流の旅を実現させるためのチケット選びのヒントが満載。

(『地球の歩き方』編集室『ヨーロッパ鉄道ハンドブック』ダイヤモンド・ビッグ社；ダイヤモンド社(発売) 2003)

　例⑪を用いて「シナガラ」、「シナガラニ」、「シナガラニ　して」を比較す

ると、以下の点が指摘できる。

A　ホテルを思わせる瀟洒な設えの個室に居ながら、ほぼすべての診療を受けることができるのが特徴。
B　ホテルを思わせる瀟洒な設えの個室に居ながらに、ほぼすべての診療を受けることができるのが特徴。
C　ホテルを思わせる瀟洒な設えの個室に居ながらにして、ほぼすべての診療を受けることができるのが特徴。

　Aにおいて、「居ながら」が作る節は、主節で表された「ほぼすべての診療を受けることができる」事態が成立する際に同時に並立している、主節の主語の別の状況（「ホテルを思わせる瀟洒な設えの個室に居る状態」という付帯状況）を表す。Bの「居ながらに」が作る節は、主節で表される事態が成立する際に同時に並立している主節の主語の別の状況（付帯状況）を、継続的な状態（「…個室に居るままの状態で」）として強調して主張するが、強調して示す点に、主節からの分離性、独立性が表される。Cの「居ながらにして」が作る節は、さらに「個室に居るままの状態であって、まさにその状態で」と、Bの「シナガラニ」の示す「主節で表される事態と同時に並立している主節の主語の別の状況の継続的な状態」をとりたてて、どのような状況において主節で表される事態が成立するのか、主節で述べられる事態発生の状況を強く示す働きをしている。とりたての働きによって、「シナガラニ　して」は主節からの分離性、独立性がさらに強く主張され、状況成分の働きに近づいている。この「して」は、後置詞「(Nを)もって」のとりたて形式の「(Nを)もって　して」と同じとりたて形成句「して」と捉えられるもので、「シナガラニ　して」は、「シナガラニ」が表す継続的状態を「まさにその状態で」ととりたてて示す、とりたて形式と見ることができる。

　継続的並立形「シナガラニ」は、主節で表される事態が成立する際に、同時に並立している主節の主語の別の継続的な状態を「強調」して示す（〜しているままの状態で）形式である。「強調」して示す点に、主節からの分離性、独立性が表される。

## 【2】-3　対比的並立形　シナガラモ　「シナガラモ((-i)nagaramo)」

① 優子と夏央は、やはりダメだったのだと思いながらも、里親の家を訪ねた。
（愛犬の友編集部・関朝之「愛犬の友」2003年5月号（第52巻第5号、通巻627号）誠文堂新光社 2003）

② 韓国の軟打とフェイントに苦しめられながらも、何とかレシーブをつなぎリードを守る日本。　　　　　　　　　　　（「Yahoo!ブログ」Yahoo! 2008）

③ 細谷は適当に相槌を打ちながらも写真のことが気になって仕方がなかった。　　　　　　　　　　　　　　　　（東野圭吾『予知夢』文藝春秋 2003）

④ 「全てがハマリました」と言いながらも、本人もビックリのスコアで、思わずクラスの皆さんに飲み物を振舞うという状況でした。
（「Yahoo!ブログ」Yahoo! 2008）

⑤ 障害者青年学級においても、学級生と講師、スタッフ・ボランティアという立場はありながらも、だれが援助者でだれが被援助者かという関係が少しずつ崩れていくような現象も生まれています。
（打越雅祥『学びあう「障害」』クレイン 2001）

⑥ 休日でそこそこ人がいながらも、けっこうベンチは空いていて、かなり落ち着けてゆっくりできるのだ。　　　　　（「Yahoo!ブログ」Yahoo! 2008）

上記①～⑥全て「シナガラモ」が作る節は、後続の主節で表される事態が成立するときの状況を示している（①～④は主節の主語の状況）。しかし、それは②の「（日本は）韓国の軟打とフェイントに苦しめられている」状況であって、「何とかレシーブをつなぎリードを守る」という例からもわかるように、「シナガラモ」が作る節が示す状況は、後続の主節で表される事態と同時並立ではあるもののスムーズに続いていかず、両者の並立には何かしらギャップが存在する。村木(2006)は、そのギャップに対比的関係を認め、対比的なものの同時並立から逆接的意味が発生することを指摘している。

ただ、「シナガラモ」が表す逆接的関係は明確なものではなく、①の「優子と夏央は、やはりダメだったのだと思っている」状況で、「里親の家を訪ねた」のような、「シナガラモ」が作る節の表す状況と、後続の節で表される事柄とが心理的にスムーズに並立しないという関係を示す程度の場合もあれば、

⑥の「休日でそこそこ人がいる」状況で、しかも「けっこうベンチは空いていて、かなり落ち着けてゆっくりできるのだ」というように、「休日でそこそこ人がいる」状況から常識的に予想される「混んでいて、騒がしい」状態と、「けっこうベンチは空いていて、かなり落ち着けてゆっくりできる」という現実にかなりのギャップが客観的に存在する場合もある（①は「シナガラ」で表現可能な内容である）。このように、「シナガラモ」が作る節が示す状況と後続の節で表される事態は、一般的常識や期待される自然な関係との異なる程度によって対比性の度合いが変化するので、それに伴って両者の逆接的関係にも強弱が生じることが指摘できる。

　また、①～④は、「シナガラモ」の主語と後続の節の主語は同じであるが、⑤は「ありながらも」の主語は「立場は」で、後続の節の主語は「現象も（が）」、⑥は「いながらも」の主語は「人が」で、後続の節の主語は「ベンチは」のように異なることも注目される。①の場合、「やはりダメだったのだと思いながらも」は、この文の主節である「里親の家を訪ねた」の主語「優子と夏央は」の状況であって、「思いながらも」は主節に従属的な節の述語となる、図1に示されたBのタイプのものといえる。日本語は主語が同じ場合、それを何度も繰り返して書き示すことはしないが、①の文は正確には「優子と夏央は、やはりダメだったのだと思いながらも、（彼女らは）里親の家を訪ねた。」と表すことができる。⑥の文については、前述のように、「いながらも」の主語は「人が」、主節の主語は「ベンチは」で、両者は異なっており、この「いながらも」は、主節から独立的な節の述語となるCのタイプのものと見ることができる。①のように「シナガラモ」が作る節の主語が主節の主語と同じとき、「シナガラモ」はふたまた述語文の先行する節の述語となり、⑥のように「シナガラモ」が作る節の主語が主節の主語と異なるとき、「シナガラモ」が作る節は主節からは独立的で、「シナガラモ」は重文の先行節の述語を形作る。

　「シナガラモ」は、対比的にではあるが主節が表す事態と並立する事態を表すという意味において、継続的並立形「シナガラニ」と同様に、並立形「シナガラ」の下位に分類される語形といえる。「シナガラモ」は、主節が表わす事態との並立に常識的に不自然さを感じさせる事態を、敢えて並立するもの

として対比的に表す語形である。そこで、この「シナガラモ」を対比的並立形と呼ぶこととする。また、「シナガラモ」は、それが述語となる節の主語との関係から見ると、図1で示されるB〜Cのタイプの語形といえる。

これまでの並立形の検討から、図3のような関係が示されることになる。

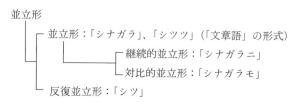

**図3　様々な並立形**

《2》自身の主語を持つ、述語となる動詞の活用語形の部分（アルファベットで示す）

【1】譲歩形

（1）ショウガ　「ショウガ((-y)ooga)」　　　　用例：いかに困ろうが

　　　　　　　「ショウガ スルマイガ(-maiga)」　用例：彼が来ようが来まいが

　第2章4表2［動詞の活用］で示したが、本書では「ショウガ」を動詞のみとめの第三譲歩形、「スルマイガ」を動詞の打ち消しの第三譲歩形とする。

（1）-1　「ショウガ」　　　　　　　　　　　　用例：いかに困ろうが

　「いかに」は古語で多く用いられた陳述詞で、高橋他（2005）において、陳述副詞（本書の陳述詞）の中のムード副詞の〈条件 - 接続のムード〉【逆条件】に分類されている「たとえ、いくら、どんなに」と同等に位置付けられる。「ムード副詞」は、高橋他（2005）で「述語のムードの程度を強調・限定したり、文のモダリティーを明確化したりする副詞（p. 158）」と述べられているものである（本書では、この「ムード副詞」に相当するものを「叙法の陳述詞」としている）。動詞の第三譲歩形「ショウガ」は、「いかに」や、「どんなに」、「いくら」、「たとえ」等の陳述詞と多く共起して、無効である条件を表す。後続の主節では、期待される帰結が現れない事態が述べられる。

　動詞の第三譲歩形「ショウガ」の語形は、第2章4表2［動詞の活用］で示した意志形「ショウ」がもとになっているが、「ショウ」は推量や、意志、仮

定等を表す古語の「セム」に対応する現代語の形式である。「ショウガ」は動詞の第一譲歩形「シテモ」と比べると重厚な響きを示すため、硬い話し言葉や書き言葉に主に用いられる。Yahoo! 知恵袋からの例①のような軽い話し言葉的なスタイルの文でも、意図的に深刻な雰囲気を出したり、強く印象付けて述べたりしようとするときには、この形式が選択されることがある。例①は「いかに」という古語由来の陳述詞を用いているため、さらに深刻で重々しいニュアンスが加わっている。

① いかに、真面目に回答しようが、質問が削除されるかたの削除対象になる質問だったら回答ごと削除されるのです…　　（「Yahoo! 知恵袋」Yahoo! 2005）
② 夫は妻がどんなに忙しく働いていようが、家事は一切しないという態度を貫き通した。　　（小川節子『私の子育て・子離れ』栄光出版社 1994）
③ ボク自身、大学で取れる資格というものに興味がなかったし、実際そんなものをいくら取ろうが、自分の夢には結び付かないとすら感じていた。
　　　　　　　　　　　　　　　　　　　　　　（「Yahoo! ブログ」Yahoo! 2008）
④ たとえHDDが秒速1億回転してようが、USB2.0なら最大480Mbpsしか出ないって事です。　　（「Yahoo! 知恵袋」Yahoo! 2005）
⑤ 「だれがなにをしようが、アメリカーを追い出すことはできない。不可能だ。」（馳星周「週刊ポスト」2005年8月5日号（第37巻第32号、通巻第1818号）小学館 2005）
⑥ 「どこを掘ろうが、出るときは出る。出んときは出んのや。」
　　　　　　　　　　　　　　　（向山正家『天保山夢の川さらえ』澪標 2003）
⑦ 恋人状態のときは一方的に関係を解消しようが、二股かけようがガニ股で歩こうが自由。
　　（橋下徹「an・an」2003年8月27日号（No.1377、第34巻第32号）マガジンハウス 2003）

上記「ショウガ」が形成する部分の意味は、陳述詞も含めると、①は「どのように真面目に回答しても」、②は「どんなに妻が忙しく働いていても」である。「ショウガ」は、一定の条件（①「真面目に回答する」、②「妻が忙しく働いている」）が存在するにもかかわらず、その条件によって期待される帰結（①「回答が掲載される」等、②「夫が家事を手伝う」等）が現れない事態が続いて述べられることを予告する。「い

かに」、「どんなに」、「いくら」のような陳述詞は、譲歩節(逆条件節)の述語で示される譲歩のモーダルな意味を強め、「たとえ」のような陳述詞は、仮定の逆条件というモーダルな意味を強めている。⑤、⑥のように「ショウガ」が疑問詞と共に用いられて、全く無効である条件を表す場合もある。また、⑦のように「ショウガ」という形式を重ねて使用することによって、どんなに多くの条件があっても、それらが全く有効に働かず(期待される「法で裁かれる」等の事態には至らず)、帰結(⑦の場合「自由」)は同じであると強調する例も「現代日本語書き言葉均衡コーパス」から多く得られた。

(1)-2 「ショウガ　スルマイガ」　　　　　　用例：彼が来ようが来まいが

　「スルマイガ」は動詞の打ち消しの第三譲歩形である。「する」は「スルマイガ」と「スマイガ」、「来る」は「クルマイガ」と「コマイガ」の、それぞれ二つの語形がある。第二変化動詞も二つの語形がある(例「食べる」は「タベルマイガ」と「タベマイガ」)。「スルマイガ」は、2級レベルの動詞の打ち消しの意志・推量形である「スルマイ」がもとになっている。みとめの第三譲歩形「ショウガ」と、同じ動詞の打ち消しの第三譲歩形「スルマイガ」を並べて用いて、その条件があってもなくても関係なく(どちらの場合でも)帰結は同じになることを修辞的に表す。「ショウガ」も「スルマイガ」も、重々しい響きを持つので、硬い話し言葉や、書き言葉に主に使われるが、下の例に見られるように、軽い話し言葉的スタイルの文でも特に話に深刻な雰囲気を持たせたいときや、強調して述べたいときには、意図的にこの形式が使用されることがある。

① 効果がないというか、体感することも目で見ることもないくらいの次元ですから、つけようがつけまいが、変わらないです。

（「Yahoo! 知恵袋」Yahoo! 2005)

② 旦那はさー、客が来ようが来まいがボケーっとしてれば良いけどさー私は片付けせにゃいけんがね。　　　　　　（「Yahoo! ブログ」Yahoo! 2008)

例①は「つけてもつけなくてもどちらの場合でも関係なく(あるいは何をしても)、

結果は同じ、変わらない。」、例②は「客が来ても来なくてもどちらの場合でも関係なく（あるいはいつも）、結果は同じ、ボケーっとしてれば良い。」という意味を表している。例①、例②のようにYahoo! 知恵袋やYahoo! ブログという軽い話し言葉的なタイプの文からも「ショウガ　スルマイガ」の例が採取できるということからは、ある種の深刻なニュアンスを出そうとする場合や、強調して述べたい場合には、「ショウガ　スルマイガ」が選択されることもある事実が指摘できる。

(2) ショウト　　「ショウト((-y)ooto)」「ショウト スルマイト(-maito)」
　　　　　　　　　　　　　　用例：人に迷惑をかけようとかけまいと

　第2章4表2［動詞の活用］で示したように、本書では「ショウト」を動詞の第四譲歩形とする。これも「ショウガ」と同じく、動詞の意志形「ショウ」をもとに作られている。

(2)-1　「ショウト」

　動詞の第四譲歩形「ショウト」は、(1)-1の「ショウガ」と同様に、多くの場合「いかに」や、「どんなに」、「いくら」、「たとえ」、「たとい」等の陳述詞と共起して、無効である条件を表す。後続の主節では、期待される帰結が現れない事態が述べられる。

　この「ショウト」も(1)-1の「ショウガ」と同様に、重厚な響きを示すことから、硬い話し言葉や書き言葉に主に用いられる。Yahoo! 知恵袋やYahoo! ブログという軽い話し言葉的なタイプの文でも、意図的に深刻な雰囲気にしたり、強く印象付けて述べたりしようとするときにこの形式が選択される場合があることも、「ショウガ」と同様である。

① 　メールやケータイでいかに熱烈な告白をしようと、"ラブレター"の匂いは宿らないようです。　　（中込久理・菊美香子・齋藤薫・集英社「COSMOPOLITAN日本版」2004年11月号(第26巻第11号、通巻288号)集英社 2004）

② 　どんなに遠回りをしようと、それが俺の歩む道なんだ。

（「Yahoo! ブログ」Yahoo! 2008）

③ <u>いくら</u>年を<u>重ねようと</u>、妻には女性として魅力的であってほしいと思います。
(多湖輝『7つの自立力』同朋舎；角川書店（発売）2000)

④ 破産の事実は、<u>たとえ免責されようと</u>、信用情報機関のブラックリストに載ることは避けられない。
(実著者不明『ナニワ金融道カネと非情の法律講座』講談社 1994)

⑤ 抵抗を感じない想像力というものは、<u>たといそれがどんなに冷酷な相貌を帯びようと</u>、心の冷たさとは無縁なものである。
(三島由紀夫『仮面の告白』新潮社 2003)

⑥ <u>誰が何と言おうと</u>人生というのは不公平で、不公正なものなのだと私は思いました。
(村上春樹『ねじまき鳥クロニクル』新潮社 1994)

⑦ 落札者が<u>どこに住んでいようと</u>、重量さえ分かれば「全国一律」です。
(「Yahoo! 知恵袋」Yahoo! 2005)

⑧ とにかく、後から思い付いたことを<u>加えようと</u>、<u>差し替えようと</u>、<u>手を入れようと</u>、原稿が汚くならない。
(北村薫・松田哲夫『朝霧』東京創元社 2004)

上記「ショウト」が形成する部分の意味は、陳述詞も含めると、例①は「どのように熱烈な告白を行っても」、例②は「どんなに遠回りをしても」、例③は「いくら年をとっても」である。「ショウト」も「ショウガ」と同様に、一定の条件(①「熱烈な告白をする」、②「遠回りをする」、③「年を重ねる」)が存在するにもかかわらず、その条件によって期待や予想される帰結(①「ラブレターの匂いが宿る」、②「他の道を選ぶ」、③「妻が女性として魅力的でなくなる」等)が現れない事態が続いて述べられることを予告する。「いかに」、「どんなに」、「いくら」のような陳述詞は、譲歩節(逆条件節)の述語で示される譲歩のモーダルな意味を強め、「たとえ」のような陳述詞は、仮定の逆条件というモーダルな意味を強める。⑥、⑦のように疑問詞と共に用いられて、全く無効である条件を表す場合もある。また、例⑧のように、「ショウト」という形式を重ねて使用することによって、どんなに多くの条件があっても、それらが全く有効に働かず(予想される「原稿が汚くなる」事態には至らない)、帰結(「原稿が汚くならない」)は同じであると強調する例が「現代日本語書き言葉均衡コーパス」から多く得られた。

(2)-2 「シヨウト　スルマイト」　　　　　用例：人に迷惑をかけようとかけまいと

　「スルマイト」は動詞の第四譲歩形の「シヨウト」の打ち消しの第四譲歩形である。「する」は「スルマイト」と「スマイト」、「来る」は「クルマイト」と「コマイト」の、それぞれ二つの語形がある。第二変化動詞も二つの語形がある（例「食べる」は「タベルマイト」と「タベマイト」）。「スルマイガ」と同様に、2級レベルの打消しの意志・推量の動詞の語形である「スルマイ」がもとになっている。また、「シヨウガ　スルマイガ」と同じく、同じ動詞のみとめの第四譲歩形「シヨウト」と並べて用いて、その条件があってもなくても関係なく、どちらの場合でも帰結は同じになることを修辞的に表す。「シヨウト」も、「スルマイト」も、重々しい響きを持つので、硬い話し言葉や、書き言葉に主に用いられるが、例①に見られるように、軽い話し言葉的スタイルの文でも話に特に深刻な雰囲気を持たせたいときや、強調して述べたいときには、意図的にこの形式が使われることがある。

① 一緒に住んでいようと住んでいまいと小姑だと思いますよ。

（「Yahoo! 知恵袋」Yahoo! 2005）

② 「聡子さんが認めようと認めまいと、偶然で三件のキャンセルは続きません。」

（青井夏海『赤ちゃんをさがせ』東京創元社 2001）

上の例①は「一緒に住んでいてもいなくてもどちらの場合でも関係なく、結果は同じ。小姑である。」、例②は「認めても認めなくてもどちらの場合でも関係ない。偶然で三件のキャンセルは続かない(偶然ではない)。」という意味を表す。

(3) シヨウニモ　　「シヨウニモ((-y)oonimo)(＋可能動詞の打消しの形又は、否定的な表現形式)」　　　　　　　　　用例：行こうにも行けない

　「シヨウニモ」も動詞の譲歩形である。「シヨウニモ」は、動詞の意志形「シヨウ」がもととなった語形であるため、その意志的な意味を反映して、「シヨウニモ、（シヨウニモと同じ動詞からの）可能動詞の打消しの形」、または「シヨウニモ、否定的表現（シヨウニモと同じ動詞からの可能動詞の打消しの形の省略）」の形式で、「何かの妨げによる、実現の意志や試みの非実現」を表す。

「行きたくても行けない」が、行きたいという希望や願望の、何らかの事情による非実現を表すのに対して、用例の「行こうにも行けない」は、実際に行く意志はあっても、または、実際に行くことを試みようとしても、何かの妨げや事情があって実現できないという実現の意志、試みの非実現を表す。具体的に妨げるものが明示されていなくても、その存在が示唆される点が特徴的である。「現代日本語書き言葉均衡コーパス」からの例を見る限りでは、この「ショウニモ」には意志動詞のみが用いられている。下の例①は、「避けようにも避けられません」という、譲歩節（逆条件節）の述語と帰結である主節の述語に用いられている動詞が同じで、帰結の動詞が打消しの可能動詞である場合、例②は「返信しようとしても、宛先もわからないから返信できない。」という内容の、帰結部（返信できない）が省略されたものと考えられる。例③、例④も、それぞれ、「身売りしようと思っても買い手が付かないから身売りできない、監督を代えようと思ってもなり手がいないから代えられない。」、「電池を入れ替えようと思ってもどこから入れたらいいのか、とんと見当もつかないから、入れ替えられない。」という意味の文であって、②と同様に帰結部がそれぞれ省略されている。

① 有害化学物質は努力によってある程度、遠ざけることができても、「汚れた空気」は避けようにも避けられません。

(実著者不明『マキシモルソリューションズがあなたを守る！』ケイツー出版；星雲社（発売）2004)

② 返信しようにもあて先もわからないし、…(書いてないし)

(「Yahoo! 知恵袋」Yahoo! 2005)

③ 身売りしようにも買い手が付かない、監督を代えようにもなり手がいない。

(「Yahoo! ブログ」Yahoo! 2008)

④ 電池を入れ替えようにもどこから入れたらいいのか、とんと見当もつかない。

(「Yahoo! ブログ」Yahoo! 2008)

①の場合、汚れた空気はいくら避けようと思っても、空気という性質から遮断することは不可能なので避けられない理由が常識的に理解できる。そのため、

理由の説明は省略されている。②、③、④は譲歩形の動詞を述語とする譲歩節（逆条件節）と、期待する帰結が得られない理由だけが示され、帰結部が省略されている。それは、理由が述べられると帰結は常識的に理解が可能であるから、文としての饒舌さを避ける目的で帰結部を省略したことが推測される。この文型も理解には一般的な常識が求められることが指摘できる。

(4) スルト　シタッテ　　「V／N第四条件形　シタッテ」

　「スルト　スル」は仮定を表すくみあわせ動詞で、これを高橋他（2005）では仮定動詞としている。下の例①は動詞ではなく述語名詞の例であるが、これについて高橋他（2005）は、動詞からだけでなく述語名詞や、形容詞からも仮定動詞がつくられると述べている（pp. 116–117）。「現代日本語書き言葉均衡コーパス」から「形容詞第四条件形　シタッテ」の例は検出されなかったため、名詞が用いられた例のみ検討に加えた。「スルト　シタッテ」は仮定動詞「スルト　スル」の第二譲歩形で、話し言葉やカジュアルな書き言葉で多く用いられ、「仮に〜と仮定する条件が期待や予想する帰結の成立に無効である（期待、予想する結果が得られない）」逆条件を表す。実際にそうであるかどうか、そうするかどうかは別として、又は実際はそうではないが、仮にそう仮定してみるという意図の下に用いられる。

① 　たとえ500円だとしたって無駄な出費です。　　　（「Yahoo! 知恵袋」Yahoo! 2005）
② 　もし僕にそんな能力があるとしたって、道具として人に使われるのは好きじゃない。　　　（藤原伊織『ひまわりの祝祭』講談社 2000）
③ 　この群馬県高崎市の多胡運輸に請求するとしたって、そんな多額のものを払う能力があるとは思えない。　　　（「Yahoo! ブログ」Yahoo! 2008）

例①は「仮に500円だと仮定しても（期待される「無駄でない出費」とは認められない）」という意味で、「500円でも」とは「実際に500円であるかどうかは別として、仮にそう仮定してみる」という意識が示される点が異なる。例②や例③もそれぞれ、「（僕にそんな能力があるとは思わないが、）仮に僕にそんな能力があると仮定しても」、「（実際に請求することはないだろうが、または、実際に請求するかどうかわからないが、）

仮に請求すると仮定しても」という意識が示されている。

## 【2】打ち消し譲歩形

(1) スルマイガ　「シヨウガ　スルマイガ」　　　用例：彼が来ようが来るまいが

「スルマイガ」は動詞の第三譲歩形「シヨウガ」に対応する打ち消しの第三譲歩形である。詳細は【1】譲歩形（1）-2参照。

(2) スルマイト　「シヨウト　スルマイト」

用例：人に迷惑をかけようとかけまいと

「スルマイト」は動詞の第四譲歩形「シヨウト」に対応する打ち消しの第四譲歩形である。詳細は【1】譲歩形（2）-2参照。

(3) シナイマデモ　「シナイマデモ((-a)naimademo)」

用例：空港まで迎えに行かないまでも

「シナイマデモ」は動詞の打ち消しの譲歩形、「N／A2デハ　ナイマデモ」は述語名詞と第二形容詞の打ち消しの譲歩形と捉えられる（「現代日本語書き言葉均衡コーパス」から第一形容詞、第三形容詞の例は検出されなかった。）。ここでは、「シナイデモ」と「N／A2デハ　ナイマデモ」について、まとめて記述することとする。

① 血は出ないまでも、結構イタイです。　　　　　（「Yahoo! 知恵袋」Yahoo! 2005）
② 会社を辞めたら悠々自適とはいかないまでも、おだやかな日々をすごしたいというのがささやかな希望だった。　（高任和夫『告発倒産』講談社 2000）
③ 絶食は基本的にだめです。死にます。死なないまでも、不健康になります。

（「Yahoo! 知恵袋」Yahoo! 2005）
④ 経営幹部や上位の管理職が、第一線の状況、現場の状況を理解しないで、ただ号令をかけているだけでは、社員の意識改革と新たな方向付けは、不可能ではないまでも、困難であり長い時間を要する。

（社会経済生産性本部（編）『日本経営品質賞とは何か』生産性出版 2001）
⑤ パチンコ屋と同じように証券会社も存在していますが、パチンコのプロが

ないように、株のプロも名刺に印刷のできる肩書ではありません。<u>趣味で</u><u>はないまでも</u>、ほかに職業を持っていて片手間にできる副業だからです。

(邱永漢『君ならどうする？』廣済堂出版 2004)

①の「血は出ないまでも」は、「血が出るという特別な事態には至っていないが、それでも、(やはり血が出るに相当する程度の状態で結構痛い)」、②の「悠々自適とはいかないまでも」は、「悠々自適という理想的な状態には到達しなくても、(やはりそれに相当する程度の状態である穏やかな日々をすごしたい)」、③の「死なないまでも」は、「死ぬという極端な事態には至らなくても、(やはりそれに相当する程度の不健康な状態になる)」、④の「不可能ではないまでも」は、「不可能という極端な程度ではなくても、(やはりそれに相当する程度に困難である)」、⑤の「趣味ではないまでも」は、「趣味のようなお遊びという程度のものではないが、(やはりそれに相当する程度の、仕事の片手間に気楽にできる副業である)」という意味を表す。

「シナイマデモ」、及び「N／A2 デハ　ナイマデモ」は、ある事態が「シナイ」の「スル」や、N、A2 で表されるような特別な、または極端なレベルではないと認識するが、その特別な、または極端なレベルでないことは有効に働かず（予想・期待する事態出現には至らず）、それに相当する程度の帰結が続いて述べられることを予告する打消しの逆条件を表す形式である。①の「血は出ないまでも」は、単純な打消しの譲歩形を用いた「血は出なくても」と比べて、「血が出る」ことが特別なレベルの事態であるとする評価的認識を示すこと、及びそのような特別なレベルでなくても、それに相当する程度の事態（結構痛い）が帰結としてこれから述べられることを予告すること、このような点に特色が見られる。程度の認識まで含んだ打消しの逆条件の取り立てと捉えることが可能である。①と⑤は既定の打消しの逆条件、②〜④は仮定の打消しの逆条件を表すものと見られる。

### 1.1.2　第一形容詞の活用語形の部分であるもの
【1】並立形　A1ナガラ　　「A1-ナガラ」

村木（2006）は、「-ながら」が第一形容詞と用いられるときに、語基に「-ながら」が接尾する場合と、基本形に接続する場合の二つのタイプがあること

を指摘している。そして、第一形容詞の語基に接尾する「-ながら」は、「はずかしながら」、「あつかましながら」等、文全体にかかる陳述（副）詞というべき合成語を派生し、「-ながら」が基本形に接続した第一形容詞は句を構成していると説明している。(p.2, p.8)

　本書では、村木 (2006) の述べる第一形容詞の語基に接尾して陳述（副）詞のような合成語を派生する「-ながら」は接尾辞で、第一形容詞の基本形に接続して句を構成する「-ながら」[7] は、動詞の並立形を構成する部分と同等の、第一形容詞の並立形を構成する部分であると見て、「-ナガラ」と表記する。それは、繫辞「だ」の推量形「だろう」を動詞の推量形（例「読むだろう」）や第一形容詞の推量形（例「高いだろう」）の構成部分とするのと同レベルと捉えることができる。下の①～③は、第一形容詞の並立形の例である。

① 　この店の近くには、狭いながら貸駐車場があったからである。
　　　　　　　　　　　　　　　（西村京太郎『日本ダービー殺人事件』徳間書店 1996）
② 　はし置きは小さいながらしっかりとアクセントになっています。
　　　　　（京都新聞社・反畑誠一・秋山都「京都新聞」夕刊 2003/10/27 京都新聞社 2003）
③ 　千姫は幼いながら、両家の融和に心を悩ませてきたのだ。
　　　　　　　　　　　　　　　　　　　　　　（澤田ふじ子『千姫絵姿』到文社 2002）

　村木 (2006) は、形容詞に「-ながら」がつくときについて、「意味的には、〈不十分さ〉といった特徴をもつものに限られる。(p.8)」と指摘している。「情態形容詞における客観的な〈不十分さ〉は、情意形容詞における主観的な〈謙虚さ〉に通じ、表現主体のひかえめな態度をあらわす。(p.8)」という。①～③の例に用いられた（情態）形容詞は「狭い」、「小さい」、「幼い」であって、これらはいずれも「広い」、「大きい」、「成熟した」という対立する意味を持つ単語に対して「不十分さ」という意味的特徴を示す。そして、「狭いながら」、「小さいながら」、「幼いながら」という形で「不十分であって」という意味を伴って後の部分に続く。村木 (2006) では、「形容詞述語＋ながら」について以下のように述べている。

文法的には、補語や修飾語をうけることが少ない。形式面でのこうした特徴は、これらの形容詞の述語性が希薄であることを意味している。後続の主文に対して、「まえおき」や「ことわり」といった役割をはたすのである。 (p.8)

①の「狭いながら」は後続の主節と主語(貸駐車場が)を共有し、述語となって節を作り、これから述べる主語の状況について、「狭い」という不十分さを認め、前もって「ことわり(注釈的)」的に示すと共に、続いて主語に関してより肯定的な事柄が対比的に述べられることを予告している。全体としては、「この店の近くには、狭いという不十分な状態であるが、そうであっても、(一応)貸駐車場があったからである」という意味が想定される。

②の文は、「小さいながら」も、「しっかりとアクセントになっています」も、主語は「はし置きは」である。「小さいながら」は主語の状況を表すもので、「ふたまた述語文」の先行する節の述語とみることができる。この「小さいながら」は前置きとして、「はし置きは小さいという不十分なものだが、それでも〜」という意味をもって、主語について「小さい」という不十分な状態を認めて示すとともに、後の部分で主語に関してより肯定的な事柄(しっかりとアクセントになっています)が対比的に述べられることを予告している。

③の「幼いながら」と、それに続く「両家の融和に心を悩ませてきたのだ」の主語はどちらも同じ「千姫は」である。「幼いながら」は②と同様に「ふたまた述語文」の先行する節の述語とみられ、主語の状況を示している。「幼いながら」は前置きとして、「千姫は幼いという不十分な状態であるが、それでも〜」という意味によって、主語について「幼い」という不十分な状態を認めて示すとともに、後に続く部分で主語に関するより肯定的な事柄が対比的に述べられることを予告している。

④　その抑揚の味のよさを、聴いて味はふだけでなく、むつかしいながら、自分でもやつてみようといふ励みが出て来る。

(加藤類子『虹を見る』京都新聞社 1991)

④の「むつかしいながら」の主語は「自分でやることは」、「むつかしいながら」に対応する「自分でもやってみよう」の主語は「私は」で、両者の主語は異なる。このような主語が異なる場合はわずかな例しか得られず、第一形容詞の並立形「A1ナガラ」の主流は、「A1ナガラ」の主語と、その主節の主語が同じ場合と言える。「むつかしいながら」が作る節は重文の先行節を形成し、挿入として文に加わり、「自分でやることはむつかしい（という否定的な点がある）が、（それを認めつつ）それでも」という対比的意味をもって後続節へ続いている（この重文は、引用の助辞トを伴って「いふ」に続く）。即ち、「むつかしいながら」が形成する重文の先行節は、主語について不十分、或いは否定的である状態を認めて注釈的に示しつつ、続く後続節でより肯定的で積極的な内容が対比的に述べられることを予告していることが指摘できる。

　「A1ナガラ」の全般的な働きは、主語について、その形容詞が意味的に表す不十分、または否定的な状態であることを認め、ことわり（注釈）や前置きとして示すとともに、より肯定的、積極的な事柄が後に対比的に述べられることを予告するものといえる。

【2】継続的並立形　A1ナガラニ　「A1-ナガラニ」

　先に本書では「A1ナガラ」を第一形容詞の並立形としたが、同様に「A1ナガラニ」を第一形容詞の継続的並立形とする。

① 　母親から言われたことは、幼いながらに理解した。
（加納邑『黒ねこラブラブ注意報』オークラ出版 2001）
② 庭に川が流れていて、狭いながらに落ちつける縁側が気に入っていた。
（萩原葉子『朔太郎とおだまきの花』新潮社 2005）
③ 先日新たに種まきをしたエリア。小さいながらに芽を出し始めました。
（「Yahoo!ブログ」Yahoo! 2008）
④ 昔の長屋の生活には貧しいながらに、醤油貸してくれ米を貸してくれ、いいよ貸してやるというのがあったんです。
（青木雄二・金子勝『火事場の経済学』青春出版社 2003）

「A1ナガラ」で既に示したように、村木(2006)は、形容詞に「-ながら」がつくときについて、「意味的には、〈不十分さ〉といった特徴をもつものに限られる。(p. 8)」としている。例①、②、③、④に見られる「幼い」、「狭い」、「小さい」、「貧しい」という「-ながらに」に用いられている第一形容詞も、全て意味的に「不十分さ」を持つものである。

①の「幼いながらに」の主語は明示されていないが、後に続く「理解した」の主語と同じと考えられる。「幼いながらに」は主語の状況を示すもので、「(彼は) 幼いながらに、理解した。」というふたまた述語文の先行する節の述語と見ることができる。この「幼いながらに」は、主語について、「幼い」という不十分さを認めつつも、それでも幼い (不十分である) なりにという消極的ではあるが肯定的な評価を付加して、前置きとして示すとともに、控えめではあるものの、主語に関して、より積極的、肯定的な内容の事柄 (理解した) が後で対比的に述べられることを予告している。

②の「狭いながらに落ち着ける」は、「狭い」と「落ち着ける」がほぼ対等に「縁側」を規定する規定成分節を形成している。それは、「縁側は狭いながらに落ち着ける」というふたまた述語文の主語となる名詞 (縁側) を被修飾語にした構造の文と考えられる。「狭いながらに」は、主語について、「狭い」という不十分さを認めつつも、それでも狭い (不十分である) なりにという消極的ではあるが肯定的な評価を付加して、前置きとして示すと共に、主語に関して、控えめながら、より積極的、肯定的な内容の事柄 (落ち着ける) が後で対比的に述べられることを予告している。

③の「小さいながらに」の主語は後に続く「芽 (は)」で、その主語について、「小さい」という不十分さを認めつつも、それでも小さい (不十分である) なりにという消極的ではあるが肯定的な評価を付加して、前もってことわり的に示すとともに、続いて、主語に関して、控えめではあるものの、より積極的、肯定的な内容の事柄 (芽を出し始めました) が対比的に述べられることを予告している。

④の「貧しいながらに」の主語は省略されているが「昔の長屋の人々は」であって、主節の主語とは異なる。「貧しいながらに」は、主語について、「貧しい」という不十分、或いは否定的な状態を認めつつ、それでも貧しい (不

十分である、否定的状態である）なりにという、消極的ではあるが肯定的な評価を付加して、注釈として挿入的に文に加わるとともに、後に控えめではあるもののより積極的、肯定的な内容の事柄（醤油貸してくれ米を貸してくれ、いいよ貸してやるというのがあった）が対比的に述べられることを予告している。

　①～④の「幼いながらに」、「狭いながらに」、「小さいながらに」、「貧しいながらに」全て、主語に対してその第一形容詞が意味する不十分性や否定的状態が存在することを認めつつ、それでもその不十分性、あるいは否定的状態の中に一定の価値を見出し、「不十分、否定的状態ではあるが、不十分、否定的状態であるなりに」と、主語に対して消極的ながら肯定的な評価を付加して、ことわり的（注釈的）、前置き的に示し、続いて、控えめではあるものの、より積極的に評価される内容の事柄が対比的に述べられることを予告している。「A1 ナガラ」が、その形容詞が意味する主語についての不十分性や否定的状態をことわり的、前置き的に示すだけであるのに対し、「A1 ナガラニ」はその主語に消極的ではあるが肯定的な価値を認め、それを評価して述べる点が特徴的である。

　「A1 ナガラニ」は、主語にその第一形容詞が意味する、不十分性、或いは否定的状態を認めつつも、その不十分性、否定的状態の中に一定の価値を見出し、それなりにと、主語に対して消極的ではあるが肯定的な評価を付加して、ことわり的、前置き的に示すとともに、控えめでありながら、より積極的に評価される内容の事柄が後に対比的に述べられることを予告する働きをする。

【3】対比的並立形　A1ナガラモ　　「A1-ナガラモ」

用例：狭いながらも楽しい我が家

　先に「A1 ナガラ」を第一形容詞の並立形、「A1 ナガラニ」を第一形容詞の継続的並立形としたが、ここでは「A1 ナガラモ」を第一形容詞の対比的並立形と位置づける。

① 　娘は怖いながらも顔隠したりしながら、最後まで見ていました。

（「Yahoo! ブログ」Yahoo! 2008）

② 良心的で店主の経営センスがよく、小さいながらも品揃えが豊富であったので繁盛していたようである。(森村誠一『エネミイ』光文社 2003)
③ 流石にノーダメとはいきませんがとはいきませんが、モノメイトもディメイトもほとんど使わず、他の敵に比べて時間は長いながらも普通に勝てます。(「Yahoo! ブログ」Yahoo! 2008)
④ 椎骨動脈は第6頚椎に入るまで、縦隔内を短いながらも走るので被験者の姿勢によって蛇行したシルエットが観察される(鎖骨下動脈・椎骨動脈の起始部は蛇行していることが多く、このことが Subclavian Steel Syndrome の下地を作っていると考える)。(齋藤敏之(編著)『実戦・解剖学』克誠堂出版 2004)
⑤ そして…この村には浅いながらも歴史があるのであった。
(松谷みよ子『松谷みよ子の本』第7巻 講談社 1996)
⑥ しかし FW26 はチームの思惑どおりには走らず、戦闘力は高いながらも、実に神経質なマシンとなってしまった。(津川哲夫「AUTO SPORT」2004年12月9日号(第41巻第47号、通巻994号)三栄書房 2004)

　①の「怖いながらも」の主語は、「最後まで見ていました」の主語と同じ「娘は」である。「怖いながらも」は、「ふたまた述語文」の先行する節の述語と見られるもので、主語の状況を示している。この「怖いながらも」は、「(娘は)怖いという否定的な状態であるが、それでも～」という意味によって、主語である「娘」の「怖い」という否定的な状態を認めて、前置きとして示すとともに、その否定的な状態を打ち消す、或いは克服するような、主語に関する積極的な事柄(最後まで見ていました)が後で対比的に述べられることを予告している。なお、「顔隠したりしながら」という部分の「シナガラ」は、どのように「見ていた」かという、ふたまた述語文の後続の節の述語である「見ていた」の様子を詳しく説明する修飾成分を形成している。

　②の「小さいながらも」は、ふたまた述語文「小さいながらも品揃えが豊富であった」の先行の節の述語と見られるもので、主語は示されていないが、「店は」のようなものと考えられる。そのふたまた述語文は全体で理由を表す状況成分節となっている。そして、「小さいながらも」は、前置きとして、主語に対して小さい点に不十分さを認めて示すとともに、その不十分さを克服

するような主語に関する積極的な事柄（品揃えが豊富であった）が対比的に後に述べられることを予告している。

　③の「長いながらも」の主語は「時間は」であって、後続の「（僕は）普通に勝てます」とは異なる主語を持つ。このように、「長いながらも」はそれ自身の主語があることから述語性が高く、それが構成する「他の敵に比べて〈対戦〉時間は長いながらも」という節は、後続の節である「（僕は）普通に勝てます」に対して、ほぼ同等の独立性を保っている。そして、それは前置きとして、「〈対戦〉時間は長い」という否定的な面がある事実を認めて示しつつ、それでも、それを打ち消す、或いは克服するような積極的な事柄（（僕は）普通に勝てます）が後に対比的に述べられることを予告する働きをしている。一般的に「対戦時間が長い」なら「勝つのは難しい」と思われるが、それを「（僕は）普通に勝てます」と続けるところに不自然な関係が生じ、それが対比性につながっている。

　④の「短いながらも」の主語は省略されているが「距離は」であって、主節の主語（椎骨動脈は）とは異なる。この場合、「短いながらも」は挿入として「（距離が）短くて存在価値がないように思われるかもしれないが、それでも」という意味で文に加わって、主語に対して不十分性をことわり（注釈的）に示すと共に、後にその不十分性を克服するような積極的な事柄（（椎骨動脈はしっかり）走る）が対比的に述べられることを予告している。

　⑤は全体として、「この村には、浅いとはいえ、それでも（れっきとした）歴史があるのであった。」という意味が考えられる。「浅いながらも」の主語は後に述べられる「歴史が」であるが、「浅いながらも」は、これから述べられる主語について、「浅い」という不十分で、否定的な状態であることを認め、前もってことわり的（注釈的）に示すとともに、続いてそれを克服するような積極的な事柄が対比的に述べられること（（れっきとした）歴史がある）を予告している。

　①〜⑤までの例で「A1ナガラモ」に用いられた第一形容詞は全て、意味的に「不十分さ」や「否定的性質」を持つものである。ところが⑥では、「優越性」、「積極性」といった意味的特徴を持つ「高い」が用いられている。⑥の「戦闘力は高いながらも」の主語「戦闘力は」は、続く「実に神経質なマ

シンとなってしまった」の主語「FW26は」と異なる。「戦闘力は高いながらも」は挿入的に文に加わって、それと対比的な関係で結びつく事柄（実に神経質なマシンとなってしまった）が後で述べられることを注釈として予告している。

「A1ナガラモ」の「-も」について、村木（2006）は逆接を特徴づける形式としている（p.18）。しかし、本書では、①〜⑥までの例の検討から、「A1ナガラモ」の「-も」を「対比性」を強調する形式と捉えたいと考える。「A1ナガラモ」は、「A1ナガラ」と異なり、「対比性」を強調する「-も」によって形式として対比的意味を明示する。上記①〜⑤の例の場合、「A1ナガラ」を用いて表現しても前の部分と後の部分との対比的関係から逆接的意味は理解されるのであるが、「A1ナガラモ」という形式によって対比性を強調して示すことで、逆接的意味がより明確になっている。⑥の「高い」は不十分性を意味として持たないものの、「A1ナガラモ」という語形によって、後続の部分との対比的な関係が強く明示されるため、全体として逆接的な意味に理解されることになると考えられる。

「A1ナガラモ」は、全般的に、不十分性、否定的性質を意味的特徴とする第一形容詞から作られ、その形容詞が意味する主語についての不十分性、否定的な状態を認めて、注釈や前置きとして示すとともに、それを打ち消す、或いは克服するような肯定的、積極的な内容の事柄が続けて対比的に強く述べられることを予告するものといえる。それに対し、「A1ナガラ」は、前にも述べた通り、その形容詞の主語についての不十分性、否定的な状態を認めて、注釈や前置きとして示すと共に、後により肯定的、積極的なことがらが対比的に述べられることを予告するだけである。

また、「A1ナガラモ」は対比性を明示する形式であるため、「優越性」、「積極性」といった意味的特徴を持つ第一形容詞とも用いられ、「A1ナガラモ」で述べられた内容と対比的な関係で結びつく事柄が後で述べられることを予告する働きも持つ。

### 1.1.3　述語名詞、第二形容詞、第三形容詞の活用語形の部分であるもの

鈴木（1972b）では本書で繋辞とする「-だ」、「-です」等について「述語になる名詞や形容詞とそれの文法的な形を構成するためにはたらくものである。

(p. 414)」としている。本書もそれらを述語名詞、第二形容詞、第三形容詞の文法的な形を構成する部分と考える。従って、例えば「-だろう」という繋辞「-だ」の推量形は、述語名詞、第二形容詞、第三形容詞の推量形「先生だろう」、「静かだろう」、「抜群だろう」を構成する部分と捉えられる。同様の意味で、本書では「-ナガラ」を、動詞並立形を構成する部分と同等の、述語名詞、第二形容詞、第三形容詞の並立形を構成する部分とし、「Nナガラ」、「A2ナガラ」、「A3ナガラ」を、それぞれ述語名詞、第二形容詞、第三形容詞の並立形と捉えることとする。

【1】並立形　N／A2／A3ナガラ　「N／A2／A3-ナガラ」
　下の①～③は述語名詞、④～⑥は第二形容詞、⑦～⑨は第三形容詞の並立形の例である。

① 昨日のタイ戦で、アウエイの試合ながら、岡田ジャパンは、終始タイを圧倒し3対0で快勝した。　　　　　　　　　　　　（「Yahoo! ブログ」Yahoo! 2008)
② ジャンルカ・ペソット　サイドバックが本職ながら、中盤のサイドもこなす。能弁でクレバーなベテランだ。　　（実著者不明「欧州サッカーリーグ
　　　　　　　　最速ガイド2004-2005」コナミメディアエンタテインメント 2004)
③ この間の建国記念の日は祝日ながらお仕事。　　（「Yahoo! ブログ」Yahoo! 2008)

①は「アウエイの試合であって、それでいて、岡田ジャパンは、終始タイを圧倒し3対0で快勝した。」、②は「(ジャンルカ・ペソットは)サイドバックが本職であって、それでいて、中盤のサイドもこなす。」、③は「この間の建国記念の日は祝日であって、それでいて(私は)お仕事」のように言い換えることができる。①～③の「Nナガラ」は、述語名詞の第二中止形の形で表されるもので、「～であって、(それでいて～)」のように後続の部分との並立を示す。

④ そうした新しい発見も、ささやかながら一定の予想をもって対象に問いかけることでなされたのである。

　　　　　　　　　　　　　　　　（津田道夫『情緒障害と統合教育』社会評論社 1997)

⑤　いきなりみんなからそれぞれのいい分を聞かされたクリストファー・ロビンの対応は、きわめて<u>単純ながら</u>、まさに森の世界にふさわしい。

(安達まみ『くまのプーさん英国文学の想像力』光文社 2002)

⑥　付いているパーツは<u>プアながら</u>、通勤にはまぁ好適機種かな、と。

(「Yahoo! ブログ」Yahoo! 2008)

④〜⑥の「A2ナガラ」という形容詞の部分は、④「そうした新しい発見も、ささやかであって、それでいて、一定の予想をもって対象に問いかけることでなされたのである」、⑤「クリストファー・ロビンの対応は、きわめて単純であって、それでいて、まさに森の世界にふさわしい」、⑥「付いているパーツはプアであって、それでいて(この自転車は)通勤にはまぁ好適機種かな、と」と、④〜⑥は、第二形容詞の第二中止形の形で言い換えることができる。そして、全体として「A2ナガラ」が表す部分は、「〜であって、(それでいて〜)」のように後続の部分と並立するものである。

⑦　花咲かば告げんといひし山里の、という謡い出しも<u>にわか仕立てながら</u>威風あたりを払うように感じられて気に入った。

(笠原淳『十五歳夏』新潮社 1998)

⑧　発売日は<u>未定ながら</u>、すでにナムコより日本語版の発売が決定している。

(実著者不明『ネットゾーン V.3』ネットゾーン 2005)

⑨　いかにも九州の男らしく、<u>細面ながら</u>濃い男らしい眉毛の下で、茶色に光る目がまっすぐわたしをのぞきこんだ。

(五木寛之『四季・奈津子(上)』集英社 1979)

⑦は、「〜という謡い出しはにわか仕立てであって、それでいて、威風あたりを払うように感じられて」、⑧は、「発売日は未定であって、その状況で、すでにナムコより日本語版の発売が決定している」、⑨は、「(顔は)細面であって それでいて、濃い男らしい眉毛の下で、茶色に光る目がまっすぐわたしをのぞきこんだ」と、⑦〜⑨は、どれも第三形容詞の第二中止形の形で言い換えることができる。そして、全体として「A3ナガラ」が表す部分は、「〜であって、それでい

て～」のように後続の部分と並立するものである。

　以上から、上記の例で示された、述語名詞、第二形容詞、第三形容詞の並立形は、述語名詞、第二形容詞、第三形容詞の第二中止形である「～で」や「～で　あって」に相当する働きで後に続くと共に、後続の部分と並立していることが確認される。これらの並立形「N／A2／A3ナガラ」は、広い意味で用言につながる連用の語形の一つとして位置付けられる。

　村木（2006）は、「その文が意味する事態の成立に、それが不十分である、期待値よりも小さいと表現主体が認識するときに、あるいはその事態の成立に常識的観点から〈不自然さ〉を感じるときに、「名詞＋ながら」がもちいられる（p.4）」こと、及び形容詞に「-ながら」がつくとき、「意味的には、〈不十分さ〉といった特徴をもつものに限られる（p.8）」ことを指摘している。また、その文が意味する事態に対し、その成立に〈不十分さ〉〈不自然さ〉を持つ名詞や形容詞が「-ながら」によって述べられるところに「強い対比性が成立し、「-ながら」に「-にもかかわらず／それなのに」といった逆接的意味がよみとれる（pp.4-5）」こと、その他、それらは「後続の主文に対して、「まえおき」や「ことわり」といった役割をはたす（p.8）」ことが解説されている。

　実際に「Nナガラ」で表される①「アウエイの試合（アウエイの試合は通常不利なものである）」、②「サイドバックが本職（常識的に本職でないことをするのは難しい）」、③「祝日（一般的に祝日は仕事はお休みである）」は、それぞれ後続の部分に示された「終始タイを圧倒し3対0で快勝した」、「中盤のサイドもこなす」、「お仕事」から見ると、一般的、常識的に「不十分さ」や「不自然さ」が感じられる。その「不十分さ」や「不自然さ」が感じられる事柄が、「Nナガラ」という形式によって後続の部分で述べられる事柄と並立すると表現する点に対比性が生じ、①は「アウエイの試合なのに、終始タイを圧倒し3対0で快勝した」、②は「サイドバックが本職だが、中盤のサイドもこなす」、③は「祝日だが、お仕事」という逆接的意味が発生する。

　「A2ナガラ」の「-ナガラ」で表された④「ささやか」、⑤「単純」、⑥「プア」という第二形容詞も、村木（2006）の指摘通り、一般的に「不十分さ」という意味上の特徴を持つといえる。そのような不十分さにもかかわらず、それらが「A2ナガラ」という形式によって後続の主節で述べられる「一定の予

想を持つ」、「まさに森の世界にふさわしい」、「通勤には好適機種」という十分性を示す事柄と並立すると表現する点に対比性が生じ、「ささやかだが一定の予想をもって」、「単純だがまさに森の世界にふさわしい」、「パーツはプアだが通勤には好適機種」という逆接的意味が発生していることが考えられる。

「A3ナガラ」の「-ナガラ」によって表された⑦「にわか仕立て」、⑧「発売日は未定」、⑨「細面」に関しても、一般的に「不十分さ」という意味上の特徴を持つ。そのような不十分さにもかかわらず、それらが「A3ナガラ」という形式によって、後続の主節で述べられる「威風あたりを払う」や「すでにナムコより日本語版の発売が決定している」、「濃い男らしい眉毛」という十分性を示す事柄と並立すると表現する点に対比性が発生し、その結果、⑦「謡い出しもにわか仕立てだが威風あたりを払う」、⑧「発売日は未定だが、すでにナムコより日本語版の発売が決定している」、⑨「細面だが濃い男らしい眉毛」のような逆接的意味が生じているといえる。

「Nナガラ」の場合、①の「アウエイの試合ながら」の主語は、後に述べられる「岡田ジャパンは」で、その主語について「アウエイの試合である」という不十分さを認め、前もってことわり的に示すとともに、後に主語について不自然な関係で結びつく、より積極的な事柄が対比的に述べられることを予告している。②は、「サイドバックが本職ながら」も「中盤のサイドもこなす」も、主語は「ジャンルカ・ペソット（は）」で、「サイドバックが本職ながら」は、ふたまた述語文の先行する節の述語と見られる。そして、「サイドバックが本職ながら」は「前置き」として、主語に関して、それと不自然な関係で結びつく事柄が後に対比的に述べられることを予告している。③の「祝日ながら」の主語は「建国記念の日は」で、「お仕事」の主語の「私は」と異なっており、「祝日ながら」は、重文の先行節の述語となっている。「この間の建国記念の日は祝日ながら」は「前置き」として、後にそれと不自然な関係で結びつく事柄が対比的に述べられることを予告している。

「A2ナガラ」の④の「ささやかながら」は、「ささやかで、一定の」という、規定成分が二つ並ぶときの先行の第二形容詞とみることができる。それが「一定の」と形成する「ささやかながら一定の予想」という部分は、「予想はささやかで一定である」というふたまた述語文の主語（予想は）となる名詞

を被修飾語にした構造と考えられる。この二つ並んだ規定成分の「-ナガラ」で表された先行の部分は、「ささやかであること」に不十分性を認めて前置きとして示すと共に、続いて主語に相当する「予想」に関してより肯定的で積極的な事柄（一定の）が対比的に述べられることを予告している。⑤の「単純ながら」の主語は、この文の述語「森の世界にふさわしい」と同じ「クリストファー・ロビンの対応は」であり、「単純ながら」はふたたび述語文の先行する節の述語とみることができる。そして、主語に対して「単純である」という不十分性を認めて前置きとして示すと共に、主語に関してより積極的な事柄（まさに森の世界にふさわしい）が続いて対比的に述べられることを予告している。⑥の「プアながら」の主語は「付いているパーツは」で、この文の述語の「好適機種かな」の主語は明示されてないが「この自転車は」と考えられる。「付いているパーツはプアながら」の部分は重文の先行節に相当するもので、「パーツがプアであること」は不十分なのだけれど、その不十分性を認めて前置きとして示した上で、続いてより積極的な事柄（この自転車は）通勤にはまぁ好適機種かな）を対比的に述べることを予告している。

「A3 ナガラ」に関しては、⑦の「にわか仕立てながら」の主語は、それが属する重文の先行節の述語「感じられて」の主語と同じ「謡い出しも」であり、「にわか仕立てながら」は、重文の先行節を構成するふたたび述語文の先行する節の述語と認められる。そして、主語に対して「にわか仕立てである」という不十分な点があると認めて前置き的に示しつつ、さらに主語に関してより積極的な事柄（威風あたりを払うように感じられて）が続いて対比的に述べられることを予告している。⑧の「未定ながら」の主語は「発売日は」で、「すでにナムコより日本語版の発売が決定している」の主語の「発売が」とは異なる。この「発売日は未定ながら」は重文の先行節を形成し、後続節に対して発売日については未定という不十分な点があるのだけれどと前置きとして述べつつ、より積極的な事柄（すでにナムコより日本語版の発売が決定している）が続いて示されることを予告している。⑨の「細面ながら」の主語は明記されていないが「顔は」、後続の部分の主語は「目が」と考えられ、両者は異なる。「細面ながら」は重文の先行節の述語と見られるが、それは、「（男であるにもかかわらず）細面であること」に不十分性を認め、ことわりとして挿入されると

共に、続いてより積極的な事柄（濃い男らしい眉毛）が対比的に述べられることを予告している。

「Ｎナガラ」は、ある事柄について「Ｎということを考えると不自然なのだけれど」、或いは「Ｎは不十分なことなのだけれど」と、ことわり的に付加したり前置き的に示したりするとともに、それに対して、前者は不自然な事柄が、後者はより積極的な事柄がこれから述べられることを予告する。「Ａ2／Ａ3ナガラ」は、ある事柄について「Ａ2やＡ3という不十分な点があるのだけれど」と、ことわり的に付加したり、前置き的に示したりするとともに、より積極的な事柄がこれから述べられることを予告する働きをする。

「Ｎ／Ａ2／Ａ3ナガラ」という並立形の形式は、接続詞や接続助辞等を用いて逆接的意味を明示するのではなく、その文が意味する事態の成立に常識的観点から「不自然さ」、「不十分さ」を持つ別の事態を対比的に並立させて述べ、その対比性から言語を操る人間の常識的認識に逆接的意味の理解を期待するものである。その点に、表現としてのレベルの高さと、その形式の運用を可能とする人間の、社会的認識能力の高さが示される。或いは、物事は＋か－のどちらかに単純に分けられるものではなく、相反するものが入り混じった複雑なものであることを表現する、高度に人間的な形式ということも可能である。

【2】継続的並立形　Ｎ／Ａ2／Ａ3ナガラニ　「Ｎ／Ａ2／Ａ3-ナガラニ」

「Ｎ／Ａ2／Ａ3ナガラ」と同様に、「Ｎ／Ａ2／Ａ3ナガラニ」を述語名詞、第二形容詞、第三形容詞の継続的並立形とする。下の①〜③は述語名詞、④、⑤は第二形容詞、⑥は第三形容詞の「Ｎ／Ａ2／Ａ3ナガラニ」の例である。

① 女ながらに気性の勝れて強いお前たちの母上は、私と二人だけいる場合でも泣顔などは見せた事がないといってもいいくらいだったのに、その時の涙は拭くあとからあとから流れ落ちた。

（有島武郎『小さき者へ』岩波書店 2004）

② 自分の境遇とくらべて、子どもながらにひとの生活のちがいを知りました。

（串田嘉男『みつけたぞ！ボクらの星』ポプラ社 1989）

③　野中は偏食ながらに少しずつレパートリーがひろがっていく。

(田辺聖子『ブス愚痴録』文芸春秋 1992)

④　ミラはダビデの心臓の匂いがする方へと、小柄ながらに結構速く走っている。　(スズキヒサシ『ダビデの心臓』メディアワークス；角川書店(発売) 2004)

⑤　復活してからは、下手ながらに著作をしてゐるので、議論などは出来ないのである。　(佐々木雄爾『長明・兼好・芭蕉・鴎外』河出書房新社 2004)

⑥　「うちの殿は、若年ながらに諸事に間がつんでおるわい。…」

(津本陽『乱世、夢幻の如し』講談社 1997)

　例から見えるように、「-ナガラ」同様、「-ナガラニ」に用いられる名詞も、村木(2006)が指摘した、その文が意味する事態の成立に「不十分さ」や「不自然さ」を示すものばかりである。例えば、①「女」、②「子ども」、③「偏食」は、それぞれその文が意味する事態、「気性の勝れて強い」、「ひとの生活のちがいを知りました」、「少しずつレパートリーがひろがっていく」と、そのまま結びつくには常識的観点から、①、③には「不自然さ」、②には「不十分さ」が感じられる。第二、第三形容詞については、④の「小柄」、⑤の「下手」、⑥の「若年」、全て、村木(2006)が述べる「形容詞」に「-ながら」が付く時の意味的特徴である「不十分さ」が認められる。

　「Nナガラニ」の場合、①の「女ながらに」は「気性の勝れて強い」と共に「お前たちの母上は」を規定する、二つ並んだ規定成分の中の先行の規定成分である述語名詞と見ることが可能である。それは、「お前たちの母上は女ながらに、気性の勝れて強い」というふたまた述語文の主語となる名詞を被修飾語にした構造と見ることもできる。そして「女ながらに」は、主語について「女である制約」を認めることを前置きとして示すとともに、より積極的な事柄（気性の勝れて強い）が後に述べられることを予告している。②の「子どもながらに」の主語は明示されていないが、「ひとの生活のちがいを知りました」の主語と同じ「私は」であると考えられ、「子どもながらに」は、「私は」を主語とする、ふたまた述語文の先行の節の述語を構成している。この「子どもながらに」は、主語について「子どもである不十分性」を認めることを前置きとして示すとともに、それでもなお、主語にとってより積極的に

評価される事柄（ひとの生活のちがいを知りました）が後に対比的に述べられることを予告している。③の「偏食ながらに」の主語は、後続部分の主語と同じ「野中は」で、「偏食ながらに」は、ふたまた述語文の先行の節の述語を構成している。そして、それは「野中が偏食である否定的性質」を認めて前置き的に示しつつ、それでもなお、主語についてより積極的に評価される事柄（ある意味、不自然な関係でつながる事柄「少しずつレパートリーがひろがっていく」）が後に対比的に述べられることを予告している。①〜③全て「N ナガラニ」には、ある種の制約や不十分性、或いは否定的内容を語彙的意味に含む名詞 N が用いられている。「N ナガラニ」は、その主語についてある種の制約を持っていたり、不十分であったり、否定的であったりする事実を認めつつも肯定的に捉え、前置き的に示すとともに、それでもなおその「枠」の中でありながら、より積極的に評価される事柄が後に述べられることを予告している。

　第二形容詞、及び第三形容詞の場合、④「小柄ながらに」、⑤「下手ながらに」、⑥「若年ながらに」は、ふたまた述語文の先行の節の述語で、④「小柄ながらに」の主語「ミラは」、⑤「下手ながらに」の主語「私は」のようなもの、⑥「若年ながらに」の主語「うちの殿は」は、全て、ふたまた述語文の後続の節の主語と同じである。そして、それらの「A2/A3 ナガラニ」は、主語についてその形容詞が意味する「不十分な状態であること」を認めつつ、不十分な状態である中にもその制約に応じた価値を見出し、「それなりに」と、消極的ではあるが肯定的な評価を加えて前置き的に示すと共に、より積極的に評価される事柄が後に対比的に述べられることを予告している。

① 　女ながらに気性の勝れて強いお前たちの母上は、私と二人だけいる場合でも泣顔などは見せた事がないといってもいいくらいだったのに、その時の涙は拭くあとからあとから流れ落ちた。

(有島武郎『小さき者へ』岩波書店 2004)

①* 「女ながら、大胆不敵の者にございます」

(池波正太郎『真田太平記』朝日新聞社 1985)

② 　自分の境遇とくらべて、子どもながらにひとの生活のちがいを知りました。

(串田嘉男『みつけたぞ！ボクらの星』ポプラ社 1989)

②＊ <u>子供ながら</u>、とてもせつない気持ちになりました。

（「Yahoo! 知恵袋」Yahoo! 2005）

⑥ 「うちの殿は、<u>若年ながらに</u>諸事に間がつんでおるわい。…」

（津本陽『乱世、夢幻の如し』講談社 1997）

⑥＊ いかにも九州の男らしく、<u>細面ながら</u>濃い男らしい眉毛の下で、茶色に光る目がまっすぐわたしをのぞきこんだ。

（五木寛之『四季・奈津子（上）』集英社 1979）

　名詞の場合、「Nナガラ」は、Nにその文が意味する事態の成立に「不十分」なもの、常識的観点から「不自然な」ものが用いられ、「Nは不十分なのだけれど」、「Nということを考えると不自然なのだけれど」と、ことわり的に付加したり前置き的に示したりすると共に、前者はより積極的な内容の事柄、後者はNについて不自然な事柄が後述されることを予告する。一方、「Nナガラニ」は、Nに常に不十分性や、ある種の制約、否定的内容を語彙的意味に含む名詞が用いられる。そして、ある事柄についてNという不十分性や、ある種の制約、否定的性質が存在する事実を認めつつも肯定的に捉え、前置き的に示すと共に、その制約や不十分性、否定的性質の「枠」にありながらも、より積極的で肯定的に評価される事柄が後述されることを予告する。第二形容詞、第三形容詞の場合、「-ナガラ」も「-ナガラニ」も常に不十分性を意味する単語と用いられるが、「A2／A3ナガラ」は、ある事柄について「A2やA3という不十分な状態である」と認め、ことわりや、前置きとして示しながら、より積極的な事柄が後述されることを予告する。それに対し、「A2／A3ナガラニ」は、ある事柄についてその形容詞で表される不十分な状態であると認めつつ、不十分性の中にそれに応じた価値を見出し、それなりにと、消極的ではあるが肯定的な評価を加え、前置き的に示すと共に、より積極的に評価される内容の事柄が後述されることを予告する。「N／A2／A3ナガラニ」には、「N／A2／A3ナガラ」ほどの対比性は見られない。それは、「-ナガラニ」が、組み合わさる単語が意味する不十分性や制約に対し消極的ながら肯定的な評価を示すことが理由として考えられる。

　述語名詞、第二形容詞、第三形容詞の継続的並立形「N／A2／A3ナガラ

ニ」は、広い意味での連用の語形に含まれる。述語名詞の継続的並立形には、一般にある種の制約や、不十分性や、否定的な内容を意味として持つ単語が用いられる。そして、ある事柄についてその制約や、不十分性や、否定的性質の存在を認めつつも肯定的に捉えて前置きとして示すと共に、そのような「枠」の中でありながら、より積極的な関係でつながる事柄が後に述べられることを予告する。第二形容詞、第三形容詞の継続的並立形も、常に不十分性を示す単語が用いられる。そして、ある事柄についてその形容詞で表される不十分な状態であると認めつつ、その不十分性の中にそれに応じた価値を見出し、「そのような不十分な状態であっても、それなりに」という意味を持って、消極的ではあるが肯定的な評価を加え、前置き的に示すと共に、後により積極的に評価される内容の事柄が述べられることを予告する。

【3】対比的並立形　N／A2／A3ナガラモ　「N／A2／A3-ナガラモ」

用例：子供ながらも必死になっている

　下の①〜④は名詞、⑤〜⑦は第二形容詞、⑧〜⑩は第三形容詞が「-ナガラモ」に用いられた例である。これら「N／A2／A3ナガラモ」という語形は、①の「デビュー作ながらも」のように、全て「〜ではあるが、そうであっても〜」と、述語の名詞や、第二、第三形容詞で表される事柄や状態であることを認めつつ、後の部分との対比性を強く表し示す。そこで、この「N／A2／A3ナガラモ」という語形を対比的並立形と位置付けることとする。

①　デビュー作ながらも大ヒット。
　　（髙橋浩子『ファン（継続読者）が増えるメルマガ消えるメルマガ』明日香出版社 2003）
②　味は薄味ながらもかなりグッド♪　　　　　　（「Yahoo! ブログ」Yahoo! 2008）
③　しかしながら、モリスの工房では、少量ながらもタイルは製造され続けていたし、ド・モーガンの工房に製造を一元化するには、相容れないほどの異なった表現をそれぞれのタイルは有していた。　（吉村典子『ウィリアム・モリスとアーツ＆クラフツ』「ウィリアム・モリスとアーツ＆クラフツ」制作委員会 2004）
④　ここに収録された大協奏曲嬰ヘ短調はその中でもとりわけ見事なもので、イタリア的な明るいメロディながらも、調性も冒険的で複雑な構成を持つ

た意欲作です。　　　　　　　　　　　　　　　　　　（「Yahoo! ブログ」Yahoo! 2008）

「-ナガラモ」に用いられている名詞は、①「デビュー作」、②「薄味」、③「少量」で、それらが対応する「大ヒット」、「かなりグッド」、「タイルは製造され続けていた」とそのまま結びつくには常識的観点から「不自然さ」や「不十分さ」が窺える（①「常識的にデビュー作は大ヒットしないものである」、②「普通、薄味はおいしくないものである」、③「一般に少量なら製造されないものである」）。その不自然である、あるいは、不十分である事柄を、後続の部分で示される事態と並立させて述べることから対比性が成立して、①は「デビュー作だが大ヒット」、②は「薄味だがグッド」、③は「少量だが、タイルは製造され続けていた」という逆接的意味が発生していることが指摘できる。④の「イタリア的な明るいメロディ」は「楽天的でおおらかな」ニュアンスを持つことから、続いて述べられる「調性も冒険的で複雑な構成を持った」とはスムーズに結びつかない「不自然さ」がある。そこから、「イタリア的な明るいメロディだが、調性も冒険的で複雑な構成を持った」という逆接的意味の発現が示される。

　①の「デビュー作ながらも」の主語は明示されていないが、後続の述語「大ヒット」の主語と同じ「曲は」のようなものと捉えられる。②の「薄味ながらも」の主語も、後続の述語の主語と同じ「味は」で、①と②の「デビュー作ながらも」、「薄味ながらも」は、ふたまた述語文の先行する節の述語と見ることができる。それらは主語に関して不十分性を認めて前置きとして示すとともに、その不十分性を克服するような積極的な事柄（①「大ヒット」、②「（味は）かなりグッド」）が後に述べられることを、強い対比性をもって予告している。「Nナガラ」と「Nナガラモ」の違いは、前者は対比的内容を持つ事柄の並立に対比性の理解を求めるが、後者は「-ナガラモ」という形式によって両者の対比性を明示している点にある。③の「少量ながらも」の主語は後に述べられる「タイルは」で、「少量ながらも」は、その主語となる「タイル」について「少量である」と前もってことわり的に示すとともに、「少量である」ことの不十分性を克服するような積極的な事柄が続いて述べられることを、強い対比性をもって予告している。④の「イタリア的な明るいメロディながらも」は、ふたまた述語文の先行する節の述語で、主語は「大協奏曲嬰

ヘ短調は」と見られる。そして、それは主語に関して、「イタリア的な明るいメロディ」であると前置きとして示すとともに、それとは不自然な関係で結びつく事柄(調性も冒険的で複雑な構成を持った)が後で述べられることを、強い対比性をもって予告している。

⑤　ふたりは言葉が<u>不自由ながらも</u>一生懸命に働いた。

(平山夢明『東京伝説』竹書房 2005)

⑥　ワイヤー・グリル型キーリンググリルをかたどった本体は、<u>シンプルながらも</u>アルファらしさをしっかりと主張する。

(実著者不明『今日からはじめるアルファ・ロメオ』ネコ・パブリッシング 2005)

⑦　(ミカエルは)天使軍の最高指揮官で<u>勇敢ながらも</u>慈悲深く、神様からの信頼も大。

(森井ゆうも「My Birthday」2005年9月号(第27巻第9号、通巻396号)実業之日本社 2005)

⑤、⑥の「A2ナガラモ」の第二形容詞は意味的に「不十分性」を内包する。⑤の「不自由ながらも」は、合わせ述語「言葉が不自由ながらも」を構成する部分で、その主語は、「一生懸命に働いた」の主語と同じく、「ふたりは」と考えられる。そして、「言葉が不自由ながらも」は、ふたまた述語文の先行の節の述語として、主語に関して言葉が不自由であるという不十分性を認め、前置きとして示すとともに、それを打ち消すような積極的、肯定的な内容の事柄が後で述べられることを強い対比性をもって予告している。⑥の「シンプルながらも」の主語は、「アルファらしさをしっかりと主張する」の主語と同じ「本体は」で、⑤と同様にふたまた述語文の先行の節の述語を形成している。そして、主語の「本体」の状態を「シンプル」であるとして、その不十分性を認め、前置きとして示すとともに、それを打ち消すような積極的な内容の事柄がこれから述べられることを強い対比性をもって予告している。⑦の「勇敢ながらも」は、節を構成するふたまた述語文(勇敢ながらも慈悲深く)の先行する節の述語で、主語は後続の「慈悲深く」と同じ「ミカエルは」と見られる。「勇敢」は不十分性を持ってはいないものの、「勇敢である」ことと「慈悲深い」ことは一般的に並立しないものである。「勇敢ながらも」は、主語の「ミカエル」の性質についてそのように

前置きとして示しながら、それと不自然な関係で結びつく事柄が後に述べられることを、強い対比性をもって予告している。

⑧　私は慣れない運動で青息吐息ながらもどんどん上に上り続けます。

(「Yahoo!ブログ」Yahoo! 2008)

⑨　私は半信半疑ながらもそれを主人に飲ませることにしました。

(実著者不明『告知を受けて、高純度メシマコブ菌糸体を選んだ47人のがん患者』青山書籍 2004)

⑩　今回の訪問では、基幹の第1工場を視察したが、中規模ながらも、久しぶりに社会主義国の重装備な機械工場をみる思いがした。

(関満博『ベトナム／市場経済化と日本企業』新評論 2004)

⑧と⑨の第三形容詞「青息吐息」、「半信半疑」は「不十分性」というよりも「否定的状態」を示す。それらの主語は、それぞれ後続の「どんどん上に上り続けます」と「それを主人に飲ませることにしました」の主語と同じ「私は」で、「青息吐息ながらも」「半信半疑ながらも」は、どちらもふたまた述語文の先行する節の述語となっている。そして、主語の「私」の状態を「青息吐息」や「半信半疑」という否定的なものであると認めて、前置きとして示すとともに、それでもそれを克服するような積極的、肯定的な内容の事柄がこれから示されることを強い対比性をもって予告している。

　⑩の「中規模ながらも」は、村木(2006)で指摘している、その文が意味する事態の成立に、それが期待値より小さいと表現主体が認識しているときに用いられる「−ナガラ」と同等の例と見られる。この村木(2006)の説明は「名詞＋ながら」に関して行われているが、⑩「中規模ながらも」にも当てはまる（「現代日本語書き言葉均衡コーパス」の検索で、「小規模」と「大規模」は「−な」が「−の」より優勢、「中規模」は「−の」が優勢だったため、「小規模」と「大規模」は第二形容詞、「中規模」は第三形容詞とした。）。「中規模ながらも」は、「中規模で、社会主義国の重装備な」という規定成分が二つ並ぶ際の先行の第三形容詞と見られる。それは「機械工場は中規模で、社会主義国の重装備である」というふたまた述語文の主語となる名詞を被修飾語にした構造の文と捉えられる。二つ並んだ規定成分の「中規模ながらも」で表される先行の部分は、「中規模であるこ

と」に対して若干の不十分性（期待値以下であること）を前置きとして示しつつも、後でより積極的、肯定的な内容の事柄が述べられることを、強い対比性をもって予告している。なお、「現代日本語書き言葉均衡コーパス」の検索では、「小規模」は常に「-ナガラ」と用いられていたが、「大規模」は「-ナガラ」とも「-ナガラモ」とも用いられた例は得られなかった。

「A1 ナガラ／ナガラニ」、「A2／A3 ナガラ／ナガラニ」に見られる形容詞は、「現代日本語書き言葉均衡コーパス」の検索結果では、全て村木（2006）に示された「不十分さ」を内包するものであった。しかし、「A2／A3 ナガラモ」の場合、例⑤、⑥に用いられている第二形容詞は「不十分さ」を内包するが、⑦に用いられている第二形容詞は「積極性」を発揮するものであり、⑧〜⑩に用いられている第三形容詞は「否定的状態」や「期待値以下である状態」を示すものである。「A1 ナガラモ」も、用いられる第一形容詞は、意味的に「不十分さ」を示すものだけでなく、「否定的状態」や「優越性」、「積極性」を持つものも見られた。ここに「-ナガラモ」の特徴が指摘できる。

「-ナガラ」という形式は、ある文や節の述語が表す事態と同時に並立する事態を差し出す。一般に形容詞に「-ナガラ」が用いられる場合、その形容詞は不十分性を示すが、続いてそれと対比的な肯定的、積極的な内容を表す事柄が並立する事態として示されるため、受け手の中でそれらが逆接的に認識される。「-ナガラ」の場合、そのような対比的な事態の同時並立状態の表現に過ぎないが、そこに対比を強調するアクセントをつける形式が「-も」であると考えられる。村木（2006）では「-も」について逆接を特徴づける形式であるとしているが、前にも述べた通り、本書では「-も」を、対比を強調するアクセントをつける形式と捉えることとした。『旺文社　古語辞典　第九版』によると、とりたて助辞「も」の基本義は「すでにある物事にそれが付け加わることを示す。」という。「-ナガラモ」は、「AながらB」という二つの矛盾をはらむものの並立提示に、「-も」が「AであってしかもB」と、Bを特に累加して並立提示することをマークしている。このような矛盾をはらむものの並立に、Bを累加の意味を持って特に強調して加えて示すことが、結果としてAとBの対比性を強める要因となり、そこに逆接の意味が明確化する原因が生じることになるのではないかと思われる。前述の通り村木（2006）で

は、形容詞に「-ながら」がつくとき、「意味的には、〈不十分さ〉といった特徴をもつものに限られる。(p.8)」としているが、「-ナガラモ」の場合、前述のように不十分性を示さない形容詞も見られる。これは「-も」が対比のアクセントをつける形式であるので、単語の意味のみに不十分と十分という対比性の理解を求めなくても、「-も」が形式として対比をマークしているからであると考えることができる。

ところで、対比性には、常識的観点からの「不自然さ」の程度や、期待値との隔たりの程度、「不十分さ」の程度等によって強弱が存在する。従って、それに伴って表れる逆接的意味の程度も変化することが考えられる。例えば、①「デビュー作ながらも大ヒット」は、常識的にデビュー作は大ヒットしないものなのでかなり対比性が強く、「デビュー作だが大ヒット」と同様にとらえられる。一方、②「味は薄味ながらもかなりグッド」は、薄味に対する個人の評価によって対比の程度が変わる。薄味に対してあまり否定的でない人であれば対比性が弱まり、「味は薄味とはいえるが、それでいてかなりグッド」という程度に捉えることができるし、薄味に対して否定的な人にとっては、「味は薄味だが、かなりグッド」と捉えられる。したがって、対比のアクセントがついた「-ナガラモ」の逆接的意味の程度には相当の幅が存在することが推察される。また、「デビュー作ながらも大ヒット。」は「デビュー作だが大ヒット。」より、穏やかな印象を受け手に抱かせる。それらの現象の発現は、接続助辞等を用いた逆接の明示を避け、「-ナガラモ」が作る部分と後続の部分とが表す双方の内容の常識や期待値から見た隔たりによって結果的に発生する認識のギャップに逆接的意味の理解を受け手に対して求めるところに原因が見出されるように思われる。

述語名詞、第二形容詞、第三形容詞の対比的並立形「N／A2／A3 ナガラモ」は、広い意味での連用の語形に含まれる。用いられる名詞、第二形容詞、第三形容詞が意味的に不十分性や否定的状態を示す場合、そのような不十分性、否定的状態を認めた上で、それでもそれを打ち消す、あるいは克服するような積極的、肯定的な内容の事柄が後に続けて強く対比的に述べられることを、用いられる名詞、第二形容詞、第三形容詞の表す内容が、その文が意味する事態の成立に対して期待値以下であったり、積極的意味を持っていた

りする場合、前者は後により積極的な事柄が、後者は後に不自然な関係で結びつく事柄が強く対比的に述べられることを、ことわりや置きとして予告する。対比的並立形に用いられる形容詞は、意味上必ずしも不十分性を示すものではない点が特徴的である。

**考察8** 日本語能力試験1級'〈機能語〉の類'の動詞の中止形に見る一つの特徴

　動詞の「中止形」に関して、高橋他（2005）は、「中止形（なかどめ）は、文を途中でとめるときの語形である。(p.63)」としており、鈴木（1972b）は「動詞が述語になっていても、文がまだおしまいにならないでつづくときには、その動詞をなかどめの形にします。(p.329)」と述べている。また、清瀬（1989）は、連用節を成す動詞の形を広く連用形として、その中で、本書で第一中止形とする語形を「順接連用形」と呼び、「中止法」に用いられると説明している。そして、本書で第一中止形とする「順接連用形」が非完了態での順接であるのに対し、第二中止形とする語形を「完了順接を表す連用形」として、「順接完了連用形」と呼んでいる (pp.60–61)。《1》「自身の主語を持たない、述語となる動詞の活用語形の部分」の検討からは、図4のような文を途中で止めながら後に続く語形群の構造が現れる。

　図4を見ると、1級'〈機能語〉の類'の動詞の中止形の分析的な構造が理解できる。例えば、基本の中止形である順接連用形（第一中止形）は、文が終わらず、後に続く動きを表すだけだが、順接完了連用形（第二中止形）「シテ」は、基本的に順序立った「継起的な動き（鈴木（1972b) p.330)」を示す。さらに、「シテカラ」は「つぎの動きに先行する動き（鈴木（1972b) p.333)」を表す。「シテ」は動きの前後関係を明確化しているが、「シテカラ」は、次の動きに先行して行うという意味を「シテ」に加えている。一方、「シナガラ」は、主たる動きと並行して行うという意味が、基本の順接連用形に加わっている。「シナガラニ」や「シナガラモ」は、「シナガラ」に、それぞれある関係を加えて表す。このように分析的な語形には、運動や状況などがより細かく表し出されるという特徴が見られる。

　以上から、本書では、動詞の第一中止形を順接連用形とし、第二中止形を第一中止形の下位に分類される順接完了連用形、その他、例示形、並立形、同

時意図形、反復並立形も順接連用形（第一中止形）の下位に分類される語形と位置付けることにする。

例：書く　かき　kak-i　順接連用形（基本、-i は活用語尾）
　　　├かきながら　　kak-inagara　　並立形
　　　│　　├かきながらに　kak-inagarani　継続的並立形
　　　│　　│　（かきながらにして kak-inagarani shite）
　　　│　　└かきながらも　kak-inagaramo　対比的並立形
　　　├かきがてら　kak-igatera　（同時意図形）
　　　├かきつ　　　kak-itsu　　（反復並立形）
　　　├かいて　　　kak-ite*　　順接完了連用形　─　かいてから　kak-itekara*
　　　│　　　　　　（kaite）　　　　　　　　　　　　　　　　　（kaitekara）
　　　└かいたり　　kak-itari*　（kaitari）　例示形

＊清瀬（1989）は、kaite は kak-ite の、kaitari は kak-itari の内的連声によるものとしている。鈴木（1972b）は -tari の説明の中で、本書で音便語幹としているものについて、「第一なかどめと接尾辞 -tari のつなぎ目にあたる部分が、いわゆる音便によって、語幹尾子音の性格にしたがって四つのタイプに変化したのである（p. 324）」と述べている。

**図4　動詞の中止形の構造**


【4】譲歩形　Ｎ／Ａ2／Ａ3デ　アレ　「Ｎ／Ａ2／Ａ3-デ　アレ」
　　　　　　　　　　　　　　　　　　用例：たとい王様であれ／何であれ

　「ある」は動詞「ある」由来の補助述語詞で、名詞や第二形容詞、第三形容詞と共に述語をつくる[8]。「Ｎ／Ａ2／Ａ3で　ある」という形式の述語は重厚なニュアンスを発揮するため、硬い話し言葉や、論文などの書き言葉で多く用いられる。補助述語詞「ある」は2級の'〈機能語〉の類'に相当する。

　「アレ」は補助述語詞「ある」の古語「あり」の譲歩形「アレド（モ）」の「ド（モ）」が省略された形で、現在も用いられる古語の名残とみられる。「Ｎ／Ａ2／Ａ3 デ　アレ」という形式で、述語名詞、第二形容詞、第三形容詞の古語的な譲歩形を作る。従って、「Ｎ／Ａ2／Ａ3 デ　アレ」は、譲歩節（逆条件節）の述語形式といえる。

　また、用例中の「たとい」は譲歩形式と多く用いられる叙法の陳述詞で、仮定の逆条件というモーダルな意味を強調する。叙法の陳述詞「たとえ」とほぼ同じ働きをするが、『大辞林』によると、「たとい」は古くは漢文訓読に多く用いられたという。「たとい」と「Ｎ／Ａ2／Ａ3 デ　アレ」が共起する例は、

「現代日本語書き言葉均衡コーパス」からは検出できなかったので、例①に「たとえ　Nデ　アレ」の例を示す。

① キリスト教徒なら、たとえ異端者であれ、その組み合わせを知らない者はいないはずだ。
　　　　　　　　　　　　　　（宇月原晴明『風林火山を誘え』中央公論新社 2004）
② たとい百騎が十騎、十騎が一騎になろうとも一歩も退くな。
　　　　　　　　　　　　　　　　　　　　（野中信二『西国城主』光文社 2000）

例①の「たとえ異端者であれ」は、「仮に条件として提示した異端者であること」が、期待される帰結（その組み合わせを知らない）に無効な（期待される帰結が現れない）逆条件であることを表す逆条件節（譲歩節）を形成して、状況成分として働いている。「たとえ異端者であれ」は「たとえ異端者でも」と働きはほぼ同じだが、重厚なニュアンスを示す点が異なる。「たとい」が「N／A2／A3デ　アレ」と用いられる例は「現代日本語書き言葉均衡コーパス」からは検出できなかったが、「たとい」と譲歩形「ショウトモ」との共起が得られた。例②に見えるように、「たとい」と「ショウトモ」の組み合わせも重厚で力強い語感を発揮している。①、②の出典が示すように、「N／A2／A3デ　アレ」や「たとい」は、現代でも戦争を描く歴史小説など、重厚で力強い表現を必要とする場合に好まれる形式や単語といえる。

③ 栄誉礼を受けるとは、自衛隊の組織を支えている彼らが、あなたの言葉には命をささげても従うということであります。他の閣僚は受けていないその栄誉礼を受けたあなたが、たとえ就任以前のことであれ、トップとしての責任を感じずに職責を全うすることができるのでありましょうか。
　　　　　　　　　　　　　　　　　（東祥三君『国会会議録』第143回国会 1998）
④ しかし、後付けであれ、たとえばデータ作成部署の責任者の印鑑または署名が必要である、という内部規定になった段階で、効率化の水準はかなり後退することになってしまいます。
　　　　　　　　　（堀米明・小山洋明・東聡『はじめての貿易金融 EDI』東洋経済新報社 2002）
⑤ まず、何を習ったか。表題から始め、授業の展開に即して断片的であれ、思

い出せる限り書かせてみます。　（小河勝『学力低下を克服する本』文藝春秋 2003)

③は「たとえ就任以前のことでも」、④は「後付けでも」と文中での働きはほぼ同じであるが、③も④も重大事項に関する言及であるため、重々しさを発揮する「－デ　アレ」という形式が選択されたことが推測できる。⑤は強調のため「－デ　アレ」の形式が選択されたと考えられる。④、⑤のように「たとえ」がなくても「－デ　アレ」だけで、陳述詞「たとえ」による強調が既に加わっているようなニュアンスが示される点が特徴的である。

　下の⑥は用例と同様に、疑問詞「何」が「－デ　アレ」の形に用いられたケースである。「何であれ」は、何であっても関係なく、同じ帰結が導かれることを予告している。「何」、「どこ」、「だれ」という疑問詞は「－デ　アレ」の形式に用いられて、どんな場合でも同じ帰結が導かれることを予告する逆条件節（譲歩節）を形成する。

⑥　まあ、結果が<u>何</u>であれ、まずはベストを出しきれたと思えるようなオリンピックであってほしいですね。　　　　　（「Yahoo! ブログ」Yahoo! 2008）

⑦　間宮の行く先が<u>どこ</u>であれ、芳三らは一ツ橋御門をくぐることはできない。　　　　　　　　　　　　　　　（宮城賢秀『一橋隠密帳』勁文社 1997)

⑧、⑨は、対立する条件を対にして並べ、その条件があってもなくても関係なく、同じ帰結が導かれることを予告する例である。⑧も⑨も「N／A2／A3でも」を用いた「名声でも、悪名でも」や「小さな核兵器でも、大きな核兵器でも」よりも重厚さを発揮しており、歴史小説や重大な内容を表す文章に用いられる形式に相応しいと言える。

⑧　<u>名声であれ悪名であれ</u>、男子と生まれたからには、後世に名をのこすべきであるというのだ。　　　　　　　（陳舜臣『小説十八史略』集英社 2000）

⑨　<u>小さな核兵器であれ</u>、<u>大きな核兵器であれ</u>、核使用を正当化できる道理はない。　　　　　　　（新原昭治『「核兵器使用計画」を読み解く』新日本出版社 2002)

「アレ」は補助述語詞「ある」の古語「あり」の譲歩形で、述語になる名詞、第二形容詞、第三形容詞と共に「N／A2／A3デ　アレ」という形で、期待する帰結の成立に無効な逆条件を表す逆条件節(譲歩節)の述語を作る。古語由来の形式のため、力強く、重々しい語感を発揮することから、現代でも戦争を描く歴史小説など、重厚で力強い表現を必要とする場合や、重大事項に関して言及する場合などに好まれる形式である。

【5】述語名詞、第二形容詞打ち消し譲歩形
　　N／A2デハ　ナイマデモ　　「N/A2-デハ　ナイマデモ」
　「N／A2デハ　ナイマデモ」という形を、述語名詞、第二形容詞の打ち消しの譲歩形と捉える（「現代日本語書き言葉均衡コーパス」から第三形容詞の例は得られなかった。）。詳細は本章1.1.1《2》【2】打ち消し譲歩形（3）にまとめて示した。

### 1.2　接尾辞
#### 1.2.1　名詞性接尾辞
【1】　-ごとき　　「(N)ごとき」

　名詞性接尾辞「-ごとき」は、古語のいわゆる助動詞「ごとし」の連体形に由来する。「-ごとき」は名詞に接尾して、「Nごとき」という形の名詞を派生する。活用語の連体形が名詞に準ずる働きをする古語の準体法から、「Nごとき」が「ヒト」、「モノ」という具体的な存在物である被修飾名詞を含み表しており、そこに名詞性の発現が見られる。

〔主語用法〕
①　それにしても、百姓の小伜から身を起こした秀吉ごときが、関白職についたわけだから、まさに、前代未聞のことであった。

(徳永真一郎『島津義弘』光文社1992)

〔補語用法〕
②　俺はフェースタオル一枚ごときを取るのに、こんな切羽詰まった顔をしているのか…。

(藤沢周『焦痕』集英社2005)

③ <u>コンピューターごとき</u>に自分がかなわないなんてと思う。

(合原一幸・竹内勇剛・養老孟司『養老孟司アタマとココロの正体』日本経済新聞社 2003)

〔規定用法〕

④ 「<u>邪仙ごとき</u>の毒丹を浄化するくらい、わたくしの手にかかれば、どうということはございませんことよ。おほほほほ」

(友野詳『央華封神』メディアワークス；角川書店（発売）2001)

〔取り立て用法〕

⑤ 最近の子供は、無邪気さが足りないから、<u>紙芝居ごときでは</u>喜ばないんじゃないか？　　　　　　　　　　　　　　　(「Yahoo! ブログ」Yahoo! 2008)

⑥ シアタートークのある日はやはり人気だったんですね。<u>私ごときまで</u>その日を狙ったんだからネ。…いい日に観れて良かった。

(「Yahoo! ブログ」Yahoo! 2008)

①〜⑥はそれぞれ、①「秀吉程度の卑しい出自のものが」、②「フェースタオル一枚程度の大したこともないものを」、③「コンピューター程度のただの機械に過ぎないものに」、④「邪仙程度の取るに足らないものの」、⑤「紙芝居程度の単純なものでは」、⑥「私のような(私程度の)普通はそのような特別なことをしないものまで」という意味を示している。これらから「-ごとき」は名詞に接尾して否定的な評価を付け加わえた名詞を派生することがわかる。①は主語用法、②、③は補語用法、④は規定用法、⑤はとりたて助辞「は」によるデ格の名詞のとりたての形、⑥は極限を表す副助辞「まで」[9]によるとりたての形である。述語用法は検出できなかった。

「-ごとき」は名詞に接尾して、その名詞に否定的な評価を付加し、「N 程度の大したことのないもの」という意味を持つ名詞を派生する。副助辞「なんか」を用いて、①「秀吉なんかが」と言い換えることも可能だが、「-ごとき」は古語に由来する接尾辞なので、歴史小説のような重厚で古めかしい文体の文に使用されると似つかわしく感じられる。②、③、⑤、⑥のような一般的な内容の文でも、強調のため、この形式が用いられる場合がある。

### 1.2.2 動詞性接尾辞
**【1】 -めく　　「(N)めく」**　　　　　　　　　　　　　　用例：春めく

　「現代日本語書き言葉均衡コーパス」を検索すると、「きらめく」、「ざわめく」など、擬態語、擬声語由来の副詞性語基に動詞性接尾辞「-めく」が接尾して作られた語彙化した単語が多く見られた。しかし、本書では、「冗談」、「謎」のような名詞に接尾して「Nめく」という形の語彙化していない動詞を派生する動詞性接尾辞「-めく」に限定して検討を行いたいと考える。

　「現代日本語書き言葉均衡コーパス」からは、以下のような「Nめく」の例文が得られた。

〔述語用法〕
① 踏まれしより鶏頭の花<u>鶏冠めく</u>
　　　（田川飛旅子『増補現代俳句大系』第10巻（昭和29年～昭和30年）角川書店 1981）
② なにしろタイトルからして『オカルト物語』だし、本のつくりも<u>怪奇実話めいている</u>。　　　　　　　　（牧眞司『ブックハンターの冒険』学陽書房 2000）
③ 嘉右衛門は淡々とした口調で、しかも予言はまったく<u>謎めいていた</u>。
　　　　　　　　　　　　　　　（松井今朝子『銀座開化事件帖』新潮社 2005）
④ だいぶ　<u>秋めいて来ました</u>。読書にふさわしい季節ですね。
　　　　　　　　　　　　　　　　　　　　　　（「Yahoo!ブログ」Yahoo! 2008）

〔規定用法〕
⑤ 雲の色<u>野分めく</u>日や母訪はな
　　　　　（小林康治『増補現代俳句大系』第9巻（昭和27年～昭和28年）角川書店 1981）
⑥ 開いたドアからは、何やら<u>秘密めいた</u>ムード音楽が流れてくる。
　　　　　　　　　　　　　　（奥田継夫『食べて歩いてやっと旅人らしく』三一書房 1998）
⑦ 「ああ、あんたはどうしてこんなところにいるんです。また、何か捜し回っていたんですか」と、<u>非難めいた</u>言い方をした。
　　　　　　　　　　　　　　　（斎藤栄『丹沢-尾道殺人迷路』廣済堂出版 1999）

〔修飾用法〕
⑧ 「神は我らを見捨ててしまわれたのでしょうか？」　絶望的になりながら、恨めしそうに<u>独り言めいて</u>話しかけてくるのだ。

(藤川桂介『シギラの月』廣済堂出版 1999)

⑨　骨髄移植におけるドナーの死亡例が、全身麻酔に起因するものであるのも因縁めいて感じられた。　　　（服部泰平『誘拐の長い午後』文芸社 2003）

〔状況成分用法（原因）〕

⑩　日中はめっきり春めいて、汗ばむ様な陽気…。　（「Yahoo! ブログ」Yahoo! 2008）

〔重文の先行節の述語（前置き的用法）〕

⑪　余談めくが、ネットが普及したこの時代になぜ全国書店への連絡がファックスなのか。　　　（実著者不明『必ず上司を説得できる情報活用術』新潮社 2002）

　①、②、③、④は述語用法、⑤、⑥、⑦は規定用法、⑧、⑨は修飾用法、⑩は状況成分用法（原因）で、⑪は重文の先行節の述語として前置き的に用いられている。

　例からは、接尾辞「-めく」は名詞に接尾して、その名詞が意味する性質が出現する、その名詞が意味する状態が姿を現すという意味の動詞を派生することが得られる。接尾辞「-めく」が名詞を動詞にすることで、その名詞が意味する性質や状態を動的なものとして外へ現し出すことを可能としている。また、その出現の仕方がそれほど顕著ではない点に特徴が指摘できる。事実、「春めく」、「秋めく」に対して、「夏めく」や「冬めく」はほとんど見いだせなかったが、その理由は、「夏」や「冬」はそれ自身が意味的に強烈な性質を持っているためであるように思われる。（「現代日本語書き言葉均衡コーパス」で、「秋めく（「秋めいて」等を含む）」19例、「春めく（「春めいて」等を含む）」29例、「夏めく（「夏めいて」はなし）」3例検出されたが、「冬めく」は全く見いだされなかった。）

　第一形容詞性接続辞「-らしい」が形成する「春らしい」は第一形容詞であることから、「春が意味する典型的な特質を示す状態である」と評価的意識を持って静的に事態を表すのに対し、「春めく」は動詞として、「春が意味する性質や状態が、外部へほのかに出現する」と事態を動的に表現する。

　述語用法では、一般に第二中止形「Nめいて」と補助述語詞「くる」、「いる」が組み合わさった形で用いられる。「現代日本語書き言葉均衡コーパス」による検索では、非過去みとめの形で述語として使用された例は俳句に限られ、過去認め形の形で述語に用いられた例は検出されなかった。「Nめく」という形は、Nが意味する性質や状態の発現という変化を示すので、文の述語

としては不安定で収まりが悪いが、俳句のような韻文では不安定さが逆に余情を醸し出すことになるため用いられやすいと考えられる。規定用法でも「NめくN」という形で使用されている例は俳句の場合のみ(「老婆めく灯」、「雪めく雲」、「春めく夜」等)で、一般には「NめいたN」の形(「悲劇役者めいた私」、「結論めいた一言」、「冗談めいた口調」等)が採られている。

　述語では、「Nめいている」の形で「Nが意味する性質や状態が発現を見せた状態」を、「Nめいてくる」の形で「Nが意味する性質や状態の発現とその進行」を表す。


## 1.2.3　第三形容詞性接尾辞

【1】　-ずくめ(の)　　「(N／VB)ずくめ(の)」　　　　　　用例：結構なことずくめ

　「-ずくめ(の)」は名詞や名詞句、動詞性語基に接尾して、「N／VBずくめ(の)」という形の第三形容詞を派生する。

　「現代日本語書き言葉均衡コーパス」からは、「N／VBずくめ(の)」が文中で以下のように用いられている例が得られた。また、「N／VBずくめ(の)」は第三形容詞であることもあり、全検出141例のうち、ほぼ半数の72例が規定用法で用いられていた。


〔述語用法〕
① 　ヒロミちゃんは、ひょう柄の折りかえし襟のGジャンにぴたんこのGパンで全身黒ずくめだ。　　　(大江千里『レッドモンキー・モノローグ』角川書店 1992)
② 　四条京阪から観月橋まで電車の中も立ちずくめである。

(大豊昇『はっぴぃ・らいふ』文芸社 2003)

〔規定用法〕
③ 　扉の前の男たち同様、全員黒ずくめのスーツにサングラスの男である。

(六堂葉月『ダモノは二度笑う』リーフ出版；星雲社(発売) 2002)
④ 　毎日会社に行くこと、朝早く起きねばならないこと、規律ずくめのサラリーマン生活についても抵抗感はなかった。

(野田正彰『中年なじみ』ダイヤモンド社 1994)
⑤ 　「われわれ駐在員はそれでも日本で朝から晩まで働きずくめの同僚から比

べれば、幸せなのですよ」と驚くべき答えが返ってくる。

(宮本政於『在日日本人』ジャパンタイムズ 1993)

〔修飾用法〕

⑥ 外来で簡単にできる注射で、内痔核ができる粘膜は歯状線より奥ですから注射針を刺しても痛くないし、肛門を傷つける心配もない、副作用もないと、いいことずくめにみえます。　(隅越幸男『痔に悩む方へ』主婦の友社 1996)

⑦ 法廷にも全身ピンクずくめでおでましになる。

(中野翠「クロワッサン」2002年4月10日号(No.586、第26巻第7号)マガジンハウス 2002)

⑧ お金も、地位も、地盤も、看板も、ないものずくめで闘った選挙だった。

(平松伴子『この町が好きだから』さいたま「マイブック」サービス 2001)

「-ずくめ(の)」は、「黒」、「異例」、「いいこと」、「楽しいこと」、「結構なこと」、「働き」、「立ち」など一定の名詞や名詞句、動詞性語基に接尾する。名詞や名詞句に接尾した場合は「何から何まで全てNに囲まれたり覆われたりしている状態」、動詞性語基に接尾した場合は「絶え間なくその動きが続く状態(動作動詞の場合)」や、「切れ目なく成立した動きが続く状態(変化動詞の場合)」や、「切れ目なくその動きの成立が続く状態(変化動詞の場合)」を表す。「何から何まで全てNに囲まれたり覆われたりしている状態」等が一単語で簡潔に表現できる点が特徴的である。

副助辞「ばかり」を用いた「働いてばかりだ」が「他のことはしないで、働くことだけ行う状態である」という限定を表すのに対して、「働きずくめだ」の方は「休みもとらず絶え間なく働き続ける状態である」という持続相のアスペクト的表現であるという違いが見られる。また「いいことばかりだ」が「個々のものがそれぞれいいことで、いいこと以外ない状態である」という限定を表し、点(個々のいいこと)の集合的表現であるのに対して、「いいことずくめだ」は「何から何まで、全ていいことに全体的に取り囲まれている状態である」という面(いいことによって覆われた)的表現である点が異なる。

修飾用法の⑥の「いいことずくめに」は、「どのように」見えるかを表す。⑦の「ピンクずくめで」と⑧の「ないものずくめで」は、それぞれ「ピンク

ずくめの恰好で」と「ないものずくめの状態で」の省略と見られる。これらは様子を表すデ格の名詞と捉えられ、⑦は「どのように（主体がどのような恰好で）おでましになるか」という、「おでましになる」様子をその動きの主体の状態によって表し、⑧も「どのように（主体がどのような状態で）闘ったか」という、「闘った」様子をその動きの主体の状態によって表す。

⑨の「黒ずくめが」は「黒ずくめの恰好が」の省略と見られ、主語に用いられている。

⑨　黒ずくめがおかしいのではなく漂う雰囲気が異様だった。

(和田はつ子『ラブ・ミー・プリーズ』角川書店 2002)

「N／VBずくめ(の)」は第三形容詞として、主に③「黒ずくめのスーツ」、⑤「働きずくめの同僚」のように名詞を「どんな」と属性規定する規定用法で用いられるが、「Nずくめの恰好」や「Nずくめの状態」など、名詞の意味を含み持つとき⑦⑧⑨のように名詞として働く。村木(2012)は第三形容詞には「臨時的に格助辞をしたがえて、名詞としてもちいられる単語がある(p.206)」ことを指摘しているが、「Nずくめ(の)」はその一例といえる。

【2】　-っぱなし(の)　　「(VB)っぱなし(の)」　用例：開けっぱなし／言いっぱなし
　「-っぱなし(の)」は、動詞性語基に接尾して「VBっぱなし(の)」という形の第三形容詞を派生する第三形容詞性派生接尾辞である。
　以下は「現代日本語書き言葉均衡コーパス」から得られた用例である。

〔規定用法〕
①　机に広げっぱなしのプリントは揃えてまとめて重ねてやる。

(伊藤友宣『しつける』金子書房 1993)

②　開きっぱなしのキャビネには、様々な数学の参考書やテキストが並べてある。

(うえだ真由『恋愛さばいばる』オークラ出版 2001)

〔述語用法〕
③　ああ、また携帯を置きっぱなしだ。しかも今度は洗面所に。

(うえお久光『悪魔のミカタ』メディアワークス；角川書店（発売）2003)

④　画面左上の HD のマークは<u>つきっぱなしです</u>。（「Yahoo! 知恵袋」Yahoo! 2005)
⑤　一週間、支店の電話は<u>鳴りっぱなしで</u>、深夜零時半までの残業が二週間余り続いた。［重文の先行節の述語］

(実著者不明『会社がなぜ消滅したか』新潮社 2001)

〔状況成分用法〕
⑥　クラスの乱暴なボスたちにいつも<u>命令されっぱなしで</u>、かわいそうでならないというのです。［原因］

(実著者不明『ちゃんと「自分でできる子」に』PHP 研究所 2002)

〔主語用法〕
⑦　トイレも換気扇は<u>回しっぱなしが</u>基本。

(稲川綾「オレンジページ」2004 年 6 月 2 日号（第 20 巻第 11 号))

〔補語用法〕
⑧　節水の工夫▽シャワーの<u>出しっぱなしを</u>減らす。

(「広報かめやま」2008 年 10 月号 三重県亀山市 2008)

〔修飾用法〕
⑨　「でもね、僕らも疲れてるんだよ。<u>働きっぱなしに</u>働いてる。…」

(村上春樹『ダンス・ダンス・ダンス』講談社 1988)
⑩　これは、王さまにはむりですね。ずうっと<u>立ちっぱなしで</u>見はるなんて、忍耐のいる仕事は。　　（福永令三『クレヨン王国王さまのへんな足』講談社 1992)

「現代日本語書き言葉均衡コーパス」を検索すると、「VBっぱなしが」、「VBっぱなしを」という形で、主語、直接補語に用いられている形が、5例ずつ検出された。これらは「回しっぱなしの状態が」、「出しっぱなしの事態を」の中の名詞を省略した⑦⑧と同等の形と見られる。また、「修飾用法」では、⑨「働きっぱなしに」と⑩「立ちっぱなしで」いう形が得られた。⑨「働きっぱなしに」は、述語の表す「働いている」様子を「どのように(休まずずっと)」と詳しく述べる働きをしている。⑩「立ちっぱなしで」は「立ちっぱなしの状態で」の省略と見られ、「どのように(動きの主体がどのような状態で)見はるか」という「見はる」様子をその動きの主体の状態によって表すデ格の名詞と捉えられる。⑦、⑧、⑩の「VBっ

ぱなし」は名詞の意味(「状態」等)を含み持つもので、名詞として働く。

　前掲の例で、「-っぱなし(の)」は、語基が自動詞(②、④、⑤、⑨、⑩)や受身動詞(⑥)由来の場合、本来変化が期待される状態が変化せずそのまま持続する事態を表し、他動詞(①、③、⑦、⑧)由来の場合、本来変化が期待される状態を変化させず、そのまま放置して継続させる事態を表す。

　したがって、語基が自動詞由来の例②、④、⑤、⑨、⑩には、全て「通常とは異なる」という言語主体の意識が含まれる（例えば、④は「通常はしばらくすると消えるものであるにもかかわらず、ついたままである」、⑩は「通常はずっと立ち続けることはしないのに、そうする」）。そのため、「VB（自動詞性）っぱなし（の）」には、言語主体の違和感や不満な気持ち、否定的評価が示されることになる。一方、語基が他動詞由来の例、①、③、⑦、⑧の場合は全て「期待とは異なる」という言語主体の意識を含む（例えば、①は「本来なら整えておくべきプリントを広げたままにしておく」、③は「本来なら携帯を置いたままにしないで片付けるべきなのに、置いたままである」、⑦は「普通なら換気扇は回したままにしないものだが、ずっと回したままである」、⑧は「シャワーを出したままにするのは普通ではないがそうする」）。そのため、「VB（他動詞性）っぱなし（の）」には、言語主体の異例という意識や、不満な気持ち、非難の思い、否定的評価が示されることになる。

　日本語能力試験3級の'〈機能語〉の類'である「シタ　まま」が動作や変化の結果の継続状態を客観的に描写するのに対して、「VBっぱなし（の）」には、期待される変化が起こらなかったり、期待する状態へ変化させる措置を怠ったりすることへの不満や非難の気持ち、否定的評価、違和感といった言語主体の主観が込められている点が違いとして挙げられる。

　第三形容詞性の接尾辞「-っぱなし（の）」は動詞性語基に接尾して、語基が自動詞性の場合「動きの放任持続」、他動詞性の場合「動きの放置継続」を表す「VBっぱなし（の）」という形の第三形容詞を派生する。村木（2012）は「-っぱなし（の）」について持続相のアスペクトを特徴づける形式であることを指摘している（p.194）。この派生語には、不満や非難の気持ち、否定的な評価が込められており、主観性を含む単語といえる。

【3】 -ならでは(の)　　「(N)ならでは(の)」

用例：彼ならでは不可能なことだ／彼ならではの快挙

　「-ならでは(の)」は、古語の繋辞「なり」の打ち消し中止形「ならで」の取立ての形「ならでは」由来の接尾辞である。これは現代語では「-でなくては」に相当する。「ならで」や「ならでは」は、古語では次のように「Nならで」、「Nならでは」の形で、述語になる名詞の語形形成に用いられていた。

　　いまはたゞ思ひたえなんとばかりを人づてならでいふよしもがな
〈後拾遺和歌集　巻第13　恋3　750　左京大夫道雅 **9**〉
　恩愛の道ならでは、かかる者の心に、慈悲ありなんや。
〈徒然草第142段 **10**〉

　上の和歌の中の「人づてならで」は「人を介するのではなく(直接)」という意味を表し、修飾成分として働いている。また、「徒然草第142段」に見られる「恩愛の道ならでは」は「恩愛の道でなくては、恩愛の道以外には」という意味で、状況成分となっている。

　古語では「Nならでは」は述語名詞「Nなり」の打ち消し中止形の取立ての形として捉えることができたが、現代語では古語の述語名詞「Nなり」の活用の体系は失われ、断片的にいくつかの語形が残っているに過ぎない。用例の「彼ならでは不可能なことだ」の「彼ならでは」は、上記「徒然草」の「恩愛の道ならでは」と同様の古語の用法で、「彼でなくては」という意味を表し、状況成分を形成している。しかし、現在では用例のように「Nならでは」が状況成分として用いられる場合は稀であって、実際に「現代日本語書き言葉均衡コーパス」を検索したところ、「-ならでは」全1089検出例中、表示された500例 **12** で、用例と同様に状況成分となるものは、5例得られたのみであった。

A．古語の用法で用いられた状況成分を形成する「Nならでは」
① 彼ならでは不可能なことだ　　　　　　　　　　　　　　　　　(用例)
② 「されば。どうしても、この俊基ならでは、ほかに堂上人では、御使いに立

つべき、ふさわしい人もないとの集議で、ぜひなく、…」

(吉川英治『私本太平記』講談社 1990)

③　また、彼女の情人であるモスカ伯の権謀家的性格も、スタンダールならでは創り得なかったものとすべきである。

(阿部知二『世界文学の歴史』河出書房新社 1989)

②と③の「この俊基ならでは」と「スタンダールならでは」は、それぞれ「ふさわしい人もない」、「創り得なかった」という打消しの形式で表された述語部分と対応している。①の「彼ならでは」も「不可能な(できない)ことだ」という打消しの意味を持つ述語と共に用いられているほか、「徒然草142段」の「恩愛の道ならでは」も、「慈悲ありなんや(いいえ、ない)」という反語形式の述語と用いられている。古語の述語名詞の打消しの中止形のとりたての形である「Nならでは」は、後に打消しの述語形式を伴って、「Nでなくては(〜ない)」という意味で用い、状況成分を形成していることが認められる。この「Nならでは(〜ない)」は、「Nのみ(〜である)」という「限定」を強調する形式と言える。

B. 第三形容詞性接尾辞「-ならでは(の)」

　「-ならでは」の用法を調べると、「-ならでは」全1089検出例中、表示された500例では、状況成分として働く用法で用いられた例を除く495例のうち、442例が用例「彼ならではの快挙」のように「-ならではの」という規定用法で用いられていた。修飾成分として働く例は検出されず、残り53例は「-ならではだ。」、「-ならではで、」のような形で文や節の述語に用いられていた。このように、現代では「-ならでは」は、ほとんどの場合「Nならではの」という形の規定成分として働く。また、用例の「彼ならではの」は名詞「快挙」を「どんな」と属性規定していることから、本書では「-ならでは(の)」を名詞に接尾して第三形容詞を派生する接尾辞と位置づけることとする。

④　"シャネル"ならではの極上のミックスツイード

(上野麻穂子・斉藤陽子・宮田典子「Precious」2005年1月号(第2巻第1号)小学館 2005)

⑤　夜半にライトアップされた静けさは京都ならではの佇まい。

(西妙子『極上の京歩き』ネコ・パブリッシング 2003)

⑥ このひらけた大斜面のすばらしさは、八甲田ならではですね。

(「Yahoo! ブログ」Yahoo! 2008)

⑦ プレヴューで、さまざまなジュエリーにタッチ＆トライできるのも、オークションならでは。　(青木由里「和樂」2003年9月号(第3巻第9号)小学館 2003)

⑧ ステアリングに対する応答性もⅣならではで、どこかⅤにはないキビキビとした走りが楽しめる。

(山城利公『フォルクスワーゲン・ゴルフ・ファン』学習研究社 2004)

⑨ 今年はどうやらなさそうですが、こういうイベントは馬産地「北海道」ならではで、面白いと思うんですがね。　(「Yahoo! ブログ」Yahoo! 2008)

　④、⑤は規定成分として用いられている例、⑥、⑦は文の述語、⑧は重文の先行節の述語、⑨は重文の後続節の引用の修飾成分節を形成するふたまた述語文の先行する節の述語として用いられている例である。

　④の「"シャネル"ならではの極上のミックスツイード」は、「"シャネル"でなければ実現し得ない、"シャネル"特有の極上のミックスツイード」という意味である。この「"シャネル"ならではの」は、Ａタイプの打消しの述語形式と共起した「"シャネル"ならでは("シャネル"でなければ)実現し得ない」という連体節が圧縮されて作られた規定成分と考えられる。同様に例文⑤の「京都ならでは」は、「京都ならでは(京都でなければ)得られない」という連体節が圧縮されて作られた規定成分と見られ、「京都特有の」という意味で用いられている。例文⑥は「Ｎならでは」が述語に用いられた形で、「八甲田特有だ。」という意味が考えられるが、これも「八甲田ならでは(八甲田でなければ)見られない圧巻のものだ。」というような文が圧縮された形といえる。例文⑦は「オークションならではだ。」という文の繋辞を省略した形で、「オークションならでは(オークションでなければ)実現し得ない特別の催しだ。」といった文が圧縮されたものと見ることができる。

　上記の例から、「-ならでは(の)」は名詞に接尾して、その名詞に積極的な肯定的価値評価を付加しながら、「Ｎならではの」の形で「Ｎ特有の」という意味をもつ規定成分を形成したり、「Ｎならではだ」の形で「Ｎ特有だ」

という意味の述語を形成したりすることがわかる。「すばらしい、N特有である」という肯定的価値評価の具体的な内容は明示されていないが、受け手には「N」から常識的に理解される。

「-ならでは（の）」が、接尾する名詞に「特有のすばらしい」という肯定的価値評価を加えることができるのは、「シャネル」や「京都」、「八甲田」といった名詞が意味するものが、それぞれ一定の高い価値評価を有する事実を多くの人が共通の知識として持っているからである。「Nならでは（の）」を用いた文が理解されるには、送り手と受け手の両者にその名詞についての共通の知識が必要である。

「Nならでは（の）」は、テレビの情報番組やさまざまな宣伝の中で特産品、名所の紹介などに多く用いられる一種の決まり文句ともいえる形式である。それがそのように多用されるのは、誰もがNに対して常識的に持っている、ある肯定的価値を有する知識やイメージに、「Nならでは（の）」が訴えかけるからであると考えられる。例えば「シャネルならでは（の）」と聞くと、誰でも常識的に高級ファッションブランド「シャネル」についてのイメージを思い浮かべることが可能で、受け手は、「シャネル特有のすばらしさについて何か言及したい」という送り手の意図を理解することができる。また、その共通の知識があるからこそ、特別な説明がなくても、「シャネルならではのX」という簡潔な形式のみで、受け手は各自が持つ「シャネル」に関するさまざまなイメージに基づいて、それぞれ豊かにXについて思い描くことができる。

「-ならでは（の）」は名詞に接尾して、「Nならでは（の）」という形で、「N特有のすばらしい」という肯定的価値評価をNに加えて表す第三形容詞を派生する。多くの場合、「Nならではの」という規定用法で用いられる。「-ならでは（の）」が接尾する名詞Nは、一般にそれに対してある高い肯定的価値評価がなされていることを、多くの人が共通の知識として持っているものである。したがって、「NならではのX」という簡潔な形式であっても、Xのすばらしさを、Nに関する豊かなイメージと共に感じ取ることが可能となる。

【4】 -なり（の）　「(N)なり（の）」　　　用例：わたしなりに考えて出した結論だ

「-なり（の）」は名詞や名詞句に接尾して、「Nなり（の）」という形の第三

形容詞を派生する。「Nなり(の)」は、「立場や状況、能力等、Nが持つ制約に相応したという意味で、控え目ながら肯定的に評価されるNの状態」を示す。文中で「Nなり(の)」は以下のように用いられる。

〔規定用法〕① 彼には彼なりの意地がある。　　　　　　　　　　　(『大辞林』)
〔修飾用法〕② わたしなりに考えて出した結論だ。　　　　　　　　　(用例)
〔述語用法〕③ 「20年前の本なので、状態もそれなりです」と追記しておいたらどうですか？
　　　　　　　　　　　　　　　　　　　　　　　　(「Yahoo!知恵袋」Yahoo! 2005)

①は、「彼には、彼の立場や状況、能力といった制約に相応して発揮される意地がある。」という意味である。「彼なりの意地」には、彼の立場や状況、能力等、「彼が持つ制約」に対する言語主体の認識と、「その制約に相応して発揮される」という、「彼の意地」に対する言語主体からの、控え目ながら肯定的に評価される主観的評価がみられる。それが、「彼の」という持ち主を表すノ格の名詞で規定された「彼の意地」との違いといえる。②は、「客観的には不十分かもしれないが、私の能力や立場、状況といった制約に相応したやり方で私が考えて出した結論だ。」という意味である。「わたしなりに」には、「わたしの(高くない)能力、立場、状況」という、「わたしが持つ制約」に対する言語主体である「わたし」の認識、または謙虚な態度と、その「(高くない)わたしの能力、立場、状況という制約に相応したやり方で(考えて)」のような、「わたしがどのように考えたか」についての、言語主体である「わたし」からの、控えめながら肯定的な主観的評価が見られる。③は「20年前の本だから、その本が常識的に持つ制約(20年前の本)に相応した状態です。その制約に相応した以上によい状態ではないが、それ以下に悪い状態でもない。」と言う意味である。述語に示された「それなりです」には、「それ」が指す「20年前の本」が持つ制約の認識と、20年前の本が常識的に持つ制約に相応した状態であるという、「本の状態」に対する言語主体の控え目ながら肯定的な主観的評価が表されている。

　日本語能力試験2級の'〈機能語〉の類'に挙げられている「Nとして」を用いた「彼には彼としての意地がある」は、①「彼には彼なりの意地がある」と似た意味を表す。しかし、前者の「彼としての意地」が、「彼の立場に

基づいて、彼が示す意地」と、言語主体が「彼の意地」を客観的に評価して述べるのに対して、後者の「彼なりの意地」は、「彼の能力や、彼のおかれた状況、立場という制約に相応して発揮される彼の意地」という、言語主体による、「彼」が持つ制約に対する認識と、その制約に基づいた、「彼の意地」に対する控え目ながら肯定的な主観的評価（「彼」が持つ制約に相応して発揮される意地である）が述べられる点に違いが認められる。

考察9　第三形容詞について

　村木（2015）は、「-の」を介して後続の名詞を属性規定する第三形容詞について詳しく紹介している。第三形容詞は規定用法で「-の」という、連体格のノ格の名詞と同様の語形を取るが、①主語・補語にならない、②連体修飾を受けない、③後続の名詞を疑問詞「どんな」に対応する属性規定する（ノ格の名詞は後続の名詞を疑問詞「だれの／何の／…」に対応する関係規定する）、④述語として用いられる、⑤後続の動詞（ときに形容詞）を修飾する修飾成分として用いられる、といった特徴を持つと述べている。そして、①と②は名詞でないことを意味するもので、③〜⑤は形容詞の特徴を示すものであることを指摘している。もっとも、形容詞に属する全ての単語が③〜⑤の3つの特徴をそなえているわけではないことも付け加えている（pp. 24-25）。

　また、村木（2015）は、第三形容詞は「抜群-」「真紅-」「一般-」「一流-」「永久-」「互角-」等の漢語や、「すし詰め-」「丸腰-」「汗まみれ-」「血みどろ-」「家族ぐるみ-」「ひとりよがり-」「見ず知らず-」等の合成語に多いことと、「わずか-」「悪趣味-」のように、規定用法で「-な」の語形ももち、第二形容詞と兼務する単語があることを指摘している（p. 25）。

　その他、第三形容詞には、「抜群-」「真紅-」「一般-」「永久-」等、修飾用法が「-に」の形だけのものと、「互角-」「血みどろ-」や、前述の第三形容詞性接尾辞「-っぱなし（の）」「-ずくめ（の）」が作る単語のように、「-に」と「-で」の二つの修飾用法の形を持つものがある。「-で」の形で修飾成分になるものは、「互角で＝互角の状態、力量で」、「血みどろで＝血みどろの姿で」のような、その形容詞が規定する名詞を省略した、または、その形容詞が規定する名詞の意味を含み持つ名詞と見られ、それは動きの様子を表すデ格の

名詞と捉えられる。これは第二形容詞についても同様の現象が指摘され、「元気に日々を過ごしている。」という場合の「元気に」は第二形容詞「元気」の修飾用法で、「元気で日々を過ごしている。」という場合の「元気で」は「元気な状態で」という名詞「状態」の意味を含みもつデ格の名詞と考えられる。だが、「元気」は「元気がない」、「元気を出す」のように主語や補語として用いられる名詞「元気（ものごとをやろうとする気力）」が、第二形容詞「元気（健康であるさま、気力にあふれ、生き生きしたさま[13]）」とは別の単語として存在するが、「互角」の場合、「互角が」、「互角を」という形で用いられる例はわずかなので、第三形容詞「互角」は時に名詞として用いられる場合があると捉えるのが適当と思われる（「現代日本語書き言葉均衡コーパス」では「互角が」の例は得られず、「互角を」が 1 例得られただけである。その他、規定用法「互角の」38 例、修飾用法「互角に」42 例、「互角で」3 例、「互角である」等、節の述語を含む述語用法の形 19 例。）。

　「真紅」も例③、④のように主語や補語として用いられる例が得られたが、これも③「真紅が」は「真紅の花の色が」、④「真紅を」は「真紅の色を」の中の名詞が省略され、その意味を含みもつものと捉えられる。なお「現代日本語書き言葉均衡コーパス」から得られた例は、「真紅の」132 例、「真紅に」19 例、節の述語を含む述語の例 3 例、「真紅が」2 例、「真紅を」1 例であった。以上から、第三形容詞の単語は、時に名詞の意味を含み持って名詞として働く場合があることが指摘できる。「-ずくめ（の）」の項で示したように、村木（2012）も第三形容詞には「臨時的に格助辞をしたがえて、名詞としてもちいられる単語がある（p.206）」と述べている。

① 道灌ほどの武将と互角に戦った意玄だ、ひとたび主家を守ると決意すれば、これほど頼もしい人物はいない。　　（永岡慶之助『北条氏康』学習研究社 2001）
② 日米安保条約を廃棄し、アメリカと互角で戦争ができるだけの核軍事力を持つ日本の将来構想を立ち上げるということである。

（内田樹『ためらいの倫理学』角川書店 2003）
③ 緑の濃さがいや増す中で、向日葵の黄色と山百合の純白とカンナの真紅が、今のこの時をわがものとしている。

（鶴田静『いま、自然を生きる』岩波書店 1996）

④　再生したばかりの皮膚が、まだ生々しい真紅をしている。

(横溝美晶『一角獣秘宝伝』祥伝社 1993)

## 1.2.4　連体詞性接尾辞

**【1】　-あっての　　「(N)あっての」　　　　　用例：あなたあっての私**

　「-あっての」は名詞に接尾して、「Nあっての」という形で後続の名詞を「どんな」と属性規定する形容詞を派生する。しかし、「Nあってだ」や「Nあってに」の形で述語や修飾成分として用いられる用例は「現代日本語書き言葉均衡コーパス」からは検出されず、例①、②のように「Nあっての」の形で規定成分として働く用例が得られたのみであった。従って、「-あっての」は名詞に接尾して後続の名詞を属性規定する連体詞を派生するとみることができる。本書では連体詞を規定用法のみ持つ不完全形容詞と既に位置づけている。

①　使う人あっての使われる人です。又使われる人あっての使う人です。

(佐々木邦『ガラマサどん』講談社 1996)

②　宗教は奇蹟あっての宗教です。　　　　　(永六輔『夫と妻』岩波書店 2000)

　上の例文の意味は次のように捉えられる。①使う人がいるからこそ使われる人が存在するのであり、使われる人がいるからこそ使う人も存在するのだ。使う人も使われる人もお互いがお互いの存在のためになくてはならない不可欠のものだ。②宗教は奇蹟があるからこそ宗教たりえるものだ。奇蹟がなかったら、宗教として成り立たない。奇蹟は宗教にとって不可欠だ。これらの例文から、「N₁あっての　N₂」という形式によって「N₁が不可欠のN₂」という意味が表されることが得られる。「-あっての」は、「N₁あっての　N₂」の形で、それが接尾する名詞「N₁」が後続の名詞「N₂」の存在や成立に重大な意味を持つものであること(不可欠であること)を強調して規定する形式であるといえる。

　例①は①*「使う人 (N₁)があってこそ存在しうる使われる人 (N₂)です」という文が圧縮されて、「N1あってのN2だ」という形式になったことが考えられる。同様に例②の「宗教は奇蹟あっての宗教です。」も、②*「宗教は奇

蹟（$N_1$）があってこそ成立し得るもの（宗教（$N_2$））です」のような文が圧縮されて作られた文と見ることができる。一般に規定するものと、規定されるものとでは、規定されるものの方が文の構造として重要である。しかし、この場合、例①も例②も、「使う人あっての」、「使われる人あっての」、「奇蹟あっての」といった規定する方が強調されている。それは、それらが①*や②*のような、とりたて助辞「こそ」によって取り立てられて強調された理由を含む連体節が圧縮された形式であるためであると考えられる。

③　添削指導やビデオ・カセットテープがあっての通信教育である。

（狩野義春『なる本宅建主任者』週刊住宅新聞社 2001）

③の「添削指導やビデオ・カセットテープがあっての（通信教育）」という句は、「添削指導やビデオ・カセットテープがあってこそ成立する（通信教育）」のような連体節から、「こそ成立する」という部分が脱落して圧縮を受けるとともに形式化されたものとみられる。この句では、脱落した部分が示す「意味」は省略されているが、元の連体節の中で「成立する」が果たしていた連体修飾を作るという機能は、格助辞ノによって担われている。そして、さらに、この「添削指導やビデオ・カセットテープがあっての」という句から、主体を示す格助辞「が」が脱落して、例文①、②と同様の「添削指導やビデオ・カセットテープあっての」という派生形容詞である単語へと移行する変化が推測される。これは、一般の節が圧縮作用や脱落の連続によって形式化(単語化)していく過程を示唆している。形式化は一種、暗号化、サイン化するということであるが、それが可能であるのは、暗号化された表現形式を、言語活動に参加する人たちが経験、常識によって復元して理解できるという予測があるからに他ならない。形式化とは、送り手と受け手の間に共通の基本的な理解が存在するという認識の下にこそ成立し得る現象であると考えられる。

「添削指導やビデオ・カセットテープがあってこそ成立する（通信教育である）」

=節
→「添削指導やビデオ・カセットテープがあっての（通信教育である）」　　=句

→「添削指導やビデオ・カセットテープあっての(通信教育である)」 ＝単語

　「-あっての」は名詞Nに接尾して「Nあっての」という連体詞を派生し、「$N_1$あっての$N_2$だ」という形式で、「$N_1$が不可欠の$N_2$だ」、即ち「$N_2$の存在や成立に$N_1$が不可欠(重要)である」という意味を表す。名詞「$N_1$」が、それが規定する後続の名詞「$N_2$」の存在や成立に重大な意味を持つ、不可欠なものであることを強調して簡潔に述べる形式といえる。

【2】　-ごとき　　「(N)ごとき」　　　　　　　　用例：彼ごとき青二才

　「-ごとき」は古語のいわゆる助動詞「ごとし」の連体形に由来する接尾辞である。『大辞林』によると、「ごとし」は中古には漢文訓読系列の文章に多く用いられたが、中古の和文でも男性の書いたものには「ごとし」も用いられたという。

　下の①に見られるように、「-ごとき」は名詞に接尾して「Nごとき」という形で、後続の名詞を「どんな(彼のような次元の低い)」と属性規定する規定成分として働く。「Nごとき」は、「現代日本語書き言葉均衡コーパス」からは述語や修飾成分として用いられる例は検出されず、①のように規定成分として働く例が得られたのみであった。この事実から、「-ごとき」は名詞に接尾して後続の名詞を属性規定する連体詞を派生することが指摘できる。

①　彼ごときいやなやつはいない。　　　　　　　　　　　　　(『大辞林』)

「彼ごときいやなやつ」は「彼のような、くだらない、軽蔑すべき、いやなやつ」という意味である。「-ごとき」は接尾する名詞に対して「低次元の」、「大したことがない」、「くだらない」といった否定的な価値評価を加え、例としてとりたてながら、「Nごとき」という形で後続の名詞を規定する。次の②、③でも「-ごとき」は「大したことがない」という否定的な価値評価を接尾する名詞に対して加え、例としてとりたてながら、(②は「喫茶店のようなごく普通の、ありきたりの」、③は「紀州攻め、賤ヶ岳のような大したことのない」という評価)、「$N_1$ごとき$N_2$」という形で後続の名詞$N_2$を属性規定している。

第4章　品詞という観点で捉えるもの(2)　　423

② 喫茶店ごときものに場慣れしていなかった私は、注文をとりに来た女性に、「コーヒー」と注文し、そのままお金を握りしめて「いくらですか」と聞き、「後でいいんですが」と困ったように言われて赤面した。
(辺里喬『ノスタルジアへの誘い』文芸社 2003)

③ 紀州攻め　賤ヶ岳ごとき局地戦に思いがけず手間取った。
(山室恭子『黄金太閤』中央公論社 1992)

④ それまでの恩讐を乗り越えた田城の言葉に、稲原龍二は、深々と頭を下げて言った。「わたしごとき若輩が、名誉ある大役をとのことですが、他に大勢先輩の方々もおりますので…」
(大下英治『修羅の群れ』徳間書店 1984)

「Nのような」、「Nみたいな」は比喩や例示等を表す日常の口語的表現形式であるが、「Nごとき」は『大辞林』に示された由来からもわかるように、古めかしく、また、硬い語感を持つため、書く場合や改まった会話に用いられることが多い。改まった特別な状況では、へりくだった意識を示す目的で、自分自身や自分に関する事柄について例④「わたしごとき」などのように使われることもある。他の人について「あいつごとき」などと述べる時には、対象に対する否定的価値評価意識を表すだけでなく、言語主体が尊大に自分自身を誇示しようという意図が存在する場合も考えられる。

「-ごとき」が古めかしいだけでなく、硬い語感を持つ理由には、「ごとし」という古語由来の接尾辞である上、それが漢文訓読系列の文章や、和文でも男性の書いたものに用いられたという経緯が大きく関与していることが指摘できる。

## 【3】-たる　「(N)たる」　　　　　　　　　　　　用例：議員たる者

「-たる」は古語の繋辞「たり」の連体形に由来する接尾辞である。次の例に見られるように、「-たる」は名詞に接尾して「Nたる」という形で、後続の名詞を「どんな」と属性規定する規定成分として働く。また、「Nたる」は、「現代日本語書き言葉均衡コーパス」から述語や修飾成分として用いられた例は検出されず、例②、③のように規定成分として働く例が得られたのみであった。この事実から、「-たる」は名詞に接尾して後続の名詞を属性規定

する連体詞を派生することが指摘できる。

① かりにも大学生たる者のなすべきことではない。　　　　　　　（『大辞林』）
② 仮にも道場を持つ空手家たる者、負けてはいられません。「返り討ちにしてやるわ！」というぐらいの強い気持ちで堂々と言い放ちましょう。
　　　　　　　　　　（多治家礼『このダジャレで生きのびろ！』角川春樹事務所 2002）
③ いやしくも国権の最高機関たる国会における答弁は誠実に行うべきものであり、虚偽の答弁はあってはならないものと考えております。
　　　　　　　　（内閣総理大臣（小渕恵三君）『国会会議録』第143回国会 1998）

①は「大学生は、小学生や中学生とは違う、高次の立場や資格を有するはずである。だから、当然、そのような低次元のことは（非表示）大学生という高次の立場や資格を有する者がするべきことではない。」、②は「空手家は星の数ほどいるが、道場を持つにまで至った空手家は当然強いはずである。そのような空手家は、もちろん負けることはできません。」、③は「国会は国権の最高機関であり、一般に人々から重要な意義を持つと認められているものである。だから、そのような国会での答弁は当然誠実に行うべきものであり…。」という意味が考えられる。①の場合、「大学生は高次の立場にあるものである」という一般的な認識や、非明示の「そのようなこと」が「低次元のこと」であることは述べられていないが、「大学生たる者」という部分がそれらを示唆している。

　これらの例から、「-たる」はそれが接尾する名詞 $N_1$ に対して、「誰もが認める高い価値や、意義、資格、立場を有する」と高く評価する正の強い価値評価を付加すること、そして「$N_1$ たる $N_2$」の形で「$N_1$ たる」は後続の名詞 $N_2$ を「誰もが認める高い価値や、意義、資格、立場を有する卓越した $N_1$ である $N_2$」と規定することが指摘できる。「-たる」が接尾する名詞 $N_1$ は、一般に高い意義や立場が広く認められているものである。「$N_1$ たる $N_2$」の後には「$N_1$ である $N_2$ の意義や立場に相応しく」という内容の文が述べられる。「Nたる」は、「N」に対して高い正の価値評価の認識を誰もが共通して持っているという理解の上に成立する形式といえる。

　「-たる」は漢文訓読や和漢混淆文に多く見られる古語の繋辞「たり」に由

来するため、男性的で格調高い響きを持つ。共起する陳述詞も「かりにも」や「いやしくも」など漢文的で重厚な響きを示す単語である。②のように、軽い口調の書き言葉や、話し言葉でも、誇張のため、或いは、意図的に深刻さを出す目的でこの形式を用いることもある。その場合は、冗談めかして「あなたはそれほどの立場の人なのだから、(当然〜)」という意識を強く述べようとする言語主体の態度が示される。③では、国権の最高機関として「国会」にはこの上もなく重要な意義があると多くの人が認めているはずであるという、「国会」に対する認識を重大な覚悟を持って示す目的で「-たる」が用いられている。

「-たる」は、一般に高い価値や立場、資格、意義を有する名詞 $N_1$ に接尾し、その名詞にそれ自身が持つ「正の強い価値評価の一般的認識（高次の立場や資格、意義を有する、卓越した等）」を付加して連体詞「$N_1$ たる」を派生する。「$N_1$ たる」は、そのような高い正の価値評価の認識を持って後続の名詞 $N_2$ を規定する。そして、「$N_1$ たる $N_2$」の形で、そこから当然予想、期待されるような内容の事柄が続いて後に述べられることを予告する。漢文的表現由来の形式であるため重厚で格調高い響きを示す点に特徴がみられる。

### 1.2.5　副詞性接尾辞

【1】　-がてら　　「(NV)がてら」

「-がてら」は、動作名詞に接尾して副詞を派生する副詞性接尾辞である。本章 1.1.1 《1》【1】動詞の同時意図形「シガテラ」に、副詞性接尾辞「-がてら」を加えて述べた。

【2】　-かたがた　　「(NV)かたがた」　　　　　　用例：お見舞いかたがた

「-かたがた」は、動作名詞に接尾して、副詞を派生する副詞性接尾辞である。『大辞林』によると、「かたがた」は副詞として「あれやこれやと。さまざまに。いろいろ。」という意味を持つという。

① それならば、気分転換に、庭を散歩かたがた歩こう、と考えたのである。

(志茂田景樹『なんてったって　孔雀警視』光文社 1988)

② 子どもが友だちの家に遊びに行っている時、いつもおじゃましている<u>おわびかたがた</u>、迎えに行ったのだそうです。

(佐藤よし子『英国スタイルの子育て整理術』PHP 研究所 2002)

③ 忌明けの<u>ごあいさつかたがた</u>志の品をお届け申し上げました。

(関口あゆみ『真心を伝えるお礼の手紙・はがき文例集』ナツメ社 2002)

④ 昼休みは、選挙事務所を貸していただいた大家さんのお店で、<u>お礼かたがた</u>若山議員と一緒に昼ごはんを食べました。 (「Yahoo! ブログ」Yahoo! 2008)

⑤ 品物に貼ってありましたシールから、お宅様のお品とわかり、取り急ぎ<u>お詫びかたがた</u>代金をお持ちいたしました次第です。

(金平敬之助『お礼状・お詫び状ハンドブック』PHP 研究所 1999)

例文からは、①「散歩の意味も兼ねて庭を歩こう。」、②「いつもおじゃましているおわびを(言う目的も)兼ねて迎えに行った。」、③「忌明けのごあいさつを(する目的も)兼ねて志の品をお届け申し上げました。」、④「お礼を(言う目的も)兼ねて一緒に昼ご飯を食べた。」、⑤「お詫びを(言う目的も)兼ねて代金を持ってきた。」という意味が得られる。これらをまとめると、「NVかたがた(NV:動作名詞)」は、「(述語で示される動詞の動作主体である主語は)NVの意味、目的も兼ねて(〜を行う)」という意味を表す。

　鈴木(1972b)によると、「副詞は動詞のしめす動きや状態の質・ようす、量・程度、および形容詞のしめす性質や状態の程度をあらわして、文のなかで修飾語(少数は状況語)としてはたらく品詞である。(p.462)」という。だが、「NVかたがた」は、鈴木(1972b)が述べるような動詞や形容詞の働きを特徴づける副詞というよりも、「NVかたがた」が含まれる節や文で述語の動詞を中心に表される事態に対し、主語がどのような意図をもって(どのように)行うかを詳しく述べる副詞と捉えられる。

　「NVがてら」と比較すると、例文①と「庭を散歩がてら歩こう」は類似の意味を表すが、いくらかの差異も指摘できる。まず「NVかたがた」の方が改まった語感を持つのに対し、「NVがてら」は日常の会話に用いられるような語感を持つことである。それは「NVかたがた」がお礼の手紙や、改まった挨拶に頻繁に使用されることにも表れている。上の例でも、③と⑤は手紙

の書き方のテキストからのものである。また、「散歩がてら歩く」は「散歩の意図を併せ持って歩く」という意味で、「散歩」と「歩く」が別の事柄として認識されているのに対し、「散歩かたがた歩く」は、「散歩という意味、目的も兼ねて歩く」というように、「歩く」行為の中に「散歩」の意味、目的が含まれて表現されているため、両者を分けることはできない。この点にも差が認められる。さらに「散歩かたがた」は「散歩の意味、目的も」含まれるという意味を持つので、「歩く」には「散歩」以外にも様々な意味、目的が込められていることになる。「歩く」と「散歩」を区別せず、しかも「歩く」に「散歩」以外の含みを持たせる点に、「散歩」を意味、目的とするという意識が薄まって表されている様が窺える。ここに「NVかたがた」に婉曲で改まった趣が漂う理由が求められる。

　例文②に関しては、従属接続詞「(スル)ために」を用いて「お詫びを言うために迎えに行った」とも表現できるが、この場合、主節で表される「迎えに行った」という行為の目的が状況成分である「お詫びを言うために」の部分に明確に示されて強調される。一方、例②の場合、「お詫びかたがた」は副詞であるため、修飾成分として、「動作主体としての主語は、どのような意図を持って（どのように）迎えに行ったか」と、述語を中心に示される事態を詳しく述べる働きをするので、文全体の主張の中心は述語である「迎えに行った」の部分となる。このように、「迎えに行く」行為の中に「お詫びをいう意図、目的」が内容の一つとして含まれて表されることで、目的意識が薄まり、その結果上品な趣になる。目的が強調されず付随的に示される点に、「-かたがた」が改まった挨拶に用いられる理由の一つがあるように思われる。

　「-かたがた」は、それが含まれる節や文の述語を中心に表される事態生起の様子を、「-かたがた」が接尾する動作名詞が示す意味、目的も兼ねて（行う）と述べる（主語がどのような意図を持って（どのように）行うか）ことによって詳しくする副詞（「-がてら」同様、節副詞と呼べるようなもの）を派生する。述語で表される事態の内容の一つとして目的が示され、また、他にも目的がある含みを持つことから、目的が強調されず上品な趣が現出される上、「-かたがた」自身改まった語感を持つことから、あいさつや手紙文に多く用いられる。

【3】 -ながら(に)　「(N)ながら(に)」　　　　　　　用例：涙ながらに訴えた

　「-ながら」について、村木（2006）は「いつもながら」、「昔ながら」、「涙ながら」、「生まれながら」のように、単語として固定していて派生語と位置づけられるべき単語レベルの「-ながら」と、句や節を構成する「-ながら」の存在を指摘している。

　また、村木（2006）は、派生語と考えられる単語レベルの「-ながら」にも、上述の「いつもながら」、「昔ながら」、「涙ながら」、「生まれながら」のような副詞に派生したものと、「恐れながら」、「陰ながら」、「残念ながら」のような陳述（副）詞に派生したものの二つのタイプがあることを示し、「「-ながら」は他品詞に属する単語を副詞や陳述（副）詞に転成する派生辞のひとつである（p.2）。」と述べている。このような「-ながら」によって派生した単語には、「昔ながら」、「涙ながら」、「生れながら」、「いつもながら」、「恐れながら」、「陰ながら」等、『大辞林』に一つの項目として立てられているものも見られる。

　句や節を構成する「-ながら」は、動詞や第一形容詞、述語名詞、第二形容詞、第三形容詞の語形として既に検討したので、ここでは単語レベルの「-ながら」のうち、副詞に派生した「涙ながら」、「昔ながら」、「生まれながら」を取り上げて検討を試みる。

　ところで、村木（2006）は「-ながら」についての山口（1980）の「本来、体言についてその物の本性をあらわし、またその本性の発現として成立する動作・状態と相関するものであった」という論を紹介して（p.2）、その時間に関する例として「昔ながら」、「いつもながら」、「うまれながら」などを、数に関する例として「二人ながら」を挙げている。「涙ながら（に）」に関しては、「涙を伴った状態で」を意味する孤立した例であるとしているが、「涙」を「内からこみ上げる悲しみの感情」の象徴と考えれば、悲しみの感情の発現として成立する状態とすることができる。ここで取り上げる「涙ながら」、「昔ながら」、「生まれながら（「生まれ」は「誕生」という意味の名詞と考えられる）」という副詞を派生する「-ながら」は、山口（1980）が述べるタイプのものである。

　「涙ながら」、「昔ながら」、「生まれながら」は、「-ながら」と「-ながらに」

の二つの副詞としての形を持つ。また、「-ながらの」という規定用法の形や述語の形もある。村木（2010a）は、副詞の一次的な機能は修飾成分になることであるが、二次的な機能として、規定用法や述語になる場合があることを指摘している（p.110）。

「現代日本語書き言葉均衡コーパス」によって検索した結果を見ると、一般的に用いられる語形と用法は「-ながら（に）」が接尾する名詞によって異なりを見せることがわかる。「涙ながら」は「涙ながらに」という修飾用法、「昔ながら」は、「昔ながらの」という規定用法が一般的で、「生まれながら」は「生まれながらに」と「生まれながらの」が同程度見られる。

「涙ながらに」71例　「涙ながら」5例　「涙ながらの」9例
「昔ながらに」6例　「昔ながら」3例　「昔ながらの」397例　「昔ながらだった」1例
「生まれながらに」61例　「生れながら」5例　「生まれながらの」72例
「生まれながらです」1例


① 　出来の悪い馬鹿な生徒に向かって、涙ながらに、男の生き方と人の道を説くような熱情にあふれた語り方だ。
（永倉萬治『屋根にのぼれば、吠えたくなって』角川書店 1992）

①＊ 　樹貴に涙ながら電話するのでした。　　　　　（「Yahoo! ブログ」Yahoo! 2008）

①＊＊ 　涙ながらの歌唱が真に迫る、究極の感情移入。
（林晃三『中島みゆき歌でしか言えない世界』龍文社 2003）

② 　ケセンではこれを「憑物 tigimono」と言い、今でもなお気仙衆の一部では昔ながらにさまざまな憑物が病気の原因だと思われている。
（山浦玄嗣『ケセン語訳新約聖書』イー・ピックス 2003）

②＊ 　私なんぞ、昔ながら自作機ですが、最近の拡張はほとんど USB ですよ。
（「Yahoo! 知恵袋」Yahoo! 2005）

②＊＊ 　豆腐は昔ながらの鉄釜を使い、にがりも塩田もの。
（ブルーガイド編集部編『湯布院・阿蘇・別府』実業之日本社 2003）

③ 　われわれの心はすでに貪、瞋、痴の三毒を、生まれながらにひとしくそなえている。
（津本陽『弥陀の橋は下巻』読売新聞社 2002）

③＊　　生まれながら孤児だった母は、出生(血筋)に関する記録がなかった。

(堀野収『ウィーン素描』JTB出版事業局 1997)

③＊＊　左のハートは、人がキリストを受け入れる前の心の状態で、その中には生まれながらの罪の性質があります。

(高木慶太『恵みによる信仰生活』いのちのことば社 2002)

「現代日本語書き言葉均衡コーパス」では、①＊「涙ながら」はわずかな例しか検出されず(5例)、①「涙ながらに」の形で用いられた例がほとんど(71例)を占める。①＊の「涙ながら」が「涙のまま、涙を流しながら、悲しみの感情を発現させたまま」という意味によって、電話している動作主体の動きの同時進行的状態を示すのに対して、①の「涙ながらに」の方は、「涙のままで、涙があふれ出た状態で、熱い思いを発現させたままの状態で」というように、「男の生き方と人の道を説く」ときに動作主体に発現している動きの継続的な状態が強調されている。「涙ながらの」は、①＊を規定成分にしたもの。

「昔ながら」は、規定用法である②＊＊「昔ながらの」が大方を占め、②＊「昔ながら」も②「昔ながらに」もほとんど見られない。②「昔ながらに」が「昔のままの状態で」という意味で、「ある事柄が昔と同じ状態で継続して行われている状態」が示されているのに対して、②＊「昔ながら」は「昔のまま、昔通り、昔同様」という意味を表し、「ある事柄が昔と同様である様子」が述べられている。これも「昔ながらに」の方には継続的状態性が強調されていることが指摘できる。②＊＊「昔ながらの」は②＊を規定成分にしたもの。③「生まれながらに」は「誕生時から継続して」、③＊「生まれながら」は「生まれつき、生来」という意味が見られ、他の2例と同様に「生まれながらに」の方には継続的状態の強調が見られる。③＊＊「生まれながらの」は③＊を規定成分にしたもの。

接尾辞「-ながらに」は、副詞性接尾辞「-ながら」のヴァリアントと捉えられる。「-ながら」によって副詞に派生した「涙ながら」、「昔ながら」、「生まれながら」は、山口の解説のように、ある事態についての「その本性の発現として成立する動作・状態」を表す。一方、「-ながらに」によって副詞に派生する「涙ながらに」、「昔ながらに」、「生まれながらに」は、「その名詞の

本性の発現として成立する動作・状態の継続的な状態」が強く示される。このように、両者にはわずかな差の存在が認められる。

### 1.3 助辞

#### 1.3.1 格助辞

【1】から　　「Nから（ある）（N:数量名詞）」　　用例：50キロからあるバーベル

『旺文社 古語辞典 第九版』によると、格助辞「から」の基本義は「認識の出発点を表す。」であるという。『大辞林』は「から」について、「「から（柄）」という名詞が抽象化されて、動作・作用の経由地を表すようになったといわれる。上代から用いられているが、起点・原因を表すようになるのは中古以降の用法」と述べている。事実、『旺文社 古語辞典 第九版』は、「動作・作用の空間的経過を表す。」を第一の意味に挙げている。「窓から風が入ってくる。」という場合、「風が吹く」起点はわからないが、少なくとも「窓」が「風が入ってくる」という「認識の出発点」であることは疑いない。

『大辞林』は「から」について、「①出発する位置を表す。⑦時間的・空間的な起点。④論理の起点・根拠。」を第一の意味に挙げ、続いて「②通過する位置を表す。」、「③範囲を表す。「…から…まで」の形をとることが多い。」等の解説を記している。それらの中に、「⑦おおよその数量を示す。数量を示す語に付く。」として、「千人―の人出。」という記述がある。これは、用例の「50キロからあるバーベル」と同様のカラ格の名詞の用法と思われる。

「現代日本語書き言葉均衡コーパス」によってこの用法のカラ格の名詞が使われている例を検索すると、得られた数は少なかったが、以下のようなものが見られた。

① その結果、アメリカ側が日本に次期対潜哨戒機の国産をさせる、当時の金で五百億からかかりますから。　　（大出委員『国会議事録』第077回国会 1976）
② 業界は三千からありまして、これも大中小あってなかなか大変でございます。　　（只松委員『国会議事録』第084回国会 1978）
③ それじゃ私の質問はまだ九十分からありますから、その間に調べておいていただきたいと思います。（橋本敦君『国会議事録』第104回国会 1986）

④　高校へ行くいうことになって受験をして合格をした、しかしいざ行こうとするとバス代が高くつく、十五キロから離れていますから。

(神谷信之助君『国会議事録』第080回国会 1977)

これらのカラ格の名詞は、『大辞林』が述べるように、それぞれの動詞が表す主体(①金額、②業界数、③質問時間、④距離)のおおよその数量を示している。しかし、それは数量の下限、いわば、数量の起点で、その中に、かなりの量であるという言語主体の意識が含まれていることが特徴的である。また、これらは全て1970年代から1980年代の『国会議事録』に収められた国会議員の発言からの例であることから、比較的古い年代の人が改まった場で用いる話し言葉の形式であることが予想される。

⑤　コースは5200円からあります。値段だけ見ると、決して安くはないけど、食べたら「これなら、安い！！」と思えます。　　(「Yahoo!ブログ」Yahoo! 2008)

⑤の場合「5200円」というのは「コースの料金」であって、「5200円から」は「様々な料金のコース」という範囲の下限、出発点を表しているため、①〜④の数量の起点を表すカラ格の名詞の用法とは異なる。また、⑤の場合、また、「ある」が示すのは「コースのタイプ」で、①〜④の場合、「ある」が示すのは「金額、業界数、時間、距離の数量」である。また、⑤は上限が存在するが、①〜④の場合には明確な上限が想定されない。①〜④のカラ格の名詞に「かなりの量」という意識が含まれるのは、明確な上限が想定されないためと思われる。

⑥　慧能と云うのは樵で、文字もろくに読めぬような無学な者だった。七百人からいる弘忍の弟子の中では一番最下層の、米搗き小僧だった訳です。

(京極夏彦『鉄鼠の檻』講談社 2001)

用例の「50キロからあるバーベル」は、「バーベル(の重量)は50キロからある」という文の述語を主語の規定成分にしたものである。⑥の「七百人からいる弘忍の弟子」は「弘忍の弟子(の人数)は七百人からいる」という文の述語を主語の規

定成分にしたもので、用例と同様の形式と見られる。①〜④と同様に、⑥も動詞「いる」の主体の数量(人数)である「弘忍の弟子の人数」は「700人が下限で、それ以上いる」こと、そして、上限が想定されていないため、かなりの数であるという言語主体の認識が示されていることが理解できる。ただ、用例と同様の形式のカラ格の名詞の例は⑥の1例しか「現代日本語書き言葉均衡コーパス」からは得られなかった。しかし、下の例⑦〜⑪のような、連体格の形式であるカラノ格の形では、同様の文法構造を示すかなりの数の例が採取できた。⑦の「四十人からの」は、⑥の「七百人からいる」と同様に後続の名詞の規定成分を形成している。

⑦ 四十人からの生徒が、体育館で一斉にドタドタやり始めたら、床もいたむし、埃も立つ。 　　　　　　　　　　　(赤川次郎『三姉妹探偵団』講談社1991)
⑧ 黒谷の金戒光明寺の境内は、当初二千人からの会津兵で埋まったといわれている。 　　　　　　　　　　　(早乙女貢『新選組斬人剣』講談社1993)
⑨ 永住権を有する八割からの外国人に対する適用すべき外登法と、二割弱の、来たけれども、何年かいて出ていく外国人とを区分けして法規制するのが妥当じゃないか、こういうことを申し上げているんです。
 　　　　　　　　　　　(猪熊重二君『国会議事録』第109回国会1987)
⑩ 300万円からのお金を失って呆然としている老人をかわいそうで見ていられません。 　　　　　　　　　　　(「Yahoo!知恵袋」Yahoo! 2005)
⑪ 去年は中小型まき網で十一億円からの水揚げがあり、大型まき網の八千万円を抜いている理由は魚価の高いタイが豊漁だったのであろう。
 　　　　　　　　　　　(有吉佐和子『日本の島々、昔と今。』中央公論社1993)

⑦から⑪のカラノ格の数量名詞は、それが規定する名詞が表す人数や金額のおおよその下限を示すが、その中に、かなりの人数や金額であるという言語主体の認識が含まれていることは、①〜④や⑥の例と同様である。カラノ格の名詞で表される形式は、その他の形式に比べ、「現代日本語書き言葉均衡コーパス」から検出された例が多く、また、『国会議事録』以外から採られた用例も多数見られた。

数量名詞のカラ格、カラノ格は、それが数量の下限であることを示すが、その中に量的にかなりの数量であるという言語主体の認識が含まれていることが特徴的である。このカラ格、カラノ格は、カラ格、カラノ格の名詞の周辺的な用法と位置づけられる。

### 1.3.2　副助辞

　「とりたて」について、高橋他（2005）は「一定の表現手段をもちいて、どれかの文の部分のあらわすものごとをとくに強調して、他の同類のものごととてらしあわせてのべることを、文のとりたてという。(p. 199)」と述べている。そして、文の部分のとりたてを目的として、その文の部分をかたちづくっている単語の語形をとりたて形式にするために用いられるものが「とりたて助辞」であるという (pp. 199–200)。さらに高橋他（2005）では、とりたて助辞を係助辞（第1種のとりたて助辞）と副助辞（第2種のとりたて助辞）に分けて示している。これについては、本書では第二章3.2.1において、前者を「とりたて助辞」、後者を「副助辞」と位置付けている。

　鈴木（1972b）は、本書で副助辞とした高橋他（2005）の「第2種のとりたて助辞」について次のように述べている（鈴木（1972b）において「第2種のとりたて助辞」は「第二種のとりたてのくっつき」と呼ばれている）(p. 232)。

> これらのくっつきは、第一種のとりたてのくっつきと同様の位置をしめるほかに、はだかの名詞（語幹）にじかにくっついて、名詞と第二種のとりたてのくっつき全体が一つのはだかの名詞（語幹）と同様に、そのあとに格のくっつき（連体的なものもふくむ）、第一種のとりたてのくっつき（および、あとでとりあげるならべのくっつき「と」「や」「か」など）、むすびのくっつき「だ」「です」が自由につくのである。

なお、「第一種のとりたてのくっつきの位置」に関しては、が格、を格、はだか格の場合は、名詞にちょくせつとりたてのくっつきをつけるが、それ以外は格のくっつきのあとにとりたてのくっつきをつけるとしている (p. 231)。

　また、これに続いて、次のように（注）が記されている (pp. 232–233)。

第二種のとりたてのくっつきのこうした用法は、ある種の名詞のつぎのような用法とにている。

　　こうした　考え　自体が…
　　政府　みずからが…
　　問題　一般に　通じる　点
　　主体　そのものから　ずれている

　この鈴木の指摘は、第二種のとりたてのくっつき（副助辞）が接尾辞のように用いられて、前接の名詞にある意味を加える可能性を示唆している。
　『大辞泉』によると、「副助詞」は「助詞の一。種々の語に付き、それらの語にある意味を添えて、副詞のように下の用言や活用連語を修飾・限定する類の助詞。」であるという。これまで述べてきた点から、本書においては、「副助辞」を「それに前接する部分をとりたてたり、前接する部分にある意味を添えて後続の用言などに続ける働きをしたりする助辞」と規定する。「副助辞」は、高橋他（2005）で述べられている「第２種のとりたて助辞」とほぼ同じものであるが、前述の鈴木（1972b）の説明の通り、「第１種のとりたて助辞」（とりたて助辞）と同様の位置につく他、接尾辞のように名詞に直接ついて用いられる場合もあるという特徴が指摘できる。

【1】ばかり　　　「（セン）ばかり（の／に／だ）【F】」

　　　　　　　　　　　　　　　　　　用例：帰れと言わんばかりの顔

　「ばかり」について、『旺文社　古語辞典　第九版』は副助詞とした上で、動詞「計る」の名詞形「計り」に由来するもので、「それに限るという限定」と「大体の目安を示す程度」が基本義であると解説している。『大辞林』では、このうち「程度」を表すのが本来の用法と述べている。
　「ばかり」は、「彼は毎日カレーばかり食べている。」や「私の学校の先生は女の先生ばかりだ。」のようにとりたての働きを行っている。また、「あの人は若い人とばかりつきあう。」という表現も、「あの人は若い人ばかりとつきあう。」という表現も可能であることから、本書でも「ばかり」を副助辞と位置付ける。

①　亜矢子の声が、お見通しと言わんばかりにくすくすと笑った。

(黒武洋『そして粛清の扉を』新潮社 2005)

②　あふれんばかりの太陽が、この島に降り注いでいた。

(岡崎大五『熱闘ジャングルアイランド』青春出版社 1999)

③　この木は、幹の太さの割りに、枝が細く、今にも倒れんばかりです。

(「Yahoo!ブログ」Yahoo! 2008)

　例①～③は、副助辞「ばかり」が、従属接続詞「(センが)ため(に)」同様、古語の動詞の意志・推量形[14]「セム(セン)」に後続した形式である。例①は「言わんばかりに」という形で修飾成分節に、②は「あふれんばかりの」という形で規定成分節に、③は「倒れんばかりです」という形で述語に、それぞれ「センばかり -」という形式が用いられている。

　「ばかり」について、沼田 (2009) は「とりたて詞」、「形式副詞」、「形式名詞」、「アスペクト詞」の４種の同形異義異機能の語があるとしている (p. 203)。用例の「ばかり」はそこでは「形式副詞」とされている。この「形式副詞」は、奥津 (1986) において「非自立的で、何らかの補足成分をとり、副詞句をつくる (p. 48)」と述べられているものである。

　一方、村木 (2007b) は、この用法の「ばかり」を「くらい」、「ほど」などと共に、実質的意味が希薄な非自立的形式であって、先行の文相当の形式 (擬似連体節) を受けて形容詞相当節をつくる形容詞化指標としている。また、この「くらい」、「ほど」、「ばかり」などは (-の／-に／-だ) という第三形容詞のタイプの活用をするという。「疑似連体節」については、「非自立的な名詞や名詞に準ずる形式 (名詞から他品詞に移行した形式の場合もある) に接続する (p. 12)」もので、「形式面で連体構造ではあるが、内容面では、なんら後続の形式を限定していない。(p. 14)」と解説している。即ち、「くらい」、「ほど」、「ばかり」という名詞起源の副助辞 (村木 (2007b) は形容詞化指標としている) が、先行の擬似連体節をうけて、第三形容詞タイプの形容詞相当節をつくることを指摘しているのである。さらに、村木 (2007b) は、この第三形容詞タイプの形容詞相当節には規定用法、述語用法、修飾用法があると述べている。

　上の①～③の例文の下線部の意味は、次のように考えられる。①「亜矢子

の声がいかにもお見通しと言おうとしているぐらい（程度）に／ぐらいの状態（様子）でくすくすと笑った」、②「まさにあふれようとしているぐらいの状態の太陽が、③「この木はまるで今にも倒れようとしているぐらいの状態です」。「ばかり」の原義は「大体の目安を示す程度」であるが、①～③の例文に見える「ぐらい」は「程度」を意味している。

　①～③の「センばかり」は、それに対応する名詞（①「亜矢子の声」、②「太陽」、③「この木」）の「（まさに）ショウとしている」程度と仮定的に見立てられた状態を表している。名詞で示されるものや事柄の状態を示すのは形容詞であるから、この「センばかり」は形容詞で、さらに村木（2007b）の指摘のように、①「センばかりに」（修飾用法）、②「センばかりの」（規定用法）、③「センばかりだ」（述語用法）という形をもつ第三形容詞タイプの形容詞相当節を形成しているといえる。疑似連体節（①「言わん」、②「あふれん」、③「倒れん」は擬似連体節の述語）を受けて、「（まるで、まさに）ショウとしているかのような程度の状態」を表し、村木（2007b）で述べられた第三形容詞相当節を作る働きをする、この「ばかり」は形容詞節化接辞といえるものである。本書では、これを副助辞「ばかり」の形容詞節化用法とする。鈴木（1972b）は「しようと　する」を「動作・作用のおこる直前にあることをあらわす。」、「意志動詞にもちいられると、その動作をこれからおこなうという態度（意向）をしめすことをあらわす。」としている。「センばかり（の）」は、「まさに」「まるで」等の陳述詞を伴ったような意味が加わっていることが特徴的である。

　名詞起源の副助辞「ばかり」は、疑似連体節の述語である「セン」という古語の動詞の意志・推量形「セム」由来の語形の動詞に後接し、「センばかり（の）」という形式で、「（まるで、まさに）ショウとしているかのような程度の状態」を表す「第三形容詞」タイプの形容詞節を形成する。なお本書では副助辞は副助辞型の文相当の形式と接続するとしているが、副助辞型の文相当の形式については擬似連体節を含む連体節の一形態とみなしている[15]。

　ところで、「センばかり（の）」という形式については、「現代日本語書き言葉均衡コーパス」から、「センばかりの」334例、「センばかりに」421例、「センばかりだ」の類109例が得られた。この結果から、「センばかり（の）」は修飾用法として最も多く使用されていることがわかる。また、「センばか

り（の）」の中では、「（〜と）いわんばかり（の）」という形式が、例①に見られる「（〜と）いわんばかりに」の他、「（〜と）いわんばかりの」、「（〜と）いわんばかりだ」という形で、修飾用法や、規定用法、述語用法も数多くみられた。例えば、「（〜と）いわんばかりに」は全「センばかりに」421例中159例、「（〜と）いわんばかりの」は全「センばかりの」334例中139例、「（〜と）いわんばかりだ」の類は全「センばかりだ」の類109例中47例であって、合計全「センばかり（の）」864例中345例が「（〜と）いわんばかり（の）」ということになる。これは、「センばかり（の）」の中で、特に「（〜と）いわんばかり（の）」という形が慣用化へ向かっていることを示すもののように思われる。

## 【1】-1 「（〜と）ばかりに 【S】」

用例：泣けとばかりに

① 一瞬夢かとばかりに驚いた表情を見せ、次の瞬間に大きな手を開いて歓呼に応えた。　　　　　　　　　　（高木信哉『レクイエム・トコ』三一書房 2001）
② 私の帰りを待っていたとばかりに嬉しそうにはしゃいで駆け寄ってくる犬は可愛くて仕方がない。　　　　　　　　　（「Yahoo! 知恵袋」Yahoo! 2005）

「（〜と）ばかりに」は、次に記す、先述の【1】の例文①から「言わん」が脱落した形式と考えられる。

　亜矢子の声が、お見通しと言わんばかりにくすくすと笑った。
　　　　　　　　　　　　　　　　　　（黒武洋『そして粛清の扉を』新潮社 2005）

①は「一瞬いかにも「夢ではないか」と言っているかのように驚いた表情を見せ…」という意味が、②は「私の帰りをまさに「待っていた」と言っているかのように嬉しそうにはしゃいで駆け寄ってくる犬は可愛くて仕方がない。」という意味が考えられる。

　既に【1】において、「センばかり（の）」という形式の中で「（〜と）いわんばかり（の）」という形が特に慣用化へと向かっていることを示した。前述のとおり、実際に「現代日本語書き言葉均衡コーパス」で検出された全「セン

ばかり(の)」中、「(〜と)いわんばかり(の)」は3分の1以上を占めている。この事実から、「(〜と)いわんばかり(の)」が決まった表現形式として広く刷り込まれることとなる事態が予想される。そして、次第に「いわん」が明示されなくても、「(〜と)ばかり」だけで受け手は意味を理解する際、自動的に「いわん」を挿入して文を把握することが可能となる。その結果、さらに進んで「いわん」が脱落する。「(〜と)ばかり(の)」には、以上のような形式成立の過程が考えられる。明示しなくても理解されるものは脱落させる、これは形式化の法則の一つと見られる。他方、脱落には脱落したものについての暗黙の共通理解の存在が不可欠であり、そのような暗黙の共通理解の成立も脱落の要因となることが考えられる。このように、脱落によって生まれた新形式は暗黙の共通理解に基づいたものであるため、一種のサインや暗号として機能しているかのように捉えられる。

また、「(〜と)いわんばかり(の)」には、「(〜と)いわんばかりに」159例、「(〜と)いわんばかりの」139例、「(〜と)いわんばかりだ」の類47例と、修飾用法、規定用法、述語用法の3用法が見られた。これは、「(〜と)いわんばかり(の)」では「ばかり」が形容詞節化接辞として文法的に働いていることを示すものである。しかし、「(〜と)ばかり(の)」になると大多数が修飾用法「(〜と)ばかりに」(514例)で用いられ、他の規定用法(12例)も述語用法(0例)もほとんど見いだせなくなる。これは、形式が慣用表現化していく過程において、一定の形式(この場合「(〜と)ばかりに」)が固定した表現形式として特化されることを示す例と考えられる。

その他、「いわん」が脱落した結果、「(〜と)ばかりに」は、「いわん」が持っていた、「いおうとする」という「将前相」のアスペクト的な意味が見られなくなっていることがわかる。

さらに検索を進めると、「(〜と)ばかりに」の中で、用例②「私の帰りを待っていたとばかりに」の「待っていた」が、「待ってました」等も含め、全「(〜と)ばかりに」514例中50例得られた。他に、「ここぞとばかりに」という例も53例検索された。これは、「(〜と)ばかりに」の中で、今度は「と」と使われる単語が特化して、「待っていたとばかりに」や「ここぞとばかりに」が慣用句的な一定の形式へと推移していく現象を示唆するものである。

「センばかり(の)」→「(~と)いわんばかり(の)」→「(~と)ばかりに」
→「ここぞとばかりに」／「待っていたとばかりに」

「センばかり(の)」の考察からは、このような表現形式の一定の表現への特化、形式の慣用表現化(一定の形式への特化)、慣用句化(単語の特化)の過程が看取される。

【2】のみ　「(ただ)(~)のみ／のみならず、(スル)のみ(だ)【F】」
　　　　　　用例：ただそれのみが心配だ／ただ東京都民のみならず
「(スル)のみ(だ)」については、第5章1.1.1　述語形成辞【2】のみ(だ)参照

『旺文社　古語辞典　第九版』によると、「のみ」の基本義は「前に述べた一つのことを強調する。限定の意味を表す。」であるという。『大辞林』には、「のみ」の語源は「の身」で、「…それ自身」と強調するのが原義だという記述がある。また「のみ」が他を排除して、ある事柄だけに限定する意を表すのは漢文における文末助辞「耳」の訓読から生じた用法であることと、現代語では主として書き言葉に用いられることも述べられている。

Ⅰ．限定
(1)単語を限定する場合
①　真相は、ただハインリッヒ・フォン・ヒトラーのみが知っている。
　　　　　　　　　　(たいらひろし『旭日の艦隊』後世欧州戦史1 中央公論社1994)
②　あの人のおもかげが夢にのみ見られて、いつまでも忘れられない。
　　　　　　　　　　　　　　　　　　　　　　　　　　　　　(『大辞林』)

①、②の「のみ」は、他を排除して、ある事柄だけに限定する意味を表す。単語を限定する場合、名詞に限られる。①のように「ただ」という排他的限定のとりたての陳述詞とともに用いられることが多い。②は格形式の名詞を限定した例である。

(2) 節を限定する場合
③　しかしアエネーアースの投槍はトゥルヌスの腿を傷つけるのみで、致命傷を与えることはできない。(岡道男『ギリシア悲劇とラテン文学』岩波書店 1995)
④　ただ単に専門家や担当者を行政面で異動、再配置するのみでは、原子力開発における安全性の問題は解決しないと思いますが、いかがでしょうか。

(松前達郎君『国会会議録／参議院／本会議』第 084 回国会 1978)

　③、④の「のみ」は文相当の形式(節)を限定して取り立てている。この場合は、動詞が述語である節に限られており、形容詞や名詞が述語に用いられている節を「のみ」が取り立てる例は「現代日本語書き言葉均衡コーパス」からは得られなかった。「のみ」と用いられる動詞は副助辞型接続の語形である。④は「ただ」及び「単に」という排他的限定のとりたての陳述詞が重ねて用いられており、限定の意味が特に強められている。③の「スルのみで」は、ふたまた述語文の先行の節の述語である動詞に述語形成辞「のみ(だ)」が続いた「スルのみだ」の中止形。述語形成辞については、第5章で取り上げる。④は連体節相当の節(副助辞型接続をする文相当の形式は連体節の一種と見られる)と「のみ」によって形成された、方法を表すデ格の名詞節のとりたての形と見ることができる。

Ⅱ. 非限定
(1) 単語の場合
⑤　ひとり本校のみならず、わが国の高校全体の問題だ。　　　　　　　(用例)
⑥　モバイルに特化した CF タイプ LAN カードは、ノートパソコンのみならず PDA でも利用できるので、ハードウェアの使いまわしが可能だ。

(秋葉けんた『ファイル共有ハンドブック for Windows XP』晋遊舎；ビー・エヌ・エヌ新社(発売) 2002)

　⑤「本校のみならず」は、限定の副助辞「のみ」を述語名詞に用いた「本校のみだ」の古語の形「本校のみなり」の打消しの中止形である。これは「本校」を非限定で取り立てて、同類の事柄が他にあることを示しつつ、後につなげている。⑥は⑤と同様に「ノートパソコン」という名詞を非限定で取り立て、他にも同類の事柄があることを示しつつ、後につなげている。「のみならず」の「ならず」

は、古語の繋辞「なり」の打消しの中止形と考えられるが、現代語ではそれが繋辞として文法的な意味を持って働いていると見ることは難しい。それよりも、寧ろ⑤、⑥の「のみならず」は、それ全体が一つの助辞のように非限定の意味をもって名詞をとりたて、他にも同類の例があることを示しつつ、後に続ける機能を果たしていると見る方が適当であるように考えられる。

(2) 節の場合
⑦ これら難民をめぐる問題は人道上の問題であるのみならず、関係地域の平和と安定に影響を及ぼし得る政治問題となっている。

(『白書／外交』平成元年版外務省大蔵省印刷局 1989)

⑧ 経理があいまいであるのみならず、不正出費もかなりあるようだ。」

(『大辞林』)

⑨ 中小企業は倒産の可能性が高いのみならず、そこに働く人の労働条件は賃金を含めて低水準にあった。

(橘木俊詔『封印される不平等』東洋経済新報社 2004)

⑩ Cさんがコンサルティング会社を志望するようになったのは、単にゼミで学んだ専門性を生かすのみならず、大学三年次の夏期休暇中におけるインターンシップが大きく影響している。

(谷内篤博『大学生の職業意識とキャリア教育』勁草書房 2005)

⑦は名詞が述語である節、⑧は第二形容詞が述語である節を取り立てた例。⑧の「のみならず」は、「経理があいまいである」という節を非限定で取り立てることにより、他に同類の事柄があることを示している。名詞や第二形容詞が述語である節を「のみならず」を用いて取り立てる場合は、⑦、⑧のように「(〜で)ある」という補助述語詞によって述語を形成することが必要となる。⑨は節の述語が第一形容詞、⑩は節の述語が動詞である場合の例。これらの節は、副助辞型接続をする連体節の一種と見られるものである。

⑤〜⑩からは「のみならず」が「非限定」という意味で前接の名詞や節を取り立てていることがわかる。「のみならず」によって「非限定」の意味で単語や節を取り立てる場合、他の同類の事柄の一例は明示される必要がある。

【3】まで 　「(スル／シタ)まで(だ)」　　　　　用例：できないのなら、やめるまでだ
　　　　　　「(スル／シタ)までの　こと(だ)」
　　　　　　「(スル)までも　ない」　　　　　　　用例：わざわざ行くまでもない
　　　　　　「(スル)までも　なく」　　　　　　　用例：今さら言うまでもなく

　『旺文社　古語辞典　第九版』では「まで」を副助詞として、その基本義を「動作・作用の広がり及ぶ点・限度を示す。」と述べている。
　本書では、名詞の後について動作や状態の及ぶ範囲を表すマデ格の名詞を構成する格助辞「まで」と副助辞「まで」を区別して考える。副助辞「まで」は、①や①＊のように極端な例として前接する部分をとりたてて、他の事柄にも範囲が広がり及ぶことを強調したり、②のように前接する部分に限度の意味を添えて後続の用言などに続けたりする働きをする。用例「できないのなら、やめるまでだ」は、「まで」が述語形成辞として繋辞「だ」と共に働く例である。述語形成辞「まで(だ)」は形式名詞「こと」と組み合わさり、述語形成句として述語を形る場合もある。このように、格助辞、副助辞、述語形成辞という別の働きをする三つの「まで」の存在が認められる。
①　彼は恵まれない人に自分の大切な物まであげる。
①＊　彼は知らない人にまで自分の大切な物をあげる。
②　からだがへたばって動けなくなるまで頑張るつもりだ。　　　　　　　(『大辞林』)

【3】-1　「(スル／シタ)まで(だ)」　　　　　用例：できないのなら、やめるまでだ
　　第5章 1.1.1　述語形成辞　【3】「まで(だ)」参照

【3】-2　「(スル／シタ)までの　こと(だ)」
　　述語形成句「までの　こと(だ)」は、述語形成辞「まで(だ)」と共に考察を行う。

【3】-3　「(スル)までも　ない」　　　　　　　用例：わざわざ行くまでもない
　　第5章 1.1.2　述語形成句　【3】「までも　ない」参照

## 【3】-4 「(スル)までも なく」  用例：今さら言うまでもなく

「(スル)までも なく」は、「(スル)までも ない」の第一中止形。第5章1.1.2 【3】-1「までも なく」参照

### 考察10 接続の型（タイプ）について

第2章6では、文、または文相当の形式（節）の「接続」について、終止型、不定型、連体型、連体格助辞型、副助辞型という5つのタイプに分けて示した。ここでは、その5つのタイプに連用型を加えた6つの接続のタイプについて、どのような文、または文相当の形式（節）が、どのようなものと、どのような形で接続して、文の中でどのような働きをするものを形成するのか、より詳しく検討を行い、接続の型（タイプ）とその文法的意味を再確認する。

(1)終止型

終止型の接続とは、高橋他（2005）において「はなしをくみたてる、いちばんちいさい単位であって、一定ののべかたのかたちをとって、できごとやありさまやかんがえをのべる（p.5）」と定義された「文」の要件を満たす、一つの完全な文と接続するタイプの接続である。終止型の接続をする文の述語をつくる単語の語形は終止形で、文を終止させる働きがある。後に記した表には、そのうちの「断定形」のみ示したが、終止形には他に「推量形」もある。また、動詞の場合、終止形にはこの他、「意志形」、「勧誘形」、「命令形」、「希望形」がある。このように、これら終止型接続をする文の述語をつくる単語はムード語形であって、一定の述べ方を持ち、その述べ方のかたちをとって現実と関連付けて表し出されている。終止型接続をする文は、「（～と）言う」、「（～と）思う」や伝聞（断定形のみ）の「～そう（だ）」等に続くが、それらの文は全体として、一定の述べ方のかたちをとって示された文に、「それは～さんが言ったことだ」、「それは私の考えだ」、「そういう話だ」のような部分が後から付け加えられたものと見ることができる。したがって、終止型接続の文と後から加わった部分は、それぞれ独立したものと捉えることが可能である。

(2) 不定型

　不定型の接続は、一定の述べ方をもち、現実と関連付けられて表し出される前の段階の命題の文と接続するタイプの接続である。不定型の接続をする文相当の形式は、後に続く述語形成辞（「だ」、「です」等）や補助述語詞（「(で)ある」、「(かも) しれない」等）等によってある述べ方を与えられ、現実と関連付けられて、完全な文として表し出される。不定型の接続をする文相当の形式は、命題としては完成していても、まだ材料としての文であり、高橋他（2005）で定義された文の要件を満たす完全な文とすることはできない。この不定型接続の文相当の形式の述語（命題の文の述語）をつくる単語の語形を、本書では「不定形」とする（名詞の非過去みとめ形は「はだか格の名詞」と同じ形）。これは、連体型の接続の文相当の形式（連体節）の述語を作る単語の語形を連体形（名詞の場合は連体格）と呼ぶのと同等である。

　不定形の単語を述語とする文相当の形式は、「飲む」、「高い」のような動詞や第一形容詞を述語とする場合は別として、「静か」、「抜群」、「学生」のような第二形容詞や、第三形容詞、名詞を述語とする場合は文としてやはり不完全さが残る。この不定形の名詞の非過去みとめの形は「はだか格の名詞」と同形であることから、これら不定型接続をする文相当の形式の述語である単語（不定形）の非過去みとめの形は、はだか格の名詞と同等の働きと性質を持つことが推測される。つまり、例えば不定形の動詞「読む」、第一形容詞「高い」、第二形容詞「静か」、第三形容詞「抜群」の非過去みとめの形は、不定形の名詞の非過去みとめの形「学生」（はだか格の名詞「学生」に相当する）と同等の文法的働きと性質を持つことが考えられるという意味である。それは、連体型の接続の文相当の形式（連体節）の述語を作る連体形の名詞の非過去みとめの形の「学生の」（連体格のノ格の名詞「学生の」と同じ）と、連体形の非過去みとめの形の動詞「飲む」、第一形容詞「高い」、第二形容詞「静かな」、第三形容詞「抜群の」は同等の文法的働きと性質を持つ事実に例えられる。

　鈴木（1972b）では「一般の名詞にあっては、はだか格は、他の単語に対する積極的な関係をしめさず、名詞でしめすことがらの提示にもちいられる」として次のような例を挙げている（p. 217）。

「きみ、けさ　パン　たべた？」

　この例から、はだか格の名詞は現実と関連付けられて表し出されたものではなく、名詞で示されるものやことがらを提示する一種の概念と捉えられるものであることが理解される。したがって、はだかの名詞と同等の文法的意味を持つ不定形の動詞、形容詞もそれぞれの動詞としての概念、形容詞としての概念の提示であることが推測できる。それは「飲む」であれば、現実の運動から離れた「飲む」という運動の概念であり、「高い」であれば、あるものの位置が実際に空間的に高い状態を示すのではなく、「高い」という状態の概念である。概念は一般的に名詞的な性質を有するので、これら概念的な不定形の動詞や形容詞も、はだか格の名詞と同様の概念としての名詞性を有することが言える。さらに、前述のように、不定形の単語を述語として形成された文相当の形式は、命題としては完成していても、まだ素材としての文であるから、現実と結びついておらず、文としても概念的であって、その意味において文としても名詞節的であるということが考えられる。

　この不定形の動詞の非過去みとめの形は、英語の原形不定詞（動詞の原形をそのまま用いるもの）や、イタリア語の動詞の不定詞（単純形は動詞の原形をそのまま用いるもの）に相当するものと見ることができる。『ロイヤル英文法』によれば、英語の不定詞は「もともとは動詞を名詞に用いたものだった (p.465)」という。『新伊和辞典』も不定詞[16]について「名詞の性質をも兼ね備えている」として、以下のような例を挙げている (p.16)。

(1) 主語となる場合　　Volere è potere.　　　　　　（意志は力である。）
(2) 目的語となる場合　Io voglio riposare.　　　　　（私は休息を取りたい。）
(3) 前置詞と共に補足語となる場合　Desideri di andare alla scuola?
　　　　　　　　　　　　　　　　　　　　　　　　（君は学校へ行きたいのですか。）

　高橋他（2005）が動名詞（動詞の連体形のあとに「の」、終止形のあとに「か」のついたかたちであらわれ、名詞としてのはたらきと、動詞としてのはたらきをもつもの）のふるいかたちのなごりの例として挙げている「まけるが　かち（ことわざ）」(p.136)

第4章　品詞という観点で捉えるもの（2）　　447

の中の「まける」は、不定形の動詞の非過去みとめの形と見ることができる。

　不定形の単語を述語とする文相当の形式は素材としての文であり、一定の述べ方をもって現実と関連付けられていないので、観念の世界から抜け出していない段階にある。従って不定形の述語も、例えば動詞ではそれが行われるかどうか、また、既に行われたかどうかという程度を表すだけである。それに述語形成辞や補助述語詞等が付け加わることによって、現実と関連づけられた、一定の述べ方や発話時を基準としたテンスを持った文が完成する。不定型の接続は基本的に命題段階の文相当の形式と述語形成辞や補助述語詞等との接続であって、一定の述べ方をもって現実と関連づけられる文をつくるための接続と位置づけられる。

(3) 連体型

　連体型接続は連体節 (擬似連体節を含む) となる文相当の形式が体言 (非自立的な名詞や名詞に準ずる形式を含む) に続く接続で、その連体節となる文相当の形式の述語を形成する単語の語形は連体形である。連体形は認め方のカテゴリーもテンスのカテゴリーも持つが、そのテンスは「文の述語のあらわす時を基準とした相対的テンス (高橋他（2005）p. 124)」であって、現実と関連付けられたものではない。このような性格を持つ連体形はムード語形ではないので、連体形の単語を述語として形成された文相当の形式である連体節は、一定の述べ方をもって現実と関連付けられた一つの独立した文として表し出されることはない。連体節は体言に続く規定成分となったり、擬似連体節として従属接続詞に続いて状況成分となったり、名詞型補助述語詞などの補助述語詞と接続して述語となったりして文の形成に与る。

(4) 連体格助辞型

　連体格助辞型接続は連体型接続の変種と考えられる。連体格助辞型の接続をする文相当の形式は、連体格助辞「の」を起源とする名詞節形成辞「の」[17]に続いて名詞節を形成する。また、連体格助辞型接続の文相当の形式は、接続助辞「ので」、「のに」や、述語形成辞「の（だ）」[18]等にも続く。古語では活用語の連体形がそのまま名詞の働きをしていたので、それを述語の単語の

形とする連体節は名詞節として格助辞を伴って主語節にも補語節にも用いられていた。しかし、現代語では連体形の単語や連体節がそのまま名詞や名詞節として用いられることはなく、主語節や補語節には、連体格助辞型接続の文相当の形式の述語に名詞節形成辞「の」が加わった名詞節の形式が求められる（単語レベルでも、活用語が主語や補語になるには、その連体格助辞型の語形に「の」が加わって名詞化した形が求められる）。具体的に連体格助辞型接続の文相当の形式の述語となる動詞、第一形容詞、第二形容詞、第三形容詞、名詞（述語名詞）の非過去みとめ形はそれぞれ、例えば「飲む（の）」、「高い（の）」、「静かな（の）」、「抜群な（の）」、「学生な（の）」である。第2章で述べた通り、本書では、第二、第三形容詞は繋辞等を伴って述語になるとするが、第二形容詞、第三形容詞、述語名詞の「-な」は、鈴木（1972b）によると「古代語のむすびのくっつき「なり」の連体形（規定語になる形）の「なる」からできたもの（p. 426）」であるという。ここから、古語の活用語の連体形（名詞としての機能も持つ）は現代語では体言に続く連体形と、「の」を伴って名詞化した形の二つに分かれることが指摘される。

　連体格助辞型接続の文相当の形式は、連体格助辞「の」起源の名詞節形成辞「の」[19]と共に名詞節を形成し、さらに、格助辞を伴って主語節や補語節となる。また、述語形成辞「の（だ）」、「の（です）」に続いて述語を形成したり、「ので」、「のに」などの接続助辞に続いて状況成分節を形成したりする。連体格助辞型の接続をする文相当の形式の述語の語形は「連体形」の変種と見ることができる。

(5)副助辞型
　副助辞型接続は文相当の形式が副助辞に続く接続のタイプである。副助辞は「だけ」、「ばかり」、「ほど」、「くらい」等、その多くが名詞起源であるが、現在は名詞としての意味や機能はほとんど見られず、基本的に前接の部分をとりたてたり、「程度」、「限度」のような意味を前接の部分に加えて後続の用言などに続けたりする働きをする。
　形式名詞は規定成分を義務的に受けるとはいえ、単語として独立的である。また、名詞として規定成分をうけて、主語や述語、補語になることができる。

一方、副助辞は多くの場合名詞起源ではあるものの、現代において名詞としての機能はほとんど見られず、前接の部分に接尾辞的、或いは助辞的に加わる点も、単語として独立的で前置の部分を規定成分として受ける形式名詞と異なる。それは、①「<u>先生のところに</u>来てください」という名詞と形式名詞が作る文の部分と、②「あの店は<u>高級レストランだけに</u>味は抜群だ」という名詞と副助辞が作る文の部分との違いに顕著に現れている。①は規定成分として独立したノ格の名詞と形式名詞の組み合わせであるのに対して、②の副助辞は名詞に直接後接して示されている。
　このような名詞起源の副助辞に続く副助辞型接続も連体型接続の一形態と位置づけることが可能で、副助辞型接続をする文相当の形式の述語の語形は「連体形」の変種と見ることができる。実際に副助辞型接続の文相当の形式の述語となる動詞、第一形容詞、第二形容詞、第三形容詞、名詞（述語名詞）の非過去みとめ形はそれぞれ、例えば「飲む」、「高い」、「静かな」、「抜群な」、「学生」で、連体格助辞型接続とは名詞の場合のみ異なる。ただ、名詞に関しては、②*のような第二形容詞、第三形容詞と同様の形も見られる。この場合、連体格助辞型接続と副助辞型接続は同じ形式になる。

②*尊敬してた<u>相手なだけに</u>ショックですね。　　　（「Yahoo! 知恵袋」Yahoo! 2005）

　また、名詞、第二形容詞、第三形容詞は文相当の形式の述語として補助述語詞「ある」と合わさった「－で　ある」の形でも副助辞と接続する。
　副助辞に前接する（副助辞型の接続をする）文相当の形式は文の素材であって、1級'〈機能語〉の類'の範囲では、名詞性を帯びた副助辞「ばかり」によって「程度」の意味が加えられ、第三形容詞性の節を形成して、規定成分節や修飾成分節、述語節を形成したり、副助辞由来の述語形成辞「のみ」、「まで」等と共に述語を形成したりする（2級'〈機能語〉の類'には、様々な働きをする「くらい」、「だけ」、「ほど」をはじめ、他の用法で用いられる「ばかり」が見られる）。

(6) 連用型
　連用型接続は、広い意味での連用節と後続の用言や、節とのつながりであっ

て、連用型接続の文相当の形式の述語は、多くの場合、「条件形」、「譲歩形」、「中止形」など、連用節の述語を形成する単語の語形で表される。これらの広い意味での連用節を形成する文相当の形式も文の素材であって、現実と関連付けられたものとはいえ、テンスは主節の述語が示す時間が基準となる。連用節は独自の主語を持たず述語に従属する場合修飾成分となるが、主節とは別の主語を持つなど、主節から独立するにつれて状況成分へと移行していく。また、一般的に、連用節が主節から独立していくにつれ、主語や補語といった要素があらわれて文らしさが増していく。

(7) 接続の型による文、または文相当の形式の分類

イタリア語について述べると、動詞の叙法（modo）に定法と不定法がある。定法は現実のできごとに関連付けられるもので、直説法、接続法、条件法、命令法がある。不定法は人称及び数の区別がないという意味において、現実のできごとに関連付けられることがないもので、ジェルンディオ、不定詞、分詞がある。そのうちの不定詞は前述のように動詞の原形の形であって、名詞の性質も併せ持っている。このイタリア語の定法、不定法という観点を用いると、文、または文相当の形式の接続の分類について図5のような仮説が得られる。

それぞれの接続をする文、または文相当の形式のタイプは以下のように分類される。

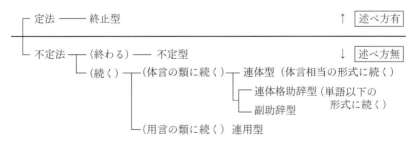

図5　接続の型による文、または文相当の形式の分類

(1) 一定の述べ方をもつ

　　終止型：終止型の接続をする文は、一つの完全な文。一定の述べ方をもち、その述べ方の形をとって、できごとやありさまやかんがえをのべる。終止型接続をする文の述語の単語の語形は終止形。

(2) 一定の述べ方をもたない

　①終わる

　　不定型：不定型の接続をするのは、述べ方がまだ与えられていない文相当の形式で命題の文といえる。不定型接続をする文相当の形式の述語の単語の語形は不定形。

　②続く

　　体言の類に続く

　　　┌ 単語、単語相当の形式に続く。
　　　│　　連体型：連体型接続をする文相当の形式(連体節)は、体言、体言相当の形式に続く。連体型接続の文相当の形式の述語の単語の語形は連体形。
　　　└ 単語以下の形式に続く
　　　　┌ 連体格助辞型：連体格助辞型接続をする文相当の形式は、連体格の格助辞「の」由来の名詞節形成辞「の」等に続く。連体格助辞型接続の文相当の形式の述語の単語の語形は連体形の変種。
　　　　└
　　　　　副助辞型：副助辞型接続をする文相当の形式の述語の単語の語形は連体形の変種で、副助辞(副助辞由来の形式を含む)に続く。

　　用言の類に続く

　　　　連用型：連用型接続をする文相当の形式は用言や節に続く。連用型接続の文相当の形式の述語は、連用節の述語となる単語の語形で表される。

表2　接続型と、その接続型の文、または文相当の形式の述語の語形

|  | 動詞 | 第一形容詞 | 第二形容詞 | 第三形容詞 | 述語名詞 |
|---|---|---|---|---|---|
| 終止型* | 飲む | 高い | 静かだ（静かで　ある） | 抜群だ（抜群で　ある） | 学生だ（学生で　ある） |
| 不定型 | 飲む | 高い | 静か（静かで　ある） | 抜群（抜群で　ある） | 学生（学生で　ある） |
| 連体型 | 飲む | 高い | 静かな（静かで　ある） | 抜群の（抜群で　ある） | 学生の（学生で　ある） |
| 連体格助辞型 | 飲む | 高い | 静かな（静かで　ある） | 抜群な（抜群で　ある） | 学生な（学生で　ある） |
| 副助辞型 | 飲む | 高い | 静かな（静かで　ある） | 抜群な（抜群で　ある） | 学生（な）（学生で　ある） |

接続する文、または文相当の形式の述語となる単語の、いずれも非過去みとめ形のみ示した。
*終止型については、ここでは「断定形」のみを示した。

本書において例えば「不定型接続の動詞の非過去みとめの形と接続する」と表現する場合、表2の不定型の動詞の形と接続することを意味することは、第2章6で既に述べてある。

### 1.3.3　とりたて助辞

【1】(と)は　　「(Cと)は」　　　　　　　用例：そこまで言うとは、彼も相当なものだ

「(Cと)は」は内容を示す助辞「と」と主題を示すとりたて助辞「は」からなり、さまざまな述語を持つ節と主として不定型の接続をする。

日本語能力試験『出題基準』の2級の'〈機能語〉の類'のリストには挙げられていないが、2級の文法教材に「～とは」という形式が「～というのは」と共に「定義を示す」用法として示されている場合がある（友松悦子・宮本淳・和栗雅子（1996）『どんな時どう使う日本語表現文型500』には、「～とは」の意味や定義を示す用法についての記述が見られる）。これについて『現代日本語文法5』は、「「とは」類（「とは」「というのは」「って」）は、ことばや事物や概念を主題として提示し、それに対して、解説や定義づけを行ったり、その本来的あるいは普遍的な属性を述べるのに用いられる。(p. 229)」と述べている。一方、「用例」に見える「(Cと)は」に関しては、「とは」の「事態や言語表現を提示し、それについての話し手の評価や感想を述べる用法 (p. 229)」と解説している。

① そこまで言う<u>とは</u>、彼も相当なものだ。　　　　　　　　　　　（用例）
② あのかりほが、まさかこのような写真を人に撮らせる<u>とは</u>、信じられない。
　　　　　　　　　　　　　　　　　　　（逢坂剛『[ノスリ]の巣』集英社2005）
③ ひとつの事を定義する<u>とは</u>、何と高貴な責務であることか。
　　　　　　　　　　　　　　　　　　（佐古純一郎『森有正の日記』朝文社1995）
④ こともあろうに彼が真犯人だった<u>とは</u>。　　　　　　　　　（『大辞林』）
⑤ あややの表紙の誘惑に負けて初めて買いました!!なんと！新譜つき<u>とは</u>！こんな本が存在するなんて。これから買い続けます。
　　　　　　　（実著者不明「月刊歌謡曲」2004年4月号（通巻335号）ブティック社2004）

　①「そこまで言う」、②「あのかりほが、このような写真を人に撮らせる」、③「ひとつの事を定義する」という①～③のCの部分は、言語主体が特に言及したい事柄である。「(Cと)は」は、Cに表された「言語主体が特に言及したい事柄」を意外な、または特別なことであると取り立てて主題として提示すると共に、後でそれに対する驚き等の感情や、評価的心情が述べられることを予告する働きをする。評価には、②のような負の場合も③のような正の場合もある。①は表面的には正の評価を示しているが、真意は負の評価にある。④と⑤（「この本が新譜つきとは！」の省略と思われる）は、後に「驚いた、信じられない、意外だ」のような題述部分が省略されている。しかし、省略された題述部分に具体的に表される、意外な、または特別な事柄Cに対する正や負の評価を含んだ驚きを「Cとは」が表出しているため、受け手には省略された部分の内容がおおよそ理解される。また、「Cとは」に見られる驚きの表出によって、「(と)は」が終助辞のように働いている様子が観察できる。
　第3章補助述語詞「ものを」の項で、堀江（2014）の、日本語においては「従属節の主節化」の現象が生産的に観察される（p.684）という説を示した。さらに、日本語のようなSOV言語では、述語の生起する文末（右端）の位置は文法形式が様々な語用論的・談話的機能を獲得する「語用論化」が顕著に起こる位置であるから、従属節（主節化した）が右端の位置で多様な語用論的・談話的機能を獲得する現象が生産的に観察されるのは自然である（p.686）と述べていることも既に示している。題述部が省略され、主題のみで表された

④、⑤の「Cとは」に終助辞を含むような働きの発現が見られるのは、堀江(2014)が指摘するように、「Cとは」が文の右端の位置で語用論的・談話的機能を獲得しているためであると考えられる。

　『現代日本語文法5』では「(Cと)は」について、「この「とは」は「なんて」と同じ意味だが、「とは」はかたい文体で用いられ、話しことばでは「なんて」が多く用いられる。(p. 232)」としている。一般的にはこの『現代日本語文法5』の指摘が該当すると考えられるが、書く形式の場合、実際には⑤のように同一の文で「Cとは」と｛Cなんて｝が同時に使用されるケースもみられる。これには、同じ表現形式の連続した使用を回避するために異なった形式を採用したという修辞的な理由が考えられるものの、実際の使用を並べて比較してみると、「Cとは」の方が「Cなんて」より強調や感情の高まりの表出の度合いが高い様子が見て取れる。事実⑤では、「新譜つきとは！こんな本が存在するなんて。」と表現され、「Cとは」の方を「！」と共に「Cなんて」より先に用いている。これは、「Cとは」の方の強調や感情の高まりの表出の度合いが高い表れと見ることができよう。書く場合、音声の助けが得られないため、文字や記号で感情を表現するしかない。そこで、強い感情を表現する目的で、「Cとは」がまず選択されたことが考えられる。「Cなんて」は日常的表現で、日頃使用される機会が多く、一般にその表現に慣れていることから、「Cとは」ほど感情の強さを発現することができないのではないかと思われる。

　第3章4.2.2ト格支配の後置詞【1】で述べた「(Nと)きたら」は、「(Cと)は」と同様に主題を提示する。「(Nと)きたら」は口語的で、前接するト格で示される主語である名詞Nに対し、通常とは極端に異なる、腹立たしいほど、呆れるほど、驚くほどの強い負や正の感情や評価意識を持って（多くの場合、負の感情や評価意識）、それを主題として取り立てて示す形式である。後の題述部分では、強い負や正の感情や評価意識によって示された主題に対応した事柄が述べられる。それに比べて、「(Cと)は」は書き言葉的で、言語主体が特に言及したい事態について、それを正、負の感情や評価にかかわらず意外な、または特別なこととして特に取りたてて主題とする点や、その主題に対する正や負の感情や評価的思いを題述部で強く表し示す点が特徴的である。

【2】こそ 「(活用語の第一条件形)こそ」 用例:あなたのことを考えればこそ

　とりたて助辞「こそ」は「活用語の第一条件形」に付け加わり、「他の理由ではなく、まさにこの理由であるから」と「選択指定」のとりたての陳述詞「まさに」が加わったように、強く理由を取り立てて提示する状況成分を形成する。理由を示す形式の取り立て形式といえる。

① あなたのことを<u>思えばこそ</u>注意しているのです。　　　　　　(『大辞林』)
② 親がこうして忙しく<u>働けばこそ</u>、子は悠々として勉強もし、親に不平をもつことさえもできるのである。　　　　(河合栄治郎『学生に与う』社会思想社 1997)
③ 生きるエネルギーが<u>大きければこそ</u>、これでよいのか、とか、こうしてはいられないという、飢えた目つきになるはずである。
　　　　　　　　　　　　　　　　　　　(樋口恵子『私の老い構え』文化出版局 1987)
④ <u>抽象的であればこそ</u>、資本主義における所有は数学化されうるのである。
　　　　　　　　　　　　　(小室直樹『数学嫌いな人のための数学』東洋経済新報社 2001)
⑤ 早池峰がそれらの植物が侵入できない<u>特別地域であればこそ</u>、アカエゾマツも生存できたのである。　　　　(西口親雄『森林への招待』八坂書房 1996)
⑥ 父上もそれを<u>見抜いたればこそ</u>代替わりもやむなしと決心なされたに違いない。　　　　　　　　　　　　　　(髙橋克彦『時宗』日本放送出版協会 2001)
⑦ <u>寝られねばこそ</u>、癲癇も起る。　　　　(横溝正史『髑髏検校』講談社 1996)
⑧ そんな時間を持てるのも、朝早く<u>起きればこそ</u>です。
　　　　　　　　　　　　　　　　　　　(浅野裕子『20代で女を磨く本』三笠書房 2003)

　「活用語の第一条件形＋こそ」は、他の理由ではなく、まさにこの理由であるからと、理由を取り立てて強調する表現形式である。名詞、第二形容詞、第三形容詞は、例④、⑤のように補助述語詞「(で)ある」の第一条件形を用いた「N／A2／A3で　あればこそ」で示される。肯定の形で積極的に理由とする事柄に主に用いられ、⑦のような否定形で示される事柄を理由とする場合の使用は稀といえる。また、書き言葉的で、主に文章や改まった話しことばに用いられる。⑧は「朝早く起きればこそ、そんな時間を持てるのです。」という文の分裂文で、理由が焦点(言語主体が最も伝えたい情報)となっている。

①は接続助辞「から」を用いて「あなたのことを思うから注意しているのです。」とすることができる。両者の表す意味は変わらないが、「から」を用いた文は平板で、特に理由が強調されることはない。他に日本語能力試験2級'〈機能語〉の類'には、「こそ」の項に「わかっているからこそ」という用例が見られる。これも「スレバこそ」と同様に、他の理由ではなく、「わかっている」という理由をとりたてて強調する形式である。しかし、「〜からこそ」という形式が、⑨のような打消しの形にも、⑩のような過去形にも続いて用いられるのに対して、「スレバこそ」は、ほとんどの場合、非過去のみとめ形で用いられること（⑥、⑦は例外的）と、「スレバこそ」は「〜からこそ」に比べて、硬く改まったニュアンスを発揮する形式であるという違いが指摘できる。

⑨ 顔が見えないからこそ、言いたい事が言えるんですよ。

（「Yahoo! 知恵袋」Yahoo! 2005）

⑩ 欲がなかったからこそ、普通の人には行けないくらい深い海まで潜ることもできたんだろう。

（坂東眞砂子『桃色浄土』新潮社 1997）

現代語で「活用語の第一条件形＋こそ」で表されるこの形式は、古語の「活用語の確定条件形＋こそ」の形式である。例⑪のように、古語の確定条件形は現代語の第一条件形と同じ語形だが、それは順接の確定条件（原因・理由）を表す。そのために、現代語で「活用語の第一条件形＋こそ」という形式が理由を強調する表現になるのである。このような経緯を知らなければ、現代語しか習わない学習者はなぜ仮定を表す第一条件形が理由を意味するのか戸惑いを覚える可能性がある。そこで、現代に残る古語の導入としてこの形式を用いることが考えられる。例⑫のように現代の日本語の中にも古語の語彙や形式が断片的に残っており、現実にそれが強調として用いられたり、文体的特徴から文学や改まった場に用いられたりすることがあるという情報は1級レベルに達した学習者にとって必要であろう。また、そのような古語に関する知識導入の際、古語の活用にはこの形式のように現在のものと外見上は同じでも働きが異なる場合があるというような情報も知らせておくと、学習

者がコース修了後、現実の生活を通して自立して日本語学習を継続して行く上で役立つのではないかと思われる。

⑪ もろこしの人は、これをいみじと<u>思へばこそ</u>、記しとどめて世にも伝へけめ
〈徒然草第18段[20]〉
⑫ 食いつめ者の<u>城なればこそ</u>、拙者も一手の大将に任ぜられる。
（東郷隆『猿若の舞』新潮社 2005）

「活用語の第一条件形」にとりたて助辞「こそ」が付け加わったこの古語の形式は、他の理由ではなく、まさにこの理由であるからと、理由を取り立てて強調する働きをする。現代語の「活用語の第一条件形」と同形ではあるが、仮定の意味はない。また、それは古語の形式であることから、硬く改まった書き言葉的文体の文で用いられる。
　このような古語の形式をそのまま用いたサンプルが挙げられているところに、1級'〈機能語〉の類'の形式の文体的な多様性が指摘できる。

【3】すら　　「(N／Nで)すら」　　　　用例：歩くことすら／大学の教授ですら
　名詞に後接し、それは極端であるという意識を持って取り立てて示しながら、続いて意外な事態が述べられることを予告する。さらにそのことによって他の事柄も類推させる。また、ある事態が極限的な状態に達したものであるという言語主体の認識を示す場合もある。

① 大学や企業に就職したくても<u>推薦状すら</u>書いてもらえない。
（安田亨・永島孝嗣・神谷郁代・秋山仁『二十歳のころ』新潮社 2002）
② ドレッドノート、その名は明治末より大正期にわたって、世界の人びとに周知され、わが国では<u>小学生すら</u>、その名を知らない者はなかったほどであった。
（福井静夫『福井静夫著作集』光人社 1993）
③ 政治家として知られているはずの<u>江藤ですら</u>、なかなか融資を受けられない。
（大下英治『小泉純一郎 vs. 抵抗勢力』徳間書店 2002）
④ このメロディの美しさに<u>感動すら</u>覚えました。（「Yahoo! ブログ」Yahoo! 2008）

⑤　自分がそんな気もちになることなど想像すらしなかった。

(連城三紀彦『隠れ菊』新潮社 1996)

　就職に際して「推薦状」は一般的に最低限誰でも書いてもらえることが期待されている。①「推薦状すら」は、その最も期待される「推薦状」を極端なこととして取り立てながら、続いて「推薦状」について意外な事態(推薦状を書いてもらえない)が述べられることを予告する。そして、文全体で推薦状を書くことを含む就職に関する援助を一切してもらえないことを類推させている。②「小学生すら」は、「ドレッドノート」に関して、最も関係性の低い「小学生」を極端なこととして取り立てながら、続いて「小学生」について意外な事態(みんなその名を知っている)が述べられることを予告する。そして、文全体でわが国の国民誰もが「ドレッドノート」を知っていることを類推させている。Ｎが最も期待される事柄の時、述語は否定の形で全否定を、Ｎが最も期待値が低い事柄の時、述語は肯定形で全肯定を表す(②「知らない者はなかった」は「みんな知っていた」という肯定を意味する)。③は状況から最もたやすく融資を受けられそうな「江藤」を特に取り立てて極端な例として示し、続いて「江藤」について意外な事態(融資が最も簡単に受けられそうな「江藤」もなかなか融資が受けられない)が述べられることを予告する。そして、文全体で、融資を受ける困難さを類推させている(政治家として知られているはずの江藤が融資を受けられないなら、普通の人は当然無理だ)。「Ｎですら」は、通常は考えられない、意外な極端な例としてＮを特に取り立てる意識が見られる点が特徴的である。

　④は、このメロディの美しさに「すばらしい」と感じたのであるが、それが「すばらしい」を超えて、「感動」という、これ以上ない極限的な状態に達したものであったという言語主体の認識を示している。

　⑤は、軽い事柄を挙げ、他の重い事柄を類推させる「だに」と同様の用法で、「その事態を想像もしなかった」から、まして「現実に起きるとは思いもしなかった」という、言語主体の全く意外な心情を強調して述べている。

　「さえ」も「すら」と同様の用法で使われることがあるが、「すら」は書き言葉的である上、文語的表現なので、話す場合には、特別に強調して表現したいとき以外用いられることはあまりない。それは逆に、特別に強調して表

現したいとき、同類の「も」や「さえ」に代わって「すら」が選択される場合があるという意味でもある。『大辞林』によると、「すら」は中古には仮名文よりも漢文訓読文や和歌などに用いられたが、中世以降は次第に「だに」に吸収され、さらに「さへ（さえ）」に代わっていったという。

【4】だに　　「(N／NV／スル)だに」　　用例：想像するだに恐ろしい
　　　　　　「(Nに)だに」　　　　　　　　用例：夢にだに見ない

　とりたて助辞「だに」は、副助辞型接続の非過去みとめの形の動詞、名詞、動作名詞に後接するが、多くの場合慣用表現化しており、用いられる単語は、動詞は「思う」、「考える」、「想像する」、動作名詞は「微動」、「一顧」、「想像」といったものに限られる。打ち消しの述語形式と共に使われる場合が多い。用例の「夢にだに」は「夢だに」も含め、「現代日本語書き言葉均衡コーパス」からは例が得られなかった。

① あの光が主に因って齎されたと云う根拠は、それを否定する許多の根拠に比して唯の<u>一つだに</u>ないのである。　　　　　（平野啓一郎『日蝕』新潮社 1998）
② その後、あの手この手で圧力を加える陸軍に対して<u>微動だにせず</u>、信念を貫き通した米内の態度は立派である。
（岡崎久彦『重光・東郷とその時代』PHP研究所 2001）
③ 予がこれに費した時間も、前後通算して<u>一週間にだに</u>足るまい。
（佐々木雄爾『長明・兼好・芭蕉・鴎外』河出書房新社 2004）
④ 未だ<u>黒化の過程にだに</u>成功してはいないのだから、慥かなことは何も云えぬが、…　　　　　　　　　　　　　（平野啓一郎『日蝕』新潮社 1998）
⑤ もしも彼が心正しい好男子であったりしたら、<u>思うだに</u>ぞっとする結果になる。
（井口時男・武田泰淳・長沼行太郎『高校国語教科書　現代文』教育出版株式会社 2007）
⑥ 今の時代、相手は私が携帯を持っていないことを<u>想像だに</u>していないのだ。　　　　　　　　　　（松沢呉一『風俗ゼミナール』ポット出版 2001）

①は最小の量を表す数量名詞に「だに」が後続したものが打ち消しの述語形式

と共に用いられて「全く〜ない」という意味を表す。②はわずかという意味を持つ動作名詞に「だに」が後続したものが打ち消しの述語形式と共に用いられて「少しも〜しない」という意味を表す。③、④は「一週間」や「黒化の過程」という最低のレベルを示す語彙に「だに」が後接したもので、後続の打消しの形式と共に、ある事柄（③「予がこれに費やした時間」、④一連の何かのプロセス）が最低の水準までも達していないのような、期待や予想をはるかに下回るといった認識を示している。⑤、⑥は軽い事柄を挙げ、他の重い事柄を類推させる「だに」の例である。つまり、⑤は「思うだけでもぞっとする」と述べることによって、もしそれが現実だったらぞっとするだけではすまないということを、⑥は「相手は私が携帯を持っていないことを想像もしていない」と述べて、「だから、ましてや私が携帯を持っていないなどと現実に思っていない（相手は絶対私が持っていると思っている）」という、より重大な事柄を類推させている。「だに」は「すら」と同様に古語由来の形式で古めかしい響きがあり、現在では②、⑤、⑥のような一定の単語とともに慣用的に使われるケースがほとんどである。

　『大辞林』によると、上代では、「だに」は、「すら」、「さえ」とそれぞれ意味を分担して並び行われており、「だに」は「最小限度の物事・状態を取りあげて、それが限度であることを示す」用法で多く用いられたという。さらに、中古から中世前期にかけて「だに」は「軽重いずれかの方向について、その程度のはなはだしい事柄・状態を取りあげて、他を類推させる」用法を中心に「すら」に代わって用いられるようになったが、中世後期に勢力を失い「さへ（さえ）」がこれに代わって用いられるようになったと説明されている。『大辞林』の解説からは、とりたて助辞「さえ」、「すら」、「だに」の歴史的関係、及び、これら三者が類似した機能を持つ理由が理解される。

## 【5】たりとも　　「（最小の量を表す数量名詞等の名詞）たりとも（〜ない）」

　　　　　　　　　　　　　　　　　　　　　用例：1円たりとも無駄には使うな

　「たりとも」は、古語のいわゆる助動詞のうち、現代語の繋辞に相当する「たり」の譲歩形に由来する形式。最小の量を表す数量名詞や、わずかであるという意味を持つ名詞と用いられて、それを例として挙げ、さらに後続の否定の述語形式と共に全否定を強調して表す。また、何人、何物、何事のよう

な、疑問詞「何」とからなる複合名詞に後接して、後続の否定の述語形式と共に、全否定を強調して表す場合もある。現代では古語の繋辞「たり」の活用体系は失われている上、実際に繋辞として「たり」が用いられることもないので、「たりとも」をとりたて助辞に属する形式として扱うこととする。

Ⅰ．最小の量を表す数量名詞と用いられる場合
①　<u>1円たりとも</u>無駄には使うな。　　　　　　　　　　　　　　　（用例）
②　<u>一日たりとも</u>怠けることは許されぬ。　　　　　　　　　　　（『大辞林』）

①、②は、「1円」、「一日」という最小の量を表す数量名詞を例として挙げて、後続する否定の述語形式と共に、全否定を強調して表すタイプで、①は「お金を無駄に使うな。」、②は「怠けることは許されない。」という意味を強調して表している。

Ⅱ．わずかであるという意味を持つ名詞と用いられる場合
③　当然ながらこの種の討議は<u>片鱗たりとも</u>実現しなかった。
　　　　　　　　　　　　　　　（谷沢永一『無私と我欲のはざまで』清流出版 2005）
④　それとまた、それもあるから縛られておるというのは、基地を整理統合するといえども、<u>寸分たりとも</u>機能が減退するようなことがあってはいけないということも条件づけてあるんです。
　　　　　　　　　（國場委員『国会会議録／衆議院／特別委員会』第102回国会 1985）
⑤　<u>短時間たりとも</u>立っていられないほど体力が低下したわけでもあるまい。
　　　　　　　　　　　　　　　　　　　　　（種村直樹『駅の旅』自由国民社 2000）

③、④、⑤は、わずかであるという意味を持つ名詞を例として挙げて、後続の否定の述語形式と共に、「少しも〜ない」と全否定を強調して表すタイプである。③は「ほんのわずかな部分」、④は「わずかな程度」、⑤は「短い時間」を例として挙げて、③は「少しも実現しなかった」、④は「機能を少しも減退させてはいけない」、⑤は「少しの時間も立っていられない」という意味を強調している。

Ⅲ．何人、何物、何事のような、疑問詞「何」とからなる複合名詞と用いられる場合

⑥　何人たりとも税金から逃れることはできないのだ。
　　（はにわきみこ『フリーのための「青色申告デビュー」ガイド』情報センター出版局 2001）

⑦　「われらが若殿に用談申しあぐるあいだ、何者たりともご書院へ入れてはならぬ。たって入らんとする者は、斬りすてよ」

（津本陽『風流武辺』朝日新聞社 2002）

⑧　人間は物語性によってしか何事たりとも表現出来ない！と認識して、より魅力的な味わいを持つ物語を求めるのです。　　　（「Yahoo!ブログ」Yahoo! 2008）


⑥～⑧は何人、何者、何事のような疑問詞「何」とからなる複合名詞に後接して、後続の否定の述語形式と共に全否定を強調して表すタイプで、⑥「誰も税金から逃れられない」、⑦「誰もご書院へ入れてはいけない」、⑧「何も表現できない」という意味を表す。

　①、②の「最小の量を表す数量名詞」を用いた「たりとも（～ない）」は、とりたて助辞「も（～ない）」によって以下の①＊、②＊のように表すことができる。

①＊「1円も無駄には使うな。」
②＊「一日も怠けることは許されない。」


①、②と①＊、②＊は、表す内容はほぼ同じだが、①は「たとえ1円であっても」、②は「たとえ1日であっても」と、陳述詞が既に含まれているかのように、強調された表現となっている点に違いが見られる。

　『大辞林』によると、「たり」は「主として漢文訓読文や和漢混交文に多く見られた。」という。このような「たり」の譲歩形由来のとりたて助辞「たりとも」は重厚な響きがある上、陳述詞が既に含まれているような強調された表現形式でもあるため、硬い書き言葉や、演説、会議などの改まった場での話し言葉に主に用いられる。だが一般的な書き言葉や日常的な会話でも、意図的にこの形式を用いて誇張することによって、強調して表現しようとする

場合もある。⑥や、⑧のブログなどはその例と考えられる。

### 1.3.4 並立助辞

【1】なり 　　「(N／スル)なり」　　　　　　用例：行くなり帰るなり、好きにしなさい

　不定型接続の非過去みとめ形の動詞、及び名詞に接続した「スルなり」や、「Nなり」の形で、ある事柄に関して、考えつく案の中から例を選んで並べて提示する形式である。 考察10 接続の型（タイプ）」で不定型接続の文相当の形式の名詞節性を述べたが、「スルなり」の「スル」を述語とする不定型接続の文相当の形式は、その名詞節性から、はだか格の名詞と同様の文法的意味をもって、並立助辞「なり」と用いられる。

① 私たちは、少なくともこの前提として、受け入れ側でありますそれぞれの行政側、例えば神奈川県なり横浜なり、さらには川崎なり、それぞれ意見の調整をしていただいて法案の準備をしていただきたい。
　　　　　　　　　　　　　　　（田中(慶)分科員『国会会議録』第104回国会 1986）

② ディーラーのメカニックに、純正サスショックの価格＋工賃をたずねたところ、社外品でも純正同等の減衰力のものが安くていいよと言われました。社外品のメーカーなり、形式なり、教えていただけると助かります。
　　　　　　　　　　　　　　　　　　　　　　（「Yahoo! 知恵袋」Yahoo! 2005）

③ さあ、備後法師どの。この寺をこわすなり、わしを殺すなり、どうでもお好きなようになされい。　　　　　　（五木寛之『蓮如』中央公論社 1995）

④ 学校なり地域なりが強制的に実施しないと、サマースクールの実現は不可能でしょう。　　　　（戸塚宏『教育再生!』ミリオン出版：大洋図書(発売) 2003）

⑤ 年金財政にとってみれば、年金の本体といいますか、持っているレベルが五年なり四年なり三年なり、そういう資金量を持っているときに有利運用をして、そしてその資金を膨らまして年金被保険者に還元をしていくということにしていかなければ、…
　　　　　　　　　　　（網岡委員『国会会議録／衆議院／常任委員会』第102回国会 1984）

⑥ ヤーウェとともにバアルやアシュトレトその他の神々を同等に拝んだり、これらの神々の性格をヤーウェの中に混入したりして、緩和なり、補強な

りをはかったのである。　　　（小坂井澄『ユダヤ人復讐の行動原理』講談社 2003）

　「(N／スル) なり」は、①、②、③、④のような「これは今思いついた、この場合最も一般的なとりあえずの例だが」、⑤のような「適切な例とは言えないかもしれないが、強いて例として挙げれば」、⑥のような「あまり好ましくない例かもしれないが」、という気持ちを持って、例えばA、例えばBと、一つ一つとりたてて例示する。他にもそれに該当するものの可能性があるという含みや、「なり」で示された例は単なる思いつきに過ぎず、そこに深い意味はない、または適切な例ではないかもしれないが強いて例とすれば、好ましくない例かもしれないがといった、例に挙げた事柄に対する言語主体の認識、そして、一つ一つとりたてて例示する意識が示される点が特徴的である。

## 2. 複合語を形成する後要素としての語基であるもの

### 2.1 動詞性語基

【1】　-極まる　　「(N／A2B)極まる」　　　　　　　　　用例：失礼極まる態度

　「-極まる」は動詞性語基である。『大辞林』の「極まる」の項には、「極限に達する。限度に行きつく。」が第一の意味として挙げられている。「-極まる」は、主に漢語に由来する名詞性語基や第二形容詞性語基と組み合わさって複合動詞を作る。「現代日本語書き言葉均衡コーパス」からは、第二形容詞性語基と構成された例の方が数多く得られたので、まず「A2B極まる」という形の複合動詞から検討を行うことにする。

［Ⅰ］　「(A2B)極まる」

　「現代日本語書き言葉均衡コーパス」からは「A2B極まる」が過去の形や、打ち消しの形、丁寧の形で用いられた例は得られなかった。また使われ方を見ると、用例の「失礼極まる態度」、『大辞林』の例の「滑稽極まる話だ」のような規定成分としての使用が中心で、あとは、「不愉快極まる。」のように文の述語として使われている例がわずかに見える程度であった（「A2B極まる」

の類全 153 例中、文の述語に用いられた例は 4 例のみ（全て非過去みとめ形）で、残りの 149 例は規定成分（全て非過去みとめの形）として用いられている）。

① <u>滑稽極まる</u>話だ。 　　　　　　　　　　　　　　　　　　　（『大辞林』）
② 匈奴は漢にとって<u>厄介極まる</u>存在であった。
　　　　　　　　　　　　　　　　　　（宮崎市定『宮崎市定全集』岩波書店 1992）
③ つまり陸上上洛は入費と時間がかかりすぎて<u>不経済極まる</u>。
　　　　　　　　　　　　　　　　　　（吉村淑甫『近藤長次郎』毎日新聞社 1992）
④ 彼のリモート・コントロールはこのように<u>綿密極まる</u>ものだった。
　　　　　　　　　　　　　　　　　　（井上太郎『旅路のアマデウス』NTT 出版 1996）
⑤ デンパ系の方々との文章というのには、論理だけでなく、言語感覚そのものに、どこか特殊なところがあるようで、何故か、<u>ユニーク極まる</u>文字使いをする人が多いのである。　　（唐沢俊一『怪網倶楽部』講談社 2002）

　例①～⑤に見えるように、「-極まる」は、前要素の第二形容詞性語基と合わさって、それが示す性質や状態に「この上もなく、非常に」という程度を加えて表す(例えば①は「この上もなく滑稽な(話)」)。また「A2B 極まる」全体で、①「不愉快である」、②「腹立たしい」、③「ばかばかしい」、④「見事だ」、⑤「実におもしろい」といった言語主体の感情や評価も示される。

　すなわち、第二形容詞性語基と「-極まる」からなる複合動詞は、「-極まる」が前要素の第二形容詞性語基が示す性質や状態の程度を表す副詞的働きを行い、複合動詞全体としては主に規定成分となって形容詞的に用いられるものであると言える。これは、「A2B 極まる」が「A2B 極まっている」のような「アスペクト」や、「A2B 極まられる」のような「ヴォイス」といった動詞特有のカテゴリーを持たないことからも指摘できる。それに加えて、「A2B 極まる」全体で「腹立たしい」、「見事だ」といった言語主体の感情や評価を表し出すという特徴も指摘できる。

[Ⅱ] 「(N)極まる」

　「現代日本語書き言葉均衡コーパス」から得られた全「N 極まる」の類 68

例中に、丁寧の形や打ち消しの形で用いられた例は見られなかった。使われ方は、文の述語に用いられたものが 2 例、これは全て過去の形であった。規定成分として用いられた例は 29 例だが、過去の形 21 例、非過去の形は 8 例であった。最も多かったのが第二中止形で用いられたもので、37 例得られた。この第二中止形は下の例④、⑤のように、ふたまた述語文の先行の述語として原因を表す状況成分を形成する場合が多く見られる。

また、全「N 極まる」の類 68 例中、「感」と用いられた例は 62 例で、「感極まって（きわまって）」36 例、「感極まった（きわまった）N」21 例、「感極まる（きわまる）N」2 例、「感きわまった（述語）」2 例、「感極まると」1 例のように使用されていた。これは「感極まる」が慣用化していることを示すものと捉えられる。実際に『大辞林』には「感極まる」が一つの見出しとして取り上げられて、「非常に感動する」という解説がなされている。

なお、「進退きわまる」という例も多数検索されたが、この場合の「きわまる」は「窮まる」と見られ、「極まる」とは異なるものであるため、検討対象とはしなかった。

① 「なにからなにまで、ご配慮をたまわりまして恐縮にございます」浄如は感きわまった。　　　　　　　（南原幹雄『下の旗に叛いて』実業之日本社 1990）
② 「会いたかったよ、長さん—」とお糸は感きわまった声音になった。
　　　　　　　　　　　　　　　　　（阿佐田哲也『次郎長放浪記』角川書店 2002）
③ 荒川マジックが冴えたのは、このあたりから10巻に至る、錯綜感きわまる展開と伏線の構造化である。　（北迷眞・比賀始『「鋼の錬金術師」解読』三一書房 2005）
④ 思わず感極まって涙涙の謝辞でしたが、皆様にも気持ちが伝わり、会場中も涙した感動的な式になりました。　　　　　　　（「Yahoo! 知恵袋」Yahoo! 2005）
⑤ 津川は焦燥極まって高笑いさえしそうになりながら、防火扉に最後の一押しを加えた。　　　　　　　　　（中井拓志『レフトハンド』角川書店 1997）
⑥ 本人尋問で、離婚裁判のバカバカしさが極まるわけである。
　　　　　　　　　　　　　　　　　（山口宏『離婚の作法』PHP 研究所 2003）

①は述語に、②、③は規定成分に、④、⑤は状況成分に用いられた例である。「感

極まる」、「焦燥極まる」等の「-極まる」は、前要素の名詞性語基に「それが極限に達する、最高限度に達する」という意味を、動的勢いをもって加え、全体として、例えば、「感極まる」は『大辞林』に示されたような「非常に感動する」、「焦燥極まる」は「非常に焦る、これ以上ない程焦る」という意味を表していることがわかる。

　これら「N極まる」は、⑥に見えるように、もともと「バカバカしさが極まる」のような文であったものから格助辞「が」が脱落して形成されたものと捉えられる。また、規定成分で用いられる場合「N極まった」という過去の形がほとんどであるのは、「極まる」が変化動詞なので、過去の形が「極まる」という動きが実現した状態を表すためであると考えられる。

　「-極まる」は、名詞性語基、及び第二形容詞性語基（どちらも語幹と同じ形、主に漢語由来のもの）と組み合わさって複合動詞を作る。第二形容詞性語基が前要素の場合、「-極まる」は副詞的に働き、「この上もなく」のように前要素の形容詞性語基が示す性質や状態の程度がはなはだしいものであることを表すが、複合動詞全体では、多くの場合文中で規定成分として形容詞的に用いられる。この複合動詞は一単語の中に副詞と形容詞の意味と機能を併せ持っており、形容詞の程度が単語自身によって最高程度であると強められ、しかも「腹立たしい」、「見事だ」といった言語主体の感情や評価も表し出すという、コンパクトな形式でありながら表現する内容の豊かさが特徴的である。

　名詞性語基が前要素の場合、「感」と共に、「感極まる」のように慣用的に用いられるケースが多く見られる。それ以外では、「焦燥極まる」等が見られるが、「-極まる」は、前要素の名詞性語基に「それが最高限度に達する」という意味を、動的勢いをもって加える。そして多くの場合、「N極まった」という形で規定成分となったり、「N極まって」という形で原因を表す状況成分として用いられたりする。

　「-極まる」は組合わさる前要素の名詞性語基や第二形容詞性語基が多くの場合漢語由来のものである上、「-極まる」も硬い響きを持つので、全体として力強いニュアンスを発揮する。そのため、改まった話し言葉や、書き言葉に主として用いられる。

## 【2】 -まみれ 「(N)まみれ(の)」     用例：どろまみれ

　「-まみれ」は動詞「まみれる」の第一中止形「まみれ」由来の語基で、名詞性語基と組み合わさって第三形容詞となる複合語を形成する。これに関して、鈴木（1972b）は「動詞の第一なかどめは、単語つくりの要素としてつかわれる（p.339）」と述べている。また、村木（2012）は「さまざまなタイプの語基を前要素として、ある種の動詞性語基（一部は接辞）がこれにむすびつくと、第三形容詞と見られる単語がうまれる。（p.177）」として、「-つき」、「-まじり」などの例を挙げている。その他、鈴木（1972b）には「みとめ動詞の第一なかどめから名詞がつくられる（p.339）」との言及があることから、「-まみれ」には名詞性の存在が窺われる。『大辞林』は「まみれる」の第一の意味を「汚いものが一面につく。たくさんついてよごれる。」としている。

　「現代日本語書き言葉均衡コーパス」からは、以下のような用例が得られた。

① 私のカメラは緊張で手にするところは汗まみれだ。
　　　　　　　（笹川英夫『エリートフォーセス』アメリカ軍編 pt.1 ホビージャパン 2003）

② その夜ふけ、道のほとりに、血まみれのしかばねが一つ月に照らし出された。
　　　　　　　　　　　　　　　（石川淳『ちくま日本文学全集』筑摩書房 1991）

③ 「スキャンダルまみれの素行の悪い女の面倒は、みたくないだろうよ」
　　　　　　　　　　　　　　　　　　　　　　（「Yahoo!ブログ」Yahoo! 2008）

④ 理解できたのは、自分と山崎の間の、大切な何かが、白日のもとに引き出され、泥まみれに踏みにじられている、ということだけだった。
　　　　　　　　　　　　　　　　　　　　（野村史子『テイク・ラブ』角川書店 1991）

⑤ 三畳の茶室めいた部屋があって、床の間の床柱に竹編みの一輪挿しが花もなく埃まみれにぶら下がっている。
　　　　　　　　　　　　　　　　　（瀬戸内晴美『諧調は偽りなり』文藝春秋 1987）

⑥ 工場へ行くと、山梨大学の牧野教授が考案し、開発したスカラーロボットが24時間油まみれで働いています。
　　　　　　　　　　　　　　　（坂野進『手作りで楽しむ茶運び人形』パワー社 2001）

⑦ 目を凝らしているうちに、血まみれで死んでいるのがわかってきた。
　　　　　　　　　　　　　　　（多岐川恭『お江戸捕物絵図』光風社出版 1989）

⑧　ある男(京極)の部屋に、借金まみれでどうにもなくなったかつての同級生(古山)が転がり込んできた。
(実著者不明・武田恵吏「Weeklyぴあ」
2004年4月12日号(第33巻第15号、通巻1047号)ぴあ 2004)

　①～⑧を見ると、「-まみれ」は前要素の名詞性語基と「Nまみれ(の)」という第三形容詞の複合語を形成して、血や汗のようにNが具体的な物質である場合、「(好ましくない)Nに一面べっとりと覆われて汚れた状態」、借金やスキャンダルなどNが抽象的な事柄である場合、「(好ましくない)Nに取り囲まれ覆いつくされたよくない状態」を表していることがわかる。
　①は述語、②、③は規定成分、④～⑦は修飾成分、⑧は連体節の中の状況成分(原因)として「Nまみれ(の)」が用いられている。修飾成分の④「泥まみれに」と⑤「埃まみれに」は、それぞれどのように(どのような状態で)「踏みにじられているか」、「ぶら下がっているか」という、動き(「ぶら下がる」、「踏みにじられる」)が実現した結果の、動きの主体の状態を表している。⑥「油まみれで」と⑦「血まみれで」は、それぞれ「油まみれのかっこう、状態で」と「血まみれの状態、姿で」の省略と見られる。これらは様子を表すデ格の名詞で、⑥は「働いている」、⑦は「死んでいる」様子を、動きの主体の状態(どのような状態でしているか)によって表している。状況成分の⑧「借金まみれで」は、原因を表す第三形容詞の第二中止形と捉えられる。
　「Nまみれ(の)」は、第三形容詞として、②「血まみれのしかばね」、③「スキャンダルまみれの(素行の悪い)女」のような形で、名詞を「どんな」と属性規定する規定用法によって主に用いられるが、第三形容詞性接尾辞「-ずくめ(の)」と同様に、「Nまみれ(の)」が「Nまみれの姿」や「Nまみれの状態」など、名詞の意味を含み持つとき名詞として働くことが例⑥～⑦から指摘できる。
　日本語能力試験2級'〈機能語〉の類'に挙げられている「-だらけ(の)」は、名詞に接尾して第三形容詞を派生する第三形容詞性接尾辞で、「Nだらけ(の)」は「Nまみれ(の)」と類似の内容を表現する。以下は「現代日本語書き言葉均衡コーパス」から検出された「Nまみれ(の)」と「Nだらけ(の)」の例である。どれも一般に好ましいとは見なされない名詞がNに用いられて

いるが、対照例を見ると、若干の違いが認められる。AはA*と同じ名詞と複合語を形成する例、Bは「-まみれ」とのみ複合語を形成する名詞を用いた例、Cは「-だらけ（の）」とのみ派生語を構成する名詞を用いた例である。

A：血まみれ、汗まみれ、泥まみれ、ほこりまみれ、借金まみれ
B：不正まみれ、スキャンダルまみれ、金まみれ

A*：血だらけ、汗だらけ、泥だらけ、ほこりだらけ、借金だらけ
C：傷だらけ、ごみだらけ

　AとA*は似た内容を示すとはいえ、やや異なりを見せる。例えば、AはNが具体的な物質の名詞の場合、細かい粒子状の物、或いは粘度の高い液体状、半固体状の物に一面べっとりと覆われた状態を表現するのに対し、A*の方はその物が表面にたくさんついている状態を表す。AはNがなかなか取り除けないが、A*の方はNの除去がそれほど困難ではない状態であることも両者の違いとして指摘できる。また、Nが「借金」のような具体的な物質でない場合、⑨のように「借金だらけ（の）」は実際にある人に、またはある所に「借金」がたくさん存在する状態を表しているのに対し、「借金まみれ（の）」は⑧のように「借金」に覆い尽くされて身動きがとれなくなったような状態を表している。
　Bの「-まみれ」とのみ複合語を形成する名詞は、一般に人間として倫理的に恥ずべき事柄や、汚らわしい事柄を表す、抽象的な名詞といえる。「金」はこの場合、蓄財としての「金」を意味する。Bの「Nまみれ（の）」には、人間として倫理的に恥ずべき事柄や、汚らわしい事柄に覆われたよくない状態であるという、倫理に基づいた否定的価値評価が示されている。
　Cの「-まみれ」では例がない名詞は、全体を面状に覆うことのできない具体的なものである。傷は一次元的なもので、二次元的に面状に覆うことはできない。また、ごみも点的に散在するだけで、面状に全体を覆うことはできない（ほこりは細かい粒子が集合して面状になることが可能である）。

⑧　ある男（京極）の部屋に、<u>借金まみれで</u>どうにもなくなったかつての同級生

(古山)が転がり込んできた。　　　　　　　　(実著者不明・武田恵吏「Weeklyぴあ」
　　　　　　　　　　　　　　2004年4月12日号（第33巻第15号、通巻1047号）ぴあ2004）
⑨　株を買い取るにしても、借金だらけでは買い手である投資家がつかない。
　　　（森功「SAPIO」2004年11月24日号（第16巻第20号、通巻354号）小学館2004）

　このように見ると、「-まみれ」の方は、常識的な判断に基づいた倫理意識（汚らわしい等）の表現も可能とする点が特徴的である。しかしその反面、面状に覆うことのできない具体的なものには使用できないというように、実際的な使用には制限が大きいことも指摘できる。

### 2.2　形容詞性語基
【1】　-極まりない　　「(A2B)極まりない」　　　　　　　用例：不健全極まりない

　『大辞林』によると、「極まりない」は「この上ない。はなはだしい。」という意味の形容詞であるという。第一形容詞性語基「-極まりない」は、主に漢語に由来する第二形容詞性語基と組み合わさって複合形容詞を作る。
　「現代日本語書き言葉均衡コーパス」から得られた全「A2極まりない」の類342例中、過去の形で用いられた例は5例、丁寧の形で用いられた例は12例で、これらはすべて文の述語として使われていた。また用法を見ると、文の述語に用いられたものが77例、規定成分として用いられた例が243例で、これを見ると、「A2B極まる」と同様に、規定成分としての用法が多いことがわかる。例⑧は「A2B極まりなく」という第一中止形で用いられたもので、この第一中止形で用いられた例は12例得られた。「A2B極まる」の類全153例中、規定成分として用いられた例は149例、文の述語として用いられた例が4例であったことと比べると、「A2B極まりない」の方の文の述語として用いられる割合が高いことが指摘できる。また、「A2B極まる」が述語として用いられたものの中に丁寧の形も過去の形も見られなかったのに対して、「A2B極まりない」の方は、述語に丁寧の形が12例（「-極まりないです」9例、「-極まりありません」1例、「-きわまりありません」2例）、過去の形（「-極まりなかった」）が5例見られたことも注目される。
　①～③は複合形容詞「A2B極まりない」が規定成分の働きをしている例で、

④～⑦は述語となっている例である。⑧は「A2B極まりない」の第一中止形が用いられたもので、重文の先行節の述語となって、後に続ける働きをしている。

① ピアノ？存在すら忘れるほど<u>多忙極まりない</u>毎日でした(涙)本当に遊ぶ時間もないほどに忙しかったです。 （「Yahoo!ブログ」Yahoo! 2008）
② わたしの頭のなかには、ひたすら<u>ノーテンキ極まりない</u>考えばかりが去来していた。 （船越百恵『名探偵症候群』光文社 2005）
③ 言うまでもなく、テロとは卑怯、<u>卑劣極まりない</u>行為だ。
（高部正樹『今、知るべきコンバットサバイバル』文芸社 2004）
④ <u>不愉快極まりない</u>‼‼二度と来るか、と思いました。
（「Yahoo!知恵袋」Yahoo! 2005）
⑤ 当時、生ゴミは街角に置かれた巨大な木製のゴミ箱に、各家庭の主婦が放り込むという形だったが、夏になるとハエや蚊が群がり<u>不潔きわまりなかった</u>。 （家庭総合研究会編『昭和家庭史年表1926～1989』河出書房新社 1990）
⑥ はっきりいって<u>不愉快極まりありません</u>。 （「Yahoo!知恵袋」Yahoo! 2005）
⑦ インターネットつながらいホテルは<u>不便極まりない</u>ですね。
（「Yahoo!ブログ」Yahoo! 2008）
⑧ 社会主義といえば旧ソ連や北朝鮮みたいに<u>非効率極まりなく</u>経済はガタガタなのが普通ですよね。 （「Yahoo!知恵袋」Yahoo! 2005）

①～⑧の「-極まりない」は主に漢語由来の第二形容詞性語基と合わさって複合形容詞を作り、前要素の第二形容詞性語基が表す性質や状態の程度が甚だしいものであることを示す程度副詞的働きをしている。たとえば、①の「多忙極まりない」は、「この上もなく忙しい」、②の「ノーテンキ極まりない」は「甚だしくお気楽である」という意味で、「-極まりない」が前要素の第二形容詞性語基が示す性質や状態の程度を表す副詞のように働いている様子が看取される。加えて、「A2B極まりない」という複合形容詞全体で、「大変な状況だ」、「ばかばかしい」、「ひどい」、「腹立たしい」といった言語主体の感情や評価も表している。これらの複合形容詞に強い感情が込められていることは、④に「不愉

快極まりない!!!!」と感嘆符が4個も使われていることからも理解できる。

　「A2B極まる」の類と「A2B極まりない」の類を、「現代日本語書き言葉均衡コーパス」を用いて単純に数量的に比べると153：342で、「A2B極まりない」の類の方が2倍以上の数を示す。「-極まる」と「-極まりない」は、動詞と形容詞という品詞的な相違があるが、感情の程度表現という観点からは、「認めの形」か「打消し要素を含む形」かという要因の、感情の程度表現に対する影響が大きいという仮説が考えられる。事実、強い感情表現を表す補助述語詞「(～と) いったらない」も、述語形成句「(～で　なくて) なんだろう」も「打消しの形」を持った表現形式である。また、「現代日本語書き言葉均衡コーパス」からは、次の例のように、「-極まりない」の方がより一般的に口語的に使用されている例が検出されている。((例) 失礼極まりないな～と思います。不便極まりないですね。迷惑極まりない話やけど、…。) さらに、「A2B極まる」からは得られなかった丁寧の形が、⑥、⑦のように「A2B極まりない」に見られることは、これが受け手を意識した会話のような場面に用いられている証のように思われる。そして、Yahoo関係から多く例が得られていることからは、カジュアルな書き言葉の形式にも「A2B極まりない」が感情表現手段として多用されている様が窺える。

　主に漢語に由来する第二形容詞性語基と第一形容詞性語基「-極まりない」が形成するこの複合形容詞は、一単語の中に程度副詞と形容詞の働きがあり、形容詞性語基が表す性質や状態の程度が単語自身によって最高程度であると強められ、しかも単語全体で「腹立たしい」、「ばかばかしい」といった言語主体の感情や評価も含めて表されるという、コンパクトな形式ながら表現する内容の豊かさが特徴的である。「とても失礼だ。」のような、「程度副詞」の使用を必要としない点も、この形式を利用する有効な一面である。組合わさる形容詞性語基が漢語由来のもので、改まった、そして硬く力強い語感を呈することは、これが強い感情を表現する一因であることを思わせる。

【2】　-なし(の)　　「(N／VB)なし(の)／(N／VB)なしには」

　　　　　　　　　　　　　用例：断りなしに入るな／」涙なしには語れない

　『大辞林』によると、「なし」は文語形容詞「なし」の終止形に由来するも

ので、そこでは名詞とされている。村木 (2007a) は、典型的な名詞の特徴について、①語彙的意味を持っている、②補語（主語・目的語など）になりうる、格の体系をそなえている、③規定成分を受けることができると述べている (p. 5)。「なし」は、語彙的意味は持っているが、「現代日本語書き言葉均衡コーパス」で検索すると、主語や目的語など補語として用いられている例はわずかしか得られなかった。また、「なし」単独で規定成分を受けた例も得ることが出来なかった。これは、「なし」が名詞としてほとんど機能していないことを示している。その一方で、「なし」はA「複雑な手続きはなしの話し合い」、B「複雑な手続きはなしだ」、C「複雑な手続きはなしに話し合おう」のように用いることができる。A、B、Cは「なし」が規定成分、述語成分、修飾成分として使われていることを表している。これらは、村木 (2007a) が形容詞の統語的特徴としているものである (p. 8)。それに加え、前記Aにおいて、「なしの」は第一形容詞「ない」に置き換え可能で、名詞「話し合い」を「どんな」と属性規定している。これも「なしの」の形容詞としての特徴を示すものである。 考察9 で第三形容詞の単語は時に名詞の意味を含み持って名詞として働く場合があることを述べたが、本書では「なし」も第三形容詞の単語であって、時に名詞の意味を含み持って名詞として働く場合があると捉えることとする。第一形容詞「ない」と第三形容詞「なしの」の関係は、第一形容詞「美しい」と第二形容詞「きれいな」の関係に例えられる。

　　それは美しい　⇔　それはきれいだ　　それはない　⇔　それはなしだ

【2】-1　　「(N／VB)なし(の)／(N／VB)なしには」
[ I ]　　(N／VB)なし(の)
A：「N」が具体的なものを表す名詞である「Nなし(の)」の場合
①　もし同じNECの中古のノートパソコン(Lavie OSなしと書いてある)を購入した場合、デスクトップパソコンに入っているWindows Meをインストール？することはできるのでしょうか？　　　　　（「Yahoo! 知恵袋」Yahoo! 2005）
②　OSなしのパソコンを購入したいのですが、現在は、MeからXpにグレードアップして使用しています。　　　　　　　　　（「Yahoo! 知恵袋」Yahoo! 2005）
③　OSなしを買った場合には、OSにあわせて、各種ドライバをそろえないと

いけないから、場合によっては結構大変かもしれませんね。

(「Yahoo! 知恵袋」Yahoo! 2005)

④ 写真プリントで、写真屋でも自宅でも、ふちなしとふちありのプリントがありますが、ふちなしがほとんど主流と思うんですが、ふちありってなんの為にあるんでしょうか？ (「Yahoo! 知恵袋」Yahoo! 2005)

⑤ パスタは写真なしです。 (「Yahoo! ブログ」Yahoo! 2008)

⑥ 「募集開始日から締切日まで二か月と短かく、その間に当該検定試験(定例期日にしか実施されない)を完了することは不可能であったので、原告は証明書なしに応募した。 (中村民雄『ことばと共生』三元社 2003)

⑦ ベビーカーなしで育児するのは難しいでしょうか？

(「Yahoo! 知恵袋」Yahoo! 2005)

①の「OS なし」は「OS 非存在(OS がない状態)」という意味を表す。②の「OS なしの」は、言語主体が「OS あり」と「OS なし」を対比させて述べる場合、「OS 非存在(OS がない状態)のタイプの」という、名詞「タイプ」を含み持った意味を表し、非修飾名詞「パソコン」を「どの(タイプの)」に対応した関係規定する。言語主体が「OS なし」を「パソコンの状態」として述べたい時、「OS なしの」は「OS 非存在(OS がない状態)の」を表し、非修飾名詞「パソコン」を「どんな」に対応した属性規定する。「ひとり暮らしだってキムチなしの生活は考えられないのが韓国人。(内野由美子著・辻啓子著『韓国ドラマの不思議に迫る』実業之日本社 2004)」のような例も、同様に捉えられる。従って、「N なしの」の「N なし」を被修飾名詞の「タイプ」と見るときは名詞で、「状態」と見るときは形容詞と捉えられる。ただ、「現代日本語書き言葉均衡コーパス」の検索では、具体的なものを表す名詞 N が用いられた「N なしの」は形容詞としての使用が大半を占める。「直接対象を表す補語の③「OS なしを」は「OS 非存在を」、即ち「OS がない状態(のもの＝パソコン)を」、主語として用いられている④「ふちなしが」は「ふち非存在が」、即ち「ふちがない状態(のもの＝プリント)が」という意味で用いられており、どちらも「N なし」は名詞の意味を含み持つ。その他同様の例として、「ミルクなし(のリプトン・ティー)があって」、「袖なし(の服)を縫う」、「眉毛なし(の人物)が叫んだ」のような例も得られたが、全てこのタイプの「N なし」は名詞の意味

を含み持っていた。しかし、③、④のように主語や直接補語として用いられる例は少数得られただけであった。⑤「写真なしです」は「写真非存在（写真がない状態）です」という意味で述語に用いられている例で、主語で示された名詞（パスタ）の状態（写真がない）を表している。⑥「証明書なしに」は、「どのように応募したか」という述語で表される動きの様子（やり方）[21]を表す修飾成分として働いている。⑦「ベビーカーなしで」は、「ベビーカーなし（の状態）で＝ベビーカーがない状態で」のように名詞の意味を含み持つ。「ベビーカーなしで」は、述語で示される動詞「育児する」の動きの様子を、その動きの主体がどのように（どのような状態で）するかという、動きの主体の状態によって表すデ格の名詞と捉えられるもので、これも文中で修飾成分を形成している。

①から、具体的なものを表す名詞Nと第三形容詞性語基「-なし（の）」の複合語「Nなし（の）」は「Nがない状態」という意味をもつこと。
②から、「Nなしの」という形で主として被修飾名詞を属性規定すること。
③、④から、「Nなしが」、「Nなしを」のような主語や直接補語として用いられる場合、「Nなし」は名詞の意味を含み持つが、得られる例はわずかであること。
⑤から「Nなしです」という形で述語を形成し、名詞である主語の状態を表すこと。
⑥から「Nなしに」の形で修飾成分として働くこと。
⑦から「Nなしで」の形で、「Nなしの状態で」という名詞の意味を含み持ち、動きの主体の状態によって動きの様子を表すデ格の名詞として修飾成分を形成すること。

②⑤⑥は「Nなし（Nは具体的なものを表す名詞）」の第三形容詞としての性質を示すものである。また、③④⑦は 考察9 で述べた、第三形容詞の単語は時に名詞の意味を含み持って名詞として働く場合があるという特徴を示す例と言える。
　⑥「証明書なしに」は述語との関係では「どのように応募したか」と述語の示す動きの様子（やり方）を表す修飾成分として働いている。しかし、それを「（主語である）原告は証明書なしだ」という節の述語と見ると、「原告は証

明書なしに(原告は証明書がない状態で)応募した」と捉えることが可能で、この場合、「証明書なしに」は文で示される事態「原告は応募した」が実現するときの主語の状態である「付帯状況」を表していることになる。後者は主語に対する「証明書なし」の述語性を重視した捉え方であると言える。この場合、「証明書なしに」は第三形容詞の第一中止形と見ることができる。

「なし」は一般に名詞とされているが、本書ではそれを第三形容詞と位置付けた。しかし、これまでの検討から、具体的なものを表す名詞Nと「ーなし(の)」の複合語「Nなし(の)」は、多くの場合第三形容詞として働くものの、時に名詞の意味を含み持って名詞として働く場合もあることが認められる。これについては、村木(2012)も第三形容詞には「臨時的に格助辞をしたがえて、名詞としてもちいられる単語がある (p.206)」と述べている。

B:「N」が動作名詞「NV」である「NVなし(の)」の場合
① 報道でも中でも特集などでは許可を得ている物はたくさんあるし、ドラマの撮影でもまれに隠し撮りなどという<u>許可なし</u>の状況もあるが、敢えて分けさせてもらう。　　　　　（三浦友和『被写体』マガジンハウス 1999）
② 従来裁判所の許可があって補佐人になったが、税理士はその<u>許可なしに</u>補佐人になれる。　　　（鳥飼重和『リーガルマインド養成講座』商事法務2003）
③ ただ、破産管財人事件の場合は、破産の手続きが終わるまでは裁判所の<u>許可なしで</u>引越しや長期の旅行に行くことはできませんが、破産手続きの後は、いつでも海外旅行にいけます。　　　　　（「Yahoo! 知恵袋」Yahoo! 2005）
④ …こちらには全く<u>連絡なし</u>の評価に気が立っていましたのでお詫びと落札者都合で、削除し次点繰上げをおこないます。（「Yahoo! 知恵袋」Yahoo! 2005）
⑤ 知恵袋で何度か見かけましたが、<u>連絡なしに</u>いきなり、振込をしてくる落札者様。　　　　　　　　　　　　　（「Yahoo! 知恵袋」Yahoo! 2005）
⑥ <u>連絡なしで</u>やって来たのだ。　　　　　（西村健『脱出』講談社 1997）
⑦ 遅れるなら一言メールがあれば私は待つつもりだったのですが、何も<u>連絡なしです</u>。　　　　　　　　　　　（「Yahoo! 知恵袋」Yahoo! 2005）
⑧ 昼間の被害を訴えているものが41.9%と最も多く、次いで夜間が20.6%、時間に<u>関係なし</u>が15.3%、一日中が14.0%の順となっている(表1-4-14)。

(『公害紛争処理白書』大蔵省印刷局 1985)

⑨ …補償なしと補償ありの選択肢の中から、落札者自身が補償なしを選んだのだから私は返金に応じる必要はないですよね？

(「Yahoo! 知恵袋」Yahoo! 2005)

動作名詞と用いられた「NVなし(の)」については、「現代日本語書き言葉均衡コーパス」から、「NVなしの」や「NVなしで」、「NVなしに」、「NVなしです」(「NVなしです」をはじめとする、節の述語を含む、述語としての様々な語形)」という語形が得られた。中でも「NVなしに」の形が最も多く見られた(例「許可なしに：20例、許可なしで：8例、許可なしの：1例、述語としての例なし」、「連絡なしに：11例、連絡なしで：7例、連絡なしの：2例」、述語としての例：4例)。「関係なしが」、「補償なしを」のような主語や直接補語に用いられる形もわずかながら得られたが、中心となる語形は「NVなしに」と「NVなしで」といえる。

　①「許可なしの」と④「(こちらには全く)連絡なしの」は、それぞれ「状況」と「評価」を「どのような」と属性規定している。②「許可なしに」と⑤「連絡なしに」は述語で表される動き(②「補佐人になれる」、⑤「振り込みをしてくる」)の様子(やり方)を「どのように」と詳しくする修飾成分を形成している。また、②「許可なしに」と⑤「連絡なしに」を、②「税理士はその許可なしだ」、⑤「落札者様は(私に)連絡なしだ」という文の述語と捉える場合、それらは②「税理士は(主語)許可なしに(許可がない状態で)補佐人になれる」、⑤「落札者様は(主語)連絡なしに(連絡しない状態で)振込をしてくる」という文で示される事態(②「税理士は補佐人になれる」、⑤「落札者様は振り込みをしてくる」)が成立するときの、主語の状態を述べる付帯状況を表していると見ることもできる。③「許可なしで」、⑥「連絡なしで」は、③「許可なしの方法で」、⑥「連絡なしの方法で」のように、名詞の意味を含み持つ。それらは動き(③「引越しや長期の旅行に行く」、⑥「振り込みをしてくる」)を行う方法(やり方)を表すデ格の名詞と捉えられるもので、文中で修飾成分として働いている。⑦は述語に使われている例で、「連絡がない状態である」という主語(私は)の状態を表している。⑧「時間に関係なしが」と⑨「補償なしを」は、それぞれ「もの」、「選択肢」という名詞を含み持って(「時間に関係なしのものが」、「補償なしの選択肢

を」)、主語や直接補語として機能している。
　①、④から、「NVなしの」の形で後続の名詞を属性規定すること
　⑦から「NVなしです」の形で述語を形成し主語（名詞）の状態を表すこと
　②、⑤から、「NVなしに」の形で修飾成分として働くこと
　③、⑥から、「NVなしで」は「NVなしの方法で」という名詞の意味を含み持つデ格の名詞と捉えられ、修飾成分として働くこと
　⑧、⑨から、「NVなし」が名詞の意味を含み持って、主語や直接補語として働く例がごく少数だがあること
以上が指摘できる。従って、動作名詞NVと「-なし(の)」の複合語「NVなし(の)」も、第三形容詞の特徴を有するということができる。

C：動詞性語基「VB」と用いられる「VBなし(の)」の場合
① やっと先週末の土日で仕事の山を越えたので、休みなしの日々から解放です(*^-^)
　　　　　　　　　　　　　　　　　　　　　（「Yahoo!ブログ」Yahoo! 2008）
② もちろん、気象庁は二四時間休みなしに働いている。
　　　　　　　　　　　　　　　　（島村英紀『地震と火山の島国』2001 岩波書店）
③ ほとんど休みなしで働いてはいるが、余った時間に花を楽しんでいる。
　　　　　　　　　　　　　　　　　　　　　（「Yahoo!ブログ」Yahoo! 2008）
④ 来週の火曜は三周年で営業なので、明日からは二週間休みなし。
　　　　　　　　　　　　　　　　　　　　　（「Yahoo!ブログ」Yahoo! 2008）
⑤ 断りなしに入るな。　　　　　　　　　　　　　　　　　　　　　　（用例）

動詞性語基と用いられた「VBなし(の)」の場合、「現代日本語書き言葉均衡コーパス」から、「VBなしの」や「VBなしで」、「VBなしに」、「VBなしです(その他、節の述語を含む、述語としての様々な語形)」という語形が得られた。しかし、検索の限りでは、「VBなしが」や「VBなしを」のような形は「現代日本語書き言葉均衡コーパス」からは得られなかった。
　①の「休みなしの」は「日々」をどのような日々か属性規定している。②の「休みなしに」は述語が示す動き（働いている）の様子（やりかた）を「どのように」と詳しくしており、①「休みなしの」、②「休みなしに」はそれぞれ第三

形容詞「休みなし（の）」の規定用法、修飾用法と見ることができる。⑤「断りなしに」も修飾用法で用いられたもので、「どのように」という「入る」動きの様子（やりかた）を表している。②の「休みなしに」は、その文で表される事態（気象庁は働いている）が成立するときの、主語（気象庁は）の状態を示す付帯状況を表していると捉えることもできる。⑤「断りなしに」も、その文で表される事態（（あなたは）入るな）が成立するときの、主語（あなたは）の状態を示す付帯状況を表していると捉えることができる。これらは、「気象庁は休みなしです」、「あなたは断りなしです」という節の述語として「休みなし」、「断りなし」を見る立場からの捉え方である。③「休みなしで」は「休みなしの状態で」という名詞（状態）の意味を含み持って、「働いている」動きの様子を、その動きの主体がどのように（どのような状態で）行うかという、動きの主体の状態で表すデ格の名詞といえる。④「休みなし」は、主語（私）について「休みがない状態」と述べる述語として働いている。

このように、①「休みなしの」は「日々」を属性規定する規定成分、②「休みなしに」、③「休みなしで」、⑤「断りなしに」は修飾成分、④「休みなし」は述語として働いており、動詞性語基 VB と「-なし（の）」で作られる複合語「VB なし（の）」も第三形容詞の特徴を有することが示される。

前述のように、『大辞林』は、「なし」を名詞と位置付けている。しかし、これまでの検討から、「なし」が複合語の後要素に用いられる場合、その複合語は主として第三形容詞として機能することが得られた。これに関しては、「X なし」という複合語は「X がない状態（状態＝名詞）」という意味から本来的に名詞性を有するが、実際の文で用いられる時は「X がない状態である」というように形容詞的に働き、用法によって時に名詞性が発現するものと捉えることができる。ここからは、第三形容詞は基本的に「〜状態」という意味を持つ形容詞であるとの見方が得られる（互角＝対等の状態、真紅＝真っ赤な状態、抜群＝飛び抜けた状態）。

[II] （N／VB）なしには

用例：涙なしには語れない

用例「涙なしには語れない」の「涙なしには」は「涙なしに」のとりたて

形である。この「涙」は実際には「泣くこと」を意味する。

⑦　従来裁判所の許可があって補佐人になったが、税理士はその<u>許可なしに</u>補佐人になれる。　　　　（鳥飼重和『リーガルマインド養成講座』商事法務 2003）

　上の例文⑦は、〔Ⅰ〕Ｂ：「Ｎ」が動作名詞「ＮＶ」である「ＮＶ なし（の）」の例文②である。この「許可なしに」は、「補佐人になれる」という述語で示される動きの様子（やり方）を詳しくする修飾成分を形成しているとも、文で表される事態（税理士は補佐人になれる）が成立するときの主語（税理士は）の状態（許可がない状態で）を示す付帯状況を表しているとも見られる（一般に付帯状況は状況成分、または修飾成分と捉えられる）。

①　〈移動可能な美術品を、軍司令官の書面による<u>許可なしには</u>現在の位置から動かしてはならない〉伊崎は江間が顔をあげると、続けた。
（五木寛之『戒厳令の夜』新潮社 1976）
②　私達は、<u>神の助けなしには</u>、何一つ善を行うことができないものである。
（中村時吉『タマゴ屋の信仰』新風舎 2005）
③　まったく、ローマ人の家庭は<u>奴隷なしには</u>成立しなかった。
（塩野七生『悪名高き皇帝たち』新潮社 2005）

①の「許可なしには」は⑦の「許可なしに」の取り立ての形で、それを際立たせると同時に他の可能性（許可がある場合など）が存在する含みを持たせる。そして、結果的にそれは「さまざまな可能性の中で特に許可がない場合は」という条件の意味の発現へつながることになる。「Ｎ／ＶＢ なしには」という取り立ての形は、条件という意味を持って、非とりたて形式の「Ｎ／ＶＢ なしに」よりも述語と主語からなる事象から独立的な状況成分を形成している。
　①「許可なしには」は「許可がない状態では、許可がなかったら」、②「神の助けなしには」は「神の助けがない状態では、神の助けがなかったら」、③「奴隷なしには」は「奴隷がいない状態では、奴隷がいなかったら」という条件を表す。とりたて形式は、後続の述語部分に常に打ち消し形式を伴い、文

全体で、①は「許可がなかったら現在の位置から動かしてはならない、動かすには許可が必要だ」、②は「神の助けがなかったら何一つ善を行うことができない、善を行うには神の助けが必要だ」、③は「奴隷がいなかったらローマ人の家庭はなりたたない、ローマ人の家庭には奴隷が必要だ」という意味を表す。条件表現としてとりたて形式が用いられているため、その条件の部分が強調されて示される点に特徴が指摘できる。

「N／VBなしに」の取り立ての形である「N／VBなしには」は、「N／VBなしには～ない」という形で常に打消し形式を後に伴い、主節で表わされる事態を成立させる条件という状況成分を形成して、「N／VBがなかったら～ない」、即ち「～の実現にはN／VBが必要だ」という意味を、条件の部分（「N／VBなしには」）を強調して表す。

【2】-2 「（T（A／V））ことなし（の）／スルことなしには」

用例：人の心を傷つけることなしに

[I] （T（A／V））ことなし（の）

A：形容詞の場合

① 堅苦しいことなしの和気あいあいムード。
（RCmagazine 編集部「ラジコンマガジン」2001年3月号（第24巻第3号、通巻293号）八重洲出版 2001）

② 僕個人では、会社上司や乗馬指導員 H.T などから、くだらない事を言われる事が随所にあったし、世間では、政治家の失言や自治体のトップによるよるくだらないことを、庶民などに押し付けるし、馬鹿げてますね。いいことなしです(爆)　　　　　　　　　　　　（「Yahoo!ブログ」Yahoo! 2008）

③ そういうテクニカルなことなしで、バンドワイズとかグループディレイとか用語を使わずに説明する方法はないでしょうか。
（ミッシェル・レバション／オーディオベーシック編集部／傅信幸「季刊オーディオベーシック 2001年AUTUMN vol.20」共同通信社 2001）

④ ややこしいことなしで早く済ませちゃいましょう。
（村上春樹『ダンス・ダンス・ダンス』講談社 1988）

①〜④は形容詞(A)に規定された形式名詞「こと」が作る名詞句と「−なし(の)」が組み合わさった複合語である。⑤以下に見える動詞と形式名詞「こと」が作る名詞句と「−なし(の)」が合わさった複合語に比べて、わずかな数の例(全4例)しか「現代日本語書き言葉均衡コーパス」からは検出できなかった。また、「現代日本語書き言葉均衡コーパス」から「Aことなしが」、「Aことなしを」、「Aことなしに」という形は検出できなかった。

①の「堅苦しいことなしの」は、「堅苦しい挨拶や規則等がない」という意味によって「和気あいあいムード」を「どんな」と属性規定する規定成分を形成している。②「いいことなしです」は述語で、主語は明示されていないが、「世の中は」のようなものと考えられる。述語「いいことなし(いいことがない状態)です」は名詞の主語(世の中は)の状態を示している。③「テクニカルなことなしで」、④「ややこしいことなしで」は、③「テクニカルな問題なし(の方法)で」、④「ややこしい問題なし(の方法)で」という名詞の意味を含み持ち、「どのように」と述語が表わす事態が行われる方法を示すデ格の名詞として、修飾成分を形成している。

「Aことなしに」という形の修飾用法の例は得られなかったが、「Aことなし(の)」もほぼ第三形容詞の特徴を有していることが理解できる。

B：動詞の場合

⑤ この両者の深い心の因果関係を認識することなしの為政者の発言はとても頼りない。　　　(小此木啓吾『「ケータイ・ネット人間」の精神分析』朝日新聞社 2005)

⑥ あとリハーサルやってる時間にいくとなんか大きい音のしてる方があるのでそっちにあるいていけば迷うことなしです。　　　(「Yahoo! 知恵袋」Yahoo! 2005)

⑦ いったい、僕たちは何を話し合っていた(正確にいえば、話すことなしに黙ってタバコを吸っていた)のか—。　　　(山崎敬之『テレビアニメ魂』講談社 2005)

⑧ 「天皇制を問うことなしにわだつみ会の存在理由はない」との意見もあった。　　　(保阪正康『きけわだつみのこえの戦後史』文藝春秋 2002)

⑨ 男性労働者自身のゆとりをつくることなしに、日本社会の女性差別はなくならない。　　　(川人博『「東大卒」20代の会社生活』かもがわ出版 1994)

これらは動詞に規定された形式名詞「こと」が作る名詞句と「-なし（の）」が組み合わさった複合語である。⑤「認識することなし」は「認識する意識の非存在、非生起＝認識しない状態」、⑥「迷うことなし」は「迷う行動の非存在、非生起＝迷わない状態」を意味しており、①〜④の「Aことなし」が表わす「形容詞で規定される事柄の非存在」とは文法的性質が異なる。それは、「Aこと」が名詞を中心に「形容詞Aで規定される事柄」を表すのに対して、「スルこと」は前記の「認識する意識」や「迷う行動」のように、動詞「スル（「認識する」、「迷う」）」が「その状況に適合した抽象的な名詞の意味を発揮する」形式名詞「こと（「意識」、「行動」）」を対等な立場で規定して、「形式名詞の表す事柄を補充、説明する」構造であるという違いである。また、その規定によって動詞が名詞化されることになる。「迷うこと」は「迷い」にほぼ相当すると見られるが、「堅苦しいこと」は「堅苦しい諸々の事柄」であって、「堅苦しさ」のような「堅苦しい」という形容詞を名詞化したものとは異なる。「スルこと」については、逆に、例えば「迷い」という動きの意味を持つ名詞は、「迷う」という動詞と「行動」あるいは、「内容（事柄）」、「気持ち」のような名詞に分解可能であるということになる。この場合、「こと」は形式名詞として様々な抽象名詞（行動、内容、気持ち等）の代わりに用いられることにより、動詞を状況に応じて様々な意味を発揮する名詞に変換するものと見ることが可能である（「迷い」は「迷う行動」、「迷う気持ち」等）。

　「スルことなし（の）」は⑦⑧⑨のような「スルことなしに」の形で最も多く用いられており（131例）、⑤のような規定成分に用いられる例（3例）や、⑥のような述語に用いられる例（19例）はごくわずかである。また、主語や直接補語に用いられることはない。⑤の「両者の深い心の因果関係を認識することなしの」は被修飾の名詞「発言」を「どのような」と属性規定している。⑥の述語「迷うことなしです」は「迷う行動がない状態です≒迷いません」という意味で、主語（「あなたは」のようなものと考えられる）の状態を表している。高橋他（2005）が指摘するように、「うちけしの動詞は、その運動がないことをあらわす（p.65）」ので、「その運動がない」という意味によって「うちけしの動詞」は既に状態性を有しているといえる。

　⑦「話すことなしに」は「話す行為がない状態で、話さないで」という意

味を表しており、その主語と文の主語は同じ(「僕たちは」のようなもの)と見られる。それはふたまた述語文の先行の節の述語を形成するとともに、その文が表わす事態が成立する時の主語の状態(状況)である付帯状況を表している。「話すことなしに」をふたまた述語文の先行する述語と捉えず、「タバコを吸っていた」という述語で表される動きの様子を「どのように」と表す修飾成分として見ることも可能である。

⑧「天皇制を問うことなしに」は「天皇制を問う試みがない状態で、天皇制を問わないで」、⑨「男性労働者自身のゆとりをつくることなしに」は「男性労働者自身のゆとりをつくる努力がない状態で、男性労働者自身のゆとりをつくらないで」という意味を表すが、それらの主語(⑧「我々が」のようなもの、⑨「男性労働者が」)と後続の節の主語は異なっており、⑧、⑨は重文を構成していると捉えられる。そして、⑧、⑨とも先行節は後続節が表わす事態が成立する時の状態(状況)を示している。⑧、⑨のように後続節が否定形式の場合、全体として「後続節で表される否定的事態を打ち消す、好ましい事態の成立は「スルことなしに」の中の「スルこと」で表される事態の成立が前提である」という意味を表し、「スルこと」の実現を強調する。

このように「スルことなし(の)」は概ね文中で第三形容詞として機能しているといえる。

[II] スルことなしには

「Aことなしには」という取りたての形は、「現代日本語書き言葉均衡コーパス」から例が得られなかったため、「スルことなしには」という動詞が用いられた形のみ検討を行う。

⑩ 貴族はツァーリに奉仕することなしには、世襲地であれ封地であれ、領地を保持することができなくなってきた。

(外川継男『ロシアとソ連邦』講談社 1991)

⑪ 膨大な読書と論文のリビューを行うことなしには、今や一線の研究は生まれません。

(佐藤学『教養教育は進化する』冬弓舎 2005)

⑩は「スルことなしに」を先行の節の述語とするふたまた述語文(主語は「貴族は」)、⑪は「スルことなしに」を先行節の述語とする重文(先行節の主語は「科学者が」のようなもの)であって、その中の先行の節の述語や先行節の述語を取り立てた形である。⑪のように「膨大な読書と論文のリビューを行うことがない状態」を取り立てることは、それを際立たせると同時に、他の可能性が存在する含みを持たせることになり、結果的に「さまざまな可能性の中で特に膨大な読書と論文のリビューを行うことがない場合は」という、強調を伴った条件の意味の発現へとつながる。「スルことなしには」という取り立ての形は、条件という意味によって、非とりたて形式の「スルことなしに」よりもさらに主節や後続節から独立的な状況成分を形成している。

　⑪の「…リビューを行うことなしには」は、「…リビューを行うことがない状態であっては」という条件の表現であり、全体として「…リビューを行わなかったら、今や一線の研究は生まれません」、つまり「一線の研究が生まれるには…リビューが必要だ」という意味を表す。「スルことなしには」という取り立ての形は、後続の述語部分に常に打ち消しの形式を伴い、「Xしない状態であっては、Yはない／Yには、Xすることが必要だ」という意味を、特に後件成立の条件を表す部分（スルことなしには）を強調して示す。

　以上、動詞の場合、「スルことなしに」という形式は、その文で表される事態が起こる際の、付帯状況や状況成分を形成する。また、「スルことなしには」という取り立ての形式は強調を伴った条件的な状況成分を形成して、「スルことなしには～ない」の形式で、「シナイ状態では～ない」、即ち「～の実現にはスルことが必要だ」という意味を表す。なお、形容詞の場合は、「Aことなしで」という形式で修飾成分を形成する。


　「(N／VB) なし (の)」、「(T (A／V)) ことなし (の)」という形式で重要な問題は、それらが一単語の形式になっていることである。

　例えば、「断りなし (の)」や「迷うことなし (の)」は、動詞性語基「断り」、及び、動詞を含む名詞性語基「迷うこと」と「-なし (の)」がそれぞれ組み合わさって一つの単語となったものである。それは「断りがない」、「迷うことがない」という文から、助辞「が」が脱落すると共に、述語の「ない」が

「なし」になって、単語化したと見ることもできる。これは「断りがない」という文が「断りなし」、即ち「無断」のように一単語化したことであり、一単語で文を表しているということを意味する。つまり、一単語の中に文相当の意味内容が込められているということである。

この場合、受け手は理解のために文法的要素や、意味内容を自分で補って、一単語化したものを頭の中で文として復元していく必要がある。また送り手(言語主体)は受け手にその作業を期待している。したがって、この複合語の表現は、送り手、受け手の共同作業によるコミュニケーションと捉えられるものであり、送り手、受け手共に一定の日本語能力が要求される。この点において、一単語の中に豊かな内容を有する複合語による表現は、具体的で説明的な文による表現より表現形式として高度と言うことができる。

### 2.3 名詞性語基
【1】 -いかん 「(N)いかん」

用例:考え方いかんだ

『大辞林』によると、「いかん」は「事の成り行き。その状態。次第。」の意を持つ名詞であるという。

① 遺伝子によっては、その内容如何が深刻な病気を引き起こす場合もある。
(加藤良平『遺伝子工学が日本的経営を変える!』講談社 2005)
② 薄笑いを泛かべ、帝釟は悪来の活躍如何を眺めた。
(芝豪『太公望』PHP 研究所 2000)
③ こうして患者には医者に対する恨みの感情が刺激され、いつの間にか問題は医者の対応いかんに移ったかの如き様相を呈するようになる。
(吉松和哉『医者と患者』岩波書店 2001)
④ 株式に投資した資金は、投資先企業の業績如何で回収額が変わってくるのです。
(水口剛『社会を変える会計と投資』岩波書店 2005)
⑤ 問題は総理大臣の人望如何だ。
(「Yahoo! ブログ」Yahoo! 2008)

①〜⑤からは、名詞性語基と「-いかん」が結びついた複合語が①は主語、②、③

は補語、④は状況成分、⑤は述語として働いていることが分かる。また、これらは連体修飾を受けている。したがって、「Nいかん」という複合語は名詞であることが認められる。

　①〜⑤の下線部分に表された「Nいかん」の意味は、①「（その）内容がどのようなものであるかが」、②「（悪来の）活躍がどのようなものであるかを」、③「（医者の）対応がどのようであるかに」、④「（投資先企業の）業績がどのようであるかで」、⑤「（総理大臣の）人望がどのようであるかだ」と見られる。このように、「-いかん」は結びつく前要素の名詞性語基Nが「どのようなものであるか、どのようであるか」という内容を表す名詞節相当の名詞を合成していることが分かる。

　ところで、例えば①「内容如何」は一つの複合名詞であるが、それと同意の「内容がどのようなものであるか」という名詞節を比べると、後者は説明的で平明であるものの、どこか冗漫な感が否めないのに対して、「内容如何」は一単語で「内容がどのようなものであるか」という文レベルの内容を簡潔に表現している。

　その他、①〜⑤を「その内容の如何が」、「悪来の活躍の如何を」、「医者の対応のいかんを」、「投資先企業の業績の如何で」、「総理大臣の人望の如何だ」と、「いかん」を一つの独立した名詞として「Nの　いかん」のように用いても、文全体の意味は変わらない。しかし、この場合二つの単語になるので、一単語で表現される複合語が持つ緊張感のある響きは薄れる。

　④は、格助辞「デ」や、日本語能力試験2級〈機能語〉の類'に挙げられている後置詞「(Nに)よって」を用いて下のように言い換えることができる。

④　　株式に投資した資金は、投資先企業の業績如何で回収額が変わってくるのです。

④-1　株式に投資した資金は、投資先企業の業績の如何で回収額が変わってくるのです。

④-2　株式に投資した資金は、投資先企業の業績で回収額が変わってくるのです。

④-3　株式に投資した資金は、投資先企業の業績によって回収額が変わって

くるのです。

④-2はデ格の名詞の形式によって「(投資先企業の)業績」を、述語の動詞で示される変化の原因として単純に表している。一方、④「業績如何で」、④-1「業績の如何で」は、「(投資先企業の)業績がどのようであるか」という、「(投資先企業の)変化をはらむ業績の動的な状況」を述語の動詞で示される変化の原因として表す表現になっていて、より詳しく状況が描かれる。④-3の「業績によって」は、ニ格の名詞「業績に」と後置詞「よって」で表されたもので、変化の対応の基準を示す補語として働いている。④-3は、「投資先企業の業績」を回収額が変わってくる基準として動的に対応させて示す点に、「投資先企業の業績」を変化の原因として単純に表す④-2との違いが見られる。しかし、④-3が単に「投資先企業の業績」を変化の対応の基準として示すのに対し、④と④-1は「投資先企業の業績がどのようであるか、変化をはらむ業績の不定の動的状況」を変化の原因としている点に表現内容の更なる細やかさと豊かさが見られる。ここに語彙的意味の乏しい後置詞やそれが欠けている助辞と、複合語の要素として用いられた語彙的意味を豊かに持つ名詞、特に動的意味の広がりを持つ名詞との表現力の差が指摘できる。さらに、④と④-1の「N如何で／Nの　如何で」は他の3例と比較して、漢語の「如何」が力強く、重厚な語感を発揮している点が特徴的である。④と④-1では、④の一単語の複合語の方が、二つの単語からなる④-1よりも緊張感のある響きを持つという差が見られることは既に述べたとおりである。

【1】-1　「(N)いかんでは」　　　　　　　　用例：結果いかんでは
① 「特に何とも思っていない男性」とは決して付き合いませんが 告白のしかた如何では「特に何とも思っていない男性」から「非常に気になる男性」に昇格することもあるので頑張って下さい。　　　　（「Yahoo! 知恵袋」Yahoo! 2005）
② 阪神の2200mは、展開も重要。逃げ馬のペースいかんでは、人気馬総崩れの場合もある。　　　　　　　　　　　　　　　　　　（「Yahoo! ブログ」Yahoo! 2008）
③ このように新通商法は、運用のいかんでは62年法に比較して、保護主義的になる性格を有している。

(経済産業省通商政策局企画調査室企画調査一係『通商白書1976年版（総論）』大蔵省印刷局 1976)

「Ｎいかんでは」は、「Ｎいかんで」のとりたて形式である。とりたて形式によって、①と②のいずれも「Ｎがどのようなものであるかが原因となって、次に述べられる事態が発生する可能性がある」ことを示している（「他の可能性がある」ことも同時に示唆している）。とりたて形式でない場合、例えば②は下の②＊のように表されるが、「逃げ馬のペースの状況」が「人気馬総崩れになる確定的原因である」ことが示される。そのため、とりたて形式が述べる「可能性」とは意味の異なりを見せる。③は「いかん」が名詞の場合（「Ｎの　いかんでは」）の例である。

②＊　阪神の2200mは、展開も重要。逃げ馬のペースいかんで、人気馬総崩れになる。

## 【1】-2 「複合名詞「Ｎいかん」と「後置詞」の組み合わせ」

以下のⅠ～Ⅴは「Ｎいかん」が、日本語能力試験2級'〈機能語〉の類'の後置詞「(Ｎに) かかわらず」、「(Ｎに) よって (は)」、「(Ｎを) 問わず」、及び「(Ｎに) よって」の打消しの形の「(Ｎに) よらず」と組み合わさった形式である（用例は「いかん」が名詞で用いられているので、「いかん」が名詞の場合も示しておく）。

Ⅰ．(Ｎいかん／Ｎのいかんに) かかわらず　　用例：成否のいかんにかかわらず
Ⅱ．(Ｎいかん／Ｎのいかんに) よらず　　　　用例：対応のいかんによらず
Ⅲ．(Ｎいかん／Ｎのいかんを) 問わず
Ⅳ．(Ｎいかん／Ｎのいかんに) よって
Ⅴ．(Ｎいかん／Ｎのいかんに) よっては

①　キャッシングの与信枠は別ですので、キャッシングの利用如何にかかわらず、200万円買い物できます。　　　　　　　　　（「Yahoo! 知恵袋」Yahoo! 2005）
①＊　労働組合のとる賃金債権の確保の要求の態様は、倒産処理の類型の如何にかかわらず、さほどかわりません。
　　　　　　　　　　　　　　　　　（自由国民社『会社経営の法律知識』自由国民社 2003）

② 新聞切抜きなどは、当初は<u>内容いかんによらず</u>、時間順にまとめる。

(野口悠紀雄『「超」整理法』中央公論社 1993)

②＊ そもそもも早、国連の設立の無言の思想的基礎であった、「世界のすべての国が1枚の板の上に乗る」という世界標準方式、あるいは単純思考方式が、<u>その方式の具体的内容の如何によらず</u>もう過去のもの、無用の長物です。　　　　　　　　　　　　　　　　　(「Yahoo! ブログ」Yahoo! 2008)

③　商品に欠陥がある場合、<u>設計・製造・流通上の欠陥如何を問わず</u>、製造者、流通業者、輸入業者などは連帯して賠償責任を負担する。

(今西康人『やさしく学ぶ法学』法律文化社 2003)

③＊ 私は、<u>内容の如何を問わず</u>署名は一切行わないようにしています。

(「Yahoo! 知恵袋」Yahoo! 2005)

④　私は、<u>新茶道の行き方如何によって</u>、名器什宝の鑑賞研究等の態度が一変すると、その標準、定義、解釈も一変する時代がくるものと信じている。

(小林一三『新茶道』講談社 1986)

④＊ <u>原因の如何によって</u>処置法も変わりますが、とくに治療する必要も無い事が多いと言えます。　　　　　　　　　(「Yahoo! 知恵袋」Yahoo! 2005)

⑤　<u>ここの氷河の拡大如何によっては</u>、最悪の場合たった五年で年平均の気温が六度も下がるらしい。　(清水文化『思惑違いの流星豪雨』富士見書房 2001)

⑤＊ <u>離婚理由の如何によっては</u>多少貴女が慰謝料を払うことにもなりますが多くても100万円前後でしょう。　　　(「Yahoo! 知恵袋」Yahoo! 2005)

　　上の例文から、Ⅰ～Ⅴはそれぞれ次のような意味を表すことが得られる。

Ⅰ.「(N いかん／N の いかんに)かかわらず」：「(N がどうであるかに)関係なく」
Ⅱ.「(N いかん／N の いかんに)よらず」　　：「(N がどうであるかに)関係なく」
Ⅲ.「(N いかん／N の いかんを)問わず」　　：「(N がどうであるかと)関係なく」
Ⅳ.「(N いかん／N の いかんに)よって」　　：「(N がどうであるかに)対応して」
Ⅴ.「(N いかん／N の いかんに)よっては」　：「(N がどうであるかに)対応して～可能性もある(Ⅳ. の取り立て形)」

これらの後置詞が組み合わさる名詞は、「Ｎいかん」という一つの複合名詞であったり、「Ｎの　いかん」という「ノ格の名詞」と名詞「いかん」が組み合わさったものであったりするが、どちらの場合も「いかん」によって名詞Ｎに「それがどうであるか、どのようなものであるか」という意味が加わっている。例えば「Ｎいかんに　かかわらず」は、「Ｎがどうであるか、どのようなものであるかに関係なく」という意味を示す。そのため、Ｎ単独の「Ｎに　かかわらず（Ｎに関係なく）」よりも、「－いかん」によって「変化をはらむ不定の動的状況」の概念が加わるだけ、より複雑な内容を表し出す。また、「いかん」は漢語由来の形式であり、それ自身重々しい響きを有することから、単語間のバランスが保たれるよう、「いかん」が用いられる文では他の単語も漢語系統の硬いタイプのものが選ばれる傾向がある。実際①〜⑤＊に見られる単語は漢語系統の硬いタイプのものが多い。

　「－いかん」は前要素の名詞性語基とあわさって、その前要素に「（それが）どのようなものであるか、どうであるか」という不定の動的状況を表す意味を加えた複合名詞を作る。「いかん（如何）」は漢語由来の単語で、重々しい語感を持ち、日常生活ではほとんど用いられることはない。そのような単語を語基とする複合名詞「Ｎいかん」は、前要素となる名詞も、同じ文で用いられる単語も、多くの場合、硬く重厚な漢語になる。また使用される場も、多くの場合、硬い文章や、話す場合では重大事項に関わる場面となる。複合名詞「Ｎいかん」と、ノ格の名詞と「いかん」が組み合わさった「Ｎの　いかん」とは同様の意味を表すが、複合名詞の方が一単語であるだけにより簡潔で引き締まった語感を示す。

　複合名詞「Ｎいかん」は「(Ｎに)　かかわらず」、「(Ｎを)　問わず」などの後置詞と組み合わさって、「Ｎいかんに　かかわらず」、「Ｎいかんを　問わず」のような形で用いられる場合があるが、これらは後置詞が組み合わさる名詞に「－いかん」が「不定の動的状況」といった意味を加えるため、さらに複雑な内容が「－いかん」が発揮する重厚な語感と共に表される。

[注]

1 ── 「首ヲフリナガラ」と「首ヲカシゲテ」は、それぞれ「フリナガラ」と「カシゲテ」が動詞としてヲ格の名詞を支配しているものの述語としての働きはしていないので、節を形成しているとはいえない。しかし、それらを単なる単語として扱うことも適当ではないように思われる。そこで、主語と述語を備えた文相当の節ではないが、単なる単語でもない、節と単語の中間という意味で、この「首ヲフリナガラ」と「首ヲカシゲテ」を「句」という概念で捉えることとしたいと考える。

2 ── 「シナガラ」は、「現代日本語書き言葉均衡コーパス」から「わからないながら」、「知らないながら」、「言えないながら」等、打消しの形で用いられている例が検出された。

3 ── 高橋他（2005）では、「副動詞は、主語を持たないという機能的な特徴によって動詞のパラダイムからはずした（p. 134）」と述べているが、本書では高橋他（2005）が副動詞としているものも動詞の連用形と捉え、用いられ方によって、主語を持たない場合と主節の主語と同じ主語を持つ場合があるとの見解を既に示している。

4 ── 本書では、ふたまた述語文の先行の述語も主節の述語と主語を同じくする節を作ると考える。

5 ── 鈴木（1972b）は「みとめ動詞の第一なかどめから名詞がつくられる（p. 339）」と述べ、そのようにしてできた名詞を転成名詞としている。「生まれながら」は動詞「生まれる」の第一中止形由来の語基「生まれ」に副詞性接尾辞「-ながら」が接尾して派生した副詞だが、これらから、「生まれながら」の「生まれ」をはじめ、動詞性語基には名詞性が示唆される。

6 ── 前述の通り、「生まれながらに」は「生まれつき」、「生来」という副詞に属する派生語に相当するものなので、ここには載せなかったが、「現代日本語書き言葉均衡コーパス」からは「生まれながらに」61例、「生まれながらにして」61例の計122例が得られた。

7 ── 村木（2006）は「-ながら」の諸用法として、「名詞・形容詞・動詞などの述語形式につき、全体で句や節を作るものがある。（p. 22）」という考えを示している。

8 ── この「で」に関して、鈴木（1972b）は「むすびのくっつき「だ」のなかどめの形とみとめられる。この「で」は、名詞ので格くっつきの「で」と起源的にはおなじものであるから、これをで格の「で」とみなしておいてもかまわない。（p. 415）」と述べている。「第二陳述性とりたて詞」の「あるまいし」や「累加性とりたて詞」の「あれ」と組み合わさる「Nでは」や「Nで」を本書ではそれぞれ「デ格の形式の名詞のとりたて形」と「デ格の形式の名詞」としたが、名詞、第二形容詞、第三形容詞の譲歩形「-デ　アレ」を作る「デ」は、鈴木（1972b）で示された解説の中の「むすびのくっつき「だ」のなかどめの形」と位置付ける。

9 ── 助辞「まで」には、格助辞と副助辞の働きがあるが、⑥の場合は副助辞のとりたて用法と考えられる。

10 ── 新日本古典文学大系8　後拾遺和歌集』（久保田淳・平田喜信校注）岩波書店1994年発行

11 ── 『新編日本古典文学全集44　方丈記・徒然草・正法眼蔵随聞記・歎異抄』（神田秀夫・

永積安明・安良岡康作校注・訳者）小学館1995年発行

12ーー「現代日本語書き言葉均衡コーパス」の検索サイト「少納言」では、検出された総数は示されるが、検出された例の中の500件のみ表示される。

13ーー『明鏡国語辞典』の「元気」の項の解説には、「㈠【名】ものごとをやろうとする気力。㈡【形動】❶健康であるさま。❷気力にあふれ、生き生きしたさま。」とある。

14ーー古語においては、意志形、推量形、勧誘形が分離していなかった。

15ーー擬似連体節を含む連体節は連体型接続の文相当の形式と同じもので、副助辞型接続の文相当の形式は連体型接続の文相当の形式の一形態と見られる。連体型接続の文相当の形式と副助辞型接続の文相当の形式は述語が動詞の場合、同形である。

16ーー『新伊和辞典』は「不定詞」を「不定法」として、次のように述べている。「動詞を原形のままで使うのが不定法であるが、ある働きを人称の区別なしに表現し、名詞の性質をも兼ね備えているから名詞的動詞とも呼ばれている。(p. 16)」この「不定法（不定詞）」はmodo infinitoで、「定法」に対する「不定法」modo indefinitoとは異なる。

17ーー鈴木（1972b）では、この「の」を「起源的にはの格をつくるくっつきとおなじものである。(p. 408)」としている。また、規定語になる動詞の形（つたえる形）にこのくっつきの「の」をつけて、動詞の特徴をもちながら、名詞相当の形とはたらきをもつ動名詞がつくられると述べている（p. 408）。

18ーー鈴木（1972b）には、「「ので」、「のに」は動名詞およびそれ相当の単語「-の」ので格とに格からうまれたものである。(p. 495)」、「動名詞から発達したものに、むすびのくっつきの「のだ」「のです」がある。(p.409)」との解説がある。

19ーー本書ではこの「の」を名詞節形成辞としている。

20ーー『新編日本古典文学全集44　方丈記・徒然草・正法眼蔵随聞記・歎異抄』（神田秀夫・永積安明・安良岡康作校注・訳者）小学館1995年発行

21ーー鈴木（1972b）は本書が述べる「修飾成分」を「修飾語」としているが、「修飾語は、述語のあらわす動き、状態、性質の属性であるようす（質、やり方）量、程度をとりだしてあらわす文の部分である。(p. 97)」と解説している。

# 第 5 章　文の部分とのかかわりで捉えるもの

　第3章、第4章では、単語に基づき品詞を中心に分類した日本語能力試験1級'〈機能語〉の類'の中で、品詞という観点で捉えられるものについて検討を行った。しかし、1級'〈機能語〉の類'の中には、品詞という枠組みでは捉えることができないものもある。そのような品詞という枠組みでは捉えることができない日本語能力試験1級'〈機能語〉の類'に関しては、現実の文を構成する「文の部分」（「主語」、「述語」、「補語」、「規定成分」、「修飾成分」、「状況成分」、「陳述成分」、「接続成分」）に対してどのように働くかという観点から分類を試みた。具体的には、「品詞という枠組みでは捉えることができない1級'〈機能語〉の類'」を、まず「文の部分の形成にかかわる働きをするもの」という観点と「文の部分の述べ方にかかわる働きをするもの」という観点から分け、さらに前者を「述語形成要素」、「規定成分形成要素」、「修飾成分形成要素」、「状況成分形成要素」の四つに分類した（2級の'〈機能語〉の類'には「陳述成分形成要素」に該当するものもある）。後者は、「文の部分のとりたて」とかかわるものである。これらはそれぞれ、単語に基づいて構成される「句」と、単語以下の単位である「辞」に分けられる。村木（2010a）によると、「文の部分」は「一つの単語が文の部分になることもあるが、単語の結合体が文の部分となることもある（p.103）。」という。

　以下、文の部分とのかかわりによって分類した日本語能力試験1級'〈機能語〉の類'に関する検討を示す。

# 1. 文の部分の形成にかかわる働きをするもの

## 1.1 述語の形成にかかわるもの（述語形成要素）
### 1.1.1 述語形成辞

語彙的意味を持たず、動詞を中心とした述語の本体である単語と組み合わさって述語の形成に与る単語以下の単位である要素を「述語形成辞」とする。

【1】べからず　　「(スル)べからず」　　　　　　　　　　用例：入るべからず

古代語の推量、予定、当然、適当、可能、意志、必要・義務の意を表す、いわゆる「助動詞」「べし」の打ち消し形に由来する。「べし」の基本義は「現状、経験、道理から判断して、そういうことになるにちがいないという意味（旺文社『古語辞典第九版』）」である。

古代語では、「(スル／ス) べし」[1] に形式として一つの体系が見られたが、現在では、その中の「(スル／ス) べき」、「(スル／ス) べく」、「(スル) べからず」、「(スル) べからざる」のみが、それぞれ独立した形式として認識されて用いられるにすぎない。したがって、本書では「(スル) べからず」を他の「(スル／ス) べき」、「(スル／ス) べく」、「(スル) べからざる」から切り離して捉え、述語形成に与る述語形成辞と位置づける。なお、「(スル／ス) べき（だ）」は日本語能力試験2級の'〈機能語〉の類'の述語形成辞である。

「べからず」は不定型接続の文相当の形式の述語である動詞と組み合わさって、常に「スルべからず」の形で用いられる。不定型接続の文相当の形式の述語を作る単語の語形である「不定形」の動詞の形は、終止型接続の文の述語を作る単語の語形である「断定形」の動詞の形と外見上同じに見える。終止型接続の文の述語を作る単語はそれぞれ独自のムードで文を終止させる働きをするが、その中で「断定形」は「いいきり（断定）」のムードで文を終止させる。「いいきり（断定）」について、鈴木（1972b）は「ことがらをはっきりと断定してつたえるきもち (p.418)」としている。一方、「べからず」とともに述語を形成する動詞は、述語形成辞「べからず」が加わることによって基本的に「禁止」というモーダルな意味を持つ述語となる。従って、その動詞自体はムードを持たない「不定形」の非過去みとめの形と見るのが適当であ

ると考えられる。

　「現代日本語書き言葉均衡コーパス」から検出された「(スル) べからず」は全364例。その中で、「Yahoo! 知恵袋」からのものは10例、「Yahoo! ブログ」からのものは18例であることから、「Yahoo!」関係ではあまり用いられない、書き言葉的表現形式といえる。

Ⅰ. 禁止の意味を持つ訓戒や自戒の表現
① 「初心忘るべからず」
② 「働かざる者、食うべからず」
③ 人は無責任な行動、するべからず、褒められて有頂天になるべからず、…。
　　　　　　　　　　　　　　　　　　　　　　（「Yahoo! ブログ」Yahoo! 2008）
④ 確かにあれは魔力ですなあ！僕もそれを感じたから、もうあの人には近寄るべからず近寄ったらば、此方が危ないと悟ったんです。——（痴人の愛）

　上の①、②は一般に知られている訓戒（『大辞林』に①は［世阿弥の『花鏡』にある言葉］とある）、③はブログの書き手創作の訓戒、④は自分に対する話者の自戒と考えられる。

Ⅱ. 物事の真理やある権威の下での指示としての強制的禁止や警告の表現
⑤ 法治国である以上法に従うのは致し方ない。だが女医者の場合は女の医者は困るというだけで、"女が医者になってはいけない"という条文はない。ない以上は受けさせて及第すれば開業させてやるのが筋だ。もし女がいけないのであるならば"女は医者になるべからず"という一項を書き入れておくべきだという理屈になろう。
　　　　　　　　　　　　　　　　　　　　　　　　　　　　　　　　（花埋み）
⑥ 私語をするな、隊伍を乱すな、敵味方の強弱を論ずべからず。犯す者は斬る」と手きびしく命じた。
　　　　　　　　　　　　　　　　　　　　　　　　　　　　　　（国盗り物語）
⑦ BIOSは良く分からないなら触るべからず！です。」
　　　　　　　　　　　　　　　　　　　　（「Yahoo! 知恵袋」Yahoo! 2005）

Ⅲ. 不可能

⑧　開封到着の日、飯河君曰く、極力宴台方面を捜索せしもその効なく、碑の所在知るべからず。
(桑原隲蔵『考史遊記』岩波書店 2001)

⑨　……以上は一例なるも尚全国に渉りて探査せんか其数幾何なるも知るべからず。
(楡家の人々)

　Ⅰは、「べからず」が由来する「べし」の基本義からの、「現状、経験、道理から判断して本来的にそうあるべきではない」という意味での、「現状、経験、物事の道理に従った戒めとしての強い禁止」、Ⅱも、「べし」の基本義に基づいた、「現状、経験、道理から判断して当然そうあってはならない」という、物事の真理、ある権威の下での指示としての強制的な禁止(⑤、⑥)、警告(⑦)とみられる。⑥では、「私語をするな、隊伍を乱すな」という、打消しの命令形(禁止形)による表現と並んで、「敵味方の強弱を論ずべからず」という表現がなされている。前者がこれを指示した隊長からの瑣末な事柄に対する個人的な禁止であるのに対し、後者は戦いの勝敗にかかわる物事の当然の理としての重大な禁止で、物事の真理、或いは、ある権威に基づく絶対的な見地からの指示としての強制的な禁止の宣告と、それを受ける者に理解される。Ⅰ、Ⅱに比べて数量的にわずかであるが、Ⅲのような不可能の意味で用いられる場合も見られる。

　例⑤から取り出した下の㋐は、日本語能力試験3級の文法事項中の形式の「シテハ　いけない」、及び「スルナ」を用いて、㋑、㋒のように言い換えることが可能である。

女は医者になるべからず。　　………㋐
女は医者になってはいけない。　………㋑
女は医者になるな。　　　　　………㋒

　上記3例全て禁止を表すが、㋒はある事柄を単に話者である言語主体の個人的主観によって禁止するという語感がある。㋑は話者である言語主体の見解として、それは一般的に認められないことだから禁じると口語的に述べるものである。それに対し、㋐の方には、ある一般的に認められた道理や常識、または、ある権威にもとづく絶対的な見地からの指示としての禁止であり、その指

示に従わないことは絶対に許されないと宣告するような、強制性を持った禁止というニュアンスが重厚な語感と共に表し出されている。

　⑦は主に古いタイプの硬い書き言葉に見られるが、「Yahoo！ブログ」や「Yahoo! 知恵袋」のような現代の話し言葉的な軽い文体の文でも、道理や、ある権威に基づいた強力な指示としての禁止であるというニュアンスを強く出そうとする場合に、特別に用いられる。「道理」や、「権威」を強く押し出した、背くことが認められない強制的指示、宣告というニュアンスが、「シテハ　いけない」や「スルナ」と比べた「スルベからず」の特徴と考えられる。
　このように「スルベからず」は、個人を超えた権威のあるものから、その権威の下に指示として示された強制的禁止の宣告であるというニュアンスを持つことから、社会的きまりとして禁止を告知する張り紙、掲示等にも使用される。

「無用の者入るべからず、の札がかかっている路地に入っていく拾い屋が映った。」
（上林猷夫『上林猷夫詩集』思潮社 1995）

　中古では下の例のように主として漢文訓読文に用いられたことが、「スルベからず」の持つ重厚さや格調の高さ、ある権威の下に指示として示された強制的禁止の宣告といった語感に影響を与えているように思われる。

「一寸光陰不可軽（一寸の光陰軽んずべからず）。」
（『大辞林』には［朱熹の詩「偶成」の一節から］とある。）

【2】のみ（だ）　　「（スル）のみ（だ）【F】」
　『大辞林』によると、「のみ」の語源は「の身」で、「…それ自身」と強調するのが原義であり、他を排除してある事柄だけに限定する意味は漢文における文末助辞「耳」の訓読から生じた用法であるという。既に示したように、本書では鈴木（1972b）で述べられた「は」、「も」、「こそ」などの「第一種のとりたてのくっつき」を「とりたて助辞」、「だけ」、「ばかり」、「など」といった「第二種のとりたてのくっつき」を「副助辞」とした。「のみ」は「第二種

のとりたてのくっつき」に含まれており、「副助辞」に分類される。

「のみ」を『CD-ROM版　新潮文庫の100冊』や「現代日本語書き言葉均衡コーパス」を用いて検索してみると、実に様々な単語や句、節の後に自由について、それらの意味を「それだけ、それにほかならない、そのもの」と限定、強調していることが分かる。

「のみ」の働きを詳しく観察すると、名詞や名詞句、名詞節に直接接続する場合と、それ以外の場合とでは、働きがやや異なることが認められた。格の名詞に接続する場合、その格形式の持つ意味を限定して動詞をかざる。例えば、ヲ格の場合、「海をのみ見ていた」は、他のものを見ることはなく見ていたのは海だけという意味で、「見る」行為の対象を排他的に限定する働きを示すことになり、限定は動詞との関係において行われる（次の「ヲ格」の例C参照）。それに対し、「海のみを見ていた」の場合、「他のものは一切目に入れず、まさに唯一海だけ」を見ていたという意味になり、「海」自体を唯一のものとして限定して強調する（工藤（2000）が「とりたて副詞」の「まさに」を分類する「選択指定」的な限定にあたる）。

沼田（2009）は「のみ」について「だけ」と文体差を除きほぼ同一の特徴を持つと述べている。また、「だけ」の意味を「限定」と呼ぶこととするとしているので、「のみ」の意味も「限定」と捉えていることが推測できる。

鈴木（1972b）は、「のみ」を含む、「だけ」「ばかり」「など」といった第二種のとりたてのくっつきについて以下のように述べている。（p. 232: 14–20）

> これらのくっつきは、第一種のとりたてのくっつきと同様の位置をしめるほかに、はだかの名詞（語幹）にじかにくっついて、名詞と第二種のくっつき全体が一つのはだかの名詞（語幹）と同様に、そのあとに格のくっつき（連体的なものもふくむ）、第一種のとりたてのくっつき（および、あとでとりあげるならべのくっつき「と」「や」「か」など）、むすびのくっつき「だ」「です」が自由につくのである。

鈴木（1972b）は、第二種のとりたてのくっつきのこうした用法が、名詞のはだかの形がほかの単語をともなって、二単語で一つの文の部分にもちいられる、

「もの 自体を」、「女性 自身が」といった例と類似していることを指摘している(p. 221、p. 232)。この項の冒頭に示したように「のみ」の語源は「の身」で、「…それ自身」と強調するのが原義であるが、「のみ」が名詞の後に直接接続した前記の例を始め、次に示す名詞句、名詞節の後に直接「のみ」が接続した例は、鈴木(1972b)の指摘のように、「のみ」が接尾辞的に名詞や名詞句、名詞節に加わって、「〜自身」、「〜そのもの」という意味を前接の名詞や名詞句、名詞節に加え、唯一のものとして限定、強調する働きを持つことを示唆している。

以下、主として『CD-ROM版 新潮文庫の100冊』を用いて、文中での「のみ」の使われ方を示す。

「のみ」の用法
(1) 名詞、名詞句、名詞節に続く場合
ガ格:
「いますぐに御位をお捨てになってもあとへ悔いのみのこり、母君をお救いできるとは限りません。」 (新源氏物語)…a
　　「まさに唯一悔いだけ、他に残るものは一切ない」と「悔い」を限定して強調。
「皆は一言も口を利かず、雪のさらさらと降りこぼれる音のみが、沈黙を一層深くした。」
　　「まさに唯一音だけ、他に何もない」と、「音」を限定して強調。 (草の花)…b

ヲ格:
「今迄ひろびろとした海をのみ見ていた右舷に、松林の長く続いた岬が現れ始めた。」
　　「のみ」は、「島や空でなく、見ていたのは海だけ」と、「見る」行為の対象である「海」を排他的に限定して示す。そこに今度は「岬が見え始めた」のである。 (草の花)…c
「医師の敬虔を彼は取戻し、ただ慎重であることのみを心がけた。」
　　「まさに慎重であることだけ、それ以外一切ない」と限定して強調。(華岡青洲の妻)…d
「奥義を極めた者のみに可能な最高の技術で焼き上げたカステラで、厳選した材料のみを使用している。」 (「Yahoo!ブログ」Yahoo! 2008)…e
　　「まさに唯一厳選した材料だけ、他の物は一切ない」と「厳選した材料」に限定して強調。

ニ格:
「すべての忌わしい現実を忘れ去り、ただ、この瞬間の陶酔にのみ自己を鎖してしまいたい烈しい欲求だった。」　　　　　　　　　　　　　(草の花)…f
　　「自己を鎖してしまいたい」のは、他の場でなく「この瞬間の陶酔の中にだけ」であると排他的に限定。

「日本の男女関係は武家社会の家を守ることのみに主眼をおき、人間の尊厳を無視した卑劣な制度です。」　　　　　　　　　　　　　　(花埋み)…g
　　「まさに家を守ることだけ、家を守ること以外一切ない」と限定して強調。

デ格:
「民主党の熊谷弘幹事長代理は二十二日の講演で「大改革は選挙でのみ可能だ。国民の政治を見る目は肥えている」と強調した。」
　　　　　　　　　　　　　　(朝日新聞社(著)「朝日新聞朝刊2001/2/25」2001)…h
　　「大改革が可能」であるのは、他の手段ではなく「選挙」に排他的に限定される。

「そうかな。だが情のみで夫婦の道が成りたつならば、浮世の苦しみもあるまいに。」
　　「まさに情の一点で」と「情」を限定して強調する。　　　　　　　(沈黙)…i

取りたて助辞:
「ただ偉大な思想家のみはそのことを行動人よりも深く知っている。」
　　　　　　　　　　　　　　　　　　　　　　　　　　　　(人生論ノート)…j
　　「まさに偉大な思想家、ただそのような人に限る」と限定して強調する。

数量名詞:
「今は二人のみ生存しているが、一人は忠庵というポルトガル人で元当地の耶蘇会の長であったが、その心は腹黒い。」　　　　　　　　　(沈黙)…k
　　「生存している」のは「二人」以外いない」と「二人」を限定して強調する。

述語名詞:
「朝食といっても、またもや中華饅頭に胡瓜、モヤシの漬物、卵スープのみだ。」

(大高未貴『シルクロードがむしゃら紀行』新潮社 2001)…l

「そこには電気もなく、車が走れる道路もない。交通手段は<u>自分の足</u>のみだ。」
(斉藤政喜『東方見便録』文藝春秋 2001)…m

「操作は<u>左クリック</u>のみ。」　　　　　　　　(「Yahoo! ブログ」Yahoo! 2008)…n

「テキストはリルケによる<u>序文</u>のみで、各図版に添えた説明文は編集部による。」
(実著者不明「芸術新潮」2001年6月号(第52巻第6号、通巻618号)新潮社 2001)…o

　これらの「のみ」は、すべて「のみ」に前接する名詞を限定しているが、l は「中華饅頭に胡瓜、モヤシの漬物、卵スープ」以外ない、m は「自分の足」以外ない、n は「左クリック」以外ない、o は「序文以外ない」と強く限定し、l, m は断定的に示す。n は繋辞がない形で、限定の強い意識をそのまま強力に表し出している。

分裂文の述部:
「あるのは、ただ<u>天</u>のみ」　　　　　　　　　　　　　　　(国盗り物語)…p
「島内に残れるのは<u>長子</u>のみで、他は島外へ出て行かねばならない。」
(津村節子『幸福村』新潮社 1989)…q

　文末に用いられた繋辞がない p は、「まさに唯一天だけ、それ以外一切ない」という強い限定の認識をそのまま強力に表し出す。


(2) 引用の助辞「ト」の後に続く場合
「民子は只々少しも元気がなく、痩衰えて<u>鬱いで許り居るだろうと</u>のみ思われてならない。」
(野菊の墓)…r

　「思われてならない」のは「民子は只々少しも元気がなく、痩衰えて鬱いで許り居るだろう」ということ以外一切ないと限定して強調。


(3) 後置詞の後に続く場合
「私の個性は<u>更生によって</u>のみ私のうちに生れることができるのである。」
(人生論ノート)…s

　「私のうちに生れることができるの」は他でなく、「更生によって」だけであるという「手段」の排他的限定。

「電気容量は、幾何学的要素のみによって決まる。」

第5章　文の部分とのかかわりで捉えるもの　　505

(渡邊靖志『基礎の電磁気学』培風館 2004)…t

電気容量が決まる要因は「唯一幾何学的要素だけ、他の物は一切ない」と「幾何学的要素」に限定して強調。

「自由な存在即ち<u>一個の文化人としてのみ</u>私は、いわゆる社会の中で活動するにせよしないにせよ、全宇宙と無限の関係に入るのである。」(人生論ノート)…u

「全宇宙と無限の関係に入る」のは、「一個の文化人として」以外ではないと「立場」を排他的に限定。

(4) 従属接続詞の後に続く場合

「では、この話の主人公は、唯、<u>軽蔑される為にのみ</u>生れて来た人間で、別に何の希望も持っていないかと云うと、そうでもない。」　　　　　　　　(羅生門)…v

「生まれて来たの」は「軽蔑される為」以外ではないと「目的」を排他的に限定。

(5) 動詞に続く場合

文末:

「いまにしておもえば、まことに浅はかな、おもいあがったまねをしてのけたことと、ただただ<u>恥じ入るのみ</u>。」　　　　　　　　　　　　　　(剣客商売)…w

「恥じ入る以外他に一切ない」と「恥じ入ること」に強く限定し、強力に表し出す。

「生死をわすれ、我執を去り、悪縁を切りすて、ただひたすらに生涯の大事を<u>おこなうのみだ</u>」　　　　　　　　　　　　　　　　　　　　(国盗り物語)…x

「生涯の大事を行う以外他に一切ない」と強く限定して、断定的に示すことから、断固として行うという決意の表明となる。

「そんな悠長なこと言って、どうするの！<u>行動するのみ</u>！即刻、尾島の家へ乗り込んで―」　　　　　　　　　　　　　　　　　(女社長に乾杯)…y

「行動する以外他に一切ない」と強く限定して、強力に表し出すことから、我々は意を決して行動するのだという決意の表明となる。

「私にはただ<u>闘争あるのみ</u>！」　　　　　　　　　　　　　(二十歳の原点)…z

「闘争以外他に一切ない」と強く限定して、強力に表し出すことから、意を決して行動するのだという決意、または覚悟の表明となる。

重文の先行節末：
「一同は、遺言を聞き終わると、互いにうなずきあっているのみで、ほとんどささやくことすらしなかった。」　　　　　　　　　　　　　　（塩狩峠）…α
　「うなずきあっている以外、他の行動はない」、「うなずきあっている」ことに「行動」を限定。


動詞第二中止形の後：
「ただこうやって、何でも頭に浮かぶことを走り方に移していってのみ、おれはまともなおれらしくやってゆけ、奴らを負かすこともできるのだ。」
　　　　　　　　　　　　　　　　　　　　　　　　　　　　　　（長距離走）…β
　「おれがまともなおれらしくやってゆけ、奴らを負かすこともできるの」は、「何でも頭に浮かぶことを走り方に移していくことによって以外ない」と、この場合「手段」を排他的に限定している。


打消しの形の後：
打消しの形は、非過去形も過去形も「のみならず」に後接して、「それに限定しないで、そのほかにも」という意味を示す文しか検出されなかった。したがって、「のみ」のみとめの形が動詞の打消しの形と用いられることは一般的ではないことが分かる。

「従って、特別利害関係人たる取締役は、当該決議に関し議決権を行使できないのみならず、定足数にも算入されないことから取締役会の出席権もないと解する判例がある。」　　　　　　（加美和照『会社法』勁草書房 2003）…γ
「このような石油需要の大幅減少にもかかわらず、OPEC の減産体制が十分に機能しなかったのみならず、OPEC に加盟していない産油諸国が次第に増産のテンポを早めてきたからだ。」
　　　　　　　　　　　　　　（小山茂樹『石油はいつなくなるのか』時事通信社 1998）…δ


(6) 形容詞に続く場合
第一形容詞も第二形容詞も「非過去みとめ形」に「のみならず」が後接して、「そ

れに限定しないで、そのほかにも」という意味を示す文しか検出されなかった。ここからは、「のみ」の形で形容詞に後接して用いられることはないことが指摘できる。「だけ」が、「退屈なだけだ」、「冷淡なだけだ」、「おかしいだけだ」、「高いだけだ」のように広く形容詞と用いられることと比べると、この点に両者の違いが顕著に表れている。

「とくに、第2期作は収量水準が<u>低いのみならず</u>、年度による豊凶差が顕著で、不安定である。」
　　　　　（片野學『総合研究機構プロジェクト研究報告の集成』東海大学総合研究機構 2001）…θ
「収量水準が低い」ことに非限定で、「その他にも」という意味で後に関連する事柄を加える。

「この種の判断は、判断を下すのが<u>困難であるのみならず</u>、その判断をもちつづけるのが実に困難だと言わなければならぬ。」
　　　　　（井口時男／武田泰淳／長沼行太郎『高校国語教科書現代文』教育出版株式会社 2007）…φ

「のみ」のはたらき

　「のみ」は、副助辞として様々な単語や、文の様々な部分に後接して、それに限定や強調を加える働きを行う。だが、これまでの例の中の、「のみ」が文末の述語名詞に後接した例文 l、m、n や、分裂文の述部の文末の名詞に後接した例文 p、文末の述語である動詞に後接した例文 w、x、y、z には、他の場合と異なり、「のみ」が前接の部分に限定や強調を加えるだけでなく、その意識を断定的に示したり、決意や覚悟の思いとして表明したりといった、モーダルな意味を述語に加える働きを行っている様が見られる。本書では、述語を構成する「のみ（だ）」を、語彙的意味を持たず、動詞を中心とした述語の本体である単語と組み合わさって、限定の意識を強調して断定的に示したり、決意や覚悟を表明したりする述語を形成する、単語以下の単位の「述語形成辞」と位置付ける。

　ところで、副助辞「のみ」の語源は「の身」で、「…それ自身」と強調するのが原義だという『大辞林』の解説をこの項の初めに述べた。次の例文㋐を見ると、「のみ」が「学歴」という名詞に直接続いてそれを限定、強調してい

ることがわかる。また、「のみ」自身が名詞起源であることから、㋐の「学歴のみ」は、名詞「学歴」と、「限定」や「そのもの」の意味をもつ名詞起源の副助辞「のみ」との組み合わせからなる名詞相当のものであると捉えられる。㋐で格助辞ガが「学歴のみ」に後接しているのは、そのためと考えられる。

㋐　学歴のみがはばをきかす時代は過ぎた。　　　　　　　　　　（『大辞林』）
㋑　ただ単に専門家や担当者を行政面で異動、再配置するのみでは、原子力開発における安全性の問題は解決しないと思いますが、いかがでしょうか。
（松前達郎君『国会会議録／参議院／本会議』第 084 回国会 1978）

　同様に、㋑の「のみ」に前接する「専門家や担当者を行政面で異動、再配置する」の部分も「学歴」と同じく名詞的性質を持つことが考えられる。漢文訓読文も古語に含めるなら、「…学問の道は他無し。其の放心を求むるのみ、と。**2**（孟子　告子章句上）」のように、「のみ」は活用語の「連体形」と用いられていた。古語の連体形は体言の働きも兼ねていたので、「其の放心を求むる」は名詞節と考えられるが、その名詞節に名詞起源の「のみ」が加わった、「其の放心を求むるのみ」は名詞句相当のものと見ることができる。ここに、㋑の「専門家や担当者を行政面で異動、再配置するのみ」も、「専門家や担当者を行政面で異動、再配置する」という名詞節相当節と「のみ」からなる名詞相当の句と捉え得る理由が挙げられる。名詞起源の副助辞「のみ」由来の述語形成辞「のみ」は名詞節相当節に加わり、名詞相当の句を形成すると共に、意味的にその前接の部分を限定、強調し、さらに繋辞を伴って述語を形成すると捉えることができる。

<u>述語の形成に与る述語形成辞「のみ(だ)」の用法</u>
　例文の検討から、述語形成辞「のみ（だ）」の用法は、1．一般的な述語名詞に後接する場合、2．分裂文の述部に後接する場合、3．「Ｎある（N: 名詞)」という形の複合動詞に後接する場合、4．3．以外の動詞に後接する場合という 4 つの場合に分けられる。

1. 一般的な名詞に後接して述語を形成する場合
　以下の例文に見る通り、「のみ(だ)」が形成する述語は全て限定を示す。しかし、繋辞のない「鶏は一時のたわむれのみ。」、「おいらはタバスコはマリーシャープスのみ！」は述語文的な構造であるが文とは呼べない述語句であり、言語主体の強い限定の意識をそのまま強力に表出する。その点が、過去の形、非過去の形を問わず繋辞を伴って述語文を形成している他の例との違いとして指摘できる。ただ、非過去の本書でいう繋辞「だ」、「ある」等を伴って文末で名詞に後接して述語を形成する「のみ」は、下の例の「交通手段は自分の足のみだ。」のように、言語主体の述語の名詞に対する強い限定の意識を断定的に提示する。

「鶏は一時のたわむれのみ。」
　　　　　　　　　　　　　　　　　　　　　　　　　　　　（焼跡のイエス）
「おいらはタバスコはマリーシャープスのみ！これが美味いんですよ!!…お試しを!!」
　　　　　　　　　　　　　　　　　　　　（「Yahoo! ブログ」Yahoo! 2008）
「そこには電気もなく、車が走れる道路もない。交通手段は自分の足のみだ。」
　　　　　　　　　　　　　　　　　　（斉藤政喜『東方見便録』文藝春秋 2001）
「このうち尾張以来の織田家譜代は、丹羽長重と前田利勝のみである。」
　　　　　　　　　　　　　　　　　　　　（堀新『奮闘前田利家』学習研究社 2002）
「報道関係者は三名のみだった。」
　　　　　　　　　　（中原洋『腐敗と寛容インドネシア・ビジネス』東洋経済新報社 2005）
「テキストはリルケによる序文のみで、各図版に添えた説明文は編集部による。」
　　　　　（実著者不明「芸術新潮」2001年6月号（第52巻第6号、通巻618号）新潮社 2001）
「茨城県の場合は『茨城県史　県史　近現代編』(一九八四年)によれば、太平洋戦争に召集された茨城県出身者は一〇万人余にのぼり、戦没者五万三二〇〇人余であり、この中には一般人も含まれていて兵士のみではない。」
　　　　　　　　　　　　　　　　　（波平恵美子『日本人の死のかたち』朝日新聞社 2004）

2. 分裂文の述部に後接して述語を形成する場合
　分裂文の述語が名詞でも後置詞句でも、繋辞なしで「のみ」が後接するときは述語句となり、「それだけだ、それしかない」という述語の名詞や後置詞

句に言語主体の強い限定の意識を、そのまま強力に表し出す。「のみ」が非過去の繋辞を伴う場合は、名詞や後置詞句に限定を加え断定的に示すが、過去の繋辞の場合は限定を加えるのみである。

　また、「のみ（だ）」が後接する分裂文の述語が名詞でも後置詞句でも、文の述語でない場合、「のみ（だ）」は前接の名詞や後置詞句に対して限定を加えるだけである。


(1) 名詞が述語の場合
「我に残るものは唯階級闘争のみ。」　　　　　　　　　　　　　　（二十歳の原点）
「あるのは、ただ天のみ」　　　　　　　　　　　　　　　　　　　（国盗り物語）
　　→繋辞がないものは、「唯一それだけである、それ以外にない」という言語
　　　主体の強い限定の意識をそのまま強力に表出する。
「源氏にあるのは、今は、御息所に対する恐怖と嫌悪の念のみである。」
　　　　　　　　　　　　　　　　　　　　　　　　　　　　　　　（新源氏物語）
「六條院は広大であるから、このにぎわしさを楽しめるのは、南の対の紫の上のみであった。」　　　　　　　　　　　　　　　　　　　　　　（新源氏物語）
「島内に残れるのは長子のみで、他は島外へ出て行かねばならない。」
　　　　　　　　　　　　　　　　　　　　　（津村節子『幸福村』新潮社 1989）


(2) 後置詞句が述語の場合
「そして土蜘蛛衆が忠誠を誓うのは、あくまでも当主の忠行に対してのみ。」
　　　　　　　　　　　　　　　　　　　　　（三雲岳斗『カーマロカ』双葉社 2005）
　　→繋辞がないものは、「唯一それだけである、それ以外にない」という言語
　　　主体の強い限定の意識をそのまま強力に表出する。
「人間が真に人間たりうるのは闘争の中においてのみである。」　（二十歳の原点）
「御嬢さんは私には何とも云いません。たまに奥さんと一口二口言葉を換わす事がありましたが、それは当座の用事に即いてのみでした。」　　　　（こころ）
「もちろん、使用目的は車庫としてのみで、クルマは道路にはみ出すことなく、全体が収容できなければなりません。」
　　　　　　　　　　　　　　　　（実著者不明『クルマ何でも相談室』JAF 出版社 2002）

3.「名詞」を前要素、「ある」を後要素とする複合動詞に後接して述語を形成する場合

前要素である「名詞」

- 動作名詞（積極的に推し進める意味の単語）：
    攻撃ある、階級闘争ある、闘争ある、驀進ある、突進ある、前進ある
    実行ある、努力ある、アタックある、リベンジある
- 動作名詞（状態の持続、または変化を表す意味の単語）：
    我慢ある、忍耐ある、破滅ある、滅亡ある、死ある
- 動作名詞以外：一事ある、（逃げの）一手ある

　「ある」と組み合わさる名詞が積極的に推し進める意味を表す動作名詞である「Nあるのみ（だ）」が文末に非過去の形で用いられるとき、「他の選択肢を自ら排除、それだけに限定して積極的に強く推進する」という決意を断定的に表明する。「のみ」が繋辞を伴わない場合は、述語句となって、決意を断固たる思いと共に強く外に表し示す。決意を表すのは、「Nあるのみ（だ）」が文末に非過去の形で用いられるときだけで、文中で用いられる「練習あるのみなのですが」や、過去の形で用いられる「前進あるのみでした。」などは限定を表す。また、「ある」と組み合わさる名詞が状態の持続・変化を表す動作名詞や動作名詞以外の名詞の場合は、「それだけが残されている」という限定を表す。

《決意》

・積極的に推し進める意味の動作名詞Nと形成する「Nあるのみ（だ）」が、文末に非過去の形で用いられるとき。

「私にはただ闘争あるのみ！」　　　　　　　　　　（二十歳の原点）
「この期におよんで、撤退など論外である。攻撃あるのみだ。」
　　　　　　　　　　　　　　　　　　（コンスタンティノープルの陥落）
「一旦、命令が出たかぎりはただ驀進あるのみだ。」　　　（戦艦武蔵）

《限定》
・状態の持続・変化を表す意味の動作名詞や動作名詞以外の名詞と形成する「Nあるのみ(だ)」のとき

「僕らはじっと<u>我慢あるのみです</u>。」　　　　　　　　（「Yahoo! ブログ」Yahoo! 2008）

「ただちに染香と結婚してカトリックに帰依するの<u>一事あるのみである</u>。」

（焼跡のイエス）

「同数で激突したならば、艦爆には絶対に勝ち目はない。今は逃げの<u>一手あるのみだ</u>。」　　　（吉田親司『空母艦隊血風録』有楽出版社；実業之日本社（発売）2004）

・積極的に推し進める意味の動作名詞と形成する「Nあるのみ(だ)」が非過去以外の形で用いられる時、或いは、文末に用いられないとき。

「<u>前進あるのみでした</u>。」　　　　　　　　　　　（「Yahoo! ブログ」Yahoo! 2008）

「自信の裏側には、<u>練習あるのみなのですが</u>　練習が本番なので　失敗したときは、汗だらだらです。」　　　　　　　　　　（「Yahoo! ブログ」Yahoo! 2008）

4. 動詞に後接して述語を形成する場合

「スルのみ(だ)」

述語形成辞「のみ(だ)」は、副助辞型接続の文相当の形式の述語である動詞の非過去みとめの形とともに「スルのみ(だ)」という形式の述語を形成する。この述語形式は、とりたての陳述詞「ただ」と多く共起することが特徴的である。

「スルのみ(だ)」が表す文法的意味と、「のみ(だ)」と組み合わさる動詞のタイプ

表1は主として『CD-RM版　新潮文庫の100冊』からの例を用いて、動詞と述語形成辞「のみ(だ)」の様々な形が合わさって作り上げる述語を動詞のタイプを中心に分類したものである。表1からは、動作主体が1人称であって積極的な選択を示す意味を持つ意志動詞と、非過去みとめの形の繋辞を伴う「のみ(だ)」が合わさって述語を形成する場合、「他の選択肢を自ら排除、それだけに限定して積極的に強い気持ちでそれを行う」という決意を表し、それ以外の場合は全て限定を表すことがわかる。また、繋辞を伴わない「スル

のみ」や「スルのみ！」は、南（1993）の述べる独立語文の中の述語句と見られ、「他の選択肢を排除し、それを断固として行う」という決意や、「ただそれだけである」という限定の思いを、思いのまま直接的に強く表出する。決意や限定の思いの、直接的な強い表出は繋辞を伴わない「スルのみ」の特徴と考えられる。

**表1** 動詞と「のみ（だ）」が合わさって作り上げる述語の動詞のタイプによる分類

| | | | | | |
|---|---|---|---|---|---|
| みとめの形 | 非過去形 | 1人称 | 意志動詞 | 積極的な選択あり | 行動する | のみ！ |
| | | | | | 取る、食いまくる 見ざるがごとく見る | のみ |
| | | | | | おこなう、討滅する、（道を）ゆく | のみだ |
| | | | | | 信ずる | のみです |
| | | | | 選択なし | 祈る、（手をつかねて）見る | のみ |
| | | | 無意志動詞 | | 恥じ入る | のみ |
| | | 3人称 | 意志動詞 | | 聞く 住んでいられる | のみである |
| | | | 無意志動詞 | | 慰めとなる | のみ |
| | | | | | 弱ってゆく | のみである |
| | | | | | 心乱れる | のみでございます |
| | 過去形 | 1人称 | 意志動詞 | | 訴うる | のみであった |
| | | 3人称 | 意志動詞 | | お辞儀をした | のみであった |
| | | | 無意志動詞 | | 燃えている | のみだった |
| 打ち消し | 非過去 | 3人称 | 意志動詞 | | 図式化する | のみではない |

Ⅰ.「のみ（だ）」がみとめの形である場合

（Ｉ）「のみ（だ）」が非過去形の繋辞を伴う場合、または繋辞がない場合。

1　動作主体が一人称

(A)意志動詞と用いられる場合

　ア：行為に積極的な選択がある動詞の場合

① 　そんな悠長なこと言って、どうするの！ 行動するのみ！　　　（女社長に乾杯）
② 　然り。汝の言の如し。吾、ただ其の、人を殺すに忍びざるの心あるを取るのみ。　　　　　　　　　　　　　　　　　　　　　　　　　（李陵）
③ 　こうなったら残された道はただ一つ、日本男児の面目にかけても、可愛い娘の前でもあるし、一気に食いまくるのみ、と思ったから、やおら一本を

取り出し、皮をむくが早いか、あっという間にペロリと平らげた。

（若き数学者のアメリカ）

④　ただ、「見ざるがごとく見る」のみ。　　　　（若き数学者のアメリカ）

⑤　生死をわすれ、我執を去り、悪縁を切りすて、ただひたすらに生涯の大事をおこなうのみだ。　　　　　　　　　　　　　　　　（国盗り物語）

⑥　そう信じている。天の申し子であるわしの前途をはばむ者は、お屋形様（頼芸）のご嫡男小次郎頼秀どのといえども、討滅するのみだ。　（国盗り物語）

⑦　「義竜は男でござる。男としてのとるべき道をゆくのみだ」（国盗り物語）

⑧　「母者。答えてくださらねばそれでもよい。義竜は、そう信ずるのみです。わしの父君は鷺山城にある斎藤山城入道道三にはあらず、さきの美濃守護職、土岐源氏の嫡流、美濃守頼芸殿であることを。──」（国盗り物語）

イ：行為に積極的な選択がない動詞の場合

⑨　向寒御自愛をただ祈るのみ。　　　　　　　　　　（山本五十六）

⑩　只今は響々の雨　雨量は桝ではかりがたく　ただ手をつかねてなりゆきを見るのみ。　　　　　　　　　　　　　　　　　　　（放浪記）

(B) 無意志動詞と用いられる場合

⑪　いまにしておもえば、まことに浅はかな、おもいあがったまねをしてのけたことと、ただただ恥じ入るのみ。　　　　　　　　　　（剣客商売）

[2]　動作主体が三人称

(A) 意志動詞と用いられる場合

⑫　下京の町を離れて、加茂川を横ぎった頃からは、あたりがひっそりとして、只舳に割かれる水のささやきを聞くのみである。　　　（高瀬舟）

⑬　六條院の邸内は、火が消えたようになってしまった。ただ女三の宮はじめ、女君たちが、ひっそりと住んでいられるのみである。　（新源氏物語）

(B) 無意志動詞と用いられる場合

⑭　「予後は絶対不良である、とこう書いてあります。そして治療は？　そら、ここです。治療、無し。電気療法も単に患者の慰めとなるのみ……。どうで

　　　　す。」　　　　　　　　　　　　　　　　　　　　　（楡家の人々）
⑮　さりとて、物の怪が現われる様子もなかった。どこが悪いということなく、日がたつにつれて<u>弱ってゆくのみである。</u>」　　　　　　（新源氏物語）
⑯　「春がきましたとお知らせしたく参上しましたが、あまりに切ない思い出ばかりがよみがえりまして、<u>心乱れるのみでございます。</u>」　（新源氏物語）

（Ⅱ）「のみ（だ）」が過去形の繋辞を伴う場合
1　動作主体が一人称
(A)意志動詞と用いられる場合
⑰　此二日の間に民子と三四回は逢ったけれど、話も出来ず微笑を交換する元気もなく、うら淋しい心持を互に目に<u>訴るのみであった。</u>　（野菊の墓）

2　動作主体が三人称
(A)意志動詞と用いられる場合
⑱　おしろいをこってり化粧した細君が土間に立ちながら、二つ三つ<u>お辞儀をしたのみであった。</u>　　　　　　　　　　　　　　　　　（野菊の墓）

(B)無意志動詞と用いられる場合
⑲　お前たちの為めに最後まで戦おうとする熱意が病熱よりも高く私の胸の中で<u>燃えているのみだった。</u>　　　　　　　　　　　　　（小さき者へ）

Ⅱ.「のみ（だ）」が打消しの形である場合
（Ⅰ）「のみ（だ）」が非過去形の繋辞を伴う場合
1　動作主体が三人称
(A)意志動詞と用いられる場合
⑳　モルソフ夫人とダドレー夫人の対決は、魂と肉体の対立を<u>図式化するのみではない。</u>　　　　　　　　　　（野崎歓『フランス小説の扉』白水社 2001）

　次に「スルのみ（だ）」を、それが表わす文法的意味により以下のように3分類する。

Ⅰ. 決意

　非過去みとめ形の「スルのみ（だ）」が文末に用いられ、かつ、動作主体が1人称、「スル」が積極的な選択を示す意味を持つ意志動詞である場合（動作主体が2人称の場合は話者による強い命令としての教示になる。）

① そんな悠長なこと言って、どうするの！ 行動するのみ！　　（女社長に乾杯）
② 然り。汝の言の如し。吾、ただ其の、人を殺すに忍びざるの心あるを取るのみ。　　　　　　　　　　　　　　　　　　　　　　　　　　　　（李陵）
⑤ 生死をわすれ、我執を去り、悪縁を切りすて、ただひたすらに生涯の大事をおこなうのみだ。　　　　　　　　　　　　　　　　　　　　（国盗り物語）
⑥ そう信じている。天の申し子であるわしの前途をはばむ者は、お屋形様（頼芸）のご嫡男小次郎頼秀どのといえども、討滅するのみだ。　　（国盗り物語）
⑦ 「義竜は男でござる。男としてのとるべき道をゆくのみだ」　　（国盗り物語）

　①、②の繋辞がないタイプは、決意を強く表し出す。①の動作主体は「私達」と捉えられる場合と、「あなた」と捉えられる場合がある。

Ⅱ. 限定

　Ⅰ. 以外の場合で、「スルのみだ」のように繋辞を伴う場合

⑬ 六條院の邸内は、火が消えたようになってしまった。ただ女三の宮はじめ、女君たちが、ひっそりと住んでいられるのみである。　　（新源氏物語）
⑮ さりとて、物の怪が現われる様子もなかった。どこが悪いということなく、日がたつにつれて弱ってゆくのみである。」　　（新源氏物語）
⑯ 「春がきましたとお知らせしたく参上しましたが、あまりに切ない思い出ばかりがよみがえりまして、心乱れるのみでございます。」　　（新源氏物語）
⑰ 此二日の間に民子と三四回は逢ったけれど、話も出来ず微笑を交換する元気もなく、うら淋しい心持を互に目に訴うるのみであった。　　（野菊の墓）
⑲ お前たちの為めに最後まで戦おうとする熱意が病熱よりも高く私の胸の中で燃えているのみだった。　　　　　　　　　　　　　　　　　（小さき者へ）

## Ⅲ. 限定・強調

Ⅰ. 以外で文末に用いられ、さらに「スルのみ」のように繋辞を伴わない場合、限定の思いを強く表し出す。

⑩　只今は響々の雨　雨量は桝ではかりがたく　ただ手をつかねてなりゆきを見るのみ。　　　　　　　　　　　　　　　　　　　　　　　（放浪記）

⑪　いまにしておもえば、まことに浅はかな、おもいあがったまねをしてのけたことと、ただただ恥じ入るのみ。」　　　　　　　　　　　　（剣客商売）

既に確認したように、繋辞のない「スルのみ！」のタイプは、自分の断固たる決意や限定の思いを、直接的に強く表出するが、次の㉑の「前を向いて歩くのみ！」という文は「私は、あるいは私たちは前を向いて歩くのみ。」という決意の表明とも、「あなたはひたすら前を向いて歩いて行くべきです。歩いて行きなさい。」と他者へ強く働きかける命令的な教示の表出ともとれる（例⑩も同様）。これは、その意味が状況に依存していることを示しており、ここに繋辞のない「スルのみ！」の感動詞と同様の現場性が指摘できる。繋辞のない「スルのみ！」は述語文的な構造ではあるが、文とは呼べない述語句であって、一定の述べ方の形をとって示された完結した文ではない。だが完結した文ではないだけに、より強い決意や働きかけ、限定の思いを場面に応じてリアルタイムに直接表し出す。

㉑　振り返っても前には進めないので前を向いて歩くのみ!!!
　　　　　　　　　　　　　　　　　　　　（「Yahoo! 知恵袋」Yahoo! 2005）

㉒　この試合に勝てないと突破がホントに厳しくなるだけに明日は勝つのみ！
　　　　　　　　　　　　　　　　　　　　（「Yahoo! ブログ」Yahoo! 2008）

「（スル）のみ！」のような感嘆符のついた述語句であるものは、Yahoo! 知恵袋（例㉑）や Yahoo! ブログ（例㉒）といった、自由にその時の自分の思いを表現できるタイプの文に多く、「（スル）のみだ（である）」という繋辞を伴う完結した文の形は、書籍のような、言語主体によって一定の意図をもって考えが示される思索的な文（特に硬い文体の文）に顕著である。

以上、述語形成辞「のみ（だ）」は、副助詞型接続の文相当の形式の述語である動詞と共に「スルのみ（だ）」という形で述語や述語句を形成する。そして、動作主体が１人称で、積極的な選択を伴う意志動詞に非過去みとめの形の「のみ（だ）」が続いて文の述語となる場合、「他の選択肢を自ら排除、それだけに限定して積極的に強い気持ちでそれを行う」という決意の思いを（動作主体が２人称の場合は相手に強く命令的に働きかける教示となる）、それ以外の場合は限定の意味を述語の動詞に加えて表す。繋辞を伴わない「（スル）のみ」や「（スル）のみ！」は、言語主体自身の断固たる決意や限定の強い思いを感動詞のように直接表し出す。

【3】まで(だ)　　「（スル／シタ）まで(だ)【F】」

用例：できないのなら、やめるまでだ

【3】-1までの　こと(だ)　　「（スル／シタ）までの　こと(だ)【F】」　述語形成句

　動詞を中心とした述語の本体である単語と組み合わさって述語の形成に与る、語彙的意味に乏しく非自立的な単語や、そのような単語同士、あるいはそのような非自立的な単語と単語以下の要素との結合体を、本書では「述語形成句」とする。

　「（スル／シタ）まで（だ）」は、繋辞を伴い（ときに繋辞を伴わない場合もある）、副助辞型接続の文相当の形式の述語の本体である動詞と共に述語を形成する副助辞由来の述語形成辞である。

　「（スル／シタ）までの　こと（だ）」は、形式名詞「こと」と、述語形成辞「（スル／シタ）まで（だ）」が組み合わさって構成された述語形成句である。ここでは「（スル／シタ）までの　こと（だ）」を「（スル／シタ）まで（だ）」のヴァリアントとして、両者について同時に考察を行う。

　第４章1.3.1副助辞【3】「まで」において、「まで」には、格助辞、副助辞、述語形成辞という別の働きをする三つの存在が認められることを述べた。『CD-ROM版　新潮文庫の100冊』によって検索すると、「まで（だ）」、「までのこと（だ）」のような述語の構成要素として「まで」が用いられる場合、それに前接する単語は名詞または動詞に限られることが分かった。名詞の場合は、「動作や状態の及ぶ範囲」である「うごきや状態のおわるとき」や「移動

のおよぶ範囲」を示すマデ格の名詞を作る格助辞「まで」である場合がほとんどを占める。述語の構成要素としてマデ格の名詞が用いられている部分は、下の㋐の場合、分裂文の述部であり、㋑は「岩小屋まで行くことであった」という述部を省略したもの、㋒は「苦しかったのも昨日までのことだ。」という分裂文の述部と見られる。

「富士がよく見えたのも<u>立春まで</u>であった。」　　　　　　　(檸檬)…㋐
「第二日目の予定は涸沢の<u>岩小屋まで</u>であった。」　　　　　(孤高の人)…㋑
「どうしてこんなに執念ぶかい恋をするのだろうと、自分で自分がいやになるくらい、苦しかったよ。それも<u>昨日までのことだ。</u>」　　(新源氏物語)…㋒

㋓のようなとりたて用法の副助辞「まで」も述語の部分に見られたが、それが述語となっているのは倒置された表現上の結果といえる。

「「御起立ねがいます」という声がかかったので、一同がラジオのまえに直立した。<u>幼い子供たちまで</u>。」　　　　　　　　　　　　　(楡家の人々)…㋓

動詞では、副助辞「まで」を伴うものが文末に見られたが、それは倒置された特別な表現上の結果(㋕、㋗)である。一般に副助辞「まで」は前接する部分に限度等の意味を添えて後続の用言などに続けたりする働きをするため、「まで」が作る部分は述語の前に置かれる。

　したがって、「～までだ」、「～までの　ことだ」のように述語の構成要素として「まで」が用いられる文のうち、「まで」が「格助辞」や「副助辞」である場合は、全て倒置や分裂文といった修辞的理由によるものであることがわかる。修辞的要素が含まれないタイプは㋕や㋗のような動詞と用いられたものに限られるが、これら㋕や㋗のタイプの「～までだ」や「～までの　ことだ」は、『出題基準』の１級‘〈機能語〉の類’のサンプルリストに挙げられた「できないのなら、やめるまでだ」という例文と同様の「覚悟、決意」、あるいは「限定的な評価」といったモーダルな意味を述語に加えている。そこ

で、本書では、「〜まで（だ）」、「〜までの　こと（だ）」のうち、倒置や分裂文といった修辞的要素を持たず、モーダルな意味を述語である動詞に加える㋖や㋘のような「（スル／シタ）まで（だ）」、「（スル／シタ）までの　こと（だ）」を、それぞれ述語形成辞、及び述語形成句と位置づけて、以下考察を進める。

「そう、今日のことさ。電車に乗っていたら、横に坐ったおっさんが、こう大きく新聞を広げてね、せっかくだから横眼で読ませてもらったんだ、降りるまで。」
(一瞬の夏)…㋔

「それは警察もちです。尾島が捕まるまでのことですからね」
(女社長に乾杯)…㋕

「邪魔をするやつあ叩っ殺すまでだ」　　　　　　　　　　(さぶ)…㋖
「宮村は昂奮している。誰でも山へ来ると、多少なりとも昂奮するものだが、彼の場合、それがいささか強すぎるまでのことだ。」
(孤高の人)…㋘

「（スル／シタ）まで(だ)」「（スル／シタ）までの　こと(だ)」

　「現代日本語書き言葉均衡コーパス」と『CD-ROM版　新潮文庫の100冊』から得られた、述語を形成する「まで（だ）」、「までの　こと（だ）」のうち、名詞と格助辞「まで」からなるもの、及び、名詞、動詞と副助辞「まで」からなるものを除いた、動詞と述語形成辞「まで（だ）」、述語形成句「までの　こと（だ）」からなるものは、動詞の非過去のみとめの形「スル」と、過去のみとめの形「シタ」と用いられるものがほとんどで、打ち消しの形と用いられた例は2例のみであった。したがって、この形式はほぼ「スル／シタまで（だ）」、「スル／シタまでの　こと（だ）」と表記することができる。

　また、「まで（だ）」、「までの　こと（だ）」は、連体型接続の変種である副助辞型接続の動詞を述語の本体とする文相当の形式と接続している。事実、「木刀などにて稽古するは太平の世にては斬るべき相手なきにより、その斬り様の形をおぼゆるまでのことなり。(国盗り物語)」という文の「おぼゆる」が古語の動詞「おぼゆ」の連体形であるように、古語では連体形の動詞と組み合わさっていた。

「（スル／シタ）まで（だ）」、「（スル／シタ）までの　こと（だ）」について、森田・松木（1989）では、「までだ／までのことだ」として、「活用語の連体形を受けて、物事がそれだけに限定され、それ以外には及ばないことを表す。決意や理由を強く表明するときに用いられ、"ただそれだけのことであって、それ以上でもそれ以外でもない"という限定意識を伴っている。(p. 285)」、「現在形を受けた場合は決意を、過去形を受けた場合は理由を表している。(p. 285)」と述べている。

　しかし、例文の詳しい検討を行ってみると、非過去形（森田・松木（1989）では「現在形」）に後接する場合でも、「スルまで（だ）」、「スルまでのこと（だ）」共に、下の①～④のように必ずしも決意を示してはいないことがわかる。①、②の「まで」が後接する動詞の主体は「私」、③の主体は「我々」、④の主体は「昂奮」であるが、どんな主体でも、また「まで」が後接する動詞が、「同行する」、「言う」、「覚える」のような意志動詞であっても、「強すぎる」のような無意志の複合動詞であっても同様で、それらが表すのは決意ではなく、「ただそれだけのこと、それ以上の意味はない、それ以上の行為や状態ではない」のような、ある行為、状態が限定的であって大した意味はないという、ある行為、状態に対する消極的な評価を込めた言語主体の限定的認識や、限定的程度評価の提示と考えられる。例えば、①は「今回の山行は冬山との訣別山行であって、宮村とはたまたま同行するにすぎない。同行する以上の深い意味はない。」、③は「木刀で練習するのは斬る相手がいないから斬り様の形を記憶するだけの意味しかない。」という意味が読み取れる。

① 　宮村健のために冬山へ行くのではない。こんどの山行は冬山との訣別山行である。たまたま宮村と<u>同行するまでのことなんだ</u>。　　　　　　　（孤高の人）
② 　勿論、私は専門家の鑑定の誤りを笑いはしない、それは情けを知らぬ愚かな事だ。ただ品物は勝手な世渡りをするもので、博物館に行って素姓が露見するという一見普通の順序は踏むものではないと<u>言うまでだ</u>。
　　　　　　　　　　　　　　　　　　　　　　　　　　　　（モーツアルト）
③ 　木刀などにて稽古するは太平の世にては斬るべき相手なきにより、その斬り様の形を<u>おぼゆるまでのことなり</u>。　　　　　　　　　　　（国盗り物語）

④　宮村は昂奮している。誰でも山へ来ると、多少なりとも昂奮するものだが、彼の場合、それがいささか<u>強すぎるまでのことだ</u>。　　　　　　（孤高の人）

　「（スル／シタ）まで（だ）」、「（スル／シタ）までの　こと（だ）」の例文の検討の結果から、それが決意の意味を表すのは、次の⑤～⑪の例のように、どちらも非過去の形、または繋辞なしの形で文末に用いられ、「まで」と組み合わさる動詞が意志動詞の非過去の形、その動作主体が１人称、さらに条件表現と共起する場合のみであることが得られる。前の①、②の例文はどちらも「（スル／シタ）まで（だ）」、「（スル／シタ）までの　こと（だ）」が非過去の形で文末に用いられ、「まで」と組み合わさる動詞も意志動詞の非過去の形であって、その動作主体も１人称であるものの、条件表現とは共起していない。「決意」を示す「スルまで（だ）」、「スルまでの　こと（だ）」は、「このようなどうしようもない絶望的な状況になったなら（条件）、他に残された道はない、それ以上、それ以外の方策はない。だから、最終的に残された普通は避けたい極限の行為を不本意ながら敢えて積極的に選び取る。そうする決意だ。その覚悟だ。」という意味が考えられる。⑨は「なおらなかったら仕方がない、残された道はただ一つ結婚しないことだけだ。だから不本意ながら敢えてそうする決意だ、その覚悟だ。」という意味に解釈できる。『大辞林』によると、「覚悟」とは「危険な状態や好ましくない結果を予想し、それに対応できるよう心構えをすること。」であるという。

　⑤、⑥は「連れてくるまで」も「突破するまで」も、共に動詞に述語形成辞「まで」が後接するのみで繋辞がない形式である。これら「連れてくるまで」、「突破するまで」が作る部分は述語句であって、独立語文を形成している。そのため、「スルまでだ」という繋辞を伴う形式の述語を持つ述語文よりも決意の思いの直接的な表出になっており、文末に「！」でもあるかのような印象を与える。本書の繋辞は、名詞や第二・第三形容詞が文（出来事や有様、考えを述べる）をまとめ上げる述語として機能するために働く要素である。繋辞がない⑤、⑥の「スルまで」は文ではなく述語句で、言語主体の決意、覚悟の思いを直接強力に表し出す。⑪の「一戦交えるまでのこと」は、「織田勢が攻めてくれば、一戦交えるしか残された道はないと認識する、だから、最終

**表2** 動詞と「まで(だ)／までの こと(だ)」が合わさって作り上げる述語の分類

| | | | | | | |
|---|---|---|---|---|---|---|
| 非過去形 | 1人称 | 意志動詞 | 条件表現と共起 | 連れてくる、突破する | まで | 非過去 |
| | | | | 叩っ殺す、行く、死ぬ、腹かき切る、思いを遂げる | までだ | |
| | | | | 結婚しない | までです | |
| | | | | 帰る、一戦交える | までのこと | |
| | | | | 言う、(わかっだろうと)いう | までだ | |
| | | | | 打撃を加える | までのことさ | |
| | | | | 同行する | までのことなんだ | |
| | | | | (落ちやすかったと)いう | までだろう | |
| | | 無意志動詞 | | 抛り出される | までのこと | |
| | 3人称 | 意志動詞 | | おぼゆる(覚える) | までのことなり | |
| | | 無意志動詞 | | 強すぎる | までのことだ | |
| 過去形 | 1人称 | 意志動詞 | 条件表現との共起なし | 云った、いった、請けた | までだ | 過去 |
| | | | | 云うた | まである | |
| | | | | 説明した、迎合した、調べた | までのことだ | |
| | | | | 考えてみた | までのことだった | |
| | | 無意志動詞 | | 感じた | までだ | |
| | | | | 考えていた | までのこと | |
| | 3人称 | 意志動詞 | | 仕事をした、そういった、受け入れた | までだ | 非過去 |
| | | | | 語らなかった | まである | |
| | | | | 書いた | までのことさ | |
| | | | | そうした | までのことで | |
| | | | | 許した | までのことである | |
| | | | | 従った | までだった | 過去 |
| | | | | いった | までであった | |
| | | | | 逃げ出した | までのことだった | |
| | | 無意志動詞 | | 詠み捨てられた、なった、消していた | までだ | 非過去 |
| | | | | 出た | までで | |
| | | | | 分かった | までである | |

的に残された普通は避けたい極限の「一戦交える」行為を不本意ながら敢えて積極的に選び取る決断をする（「一戦交えるまで」）のだが、それ（「一戦交える」こと）は、それ以上の意味はない、重大な意味を持つものではない」と「こと」が事態を意義づけ、さらに繋辞なしで示すことによって、普通は免れたい「一戦交える」行為を敢えて積極的に選び取る言語主体の決意、覚悟を毅然たる態度で表明する表現となっている。「重大な意味を持つものではない」という事態に対する意義づけについては、実際は不本意な結果（負け）を予想しているが、強い覚悟をもって困難に立ち向かうため、自らを奮い立たせる目的で、敢えてそのような意義づけをして見せていると理解できる。「一戦交えるまでのこと」と「一戦交えるまで」との違いは、決意、覚悟の思いの直接的表出である後者と異なり、前者には「一戦交える」しか残された道はないという状況に対する認識、判断、そして、その積極的選択と決意表明に加え、それは重大な意味を持つものではないという言語主体による事態への意義付けや評価が示される点にある。そのため、⑩「帰るまでのこと」、⑪「一戦まじえるまでのこと」は繋辞がないにもかかわらず、⑤、⑥の「スルまで」のような決意や覚悟の気持ちの直接的な表出にはなっていない。

　形式名詞「こと」は、「スルまで」に表された自己の状況認識に基づいた判断と決意表明を言語主体が評価して、「重大な意味を持つものではない」と意義付けてまとめる作業を示すものと考えられる。この「こと」の働きは、文をまとめあげる述語として名詞が機能するために働く繋辞に通じるものである。ここに繋辞はなくとも「一戦交えるまでのこと」に客観的冷静さが漂う原因が求められるのであり、それは「（スル）まで」と「（スル）までのこと」の表現上の差にも繋がっているように思われる。

　また、「覚悟」と「決意」は、事態に対して積極的に立ち向かう姿勢があるかどうかにかかわっており、⑨や⑪のように一般には避けたい「結婚しない」こと、「一戦交える」ことを積極的に選び取ると捉えれば「決意」に、それしか残されていないので、悪い結果を予期しつつも、敢えてそれを受け入れると捉えれば「覚悟」になる。実際の場面ではイントネーションがあるため区別されやすいが、書かれた文ではイントネーションの助けがないので判別が難しくなる場合も見られる。

⑤　水産業もまるで工業と同列の思想に支配されていた時代だった。在来の宿主がいないならどこかよそから連れてくるまで。その候補たちの中にブルーギルもいた。　　　　　　　（平田剛士『ルポ・日本の生物多様性』地人書館 2003）

⑥　近づきたくないが目の前の狭い道路を逆行すれば立ち往生は避けられない。車の不自由なところだ。ままよ、とハンドルを右に切って一方通行に入る。出口で検問をしていたら突破するまで。
（松本賢吾『トラップ罠』マガジンハウス 1999）

⑦　こう見えても俺は士族だ。女医者などに見られたとあっては先祖に顔が立たぬ。それでもたってと言うなら腹かき切るまでだ。診たければそれから見ればよい。　　　　　　　　　　　　　　　　　　　（花埋み）

⑧　ままよ、行けるところまで行って、動けなくなったら、殺されてもいいではないか。死ぬまでだ。　　　　　　　　　　　　　　　　　（野火）

⑨　しかし必ずあの人はなおります。いや、なおらなくてもいい。なおらなきゃあ、ぼくも結婚しないまでです。　　　　　　　　　　（塩狩峠）

⑩　金策の件はどうともなれ、まだ残っているたばこが尽きたらば帰るまでのこと。　　　　　　　　　　　　　　　　　　　　（焼跡のイエス）

⑪　織田勢が攻めくれば一戦まじえるまでのこと。
（加野厚志『本多平八郎忠勝』PHP 研究所 1999）

⑫　どうせ一度立った浮名だ、包み隠したとて仕方ない。この上は世間なみの男のように言い寄って思いを遂げるまでだ、と不逞な考えをもつようになっている。　　　　　　　　　　　　　　　　　　　　（源氏物語）

⑬　「邪魔をするやつあ叩っ殺すまでだ」　　　　　　　　　　　（さぶ）

⑫、⑬は他の明確な条件形の表現とは共起していない。しかし、⑫の「この上は」は「こうなったら」という意味であるし、⑬の「やつあ」は「やつは」という「やつを」のとりたて形が力を込めて発音されたため「やつあ」になったもので、「邪魔をするやつの場合は」という意味を表していると考えられることから、これも条件的表現と見なされる。したがって、⑫、⑬も「覚悟」や「決意」を提示していると言える。

以下、「スル／シタまで（だ）」、「スル／シタまでの　こと（だ）」の文法的意味をまとめて示す。

Ⅰ．事態に対する限定的な程度評価
　述語の動詞の主体が1人称以外である場合、または、述語の動詞の主体が1人称でも「まで（だ）」、「までの　こと（だ）」が過去の形であったり、文末以外で用いられたりする場合（以下のⅡ．、Ⅲ．以外の場合）。「ただそれだけである」のような、ある行為、状態が限定的であるという、事態に対する言語主体の程度評価を示す。「までの　こと（だ）」は、ある行為、状態が限定的であるという認識に「それ以上の意味はない、大した意味はない」という価値評価が加わる。

⑭　くどいようだが、彼は俺を受け入れたまでだ。
　　　　　　　　（宮川ゆうこ『執事は夜に嘘をつく！』リーフ出版；星雲社（発売）2005）
⑮　統計学によると、酒はやめるべきだとの結論になり、星はそれに従ったまでだった。　　　　　　　　　　　　　　　　　　（人民は弱し官吏は強し）
⑯　此間の小言も実は嫂が言うから出たまでで、ほんとうに腹から出た小言ではない。　　　　　　　　　　　　　　　　　　　　　　（野菊の墓）
④　宮村は昂奮している。誰でも山へ来ると、多少なりとも昂奮するものだが、彼の場合、それがいささか強すぎるまでのことだ。　　　　（孤高の人）
⑰　好きな外山三郎の手が肩にかけられたから加藤は逃げだしたまでのことだった。　　　　　　　　　　　　　　　　　　　　　　　（孤高の人）

Ⅱ．自己の行為、状態に対する言語主体の限定的な程度評価的認識の提示
　動作主体が1人称で、「まで（だ）」、「までの　こと（だ）」が非過去の形で文末に用いられる場合。「ただそれだけである」のような、ある行為、状態が限定的であるという、事態に対する言語主体の程度評価的認識を提示する。「までの　こと（だ）」は、ある行為、状態が限定的であるという認識に「大した意味はない」という価値評価を加えて示す。

② 勿論、私は専門家の鑑定の誤りを笑いはしない、それは情けを知らぬ愚かな事だ。ただ品物は勝手な世渡りをするもので、博物館に行って素姓が露見するという一見普通の順序は踏むものではないと<u>言うまでだ</u>。
(モーツアルト)

⑮ 本当にそう思ったから<u>云ったまでだ</u>。 (さぶ)

① 宮村健のために冬山へ行くのではない。こんどの山行は冬山との訣別山行である。たまたま宮村と<u>同行するまでのことなんだ</u>。 (孤高の人)

⑭ そちは座興で立てた。わしは座興で<u>調べたまでのことだ</u>。それを座興できいてくれればよい。 (国盗り物語)

Ⅲ. ある事態に対する言語主体の決意、覚悟の表明

「まで(だ)」、「までの こと(だ)」が非過去や繋辞なしの形で文末に用いられ、組み合わさる動詞が意志動詞の非過去の形、その動作主体が1人称、さらに条件表現と共起する場合、「このような破滅的な状況になったら、他に残された道はない、それ以上、それ以外の方策はない。だから許された極限までのことを積極的に選び取る決意だ。または、そうせざるを得ない状況だから、不本意ながらそれを敢えて積極的に受け入れる覚悟だ。」という言語主体の決意、覚悟を表す。「スルまでの こと」は、「スルまで」が表す、状況認識に基づいた言語主体の決意、覚悟に、それは重大な意味を持つものではないという評価、意義づけを加えて表し出す。

⑥ 近づきたくないが目の前の狭い道路を逆行すれば立ち往生は避けられない。車の不自由なところだ。ままよ、とハンドルを右に切って一方通行に入る。出口で検問をしていたら<u>突破するまで</u>。
(松本賢吾『トラップ罠』マガジンハウス 1999)

⑦ こう見えても俺は士族だ。女医者などに見られたとあっては先祖に顔が立たぬ。それでもたってと言うなら<u>腹かき切るまでだ</u>。診たければそれから見ればよい。 (花埋み)

⑨ しかし必ずあの人はなおります。いや、なおらなくてもいい。なおらなきゃあ、ぼくは<u>結婚しないまでです</u>。 (塩狩峠)

⑪　織田勢が攻めくれば一戦まじえるまでのこと。

(加野厚志『本多平八郎忠勝』PHP研究所 1999)

　「スルまで」という繋辞がない形式は述語句で独立語文を形成する。そのため、文末に「！」でもあるかのように、言語主体の決意や覚悟を思いのまま直接強く表し出す。「スルまでの　こと」という繋辞がない形式は、事態に対する言語主体の決意、覚悟を、敢えて「大した意味を持つものではない」と意義づけ、毅然とした態度で強く表明する。

　「まで（だ）」、「までの　こと（だ）」は、副助辞型接続の主としてみとめの形の動詞に接続する。そして、その動詞が意志動詞の非過去の形で、動作主体が1人称、また、「まで（だ）」、「までの　こと（だ）」が非過去の形で文末に用いられ、さらに条件的な表現と共起する場合は、「このような状況になったなら他に残された道はない、それ以上、それ以外の方策はない、だからそうする決意だ。その覚悟だ。」という言語主体の決意、覚悟を表明する述語を形成する。繋辞がない「スルまで」は、言語主体の決意、覚悟の思いを直接的に表出し、「スルまでの　こと」は、事態に対する言語主体の決意、覚悟を敢えて大した意味を持つものではないと意義付け、毅然とした態度で強く表明する。これ以外の非過去の形の「まで（だ）」、「までの　こと（だ）」が文末に用いられて、接続する動詞の主体が1人称の場合は、自己の行為、状態に対してそれ以上の意味はないとする、言語主体の限定的な程度評価的認識を提示する。接続する動詞の主体が1人称以外であるか、「まで（だ）」、「までの　こと（だ）」が過去の形や文末以外で用いられる場合、「ただそれだけで、その行為、状態にそれ以上の意味はない」のような、ある行為、状態が限定的であるという、事態に対する言語主体の限定的な程度評価を示す。「までの　こと（だ）」は、「まで（だ）」で表された事柄に「それには大した意味はない」という評価を加えて示す。

## 1.1.2　述語形成句
**【1】までの　こと(だ)　　「(スル／シタ)までの　こと(だ)」**
　1.1.1　述語形成辞　【3】-1　「(スル／シタ)までの　こと（だ）」参照

【2】それまで(だ)　　「(スレバ)それまで(だ)」

用例：鍵があっても、かけ忘れればそれまでだ

【2】-1　それまでの　こと(だ)　　「(スレバ)それまでの　こと(だ)」

　「それまで(だ)」は、まで格の指示代名詞である「それまで」由来の述語形成句。主として「第一条件形の動詞」と組み合わさって述語を形成するが、「現代日本語書き言葉均衡コーパス」では、「シタラ」のような「第三条件形の動詞」や「スルト」のような「第四条件形の動詞」と組み合わさる場合もわずかながら認められた。「それまでの　こと」は、「それまで(だ)」と形式名詞「こと」が組み合わさった形である。動詞の条件形はみとめの形がほとんどであるが、打消しの条件形が用いられる例も得られた。下の⑩や⑯の例のように、「スレバ　それまで(だ)」の前に、譲歩形式（「関白の位をもらったところで」、「大后一派が何といおうと」）が加わる場合も見られる。

　「現代日本語書き言葉均衡コーパス」からは、「スレバ」に動詞「言う」の条件形が用いられた例が多数得られた。それ以外の場合、「スレバ　それまで(だ)／それまでの　こと(だ)」という形式が表す文法的意味が、「スレバ」が表す事態が「生命にかかわる意味」を持つかどうかによって分かれる現象が見られた。そこで、以下、動詞「言う」の条件形が「スレバ」に用いられるグループ、それ以外の場合で「スレバ」が表す事態が「生命にかかわる意味」を持つグループと持たないグループの三つに分けて検討を行う。

Ⅰ　動詞「言う」の様々な条件の形が「スレバ」に用いられる場合
① <u>私が最初希望した通りになるのが、何で私の心持を悪くするのかと云われればそれまでです</u>。私は馬鹿に違ないのです。　　　　　　　　（こゝろ）
② もう少しまけてくれといって先方が承知すればそれですむし、<u>ビタ一文まけられないといえばそれまで</u>。かなりいいかげんな商売なのである。

（城島明彦『F1の経済学』日本評論社 1994）
③ 山手へ登った。名前からして山がついているのだから<u>当たり前といえばそれまでだ</u>が、けっこうな急坂がくねくねと続く。

（実者不明「地域限定ぴあ(yokohama限定版・chiba限定版)」春号（2004年4月20日発行）ぴあ 2004）

④ <u>本物の猿でさえやるのだから、人間の子ならやれないはずはない、といってしまえばそれまで</u>で、それはたんに知能についての比較である。

(戸井田道三『狂言』平凡社 1997)

⑤ 第二次世界大戦での日本の敗戦も、「<u>負ける国と組んだから負けた」と言えば</u>、<u>それまでのことです</u>」　(大川隆法『常勝の法』幸福の科学出版 2002)

⑥ 市川にしても水野にしても、神戸登山会のメンバーとしては宮村より古顔であり年齢も上だった。<u>一緒にいくのはいやだといえばそれまでのこと</u>であったが、彼等はその結論をいうまでに、もう少しなんとか、なごやかにこの結着がつかないものかと思っていた。　(孤高の人)

⑦ 北国の子供の目は厳しかった。<u>単に娯楽が少なかったといえばそれまでの話だが</u>。

(パラダイス山元『夜間通用口』文藝春秋 2001)

Ⅰのグループに属する例文は「(〜と)いえば」、「(〜と)いわれれば」、「(〜と)いってしまえば」のような、動詞「言う」の様々な条件の形と用いられている。この場合、動詞だけでなく、引用の助辞「と」で示された部分と動詞をあわせた、例えば「〜と　いえば」全体が「それまで(だ)」、「それまでの　こと(だ)」と組み合わさると考えられる。

A.「スレバ　それまで(だ)」

①や②のように、「言う」主体が言語主体以外の場合、「そのように言われたら、その時点で議論は終わり、それに対して何も反論できない、どうしようもない。」という言語主体の認識を示す。

③「言えば」や④「言ってしまえば」のように、「言う」主体が言語主体の場合、「そのように言ったら、それで議論は終わり、それ以上議論の余地はない」という言語主体の認識を示す。

B.「スレバ　それまでの　こと(だ)」

「スレバ　それまでの　こと(だ)」の中の「こと」は、⑦の「話」に相当するものと考えられる。⑦は、「単に娯楽が少なかったといえば、それが行き着く結論で、それ以上議論の余地はなく、それで全て終わる。そしてそれは、それだけの意味だ、大した意味はない。」と言語主体が結論を限定的に評価する意識を示す。「それまで(だ)」は「その時点で、それで終わり」と、終わり

を強調するので、その点に差異が認められる。

Ⅱ 「言う」以外の動詞が「スレバ」に用いられ、「スレバ」が表す事態が「生命にかかわる」意味を持つグループ

⑧ <u>メイン・ロビーへ着くまでに脱出を終えなければそれまでだ。</u>
(平井和正『ウルフガイ魔界天使』角川書店 1986)

⑨ 検問所は何カ所もある。次のチェック・ポイントにさしかかるまでの行程は、エンジン音と車体の風を切る音だけが単調に続く。<u>タイヤを射ち抜かれれば、それまでだった。</u>
(風に吹かれて)

⑩ 関白の位をもらったところで、<u>隣国の大軍が押しよせてくればそれまでのことでござる。</u>
(国盗り物語)

⑪ <u>これでつかまればそれまでの運命とあきらめるほかはないのだ。</u>
(山手樹一郎『三郎兵衛の恋』桃園書房 1995)

A.「スレバ　それまで(だ)」

⑧や⑨のように、生命にかかわるような事態が表された「スレバ」と「それまで(だ)」と組み合わさる場合、「そのような事態になれば、その時点で一巻の終わり、破滅だ」という言語主体の認識が示される。

B.「スレバ　それまでの　こと(だ)」

⑩の「それまでのこと(だ)」の中の「こと」は、⑪の「運命」に相当すると考えられる。⑩は「隣国の大軍が押しよせてくれば、運命はそれまでだ、その時点で全て終わる。後は死、あるいは最悪の事態が残されているのみで、関白の位をもらっても意味がない。」と、言語主体が一連の成り行きを意義付けてまとめ、限定的に評価する意識を示す。「こと」は「運命」をはじめ、「命」、「話」など様々な名詞の意味を含み持つことができる。「それまで(だ)」は「その時点で、それで終わり」と、終わりを強調するので、その点に差異が認められる。

Ⅲ 「言う」以外の動詞が「スレバ」に用いられ、さらに「スレバ」が表す事態が「生命にかかわる」意味を持たないグループ

⑫ 現実に何日もテレビを見ない日だってあるわけだし、新聞だって読まない日もあるわ。仮に読んでいたにしても出ていなければそれまでで、出ていることだけがその日の出来事だと思ってしまう。

(佳村昌季『第11幕への序曲「浮輪をしたハチ公」』実業之日本社 1988)

⑬ 発禁になればそれまで。　　　　　(田中芳樹『創竜伝』講談社 1995)

⑭ 私は派遣社員としてお勤めしており、1ヵ月更新なので「更新無し」で···と派遣会社に伝えればそれまでと思いますが、いまひとつ踏み切れません。

(「Yahoo! 知恵袋」Yahoo! 2005)

⑮ 喉を潤すためのものと思えばそれまででしょうが、心を込めてもてなす1杯のお茶には生活の豊かさを感じます。

(鬼頭郁子『鬼頭郁子がたずねるフランスの花とテーブル』フォーシーズンズプレス 2004)

⑯ ままよ、大后一派が何といおうと、それで罪に落されるなら、それまでのことだ。　　　　　(新源氏物語)

⑰ 気持ちが離れてしまったら、それは、それまでのこと。あなたに出来ることは、自分と向き合うことです。」　　(「Yahoo! 知恵袋」Yahoo! 2005)

A.「スレバ　それまで(だ)」

「スレバ」が⑫、⑬のような意志を表さない動詞、意志的でない語形の動詞の場合、「そのようになったら、その時点で終わり、どうしようもない。」という言語主体の認識を示す。⑭、⑮のような意志的な意味を表す動詞の場合、「そのようにしたら、それで全て終わり、それ以上何もない、全く問題ない」という言語主体の認識を示す。

B.「スレバ　それまでの　こと(だ)」

⑯、⑰は意志的でない語形の動詞、意志を表さない動詞が用いられた場合で、「こと」は、「成り行き、運命」に相当すると考えられる。そして、全体として「そのような事態になったら」、その時点で全て終わり、それまでの運命であるが、それ以上の意味はない(だから、敢えて運命を受け入れる)という言語主体の限定的な評価的認識を示す。⑯のようにその認識が言語主体である

自分に向けられた場合は、それでよしとして、「きっぱりと断念する」、「それを受け入れる覚悟だ」という言語主体の意志の提示になる。⑰のように受け手に向けられた場合は、「覚悟をしてそれを受け入れなさい」という言語主体である送り手の教示になる。「それまでのこと（だ）」は、「一連の経緯の末、それで終わる運命だが、それ以上の意味はない、大した意味はない」として言語主体が意義づけ、限定的に評価する意識が見られる。「それまで（だ）」は「それで終わり」と、終わりを強調するので、その点に差異が認められる。

⑬と⑰は、「スレバ　それまで（だ）」、「スレバ　それまでの　こと（だ）」の繋辞がない形である。それらが作る文相当の部分は述語句となっており、繋辞（文をまとめ上げる述語として名詞が機能するために働く）を持つ「それまでだ」、「それまでの　ことだ」という形式の文に比べて、両者とも文末に「！」でもあるかのように、言語主体の直接的な強い感情を表出している。即ち、⑬はどうすることもできない、それで終わりだという言語主体である送り手の認識を、きっぱりとした断念の思いと共に直接外に強く表し出し、⑰はそれで全て終わるがそれは運命でどうしようもないという言語主体である送り手の評価的認識を、受け手に直接強く示して、決意、覚悟を働きかけている。ただ、⑰の「スレバ　それまでの　こと」には、一連の経緯の末「それで終わる議論、事態（成り行き）、運命だが、それだけの意味だ」と、言語主体が意義づけて評価する作業が加わるため、⑬の「スレバ　それまで」のような感情の直接の表出にはならず、やや客観性が示される。

以上をまとめると「スレバ　それまで（だ）」の用法は次のように考えられる。

1. 「スレバ」に言語主体の意志を表す動詞が用いられた場合（「言う」を含む）、「そのようにしたら、それで全て終わり、それ以上議論の余地はない、問題ない」という言語主体の認識を示す。
2. 「スレバ」に言語主体の意志を表さない動詞や、意志的でない語形の動詞が用いられた場合（「言う」を含む）、「そのようになったら、その時点で終わり、どうしようもない。」という言語主体の認識を示す。
3. 「スレバ」が表す事態が「生命にかかわる意味」を持つ場合、「そのような事態になれば、その時点で一巻の終わり、破滅だ」という言語主体の認識が

示される。
　「スレバ　それまでの　こと（だ）」には、一連の成り行きをまとめて意義付け、限定的に評価する意識が示される。繋辞がない「それまで」、「それまでの　こと」は、言語主体の発話時点での認識を直接強く表し出したり、受け手に直接強く示して決意・覚悟を働きかけたりする。

【3】までも　ない　「（スル）までも　ない【F】」　　　用例：わざわざ行くまでもない
　「（スル）までも　ない」は、副助辞型接続Ⅰの語形の動詞を述語とする文相当の形式と副助辞「まで」が形成する形式の、とりたて助辞「も」によるとりたての形と、コトの非存在を意味する形式形容詞「ない」が組み合わさった述語形成句と見られる。
　「現代日本語書き言葉均衡コーパス」から、非過去形の「（スル）までも　ない」の類と「（スル）までも　ありません」の類は合わせて 1652 例検出された。一方、過去形の「（スル）までも　なかった」の類と「（スル）までも　ありませんでした」の類は計 46 例得られただけである。非過去形が過去形に比べて圧倒的に多数であることは特徴的である。また、非過去形 1652 例のうち 1373 例は動詞「いう（言う、云う、申す、申し上げる）」と用いられており、「いうまでも　ない」[3] が一種の慣用句化していることが推測される。実際に『広辞苑』や『新明解国語辞典』には、「いうまでもない」として項目が立てられている。一方、過去形では全 46 例中、「いう（言う）」と用いられる例は 7 例見られただけで、ここにも非過去形との差が見られる。
　上記のように、「いうまでも　ない」が一種の慣用句化していることから、以下「（スル）までも　ない」について、「いう」（「言う」、「申す」、「申し上げる」）が「（スル）までも　ない」と用いられる場合と、それ以外の場合とを分けて考察を進めることとする。

1　「いう」、「言う」、「申す」、「申し上げる」と用いられる場合
　「（スル）までも　ない」が「いう」、「言う」、「申す」、「申し上げる」という動詞と用いられた述語を検討してみると、それらの動詞が実質的な運動の意味を持って使用されている場合と、実質的な運動の意味を持って使用されて

いない場合の、大きく二つのグループに分類できることが分かった。非過去形の「いうまでもない」は、実質的な「いう」という運動がない場合がほとんどである。過去形の「いうまでもなかった」も実質的な「いう」という運動がない場合が多いが、非過去形ほどの差は見られなかった。

(1) 「いう」が「声を出して単語や文を発する」という実質的な運動の意味を持って使用されている場合(『大辞林』では、「言う」の意味として第一に「声を出して単語や文を発する。」が挙げられている)。

① 先師・井関忠八郎先生が、いかにすぐれた御人であったか、それはいまさら私が申すまでもない。　　　　　　　　　　　　　　　　（剣客商売）
② 内供がこう云う消極的な苦心をしながらも、一方では又、積極的に鼻の短くなる方法を試みた事は、わざわざここに云うまでもない。　　　（鼻）
③ 「スピード、あげてください」言うまでもなかった。いかつい運転手がアクセルを踏み、ぐんとスピードがあがる。(瀬川ことび『7(セブン)』角川書店 2002)

①と②の特徴は「私が申すまでもない」、「わざわざここに云うまでもない」のように、「言う」に「私が」という主語があったり、「ここに」と、具体性、現場性が見られたりする点で、そこに「言う」が実質的な運動の意味を持って使用されている様が示される。そして、「言うまでもない」という非過去の形で、「もう皆よく知っているから、または、誰にでも簡単に予想できることだから、特にとりたててここで私が「言う」という行為を行う必要はない。」という言語主体の現在の事態に対する評価的認識を表している。③は過去の形であって、この場合「発言行為」に対して、「言わなくても運転手はスピードを上げたため」わざわざ私が言う必要はなかった、不必要であったという評価を与えている。③は「言う」に「スピード、あげてください」という具体的な発言内容が見られる点に、「言う」が実質的な運動の意味を持って使用されている様が窺われる。

(2) 「いう」が、「声を出して単語や文を発する」という実質的な意味を持っていない場合。この場合の「いうまでもない」にはどれも動作主体としての

具体的な主語が認められない。過去形の「いうまでもなかった」は、述語に用いられる場合のみ得られた。

A：「いうまでもない」が規定成分として用いられる場合
④　祖父は彰義隊に走った父よりも、さらに徳川びいきであったことは<u>言うまでもない</u>話だ。
（路傍の石）
⑤　ごく一部の例外を除けば、改革の初期においてかれらが原動力でありえなかったことは<u>いうまでもない</u>事実である。
（吉田春樹「「経済大国」に明日はないか」中央公論社 1995）
⑥　「<u>いうまでもない</u>ことです。ことに子供のこともあるのですから、私も心づもりはいろいろしております。私の誠意のほどはすぐお分りになりますよ。」
（新源氏物語）

④～⑥の「いうまでもない」は実質名詞「話」や、「事実」、形式名詞「こと」を規定して「明らかな」、「当然の」という意味の形容詞の働きをしている。特に「いうまでもないこと」という形で多くの例が検出できたが、これに関しては、『新明解国語事典』に「―〔＝当然の〕事だが、他言は無用だ」という例文が示されている。

B：「いうまでもない」が述語に用いられる場合
⑦　私は雀躍しました。すぐに熱海に急行し、海風荘を調べたことは<u>いうまでもありません</u>。
（点と線）
⑧　さて、四次元の大泥棒ブンの生みの親だというので、やがてフン先生が一躍、時の人になったのは<u>いうまでもない</u>。
（ブンとフン）
⑨　その最大の運動者が、日護上人であることは<u>いうまでもない</u>。
（国盗り物語）
⑩　バンドン会議から一年半を経た一九五六年末、日本は正式に国連加盟を認められた。インドネシアをはじめバンドンに結集した多くのアジア・アフリカの新興独立諸国の強力な支持があったことは<u>いうまでもなかった</u>。
（後藤乾一『近代日本とインドネシア』北樹出版 1989）

⑦～⑩は一種の分裂文と考えられるもので、「いうまでもない」はその述部を形成する。⑦～⑨の非過去形の「いうまでもない」は、主題部で表される文の命題に対する言語主体の断定的な「もちろんだ」、「当然だ」という評価的認識を示している。それは、「もちろん」、「当然」といった叙法の陳述詞と同様の働きを述部においてそこを焦点化して行うものといえよう。過去形の⑩は命題（主題部）に対して明らかであったという評価を形容詞的に加えている。

C：文頭や文中において、前置き的、注釈的に用いられる場合。
⑪ <u>言うまでもないが</u>、もちろん無料である。
（水澤潤『日本一の大投資家が語る大貧民ゲームの勝ち抜け方』自由国民社 2003）
⑫ パパはあたしの膝のうえにあのノートをのせると、からだを横たえて目をとじてしまったのです。それが、<u>いうまでもありませんけれど</u>あのあなたにお送りして読んでいただいたノートでした。 （聖少女）

⑪、⑫共に陳述成分節ともいうべき挿入節を「いうまでもない」が形成して、「当然」、「もちろん」という意味で、⑪は文頭におかれて前置き的に、⑫は文中におかれて注釈的に、叙法の陳述詞のような働きを行っている。⑪は「言うまでもない」と共に「もちろん」が示されている点が興味深い。「現代日本語書き言葉均衡コーパス」では、この場合の過去の形の例は得ることができなかった。

2 「いう」、「言う」、「申す」以外の動詞と用いられる場合（過去形はこのケースが大半を占める）
⑬ 私はバスターミナルに近い、ゴールデンゲートという安宿に泊まった。ラスベガスの安宿の相場を知るため、一番手近にあったそのホテルで訊ねると、十二ドルという答が返ってきた。ロスアンゼルスの安宿と同じ値段だった。それなら、あちこちのホテルを訊ねまわる<u>手間をかけるまでもない</u>、と思ったのだ。 （一瞬の夏）
⑭ <u>さがしてみるまでもない</u>、盗まれたにきまっている。 （焼跡のイエス）
⑮ 政治がいかに非情で冷酷なものであるか、それは今までの政変の歴史を<u>ふり返ってみるまでもないのだ</u>。 （新源氏物語）

⑯ 今夜はスパゲッティーにしてみました。これはお酒のおつまみと食事と兼用って感じです。これってレシピを<u>書くまでもありません</u>が一応書いておきます、…
 （「Yahoo! ブログ」Yahoo! 2008）
⑰ 引かれている税金は、全額還付になります。保険料控除の適用を<u>受けるまでもありません</u>。
 （「Yahoo! 知恵袋」Yahoo! 2005）
⑱ またしても黒煙が視界を奪った。戦果を<u>確認するまでもなかった</u>。
 （柘植久慶『テロリストハンター』角川春樹事務所 2005）
⑲ 「…ああ、なるほど。そういうことか」　あとは<u>聞くまでもなかった</u>。
 （愛川晶『網にかかった悪夢』光文社 2002）

⑬〜⑲の「スルまでも　ない」は、「実質的な運動の意味を持った動詞」として「言う」が使用された「言うまでもない」と同様に、ある事態に対する、それは周知のこと、または、誰にでも簡単に予想できる自明のこと、当然のことであるという客観的な状況認識を背景に、⑬〜⑰の非過去形は「勿論、とりたててその行為を行う必要はない」という、行為遂行に関する言語主体の評価的認識を、⑱、⑲の過去形は終わった事態への、その行為は不必要であったとする言語主体の評価を示す。

　以上の検討から第一に指摘されることは、「スルまでも　ない」は、過去の形では、事実を叙述して、その実際的な評価を行うために多くの場合用いられ、非過去の形では、事実の叙述よりも事態に対する言語主体の発話時での認識（評価的認識）を示すために多く用いられることである。また、「言う」も含め、実質的な運動を有する動詞と用いられた「スルまでも　ない」は、非過去の形も過去の形も不必要という評価的意味を表すこと、実質的な運動を有しない動詞「いう」と用いられた「いうまでも　ない」は、ほとんどの場合非過去の形で使用されるが、①非過去の形で、述語に用いられたり、文頭・文中において前置き的、注釈的に用いられる時は、陳述詞の「当然」や「もちろん」と同様の、事態に対する言語主体の発話時の断定的な認識を示すこと、②過去の形で述語に用いられたり、非過去でも規定語として用いられたりする時は、「明らか」や「当然」という形容詞のように、事態に対する「明白である」、「当然である」という評価を示すことが指摘できる。

これらの事実は、「(スル)までも　ない」における、過去形と非過去形の対立（事実に対する評価の表現か、現時点における言語主体の評価的認識の表現か）、「スル」が実質的動詞の意味を持つかどうかの対立（不必要という具体的な評価・認識の表現か、当然、勿論という抽象的な評価・認識の表現か）、実質的意味を持たない「いうまでも　ない」が過去形及び規定語として用いられる場合とそれ以外の対立（形容詞的働きを表すか、陳述詞的働きを表すか）による文法現象の差異を浮き彫りにする。

　不必要の意味を表す「スルまでも　ない」と類似の表現としては、日本語能力試験の3級の文法事項である「シナクテモ　いい」や2級の'〈機能語〉の類'とされる「スル　ことは　ない」が挙げられる。

　　ただの風邪だから、病院へ<u>行かなくてもいい</u>。　　………ア
　　　　　　　　　病院へ<u>行くことはない</u>。　　………イ
　　　　　　　　　病院へ<u>行くまでもない</u>。　　………ウ

　この項の冒頭で述べたように、ウの「行くまでもない」の「まで」を本書では副助辞と見ている。副助辞にはとりたての用法と、前接の単語に接尾辞的に意味を加える用法があるが、とりたて用法の「まで」は、『現代日本語文法5』(2009)によると、「文中の要素を、その事態と結びつく序列のもっとも遠いところにある極限として示し、その事態が意外なものであることを表す。(p. 96)」という。ウの「まで」を「とりたて用法」と捉える場合、まず「風邪」という「病気のタイプ」を中心に考えると、そのレベルが問題となって、「癌」や「心臓病」のような深刻な病気との対比から、今の状態は「ただの風邪」だから、「病院へ行く」という特別な行為など当然必要ないという意味になる。一方、「風邪の程度」を中心に据えると、明示されていない「薬を飲む」ことや、「早く寝る」ことなどとの対比において、ウの「病院へ行く」ことは上位にランク付けされる。だが、今の状態は「ただの風邪」で重い症状ではないから、「薬を飲む」ことや、「早く寝る」ことは考えてもよいが、「わざわざ「病院へ行く」というような特別な行為に及ぶ必要は当然ない」という意味を示すことになる。どちらの用法で表されているかはその時の状況で決まるが、両方の意味を込めて用いることも可能

である。どちらの場合でも、現実の事態としての「病気のタイプ」や「症状の重さ」の程度に対する、客観的、常識的認識による言語主体の評価と、その評価に基づいた「病院へ行く」行為遂行の妥当性判断が、「スルまでも　ない」という形式に明示される。このような、ある事態への客観的、常識的認識と、程度評価、そして、それに基づく行為遂行の妥当性の判断という、一連の洞察が見られることが「スルまでも　ない」の特徴といえる。

　ア、イの形式には、上述のウのような言語主体の「病気のタイプ」や「症状の重さ」という常識に基づいた事態の認識、評価、及び、それらとの関係における「病院へ行く」行為の妥当性判断は示されていない。アについて詳細に見ると、「ただの風邪である」ことから、病院へ「行く」か「行かない」か、動詞を中心とした行為遂行に焦点が当てられ、その行為遂行の妥当性が問題の中心になっている。一方、イは「病院へ行く」全体を一つの事態として言語主体が客観的に認識し、「ただの風邪」という状態との関係から、その事態に妥当性があるかどうかを判断して示す（「病院へ行く」こと（必要）はない）という客観化した表現になっており、そこにアとの差が見られる。イが受け手への助言に多く用いられ、言語主体自身に関する言及に使われにくいのは、自分に関わる事柄を一つの事態として客観化し、それに関して判断して示すことは難しい点にあると考えられる。

　以下、「(スル) までもない」についてまとめる。

Ⅰ．「いう」、「言う」、「申す」も含め、実質的な運動の意味を持つ動詞と用いられる場合

　「自明のこと、当然のことである」という状況に対する客観的認識の下、「特にとりたてて「その行為」に及ぶ必要はない」という意味を表し、その行為遂行に対する、言語主体の一連の客観的状況認識、評価、判断を示す。

Ⅱ．実質的な運動の意味を持たない「いう」と用いられる場合

　非過去形の「いうまでもない」は一種の分裂文の述部に用いられて、叙法の陳述詞「当然」や「もちろん」と同様の陳述的意味を主題部に及ぶ働きを行ったり、挿入句や挿入節を形成して文頭や文中に用いられ、「当然」、「もちろん」という意味で、前置きや注釈的に叙法の陳述詞のように働いたり、規定語として、「明らかな」、「当然の」という意味の形容詞の働きを行ったりす

る。過去形では一種の分裂文の述部として、主題部に対して「明白である」、「当然である」という評価を示す形容詞のような働きを行う。

## 【3】-1 「(スル)までも　なく 【F】」　　　用例：今さら言うまでもなく

「(スル)までも　なく」は、副助辞型接続Ⅰの語形の動詞を述語とする文相当の形式と副助辞「まで」が形成する形式の、とりたて助辞「も」によるとりたての形と、コトの非存在を意味する形式形容詞「ない」が組み合わさった述語形成句「(スル)までも　ない」の第一中止形で、節の述語として用いられる。

「現代日本語書き言葉均衡コーパス」から、「(スル)までも　なく」は全1534例検出された。検索例を見ると、「(スル)までも　ない」同様、「(スル)までも　なく」も多くの例で「いう」[4]と用いられていた。「現代日本語書き言葉均衡コーパス」から検出された「いうまでもなく」は1080例で、全「(スル)までも　なく」1534例の70.4％を占めている。なお非過去の「いうまでもない」の類の検出例は1373例で、非過去の「(スル)までも　ない」の類1652例の83％であった。これを考えると、「いうまでもない」の類の使用割合の高さが改めて指摘できる。

「(スル)までも　ない」同様、「(スル)までも　なく」も「いうまでもなく」という形で用いられる場合が多数を占めるため、それら「いう」、「言う」、「申す」、「申し上げる」と用いられる場合と、それ以外の場合を分けて考察を行う。

1　「いう」、「言う」、「申す」、「申し上げる」と用いられる場合
(1)　「いう」が「声を出して単語や文を発する」という実質的な運動の意味を持って使用されている場合。

① 「あきらかに、御嫡子小次郎さまのご謀反でございます」
庄九郎がいうまでもなく、頼芸もそう考えていたればこそ、——あの男め
は、どこへ行った。とここ数日、庄九郎が舞いもどってくるのを、首を長
くして待っていたのである。
　　　　　　　　　　　　　　　　　　　　　　　　　　　　（国盗り物語）

①の「いうまでもなく」は重文の先行節の述語となっている。この「いうまでもなく」の特徴は、「いう」に言う内容「あきらかに、御嫡子小次郎さまのご謀反でございます」と、「庄九郎が いうまでもなく」のような、動作主体としての主語があり、具体性、現場性が見られる点で、ここから、「いう」が実質的な運動の意味を持って使用されていることが分かる。この場合の「いうまでもなく」は、譲歩節の述語を形成し、「特にとりたててわざわざ言わなくても既に、当然のこととして」という意味を表している。

(2) 「いう」が「声を出して単語や文を発する」という実質的な運動の意味を持って使用されていない場合。

A：文頭に置かれる場合

　「いう」が実質的な運動の意味を持たない「いうまでもなく」は、文頭に多く見られることが特徴としてあげられる（『新潮文庫の100冊』で検出されたこのタイプの「いうまでもなく」全64例中20例は文頭に用いられていた）。

② <u>言うまでもなく</u>、梶鮎太は高校生活三年の中で、彼が為した最も大きい仕事として、自分より三つほど年長の佐分利信子を好きになっていたのである。
　　　　　　　　　　　　　　　　　　　　　　　　　　　　　（あすなろ）

③ <u>いうまでもなく</u>、それは彼のエゴイズムだった。あるいは臆病さ、または狡猾さ、そして小さな賢明さでもあった。
　　　　　　　　　　　　　　　　　　　　　　　　　　（青春の蹉跌）

④ 栄二は板の間へぶっ倒れたまま、躯じゅうの痛み、特に脇腹の痛みで呻っていた。<u>云うまでもなく</u>、そういう肉体的な痛さよりも、なにより耐えがたいのは心の痛手であった。
　　　　　　　　　　　　　　　　　　　　　　　　　　　　　　（さぶ）

⑤ <u>いうまでもなく</u>、作曲にはそれを作った人の癖がある。今日きいた竪琴の曲にはたしかに水島の癖があったような気がする。あれは水島の作った曲ではないか？ 誰もそうは思わなかったか？」
　　　　　　　　　　　　　　　　　　　　　　　　　　（ビルマの竪琴）

⑥ <u>いうまでもなく</u>それは、それぞれの女御の後援者、庇護者たちの争いにほかならぬ。
　　　　　　　　　　　　　　　　　　　　　　　　　　（新源氏物語）

②〜⑥の「いうまでもなく」は主語を持たず、文頭にあって、「もちろん」、「当然」、「明らかに」、「自明のことだが」のような、叙法の陳述詞やそれに相当する単語や節と同様の働きによって、言語主体の断定的な認識を後に続く文全体に対して示す。

この②〜⑥の文頭におかれた「いうまでもなく」は、実質的な運動の意味を持たない動詞「いう」を用いた「いうまでもない」が述語となっている文との類似が指摘できる。

私は雀躍しました。すぐに熱海に急行し、海風荘を調べたことは<u>いうまでもありません</u>。　　　　　　　　　　　　　　　　　　　　　　　（点と線）…あ
<u>いうまでもなく</u>、それは彼のエゴイズムだった。あるいは臆病さ、または狡猾さ、そして小さな賢明さでもあった。　　　　　　　　　　　（青春の蹉跌）…③

あは一種の分裂文で、述部の「いうまでもありません」は、主題部で表されたこの文の「命題」に対する「もちろん」、「当然」という断定的な認識を示している。この場合は、述部の「いうまでもありません」の部分に焦点が当たり、「もちろん」、「当然」という断定的な認識が強調される。一方、③の「いうまでもなく」は、文の中心となる後続の部分全体に対する「もちろん」、「当然」という陳述詞に相当する断定的な認識を、文頭において前置き的に示す。

③の「いうまでもなく」は、文頭で前置き的に用いられている次のⓘの「申すまでもなきことながら」と同等の機能を果している。村木（2006）は、「さまざまな品詞に属する単語に接尾し、表現主体による主観的な意味をふくませている（pp. 2–3）」派生辞の「-ながら」が作る単語について、「文全体にかかる陳述（副）詞ともいうべきものである（p.3）」と述べ、「ひとごとながら」（名詞から）、「はばかりながら」（動詞から）、「はずかしながら」（形容詞から）といった例を挙げている。「申すまでもなきことながら」は、名詞句から派生した陳述詞といえよう。同様に、文頭に置かれた②〜⑥の、実質的な運動の意味を持たない「いう」を用いた「いうまでもなく」も陳述詞と同等の働きをするものと捉えられる。事実、工藤（2000）は「言うまでもなく」を、「勿論」、「明らかに」と同じく叙法副詞（本書では「叙法の陳述詞」）の中の「認識的

な叙法」の「断定」に位置付けている。

> 「申すまでもなきことながら、本件覚書を準備するに当りてはタイピスト等は絶対使用せざるやう機密保持には、此の上とも慎重に慎重を期せられたし」
> 
> （山本五十六）…ⓘ

　このように見ると、「もちろん」、「当然」という命題に対する認識を主として示したいのか、それとも、その認識は付加的に示したいのか、送り手の発話意思によって、ⓐのタイプか、ⓒまたはⓘのタイプか、選択される形式が異なる事が指摘できる。

B：文中に置かれる場合
(ア) 文中に置かれる場合
⑦　彼の父は云うまでもなく僧侶でした。　　　　　　　　　　（こころ）
⑧　私は父が私の本当の父であり、先生は又いうまでもなく、あかの他人であるという明白な事実を、ことさらに眼の前に並べて見て、始めて大きな真理でも発見したかの如くに驚ろいた。　　　　　　　　　　　　　（こころ）

　⑦、⑧の文中に用いられた「云うまでもなく」は主語を持たず、「自明のことなのだが」や「もちろん」という意味で、陳述詞として、次に述べる「僧侶でした」、「あかの他人である」に対する言語主体の断定的な思いを、前置き的に加えている。

(イ) 文中に挿入的に加えられる場合
⑨　あいまいにつぶやきながら、熊の毛皮の男は、銀行から出ていってしまった。この熊の毛皮の男は、いうまでもなく、フン先生なのだが、銀行からとびだしたフン先生が、つぎにはいっていったのは、町の図書館である
　　　　　　　　　　　　　　　　　　　　　　　　　　　　（ブンとフン）
⑩　吃りは、いうまでもなく、私と外界とのあいだに一つの障碍を置いた。
　　　　　　　　　　　　　　　　　　　　　　　　　　　　　　（金閣寺）

⑨、⑩は二つの「、」を用いて文中に「いうまでもなく」が挿入されたもので、話しながらその時点に現れた、その前の部分と後の部分の両方に対する、「もちろん」、「明らかに」という言語主体の断定的な思いを、挿入という形でリアルタイムに示している。この「いうまでもなく」にも主語が存在せず、陳述詞と捉えられる。

(ウ)「N₁は　いうまでもなく、N₂(で)も／N₂(で)は／N₂に　いたるまで〜」という形で用いられる場合
⑪ 源氏の衣服は いうまでもなく、御衣櫃(衣裳箱)を幾荷も、供に担わせるのだった。　　　　　　　　　　　　　　　　　　　　　　　(新源氏物語)
⑫ お町は 云うまでもなく、お近でも兼公でも、未だにおれを大騒ぎしてくれる。　　　　　　　　　　　　　　　　　　　　　　　　(野菊の墓)
⑬ 『詩文の才は いうまでもなく、そのほかの芸術的なことでは、琴の琴を第一として、横笛、琵琶、箏の琴を次々に習いとった』と、故院も、おっしゃっておいででした。　　　　　　　　　　　　　　　　　　　(新源氏物語)
⑭ かれの叔父はH漁業の系列のF食品の社長で、各種の動物の肉を罐詰にするまえに試食する機会にめぐまれていたので、カンガルーや海亀は いうまでもなく、アフリカ象や錦蛇にいたるまで 食ったことがあると称していた。　　　　　　　　　　　　　　　　　　　　　　　　　　(聖少女)

⑪〜⑭の「いうまでもなく」は、本書で「第一陳述性とりたて詞」とする補助的な単語に位置づけられる。この「いうまでもなく」は「第一陳述性とりたて詞」として、「は」によって取り立てられた名詞のとりたて形式と組み合わさって、その名詞を「もちろん」、「当然」という意味を持って取り立てるとともに、他のとりたて形式によってより強調して述べられる事柄が後に続くことを予告する。

2 「いう」、「言う」、「申す」以外の動詞と用いられる場合
　「いう」以外の動詞と接続する「(スル)までも　なく」は、陳述成分節の述語を形成する場合と譲歩の状況成分節の述語を形成する場合の二つのタイプに分けられる。

(1)陳述成分節の述語を形成する場合

⑮　「独りである」とあらためて書くまでもなく、私は独りである。
（二十歳の原点）

⑯　岡安喜兵衛の態度は、そこでにわかにうわのそらになり、栄二の話をしんみになって聞く気持がなくなったようであった。推察するまでもなく、彼の関心は新しく来た人足のほうに向いているのだ。
（さぶ）

⑰　三宅に指摘されるまでもなく、江藤は自分を現実主義者だと思っていた。
（青春の蹉跌）

　上の⑮〜⑰の文は、以下の⑮〜⑰のようなふたまた述語文や重文に言い換えられる。⑮〜⑰の文で、「（スル）までも　ない」が述語を形成している先行節は、後続節の前置きのような働きをしている。このことは、⑮〜⑰の文において「（スル）までも　なく」が述語を形成する節は、主節に対して独立的で、文全体のあらわす事柄のくみたてには加わっていないことを示している。事柄のくみたてには加わっていないとはいえ、これらは「もちろん」、「当然」、「明らかに」のような陳述詞と同等の断定的な認識を具体的に文に敷衍して表現した陳述成分節として（⑯「推察するまでもなく」は「明らかに」、「もちろん」に相当する）、前置き的に後に続く文全体にかかっている。

⑮　「独りである」とあらためて書くまでもないが、私は独りである。

⑯　推察するまでもないが、彼の関心は新しく来た人足のほうに向いているのだ。

⑰　三宅に指摘されるまでもなかったが、江藤は自分を現実主義者だと思っていた。

　以上から、⑮〜⑰の「（スル）までも　なく」が形成する節は陳述成分として働くもので、⑮〜⑰の「（スル）までも　なく」は、陳述詞に相当する陳述成分節の述語を形成する要素であることが指摘できる。

(2) 譲歩の状況成分節の述語を形成する場合

⑱　いまは、大名・武家が自邸に踊り子をあつめて、宴席のとりもちをさせることは熄んだけれども、それは取りも直さず、宴会の席を自邸にもうける<u>までもなく</u>、金と暇さえあれば、それぞれにおもしろい場所が江戸に増えたということになる。　　　　　　　　　　　　　　　　　　　(剣客商売)

⑲　「影村君が第三課の課長になることは内定している。そして君が第三課の技師になるのもまず確実だ。第二課には定員がないから、君にして見れば絶好のチャンスだ。影村君に<u>引っぱられるまでもなく</u>、こっちで推薦したいところだった」　　　　　　　　　　　　　　　　　　　　　　(孤高の人)

⑳　もっとも山本が、大臣になったら、アメリカの戦闘機乗りの<u>手を煩わすまでもなく</u>、それよりずっと前に、日本人の刺客が彼を殺していたかも知れない。　　　　　　　　　　　　　　　　　　　　　　　　　　　　(山本五十六)

㉑　　空の一角から、遠雷に似た底ごもる音響が伝わってきた。またしても死肉に群がる禿鷹のような敵艦載機の執拗な来襲を告げる音響であった。このぶんでは敵の上陸を<u>待つまでもなく</u>ウエーク島そのものが消滅してしまうのではないか。　　　　　　　　　　　　　　　　　　　(楡家の人々)

㉒　中尾さんは僕の説明を<u>聞くまでもなく</u>、この粗末な慰問品の用途を心得ておいでになった。　　　　　　　　　　　　　　　　　　　　　　　(黒い雨)

⑱〜㉒において、「(スル)までも　なく」は、節の述語を形成している。そして、⑱では、「特にわざわざ宴会の席を自邸にもうけなくても、(おもしろい場所が江戸に増えた)」、⑲は「陰村君に引っ張られるような特別な行為がなくても、もともと(推薦したいところだった)」、⑳は「わざわざアメリカの戦闘機乗りの手を煩わさなくても、もっと以前に(殺していたかも知れない)」、㉑は「敵の上陸を待つという特別なことをしなくても、容易に、すぐに(消滅してしまうのではないか)」、㉒は「僕の説明をわざわざ聞くという特別なことをしなくても、もう、既に(心得ておいでになった)」という意味が考えられる。これらからは、「スルまでも　なく」を述語とする節が「特にとりたてて〜しなくても」という意味を表す譲歩節の述語を形成している事実が得られる。しかもそれが表す意味は、いずれも「特に取り立てて何かをする必要なく」、(主節の述語が非過去形の場合)「容易に(できる)」、(主

節の主語が過去形の場合)「既に(していた)」などの意識が含まれたものとなっている。⑱〜㉒の「スルまでも　なく」は、「スルまでもないが」の形にすることができない点で、A陳述成分節の述語を形成する場合と異なっている。

　以下、「言う」も含め、スルに実質的な意味があるかないかによって「(スル)までも　なく」を大きく二つに分けて、考察を行う。

Ⅰ．「スル」に実質的な意味がない場合(「スル」は「いう」に限られる)
・陳述詞(叙法の陳述詞)「いうまでもなく」
　　文頭に置かれるとき、「もちろん」、「当然」という叙法の陳述詞に相当する働きで、言語主体の断定的な認識や判断を後の文全体に対して示す。文中に置かれる時は、後に続く部分に対する言語主体の断定的な認識や判断を前置きとして加える。二つの「、」を用いて文中に挿入的に加えられる時は、話しながらその時点に現れた断定的な言語主体の認識をリアルタイムに示す。
・とりたて詞(第一陳述性とりたて詞)「いうまでもなく」
　　「$N_1$は　いうまでもなく、$N_2$(で)も／$N_2$(で)は／$N_2$に　いたるまで〜」という形で用いられる

Ⅱ．「いう」を含め、「スル」に実質的な意味がある場合
・陳述成分節の述語を形成する場合…陳述詞と同等の働きをする
・譲歩節の述語を形成する場合…「特に取り立てて〜しなくても、簡単に(できる)、既に(していた)」という譲歩の意味を持って、状況成分として働く。

　以上の「スルまでも　ない」と「スルまでも　なく」の考察からは、一般的な形式から慣用表現へ、慣用表現から慣用句、あるいは独立した単語へという推移の過程が指摘できる。

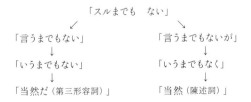

「いうまでもなく」のような慣用表現が「もちろん」、「当然」に相当する陳述詞と同様の働きをする例は、他に「どちらかといえば」と「むしろ」、「他でもなく」と「まさしく」等が見られる。

【4】なんだろう／なんで　あろう

「（N／A2／A3デ　ナクテ）何だろう／何で　あろう【C】」

用例：これが愛でなくてなんだろう

　述語形成句「何だろう／何で　あろう」は、述語名詞、第二、第三形容詞の打消しの第二中止形と組み合わさって述語を形成する。

　「（N／A2／A3デ　ナクテ）何だろう／何で　あろう」を「現代日本語書き言葉均衡コーパス」を用いて検索すると、常に非過去の形が得られた。会話や話しことば調の文では、丁寧体の形や、疑問の終助辞「か」も用いられており、「何だろう／何で　あろう」の部分には次のバリエーションが見られる。

　「何で　あろうか」、「何だ」、「何だろうか」、「何ですか？(小説中の会話)」、
　「何で　ありましょうか(国会会議録)」、「何だと　いうのだ(小説中の会話)」、
　「何と　いうのでしょうか(Yahoo! 知恵袋)」

　以下は「（N／A2／A3デ　ナクテ）何だろう」という形式と用いられる単語の例である。

　　名詞　　　：陰謀、復讐、裏切り、偽善、悲哀感、ドタバタ劇、大型間接税、影
　　　　　　　　響、カルチャーショック、遊び、夢、名医、感動、驚異
　　第二形容詞：すてき
　　第三形容詞：最悪（「現代日本語書き言葉均衡コーパス」によって検索を行うと「最悪の」
　　　　　　　　830例、「最悪な」152例検出されたので、「最悪」を第三形容詞とした。）

上記の単語を見ると、例外もあるが、おおよそ人間なら誰でも激しく傷ついたり、呆れたり、驚いたり、心が動かされたりする内容を表すものであることが理解できる。それらの評価としてはプラスのものも、マイナスのものも認められるものの、どちらかと言えばマイナス評価のものの方が多いように思われ

る。

　この「（N／A2／A3で　なくて）何だろう」という形式は、具体的な受け手が想定されているかどうかによって二つのタイプに分けられる。

Ⅰ．具体的な受け手が想定されていない場合、ある事柄に対する言語主体の評価を「〜以外の何ものでもない、実に〜だ、まさしく〜だ」と、心の底からの強い感情と共に表し出す。

① 年上の女の人の、しかもお妾さんというような人と、冬の寒い日に、汁粉屋でさし向いになっている、というようなことが、すてきでなくてなんであろう。　　　　　　　　　　　　　　　　　　　　　（太郎物語）
② 日本人である私にとってさえそうなのであって、ましてやドイツ人やヨーロッパ人の耳にはマーラーの音楽の訴えるものは、世紀末的なロマンティシズムとヨーロッパの没落を予感させる悲哀感でなくてなんだろう。
　　　　　　　　　　　　　　（小塩節『ザルツブルクの小径』音楽之友社 1992）
③ 演じているという言葉はなんというか　偽善的だけれど、実際ヒトのやることなんて偽善でなくてなんだろう？　　　（「Yahoo!ブログ」Yahoo! 2008）

　①、②は書籍からの例、③はブログからの例で、Ⅰ．具体的な受け手が想定されていない場合は、書く形式を中心に用いられることが指摘できる。
　①は「本当にすてきだ。心からすてきだと強く思う。」、②は「まさしく悲哀感だ。それ以外の何ものでもない。」、③は「偽善そのものだ。まさしく偽善だ。」とある事柄に対する言語主体である書き手の評価を強い感情と共に外へ表し出している。書く場合、送り手は文字以外の方法（イントネーションや声の大きさ、表情、ジェスチャー等）で自分の感情を表し出すことができない。Ⅰの場合は、書き手が実際に書いているその時、その場での自己の評価的思いを「まさしく〜だ、実に〜だ」と強く表出する上で、書く方式による感情表現の不足要素を補う一種のレトリック形式と見ることができる。

Ⅱ．会話やスピーチの中で具体的な聞き手に発せられる場合、ある事柄に対

する言語主体の評価を、激しい憤りや、怒り、呆れといった感情と共に「まさしくそうでしょう」と、聞き手に向かって強く訴えかけ、同意を求める表現となる。多くの場合、疑問を示す終助辞「か」を伴う。

④ 選手は連れてこないわトークは寒いわ約束のタクシー代もくれないわ…。これが 最悪で なくて何ですか。(参加女性)

(週刊現代編集部『週刊現代2005年9月10日号』第47巻第34号 No.2343講談社 2005)

⑤ 「廃帝の議を密かに計るのが 陰謀で なくてなんだ」袁紹も負けずに呶鳴った。

(吉川英治『三国志』六興出版 1990)

⑥ 「占いは遊びではありませんの」「あんなものが 遊びで なくてなんですか?われわれは科学警察で、捜査を進めているのです」 一層、緑川はいきり立った。

(斎藤栄『日美子の誘拐集団』講談社 1991)

⑦ これは 大型間接税で なくて何でありましょうか。

(鈴切委員『国会会議録／衆議院／常任委員会』第107回国会 1986)

④はインタビュー、⑤⑥は会話、⑦はスピーチで聞き手に対して発せられた例である。④は「まさしく最悪でしょう?(こんなひどいことはない)」、⑤は「これは陰謀そのものだろう?(そんなことが許されるのか)」、⑥は「遊びにきまっているじゃないか、そうでしょう?(ばかなことを言うな)」、⑦は「これこそまさに大型間接税でしょう?(腹立たしい)」と、たずねる文の形を取って、ある事柄に対する評価を激しい感情と共に聞き手に強く訴えかけ、同意を求めている。ここでは言語主体(話者)の感情は明示されていないが、「最悪」、「陰謀」、「遊び」、「大型間接税」という第三形容詞や名詞と「ーデ ナクテ 何だ」という形式の組み合わせから、話者の激しい憤りや、怒り、呆れた気持ちなどの感情が具体的に理解される。

「N／A2／A3で なくて なんだろう」という形式は、実際にはいくつかのバリエーションを持ちながらも、全体としてひとまとまりになって述語を形成している。そして、具体的な受け手がいない場合は、「～以外の何ものでもない、実に～だ、本当に～だ」と、ある事柄に対する言語主体の評価を心の底からの強い感情と共に表出する表現となり、会話のように聞き手が存在

する場合は疑問の形で、ある事柄に対する評価について、激しい憤りや、怒り、呆れといった感情と共に、「まさしくそうでしょう」と、言語主体である話者が聞き手に向かって強く訴えかけ、同意を求める表現となる。

### 1.2 規定成分の形成にかかわるもの（規定成分形成要素）
#### 1.2.1 規定成分形成辞

　語彙的意味を持たず、主要な品詞に属する単語と組み合わさって規定成分の形成に与る単語以下の単位である要素を「規定成分形成辞」とする。この場合の「辞」は、単語以下のレベルの単位の要素という意味を表す。

【1】ごとき　　「(Nの／スル(が)／シタ(が))ごとき」

　「ごとき」は古語のいわゆる助動詞「ごとし」の活用語形の中の現在に残る形の一つで、「ごとし」の体言へ続く連体形とされている。『旺文社 古語辞典 第九版』によると、「ごとし」は、「体言「こと」に形容詞を表す「し」が付いたものの転」であるという。また、『大辞林』には、「中古には、漢文訓読文系列の文章に多く用いられた」との記述がある。

　「ごとし」の残存形としては、他に連用形とされる「ごとく」が現在でも用いられている。「ごとき」は単語以下のレベルの要素であって、語彙的意味をもたず、現代語の文法体系の中では古語のいわゆる助動詞「ごとし」の現代に残る語形の一つとして、前接する部分を規定成分とする働きをもって用いられているにすぎない。本書ではこの「ごとき」を、前接する部分を規定成分に導く規定成分形成辞と位置づける。規定成分形成辞「ごとき」は、「$N_1$のごとき $N_2$」、「スル(が)ごとき N」、「シタ(が)ごとき N」の形で規定成分の形成に与る。

① 政治家は汚い、腐敗だと言う裏には、政治家は神の如きものでなきゃいけないという期待感があるのかねえ。とんでもない話だ。
　　　　　　　　　　　　　　（保阪正康／山口二郎『戦後政治家暴言録』中央公論新社 2005）
② 食品加工に使われる無機塩は、食品に添加して効果をあげる食品添加物から、C‐エナメルに用いる酸化亜鉛のごときものまで、それぞれ独特の

機能をもつ。　　　　　　　　（中山正夫『食品加工活用術』幸書房 2003）
③　今回のごとき事件は二度と起こしてはならない。　　　　　　（『大辞林』）
④　部屋の中からだれかが言い争うがごとき声が聞こえた。　　　（『大辞林』）
⑤　実際この文章など、すこし大袈裟に言うならば、のちにニーチェの言うごとき健康の最上の見本であるようにすら思われる。

（原章二『〈類似〉の哲学』筑摩書房 1996）

⑥　アナーキズムの実践に、個人の独断専行を旨とするテロリズムと、個と全体が融合するごとき瞬時の暴動とがつきまとってきたのは故なきことではない。　　　　　　　　　　　　（浅羽通明『アナーキズム』筑摩書房 2004）
⑦　二十世紀のモーション‐ピクチュアの「動く画面」からしばし離れて、「旧約」創世紀の、重々しい、金石に刻んだごとき文字を想起してみよう。

（井口時男／武田泰淳／長沼行太郎『高校国語教科書　現代文』教育出版株式会社 2007）

　①、②、③はノ格の名詞に「ごとき」が続いたもの、④は格助辞「ガ」を伴う連体型接続5の動詞の非過去みとめの形に「ごとき」が続いたもの、⑤、⑥、⑦は、それぞれ連体型接続の動詞の非過去と過去みとめの形に「ごとき」が続いたものと見られる。

　規定成分形成辞には他に第2章5.1で述べた「ような」という例が挙げられる。前田（2004）は様態節を形成する形式「ように」を「ようだ」の連用形と見ることもできるとし、「ようだ」の連体形として「ような」を挙げている。そして、「ような」の用法として「例示」、「同等」、「比喩」、「様子」を示している（pp. 117-118）。また、「ごとし」の連用形由来の後述の修飾成分形成辞「ごとく」について、文体的にやや古めかしい表現であるが「ように」と近いと述べていることから（p. 120）、「ごとき」と「ような」も近いと捉えることが可能である。事実、「ごとき」には「ような」と同じく「例示」、「同等」、「比喩」、「様子」の用法が見られる。①⑥⑦は比喩（直喩）の用法、②③はある事柄を例として示す例示の用法、④は様子の用法、⑤は同等の用法といえよう。前田（2004）によると、「同等」は「従属節と主節の関係が等しいことを表す」という。

⑧　あたかも茶室にいて鹿おどしの音でも聞くかのごときクラウンの静粛性には、ロールス・ロイスやマイバッハといえど敵わない。

(徳大寺有恒『間違いだらけのクルマ選び2003年夏版』草思社 2003)

　前田（2004）は「従属節事態が反事実である〈比喩〉の場合には、「動詞＋Ｖかのごとく」「動詞＋がごとく」となることもある。(p. 121)」と述べている。⑧の「聞くかの　ごとき」は、前田（2004）の「動詞＋Ｖかのごとく」に対応する用法と見られるので、⑧も比喩の用法と捉えられる。「（スル／シタ）かのごとき」は「（スル（が）／シタ（が））ごとき」で表す比喩に比べて、「現実はそうではないのだけれど」といった、現実とは異なると認識する言語主体の態度が明確に示される点が特徴的である。

　「ごとき」は語彙的意味が存在せず、「Ｎの／スル（が）／シタ（が）ごとき」の形式で規定成分を形作る単語以下のレベルの要素であって、現代語の文法の体系の中では、いわゆる古語の助動詞「ごとし」の語形の断片として残存するにすぎない。そこで、この「ごとき」を、前接の部分に「例示」、「同等」、「比喩」、「様子」という働きを持たせて規定成分を形成する規定成分形成辞と位置づける。

　「（Ｎの／スル（が）／シタ（が））ごとき」は古語由来の形式である上、漢文訓読文系列の文章に多くの場合用いられていたことから、同様の意味を表す「〜ような」、「〜みたいな」に比べ、硬く重厚で厳格な語感を発揮しており、硬い書き言葉的文体の文に多く用いられる。

【2】べからざる　　　「（スル）べからざる」　　　　　　用例：言うべからざること

　「べからざる」は、古語のいわゆる助動詞「べし」の活用語形の中の現在に残る形の一つで、もともとは「べし」の体言に続く打ち消しの連体の形とされている。「べし」の活用語形の中でみとめの規定成分を形成する「べき」、打ち消しの規定成分を形成する「べからざる」、修飾成分を形成する「べく」、打ち消しの述語を形成する「べからず」という形は現在でも一定の場面で用いられる。『旺文社 古語辞典 第九版』によると、「べし」の基本義は、「現状・経験・道理から判断して、そういうことになるにちがいないという意味を表

す」という。「べからざる」は不定型接続の動詞の非過去みとめの形に接続する。

① 国のためと、主君のためは最上至善の道徳で、強盗は、許すべからざる庶民の敵であった。　　　　　　　　　　　　（山岡荘八『坂本竜馬』講談社 1986）
② われわれの祖先は地名にこそまづ言靈を視、犯すべからざる神意を感じたことだろう。　　　　　　　　　　　　（塚本邦雄『国語精粋記』創拓社 1990）
③ 両者は、企業の事業活動において必要欠くべからざるものであり、資源の獲得と処分の機能を担っているのである。
　　　　　　　　　　　　　　　　　　　　（田中史人『地域企業論』同文舘出版 2004）
④ 桐子の推理力には端倪すべからざるものがある。
　　　　　　　　　　　　　　　　　　　　　　　（森村誠一『エネミイ』光文社 2003）

①は「道徳的に当然許してはならない（当然禁止）、または道徳的見地から許すことができない（当然不可能）」、②は「自然の理から当然犯してはならない（当然禁止）、または犯すことができない（当然不可能）」、③は「これまでの経験から、欠くことは当然できない（当然不可能）」、④は「桐子のこれまでの状況から判断すると、到底推し量り得ない（強い不可能）」という意味を表す。①と②は禁止にも不可能にも意味が理解できる。「スルベからず」が意味する「禁止」は自然の摂理（道理）がなせる業であり、その「自然の摂理（道理）による禁止（そうなるはずがない）」は人間の側からすれば「当然不可能」（当然できるはずがない）ということになると考えられる。①～④全て「べし」の基本義の「現状・経験・道理から判断して、そういうことになるにちがいないという意味」を根底に有することが特徴的である。

「べからざる」は「スルベからざる（スル：不定型接続非過去みとめの形の動詞）」の形で前接の動詞に（当然）禁止、（当然／到底）不可能の意味を持たせて規定成分を形作り、後の名詞を規定する。それは単語以下のレベルの単位の要素で、語彙的な意味をもたず、文の中では専ら前述のような文法的働きを果たすのみであり、現代語の文法体系においてはいわゆる古語の助動詞「べし」の活用語形の断片として残存しているにすぎない。このような「べからざる」を、前接する部分を規定成分に導く規定成分形成辞と位置付ける。

古語由来の形式である上、元来漢文訓読系統の文章に多くの場合用いられていたことから、硬い書き言葉的文体の文に多く用いられる。

【3】まじき　　「(スル)まじき」　　　　　　用例：学生にあるまじき行為

　「まじき」は、古語のいわゆる助動詞「まじ」の活用語形のうち、体言へ続く連体形とされている。『大辞林』には、「まじ」は古語のいわゆる助動詞「べし」の「打ち消しの言い方に相当するもの」とある。また、『新しい古典文法』によると、「べし」の打ち消し形式「べからず」は、漢文訓読系統の文に多く用いられ、和文体には一般に「まじ」が用いられたという (p.68)。『旺文社 古語辞典 第九版』には、「まじ」の基本義は「現実・経験・道理から判断して、そういうことにならないという判断を示す。」との記述がある。

① ゴルフを続けるのは首相としてあるまじき態度だ。
　　　　　　　　　　　(北海道新聞社「北海道新聞2001/2/15」北海道新聞社 2001)
② 策に窮して幼い命を奪うなど武士にあるまじき振る舞い。
　　　　　　　　　　　　　　　　　　　(髙橋克彦『天を衝く』講談社 2001)
③ 暮れの十二月ごろには街や新聞などで「謹賀新年」の文字が眼につく。日本人のケジメからは許すまじき感覚だ。
　　　　　　　　　　　(相原茂『北京のスターバックスで怒られた話』現代書館 2004)

①、②は「首相」として、「武士」として、「あってはならない、許されない、不適切な」、③は「日本人のケジメという常識から判断すると、許してはならない、許すことができない」という意味で、続く「態度」、「ふるまい」、「感覚」をそれぞれ規定している。①、②には、「首相」や「武士」のような人から認められる立場にある者は、それぞれとるべき態度、期待される行動が常識的に決まっている、それにもかかわらず、そこで述べられている態度や行動は、「首相」として、「武士」として許されない、認められないものだという見解が、憤りの感情、また、「その首相」や「その武士」に対する「非難」の思いと共に示されている。③では、日本人が常識的に共有している「ケジメ」という感覚から判断すると、それは「当然許してはならない、到底許すことはできない」という主張が、憤慨の

感情と共に示されている。

「まじき」は、「Xに／Xとして　あるまじき　N」という形で、人から認められるある一定の立場にある人が、その立場 (X) に相応した一般に期待される態度をとらなかったり、然るべき行為を行わなかったりした時、その態度や行為をNとして、憤りや道徳的非難の思いを込めて「XとしてあってはならないN、許されないN」と述べるために多く用いられる。道徳や倫理、常識を背景として、一般に誰もが抱く期待から外れた行為を行ったり、態度をとったりすることに対する憤りや非難の感情が強力に表される点が特徴的である。コーパスの例をみると、「スルまじき」90例中、71例が「Xに／Xとして　あるまじき」であった。これは、この形式が慣用的に用いられている事実を示すものと考えられる。

「まじき」は「スルまじき（スル：不定型接続非過去みとめの形の動詞）」の形で前接の動詞に禁止、不可能の意味を持たせて規定成分を形成し、後の名詞を規定する。「まじき」は単語以下の単位の要素で、語彙的な意味をもたず、文中で専ら文法の働きを果たすのみであり、現代語の文法体系の中ではいわゆる古語の助動詞「まじ」の活用語形の断片として残存しているにすぎない。このような特徴を持つ「まじき」を、本書では前接する部分を規定成分に導く規定成分形成辞と位置付ける。道徳的、常識的に一般に期待される状態から外れた事態、行為に対する糾弾に、「現実・経験・道理から判断して、当然そのようにならない」という基本義を持つこの古語由来の「まじき」を用いると、古風な語感も加わって効果的である。

一定の地位や立場にある人はそれに相応する人格を有するはずであるし、そうであるべきであるという考え方や、そのような人がどのような行動をとるべきかについての共通認識を日本語母語話者は常識として持ち合わせている。このような共通認識や常識が日本語母語話者の中にあるからこそ、「スルまじき」が表わす「言外の意味」と「言語主体が発する非難や糾弾、憤慨の感情」が受け手に伝わり、皆それに共感できる（特に「（〜に／〜として）あるまじき」という形式が用いられるのは、ある一定の地位や立場が認められる対象に対してである。従って、「子供にあるまじき」という用いられ方は一般になされない。）。このような、一定の地位や立場が認められる対象に対して一般に期待される状態や行為の認識の

共有、また、ある事態に関して常識的に期待される事柄の認識の共有は、この形式が示す憤りの感情や非難の意識の深刻さの表現、およびその理解の背景として重要なポイントと考えられる。

【4】なりの 「(T(A／V))なりの」
① 警察に呼ばれるからには呼ばれるなりの根拠があるんだろうってみんな思っちゃうんです。 (村上春樹『レキシントンの幽霊』文芸春秋 1996)
② 授業を聞いてみると、実務を行ううえで参考になることも多々あり、授業を受けたら、受けたなりのバックがあるなぁ～と思いました。
(小倉理恵『税理士試験合格の秘訣』TAC 出版事業部 2001)
③ インゲンには若いころは若いなりの、老いれば老いたなりの味わいがあります。 (宇土巻子『キッチンガーデン熱』文化出版局 2002)
④ 高いものは高いなりの価値があり、安いものは安いなりの価値しかないのは当然であり、その中で何を選択するのかを専門家の意見を交えて決定していくのです。
(秋山英樹『プロがそっと教える「建築費のヒミツ」』PHP 研究所 2002)

「なりの」と動詞が用いられた①は、積極的でないにしても「警察に呼ばれる」事態に相応した程度の「根拠がある」、②も同様に、積極的でないにしても「授業をうけた」という事態に相応した程度の「バックがある」という意味を表す。規定成分形成辞「なりの」は動詞と用いられて規定成分を形成し、「積極的ではないが、その動詞が表す事態に相応した程度の」という、言語主体の控えめな評価的程度認識を被修飾名詞に対して加える働きをする。

「なりの」と形容詞が用いられた③「若いなりの（味わいがある）」は、「「若い」という一般的に不十分な状態ではあるが、その形容詞が表す状態に応じた程度の一定の（味わいがある）」と、「若い」点に不十分さを認めながらも、その状態に対してある一定の（積極的ではないが）評価を示して、「味わい」を規定している。「老いた」は「老いる」という変化動詞の過去の連体形で、変化の動きの実現した状態を表すため、形容詞的な働きと意味を持つ（この場合「若い」に対立する意味）。「老いた」は一般に否定的な状態ではあるが、「老いた

なりの（味わいがある）」は、「「老いた」が表す状態に応じた程度の一定の（味わいがある）」と、これも「老いた」という否定的な状態に対して、ある一定の（積極的ではないが）評価を示して、「味わい」を規定している。④「高いなりの価値がある」は、形容詞「高い」が表す評価的性質に相応した程度の価値があるという意味である。一般に「高い」には肯定的な評価的性質が認められるが、「高いなり」には、「高い」が表す一般的な評価的性質に相応した以上の積極的な肯定的評価は認められておらず、それが表す性質に相応した程度の肯定的ながら控えめな評価が示されているだけである。一方、「安い」は一般に否定的に評価されるが、「安いなり」にも「安い」が表す評価的性質に応じた程度の一定の評価が示されている。

　規定成分形成辞「なりの」は動詞や形容詞と用いられて規定成分を形成し、「その動詞や形容詞が表す事態や状態、性質に相応した程度の」という、言語主体の控えめな評価的程度認識を被修飾名詞に加える働きをする。「なりの」と用いられる動詞、形容詞どちらも、その単語が本来的に持つ意味に対する一般的な認識が評価の基準となっている点、そして、「T（A／V）なりの」には、その単語が表す事態や状態、性質に相応した程度であるという、言語主体の控えめな評価的程度認識が示される点が特徴といえる。

　「なりの」は単語以下の単位の要素であって、語彙的な意味をもたず、文中で専ら前接する部分を規定成分に導くという文法的働きを果たすのみである。このような特徴を持つ「なりの」を規定成分形成辞と位置付ける。

　名詞や名詞句と共に用いられる「-なり」に関しては、既に第4章1.2.3第三形容詞性接尾辞【4】において、名詞や名詞句に接尾して「Nなり（の）」という形の第三形容詞を派生する第三形容詞性接尾辞と位置付けている。

## 1.3　修飾成分の形成にかかわるもの（修飾成分形成要素）

### 1.3.1　修飾成分形成辞

　語彙的意味を持たず、主要な品詞に属する単語と組み合わさって修飾成分の形成に与る単語以下の単位である要素を「修飾成分形成辞」とする。

【1】ごとく 　　「(Nの／スル(が)／シタ(が))ごとく」

用例：前途のごとく、予想したごとく

　「ごとく」は、規定成分形成辞「ごとき」と同じく、古語のいわゆる助動詞「ごとし」の活用語形の現在に残る形の一つで、もともとは用言へ続く連用形とされている。

① 　コスチュームコンテスト開催！！ 綺羅星のごとく飾るのはキミだ！
(アニメディア編集部「アニメディア」2003年11月号学習研究社 2003)

② 　きっと彼女は「現実にしっかり腰を据えて、両足で大地を踏みしめて、ガンダムのごとく物事に動じない自分でありたい」みたいな感じですかね…。
(「Yahoo!ブログ」Yahoo! 2008)

③ 　役者名の相違は次のごとくである。「青侍逸平・舎人千早丸」役を東大本役人替名付が、それぞれ「松蔵・市山吉次郎」とするのは誤記と思われる。
(上野典子／沓名定／土田衛『歌舞伎台帳集成第40巻』勉誠出版 2002)

④ 　文化というのは、ヘアスタイルを変えたり、洋服をとりかえて〇〇ルックというごとく、一朝一夕に作られるものではないからです。
(千玄室『なんて美しい女性だろう！』主婦と生活社 1981)

⑤ 　けれども、だからといって、アメリカの若者たちが平和を愛し、星条旗に誓いを立てたごとく、本当の世界の平和のために戦争を望まず平和を望んでいるのかというと、決してそうではない。
(竹村泰子君『国会会議録』第145回国会 1999)

⑥ 　まさにゲーテの言うごとく、「恣意に生きるは凡俗なり、高貴なる者は秩序と法にあこがれる」という訳である。
(長谷川高生『大衆社会のゆくえ』ミネルヴァ書房 1996)

⑦ 　佐瀬は恫喝するがごとく犯行状況を読み上げた。
(横山秀夫『半落ち』講談社 2002)

⑧ 　浦出警部以下、警察の人間たちも、同様の判断をし、その結果、誰もが金縛りにあったがごとく、動けなくなった。
(赤城毅『帝都探偵物語』中央公論新社 2001)

①〜③はノ格の名詞に「ごとく」が続いた形、④、⑥は連体型接続の動詞の非過去みとめの形、⑤は連体型接続の動詞の過去みとめの形に「ごとく」が続いた形、⑦、⑧は格助辞「ガ」を伴う連体型接続の非過去みとめの形と過去みとめの形の動詞にそれぞれ「ごとく」が続いた形である。

　前田（2004）は「ごとく」の用法として、〈比喩〉〈様子〉〈思考・発話内容に先行する用法〉〈同等〉を示している。①、②、⑧は比喩の用法、③〜⑤は同等の用法、⑥は〈思考・発話内容に先行する用法〉、⑦は様子の用法と見られる。

⑨　あたかもニューヨーク大学は貴族的機関で、この大学の教育が有産階級の特権であるかのごとく論じているが、これは全く事実に反する。

(中西道子『タウンゼンド・ハリス』有隣堂1993)

　⑨の「(スル／シタ)かの　ごとく」も比喩の用法と捉えられるが、陳述詞「あたかも」が用いられているように、「現実はそうではないのだけれど」といった、現実とは異なると認識する言語主体の態度が示される点が特徴的である。

　「ごとく」は語彙的意味が存在せず、「Nの／スル（が）／シタ（が）ごとく」の形式で修飾成分を形作る単語以下のレベルの要素であって、現代語の文法体系の中では、いわゆる古語の助動詞「ごとし」の語形の断片として残存しているにすぎない。そこで、この「ごとく」を、述語や主節で表される事態に対する「比喩」「様子」「思考・発話内容に先行する」「同等」という働きを前接の部分に持たせて修飾成分を形成する修飾成分形成辞と位置づける。

　古語由来の形式であって、硬く重厚な語感をもつため、硬い書き言葉的文体の文に主に用いられる。現代語の修飾成分形成辞「ように」に相当する形式だが、一般の会話では「ように」や「みたいに」が使用され、「ごとく」は⑤の国会のような改まった場面での使用に限られる。だが、口語表現であっても、①や②のような、仰々しい雰囲気や、力強い印象を冗談めかして示すという表現効果を出すため、意図的にこの形式を用いる場合もある。

【2】べく　「(スル)べく　((ス)べく)」　　用例：友人を見舞うべく、病院を訪れた

　古語のいわゆる助動詞「べし」の活用語形の現在に残る形の一つで、「べし」の連用形とされている。下の例に見えるように「スルべく（スル：不定型接続の動詞の非過去みとめの形）」の形で用いられる。「する」の場合は③のように「スべく」となる場合もある。

① 友人を見舞うべく、病院を訪れた。　　　　　　　　　　　　　（用例）
② 来年の博覧会開催に間に合わせるべく、突貫工事が行われている。
　　　　　　　　　　　　　　　　　　　　　　　　　　　　（『大辞林』）
③ 現在の生産量を維持すべく最大限の努力をしている。　　（『大辞林』）
④ 到着ロビーで、二階堂は、機内に預けた荷物を受け取るべく、カウンターの所でしばらく待った。　（斎藤栄『二階堂警部最後の危機』光文社 1993）
⑤ アメリカはいま、その巨大市場の主導権を握るべく、中国に対する戦略を進めているのである。
　　　　　　　　　（増田俊男『史上最大の株価急騰がやってくる！』ダイヤモンド社 2005）
⑥ 新橋から一度家に帰りまして結構遅い時間だったのですが、なまりきった身体に気合を入れるべく、神田川走にくりだしました。
　　　　　　　　　　　　　　　　　　　　　　　（「Yahoo! ブログ」Yahoo! 2008）

①は「友人を見舞う意図の実現を目指して(友人を見舞おうと)、病院を訪れた。」、②は「来年の博覧会開催に間に合わせる意図の実現を目指して(間に合わせようと)、突貫工事が行われている。」、③は「現在の生産量を維持する意図の実現を目指して(維持しようと)最大限の努力をしている。」という意味で、意図する事柄は述語で示される動きによって、結果的に実現が目指される事態として示されている。したがって①〜③の文で送り手が述べたい中心は述語の部分である。①は「病院を訪れる」ことが述べる中心で、「友人を見舞うべく」は「その実現を目指して」という「病院を訪れる」行為に対する説明である。②も「突貫工事が行われている」ことが述べる中心であって、「来年の博覧会開催に間に合わせるべく」は、「その実現を目指して」という、「突貫工事が行われている」事態に対する解説である。③〜⑥も全て同様の文の構造となっていることが見

第5章　文の部分とのかかわりで捉えるもの　　563

られる。

　②の文の構造は「来年の博覧会開催に間に合うように、突貫工事が行われている。」と類似している。この場合、実現を目指す事柄は、述語で述べられる動きにより結果的に実現される主体や対象の状態として示される。「スルべく」と「スルように」の異なる点は、「スルべく」は「間に合わせる」のような意志を示す動詞が多く用いられるのに対し、「スルように」には「間に合う」のような無意志動詞等、主体が自分の意志ではコントロールできないタイプの動詞が用いられることである。そこに、「スルべく」の能動的で意志的な意図の実現を目指す表現と、「スルように」の結果として到達する状態の実現を目指す表現との違いが表れる。

　古語の「べし」は、「毎度ただ得失なく、この一矢に定むべしと思へ（徒然草第92段）6」の「定むべし」に見られるような「意志」の用法を持つ。「スルように」は「結果として主体や対象がそうなる」ことを目指して動きを行うのであるが、古語の「べし」に由来する「スルべく」は、「意図を実現させる」意志を持って（意図実現を目指して）動きを行うという、意図実現の強い意志を明確に示す点が特徴的である。前田（2006）によると「べく」は、「「べし」が「きっとそうなるだろう」という強い「推量」や「当然」の意味、あるいは「意志」という意味を表すということが「目的」につながり、その意味的基盤となっていると考えられる（p.62）」としている。「スルべく」は修飾成分であることから、文全体としては文の述語で示される動きが主張されるのであるが、それと同時に、「行為の目的」に類した「「スル」で示される意図する事態」実現への強い意志も「スルべく」は明確に主張しており、一つの文において二つの主張を果たす点に特徴がある。また、「スルべく」は古語由来の表現形式だけに硬く力強い響きがあり、意図する事態実現への意志の断固たる表明に、それが有効に作用していることも指摘できる。

　既に第3章5.1【3】で示したように、「センが　ために」は、「スル　ために」同様、目的を強調する点に特徴があった。この「ために」は従属接続詞であって、「スル　ために」も「センが　ために」も状況成分を形成する。村木（2010a）によると、状況成分は「述語と主語（補語、修飾語）からなる〈事象〉全体をとりまく〈外的状況〉（時間、場所、原因、目的、場面）をあらわす任

意的な文の成分である (p.107)」という。従って、「スル ために」と「センが ために」は、「述語と主語（補語、修飾語）からなる〈事象〉全体」（主節）に対して、その「目的」を主張するために付け加えられたものといえる。一方「スルべく」は修飾成分であるが、この修飾成分について村木 (2010a) は「述語があらわす属性の〈内的特徴〉（様子、程度、量）をくわしくする副次的な文の部分 (p.106)」であって、「動詞や形容詞に従属する (p.106)」と述べている。「スルべく」が用いられた文は述語で述べられる（目指す意図実現へ向けての）動きが主張の中心となり、「スルべく」で表される事柄は述語で主張される事柄に従属する解説（どのような意図の実現を目指してか）と考えられる。

「スル ために」と「スルように」の違いは「スルべく」も含め、日本語教育の中で問題とされる場合が多くみられるが、ともすれば用いられる動詞の性質や主語の異同などに注目が集まりがちである。しかし、それだけでなく「スル ために」や「スルように」が形成する部分（状況成分と修飾成分）が文の構造上持つ働きの違いも、その文で述べる言語主体の主張の差異という観点から、文の理解には重要であることが「スルべく」の考察から示唆される。

「べく」は「スルべく（スル：不定型接続の非過去みとめの形の動詞）」の形で修飾成分を形作る。「べく」は単語以下のレベルの要素であって語彙的意味もなく、現代語の文法の体系の中では「べからず」や「べからざる」と同じく、いわゆる古語の助動詞「べし」の語形の断片として現代に残存しているにすぎない。そこで、この「べく」を、前接する動詞に加わって「〜する意図の実現を目指して（述語で示される動きを行う）」という修飾成分を形成する、修飾成分形成辞と位置づける。

【3】なりに 「(T(A／V))なりに」
① 短いなりにまとまった作品　　　　　　　　　　　　　　　　（『大辞林』）
② 上原は悪いなりに辛抱強く投げていました。

(原辰徳『ジャイアンツ愛』幻冬舎 2003)

③ うなじがこわいという点からだけ考えますと、悪い人は悪い人なりにこわい、良い人はよいなりにうなじがこわいのです。

(梶原和義『ユダヤ人の動向は人類の運命を左右する』JDC 2001)

④　だが優位にいればいるなりに、その責任もとらなければならなくなる。

(渡辺淳一『失楽園(上)』講談社 1997)

⑤　衰えを認め、受入れて、衰えたなりに全体を新しく組み替えて別組織にするなら、それはそれでまた新しい道が開けるだろう。

(中野孝次『幸せな老年のために』海竜社 2002)

　「短い」は一般に不十分性を意味する形容詞である。①「短いなりにまとまった作品」は、「「短い」という不十分な状態ではあるが、その「短い」状態に相応した状態でまとまっている」という意味で、「短い」という点に物足りなさを見せつつも、それでもその「短い」という状態に相応して「まとまっている」と、控えめながら一定の価値を認めて評価する意識を示している。②も「悪い」状態に不十分さ、否定的性質を認めながらも、その「悪い」という形容詞が表す状態に相応した状態で(悪い状態に応じて)「辛抱強く投げていた」と一定の評価を与えようとしている。③は、一般的に肯定的な評価的性質を持つ「よい」に対して一応「よい」と認めるものの、積極的な肯定的評価は認めていない。ただ、「よい」が一般的に表す性質に相応した程度に「うなじがこわい」という評価が示されているに過ぎない(「悪い人なりに」は、名詞「悪い人」に第三形容詞性接尾辞「-なり(の)」が接尾した派生形容詞「悪い人なり(の)」の修飾用法)。

　「T (A) なりに」は、「その形容詞が一般に表す状態や性質に相応して」という言語主体の控えめな評価的程度認識をもって、述語の様子(動詞が述語の場合)や程度(形容詞が述語の場合)を特徴づける修飾成分として働く。

　動詞の場合、肯定的な評価を持つ「優位にいる」が用いられた④は、「積極的ではないにしても「優位にいる」という事態に相応した程度に(事態に相応して)責任も取らなければならない」という意味を表している。否定的な評価を持つ「衰えた」が用いられた⑤も同様に、「積極的ではないにしても「衰えた」という事態に相応した程度に(事態に相応して)全体を新しく組み替えて別組織にするなら」という意味を表す。「T (V) なりに」は、「その動詞が表す事態に相応する程度に、事態に相応して(〜する)」という、述語で表される動きの様子を示す修飾成分として働く。言語主体の控えめな行為遂行の程度意識(その動詞が表す事態に相応する程度に(〜する))を表す点が特徴的である。

形容詞、動詞、いずれの場合でも、その単語が表す状態や性質、事態に相応した程度であるという、言語主体の控えめな評価的程度認識が示される点が特徴的といえる。

　「なりに」は、連体型接続の形容詞（非過去）と動詞（非過去／過去）の認めの形に後接し、前接の部分に対して、「その単語が一般に表す状態や性質、事態に相応して（〜である、〜する）」という言語主体の控えめな評価的程度認識を加えつつ修飾成分を形作る機能を果たす。このように「なりに」は単語以下の単位の要素であって、語彙的な意味をもたず、前接の動詞や第一形容詞と組み合わさって修飾成分を形成することから、本書ではこれを修飾成分形成辞と位置付ける。

### 1.3.2　修飾成分形成句

　主要な品詞に属する単語と組み合わさって修飾成分を形成する、語彙的意味に乏しく非自立的な単語や、そのような単語同士、或いはそのような非自立的な単語と単語以下の要素との結合体を「修飾成分形成句」とする。

【1】なく　「（スルとも）なく」　　　　　　　　　　用例：見るともなく見ている

　「スルとも　なく」は、とりたて助辞「も」によって取り立てられた、内容を示す助辞「と」を伴う不定型接続の非過去みとめ形の動詞と形式（第一）形容詞「ない」の第一中止形「なく」がくみあわさった形式で、「特に〜するという意識（つもり）もない状態で（〜する）」という意味をもって、述語が表す動きの様子を詳しくする修飾成分を形成する。

　「スルとも　なく」は「〜するという特別な意識（つもり）も　なく」という節から「いう特別な意識」が脱落した形と考えられる。用例の「見るともなく見ている」は、「見るという特別な意識もない状態で見ている」、または「何となく見ている」という意味を表す。この「ない」は「具体的なモノが存在しない」という実質的意味を持つものではなく、「無意識」の「無」に相当するような、意識という「人が備えている精神的なもの（具体的とは言えない）」が存在しない状態（非存在）を表す形式第一形容詞と見られる。

① 道満は、軒の向こうに見える青い空や、流れてゆく雲を、見るともなく眺めていた。　　　　　　　　　　　　　（夢枕獏『陰陽師』文藝春秋 2002）
② 太一は身動ぎもしないで、何を見るともなく虚空に視線を泳がせているようだ。　　　　　　　　　　　　　（藤原緋沙子『冬萌え』祥伝社 2005）
③ 天井をながめ、畳をながめ、家の中の音を聞くともなく聞いていると、家っていいなとしみじみ思う。　　　（清水久美子『夢がかなう日』偕成社 2002）
④ 「なぜ？…」いうともなくもれたことばに、闇の中から男の声が答えた。「──知りたければ教えてさしあげよう」　（篠田真由美『龍の黙示録』祥伝社 2001）

例①〜④からわかるように、「スルとも　なく」は「特に意識的に〜するというつもりもない状態で（〜する）」、または、「何となく（〜する）」という、述語で示される動きの様子を詳しくする修飾成分を形成している。「現代日本語書き言葉均衡コーパス」からは、この形式に使われる動詞は「見る」、「言う」、「聞く」の三つが大半を占めることが得られた。

　他に「〜とも　なく」は下の⑤〜⑧のような「(疑問詞から／へ／に) とも　なく」の形で、「(疑問詞から／へ／に) と、はっきりと認識はできないが、自然に、知らないうちに」という意味の修飾成分を形成する。

⑤ 最近どちらからともなく連絡を取るようになり、週1・2回遊んだり食事したりするようになりました。　　　　　　　　（「Yahoo! 知恵袋」Yahoo! 2005）
⑥ 歩いていると、どこからともなく街の精気のようなものが体に伝わってくる。　　　　　　　　　　　　　（鈴木博之『都市のかなしみ』中央公論新社 2003）
⑦ だれからともなく拍手が起きた。　　　（蓬莱泰三『先生の不登校』ポプラ社 1995）
⑧ お遍路さんは次第に元気を取り戻し、数日後どこへともなく旅立った。
　　　　　　　　　　　　　　　　　　　　　　（森照子『山襞に人ありて』文芸社 2003）

【2】なしに　「(スルとも)なしに」　　　　　　用例：聞くともなしに聞いていた

『大辞林』によると、「なし」は「文語形容詞「なし」の終止形」に由来するもので、そこでは名詞とされている。しかし、第4章 2.2 形容詞性語基【2】「‐なし（の）」の検討において、本書では「なし」を第三形容詞と位置付ける

こととした。「スルとも　なしに」は、とりたて助辞「も」によって取り立てられた、内容を示す助辞「と」を伴う不定型接続の非過去みとめ形の動詞と第三形容詞「なし」の修飾用法が組み合わさったものと見られる。

　「スルとも　なしに」は「特に〜するという意識（つもり）もない状態で（〜する）」という意味をもって、述語が表す動きの様子を詳しくする修飾成分を形成する。(1)「スルとも　なく」とほぼ同様の意味を表し、修飾成分をつくるという働きも同様である。

　この形式はほとんど慣用的に使用されるようで、「現代日本語書き言葉均衡コーパス」から検出された例は、ほぼ全て「聞く」、「見る」という動詞と用いられていた。それに比べると、【1】「スルとも　なく」と使われる動詞は、「スルとも　なしに」と同じく「見る」、「聞く」、そして「言う」の三つが大半を占めるとはいえ、それでも、下に示した例のように、はるかに多くの種類の動詞が「現代日本語書き言葉均衡コーパス」から検出された。

　　例：うなずく、話す、探す、飲む、並ぶ、言われる、考える、食べる、注意する、答える、眺める、忘れる…

① 流は教室の窓から遠く流れる鱗雲を見るともなしに見ていた。
　　　　　　　　　　　　　　　　　　　　（石堂まゆ『闇天使』集英社 2000）
② 俊輔は苛立って、そろそろと頭を右へ動かした。そして見るともなしに窓の方を見ると、「あ」と低く叫んだ。　（野尻抱影『ちくま文学の森』筑摩書房 1988）
③ 然り、と答えるサーマイルの、どこか遠くから聞こえる声を、アレクシードは聞くともなしに聞いていた。　（雨川恵『アダルシャンの花嫁』角川書店 2004）
④ もしかすると「坐禅というものは、こんなものかもしれないぞ」と、知るともなしに知り、感ずるともなしに感じていました。
　　　　　　　　　　　　　　　　　　　　（内山興正『自己』大法輪閣 2004）

①、②の「見るともなしに」は、「見るという特別な意識もなしに」という第三形容詞を述語とする修飾成分節から、「いう特別な意識」が脱落して形成されたものと考えられる。ここに見られる「なし」は、「人が備えている精神的なもの」

である意識が存在しない状態を表す「形式第三形容詞」である。①、②は「見るという特別な意識もない状態で、何となく（見ていた／見ると）」という意味になる。同様に③は「聞くという特別な意識もない状態で、何となく（聞いていた）」という意味を表す。この形式は、「見るともなしに見る」のように、前後に同じ動詞が使われる点が特徴的である。「スルとも　なく」も、「スル」と同じ動詞が述語に用いられる場合が多く見られるが、「スルとも　なく」の例文①②④のように「スルとも　なく」の「スル」と異なる動詞が述語に使われることもある。ここにも、「スルとも　なしに」の慣用的な形式であるという特色が指摘できる。

　他に下の⑤、⑥のような「（疑問詞から／へ／に）とも　なしに」の形で、「（疑問詞から／へ／に）と、はっきりと認識はできないが、自然に、知らないうちに」という意味の修飾成分を形成する場合がある。

⑤　あんにゃろーっ！誰へともなしに湧き出てくる怒りさ。

（「Yahoo!ブログ」Yahoo! 2008）

⑥　なぜともなしに背筋が冷えた。　（甲斐透『かりん増血記』富士見書房 2003）

　前述の通り、①の「見るともなしに」は、「見るという特別な意識もなしに」という節相当の形式から、「いう特別な意識」が脱落して形成されたものと見られる。この両者を比べると、後者が具体的、説明的であるのに対し、前者は節の部分の脱落によって極めて簡略化された表現となっていることが理解できる。簡略化されているため、言語で示される情報はきわめて少ない。しかし、受け手はこれを形式として理解しているので、この情報を受け取ったとき、受け手自身が脱落した部分を補って理解することができる。形式化しているということはパターン化しているということで、その理解には受け手の側の積極的な関与（脱落部分の補完）が必要となる。

　「スルとも　なしに」は、(1)の「スルとも　なく」という形式とほぼ同様の意味と機能によって文中で働く。ところが、動詞と第一形容詞が組み合わさった「スルとも　なく」が、具体性を帯びて説明的な表現であるのに対し、「スルとも　なしに」は、「なし」が第三形容詞として名詞的な性質を持つことから、より観念的な表現であるという差が認められる。それが、「スルとも

なく」に用いられる動詞の方がより多様で、より自由に使用されるのに対して、「スルとも　なしに」の方は用いられる動詞がほぼ「見る」、「聞く」に限られ、後に「スル」と同じ動詞が用いられるなど、固定的で、形式化、慣用化が強く見られる要因の一つになっている可能性が考えられる。

　これら「スルとも　なく」、「スルとも　なしに」で表される様子は、どちらも「ぼんやりと」や「何となく」のような一つの副詞で言い換えられる。だが、「聞くともなく」、「見るともなく」、「聞くともなしに」、「見るともなしに」のような表現は、「ぼんやりと」や「何となく」のような「無意識性」や「非意図性」を一単語で一律に示す副詞と異なり、慣用表現化しているとはいえ、同様の副詞的意味を、語彙的意味を持つ単語を用いて状況説明的に表し出す。その点にこれらの表現形式の持つ文学性を指摘することができる。

【3】ものとも　せず(に)　　「(Nを)ものとも　せず(に)」

用例：敵の攻撃をものともせずに

　「ものとも　せずに」は、ト格の名詞「ものと」と形式動詞「する」からなる「ものと　する」の打ち消し第一中止形「ものと　せず(に)」のとりたて助辞「も」による取り立ての形である。この「ものとも　せずに」とヲ格の名詞が組み合わさった「Nを　ものとも　せず(に)〜」という形式で、「Nを問題としないで、困難に強く立ち向かう気持ちを持って(〜する)」という意味の修飾成分を形成する。「もの」は、この場合、「問題」、「障害」等、「困難と認識されるような事柄」の総称であり、「ものとする」は「困難と認識する」ことを一般化した表現と考えられる。

①　<u>負傷をものともせず</u>出場する。　　　　　　　　　　　　(『大辞林』)
②　満塁の<u>ピンチもものともせず</u>、続く二人の打者を打ち取りゲームセット。

(「Yahoo! ブログ」Yahoo! 2008)

③　浅草六区へ出かけると、日曜のせいか、<u>炎天をものともせず</u>、周辺は大層な人だかりである。　　　(連城三紀彦『吉川英治文学新人賞篇』リブリオ出版 2004)

「Nを問題ともしないで」と「Nを　ものとも　せずに」は、ほぼ同様の意味を

表す。後者の「Nを ものとも せずに」は、「問題」や「障害」のような実質的な意味を持つ名詞によって「困難」を特定化するのではなく、「もの」という形式名詞を用いて一般化して示しているため、表す意味は明確とはいえない。しかし、明確に言語化されていないことによって、受け手は自分の感覚や経験、常識、また、この形式の使われた状況といったものから、表す内容を自由に感じ取ったり理解したりすることができる。受け手に自分の感性やその場の状況等を通じて、その「もの」がどのようなものなのか、主体的に受け止めることを求める点に、「Nを ものとも せずに」という形式の文学性が指摘できる。「せず(に)」という「しないで」の古い形を用いている(「に」がないほうが、より「書き言葉」的である)ことも、この表現形式の文学性を特徴づけている。

## 1.4 状況成分の形成にかかわるもの(状況成分形成要素)
### 1.4.1 状況成分形成辞

　語彙的意味を持たず、主要な品詞に属する単語と組み合わさって状況成分の形成に与る単語以下の単位である要素を「状況成分形成辞」とする。

　本書では第2章3.2.1において、接続助辞を「節の終わりの述語となる単語(独自のムード(のべたて)とテンスを持つ)の後について、後続の節に対する関係を表す助辞」とした。「や」や「なり」と組み合わさる文相当の形式の述語である動詞は、独自のムードも、発話時を基準とした独自のテンスも持たないので、それらを接続助辞と認めることはできない。本書では、これら「や」、「なり」を状況成分形成辞と位置付ける。

【1】や 　　「(スル)や」　　　　　　　　　　　　用例：ベルが鳴るや

① 日本テレビ関係者が馬場の会場入りを待って、<u>到着するや</u>、すぐに控室に誘導。　　　　　　(小佐野景浩『天龍同盟十五年闘争』日本スポーツ出版社 2002)

② <u>この新商品がヒットするや</u>、対抗各社がこぞってドライ・ビールを発売し、アサヒビールが、同一の商品名を使用しないように抗議するというトラブルが発生した。　　　(星野匡『すぐ役に立つネーミングの本』実業之日本社 1991)

③ 「V請負人」の異名をとる武田は、いかにも明大出身らしい、燃えて投げる投手だ。<u>フリーエージェント宣言するや</u>、すかさず星野は福岡に飛んで口

説き落とした。　　　　　　　（戸部良也『熱将星野仙一』KTC中央出版2000）

　状況成分形成辞「や」は、不定型接続の文相当の形式の述語の非過去みとめ形の動詞と接続し、「スルや」の形で、「ある動作・作用が成立すると、それが契機となって、間髪をいれず別の動作・作用が続いて発生する」という動作・作用の継起を表すときの、後に続く事態発生のきっかけとなる状況成分を形成する。初めの動作・作用に後接して示される状況成分形成辞「や」が、その動作・作用の成立を印象付けるアクセントの役割を果たすと共に、次の場面への明確な切り替わりを示すことと、次の動作、作用発注までの時間的間隔がほとんどないというニュアンスを示すことが特徴的である。古めかしい形式で、主に書き言葉として用いられる。

【2】なり　　「（スル／シタ）なり」　　　　　用例：そう言うなり出て行った
① 「わかりました」　私は返事をするなり、くるりと背を向けて、歩き出した。
　　　　　　　　　　　　　　　　　　（髙樹のぶ子『これは懺悔ではなく』講談社1995）
② ヨシノは母に習って（唐辛子の）薬味をふりかけた。そして、一口するなり、びっくりして箸をおいてしまった。咽喉がやけ、舌がとびそうであった。
　　　　　　　　　　　　　　　　　　（嵐山光三郎『文人暴食』マガジンハウス2002）
③ 左近は反転するなり、刀を斜めに斬り上げた。
　　　　　　　　　　　　　　　　　　（志木沢郁『信貴山妖変』学習研究社2003）
④ 詠唱が完成するなり、クラウスの傍らにそびえていた木がぼうっと光を放った。　　　　　　　　　　　　　（尼野ゆたか『真夏の迷宮』富士見書房2005）
⑤ そう言ったなり、女は、じっと本城淳の顔を穴のあくほど見つめている。
　　　　　　　　　　　　　　　　　　（和久峻三『ロシアンルーレットの女』中央公論社1994）
⑥ 同期の老刑事が会釈をしたなり、しげしげと向井の服装を眺めた。
　　　　　　　　　　　　　　　　　　（浅田次郎『三人の悪党』光文社1999）
⑦ 順天堂医院の特等病室に寝ている田氏のところへ、百鬼園先生は水色の帽子をかぶったなり、つかつかと這入って行った。
　　　　　　　　　　　　　　　　　　（内田百間『大貧帳』筑摩書房2003）
⑧ おまけに俺をつかまえたなり、会社の門内へいらせまいとする。

(芥川龍之介『夢の蹄』新宿書房 1989)

状況成分形成辞「なり」は、不定型接続の文相当の形式の述語の非過去みとめ形の動詞と接続した「スルなり」の形式で、「ある動きが成立すると、すぐさま続いて別の意外な動きが発生する」という動きの素早い継起を表すときの、後に続く事態発生の場面を示す状況成分を形成する。①、②、③に見られるように、前の動きが動作動詞で表される場合、後の動きも動作動詞で、前の動作の主体と後の動作の主体は同じである。④は前の動きとして変化が発生する変化動詞が用いられた例で、この場合、前の動きである変化動詞の主体と、後の動きの主体は異なっている。

不定型接続の文相当の形式の述語の過去みとめ形の動詞に接続した「シタなり」の形式は、⑤、⑥のように前の動きが動作動詞で表される場合、「ある動きが成立すると、状態を変化させないまま、そのまま引き続き別の意外な動きが発生する」という動きの連続的な継起を表すときの、後に続く事態発生の場面を示す状況成分を形成する。例えば⑤の場合、「そう言う」と、その後普通は何かしたり、他のことを言ったりするものであるが、そのようなことは一切なく、ただ「じっと本城淳の顔を見つめている」という意味を表している。⑦、⑧のように前の動きが変化動詞で表される場合、「ある動き（変化）が成立すると、その動き（変化）の結果が継続した状態で（状態を変化させないまま）他の意外な動きが発生する」という、先行の動きの結果が継続した状態での次の動きの連続的な継起を表すときの、後に続く事態発生の場面を示す状況成分を形成する。これらは、文で示される事態が行われるときの主語の状態を表す付帯状況を形成するものともいえる。過去みとめ形の動詞に接続した「シタなり」の場合、前の動作と後の動作の主体は同じである。

「スル／シタなり」は前後の動きが連続的で、後の動きに意外性が示される点が特徴的であるが、「スルなり」は前後の動きの素早い継起が、「シタなり」は前の動きの結果が継続した状態での動きの継起が特に強調される。

1.4.2 状況成分形成句

主要な品詞に属する単語と組み合わさって状況成分を形成する、語彙的意

味に乏しく非自立的な単語や、そのような単語同士、或いはそのような非自立的な単語と単語以下の要素との結合体を「状況成分形成句」とする。

【1】なく　して　「(N)なく　して」　　　　　用例：愛なくして何の人生か

　「なく　して」は、古語の第一形容詞「なし」の中止形「なく　して」由来の状況成分形成句で、名詞 (N) に続いて、「N なく　して」という形で、「N がない状態であって」という、主節で示される事態が成立するときの状況を述べる働きをする。

　『精選版 日本国語大辞典』の「して」の項の「接続助詞的用法」には、以下の解説がある。「形容詞型活用の語の連用形およびこれらに副助詞の付いたものを受け、また「ずして」「にして」「として」の形で、並列・修飾・順接・逆接など種々の関係にある句と句とを接続する場合に用いられる。」また、語誌 (3) の部分では次のような説明がなされている。「「…くして」「ずして」「にして」「として」の形は、平安時代には主として漢文訓読系の語として用いられ、これらに対して和文脈では「にて」「…くて」「ずて」「で」「とて」の形が用いられた。」

　用例の「愛なくして」は、「愛がない状態であって」を意味する。鈴木 (1972b) によると、古代語では「愛なし」のように主語に名詞のはだか格が普通に用いられたという (p. 217)。

① 　審査会は、当事者が通知を受けているにもかかわらず出頭しない場合においては、当事者の出頭なくして紛争処理期日を開催することができる。
　　　　　　　　　　　　　　　　　　　　　　　(第一東京弁護士会司法研究委員会
　　　　『Q&A マンション管理とトラブル解決の手引』新日本法規出版 2001)

② 　桓武帝の弟早良親王は罪無くして殺されたが、死後彼は崇道天皇という名を追号された。　(堂本ヒカル『やっぱり邪馬台国は九州にあった。』鳥影社 2001)

③ 　適切な研修や訓練なくして効果的な活動は行い得ない…
　　　　　　　　　　　　　　　(内閣総理大臣 (海部俊樹君)『国会会議録』第121回国会 1991)

④ 　いうまでもなく、食器なくして料理は成立しない。
　　　　　　　　　　　　　　　　　　(北大路魯山人『魯山人「道楽」の極意』五月書房 1996)

「Nなく　して」は、ほとんどの場合③、④のように後に否定的表現形式を伴うが、①、②のように後に認めの形式を伴うこともある。①、②の場合、「Nなくして」が表す事柄は、後に続く主節の述語の部分で表される事柄とは常識的にスムーズに続かないものである（①「当事者の出頭なくして」と「（審査会は）紛争処理期日を開催することができる」、②「罪無くして」と「（早良親王は）殺された」）。普通は常識的につながらないものを「Nがない状態であって、それで、なお」と強調してつなげるところに対比性が生じ、①「当事者の出頭がない状態であって、それでも（当事者の出頭がなくても）」、②「罪が無い状況であって、それにもかかわらず（罪がないにもかかわらず）」という譲歩の意味を発生させている。

　③、④の場合、③は「適切な研修や訓練がない、その状態で効果的な活動は行い得ない。」、④は「食器がない、その状態で料理は成立しない。」という意味が考えられる。③、④どちらも「Nなく　して」の部分が、「Nがない状態であって、その状態で」という意味で強調されて後につながり、その結果、それがとりたてられて後件の条件のように働いていることが得られる（③「適切な研修や訓練がなくては」、④「食器がなくては」）。そして、文全体では主節で述べられる事態の成立にはNが必要であることを主張している。

　「Nなく　して（Nは名詞や名詞句）」は、「Nがない状況であって」という意味を示しつつ、後件が認めの形式の場合は「Nが存在しない状態であって、それでなお（後件で述べられる事態が成立する）」という譲歩的な状況を、後件が否定的表現形式の場合は、「Nが存在しない状態であって、その状態で（後件で述べられる事態は成立しない）」という条件的な状況を表し、主節で述べられる事態が成立するときの状況成分として働いている。

【1】-1「(N)なく　しては（取り立ての形）」
　　　　　　　　用例：真の勇気なくしては正しい行動をとることはできない
① 資産—生産要素の市場化なくしては社会編成の中心的枠組みにはなり得ない。
　　　　　　　　　　　　　　　（稲葉振一郎『「資本」論』筑摩書房2005）
② パプリカなくしては、ハンガリー料理は存在しないといってもよい。
　　　　　　　　　　　　　　（21世紀研究会『食の世界地図』文藝春秋2004）
③ 涙なくしては見られません。　　　　　　　（「Yahoo!ブログ」Yahoo! 2008）

①～③の「Nなく　しては」は、「Nなく　して」の取り立ての形である。①は「資産─生産要素の市場化が存在しない状態では（他のものはなくても何とかできるが）、社会編成の中心的枠組みにはなり得ない（だから、特に資産─生産要素の市場化が必要）」。②は「パプリカがない状態では（他のものはなくてもよいが）、ハンガリー料理は存在しない（だからパプリカはハンガリー料理に必須）」、③は「涙がない状態では、見ることができない（見ると必ず泣く）」という意味である。③の「涙なくしては見られない」はその映画やドラマが感動的であるという意味を表す慣用的な表現となっている。①～③の「Nなく　しては」というとりたて形式は常に後に否定的表現形式を伴う点が、「Nなく　して」という非とりたて形式との構文的違いである。「Nなく　しては」を用いた文で主張したいことは、その文の主語と述語を中心に述べられる事態の成立に「N」が不可欠であるということである。「Nなく　しては」が形成する文は、その文で表される事態成立に対するNの重要性を強く示すための修辞的なものといえる。

　「Nなく　しては」というとりたて形式は、「Nが存在しない状態」を他の場合から取り出して対比的に特に強調することから、それを条件とする意味が発生する。そのため、「Nなく　しては」というとりたての形は、非とりたて形式の「Nなく　して」よりもさらに主節から独立した、条件を表す状況成分となるといえる。すなわち、「Nなく　しては（Nは名詞や名詞句）」は後件に常に否定的表現形式を伴い、「Nが存在しない状態では、Nが存在しなければ」という、後件の事態非成立の条件としての状況を表す。

　その他、例えば「Nなく　しては」が作る「資産─生産要素の市場化なくしては」というとりたて形式の状況成分句は、「資産─生産要素を市場化しなければ」という条件を表す状況成分節にパラフレーズできる。一般に事物の概念を表す名詞で示された名詞的表現は、動詞や助辞を用いて敷衍的に解説された文や節より簡潔で引き締まった語感を呈す。文レベルで敷衍されると意味は理解しやすくなるものの、その反面冗漫な表現になる。名詞的表現はある具体的な事象を抽象的、観念的な概念として表すため、簡潔な表現の中に豊富な内容を盛り込むことができる。しかし、そのような名詞の組み合わせで構成された表現を理解するために、受け手は文法的に整合性が保てるよ

う、意味に沿って、名詞を動詞に変えたり、単語の間に助辞等を補ったりする必要がある。その意味で、名詞的表現は、文からエッセンスを取り出して並べた、一種象徴性を帯びたものということができる。

「Nなくして」や「Nなくしては」は、古来漢文訓読に用いられてきた形式である。「孟子　梁恵王章句上」の「恒産無くして恒心有る者は、惟士のみ能くすることを為す。民の若きは、則ち恒産無ければ、因つて恒心無し。[7]」から作られた「恒産なくして恒心なし」は有名な格言である。「平家物語」のような和漢混交文でも「舟なくしてはたやすうわたすべき様なかりければ…〈巻第十藤戸〉[8]」に見られるように盛んに用いられていた。近年では小泉元首相が掲げた「改革なくして成長なし」というスローガンが記憶に新しい。漢文訓読由来の簡潔で力強く、引き締まった語感を呈する点や、抽象的、観念的な概念を表し得る名詞を用いて豊かな内容を一種象徴的に格調高く歌い上げることができる点に、「Nなくして」、「Nなくしては」が、政治スローガンや、国会のような政治の場、①の『資本論』のような難解な学問的書物に用いられる理由があると考えられる。②のような比較的軽い内容の文章においても、ある事柄が必須であることを強くアピールするために、重厚なニュアンスを発現するこの形式が意図的に用いられる場合がある。

【2】よそに　　「(Nを)よそに」用例：親の心配をよそに／勉強をよそに遊びまわる
　『大辞林』は、「よそ（余所）」について「①ほかの所。別の場所。②自分の属している家庭や団体以外のところ。③自分とは直接関係のない所・人・物。④ほったらかすこと。かえりみないこと。」と解説している。また、「余所（よそ）に・する」と一項目立てて「構わないで放っておく。おろそかにする。」と解説した上で、「家を―・して遊び歩く」という例文を挙げている。「Nをよそに」は、「Nを　よそに　して」から、形式動詞「して」が脱落した形と見られる。『明鏡国語辞典』は、「よそ（余所・〈他所〉）」の項の③に「《多く「…を―に（して）」の形で》…と関わりなく。…を無視して。「人々の心配を―に強行する」 表現 「よそに見て」「よそに聞いて」などのバリエーションがある。よそ事のように見聞きする意。「狂騒の巷をよそに見て」「歓呼の声をよそに聞いて」」という解説を載せている。「余所に見る」について、『大辞

林』は、「よそ事のように見る。」、「よそごと（余所事）」は「自分に関係のないこと。ひとごと。」と説明している。これらからは、以下のような推移が考えられる。

　　よそに見る　→　よそに見て　→　よそにして（形式動詞「して」）　→　よそに
　　よそに聞く　→　よそに聞いて↗

「よそ」は、もともと「ほかの所」、「自分とは直接関係のない所・人・物」という意味であるから、そこから「よそにみる」を背景に持つ「よそに」に、「自分とは関係のないこととして見て、考えて」、すなわち「気にとめないで、顧みずに」という意味が発生したことが考えられる。

①　母や庵主さんの困惑をよそに、私は狂喜した。
　　　　　　　　　　　　　　　　　（林清子『黄水仙のみた夢』文芸社 2003）
②　ご主人の心配をよそに、奥さんは陽気におしゃべりしている。
　　　　　　　　　　　　　（磯部裕三『会社人間のボランティア奮戦記』文芸春秋 1992）
③　世界の不況をよそに日本とドイツ、そしてアメリカだけが石油高を克服
　　し、好況に向かっている。　　　　　　（会田雄次『日本人材論』講談社 1976）
④　都内でも一、二の高級マンション街は、表通りの、夜が更けてもなかなか
　　衰えない喧騒をよそに静まりかえっていた。　　（荒木源『骨ん中』小学館 2003）

村木（1991）は、「Nを　よそに」を〈N₁ヲ N₂ニ〉（動詞脱落）構造の文に位置づけ、（主）文に対して、排除という付帯状況を表す状況成分として働くものとしている（p.319）。
　用例の「勉強をよそに遊びまわる」は、「勉強を顧みず、又は気にとめないで遊びまわる」という意味が考えられ、「勉強をよそに」は、文で表される事態（遊びまわる）成立時の主語の状況（排除という付帯状況）を表す。例①「母や庵主さんの困惑をよそに」、②「ご主人の心配をよそに」も、文で表される事態成立時の主語の状況（排除という付帯状況）を表す。①②の場合、「個人的な事柄」に関する排除といえる。

一方、③④の「Nをよそに」は、ある事態とは全く無関係なものとして、その影響を受けることなく、いわば正反対のような別の事態が発生しているという描写に用いられている。これは「ある事態（③「世界の不況」、④「表通りの、夜が更けてもなかなか衰えない喧騒」）」を排除した状況である。

　「よそに」はヲ格の名詞や名詞句と組み合わさって、その名詞や名詞句が個人的事柄に関する場合は「それを気に留めないで、顧みずに」という意味の、その名詞や名詞句がある事態を示す場合は「その事態を全く無関係なものとして、その影響を受けることなく」という意味の、排除に分類される付帯状況を表す状況成分を形成する状況成分形成句であると認められる。

　「Nを　よそに」という形式でレトリカルに排除を表すことによって、「Nを気に留めずに、顧みず」、または「Nを全く無関係なものとして、その影響を受けることなく」という、主節で表される事態成立の状況が、婉曲に、また文学的に表現される点に特徴が指摘できる。

## 2. 文の部分の述べ方にかかわる働きをするもの

　前節では、「文の部分とのかかわり」によって分類した日本語能力試験1級'〈機能語〉の類'のうち、「文の部分の形成にどのように働くか」という観点から分類したものについて検討を行った。ここでは、「文の部分の述べ方にどのように働くか」という観点から分類した日本語能力試験1級'〈機能語〉の類'（「文の部分のとりたて」とかかわるもの）について検討を行う。

### 2.1　文の部分のとりたて的働きをするもの（とりたて形成要素）

　文の部分のとりたて的働きをする'〈機能語〉の類'は、ある「文の部分」とかかわって、その「文の部分」の表すものごとを強調し、他の同類のものごととてらしあわせてのべる働きをする。

#### 2.1.1　とりたて形成句

　ある「文の部分」と組み合わさって、その「文の部分」をとりたてる働き

をする、語彙的意味に乏しく非自立的な単語や、そのような単語同士、或いはそのような非自立的な単語と単語以下の要素との結合体を「とりたて形成句」とする。

【1】いう　もの　　「(シテカラと)いう　もの」　　　　用例：彼が来てからというもの
　「シテカラと　いう　もの」は、動詞の第二中止形「シテ」が格助辞カラを伴った「シテカラ[9]（次の動きに先行する動きをあらわす状況成分節を形成する）」が引用の助辞トを後に伴ったものと、とりたて形成句「いう　もの」が組み合わさった形式である。

　動詞由来の「いう」と形式名詞由来の「もの」が組み合わさったとりたて形成句「いう　もの」は、「これはリモコンというものです。」のように、ト格の具体的な物を表す名詞Ｎと動詞「いう」が組み合わさって、物の名称を導入する用法から生じたものと思われる。この場合の「もの」は具体的な物を表す形式名詞と捉えられる。

　①の「Ｎと　いう　もの」は、「Ｎという存在」という意味で、名詞Ｎを強調しながら一般化する用法と思われる。この場合の「もの」も形式名詞と捉えられるが、具体的な物ではなくて、「存在」という抽象的なモノである。

　②は①の「Ｎと　いう　もの」を主題化したもので、とりたて助辞ハと同様に、Ｎを主題として、また、他の事柄と区別して取り立てている。だが、それだけでなく、②の「いう　もの」は、組み合わさる名詞「新聞記者」を①のように一般化して述べると共に、何かしらそれに対する愛着のような言語主体の思いも表し出している。そこに、とりたて助辞ハとの違いが指摘できる。日本語能力試験2級の'〈機能語〉の類'のリストに「これでは不公平というものだ。」という用例で挙がっている、「(〜と)いうもの(だ)」は、群補助述語詞と位置付けられるもので、組み合わさる部分が表す事柄に対して心からそう言えると強調して示す形式である。それに関して坪根（1994）は、「ものだ」の意味は、「前接する命題について「一般的にこうだ」ということを、話し手の意志・判断として相手に訴えかけることである。(p.66)」と述べている。②の「いう　もの」は、とりたて助辞相当の働きを持つ、ト格支配の後置詞（群後置詞）に位置付けられるが、組み合わさる名詞を言語主体があ

る種の感慨を込めながら一般化して「本質的に新聞記者は」と、他の事柄と区別して取り立て、主題化して示す働きをしている。

　また、後置詞の「いう　もの」は、③、④のようにト格で示される「経過する時間の量を表す名詞」と組み合わさって、とりたて助辞ハと同様に、その時間を取り立てて主題化して表す。③の「この二週間というもの」は「この二週間」を他の時と区別して取り立てて主題化して示しているが、「この二週間ずっと」という継続性と（「この二週間」を他の期間と区別するところから生じる）、その期間に対する言語主体の実感のこもった思い（「もの」に示される「長い」や「大変だ」等の思い）を表しながら、続いて「この二週間」に関わる他の時と異なる特別な事柄が述べられることを予告している点が特徴的である。「この二週間というもの」に示される「長い」という思いは、「この二週間ずっと」という継続性から、「大変だ」という思いは、「この二週間が他の時と異なる特別な時である」という認識に基づいた取り立てから生じるものと考えられる。④の「この十七年間というもの」も、「この十七年間」を他の時と区別し、長い時間（他の期間との区別から生じる継続性に基づく）、困難な時（他と異なる特別な時であるという認識に基づいた取り立てから生じる）という実感のこもった思いを持って強調して主題として取り立てると共に、続いて「この十七年間」に関わる他の時と異なる特別な事柄が述べられることを予告している。

　さらに、後置詞の「(～と) いう　もの」は、カラ格で表される「時間名詞」と組み合わさって、「ある動きや状態が始まるとき」を取り立てて、主題化して表す。時間名詞の代わりに「それ」も頻繁に用いられることが検索例から見られる。⑤も⑥も、「昨日の午後から」、「それから」をそれまでと区別して取り立てて主題化しているが、そこにその時間に対する言語主体の実感のこもった思い（「以前と違って（そこから意外感が発現している）」、「～から継続して」等の思い）が強調と共に見られる点、また、後に「昨日の午後まで」、「それまで」と顕著に異なる、「昨日の午後から」、「それから」、新たに発現した継続的で特別な事態が述べられることを予告する点が特徴的である。この場合も、基本的にとりたて助辞ハと同様の働きをしていることが指摘できる。

① 男というもの、女というものを一般的に考えたとき、どちらが得をしてい

るか？　　　　　　　　　　　　（三浦俊彦『心理パラドクス』二見書房 2004）

② 新聞記者というもの、「自分で判断しろ」と言われれば、行くしかないのだ。
　　　　　　　　　　　　　　　　　　　（鳥越俊太郎『ニュースの職人』PHP研究所 2001）

③ ところが、この二週間というもの、私には珍しく四、五時間睡眠の日が続いた。
　　　　　　　　　　　　　　　　　　　　　　（沢木耕太郎『杯』朝日新聞社 2004）

④ この十七年間というもの、私も多くの外国団体が来ては去り、来ては去り、結局は後始末は地元が行わねばならぬ事態を見てきました。
　　　　　　　　　　　　　　　　　　（中村哲『医者井戸を掘る』石風社 2001）

⑤ 昨日の午後からというもの、ホワイトボードにあれこれと描きながら、比嘉はいままで自分が暖めてきたアイデアを熱心に説明し、クルグラーはそれに対して質問をするというスタイルで初日は終始した。
　　　　　　　　　　　（斎藤由多加『林檎の樹の下で』毎日コミュニケーションズ 2003）

⑥ それからというもの、店で作る弁当やオードブルに必ずといっていいほどシークヮーサーを入れました。
　　　　　　　　　　　（金城笑子『おばぁの畑で見つけたもの』女子栄養大学出版部 2003）

　ここで検討対象とする「シテカラと　いう　もの」は、カラ格で表される時間名詞の代わりに、動詞の第二中止形「シテ」が格助辞カラを伴った「シテカラ」が引用の助辞トを後に伴い、とりたて形成句「いう　もの」と組み合わさったものと見られる。

⑦ 6年前にティカルに会ってからというもの、心のどこかで「ティカルを凌ぐ遺跡」を探すようになっていた。
（石田ゆうすけ『行かずに死ねるか！―世界9万5000km自転車ひとり旅―』実業之日本社 2003）

　例⑦「6年前にティカルに会ってからというもの」は、基本的な意味としては「6年前にティカルに会ってから」と同等である。しかし後者が単に「次の動きに先行する動き」を客観的に表すだけであるのに対し、前者はとりたて形成句「いう　もの」によって、その動きの開始以後がそれまでと区別して取り立てられ、そこに、「それ以前とは異なって」という「以前」との対比性や、その動き

の開始以後発生した事態が止まることなく継続しているという継続性が、先行する動きの開始以後経過した時間への言語主体の感慨と共に強調されて示されている点、また、後に続いて、「6年前にティカルに会うまで」と顕著に異なる、意外性(以前との対比性から生じる)を持った新たな継続的な事態の発現が述べられることが予告されている点に差異が見られる。下の例⑧、⑨の「シテカラ　と　いう　もの」という取り立てられた部分にも、「それ以前とは異なって」という「以前」との対比性や、「その先行する事態が始まって以来、続いて発生した事態が継続している」という事態の継続性が、経過した時間に対する言語主体の感慨と共に強調されながら示されている様や、それまでと顕著に異なる、意外性を持った新たな継続的な事態の発現が後に述べられることが予告されている様が見られる。

⑧　国光がいなくなってから<u>というもの</u>、ろくに寝ていないので頬はこけ、目の下にはどす黒い隈ができていた。

(戸梶圭太『アウトオブチャンバラ』講談社 2004)

⑨　去年の秋、ナチスドイツがポーランドに侵攻してから<u>いうもの</u>、軍部は勢いづいて、さらに戦線を拡大しようとしている。

(宮崎学『万年東一』角川書店 2005)

「シテカラ」は、動詞の第二中止形が格助辞「カラ」を伴う形だが、「シテカラと　いう　もの」は、「シテカラ」の取り立ての形である「シテカラハ」に相当する形式と考えられる。「シテカラハ」は、その動きの開始後をそれまでと区別して取り立てて、違いを強調する形式である。例えば、「試験に落ちてからは、必死に勉強している。」という文は、「試験に落ちるまでは真剣に勉強しなかったが、試験に落ちてからは、以前と違って必死で勉強しはじめ、今もそれを続けている。」という意味を表す。しかし、単なるとりたて助辞ハによる取り立てと異なり、「シテカラと　いう　もの」は、先行する動きの開始以後をそれ以前と強く区別して対比的に取り立てると共に(そこから意外性が発現する)、その動きの開始以降経過した継続的時間に対し、まるで感嘆符があるかのように感慨を込めて述べ出す点が特徴的である。

[注]

1 ──「(スル／ス)べし」、「(スル／ス)べき」、「(スル／ス)べく」は、不規則変化動詞「する」にそれぞれ「スルべし／スべし」、「スルべき／スべき」、「スルべく／スべく」という二つの語形がある。
2 ──『新釈漢文大系4　孟子』（内野熊一郎著）明治書院昭和41年6版発行
3 ──以後、「いうまでもない」には、「言う（云う、申す、申し上げる）までもない」を含むものとする。
4 ──以後、「いうまでもなく」には、「言う（云う、申す、申し上げる）までもなく」を含むものとする。
5 ──不定型接続と捉えることもできる。
6 ──『新編日本古典文学全集44　方丈記・徒然草・正法眼蔵随聞記・歎異抄』（神田秀夫・永積安明・安良岡康作校注・訳者）小学館1995年発行
7 ──『新釈漢文大系4　孟子』（内野熊一郎著）明治書院昭和41年6版発行
8 ──『新編日本古典文学全集46　平家物語2』（市古貞次校注・訳者）小学館1994年発行
9 ──鈴木（1972b）は、「第二なかどめは、格のくっつき「から」をともなって、つぎの動きに先行する動きをあらわす。(p. 333)」と述べている。この鈴木の「第二なかどめ」は第二中止形、「格のくっつき」は格助辞を指す。

第 6 章 | 品詞を中心として分類した日本語能力試験1級'〈機能語〉の類'

　第3章から第5章では、単語という観点に基づいて整理し、「品詞」を中心に分類を施した個々の日本語能力試験1級'〈機能語〉の類'について、それらが実際の文の中で、どのような形で、どのような文の部分を形成し、どのような文法的な意味を持って働いているのか検討を行った。以下、その過程で得られた知見をまとめて示す。

## 1. 品詞

　日本語能力試験1級'〈機能語〉の類'の分類の過程において、第2章に示した村木（2010a）に基づく品詞以外に「とりたて詞」という自立できない周辺的な品詞を立てる必要が生じた。

　「とりたて詞」は、語彙的意味に乏しく、名詞（及びその他の名詞相当の形式）とくみあわさってはじめて文の成分になれる非自立的な補助的単語で、くみあわさる名詞や名詞相当の形式をある意味をもってとりたてると共に、後続の事柄と関係づける働きをする。

　「とりたて詞」には、「は」、「も」などのとりたて助辞によって取り立てられた名詞（及び、その他の名詞相当の形式）のとりたて形式と組み合わさって、その名詞をある意味を持って取り立てるとともに、後により強調される事柄が述べられることを予告する「陳述性とりたて詞」と、名詞（及び、その他の名詞

相当の形式）の格の形式と組み合わさって、その名詞を累加的に取り立てる働きをする「累加性とりたて詞」が認められる。「陳述性とりたて詞」は、後に他のとりたて形式、或いはとりたて相当の形式を導く「第一陳述性とりたて詞」と、後続の部分の前置きのような働きをしたり、注釈的な挿入となったりする部分を作る「第二陳述性とりたて詞」に分類される。

```
「とりたて詞」
   ┌「陳述性とりたて詞」（「第一陳述性とりたて詞」、「第二陳述性とりたて詞」）
   └「累加性とりたて詞」
```

**図1** 「とりたて詞」の分類

「陳述詞」と「とりたて詞」を比較すると、「陳述詞」はそれ自身で文の部分になれるが、「とりたて詞」は名詞（或いは名詞相当の形式）のとりたて形式、及び、格の形式と組み合わさることによってのみ文の部分になれる点が異なる。

「陳述詞」
　「留守かもしれないが、<u>ともかく</u>行ってみよう。」　　　（『大辞林』）
　「<u>もちろん</u>出かける。」　　　　　　　　　　　　　　　（『大辞林』）
「陳述性とりたて詞」
　「夏は ともかく、冬がつらい。」　　　　　　　　　　　　（『大辞林』）
　「この遊園地は、休日は もちろん、平日もこんでいる。」

「第一陳述性とりたて詞」は、「（～は）もちろん」、「（～は）もとより」、「（～は）おろか」、「（～も）さることながら」のような単語、「第二陳述性とりたて詞」は、「（～は）さておき」、「（～は）ともかく」、「（～は）いざしらず」、「（～も）さることながら」、「（～では）あるまいし」のような単語、「累加性とりたて詞」は、「（～と）いい」、「（～と）いわず」、「（～に）しろ」、「（～に）しても」、「（～であれ」などの単語で、「累加性とりたて詞」は、普通「（～と）いい、（～と）いい」のように繰り返して用いられる。「（Nも）さることながら」、「（Nは）さておき」、「（Nは）ともかく」のように、「第一陳述性とりたて詞」と「第二陳述性とりたて詞」の両方の働きを持つものもある。

本書で新たに設定を試みた「とりたて詞」は、『大辞林』を見ると、連語とされたり（「さることながら」、「といい」、「といわず」、「にしろ」、「にしても」の形で項目がある）、副詞と位置づけられたり（「もちろん」、「ともかく」、「もとより」の形で項目がある）している。連語とされたものも、意味の解説のみで、それがどのような品詞に属するものか、文中でどのような機能を果たすのかといった説明はなされていない。「（～は）いざしらず」等、由来と意味の説明、例文しかないものもある。「とりたて詞」としての「（～は）もちろん」、「（～は）ともかく」、「（～は）もとより」は、陳述詞の「もちろん」、「ともかく」、「もとより」とは異なる働きをするものであるが、『大辞林』において、例えば「ともかく」は、次のように記述されているに過ぎない（『大辞林』では陳述詞を副詞に含めている）。

　　（副）①とにかく。ともかくも。「留守かもしれないが、―行ってみよう」
　　　　　②（「―はともかく」の形で）…は問題外として。「夏は―、冬がつらい」

　日本語学習者のために作成されたグループ・ジャマシイ（編著）（1998）『教師と学習者のための日本語文型辞典』でも、「ともかく」という項を立てて、「(1) Nはともかく（として）、(2) ともかくV」と分類（Nは名詞句、Vは普通体の動詞）、それぞれ4～5例ずつ挙げて意味を解説しているが、やはり品詞に関する情報など、文法的な解説は見られない。
　日本語母語話者の場合、単語について、用法は既に習得しているので、意味の解説だけで十分であろう。しかし、日本語非母語話者に対しては、特に日本語の文を作るときなどに、単語の意味の解説や例文の紹介だけでは不十分で、少なくともどのような品詞に属しているのかといった情報が必要である。品詞はそれぞれ特有の文法的性質があるので、それがわかれば、その単語の用法や、文中で果たす機能を推測する手がかりになる。英語の場合、『ジーニアス英和辞典第3版』を見ると、例えば'as'は接続詞、副詞、代名詞、前置詞の品詞に分類され、それぞれの品詞ごとに、意味や例文、詳しい文法的解説、'as'の用いられた成句等が示されている。ある単語について、意味だけでなく、用法も学んで習得しなければならない日本語非母語話者用の辞書に、このような品詞に関する記述は不可欠である。そのためにも、単語の品

詞としての位置づけは重要といえるのではないだろうか。

「とりたて詞」を含めると日本語の品詞の体系は概ね図2のようになると考えられる。

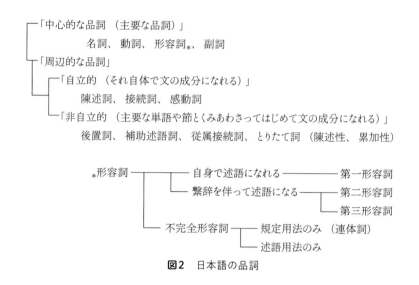

**図2　日本語の品詞**

## 2. 活用

### 2.1 活用形

#### 2.1.1　動詞の活用形

村木（2010b）は、動詞の活用をまず、切れるか続くかによって二分し、その中の「続く形式」を、体言につながる「連体」と、用言につながる広い意味での「連用」に分類している。1級'〈機能語〉の類'の分類過程から、動詞の活用では、第2章に示した活用表に掲載の語形以外に、「同時意図形」、「並立形」、「反復並立形」、「継続的並立形」、「対比的並立形」を用言につながる広い意味での「連用」の語形として認めることが必要となった。

ところで、村木（2010a）は動詞について「動詞の一次的な機能は、述語になることである。(p.109)」と述べている。また、鈴木（1972b）は、「主語と述語とは、対をなしている相関的な文の部分である。(p.69)」としている。従って、

一般にある動詞が述語とならない場合は主語を持たないと見ることができるので、その動詞が動きの主体である主語を持つかどうかは、それが述語を形成しているかどうかを見分ける目安になることが考えられる。そこで、本書では動詞の連用の語形を「述語になるかどうか」という観点から、「Ⅰ自身の主語を持たないもの」と「Ⅱ自身の主語を持つもの（述語になる）」にまず分け、さらに前者を「主語を持たないもの（述語にならない）」と「主節の主語と同じ主語を持つもの（述語になる）」に二分した。

「Ⅰ自身の主語を持たないもの」に属する動詞の連用形には、文によって「主節の主語と同じ主語を持つもの」や、「主語を持たないもの」になるものがある。本書では「Ⅰ自身の主語を持たないもの」を「第一中止形型」の語形として、「Ⅱ自身の主語を持つもの」と区別した。「Ⅱ自身の主語を持つもの」は主節に対して独立的な従属節の述語を形成する上、打消しの形もあったり、ていねい動詞にもこの形があったりするので、活用表にはこのタイプの連用形だけを載せている。第二中止形の動詞は文中での用いられ方によって、自身の主語を持つ場合と持たない場合があるため特殊型と位置づけた。上記の考え方から、動詞の連用の語形は下のように分類される。

　Ⅰ自身の主語を持たないもの〈第一中止形型〉
　　文中での用いられ方によって、「主語を持たない（述語にならない）」場合と「主節の主語と同じ主語を持つ（節の述語になる）」場合があるものがある。
　　┌ 同時意図形(シガテラ)
　　└ 並立形((狭義)並立形、反復並立形、継続的並立形、対比的並立形)

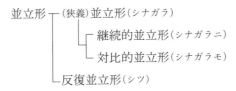

　Ⅱ自身の主語を持つもの(節の述語になる)
　　┌ 中止形 ─ 第一中止形(シ)、例示形(シタリ)
　　└ 条件形 ─ 条件形(スレバ等)、譲歩形(シテモ等)

特殊型　ⅠとⅡの場合があるもの
　　　・第二中止形（シテ）

　Ⅰの「並立形」はそれが反復的なものかどうかで、まず「反復並立形」と狭義の「並立形」に分かれる。後者の狭義の「並立形」は、主節で述べられる事態と並立するものとして、主節の主語によって行われる別の事態を表す。「継続的並立形」は、主節で述べられる事態が成立する時に、主節の主語によって別の事態が並立して継続的に行われる状況を強く表す。事態の継続性を強調して示す点に、「並立形」よりも強く主節からの独立性が示される。「対比的並立形」は、主節が表わす事態の成立に常識的に不自然さを感じさせる事態を、主節で述べられる事態と並立するものとして対比的に表す語形であって、その対比性から発生する逆接的意味を持って、主節から独立的に後続の主節に続く。Ⅱの「条件形」は、村木（2010b）の解説の通り、狭義の「条件」と逆条件とされる「譲歩」の形式に分けられ、「中止形」は継承的なものかどうかによって、「中止形」と「例示形」に二分される。

### 2.1.2　形容詞、及び述語名詞の活用形

　本書では繋辞を述語になる名詞や第二形容詞、第三形容詞の活用の語形を構成する部分ととらえる。この考え方において、「先生だった」は述語名詞の普通体の断定形の過去のみとめの形とされる。1級'〈機能語〉の類'の分類からは、2.1.1で示した動詞の連用の語形と同様に、第一形容詞、第二形容詞、第三形容詞、述語名詞の連用の語形にも第2章では示されていない「並立形（N／A2／A3 ナガラ）」、「継続的並立形（N／A2／A3 ナガラニ）」、「対比的並立形（N／A2／A3 ナガラモ）」をそれぞれ認めることが必要となった。

### 2.2　接続型

　考察10で述べたように、動詞、形容詞、名詞を述語とする、文、或いは文相当の形式の接続のタイプの分類については、その述語となる単語が一定の述べ方をもって現実の出来事と関連づけられているかどうかに基づく、定法（現実のできごとと関連付けられる）、不定法（現実のできごとと関連付けられていない）

という観点から次のような仮説が考えられる。

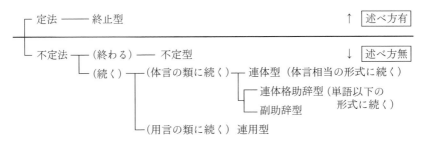

**図3** 接続の型（タイプ）による文、または文相当の形式の分類

(1) 一定の述べ方をもつ

　終止型：終止型の接続をする文は、一つの完全な文で、一定の述べ方をもち、その述べ方の形をとって、できごとやありさまやかんがえをのべる。終止型の接続をする文の述語となる単語の語形は「終止形」で、「終止形」には「断定形」、「推量形」がある。動詞の「終止形」には、この他「意志形」、「勧誘形」、「命令形」、「希望形」がある。終止型接続をする文は、「(〜と)言う」、「(〜と)思う」や伝聞（断定形のみ）の「〜そう（だ）」等に続く。

(2) 一定の述べ方をもたない

　① 終わる

　　不定型：不定型の接続をする文相当の形式は、述べ方がまだ与えられていない、文の素材としての命題の文で、繋辞や補助述語詞等が加えられることにより、一定の述べ方を持った文として完成する。不定型接続の文相当の形式の述語となる単語の語形は、一定の述べ方を持たない「不定形」である。

　② 続く

　　体言の類に続く

┌単語、単語相当の形式に続く
　　│　連体型：連体型接続をする文相当の形式（疑似連体節を含む連体節）は、体
　　│　　　　言や、体言相当の形式に続く規定成分節を形成する。連体型
　　│　　　　接続をする文相当の形式の述語となる単語の語形は「連体
　　│　　　　形」である。
　　└単語以下の形式に続く
　　　　連体格助辞型：連体格助辞型の接続をする文相当の形式は、格助辞
　　　　　　　　「の」由来の名詞節形成辞「の」に続いて名詞節となり、さらに
　　　　　　　　格助辞を伴って主語節や補語節を作る。また、「ので」、「のに」
　　　　　　　　のような接続助辞に続いて状況成分節を形成したり、述語形
　　　　　　　　成辞「の（だ）」に続いて述語を形成したりする。連体格助辞型
　　　　　　　　接続をする文相当の形式の述語となる単語の語形は「連体形」
　　　　　　　　の変種と見られる。
　　　　副助辞型：副助辞型接続の文相当の形式は、副助辞に続くことによ
　　　　　　　　り、1級'〈機能語〉の類'の範囲では「程度」の意味が加えられ、
　　　　　　　　第三形容詞性の節を形成する。また、副助辞由来の述語形成辞
　　　　　　　　「のみ（だ）」、「まで（だ）」等と共に述語を形成する。副助辞型接
　　　　　　　　続をする文相当の形式の述語となる単語の語形は「連体形」の
　　　　　　　　変種と見ることができる。
＊用言の類に続く
　　　　連用型：連用型接続の文相当の形式は、用言や節に続く連用節を作
　　　　　　　　る。連用型接続の文相当の形式の述語は、「条件形」等、連用
　　　　　　　　節の述語となる単語の語形で表される。

ある文、または文相当の形式と後続の部分との接続型は、その文や文相当の形式がどのような後続の部分とどのような文法的意味を持って接続するかによって決定される。

表1 接続型と、その接続型の文、または文相当の形式の述語の語形

| | 動詞 | 第一形容詞 | 第二形容詞 | 第三形容詞 | 述語名詞 |
|---|---|---|---|---|---|
| 終止型*<br>(終止形) | 飲む | 高い | 静かだ<br>(静かで ある) | 抜群だ<br>(抜群で ある) | 学生だ<br>(学生で ある) |
| 不定型<br>(不定形) | 飲む | 高い | 静か<br>(静かで ある) | 抜群<br>(抜群で ある) | 学生<br>(学生で ある) |
| 連体型<br>(連体形) | 飲む | 高い | 静かな<br>(静かで ある) | 抜群の<br>(抜群で ある) | 学生の<br>(学生で ある) |
| 連体格助辞型<br>(連体形の変種) | 飲む | 高い | 静かな<br>(静かで ある) | 抜群な<br>(抜群で ある) | 学生な<br>(学生で ある) |
| 副助辞型<br>(連体形の変種) | 飲む | 高い | 静かな<br>(静かで ある) | 抜群な<br>(抜群で ある) | 学生(な)<br>(学生で ある) |

接続する文、または文相当の形式の述語となる単語の、いずれも非過去みとめ形のみ示した。
*終止型については、ここでは「終止形」の中の「断定形」のみを示した。

# 3. 表現形式

ここでは1級'〈機能語〉の類'の表現形式に見られる特色について示す。

## 3.1 文や表現形式の圧縮

### 3.1.1 文や節の単語化

複合語の形成、文や節からの文法形式の脱落等の手法によって、文や節が単語化する。ここから、簡潔な形式で豊富な内容の表現が可能となる。

・滑稽極まる話だ。　　　　　　　　　　　　　　　　　　　　　　（『大辞林』）

「-極まる」は動詞性の語基で、一定の名詞性や主に漢語由来の第二形容詞性の語基と組み合わさって複合動詞を作る。第二形容詞性の語基と組み合わさる場合、「-極まる」は、「ばかばかしい」、「腹立たしい」などの感情も含めて、前要素の第二形容詞性語基が示す性質や状態の程度を「この上もなく」と強める副詞のように働く。「滑稽極まる」という一単語の中に「滑稽さが極まる（この上もなく滑稽である）」という文相当の内容が「ばかばかしい」、「腹立たしい」といった感情とともに表現される点が特徴的である。また、これは複合動詞として主に規定成分となって、「滑稽極まる話だ」のように形容詞的に用いられる。

・不愉快極まりない!!!! 二度と来るか、と思いました。

(「Yahoo! 知恵袋」Yahoo! 2005)

「-極まりない」は第一形容詞性の語基で、主に漢語由来の第二形容詞性の語基と複合形容詞を作る。「-極まる」同様、「-極まりない」が「腹立たしい」などの怒りや憤慨の感情も含めて、前要素の第二形容詞性語基が示す性質や状態の程度を「この上もなく」と強める副詞のように働く。「不愉快極まりない」という一単語の中に、「不愉快さがはなはだしい（この上もなく不愉快だ）」という文相当の内容が怒りや憤慨の感情と共に表現される。

・"シャネル"ならではの極上のミックスツイード。

(上野麻穂子・斉藤陽子・宮田典子「Precious」2005年1月号（第2巻第1号）小学館 2005)

「-ならでは（の）」は、第三形容詞性接尾辞で、名詞に接尾して「Nならでは（の）」という第三形容詞を派生する。例文の第三形容詞「"シャネル"ならではの（"シャネル"特有の」という意味を表す）」は、「"シャネル"ならでは（"シャネル"でなければ）実現し得ない」という連体節が圧縮されて作られた規定成分となっており、一単語で連体節相当の内容を表している。

・宗教は奇蹟あっての宗教です。

(永六輔『夫と妻』岩波書店 2000)

「-あっての」は、連体詞性接尾辞で、名詞に接尾して「Nあっての」という連体詞を派生する。例文に用いられている連体詞「奇蹟あっての」は、「(宗教は) 奇蹟があってこそ成立し得るもの (宗教) です」という、とりたて助辞「こそ」を用いて強調された部分を持つ連体節が圧縮されたものと考えられる。「奇蹟あっての」は一単語で連体節相当の内容を表すものといえる。

### 3.1.2 形式の部分の脱落と圧縮

明示しなくても理解できるものは脱落させる、これは形式化の法則の一つと見られる。他方、形式の脱落には暗黙の共通理解の存在が不可欠であり、慣

用化などによるそのような暗黙の共通理解の成立が脱落の要因となっているように思われる。脱落と圧縮によってできた句は、簡潔性を特徴としている。

　言語主体によって脱落と圧縮を受けた文は、受け手によって理解の際に解凍されなければならない。ある部分を脱落させ、圧縮することができるのは、それを受け手が解凍して適切に補い、文として理解できるという予測があってのことである。脱落と圧縮には、文字として表された事実を超えた、受け手と言語主体である送り手の共通の言語的基盤の存在が必要となる。脱落、圧縮の構造を持つ表現は、受け手と送り手両者の間の共通した言語的基盤の成立と言語能力の成熟がなければ成立しない文法構造であることが推測される。

・今日を限りに禁煙する。　　　　　　　　　　　　　　　　　　　　（用例）
　　村木（1991）に従って述べると、「今日を限りに」は、文相当の形式「今日を限りにして」から形式性の動詞「して」が脱落して一つの句相当の形式になったものということができる（p.307）。更に「今日を限りに」から名詞の格を示す形式が脱落して二つの名詞（句）が直接むすびついた「今日限りに」は単語に相当する。村木（1991）によると、これは大きな単位から小さな単位への圧縮であるという（p.307）。ここには、説明的、具体的な「文」的表現から、文の要素が脱落した抽象的な「名詞句」的表現、そして、「名詞」的表現へという、文の名詞句化、名詞句の単語化の現象が見られる。

・今日は休日とあって大変な人出だ。　　　　　　　　　　　　　　　（『大辞林』）
　　「今日は休日とあって」は、「今日は休日という特別な理由・原因があって、やはり予想にたがわず（大変な人出だ）」という部分を圧縮したものと考えられる。「休日」は一般に誰もが納得する「大変な人出の特別な理由」であるため、特に言及する必要のない部分が省略されたことが予想される。または、用いられているうちに用法が固定化し、その結果、文法的要素のみ残し、後の決まった部分（「いう特別な理由が」）は脱落したということも考えられる。後置詞「あって」は、「Nと あって」という形で、原因を表すデ格の名詞に相当する形式を作る。

- とにかく、先生のお呼びとあれば行かざるをえない。

　　　　　　　　　　　　　　　　　（渡辺淳一『幻覚』中央公論新社 2004）

　「先生のお呼びとあれば」は、「先生のお呼びという特別な理由であれば、もちろん（行かざるをえない）」を圧縮したものと考えられる。「先生のお呼び」は一般に皆が納得する「特別な理由」なので、特に言及する必要のない部分が省略されたことが予想される。

- 昨夜、多田から戻って小田原行きの話をすると、お咲は飛び上らんばかりに喜んだ。　　　　　　　　　　（別所真紀子『残る蛍』新人物往来社 2004）
- 亜矢子の声が、お見通しと言わんばかりにくすくすと笑った。

　　　　　　　　　　　　　　　（黒武洋『そして粛清の扉を』新潮社 2005）

- 一瞬夢かとばかりに驚いた表情を見せ、次の瞬間に大きな手を開いて歓呼に応えた。　　　　　　（高木信哉『レクイエム・トコ』三一書房 2001）

　「センばかり（の／に／だ）」という形式の中で、「（〜と）いわんばかり（の／に／だ）」という形は特に多用され、慣用化している。「（〜と）ばかりに」は、慣用化した「（〜と）いわんばかりに」という形式から「いわん」が脱落した形と考えられる。この脱落は、「（〜と）いわんばかり（の／に／だ）」が慣用化しているため、受け手は意味を理解する際、「いわん」がなくても自動的にそれを補って文を把握することが可能であるためと考えられる。だが、「（〜と）ばかりに」は、ほとんど修飾用法のみで、「（〜と）ばかりの／だ」という規定用法、述語用法はほぼ用いられなくなる。ここからは、形式の固定化と共に用法の固定化の現象も指摘できる。

- 道満は、軒の向こうに見える青い空や、流れてゆく雲を、見るともなく眺めていた。　　　　　　　　　（夢枕獏『陰陽師』文藝春秋 2002）

　「見るともなく」は「見ると（いう（特別な）意識）もなく」という節から、「いう（特別な）意識」が省略されたものと考えられる。「聞くともなく」、「言うともなく」等動詞が変わっても「いう（特別な）意識」の部分は同じなので、省略されたことが考えられる。「（スル）ともなく」は修飾成分

形成句である。

・流は教室の窓から遠く流れる鱗雲を見るともなしに見ていた。

(石堂まゆ『闇天使』集英社 2000)

「見るともなしに」は「見ると（いう（特別な）意識）もなしに」から、「いう（特別な）意識」が省略されたものと考えられる。「聞くともなしに」、「言うともなしに」等動詞が変わっても「いう（特別な）意識」の部分は同じなので、省略されたことが考えられる。「（スル）とも なしに」は修飾成分形成句である。

### 3.2 慣用表現化、様式化

　村木 (1991) は慣用句の特徴として、①構成要素の結びつきの不規則性（特殊性）、②意味上の非分割性、③形式上の固定性、④単語性、⑤既製品性を挙げている (pp. 223–227)。例えば、述語形成句「（スル）までも　ない」は、多くの場合「いう」と共に用いられて固定化しており、「いうまでもない」という形で「当然」という意味を表し単語化している。また、ある状況で「当然である」と表現したい時、「いうまでもない」を使用することは、「いうまでもない」の既製品性を示している。これらは、「いうまでもない」が慣用句とは言えないものの、慣用表現化していることを示唆するものである。日本語能力試験3級、4級段階では、単語や形式が一般的なものであったので、比較的自由に単語を組み合わせて文を構成することができた。だが、1級になると、上の例のように用いられる単語と形式が特化して、特別な意味を表したり、共起する形式や使用場面にも制限がかかったりするようになる。また、ある文脈では必ずその形式が求められたり期待されたりすることもある。従って、自然な日本語の習得には慣用的表現の学習は不可欠と思われる。

　様式化とは、使用される場面の固定化を指すもので、ある一定の場面では決まってある一定の形式が用いられることを意味する。一方、受け手もある一定の場面では、それに対応した一定の形式が使われることを期待するので、そのような場面と関連する様式化した形式の習得も重要事項である。

［慣用表現化］

- 想像にかたくない、驚くにはあたらない、昔ながらの、いうまでもない等形式によっては単語の組み合わせがある程度固まっているものがある。また、ある文脈ではある表現形式が慣用的に求められる場合もある。従って、それらを学習することは1級レベルの日本語の習得には不可欠であると思われる。

［様式化］

- 先月二十一日、突如、大島の三原山が大噴火を起こしまして、島民約一万人が<u>緊急避難を余儀なくされました</u>。

    (鈴切委員『国会会議録／衆議院／常任委員会』第107回国会 1986)

    補助述語詞「(Nを) 余儀なく される」は、災害の被災者に関する報道等に用いられる。

- "シャネル"<u>ならではの</u>極上のミックスツイード

    (上野麻穂子・斉藤陽子・宮田典子「Precious」2005年1月号（第2巻第1号）小学館 2005)

    第三形容詞性接尾辞「-ならでは(の)」は、名詞に接尾して第三形容詞を派生し、「Nならではの」という形で、「Nに特有の」という意味を表す。多くの場合、名所、特産物の解説等に用いられる。

- <u>1点を争うゲームになると思いきや</u>3-0でオランダ勝利!!

    (「Yahoo!ブログ」Yahoo! 2008)

    従属接続詞「(～と) 思いきや」は、意外な結果となったスポーツ報道に多く用いられる。

- 8/17より、<u>仙台を皮切りに</u>全国8ヶ所で公演予定。

    (GN Prince・Boon編集部・Risa Shoji「Boon（ブーン）」2002年9月号（第17巻第9号、通巻184号）祥伝社 2002)

    後置詞「(Nを) 皮切りに」は、今後展開が予想される動きの起点を表す形式として、コンサート情報等に多く使用される。

## 4. 表現形式の表す機能

### 4.1 文法機能の特化、及び細密化
(1)文法機能の特化

　例えばデ格の名詞は、道具、方法、材料や原料、動きや状態が成り立つ場所、事柄の始まりや終わり、原因を示す等、幅広い働きを持つ。それに対して、後置詞は組み合わさる名詞の働きを特化すると共に、特別なニュアンスを加えて詳しく表し出す。


・今日を限りに禁煙する。　　　　　　　　　　　　　　　　　　　（用例）
　　　後置詞「(Nを)限りに」を用いた「今日を限りに」は、「事態成立の時点」を表すデ格の名詞に相当する。デ格の名詞の様々な機能のうち、「事態成立の時点」を特に限って示すと共に、改まった書き言葉的ニュアンスを加える形式である。また、この事態成立は、それまで続いていた事態（喫煙）の終わりであって、終わりを強調することによって、新たな事態（禁煙）の成立が相対的に強調される。


・本日をもって終了する。　　　　　　　　　　　　　　　　　　　（用例）
　　　後置詞「(Nを)もって」を用いた「本日をもって」は、様々なデ格の名詞の機能のうち「事態成立の時点」を表す。主に改まった公的な文章を書く時に用いられるため、使用場面が限定される。


・以上をもちまして参考人に対する質疑は終了いたしました。
　　　　　　　　　　　　　　　　（大石委員長『国会会議録』第154回国会 2002）
　　　後置詞「(Nを)もって」の丁寧体の形の「(Nを)もちまして」は、主に改まった公的な場面でのあいさつに使用される。この「(Nを)もちまして」も、様々なデ格の名詞の機能のうちの「事態成立の時点」を表す。


・同一の総会で二人以上の取締役を選任する場合においては、株主が総会の五日前までに書面をもって請求をすれば、取締役を累積投票によって選出

できるものと定めた。　　　　　　　　　　　（永井和之『会社法』有斐閣 2001）

　　後置詞「(Nを) もって」を用いた「書面をもって」は、手段・方法を示すデ格の名詞に相当する。主として、改まった公的な文章を書く場合に、使用場面が限定される。

・8/17より、仙台を皮切りに全国8ヶ所で公演予定。

　　　　　　　　　　　（GN Prince・Boon 編集部・Risa Shoji「Boon (ブーン)」
　　　　　　　　　　　2002年9月号（第17巻第9号、通巻184号）祥伝社 2002）

　　後置詞「(Nを) 皮切りに」を用いた「仙台を皮切りに」は、カラ格の名詞の様々な用法の中で、特に今後次々と展開が予想される動きの起点を表す。

(2) 文法機能の細密化

・言ってみたところでどうにもならない。　　　　　　　　　　　　　（用例）

　　「有効な条件となり得ない」と言語主体が既に認識している事柄（言ってみる）を、特に取り立てて仮定条件として提示しつつ、それは期待される帰結（どうにかなる）の実現に無効であって、期待する帰結に至らない事態（どうにもならない）が続いて述べられることを予告する。ここで言語主体が主張したいことは、その後に省略されている「だから、仮定条件で示されること（言ってみる）はしない方がよい。それは無駄だ。」という判断である。「シタところで」は仮定の逆条件（譲歩）を表す形式であるが、「有効な条件となり得ないと既に言語主体が認識している事柄」を、特に仮定条件として取り立てると共に、「シタ」で表される行為の遂行は「無駄である」という、言語主体の認識が既に示されている点に、単純な譲歩形の「シテモ」との差が見られる。「(シタ) ところで」は従属接続詞で、この場合の主節は常に否定的な表現で表される。

・しかし、そういうよくできたマニュアルは見たことがありません。仮にマニュアルがあったとしたところで、それはたとえば恋愛小説なら恋愛小説を書くためには、というような限定されたものになるでしょう。

(村松恒平『文章王』メタ・ブレーン 2003)

実際にマニュアルはないが、仮にマニュアルがあったと仮定しても、やはりその仮定は期待する帰結（例えば「様々な書くために役立つ」等）の実現に有効に働かず、期待する帰結に至らない事態（たとえば恋愛小説なら恋愛小説を書くためには、というような限定されたものになる）が続いて述べられることを、その仮定は無駄だというニュアンスを示しながら予告する。「現実に反する事柄を仮定条件として仮に設定して取り上げてみる」という意識、そして、「その仮定は有効な条件となり得ず、役に立たない」という認識を示す点が、単純な譲歩形の「シテモ」との違いである。

・<u>あいつときたら</u>、もうどうしようもない。　　　　　　　　　　（用例）

後置詞「(Nと) きたら」は、主題を示すとりたて助辞「ハ」に相当するが、通常とは極端に異なる、腹立たしい程、呆れる程、驚く程強い負や正の感情や評価意識（ほとんどの場合負の感情や評価）を持って、主語Nを主題としてとりたてて提示する。

### 4.2　強調

　4級レベルでは「とても」や「だけ」、「しか」のような副詞や副助辞、とりたて助辞を用いてある単語を強調する。3級レベルになると、「スル／シテイル／シタところ (だ)」や「シテばかり (だ)」のように補助述語詞、副助辞などを用いて、アスペクトや限定などの文法的意味を細かく特化して表現するようになる。文法的意味を細かく特化して表す表現形式を用いることにより、結果的に文法的意味が強調されることになる。

　続いて2級になると「シさえすれば」、「スルからこそ」のようにとりたて助辞等によって表現形式が取り立てられて強調されるようになる。1級に進むと「主題」、「条件」、「理由」などの様々な表現形式に強調が加わるだけでなく、強調に「極端な程度」という程度性や、言語主体の感情、評価といった主観が含まれる場合が見られるようになることが特徴として挙げられる。

| 4級 | → | 3級 | → | 2級 | → | 1級 |
|---|---|---|---|---|---|---|
| 副詞等による単語の強調 | | 文法的意味を細分化した表現形式による強調 | | とりたて助辞等による表現形式の強調 | | 程度性・感情・評価等を含む多様な強調表現形式 |

図4　強調の方法の推移

### 4.2.1 文法的意味の強調
(1) 主題の強調

・中・東欧地域の平均賃金は西欧の約5分の1(04年ジェトロ調査)で、ブルガリアやウクライナに至っては中国より安い。　　　　　(稲垣謙三・エコノミスト編集部

「エコノミスト」2005年5月24日号(第83巻第29号、通巻3758号)毎日新聞社 2005)

　　後置詞「(Nに) 至っては」は、「とりわけ、極端な場合である」という意識をもって主題として取り立てる。

・そこまで言うとは、彼も相当なものだ。　　　　　　　　　　　　　(用例)

　　とりたて助辞「は」は、「(～と) は」の形で、ある事態を意外な、又は特別な事として驚きの感情や評価の気持ち等をもって特に取り立てて、主題とする。続く題述部分では、その主題に対する正や負の感情や評価的思いが感慨を込めて示される。

(2) 条件の強調

・とにかく、先生のお呼びとあれば行かざるをえない。

(渡辺淳一『幻覚』中央公論新社 2004)

　　後置詞「(Nと) あれば」は「先生のお呼び」という事態を「他とは異なる特別な場合」として他から強く取りたてて示す。とりたて形式で表わされた名詞の条件表現といえる。

(3) 理由の強調

・あなたのことを思えばこそ注意しているのです。　　　　　　　(『大辞林』)

　　とりたて助辞「こそ」は「活用語の第一条件形」に付け加わり、他の理

由ではなく、まさにこの理由であるからと、理由を取り立てて強調する。

### 4.2.2 文法形式の強調
(1) 名詞の格形式の強調
・借金の額に至るまで調べられた。　　　　　　　　　　　　　　(用例)

「至るまで」は、動詞「至る」由来の後置詞。「Nに　至るまで」は動きや状態の及ぶ範囲を表すマデ格の名詞に相当する形式で、最終的な段階に達するまで余すところなく動きや状態が広がり及ぶことを強調する。

(2) とりたて形式の強調
・漢字は おろか ひらがなも 書けない　　　　　　　　　　　　(用例)

「漢字もひらがなも（何も）書けない」が、もともとの意味する文である。それを強調したり、意外なこととして表したりすることを目的に、言語主体は「漢字は難しい」という常識的な一般認識を背景に、「難しい漢字はもちろん」と、陳述性とりたて詞「おろか」を用い、「常識的にあり得る事柄」として、まず「漢字」を取り立てて提示する。そこに、常識的には考えにくい「ひらがなが書けないこと」を、とりたて助辞「も」を用いて取り立てて、驚きを持って加え、後者の特殊性を際立たせる。そして、それによって、そもそもの主張である「漢字もひらがなも何も書けない」ことを、何もできない程度のはなはだしさや意外性の強調と共に、レトリカルに表現する。この形式は、「漢字は難しいが、ひらがなは誰でも書ける」という一般認識が背景となっている。

（3）例示の形式の強調

・ |涌井投手と| いい、|ホームラン＆ツーベースを打った中島選手と| いい西武は若くて勢いがあります。　　　　　　　（「Yahoo! ブログ」Yahoo! 2008)

　　ある事柄について評価を述べる場合、累加性とりたて詞「(Nと）いい、(Nと) いい」を用い、ある事柄に属するNを評価の対象の例として取り立てて示す。「Nも、Nも」と同等と見られる。


・定価がないので、価格は売主と買主の交渉によって決まります。|新築で|あれ|中古で|あれ、値引き交渉は自由です。　　（「Yahoo! 知恵袋」Yahoo! 2005）

　　累加性とりたて詞「(Nで) あれ、(Nで) あれ」を用いて、ある事柄Xについて、それに属するものNを例として取り立て、「それらを含む全て〜」と述べる。「Xは、Nも、Nも」と同等と見られる。この場合、「値引き交渉は、新築も中古も、全て自由です。」という構造が考えられる。


## 4.3　単独の表現形式による複数の文法的働き

　一つの形式が複数の文法的働きを併せ持つ場合がある。

・子供といえども規則正しく生活していないと自律神経が乱れ、便秘を起こしてしまいます。　　　　　　　　　　　（「Yahoo! 知恵袋」Yahoo! 2005）

　　後置詞「(Nと) いえども」を用いた「子供といえども」には、「たとえ子供でも」といった、とりたてに陳述詞が加わったような強調が示される。

・つまんで嗅いでみるまでもない、乳香だ。
　　　　　　　　　　　　　（宇月原晴明『風林火山を誘え』中央公論新社 2004）

　　述語形成句「(スル) までも ない」を用いた「嗅いでみるまでもない」の中に、「もちろん」といった陳述詞の働きが「必要ない」という意味と共に含み表されている。

- あふれんばかりの太陽が、この島に降り注いでいた。

         （岡崎大五『熱闘ジャングルアイランド』青春出版社 1999）

「あふれんばかりの」の「センばかりの」は、「まさに」や「まるで」といった叙述やとりたての陳述詞の働きを含む「まるで、まさに〜ショウとしているかのような程度の状態」を示す第三形容詞節を形成する。

- 東国では唯一の伏見稲荷 とあって、初詣ではたいへんな賑わい。

         （山下喜一郎『花の東京散歩』山と渓谷社 2001）

後置詞「あって」は「Nと　あって」という形式で、「Nという誰もが納得する特別な理由があって、やはり（予想にたがわず）〜」という、原因を表すデ格の名詞相当の状況成分を形成する。Nを特別な理由とする言語主体の認識を言外に示すと共に、その特別な理由が原因となって発生する、皆に当然予測されうる特別な事態（初詣はたいへんな賑わい）が続いて述べられることを予告する点が特徴的である。後置詞「あって」を用いた「Nと　あって」によって、主節で示される事態成立の理由と原因が表現される。

### 4.4 文法形式の複合

 複数の'〈機能語〉の類'が複合した形式は、それぞれの文法的意味をほぼ独立して併せ持つことが多いが、融合して文法的意味が変質する場合も見られる。いずれの場合も事態をより細かく、或いは、抽象的なレベルで描き出すことを可能とする。

- 時給は700円から1000円というところだ。      （用例）

形式名詞「ところ」由来の補助述語詞「ところ（だ）」と、補助述語詞「いう」の複合。数量名詞と用いられて、確実とは言えないが、おおよそその程度だとする言語主体の断言を避けた控えめな態度を述語に加える。

- キャッシングの与信枠は別ですので、キャッシングの利用如何にかかわらず、200万円買い物できます。　　　　　　　　（「Yahoo! 知恵袋」Yahoo! 2005）

　名詞性語基「-如何」を後要素とした複合名詞「利用如何」と後置詞「（～に）かかわらず」の複合で、「利用がどのようであるかに関係なく」という、「如何」と「（～に）かかわらず」が合わさった意味を表す。

- それは、答えというより行きがかり上そうしたまでのことだよ。
（笹倉明『にっぽん国恋愛事件』文芸春秋 1992）
- 織田勢が攻めくれば一戦まじえるまでのこと。
（加野厚志『本多平八郎忠勝』PHP 研究所 1999）

　「（スル／シタ）までのこと（だ）」は、述語形成辞「（スル／シタ）まで（だ）」と形式名詞「こと（だ）」が合わさって構成された述語形成句で、「（スル／シタ）まで」で表される事態に対する限定的認識や、言語主体の状況認識に基づいた決意や覚悟を、「こと（だ）」によって、言語主体が「それは重大な意味を持つものではない」と更に自分で評価して意義づけて表す形式である。そのため、「（スル／シタ）まで（だ）」よりも客観性を帯びた表現となっている。

## 4.5 評価・認識の提示

　3級レベルでは例えば「家を開けたまま」のように事態を客観的な事実として描写するにとどまるケースが多い。だが、1級レベルになると次に示す例の「家を開けっ放しにする（家を開けたまま、本来変化が期待される状態を変化させず、放置する（非難の気持ちがある））」のように、事態の描写に評価的意識が加わる場合がある。

- だけどさ、センセイもひどいぜ。俺や星子さんが困るのを承知で、海外出張なんかさせてさ―おかげで、この異国の街で寂しい日々を送ってる始末だ。
（山浦弘靖『運命ゲームはハートのJ』集英社 1991）

　1級の「この異国の街で寂しい日々を送ってる始末だ」は、4級レベルでは

「寂しい日々を送っている」、3級レベルでは「寂しい日々を送っているのだ」、2級レベルでは「寂しい日々を送っているわけだ」と同等の内容を表す。

　しかし、よく観察すると、4級レベルのいわば「命題」の単純な提示が、3級では「命題」で表される事態に対する言語主体の主観的な説明としての提示になり、2級では、これまでの成り行きから行き着いた必然の結果として現在の状況を説明する意識を加えた、言語主体の主観的な「命題」の提示になっている。1級では、これまでの一連の成り行きから結果として「不本意な状況に至った」という現状に対する評価的な認識が、言語主体の主観的な説明としての「命題」の提示にさらに加わっていることがわかる。

　また、2級レベルには、「人の意見を無視しがちである」のように、1級の「人の意見を無視するきらいがある」に相当する形式がある。これらは、どちらも好ましくない傾向として、ある事柄を評価的に表現する形式である。しかし、「無視しがちである」は、「無視するきらいがある」のような、「微妙な傾向の程度」まで表し分けることはできない。評価の微妙な程度表現という点でも1級と2級の違いが指摘できる。

## 4.5.1　肯定的評価か否定的評価か

［肯定的評価］

・かりにも大学生たる者のなすべきことではない。　　　　　　　（『大辞林』）
　　連体詞性接尾辞「−たる」によって連体詞に派生した「Nたる」には、「誰もが認める高次の立場や資格を有するNのような」とNを肯定的に高く評価する意識が示される。

・満足するに足る成績だ。　　　　　　　　　　　　　　　　　　　（用例）
　　補助述語詞「足る」は、「十分〜できる程度である」という積極的な肯定的価値評価を述語の本体である動作名詞や動詞に加える。

・これは鑑賞にたえる曲なのだ。（井上和雄『ハイドンロマンの軌跡』音楽之友社1990）
　　補助述語詞「たえる」は、「鑑賞にかなう程度と認められる」といった、消極的な肯定的価値評価を述語の本体である名詞や動詞に加える。

[否定的評価]
- マキはよく家を開けっ放しにしたまま、近所のマーケットに買物に行くことがあった。　　　　　　　　　　（小池真理子『夢のかたみ』集英社 2002）

　　第三形容詞性接尾辞「-っぱなし（の）」が他動詞性語基「開け-」に接尾した派生第三形容詞「開けっ放し（の）」には、本来変化が期待される状態を変化させず、そのまま放置することへの不満や非難の気持ち、否定的な評価が示される。

- glove のケイコ、歌が下手になりましたね。聞くに堪えない…
（「Yahoo! 知恵袋」Yahoo! 2005）

　　補助述語詞「(N／A2／スルに) たえない」を用いた「聞くに堪えない」は、「とうてい聞くことができない」という強い否定的な価値評価を示す。

- だけどさ、センセイもひどいぜ。俺や星子さんが困るのを承知で、海外出張なんかさせてさ—おかげで、この異国の街で寂しい日々を送ってる始末だ。
（山浦弘靖『運命ゲームはハートのJ』集英社 1991）

　　補助述語詞「(スル) しまつ(だ)」は、一連の事態の結果として至った現在の状況を好ましくないものとする、否定的評価の認識を示す。

- 人の意見を無視するきらいがある。

　　群補助述語詞「(Nの／スル) きらいが　ある」は、ある事柄に関して「好ましくない一般的傾向、性向が見受けられる」という否定的評価認識を婉曲に示す。

[肯定的と否定的評価のどちらも見られる場合、または両方を含む場合]
- あいつときたら、もうどうしようもない。　　　　　　　　　　　　　（用例）
- 同時代の人気俳優に較べると、大河内伝次郎の殺陣ときたら、腰から上がピタリと決まる。　　　　　（谷沢永一『勇気凛々こんな人生』講談社 2003）

　　「(Nと) きたら」は、通常とは極端に異なる、腹立たしいほど、呆れるほど、驚くほどの強い負や正の感情や評価意識（一般的には負の感情、評価）を

もって主題を提示する。

・勉強家の兄にひきかえ、弟は怠け者だ。　　　　　　　　　　（用例）
　後置詞「(Nに)ひきかえ」は、一方に肯定的な評価、他方に否定的な評価を示す。

4.5.2　積極的評価か消極的評価か
［積極的評価］
・それにもまして気がかりなのは家族の健康だ。　　　　　　　（用例）
　後置詞「(Nにも)まして」を用いた「それにもまして」は、「それ(前者)も気がかりだが、それ以上に家族(後者)の方が気がかりだ」と、後者の方をより積極的に評価するが、「(Nにも)まして」が組み合わさる前者にも一定の評価を与える。

［消極的評価］
・それは、答えというより行きがかり上そうしたまでのことだよ。
　　　　　　　　　　　　　　（笹倉明『にっぽん国恋愛事件』文芸春秋 1992）
　述語形成句「(スル／シタ)までのこと(だ)」は、述語形成辞「スル／シタまで(だ)」で示される「ある行為、状態が限定的であるという認識」に、形式名詞「こと(だ)」が表す「それだけの意味だ(大した意味はない)」という消極的な価値評価を加える。

4.5.3　限定的認識の提示
・くどいようだが、彼は俺を受け入れたまでだ。
　　　　　　　（宮川ゆうこ『執事は夜に嘘をつく！』リーフ出版；星雲社(発売) 2005）
　述語形成辞「(スル／シタ)まで(だ)」は、ある行為、状態が限定的であるという、事態に対する言語主体の限定的な程度認識を示す。

## 4.6　文法形式上の非明示性

　形式によって具体的に文法が明示されるのではなく、常識や文脈という言

語を用いる人間の一般的な能力を含めた、形式と人間の能力の共同作業に文法的理解を期待する。

・動詞の対比的並立形「シナガラモ」
① 優子と夏央は、やはりダメだったのだと思いながらも、里親の家を訪ねた。
(愛犬の友編集部・関朝之『愛犬の友』2003年5月号(第52巻第5号、通巻627号)誠文堂新光社 2003)
② 韓国の軟打とフェイントに苦しめられながらも、何とかレシーブをつなぎリードを守る日本。　　　　　　　　　(「Yahoo! ブログ」Yahoo! 2008)
③ 細谷は適当に相槌を打ちながらも写真のことが気になって仕方がなかった。　　　　　　　　　　　　　　(東野圭吾『予知夢』文藝春秋 2003)
④ 休日でそこそこ人がいながらも、けっこうベンチは空いていて、かなり落ち着けてゆっくりできるのだ。　　(「Yahoo! ブログ」Yahoo! 2008)

①は「思いながら」ででも表すことができる程だが、「思いながらも」が作る節の表す状況と後続の主節で表される事柄との、主体が感じる心理的ギャップを示すため、「対比的並立形」が用いられている。②は「苦しめられながらも」が作る節の表す状況と、後続の主節で表される事柄とはスムーズにつながらない不自然な関係があり、そのギャップを示すため、「対比的並立形」が用いられている。③、④へと、「シナガラモ」が作る節が示す状況と後続の主節で表される事柄との心理的、或いは一般常識に基づくギャップが次第に大きくなっており、そのギャップに対比的関係の発生が認められる。④では対比的関係が存在する二つの事態が並立すると表現するところに逆接的意味が生じている。

「シナガラモ」が表す逆接的関係は明確なものではなく、「シナガラモ」が作る節が表す事態と後続の節で表される事態との心理的、一般常識に基づくギャップの程度によって対比性の度合いが変化し、それに伴って逆接的意味に強弱が生じる。ギャップの大きい③や④は接続助辞「が」を用いて言いかえることも可能である（④「休日でそこそこ人がいるが、けっこうベンチは空いていて、…」）。これは、文法形式に逆接の意味を明示するのではなく、強弱を持った逆接的意味の理解を受け手に委ねていると見ることができる。

・後置詞「(Nに)して」
① これはあの人にして初めてできることだ。　　　　　　　　（用例）
② あの優秀な彼にしてこのような失敗をするのだから　　　　（用例）

①も②も後置詞「して」は、「Nに　して」という形で、主語として働く名詞Nを「他と違って特別である」と積極的に高く評価する意識をもって排他的に強く取り立てて提示する。①のように後置詞「して」で示される前件(あの人)と後件(初めてできる)が常識的に矛盾なくつながる場合、「Nに　して」は「Nが／Nだからこそ」という意味になり、②のように「して」がとりたてる前件(あの優秀な彼)と後件(このような失敗をする)がスムーズにつながらない場合は対比性が生じ、そこに「Nが／Nでも」という意味が生まれる。

　形式動詞「する」の第二中止形由来の後置詞「して」は語彙的意味を持たず、組み合わさる名詞を積極的に高く評価する意識をもって排他的に強く取り立てて示しながら、後の事柄に続ける働きをするだけであるため、「して」が形成する「Nに　して」の意味は前後の文脈によって常識的に理解されることになる。3級レベルでは、「あの人だから」、または「あの優秀な彼でも」のように語彙的意味を持つ単語と文法形式によって意味が具体的に明示されるが、「Nに　して」は文脈理解や常識という言語を操る人間の能力と文法形式との共同作業に理解を期待する形式といえる。

### 4.7　意味理解上の常識、文脈との共同性
　内容の理解に、常識や文脈認識能力が要求される表現形式。

(1)常識
・血は出ないまでも、結構イタイです。　　　　　（「Yahoo! 知恵袋」Yahoo! 2005）
　　血が出ることは、痛みより深刻である。

・今日は休日とあって大変な人出だ。　　　　　　　　　　　　　（『大辞林』）
　　休日は常識的に人出が多いものだ。

- 子供といえども規則正しく生活していないと自律神経が乱れ、便秘を起こしてしまいます。　　　　　　　　　　　（「Yahoo! 知恵袋」Yahoo! 2005）
　　子供は普通便秘を起こさないものだ。

- 梅雨とはいえ、毎日、こんなお天気じゃ、洗濯物がほせなくて、まいっちゃうわ。　　　　　　　　　　（茂市久美子『つるばら村のくるみさん』講談社 2003）
　　梅雨は雨がよく降るものだ。

- 漢字は おろか ひらがな も書けない。　　　　　　　　　　　　　（用例）
　　漢字が書けないことは有り得るが、ひらがなが書けないことは考えにくい。

- 十代の娘じゃ あるまいし、そんなミニスカートなんかはけませんよ。
　　　　　　　　　　　　　　　　　　　　　　　　　　　　　　　（『大辞林』）
　　十代の娘がミニスカートをはくことは問題ないが、若くない「私」にはおかしい。

- "シャネル"ならではの極上のミックスツイード
　　（上野麻穂子・斉藤陽子・宮田典子「Precious」2005 年 1 月号（第 2 巻第 1 号）小学館 2005）
　　シャネルは高級ファッションブランドである。


(2) 文脈
- 謝らないではすまないだろう。　　　　　　　　　　　　　　　　（用例）
　　「期待される周囲の状況の安定」を目指すには謝ることが不可避であるという認識を示す。「期待される周囲の状況の安定」がどのようなものであるかは文脈から理解される。

- これはあの人にして初めてできることだ。　　　　　　　　　　　（用例）
　　「これ」が「困難な事柄」で、「あの人」が優秀なことは、文脈から理解される。

## 5. 文体

1級の'〈機能語〉の類'のリストには、改まった文体や、硬い書き言葉的文体、その他、極めて口語的、文語的、文学的（レトリカル）、古文由来、漢文訓読由来等、様々な文体の、そして、それら固有のニュアンスを持つサンプルが掲げられている。しかし、こうした文体は全て一般成人日本語母語話者が常識的に習得しているものである。いつも改まった話し方をするわけではないが、一般成人日本語母語話者なら、必要とされる時には適切に使用可能である。1級まで進んだ学習者は、職業等さまざまな理由から、一般成人日本語母語話者と同等の日本語能力が求められる人と思われる。そのような学習者が1級'〈機能語〉の類'の学習を通して、一般成人日本語母語話者に必要とされる様々な日本語の文体や、それに用いられる形式、使われる場を知識としてでも心得ておくことは、教室での学習終了後、学習者が実生活から自ら日本語を習得していく基礎能力の育成に有益であろう。

以下、1級'〈機能語〉の類'のサンプルをそれが用いられた文の文体によって分類することを試みた。複数のカテゴリーにあてはまるものもあり、必ずしも適切な分類とは言えないが、大方の目安にはなるように思われる。

### 5.1 改まった文体

さまざまな式典でのあいさつや、改まった手紙、改まった場での改まった会話に用いられる形式。

（改まった会話）
・知らぬこととて、大変失礼いたしました。　　　　　　　　　　（『大辞林』）
・現代のお花見は、廉く飲み食いができる方法の一つのような気がして、寂しい限りでございます。　　　　　（神田紅・夢野晴吉『新門辰五郎』旺史社 2004）

（式典でのあいさつ）
・今日はお忙しいところをお集まりいただいて、ありがとうございます。
　　　　　　　　　（筒井康隆・柳瀬尚紀『突然変異幻語対談』朝日出版社 1988）

- 中高年の皆様、お忙しいなかご臨席をたまわり、言葉に尽くせない喜びと同時に<u>感激の極み</u>でございます。

    （綾小路きみまろ『有効期限の過ぎた亭主・賞味期限の切れた女房』PHP 研究所 2002）
- 馬頭署員のいっそうの健闘を<u>期待してやみません</u>。

    （平成12年12月1日馬頭警察署員を集めての本部長講話）

    （広畑史朗『警察の視点社会の視点』啓正社 2004）

（演説）
- 国の一年間の税収入五十八兆円をも超える巨大な額が決まる経過としては、余りにも理不尽と言うほかなく、一体国民の血税を何と心得ているのか、<u>怒りを禁じ得ません</u>。　　（八田ひろ子君『国会会議録』第143回国会参議院／本会議 1998）

（改まった手紙）
- 薫風の候、古藤先生には、ますますご壮健にて古稀のお祝いを迎えられますとのこと、<u>慶賀の至り</u>に存じます。

    （講談社（編）『あいさつ・スピーチと手紙の事典』講談社 2001）
- 至急お調べのうえ、不足分について出荷のお手配をいただきたく、<u>ご連絡かたがた</u>お願い申し上げます。

    （村石昭三『そのまま使える手紙・はがきの文例事典』池田書店 1998）

### 5.2　硬い書き言葉的文体

- <u>本日をもって</u>終了する。　　　　　　　　　　　　　　　　　　　　　（用例）
- <u>規定に即して</u>処理する。　　　　　　　　　　　　　　　　　　　　　（用例）

### 5.3　口語的くだけた文体

- <u>開けっぱなし</u>　　　　　　　　　　　　　　　　　　　　　　　　　　（用例）
- <u>この問題にしたって</u>、同じことだ。　　　　　　　　　　　　　　　　（用例）
- <u>あいつときたら</u>、もうどうしようもない。　　　　　　　　　　　　　（用例）
- すぐに、ふたりでもりあがってよ。<u>うるさいったらなかった</u>よな。

    （朝比奈蓉子『へそまがりパパに花たばを』ポプラ社 1997）

・十代の娘じゃあるまいし、そんなミニスカートなんかはけませんよ。

(『大辞林』)

## 5.4 文学的文体

・身をもって経験する。 (用例)
・勉強をよそに遊びまわる。 (用例)
・あなたをおいて会長適任者はいない。 (用例)
・流は教室の窓から遠く流れる鱗雲を見るともなしに見ていた。

(石堂まゆ『闇天使』集英社 2000)

・亜矢子の声が、お見通しと言わんばかりにくすくすと笑った。

(黒武洋『そして粛清の扉を』新潮社 2005)

・一度話したが最後、もう自分の思うままにしないと気が済まない。

(「Yahoo! ブログ」Yahoo! 2008)

・「急いでて、シメオンにもってきてあげるの忘れてたから」そう元気よく言うが早いか、マリーは私たちに手を振って屋上へのはしごを登って消えた。

(有以このみ『ユカのこころの旅』文芸社 2005)

・交通事故発生の報に接するや、直ちに救助に向かった。 (『大辞林』)
・テーブルにつくやいなや、すぐに食べはじめた。 (『大辞林』)
・家に帰るなり泣き出した。 (『大辞林』)
・勉強に精出すかたわら、体も鍛える。 (『大辞林』)
・教えるそばから忘れてしまう。 (用例)
・家の前を行きつ戻りつする。 (『大辞林』)
・これが愛でなくてなんだろう。 (用例)

## 5.5 漢文訓読・古文的文体

(1) 漢文訓読的文体 (和漢混交文的文体を含む)

・ひとり本校のみならず、わが国の高校全体の問題だ。 (用例)
・なんとかしてこの苦境を逃れようと、ただあせるのみ。 (『大辞林』)
・王族といえども人間です。 (榛名しおり『王女リーズ』講談社 1997)
・当然ながらこの種の討議は片鱗たりとも実現しなかった。

(谷沢永一『無私と我欲のはざまで』清流出版 2005)

・新聞切抜きなどは、当初は<u>内容いかんによらず</u>、時間順にまとめる。
(野口悠紀雄『「超」整理法』中央公論社 1993)

・自動車メーカーは、<u>売らんがために</u>月賦販売を強化し始めた。
(佐藤正明『ザ・ハウス・オブ・トヨタ』文藝春秋 2005)

・<u>コンピューターごときに</u>自分がかなわないなんてと思う。
(合原一幸・竹内勇剛・養老孟司『養老孟司アタマとココロの正体』日本経済新聞社 2003)

・コスチュームコンテスト開催!!<u>綺羅星のごとく</u>飾るのはキミだ!
(実著者不明『アニメディア』2003年11月号学習研究社 2003)

・いやしくも<u>国権の最高機関たる</u>国会における答弁は誠実に行うべきものであり、虚偽の答弁はあってはならないものと考えております。
(内閣総理大臣(小渕恵三君)『国会会議録』第143回国会 1998)

・<u>適切な研修や訓練なくして</u>効果的な活動は行い得ない…
(内閣総理大臣(海部俊樹君)『国会会議録』第 121 回国会 1991)

・無用の者<u>立ち入るべからず</u>。
(『大辞林』)

・われわれの祖先は地名にこそまづ言靈を視、<u>犯すべからざる</u>神意を感じたことだろう。
(塚本邦雄『国語精粋記』創拓社 1990)

・<u>満足するに足る</u>成績だ。
(用例)

・これは<u>鑑賞にたえる</u>曲なのだ。(井上和雄『ハイドンロマンの軌跡』音楽之友社 1990)

・gloveのケイコ、歌が下手になりましたね。<u>聞くに堪えない</u>……
(「Yahoo! 知恵袋」Yahoo! 2005)


(2)古文的文体

・式部卿の宮は、世間の信望あつく、主上も、御伯父に当らせられる<u>こととて</u>、ご信頼は深い。
(新源氏物語)

・これも<u>ねじれ国会ゆえの</u>参議院の姿。(「Yahoo! ブログ」Yahoo! 2008)

・馬鹿め。とっとと逃げておれば、少しは生きながらえることが<u>できたものを</u>。
(舞阪洸『神洲天魔鏡』富士見書房 2002)

・今の時代、相手は私が携帯を持っていないことを<u>想像だに</u>していないのだ。
(松沢呉一『風俗ゼミナール』ポット出版 2001)

・ゴルフを続けるのは首相としてあるまじき態度だ。

(北海道新聞社「北海道新聞2001/2/15」北海道新聞社 2001)

### 5.6 文語的文体

・手紙すら満足に書けない。　　　　　　　　　　　　　　　(『大辞林』)
・いかに、真面目に回答しようが、質問が削除されるかたの削除対象になる質問だったら回答ごと削除されるのです…　　(「Yahoo! 知恵袋」Yahoo! 2005)
・効果がないというか、体感することも目で見ることもないくらいの次元ですから、つけようがつけまいが、変わらないです。(「Yahoo! 知恵袋」Yahoo! 2005)
・メールやケータイでいかに熱烈な告白をしようと、"ラブレター"の匂いは宿らないようです。(中込久理・菊地美香子・齋藤薫・集英社「COSMOPOLITAN 日本版」2004年11月号(第26巻第11号、通巻288号)集英社 2004)
・一緒に住んでいようと住んでいまいと小姑だと思いますよ。

(「Yahoo! 知恵袋」Yahoo! 2005)
・行くなり帰るなり、好きにしなさい。　　　　　　　　　　(用例)
・まあ、結果が何であれ、まずはベストを出しきれたと思えるようなオリンピックであってほしいですね。　(「Yahoo! ブログ」Yahoo! 2008)
・定価がないので、価格は売主と買主の交渉によって決まります。新築であれ中古であれ、値引き交渉は自由です。　(「Yahoo! 知恵袋」Yahoo! 2005)

# 6. 述語を構成する日本語能力試験1級'〈機能語〉の類'に関する考察

　村木 (2010a) が指摘するように、述語は「文の中核となる部分であり、文をまとめあげる機能をもつ。(p.105)」ので、他のどの文の部分にもまして複雑に働く。そこで、これまで得られた知見をもとに述語の形成にかかわる1級'〈機能語〉の類'に関してまとめる。

### 6.1　述語を構成する'〈機能語〉の類'に用いられる単語の性質

　3、4級の場合、述語を構成する形式動詞、補助述語詞共に、それらのも

とになる動詞、名詞、形容詞は、「する」、「ある」、「なる」、「いる」、「みる」、「ところ」、「いい」等、それ自体に特別な意味や語感があまりない一般的で基本的な単語である。それに対して1級の場合、述語を構成する形式動詞、補助述語詞は、「至る」、「かかわる」、「足る」、「たえる」、「始末」、「余儀ない」等、動詞、名詞、形容詞としての元の単語自体にある種の語感や、特別な意味を持つものが大多数を占める。それら元の単語が持つ意味、語感などが、形式動詞や補助述語詞としての文法的な働き、ニュアンス等に影響を及ぼす。例えば、「至る」は補助述語詞として「NV／スルに　至る」という形でアスペクト表現の中の「事態、動きの成立」という「実現相」を表す述語を作る。これは実質動詞「至る」の「その場所に到達する」という到着までのプロセスを持つ実質的な語彙的意味が抽象化、文法化された結果であることが予想される。その他、「足る」は補助述語詞として、「NV／スルに　足る」という形で、「行為遂行の価値や量的妥当性、感情的態度の程度」に対して十分であるという肯定的評価を述語の本体である動詞や動作名詞に加えるが、これには実質動詞「足る」の「不足や欠けたところのない状態になる」という意味が作用していることが考えられる。また「足る」は漢文訓読文に多く用いられた古語の動詞（現代語では一般に「足りる」）であり、単語自体が重厚な語感を発揮している点も、3、4級の単語との違いとして指摘できる。

## 6.2　述語を構成する'〈機能語〉の類'に用いられる単語以下の要素の性質

　述語を構成する'〈機能語〉の類'に属する単語以下の要素には、3、4級の場合、述語形成辞「だ」、「です」[1]、「そう（だ）」、「らしい」、「の（だ）」や、終助辞「か」、「ね」、「よ」、「かい」などがある。一方、1級では、「（スル）べからず」、「（スル）のみ（だ）」等の述語形成辞の存在が目を引く。それら1級の述語形成辞は、「（スル）べからず」が漢文訓読文に由来する形式であることからもわかるように、3、4級の日常的なものに比べて、非日常的で、特殊なニュアンスを持つことが特徴的である。例えば、「（スル）べからず」は、中古では主として漢文訓読文に用いられたこともあって、重厚な語感を持ち、道理や権威にもとづく絶対的な指示としての強い禁止、その指示に従わないことは認められないという強制的な禁止というニュアンスを示す。1級の述語

形成辞には、文法的働き以外に、それぞれの由来に起因する独特のニュアンスが見られる点が、そのようなニュアンスのない「(スル)な」などの3、4級の述語形成辞との違いのように思われる。

　また、「(スル)のみ(だ)」は、言語主体の強い限定や決意の思いを力強く外へ表し出す。即ち、そのような強い限定や決意の思いを終助辞「よ」、「ぞ」と同様の働きで表し出すという、複数の機能を「(スル)のみ(だ)」は同時に実現している。こうした複数の機能の同時実現も、「述語を構成する1級'〈機能語〉の類'に用いられる単語以下の要素」の特徴の一つとして挙げられる。

　その他、「(スル／シタ)まで(だ)」は、動作主体の人称や、述語の本体となる動詞の意志動詞か無意志動詞かというようなタイプ、「まで(だ)」が過去形か、非過去形か、条件形式と共起するかどうか等、様々な条件によって、「それは限定的であって、それ以上の意味はない」というある事態に対する限定的な程度評価となったり、自己の行為、状態に対して言語主体がそれ以上の意味はないとする限定的な程度認識の提示となったり、「他に残された道はないから、あえて積極的にそれを行う」という、言語主体の決意や覚悟の表明となったりする。この事実は、この形式の使用には相当の日本語能力が要求されることを示唆するものである。このように、「述語を構成する1級'〈機能語〉の類'に用いられる単語以下の要素」は、使用が複雑であることも大きな特徴と考えられる。だが、それだけに、的確に使用されれば、事態や感情などが細かく描き分けられて、効果的に表現されることになる。3、4級の場合、終助辞、述語形成辞の機能は比較的単純であり、使用もそれ程難しくない。そのため、伝達内容も同様に単純なものになると言える。

## 6.3　述語を構成する補助述語詞の特徴

① 　補助述語詞が作る述語が表すモダリティのタイプ

　『出題基準』に挙げられている'〈機能語〉の類'は級ごとに数が異なるので一概に比べることはできないが、表「述語形成に関わる'〈機能語〉の類'」からは、1級の補助述語詞は名詞や名詞句、名詞的動詞（不定型接続の文相当の形式の述語である動詞）と組み合わさる動詞型の単純補助述語詞に、2級の補助述語詞は擬似連体節と組み合わさる名詞型の単純補助述語詞、及び群補助述語

詞に、3・4級の補助述語詞は動詞の活用語形と組み合わさる動詞型の単純補助述語詞に多く分類されていることがわかる。

「書い<u>てある</u>」、「書い<u>ている</u>」、「書い<u>てみる</u>」、「書い<u>ておく</u>」、「書い<u>てしまう</u>」の下線部のような、動詞の活用語形と組み合わさる動詞型の3・4級の単純補助述語詞について、彭（2010）は〈本動詞〉に対し補助的な動詞である〈助動詞〉と位置づけている。それら、彭（2010）が〈助動詞〉とする「ある」、「いる」、「みる」、「おく」などの補助述語詞は、述語の本体である動詞の第二中止形と組み合わさって、命題の述語を形成する。

また、「（スルかも）しれない」、「（シナケレバ）ならない」、「（シテモ）かまわない」などは3級の『出題基準』の「表現意図等」の項目に含まれる補助述語詞で、モダリティ形式の形成に与る。仁田（2000）はモダリティを「命題あてのモダリティ」と「発話・伝達のモダリティ」に分類して、「命題あてのモダリティ」は「話し手の命題（言表事態）に対する把握のあり方・捉え方を表したもの（p.82）」で、「発話・伝達のモダリティ」は「言語活動の基本的単位である文が、どのようなタイプの発話・伝達的な役割・機能を担っているのか、といった発話・伝達の機能類型や話し手の発話・伝達態度のあり方を表したもの（p.82）」と述べている。これによると、「（スルかも）しれない」、「（シナケレバ）ならない」、「（シテモ）かまわない」は、「命題あてのモダリティ」の形式に位置付けられる。4級や3級では「ショウ（勧誘）」や「いいよ」のような「発話・伝達のモダリティ」にかかわる形式を学習するが、これらは多くの場合動詞の活用形や終助辞で表されるので、4級や3級の補助述語詞に関しては、「命題の述語」や「命題あてのモダリティ」といった、言語主体の命題形成、命題の捉え方の表現に主として関わるものといえる。

1級の補助述語詞については、「（Nの／スル）きらいが　ある」、「（NV／スルに）足る」、「（シナイデハ／セズニハ）すまない」のような「命題あてのモダリティ」に関わる補助述語詞もあるが、「（Nを）禁じ得ない」、「（T（A））かぎり（だ）」、「（N／A2 の）極み（だ）」、「（N／A2 の）至り（だ）」、「（〜と）いったらない」のように、感情の表出といった「発話・伝達のモダリティ」に関わる補助述語詞が多くみられることが特徴的である。さらに、「（シナイデハ／セズニハ）おかない」、「（シテ）やまない」のように、行為の主体の人称や、用いられ

動詞のタイプ、補助述語詞が過去形か非過去形か等の条件によって「命題めあてのモダリティ」の形式になったり、「発話・伝達のモダリティ」の形式になったりする場合があるものもある。これらから、1級の補助述語詞は3、4級の補助述語詞に比べて使用法がはるかに複雑であることが理解される。また、「命題めあてのモダリティ」に関わる補助述語詞でも、「(スルには) あたらない」のように周囲の状況や一般常識に基づいた評価的判断を含んだり、「(シナイデハ／セズニハ) すまない」のように期待される状況に対する洞察を必要としたりする等、使用や理解には人間としての成熟が要求されるものがあることも特徴として示される。

② 補助述語詞となる元の単語のタイプ(名詞型補助述語詞の場合)

2級の補助述語詞は擬似連体節と組み合わさる名詞型の単純補助述語詞、及び群補助述語詞に多く分類されている。これら2級の補助述語詞の特徴は、「こと」、「もの」、「ところ」などの一般的な形式名詞由来の補助述語詞が主に用いられている点である。それら2級の補助述語詞のもととなる「こと」、「もの」、「ところ」などの一般的な形式名詞は価値観に関して中立的であり、それらが形作る述語がある一定の価値観を示すことはあまりない。一方、1級では、例えば「(Nの／スル) きらいが ある」の中の「きらい」は、動詞「嫌う」の第一中止形が名詞に転成した「嫌い」由来の補助述語詞である。そのため、それが表す文法的な意味には元の動詞の「嫌う」の語彙的意味が反映されて、「好ましくない、気がかりな傾向がある」という、ある常識的な価値観に基づいた否定的判断が示される。2級にも同様のタイプの補助述語詞「(Nの／スル) おそれが ある」があるが、この場合は、日常的に「天気予報」でも用いられる一般的な表現なので2級の配当となっていると考えられる。

③ 補助述語詞である単語が表す文法的意味

「ところ」に関しては、1級の群補助述語詞の中に「(〜と) いう／いったところ (だ)」という「ところ」を用いるものがある。用例「時給は700円から1000円というところだ」に見られるように、ここでは「ところ」が「程度」の意味で用いられている。「ところ」は、4級では「奈良はきれいなとこ

ろです」や、「ここは私が住んでいるところです」のように、形容詞や連体節を受けて、その第一の意味である「空間的な位置、場所」を表す形式名詞として学習する。3級では一歩進んで、アスペクトの表現として運動の局面を表す「(スル／シテイル／シタ)ところ(だ)」という補助述語詞の形式を学習する。この「ところ」は「場面」というような意味が考えられるもので、2級では「教室を出ようとするところを友達に呼び止められた」のような、ある状況の中での「動きが行われる場面」といった、時間の流れにおける「動きの時間的位置」を表す形式名詞「ところ」の形式を学ぶ。3級の「(スル／シテイル／シタ)ところ(だ)」という補助述語詞は、2級の動きが行われる場面といった時間の流れにおける抽象的な「位置」を表す形式名詞「ところ」を「動詞が表す動きの段階的位置」としての「運動の局面」に特化した形式と捉えることも可能である。更に1級の「(〜と)いう／いった　ところ(だ)」という形式で「ところ」は、「ある事柄や状況の程度、段階」のような抽象的な場における「位置」を表す。これらは、形式名詞「ところ」の抽象化、文法化との関連が指摘できる現象といえる。

④　補助述語詞の語形

　1級の名詞型の単純補助述語詞には、形式名詞由来の「もの」が用いられる「(シナイ)ものでも　ない」がある。同タイプの2級の補助述語詞との違いは、「(シナイ)ものでも　ない」は「シナイ」という打ち消しの形とのみ組み合わさることと、常にとりたて助辞「も」を含む形で用いられることである。2級の「(スル)わけには　いかない」は、表す意味は異なるが、「(スル)わけにも　いかない」の形でも、「(シナイ)わけには　いかない」の形でも、「(シナイ)わけにも　いかない」の形でも用いられる。その他、「いかない」は常に打ち消しの形であるが、過去の形、中止形、条件形、譲歩形という語形も持つ。しかし、「(シナイ)ものでも　ない」の「ない」は、わずかに丁寧体の形、推量形が見られるだけで、ほぼ非過去の打ち消しの形で用いられ、極めて形が固定的といえる。それに比べて、2級「(スル)わけには　いかない」は、その語形も組み合わさる述語の本体の形も、より制限が少ない。これは、「(シナイ)ものでも　ない」自体が、一定の述べ方をもっていることを示唆するものと考

えられる。

　また、1級の補助述語詞では、みとめ方が「みとめ形式」か「うちけし形式」かのどちらか一方である場合がほとんどを占める。これは、モダリティ表現にかかわる、「みとめ方」の要因としての大きさを表すもののように思われる。

⑤　補助述語詞の接続の型

　1級の補助述語詞は不定型接続の文相当の形式（実際にはその文相当の形式の述語）と組み合わさるものが多く見られる。不定型接続をする文相当の形式は、述べ方を未だ持たない命題のままで差し出された、いわば述べ方が決定されて完全な文になる前の段階のものと考えることができる。そのような命題としての文に対して、"足る"、"たえない"のようなタイプの補助述語詞が、モダリティといった文法的意味を付け加え、一定の述べ方を持った文として完成させる。不定型接続の文相当の形式と組み合わさる補助述語詞は、「(〜に)きまっている」、「(〜に)すぎない」等、2級にも見られるが、これらの補助述語詞のもととなる実質動詞「きまる」、「すぎる」等は日常的で、表す意味も単純なものである。それに比べ、同タイプの1級の補助述語詞のもととなる実質動詞、"足る"、"たえる"等は、古語的な動詞であったり、豊かなニュアンスや複雑な意味を持つ動詞であったりする。このような実質動詞の性質が、補助述語詞として示す文法的意味の複雑さや、細やかさ、独特の語感にも反映されるのではないかと思われる。

## 6.4　述語を構成する'〈機能語〉の類'が果す文法的機能

　これまでにも指摘したように、3、4級の場合、述語を構成する'〈機能語〉の類'には、アスペクトのような命題形成に関わる文法的意味を表したり、仁田（2000）のいう命題めあてのモダリティを表したりするといった、命題に関与するタイプのものが多くみられる。一方、述語を構成する1級の'〈機能語〉の類'の場合、一つの文法形式が複数の文法的機能を示すケースが多く見られることが特徴的である。

① ある文法的意味を陳述詞の働きも併せ持って示す。

　「(セズニハ／シナイデハ) おかない」は、「行為の主体の意志に基づいて必ず行う、または動きの主体の本来的な性質として、強い力を持って必ずある事態を引き起こす」という意味を述語の本体である動詞に加えるが、そこには「必ず」という陳述詞で表されるような、事態生起に対する言語主体の洞察も強く示される。同様に、「「(N／スルに) たえない」には「とうてい」、「(スル) までもない」には「勿論」のような陳述詞の働きも示される。

② 述語形式を用いた副詞、形容詞的表現

　「(N／A2の) 極み (だ)」は、「非常に」、「最高の」という程度副詞や第三形容詞的な意味を述語の本体となる単語に加える。同様に「(N／A2の) 至り (だ)」、「(T (A)) かぎり (だ)」も「非常に」という程度副詞の意味を述語の本体となる単語に加える。例えば「うれしいかぎりだ」は、程度副詞を用いて「とてもうれしい」と言い換えることができる。しかし、「とても」という程度副詞は平板であり、「うれしい」感情の程度が高いことは表現できても、程度のレベルや質まで描き出すことはできない。ところが、「かぎり (だ)」という補助述語詞を用いると、その実質的な動詞「限る」の意味から「その単語が表しうる最高限度まで」という程度のレベルや質まで表し出すことができる。同様に「極み (だ)」、「至り (だ)」も元の各実質動詞の持つ意味から、組み合わさる単語の程度のレベルや質を描き分けることができる (「極み (だ)」は「その単語が表しうる最高の域にまで達した」、「至り (だ)」は「その単語が表す感情が頂点に達した」)。さらにこの形式を用いると、丁寧体の感情形容詞で文を終わるような表現の稚拙さが回避できるという表現技法としての特徴も指摘できる。

③ 述語形式による副詞、陳述詞の分析的表現

　「(C (N／A／V) と) いったら　ない」は「非常に」という程度副詞の意味を、「(N／A2／A3で　なくて) なんだろう」は、「まさに」という陳述詞の意味を含み持つ。

たとえば、「うれしいといったらない」は、「うれしいといったら」と「他に言葉がない」のような表現が組み合わさって、「うれしいという表現しかない」、即ち「非常にうれしい」という意味になったことが推測できる。従って「(C (N／A／V) と) いったら　ない」は、「非常に、とても」という程度副詞の働きをしていることになる。これは、「非常に」という程度副詞をどのようにかと分析し、具体的に表現したもの、またはレトリカルに表現したものということが可能で、無機的な「非常に」という副詞よりも、具体的なイメージをもって強い感情を直接受け手に伝達することができる。ここからは、この「(C (N／A／V) と) いったらない」が、程度副詞の働きをしながら、発話・伝達モダリティ表現形式としても機能している様が指摘される。

　「(N／A2／A3で　なくて) なんだろう」も同様に、「～でなかったら　一体他の何だろう」、つまり「まさしく (～そのものだ)」という陳述詞としての意味が認められる。これは「まさしく」という陳述詞を分析し、具体化して敷衍的に表現した、レトリカルな形式と見ることができる。そして、「まさしく」という陳述詞の意味を表しながら、「それ以外の何物でもない」と、強い感情を具体的なイメージで直接受け手に伝達する。この場合も陳述詞的に働きつつ、発話・伝達モダリティ表現形式として機能していることがわかる。

　「(C (N／A／V) と) いったら　ない」、「(N／A2／A3で　なくて) なんだろう」という、程度副詞、陳述詞の分析的 (レトリカル) な形式は、副詞や、陳述詞同様、命題に向けて働くと共に、発話・伝達モダリティ表現にも関わっていることが指摘できる。

## 6.5　特別なニュアンスを持つ「述語形式に用いられる1級'〈機能語〉の類'」

　3、4級の述語形成に関わる補助述語詞には「(シテ) ください」、「(シテモ) いい」など、特別なニュアンスを持たないものが多い。それに対し、述語形式に用いられる1級の'〈機能語〉の類'には、補助述語詞「(T (A1／A2／V)) ものを」、「(NV／スルに) 足る」、述語形成辞「(スル) べからず」など、古語や漢文訓読文由来といったそれらの出自から語感に独特のニュアンスが加わって

いるものが見られる。例えば、古語由来の「(T (A1／A2／V)) ものを」は、日常的に用いられるものではないが、口惜しさ、恨みがましさを深い情感や余韻をもって表し出し、漢文訓読文由来の「(スル) べからず」、「(NV／スルに) 足る」等も、普段の会話で使用されることは珍しいものの、力強く、重厚な印象を受け手に与える。このようなニュアンスの理解、習得は日本語非母語話者には難しいことだが、日本語母語話者がそうした特別な表現を用いる場合はそれ相当の理由があるからなので、それらを学んで少なくとも知識として持つことは、表現形式に込められた日本語母語話者の真意を理解して、正確なコミュニケーションをとるために重要と思われる。

## 6.6 一定の場面で使用される、様式化した「述語形式に用いられる1級'〈機能語〉の類'」

　成人日本語学習者は、特に日本国内で学習を開始する場合、「～です」、「～ます」といういわゆる丁寧体の文をまず学習する。成人日本語学習者が日本で円滑な社会生活を送るには、丁寧体を使用した方が無難であるからである。最低限の日常生活を営むだけの日本語能力の習得を目標にするなら、丁寧体の学習で十分ともいえる。だが、日本語学習入門期の日本語能力試験4級レベルでは、『出題基準』にもみえるように、丁寧体に続いて普通体の文を学習することになっている。一般の日本語母語話者は、日常会話の中で、親しい関係にある人とは普通体（特に地域方言の普通体）を用いるため、日本語母語話者とコミュニケーションをとる上で、普通体は使えなくても理解することが必要であるからである。この点は日本語母語話者の子供と逆の日本語習得の道を歩む。日本語母語話者の子供は、まず家族の中で、そして地域の中で日本語の習得を開始するので、その地域の方言による普通体から学んでいく。

　続いて、初級段階の3級では、「サレル」という文法的派生動詞、「おシなさる」、「おシする」という文法的複合動詞、「なさる」、「いたす」のような敬語動詞を用いた、単純なレベルの敬語の形式を学習する。その一方で「シナクチャ」、「シチャッタ」、「シトク」のような短縮形を用いた、くだけた口語的述語形式も学習する。

　中級の2級ではそれまでの話し言葉から書き言葉へと学習の比重が移り、

「(〜に) おいて」、「(〜に) もとづく」、「(〜と) ともに」のような、論文や、やや改まった会話で用いられる後置詞などを中心に学習が進められる。これらの後置詞は単に文法的な意味を持つのみでなく、論文体ともいうべき書く文体による文作成に用いられるものでもある。

　1級では、改まった場面で公的なスピーチや挨拶等に用いられる「(N／A2の) 極み (だ)」、「(N／A2の) 至り (だ)」、「(シテ) やまない」、「(N／スルに) たえない」等の形式を学習する。「光栄の至りです」、「願ってやみません」、「感謝にたえません」等は日常的に用いられるものではないが、式典などの特別な場面においてはしばしば耳にする表現である。このように、1級では日本社会の様々な場面に対応可能な日本語能力習得を目指して、改まった特別な場面で用いられる述語形式の導入がなされる。即ち、3級での私的レベルの敬語の述語形式の学習から、1級では、ある公的な場面における社会的立場を持った公的レベルの、社会性のある、改まった述語形式の学習という進展が見られるのである。この形式は場面レベルでの様式化された表現形式といえよう。1級の学習者は、一般の成人日本語母語話者と同等の言語的能力で社会的に人々と付き合うことを必要とする人であろうから、このような一定の場面での一種様式化した述語形式の習得も、日本社会と広く関わる上で重要である。

　場面に関しては、「(Nを) 余儀なく　される」は「災害の被災者のニュース」、「(スル) べからず」は「禁止の張り紙」、「格言」というように、ある場面にはある形式が用いられるといった、場面による使用述語形式の一定の様式化の

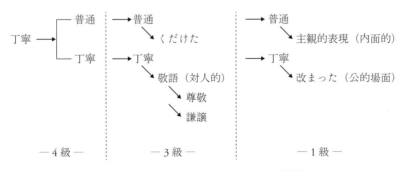

図5　習得する述語形式のスタイルの推移

事実も1級では指摘できる。場面に応じて適切な述語形式を選択するという意識の指導が、この段階では重要な課題であると考えられる。また、そのような形式を使うことはできなくても、それらがその場面で使われる意味を理解することは、1級レベルの学習者にとって必要であろう。

一方、普通体に関しては、前述のように3級では短縮形を用いた、くだけた口語的述語形式を学習するが、1級段階では「(〜と) いったら　ない／〜ったら　ありゃ　しない」のような自己の内面を強く外へ表し出す極めて主観的な口語的表現形式を学ぶようになる。

このような各学習段階による述語形式のスタイルの推移からは、社会生活上必要とされる、相手に対する敬意を示すための最も基本的な「丁寧体」の学習から始まって、親しい関係で用いる「普通体」の学習へと進み、続いて「普通体」では「くだけた形式」を学び、また更に進んで口語的な自己の内面の主観的表現形式の学習へと向かうこと、丁寧体では、単なる一般的敬意から、自分と相手との相対的関係に基づく私的レベルの敬語表現形式、さらに社会的関係から必要とされる、一種様式化した、一定の場面での、公的レベルの一定の「改まった形式」の学習へという、日本語学習の進展の一側面が浮かび上がってくる。

### 6.7　まとめ

4、3級から1級への述語形式の推移からは、総じて、一般的、総合的で、特別なニュアンスを持たず広く用いられるものから、複雑でニュアンスに富み、意味的にも用法的にも細かく分化したものへという傾向が得られる。このような流れから、日本語能力試験1級レベルの上級の学習者には、ある状況で決まって使用される慣用的表現形式や、特別な文体を背景に持つニュアンスに富んだ表現形式の理解、そして、その時々の言語環境や場面に応じて、それらを適切に選択して用いる意識の確立が、具体的な個々の表現形式の学習において求められるように思われる。

## 7. 単語という観点に基づいた日本語能力試験1級'〈機能語〉の類'の品詞、及び文の部分としての働きと、それが形成する文の意味

　現在の日本語教育において'〈機能語〉の類'は、1級も2級も、それが表す意味の理解と、前の部分とどのように結びついているかという接続の指導に重点が置かれている。

　接続については、各'〈機能語〉の類'の接続を一対一で、問題練習も含めた練習を通じて習得する方式が一般的であるが、数多くの'〈機能語〉の類'の接続を一つ一つ覚えることは困難な作業といえる。だが、'〈機能語〉の類'はタイプによって接続型がある程度決まっており、'〈機能語〉の類'と接続する単語の形は、その'〈機能語〉の類'がどのようなタイプのものか判別できれば、おおよそ推測できる（例えば、副助辞「だけ」、又は、「だけ」由来の'〈機能語〉の類'とは、副助辞型の接続型の語形で基本的に接続する）。本書で接続をグループ化した目的は、学習者が自分で'〈機能語〉の類'を用いて文を生成する上での利便性を考えたからである。'〈機能語〉の類'の接続型は、ほぼその'〈機能語〉の類'の元の品詞に基づいているため、接続型の判別にはその'〈機能語〉の類'がどのような品詞由来かを知ることが重要になる。'〈機能語〉の類'が単語や合成語の部分である場合は、どのような文法的な意味でその単語の他の部分と結合しているかを知ることも重要である。

　また、品詞がわかれば、同じ品詞に属する単語はある共通の文法的な働きと形によって文の中で働くことから、初めて目にする'〈機能語〉の類'にも既知の知識を応用して、文中での形や文法的な働きを推測し、自分でその'〈機能語〉の類'を用いて文を作ることが期待される。それだけでなく、品詞や、単語に基づいた文の分析になれていれば、実生活の中で新しい形式に出会ったとき、学習者は自分でその形式を分析することが可能である。例えば「今日は忙しくて昼ごはんを食べそこなった。」という文を耳にして、「食べそこなった」が理解できなかったとき、①これは「食べそこなう」という動詞である、②「食べそこなう」は複合動詞で、動詞性語基「食べ」と「そこなう」という複合動詞の後要素の動詞性語基によって構成されている、③

「そこなう」を辞書で調べればその意味が分かり、そこから「食べそこなう」の意味が理解可能となる。④多分「書きそこなう」、「聞きそこなう」もできるだろうし、動詞だから「食べそこなって」、「食べそこなったら」、「食べそこなっても」等の形も可能だろうとさらに考える。このような①～④のような活動を学習者が自分で行うことが推測できる。

　その他、その'〈機能語〉の類'はどのような単語なのか、あるいはどのような単語を作る要素となっているのかを品詞という観点から捉えることができれば、その'〈機能語〉の類'が作る単語の性質や、その'〈機能語〉の類'によって作られる文の部分が文全体の中で果たす働きも明らかになり、文の各部分が意味をもって結びついて、文の有機的な理解や能動的な文の生成につながる。例えば、「春めいたある日」というと、「春めく」は「-めく」という動詞性接尾辞によって派生した動詞であるから、「春めいた」は「春というものが持つ本来の性質の外部への発現」を動的に示した状態を表現する。それに対して、「今日は春らしい天気です。」という文の中で、「春らしい」は「-らしい」という第一形容詞性接尾辞によって派生した第一形容詞であることから、「天気」の状態から言語主体が客観性をもって「春が持つ典型的な特質を示す状態である」と判断、評価して、「天気」を静的に特徴づける。このように、その'〈機能語〉の類'が作る単語の意味、性質、働きは、その'〈機能語〉の類'が作る単語の品詞に大きくかかわっているということができる。

　さらに、ある'〈機能語〉の類'が構成要素となる「文の部分」という観点から文を見ると、その'〈機能語〉の類'が文中で果たす役割が明確になる。1級'〈機能語〉の類'に挙げられている「（スル）べく」、「（センが）ために」を例に取り上げると以下のとおりである。

①彼はオリンピックに出場するべく（出場すべく）、毎日必死で練習をしている。
「べく」は「修飾成分形成辞」であって、「オリンピックに出場するべく」は文の中で「修飾成分節」として働いている。「修飾成分節」は「述語があらわす属性を詳しくする副次的部分」なので、文の主張の中心は述語部分の「毎日必死で練習をしている」にある。「オリンピックに出場する」は「毎日必死で練習をしている」結果として実現が目指される事柄

（目標）で、「どのような意図をもって、毎日必死で練習をしているのか」という述語で示される事態「毎日必死で練習をしている」の説明といえる。しかし、それは、「意図実現の強い意志を持ってめざす目標である」点が特徴的である。

②彼はオリンピックに出場せんがため、毎日必死で練習している。
　「ために」はこの場合、「オリンピックに出場せんが」という擬似連体節を受ける従属接続詞であって、「オリンピックに出場せんがため」は文の中で状況成分節（この場合、目的を表す）として働いている。状況成分節は述語と主語（補語、修飾語）からなる事象全体を取り巻く外的状況を表すもので、この場合、文で表現される事態「彼は毎日必至で練習している」に対して、その「目的」を強く示すために加えられた部分である。したがって、文全体では「目的」が強く主張される。

　「(スル)べく」が用いられた文で言語主体が述べたい中心は「毎日必死で練習をしている（意図実現をめざしての過程）」という述語部分であって、「オリンピックに出場するべく」は述語で述べられる事態の説明と捉えられる。一方、「(センが)ために」が用いられた文では、言語主体はその文で示される事態にその目的として加えた「オリンピックに出場する」を強く主張している。ここからは、言語主体が自分の表現意図実現のために最適の表現形式を積極的に選択している様子が理解される。このように、'〈機能語〉の類'の品詞上の位置づけと、それに基づいた'〈機能語〉の類'が構成する文の部分の文全体における働きの認識は、文の意味や言語主体の表現意図の理解に大きく関与することが指摘できる。それと同時に、'〈機能語〉の類'と言語主体の表現意図の関係は、言語主体として何を主張したいかによって用いる表現形式を能動的に選択するという文作成の指導にも役立つと考えられる。

　以上から、'〈機能語〉の類'について、それはどのような単語で構成されているのか、どのような品詞に位置づけられるのか、どのような文の部分を形成するのか等を考える練習を積むことは、文の理解に、また、文の作成に必要であるように思われる。日本語学習者は教育機関での課程を修了すれば

日本語の学習が終わるわけではない。日本社会と関係をもって生活する限り、新しい単語や新しい表現形式に出会うはずで、教育機関での学習修了後はそれを自分で分析して習得していく力が求められる。日本語能力試験の『出題基準』に示された'〈機能語〉の類'を単語に基づいて指導していくことは、日本語文法の自己習得を促すもので、日本語学習者の日本語の自立、自律学習への寄与につながるといえるのではないだろうか。

## 8. 日本語能力試験1級'〈機能語〉の類' 学習の意義

　本書では、第3章から第5章において、品詞を中心として分類した個々の日本語能力試験1級'〈機能語〉の類'について、文中での働き等、様々な角度から検討を試みた。この一連の検討により、本書の目標の一つである「日本語能力試験1級'〈機能語〉の類'を日本語文法の中で位置づけること」は、一応の結果が得られたように思われる。では、もう一つの目標である「日本語学習における日本語能力試験1級'〈機能語〉の類'の位置づけとその学習の意味を捉えること」については、どうであろうか。

　これまでの検討の過程で、日本語能力試験1級'〈機能語〉の類'の様々な特徴が示された。3、4級レベルは、会話を中心とした日常生活での基本的なコミュニケーションに必要な文法を学習するが、2級レベルでは、主として一般的な書かれた日本語の文の理解、或いは、一般的な書くスタイルの日本語の文作成に必要な文法の学習を行う。文法面に限れば、2級レベルの文法学習によって、日本の高等教育機関である程度学べるようになり、就職を含め、自立して一般の社会生活を送ることが可能となる。1級レベルでは、極めて口語的で感情あふれる形式（（〜と）きたら、-っぱなし等）から、硬く改まった書き言葉的形式（（〜を）もって、（〜に）即して等）まで、様々な場面で用いられる形式や、古語的文体の表現形式、漢文訓読的文体の表現形式、文学的文体の表現形式など、様々なスタイルの表現形式を学ぶ。その他、「想像に難くない」、「昔ながらの」のような慣用的表現や、「（〜を）余儀なく　される」、「（〜を）皮切りに」、「（〜の）至りです」といった、限られた一定の使用場面で

用いられる一種様式化された形式なども学ぶ。だが、これらは成人日本語母語話者なら誰でも一般に持っている日本語の能力で、いつも使うわけではないが、求められる場合には使用可能である。即ち、1級'〈機能語〉の類'が示す文法的項目は、一般の成人日本語母語話者が習得している日本語の文法的内容の大枠を提示するもので、1級'〈機能語〉の類'の学習は、広く社会生活を営む一般の成人日本語母語話者と同等の日本語力を、文法面に関して習得することを目指して行われるものと位置付けられよう。1級'〈機能語〉の類'の学習を通して、日本語学習者は一般の成人日本語母語話者と同等の日本語能力を文法面において獲得するための基礎が得られる。

日本語学習者のニーズもさまざまである。しかし、もし、日本企業と日本語で円滑にビジネスを行いたい、日本社会において一般の成人日本語母語話者と同等の日本語力で交わりたい等を希望するなら、日本語能力試験1級'〈機能語〉の類'を学んで、多様な日本語の側面や、成人日本語母語話者が現実に使用する幅広い日本語の実態を文法面から習得することは重要である。日本語能力試験1級'〈機能語〉の類'のサンプルの中には、そのエッセンスが詰まっているので、それらを学ぶことによって、学習者は教育機関での学習修了後も日本社会とかかわる中で自ら日本語を文法面から習得する基礎を得ることができる。

このように1級'〈機能語〉の類'の学習は、日本社会において幅広い場面で一人の社会人として自立して一般の日本語母語話者と同等の日本語力をもって活躍できる日本語能力の自己習得へ、文法的な面から学習者に対して導く窓口と位置づけられる。

[注]

1ーー第2章2.3（形容詞）の項で示したように、述語形成辞「です」、「だ」、及び、補助述語詞「ある」、「ない」は、述語になる名詞や形容詞とその文法的な形を構成するためにはたらくものとして、繋辞というまとまりで品詞とは別に位置付けている。

終　章　日本語能力試験1級'〈機能語〉の類'の文法的特徴と日本語学習における位置づけ

　日本語能力試験1級'〈機能語〉の類'とは、『日本語能力試験　出題基準』の1級の「文法」の項に掲げられた、日本語能力試験の出題の目安とされているサンプルである。『出題基準』では、日本語能力試験1・2級レベルの学習者にとって'〈機能語〉の類'の学習は重要であるとされながらも、その定義は示されておらず、分類もなされていない。また、1級の'〈機能語〉の類'に関しては、学習意義を感じていない日本語学習者や日本語教師が少なくない。

　1級、2級の'〈機能語〉の類'は、一般に「複合辞」とされているものにほぼ相当する。森田・松木 (1989) では、「複合辞」について「どのような表現を複合辞と呼ぶのかという基準について定説はない (p. xi)」としつつも、「いくつかの語が複合してひとまとまりの形で辞的な機能 (助詞・助動詞相当の機能) を果たす表現 (p. xi)」と規定し、概ね2級の'〈機能語〉の類'相当の複合辞を統一的に整理している。しかし、1級の'〈機能語〉の類'に関して統一的に整理、分類されたものは、管見の限りでは得られていない。

　高橋他 (2005) によると、「文法」とは、「単語を材料にして文をくみたてるきまりの総体 (p. 3)」で、「単語」は、「現実の断片をさししめして一般に名づける、意味を持つ単位であり、一定の語形をとって文の材料となる。つまり、単語は、語彙・文法的にもっとも基本的な単位である。(p. 6)」という。また、鈴木 (1972b) は、「単語のもつ文法的な特性の体系によって分類した単語の基

本的な種類（p.173)」が「品詞」であると述べている。そこで、本書では、まず、『出題基準』に掲げられている一つ一つの1級'〈機能語〉の類'の構造を、「語彙・文法的にもっとも基本的な単位」であって「一定の語形をとって文の材料」となる「単語」という観点に基づいて整理し、その上で「品詞」を中心に分類した。その後、さらに品詞的に位置付けた個々の'〈機能語〉の類'のサンプルについて、それらが実際の文の中で、どのような形で、どのような文の部分（成分）を形成して、どのような文法的な意味をもって働いているのか、コーパスを用いて検討を行った。そして、それらの作業を通して、1級'〈機能語〉の類'の日本語文法の中での位置付け、日本語学習における1級'〈機能語〉の類'の位置づけと、その学習の意義という問題の解明を目指した。

　個々の1級'〈機能語〉の類'の検討からは、以下の特徴が指摘された。
①文の圧縮
　　複合語形成や、文や節からの文法形式の脱落等の手法によって文が圧縮され、文が単語化、句化、特に名詞化、名詞句化する。ここから、簡潔な形式で豊富な内容の表現が可能となる。しかしその一方で、受け手は理解の際に圧縮された部分を適切に補い解凍しなければならない。文の中のある部分を脱落させ、圧縮できるのは、受け手がそれを解凍して、適切に補い、文として理解できるという想定の下でのことである。圧縮には、言語として表された事柄を超えた、受け手と言語主体である送り手の共通の言語的基盤の存在が必要となる。
②文法形式の複合（複数の'〈機能語〉の類'の複合）
　　複数の'〈機能語〉の類'が複合した形式では、それぞれの意味をほぼ独立して併せ持つことが多いが、融合して意味が変質する場合も見られる。いずれの場合も事態をより細かく、或いは抽象的なレベルで描き出すことを可能としている。
③慣用表現化、様式化
　　慣用表現化とは、語結合の固定化、単語化を言う。この場合、用いられる単語と形式が特化して、特別な意味を表し、共起する形式や使用場面にも制限がかかるようになる。様式化とは、ある形式が使用される場面

の固定化を指すもので、ある場面や状況ではある形式が決まって用いられるような言語現象を言う。

④文法機能の特化、及び細密化

例えば、デ格の名詞は、道具、方法、動きや状態が成り立つ場所、事柄の始まりや終わり、原因を示す等、多くの働きを持つ。後置詞「(～を)限りに」は、改まった書き言葉的ニュアンスを加えながら、様々な働きを持つデ格の名詞のうち、「事態成立の時点」を示す名詞を形成する。

また、後置詞「(～と)きたら」は、主題を示すとりたて助辞ハに相当するが、通常とは極端に異なる、腹立たしいほど、呆れるほど、驚くほどの強い負や正の感情や評価意識（ほとんどの場合負の感情や評価）をもって、主語をとりたてて主題として提示するといったように、とりたて助辞ハの機能を特化、細密化している。

⑤強調の提示

主題や、条件、理由を表す等の文法的機能や、名詞の格形式、とりたて形式のような文法形式にも強調が含まれて複雑になる上、その強調に「極端な程度」という程度性や感情、評価といった主観が含まれる場合がある。

⑥価値評価性

'〈機能語〉の類'が示す、規定成分を作る、主題を提示する等の働きが、「肯定的評価か否定的評価か」、「積極的評価か消極的評価か」といった価値評価も含めて表される場合がある。

⑦文法形式上の非明示性

形式によって具体的に文法機能が明示されるのではなく、文脈や常識という言語を用いる人間の一般的な能力も含めた、形式と人間の能力の共同作業に文法的理解を期待する'〈機能語〉の類'が他の級にまして多く見られる。

⑧多様な文体の提示

一般の成人日本語母語話者が身につけている、漢文・古文的文体、文学的文体、文語的文体、口語的くだけた文体、硬い書き言葉的文体、改まった文体といった多様な文体が、それが持つ固有のニュアンスと共に提示

される。

①⑤⑥⑦の特徴は言語的に明示されていないため、正確な理解には言語主体である送り手と受け手の間の共通の言語基盤の存在が必須条件である。こうした言語現象は、日本語の高コンテキスト性を示唆するものと考えられる。また、①〜⑧の特徴は一般の成人日本語母語話者が無意識のうちに習得しているものであり、一般の成人日本語母語話者は、それらの特徴を持つ'〈機能語〉の類'を、場面の要請に応じて、或いは、自分の表現意図を高度に実現するため、選択して使用できる能力を有している。

　1級'〈機能語〉の類'には、日々の生活に必要とはいえないものが多数見られる。しかし、それは一般の成人日本語母語話者であれば、求められる場面では、そして、自分が必要であると判断する場合には使用可能なものであって、一般成人日本語母語話者が持ち合わせている文法的な言語能力の大枠を具体化して示した例といえる。特別な行事の場合等には、その形式の使用が必要とされ、ある文脈で用いられればそれは有効な表現となり、ある思いを特に強く述べたいときにその使用は効果的である。

　1級'〈機能語〉の類'が示す文法的項目は、一般の成人日本語母語話者が習得している文法的内容のエッセンスで、1級'〈機能語〉の類'の学習は、広く社会生活を営む一般の成人日本語母語話者と同等の日本語の文法的な能力の基礎の習得を目指して行われるものと位置付けられる。1級'〈機能語〉の類'の学習を通して、日本語学習者は一般の成人日本語母語話者と同等の日本語の文法的な能力を獲得するための基礎が得られる。

　日本語学習者が、日本の会社に就職して活躍したい、日本企業と日本語で円滑にビジネスを行いたい、日本社会において一般の成人日本語母語話者と同等の日本語力で社会生活を送りたい等希望するなら、1級'〈機能語〉の類'を学んで、成人日本語母語話者の持つ幅広い日本語の文法的な能力を習得する基礎を得ることは重要である。また、1級'〈機能語〉の類'を単語という観点から捉え、「品詞」や、'〈機能語〉の類'が構成する「文の部分」の働きを意識した学習によって、学習者の目を養うことができれば、教育機関での学習終了後、生活の中で新たに出会ういわゆる'〈機能語〉の類'に関し

ても、学習者は自分の力で品詞的に分析したり、文の構造上の働きを理解したりして、それらを自己習得することが可能となるであろう。

このように、日本語学習という観点から、日本語能力試験1級'〈機能語〉の類'の学習は、日本社会において幅広い場面で一人の社会人として自立して一般の日本語母語話者と同等の日本語力をもって活躍できる日本語能力の自己習得へ、文法的な面から学習者に対して導く窓口と位置づけられる。

今後は、今回不十分であったいくつかの1級'〈機能語〉の類'の検討をさらに詳しく進めるとともに、品詞に基づいた分類の更なる見直しを図っていきたいと考える。

### 考察11　補遺　不定形について

本書では、不定型接続（一定の述べ方の形を持たない文相当の形式の接続）をする文相当の形式の述語の単語の語形を不定形とした。不定形はムード語形ではないので、後続の補助述語詞や述語形成辞によって一定の述べ方を得て、現実と関連付けて表し出される。

鈴木（1972b）は、語尾・(屈折に関わる)とくっつき（膠着に関わる付属辞）について、単語の文法的な形（語形）のなかにあって文法的な意味に応じて変化する部分であると述べ、そのうちのくっつきに関して、「yama=ga」や、「yama=o」等を例に（「=ga」や「=o」はくっつき）、くっつきをとりのぞいた語幹（「屈折の語幹」に対し、「膠着の語幹」と呼んでいる (p.151)）は、それ自身、文法的な形であって、相対的な独立性がある（例えば「yama=ga」の「yama」は文法的な形—はだか格—）としている (p.147)。つまり、格形式の名詞（文の中で他の単語との関係を表す）は、はだか格の名詞と格助辞で構成されていると論じているのである。また、このはだか格の名詞（膠着の語幹）はそれだけで単語（文法的な形）としての用法（ものの名まえの提示など）をもつもので、語幹と同形の文法的な形であって、単なる語幹ではないと説明している (p.151)。

それでは、広い意味での連用の節の述語も含め、膠着の方法で形成される述語となる名詞や形容詞の文法的な形（語形）はどのような要素で構成されているのだろうか。

(例)　子ども　だろう　　小さい　だろう　　不十分　だろう　（推量形）
　　　子ども　ながら　　小さい　ながら　　不十分　ながら　（並立形）

　これらの文や連用の節の述語となる名詞や形容詞の語形に用いられる「子ども」「小さい」「不十分」「抜群」は、格形式の名詞における「はだか格」に対し、「不定形」と見ることができるのではないか。
　その他、動詞の推量形（「書くだろう」）や第二条件形（書くなら）のような動詞の分析的な語形（古語的な推量形「書こう」や、第一条件形「書けば」等は総合的な語形）を構成する「書く」という部分も、不定形と捉えることができるのではないだろうか。
　単語の文法的な形（語形）における不定形の位置づけなど、不定形の諸問題については、今後の課題としたい。

## 付録資料：『出題基準』に見える'〈機能語〉の類'の表記と品詞を中心とした'〈機能語〉の類'の分類の対照表

「-」接尾辞や複合語の後要素である印、「〜」単語や文に続く印、動詞の活用語形、及び、述語名詞・形容詞の語形の構成部分はカタカナ表記。

| 『出題基準』にある'〈機能語〉の類'の表記 | 単語という観点に基づいた'〈機能語〉の類'表記の試案を用いた分類 |
|---|---|
| 〜あっての | -あっての [連体詞性接尾辞] |
| 〜いかんだ／〜いかんで／〜いかんでは／〜いかんによっては／〜いかんによらず／〜いかんにかかわらず | -いかん（だ※／で（は））[-いかん：複合語の後要素としての名詞性語基]／(-いかんに) よって（は）／よらず／かかわらず [名詞性語基「-いかん」が形成する複合名詞と後置詞の組み合わせ] |
| 〜う（意向形）が／〜う（意向形）が〜まいが／〜う（意向形）と〜まいと | ショウガ [動詞譲歩形]／スルマイガ [動詞打ち消し譲歩形]／ショウト [動詞譲歩形]／スルマイト [動詞打ち消し譲歩形] |
| 〜う（意向形）にも〜ない | ショウニモ（＋否定的表現形式）[動詞譲歩形] |
| 〜かぎりだ | (〜) かぎり（だ）※ [補助述語詞] |
| 〜が最後 | (シタが) 最後 [従属接続詞] |
| 〜かたがた | -かたがた [副詞性接尾辞] |
| 〜かたわら | (〜の) かたわら [後置詞]／(スル) かたわら [従属接続詞] |
| 〜がてら | シガテラ [動詞同時意図形]／-がてら [副詞性接尾辞] |
| 〜が早いか | (スルが／シタが) 早いか [従属接続詞] |
| 〜からある | 〜から（ある）[から：格助辞] |
| 〜きらいがある | (〜の／スル) きらいが ある [群補助述語詞] |
| 〜極まる／〜極まりない | -極まる [複合動詞の後要素としての動詞性語基]／-極まりない [複合第一形容詞の後要素としての第一形容詞性語基] |
| 〜ごとき／〜ごとく | -ごとき [名詞性接尾辞／連体詞性接尾辞]／(〜) ごとき [規定成分形成辞]／(〜) ごとく [修飾成分形成辞] |
| 〜こととて | (〜の) こととて [後置詞]／(〜) こととて [従属接続詞] |
| 〜ことなしに | スルことなしに [複合第三形容詞「スルことなし(の)※」の修飾用法の形] |
| 〜しまつだ | (スル) しまつ（だ）※ [補助述語詞] |
| 〜ずくめ | -ずくめ（の）※ [第三形容詞性接尾辞] |

| | |
|---|---|
| 〜ずにはおかない | （セズニハ）おかない［補助述語詞］ |
| 〜ずにはすまない | （セズニハ）すまない［補助述語詞］ |
| 〜すら／〜ですら | （〜／〜で）すら［とりたて助辞］ |
| 〜そばから | （スル／シタ）そばから［従属接続詞］ |
| ただ〜のみ／ただ〜のみならず | ただ［陳述詞］（〜のみ／のみならず） |
| 〜たところで | （シタ）ところで［従属接続詞］ |
| 〜だに | （〜）だに［とりたて助辞］ |
| 〜たりとも | （〜）たりとも［とりたて助辞］ |
| 〜たる | -たる［連体詞性接尾辞］ |
| 〜つ〜つ | シツ［動詞反復並立形］ |
| 〜っぱなし | -っぱなし（の）<sup>※</sup>［第三形容詞性接尾辞］ |
| 〜であれ／〜であれ〜であれ | -デ アレ［述語名詞・第二形容詞・第三形容詞譲歩形構成部分］／（〜で）あれ［（累加性）とりたて詞］ |
| 〜てからというもの | （シテカラと）いう もの［とりたて形成句］ |
| 〜でなくてなんだろう | （-デ ナクて）なんだろう［述語形成句］ |
| 〜ではあるまいし | （〜では）あるまいし［（陳述性）とりたて詞］ |
| 〜てやまない | （シテ）やまない［補助述語詞］ |
| 〜と相まって | （〜と）相まって［相俟つ：動詞］ |
| 〜とあって／〜とあれば | （〜と）あって［後置詞／従属接続詞］／（〜と）あれば［後置詞／従属接続詞］ |
| 〜といい〜といい | （〜と）いい［（累加性）とりたて詞］ |
| 〜というところだ／〜といったところだ | （〜と）いう／いった ところ（だ）<sup>※</sup>［群補助述語詞］ |
| 〜といえども | （〜と）いえども［後置詞／従属接続詞］ |
| 〜といったらない／〜といったらありはしない（ありゃしない） | （〜と）いったら ない／ありは しない（ありゃしない）［群補助述語詞］ |
| 〜と思いきや | （〜と）思いきや［従属接続詞］ |
| 〜ときたら | （〜と）きたら［後置詞］ |
| 〜ところを | （〜の）ところを［後置詞］／（〜）ところを［従属接続詞］ |
| 〜としたところで／〜としたって／〜にしたところで／〜にしたって | （スルト／シタト シタ）ところで［従属接続詞］／（〜と）したって［後置詞］／（〜に）した ところで［後置詞］／（スルに／シタに シタ）ところで［従属接続詞］／（〜に）したって［後置詞］／（スルに）したって［従属接続詞］ |
| 〜とは | （〜と）は［とりたて助辞］ |
| 〜とはいえ | （〜とは）いえ［従属接続詞］ |
| 〜とばかりに | （〜と）ばかりに［「センばかり（の）<sup>※</sup>」からの慣用的表現］ |
| 〜ともなく／〜ともなしに | （スルとも）なく［修飾成分形成句］／（スルとも）なしに［修飾成分形成句］ |

| | |
|---|---|
| 〜ともなると／〜ともなれば | (〜とも) なると／なれば [後置詞] |
| 〜ないではおかない | (シナイデハ) おかない [補助述語詞] |
| 〜ないではすまない | (シナイデハ) すまない [補助述語詞] |
| 〜ないまでも | シナイマデモ [動詞打ち消し譲歩形] ／−デハナイマデモ [述語名詞・第二形容詞打ち消し譲歩形構成部分] |
| 〜ないものでもない | (シナイ) ものでも　ない [補助述語詞] |
| 〜ながらに | シナガラニ [動詞継続的並立形] ／−ナガラニ [述語名詞・形容詞継続的並立形構成部分] |
| 〜ながらも | シナガラモ [動詞対比的並立形] ／−ナガラモ [述語名詞・形容詞対比的並立形構成部分] |
| 〜なくして／〜なくしては | (〜) なく　して (は) [状況成分形成句] (「〜なくしては」は「〜なくして」の取り立て形) |
| 〜なしに／〜なしには | −なし (の)※ [複合第三形容詞の後要素としての第三形容詞性語基] (「−なしに」、「−なしには」は「−なし (の)※」の修飾用法の形と、その取り立て形) |
| 〜ならでは／〜ならではの | (〜) ならでは [状況成分形成辞] ／−ならでは (の) [第三形容詞性接尾辞] |
| 〜なり | (スル／シタ) なり [状況成分形成辞] |
| 〜なり〜なり | (〜／スル) なり [並立助辞] |
| 〜なりに | −なり (の)※ [第三形容詞性接尾辞] (「−なりに」は「−なり (の)※」の修飾用法の形) ／ (〜) なりに [修飾成分形成辞] |
| 〜にあたらない／〜にはあたらない | (〜に／〜には) あたらない [補助述語詞] |
| 〜にあって | (〜に) あって [後置詞] |
| 〜に至る／〜に至るまで／〜に至って／〜に至っては／〜に至っても | (〜に) 至る [形式動詞] (「至って」は「至る」の第二中止形) ／ (〜／スル に) 至る [補助述語詞] ／ (〜に) 至るまで [後置詞] ／ (〜に) 至っては [後置詞] ／ (〜に) 至っても [後置詞] |
| 〜にかかわる | (〜に) かかわる [形式動詞] |
| 〜にかたくない | (〜に) かたく　ない [補助述語詞] |
| 〜にして | (〜に) して [後置詞] |
| 〜に即して／〜に即しては／〜に即しても／〜に即した | (〜に) 即して (は／も) ／即した (即する：動詞) |
| 〜にたえる／〜にたえない | (〜に) たえる [補助述語詞] ／ (〜に) たえない [補助述語詞] |
| 〜に足る | (〜に) 足る [補助述語詞] |
| 〜にひきかえ | (〜に) ひきかえ [後置詞] |
| 〜にもまして | (〜にも) まして [後置詞] |
| 〜の至り | (〜の) 至り (だ)※ [補助述語詞] |
| 〜の極み | (〜の) 極み (だ)※「補助述語詞] |

| | |
|---|---|
| ～はおろか | (～は) おろか [陳述性とりたて詞] |
| ～ばこそ | (活用語の第一条件形) こそ [とりたて助辞] |
| ～ばそれまでだ | (スレバ) それまで (だ)※ [述語形成句] |
| ひとり～だけでなく／ひとり～のみならず | ひとり [陳述詞] (～だけで なく／のみならず) |
| ～べからず／～べからざる | (スル) べからず [述語形成辞]／(スル) べからざる [規定成分形成辞] |
| ～べく | (スル) べく [修飾成分形成辞] |
| ～まじき | (スル) まじき [規定成分形成辞] |
| ～までだ／～までのことだ | (スル／シタ) まで (だ)※ [述語形成辞]／(スル／シタ) までの こと (だ)※ [述語形成句] |
| ～までもない／～までもなく | (スル) までも ない [述語形成句] (「(スル) までも なく」は「(スル) までも ない」の中止形) |
| ～まみれ | －まみれ [複合第三形容詞の後要素としての動詞性語基] |
| ～めく | －めく [動詞性接尾辞] |
| ～もさることながら | (～も) さることながら [陳述性とりたて詞] |
| ～ものを | (～) ものを [従属接続詞／補助述語詞] |
| ～や／や否や | (スル) や [状況成分形成辞]／(スルや) 否や [従属接続詞] |
| ～ゆえ／～ゆえに／～ゆえの | (～(の)) ゆえ (に)／ゆえの [後置詞] |
| ～をおいて | (～を) おいて [後置詞] |
| ～を限りに | (～を) 限りに [後置詞] |
| ～を皮切りに／～を皮切りにして／～を皮切りとして | (～を) 皮切りに (して)／(～を) 皮切りと して [後置詞] |
| ～を禁じ得ない | (～を) 禁じ得ない [補助述語詞] |
| ～をもって | (～を) もって [後置詞] |
| ～をものともせずに | (～を) ものとも せず (に) [修飾成分形成句] |
| ～を余儀なくされる／～を余儀なくさせる | (～を) 余儀なく される／(～を) 余儀なく させる [補助述語詞] |
| ～をよそに | (～を) よそに [状況成分形成句] |
| ～んがため／～んがために／～んがための | (セン) が ため (に)／ための [従属接続詞] |
| ～んばかりだ／～んばかりに／～んばかりの | (セン) ばかり (だ／に／の)※ [副助辞の第三形容詞節化用法] |

格助辞は、名詞の文法的語形を作る形式として、名詞に従属させて表記したが、助辞は比較的独立性が高いことから、他の助辞は、組み合わさる単語と分けて表記した。

*述語になるために必要な要素である繋辞 (だ) と第三形容詞性の要素の代表形の語尾 (の) を括弧で示した。

## 参考・引用文献

岩淵匡・坂梨隆三・林史典監修（1996）『新しい古典文法』桐原書店
奥田靖雄（1983）「を格の名詞と動詞とのくみあわせ」言語学研究会編『日本語文法・連語論（資料編）』むぎ書房
奥田靖雄（1983）「を格のかたちをとる名詞と動詞とのくみあわせ」言語学研究会編『日本語文法・連語論（資料編）』むぎ書房
奥津敬一郎（1986）「形式副詞」奥津敬一郎・沼田善子・杉本武『いわゆる日本語助詞の研究』凡人社
加藤彰彦・佐治圭三・森田良行編（1989）『日本語概説』桜楓社
清瀬義三郎則府（1989）『日本語文法新論―派生文法序説』桜楓社
工藤浩（2000）「副詞と文の陳述的なタイプ」森山卓郎・仁田義雄・工藤浩『日本語の文法3　モダリティ』岩波書店
小泉保編（2000）『言語研究における機能主義　誌上討論会』くろしお出版
幸田佳子（1994）「「わけがない」、「わけではない」、「わけにはいかない」について」『語学教育研究論叢』11，大東文化大学
小林典子（2001）「文法の習得とカリキュラム」野田尚史・迫田久美子・渋谷勝己・小林典子『日本語学習者の文法習得』大修館書店
三枝令子（1991）「「だけに」の分析」『言語文化』27，一橋大学
白川博之（2009）『「言いさし文」の研究』くろしお出版
新屋映子（1989）「"文末名詞"について」『国語学』159，国語学会
鈴木重幸（1972a）『文法と文法指導』むぎ書房
鈴木重幸（1972b）『日本語文法・形態論』むぎ書房
鈴木美加（2000）「ワケダとトイウワケダの意味機能の違いについて」『東京外国語大学留学生日本語教育センター論集』26
砂川有里子（1987）「複合助詞について」『日本語教育』62，日本語教育学会
高橋純（1996）「「～つつある」について」『日本語教育』89，日本語教育学会
高橋太郎（1983）「動詞の条件形の後置詞化」渡辺実編『副用語の研究』明治書院
高橋太郎（2003）『動詞九章』ひつじ書房
高橋太郎他（2005）『日本語の文法』ひつじ書房
龍城正明編（2006）『ことばは生きている　選択体系機能言語学序説』くろしお出版
田野村忠温（1991）「「も」の一用法についての覚書―「君もしつこいな」という言い方の位置付け」『日本語学』10巻9号，明治書院

田野村忠温（2002）「辞と複合辞」玉村文雄編『日本語学と言語学』明治書院
坪根由香里（1994）「「ものだ」に関する一考察」『日本語教育』84，日本語教育学会
寺村秀夫（1982）『日本語のシンタクスと意味Ⅰ』くろしお出版
寺村秀夫（1984）『日本語のシンタクスと意味Ⅱ』くろしお出版
藤堂明保（1969）『漢語と日本語』秀英出版
独立行政法人国際交流基金・財団法人日本国際教育支援協会著作・編集（2006）『日本語能力試験　出題基準［改定版］』凡人社
独立行政法人国際交流基金・財団法人日本国際教育支援協会著作・編集（2012）『日本語能力試験　公式問題集　N1』凡人社
永野賢（1953）「表現文法の問題―複合辞の認定について」金田一博士古稀記念論文集刊行会編『金田一博士古稀記念言語・民俗論叢』三省堂
仁田義雄（1991）『日本語のモダリティと人称』ひつじ書房
仁田義雄（1995）「日本語文法概説（単文編）」宮島達夫・仁田義雄編『日本語類義表現の文法（上）』くろしお出版
仁田義雄（1997）「断定をめぐって」阪大日本語研究 9　大阪大学文学部日本語学講座
仁田義雄（2000）「認識のモダリティとその周辺」森山卓郎・仁田義雄・工藤浩『日本語の文法 3　モダリティ』岩波書店
日本語記述文法研究会編（2003）『現代日本語文法 4　第 8 部モダリティ』くろしお出版
日本語記述文法研究会編（2008）『現代日本語文法 6　第 11 部複文』くろしお出版
日本語記述文法研究会編（2009）『現代日本語文法 5　第 9 部とりたて　第 10 部主題』くろしお出版
日本語記述文法研究会編（2010）『現代日本語文法 1　第 1 部総論　第 2 部形態論』くろしお出版
沼田善子（2009）『現代日本語とりたて詞の研究』ひつじ書房
野田尚史（1984）「～にちがいない／～かもしれない／～はずだ」『日本語学』3 巻 10 号，明治書院
野田尚史（1994）「仮定表現のとりたて―「～ても」「～ては」「～だけで」などの体系」『日本語学』13 巻 9 号，明治書院
花井珠代（2005）『後置詞句の機能をめぐって―構文論および連語論的観点から』お茶の水大学博士論文
花薗悟（2004）「「N を通して」と「N を通じて」」『東京外国語大学日本語教育センター論集』30
藤田保幸（2006）「複合辞研究の展開と問題点」藤田保幸・山崎誠編『複合辞研究の現在』和泉書院
彭広陸（2007）「品詞としての「助動詞」について」趙華敏・楊華・彭広陸・村木新次郎

編『村木新次郎教授還暦記念論集 日本語と中国語と―その体系と運用』学苑出版社

彭広陸（2010）「記述文法書における形態論の体系性に関する考察―『現代日本語文法Ⅰ』を中心に」『対照言語学研究』第20号，海山文化研究所

堀江薫（2014）「主節と従属節の相互機能拡張現象と通言語的非対称性―日本語と他言語の比較を通じて」益岡隆志・大島資生・橋本修・堀江薫・前田直子・丸山岳彦編『日本語複文構文の研究』ひつじ書房

前田直子（1997）「原因・理由を表す「ばかりに」と「からこそ」」『東京大学留学生センター紀要』7，東京大学留学生センター

前田直子（2004）「現代日本語における「様態節」をめぐって―その体系性と連続性」『学習院大学文学部研究年報』第50輯，学習院大学文学部

前田直子（2006）「連用形派生の目的節について―「べく」と「よう（に）」を中心に」益岡隆志・野田尚史・森山卓郎編『日本語文法の新地平3　複文・談話編』くろしお出版

前田直子（2009）『日本語の複文―条件文と原因・理由文の記述的研究』くろしお出版

益岡隆志（1991）『モダリティの文法』くろしお出版

益岡隆志（2002）「判断のモダリティ―現実と非現実の対立」『日本語学』21巻2号，明治書院

松木正恵（1990）「複合辞の認定基準・尺度設定の試み」『早稲田大学日本語研究教育センター紀要』2

松木正恵（1992）「複合辞性をどうとらえるか―現代日本語における複合接続助詞を中心に」辻村敏樹教授古稀記念論文集刊行会編『辻村敏樹教授古稀記念日本語史の諸問題』明治書院

松木正恵（2009）「複合辞研究史Ⅶ「複合辞」の体系化をめざして―認定基準の設定と複合辞一覧」『学術研究―国語・国文学編』第57号，早稲田大学教育学部

松原幸子（2008）「「～ないものでもない」に関して」『日中言語研究と日本語教育』創刊号，好文出版

松原幸子（2009）「陳述副詞「もし」が語るもの」『日語動詞及相関研究』張威・山岡政紀(主編) 外語教学与研究出版社

松原幸子（2011）「上級の日本語のいわゆる文法教育の検討」『日中言語研究と日本語教育』第4号，好文出版

松本泰丈（2005）「品詞と文の部分」松本泰丈編『語彙と文法の相関―比較・対照研究の視点から』社会文化科学研究科研究プロジェクト報告書第123集，千葉大学大学院社会文化科学研究科

南不二男（1974）『現代日本語の構造』大修館書店

南不二男（1990）「日本語の複文」至文堂編『国文学解釈と鑑賞』55-1，ぎょうせい

南不二男（1993）『現代日本語文法の輪郭』大修館書店

三宅知宏（1996）「日本語の確認要求表現の諸相」『日本語教育』89，日本語教育学会

宮地裕他（2007）『国語1』光村図書出版株式会社

村木新次郎（1983）「「地図をたよりに、人をたずねる」という言いかた」渡辺実編『副用語の研究』明治書院

村木新次郎（1991）『日本語動詞の諸相』ひつじ書房

村木新次郎（2004）「漢語の品詞性を再考する」『同志社女子大学日本語日本文学』第16号，同志社女子大学日本語日本文学会

村木新次郎（2005）「〈とき〉をあらわす従属接続詞—「途端（に）」「拍子に」「やさき（に）」などを例として」『同志社女子大学学術研究年報』第56巻

村木新次郎（2006）「「-ながら」の諸用法」益岡隆志・野田尚史・森山卓郎編『日本語文法の新地平3　複文・談話編』くろしお出版

村木新次郎（2007a）「名詞のようで名詞でないもの—日本語の品詞体系のみなおしをかねて」趙華敏・楊華・彭広陸・村木新次郎編『村木新次郎教授還暦記念論集 日本語と中国語と—その体系と運用』学苑出版社

村木新次郎（2007b）「日本語の節の類型」『同志社女子大学2007年学術研究年報』第58巻，同志社女子大学学術研究推進センター

村木新次郎（2008）「日本語の品詞体系のみなおし—形式重視の文法から意味・機能重視の文法へ」『日中言語研究と日本語教育』創刊号，好文出版

村木新次郎（2010a）「文の部分と品詞」至文堂編『国文学解釈と鑑賞』第75巻7号，ぎょうせい

村木新次郎（2010b）「日本語文法研究の主流と傍流—単語と単語の分類（品詞）の問題を中心に」『同志社女子大学日本語日本文学』22

村木新次郎（2012）『日本語の品詞体系とその周辺』ひつじ書房

村木新次郎（2015）「日本語の品詞をめぐって」『日本語文法』15-2，日本語文法学会

森田良行・松木正恵（1989）『日本語表現文型』アルク

森山卓郎（1984）「～するやいなや／～するがはやいか」『日本語学』3巻10号，明治書院

山口堯二（1980）「「て」「つつ」「ながら」考」『国語国文』49-3，京都大学文学部国語国文学研究室

山崎誠・藤田保幸（2001）『現代語複合辞用例集』国立国語研究所

山崎誠・藤田保幸（2006）「複合辞関係文献目録」藤田保幸・山崎誠編『複合辞研究の現在』和泉書院

渡辺実（1971）『国語構文論』塙書房

M. A. K. Halliday　山口登・筧壽雄訳（2001）『機能文法概説—ハリデー理論への誘い』くろしお出版

## 用例の出典

『現代日本語書き言葉均衡コーパス』(http://www.kotonoha.gr.jp/shonagon/)
『CD-ROM 版　新潮文庫の 100 冊』のうち海外小説の翻訳を除いたもの


## Web サイト

新しい「日本語能力試験」ガイドブック（独立行政法人　国際交流基金、財団法人　日本国際教育支援協会著 http://www.jlpt.jp/reference/pdf/guidebook1.pdf）2011/02/09　閲覧
日本語能力試験の公式サイト（独立行政法人　国際交流基金と財団法人　日本国際教育支援協会による運営 www.jlpt.jp/）2011/02/09　閲覧


## 辞書

大阪 YWCA 専門学校／岡本牧子・氏原庸子（2008）『くらべてわかる日本語表現文型辞典』J リサーチ出版
北原保雄編（2002）『明鏡国語辞典』大修館書店
グループ・ジャマシイ（1998）『教師と学習者のための日本語文型辞典』くろしお出版
小西友七、南出康世編（2001）『ジーニアス英和辞典第 3 版』大修館書店
小学館編（2005）『精選版　日本国語大辞典　1 巻「あ〜こ」』小学館
小学館編（2006）『精選版　日本国語大辞典　2 巻「さ〜の」』小学館
小学館編（2006）『精選版　日本国語大辞典　3 巻「は〜ん」』小学館
新村出編著（2008）『広辞苑 第六版』岩波書店
友松悦子・宮本淳・和栗雅子（2007）『どんな時どう使う　日本語表現文型辞典』アルク
日本語文法学会編（2014）『日本語文法事典』大修館書店
野上素一（1974）『新伊和辞典　第 8 版』白水社
松村明監修・小学館『大辞泉』編集部編（1995）『大辞泉』小学館
松村明／三省堂編修所編（1998）『大辞林』三省堂
松村明・山口明穂・和田利政編（2001）『旺文社古語辞典第九版』旺文社
安井稔編（1975）『新言語学辞典　改訂増補版』研究社
山田忠雄・倉持保男・上野善道・山田明雄・井島正博・笹原宏之編（2020）『新明解国語辞典第八版』三省堂
綿貫陽（改訂・著）／宮川幸久・須貝猛敏・高松尚弘著（2000）『徹底例解　ロイヤル英文法　改訂新版』旺文社

**教材**

植木香・植田幸子・野口和美(2005)『改訂版 完全マスター1級 日本語能力試験文法問題対策』スリーエーネットワーク

宇民美智子(2004)『日本語能力試験　完全攻略問題集　上級1級の文法』語文研究社

友松悦子・宮本淳・和栗雅子(1996)『どんな時どう使う日本語表現文型500』アルク

友松悦子・宮本淳・和栗雅子(2000)『どんなときどう使う日本語表現文型200』アルク

友松悦子・宮本淳・和栗雅子(2010)『改訂版どんなときどう使う日本語表現文型500』アルク

友松悦子・福島佐知・中村かおり(2011)『新完全マスター文法　日本語能力試験N1』スリーエーネットワーク

ABK公益財団法人アジア学生文化協会(2013)『TRY! 日本語能力試験N1 文法から伸ばす日本語』アスク出版

# あとがき

　筆者が日本語能力試験1級'〈機能語〉の類'と特に関わるようになったきっかけは、流通科学大学において「日本語資格試験講座」という日本語能力試験1級受験対策の授業を受け持つことになったことである。それまでにも、国際電気通信基礎技術研究所（ATR）の日本語学習者に対し、日本語能力試験1級受験の準備として1級'〈機能語〉の類'の指導を行ってはいたが、流通科学大学での授業は本格的な教材研究が必要となるもので、準備にかける労力は全く異なっていた。そして、毎週の授業のため、1級'〈機能語〉の類'に関する教材研究を進めていくうち、次第に1級'〈機能語〉の類'に見られる日本語の表現の奥深さに魅せられ、いつしか自分の日本語教師としての人生の集大成の意味で、これをテーマに論文を書き上げたいという思いが芽生えてくることとなった。

　こうした理由から、同志社女子大学の日本語日本文化研究科の博士課程での学びを開始した訳であるが、そこで村木新次郎先生に巡りあえたことは、何にもまして幸運な出来事であった。先生は文法研究の初心者である私に、文法現象のとらえ方、その体系づけ方等、一から丁寧に教えてくださった。全く不完全極まりないものながら、曲がりなりにも一つの結果として博士論文をまとめることができたことは、ひとえに先生のおかげと心より感謝している。また、森下訓子さん、楊華さん、河村静江さん、金花さんは先輩として、資料の集め方から親切に教えてくださった。諸先輩のご厚意なしに、博士論文を書くことは到底できなかったであろう。それに加え、「月末金曜日の会」において、何度か「日本語能力試験1級'〈機能語〉の類'の分類」に関して発表する機会に与ったが、その都度、金田章宏先生、鈴木泰先生、松本泰丈先生（五十音順）から貴重なご意見をいただいた。

　さらに、ATRの研究者である学習者は、科学者らしく常に「なぜ」、「これは何」という言葉で私を厳しく鍛えてくれた。「「北へ行けば行くほど寒くな

る。」の「ほど」とは一体何なのか。どうしてその文が英語の「the more～, the more～」の文に相当するのか。」といった、単なる表現形式で済ませてくれない彼らの質問がこの研究の原点をなしていると言っても過言ではない。やはり科学的な学問である限り、それは一体何なのか、どのように文を構成しているのかという問いを常に持つ姿勢は、根本的な問題として重要である。そのことをATRの学習者は私に自然な形で教えてくれた。これだけでも、長年ATRで日本語の指導を続けたかいがあったとしみじみありがたく感じられる。

　単語のみならず、文の部分も意味と形と機能を持つ。それらが一体となって文として形成され、言語主体である送り手によって一定の述べ方が選ばれて受け手に伝えられる。「日本語能力試験1級'〈機能語〉の類'」の分類を行って、文法というものは、人間が今自分の伝えたい内容をその場に最も適した方法で最も効果的に伝えるために、人間によって能動的に選択して使われるものであると理解できるようになった。日本語学習者が日本語母語話者と真の意味でコミュニケーションできるようになるには、レベルに応じて日本語母語話者の能動的な文法運用方法を、使われる場面、表現意図を含めて学び取ることが求められる。その文が表す意味は、何よりも言語主体の表現意図に基づくものであり、表現意図が文として形に現れ、文全体である一定の意味と機能をもって働いている。文というものは、このように言語主体の表現意図によって単語と文法をもとに生成される、まさに生きた存在と言えよう。

　本書は、2012年9月に同志社女子大学に提出した博士論文を、恩師の村木新次郎先生のお勧めもあり、およそ10年の年月を置いて見直し、修正を行って出版に至ったものである。私のような一介の日本語教師にすぎない素人の考えを本の形にして皆様に御提示することには、実のところ、大きなためらいがあった。しかし、あくまでもこれは現段階での私の見解であり、誤りを皆様に厳しくご指摘いただき、修正していく方が重要であると考え、このような形で発表させていただくこととなった次第である。2019年10月に逝去されました村木新次郎先生に本書をお見せできなかったことが残念でならないものの、先生とのお約束が果たせ、ご恩にわずかながらも報いることがで

きたと今は安堵の思いである。
　出版にあたっては、ひつじ書房の相川奈緒さんに多大なご助力をいただいた。ここに心よりお礼を申し上げたいと思う。
　一日本語教師としてのささやかな人生ではあったが、多くの先生や先輩、そして私を成長させてくれた学習者の方々に恵まれ、不十分であるにしろ、このように一つの結果を示すことができたことは、この上もない幸せと、皆様に対し深く感謝申し上げる。

# 索引

記号に関してはp.96参照

## あ

相俟つ【動詞】(Nと)相まって……102

あたらない【補助述語詞】(スルに／スルには)あたらない……223

圧縮……131, 595–597, 638

圧縮性……131

あって【後置詞】
　(Nに)あって……116
　(Nと)あって……136

あって【従属接続詞】(C(A／V)と)あって……180

-あっての【連体詞性接尾辞】(N)あっての……421

改まった形式……630

改まった文体……615

あるまいし【(第二陳述性)とりたて詞】(Nでは)あるまいし……337

あれ【(累加性)とりたて詞】(Nで)あれ……341

あれば【後置詞】(Nと)あれば……163

あれば【従属接続詞】(Cと)あれば……182

あわせ文(複合文)……46

## い

いい【(累加性)とりたて詞】(Nと)いい……339

言いさし……263

言い残し……262

いう　ところ(だ)【(群)補助述語詞】(Cと)いう／いった　ところ(だ)……323

いう　もの【とりたて形成句】(シテカラと)いう　もの……581

いえ【従属接続詞】(S／Cとは)いえ……183

いえども【後置詞】(Nと)いえども……161

いえども【従属接続詞】(S／Cと)いえども……184

-いかん【名詞性語基】(N)いかん……488
　(N)いかんでは……490
　(Nいかんに)かかわらず……491
　(Nいかんに)よって(は)……491
　(Nいかんに)よらず……491
　(Nいかんを)問わず……491

いかん【名詞】(Nの)いかん……489
　(Nの)いかんでは……491
　(Nの　いかんに)かかわらず……491
　(Nの　いかんに)よって(は)……491
　(Nの　いかんに)よらず……491
　(Nの　いかんを)問わず……491

意志形……74, 445, 593

至っては【後置詞】(Nに)至っては……144

至っても【後置詞】(Nに)至っても……144

至り(だ)【補助述語詞】(N／A2の)

至り（だ）……… 282
至る【形式動詞】（Nに）至る／至って……… 107
至る【補助述語詞】（NV／スルに）至る……… 226
至るまで【後置詞】（Nに）至るまで……… 117
一単語化……… 488
1級 '〈機能語〉の類'……… 2, 637
いった ところ（だ）【（群）補助述語詞】（Cと）いう／いった ところ（だ）……… 323
いったら ない【（群）補助述語詞】（（Cと）いったら ない）……… 304, 308
ったら ない（（C）ったら ない）……… 304, 313
ったら ありゃ しない（（（C（A／V））ったら ありゃ しない）……… 304, 317
否や【従属接続詞】（スルや）否や……… 190

## う

うめあわせ……… 64

## え

A1 ナガラ（-ナガラ）【（第一形容詞）並立形】……… 377
A1 ナガラニ（-ナガラニ）【（第一形容詞）継続的並立形】……… 380
A1 ナガラモ（-ナガラモ）【（第一形容詞）対比的並立形】……… 382
A3 デ アレ（-デ アレ）【（第三形容詞）譲歩形】……… 402
A3 ナガラ（-ナガラ）【（第三形容詞）並立形】……… 386
A3 ナガラニ（-ナガラニ）【（第三形容詞）継続的並立形】……… 391
A3 ナガラモ（-ナガラモ）【（第三形容詞）対比的並立形】……… 395
A2 デ アレ（-デ アレ）【（第二形容詞）譲歩形】……… 402
A2 デハ ナイマデモ（-デハ ナイマデモ）【（第二形容詞）打ち消し譲歩形】……… 376, 405
A2 ナガラ（-ナガラ）【（第二形容詞）並立形】……… 386
A2 ナガラニ（-ナガラニ）【（第二形容詞）継続的並立形】……… 391
A2 ナガラモ（-ナガラモ）【（第二形容詞）対比的並立形】……… 395
〈$N_1$ ヲ $N_2$ ニ〉の構造……… 130, 131
N デ アレ（-デ アレ）【述語名詞）譲歩形】……… 402
N デハ ナイマデモ（-デハ ナイマデモ）【述語名詞）打ち消し譲歩形】……… 376, 405
N ナガラ（-ナガラ）【述語名詞）並立形】……… 386
N ナガラニ（-ナガラニ）【述語名詞）継続的並立形】……… 391
N ナガラモ（-ナガラモ）【述語名詞）対比的並立形】……… 395
えらびだし性……… 160

## お

おいて【後置詞】（Nを）おいて………

121
おかない【補助述語詞】（セズニハ／シナイデハ）おかない……200
思いきや【従属接続詞】（～と）思いきや……186
おろか【(第一陳述性)とりたて詞】（Nは）おろか……329
音便語幹……64

## か

かかり性……159
かかわる【形式動詞】（Nに）かかわる……104
かぎり（だ）【補助述語詞】（T（A））かぎり（だ）……272
限りに【後置詞】（Nを）限りに……130
格助辞……60
格的な意味を持つ後置詞……56, 115
過去うちけし形式……73
過去みとめ形式……73
硬い書き言葉的文体……616
-かたがた【副詞性接尾辞】（NV）かたがた……426
かたく ない【補助述語詞】（NVに／想像するに）かたく ない……248
かたわら【後置詞】（Nの）かたわら……137
かたわら【従属接続詞】（スル）かたわら……167
価値評価性……639
-がてら【副詞性接尾辞】（NV）がてら（シガテラ【動詞同時意図形】）……351, 426

から【格助辞】Nから（ある）……432
皮切りと して【後置詞】（Nを）皮切りと して（（Nを）皮切りに（して））……133
皮切りに（して）【後置詞】（Nを）皮切りに（して）（（Nを）皮切りと して）……133
感動詞……48
間投文……281
漢文訓読的文体……617
勧誘形……74, 445, 593
慣用句化……441
慣用表現化……441, 599, 600, 638

## き

擬似連体節……166, 437
擬似連用節……166
きたら【後置詞】（Nと）きたら……157, 455
規定語節……46
規定成分……45
規定成分形成句……50, 71
規定成分形成辞……62, 71, 553
規定成分形成要素……71, 497, 553
規定用法……52, 53
機能語……23, 24, 25
〈機能語〉の類……1, 3, 6, 39, 637
機能動詞……50, 51, 104
希望形……74, 445, 593
基本語幹……64
逆条件……65, 370, 403, 592
逆条件節……65, 402, 403
強調……603, 639

索引 659

主題の— 604
条件の— 604
文法形式の— 605
理由の— 605
極限を表す用法— 157
きらいが ある【(群)補助述語詞】（Nの／スル）きらいが ある— 301
-極まりない【(第一)形容詞性語基】（A2B）極まりない— 472
-極まる【動詞性語基】（N／A2B）極まる— 465
極み（だ）【補助述語詞】（N／A2の）極み（だ）— 288
禁じ得ない【補助述語詞】（Nを）禁じ得ない— 241

## く

くだけた形式— 630
屈折— 64
屈折辞— 59
群補助述語詞— 193, 301
繋辞— 53, 592
形式（第一）形容詞— 112
形式形容詞— 54
形式動詞— 50, 51, 104
継続的並立形— 359, 380, 391, 402, 591, 592
形態素— 59
形容詞— 48
形容詞型補助述語詞— 193, 248
形容詞性語基— 63, 472
言語主体— 35
現代日本語書き言葉均衡コーパス— 95

限定的認識の提示— 611

## こ

広義の言いさし文— 262
口語的くだけた文体— 616
合成語— 62
後置詞— 23, 49, 56, 115
膠着— 64
肯定的評価— 609, 639
声を 限りに【慣用的表現】— 132
語幹— 59, 60, 63
語基— 59, 60, 62, 63
語結合— 104
こそ【とりたて助辞】（活用語の第一条件形）こそ— 456
固定化— 598, 599
-ごとき【名詞性接尾辞】（N）ごとき— 405
-ごとき【連体詞性接尾辞】（N）ごとき— 423
ごとき【規定成分形成辞】（Nの／スル（が）／シタ（が））ごとき— 553
ごとく【修飾成分形成辞】（Nの／スル（が）／シタ（が））ごとく— 561
こととて【後置詞】（Nの）こととて— 138
こととて【従属接続詞】（T（V））こととて— 170
ことわり— 379
語尾— 59, 63, 64
古文的文体— 618
語用論化— 263, 454

## さ

最後【従属接続詞】（シタが）最後
　——— 187
細密化——— 602, 603, 639
さえ【とりたて助辞】——— 459, 461
さることながら【陳述性】とりたて
　詞】
　【（第一陳述性）とりたて詞】（Nも）
　　さることながら——— 331
　【（第二陳述性）とりたて詞】（Nも）
　　さることながら——— 335

## し

ジェルンディオ——— 451
シガテラ（(-i)gatera）【動詞】同時意
　図形】（-がてら【副詞性接尾辞】）
　——— 351
したって【後置詞】
　（Nと）したって——— 165
　（Nに）したって——— 150
したって【従属接続詞】（スルに）し
　たって——— 179
した　ところで【後置詞】（Nに）し
　た　ところで——— 156
シツ（(-i)tsu）【動詞】反復並立形】
　——— 358
実質動詞——— 50
して【後置詞】（Nに）して——— 146
シテカラハ——— 584
シテハ　いけない——— 501
シナイマデモ（(-a)naimademo）【動
　詞）打ち消し譲歩形】——— 376
シナガラ（(-i)nagara）【動詞）並立形】
　——— 356

シナガラニ（(-i)nagarani）【（動詞）継
　続的並立形】——— 359
　シナガラニ　して——— 363, 364
シナガラモ（(-i)nagaramo）【（動詞）
　対比的並立形】——— 366
しまつ（だ）【補助述語詞】（スル）
　しまつ（だ）——— 266
終止型——— 73, 74, 445, 452, 593
終止型接続——— 74, 445, 593
終止形——— 74, 445, 452, 593
修飾語節——— 46
修飾成分——— 45
修飾成分形成句——— 50, 72, 567
修飾成分形成辞——— 62, 72, 560
修飾成分形成要素——— 72, 497, 560
修飾用法——— 53
終助辞——— 61
従属接続詞——— 24, 49, 58, 166
従属節の主節化——— 263, 454
重文——— 46
周辺的な動詞——— 101, 104
周辺的な品詞——— 47–49, 113, 115,
　166, 192, 328
主語——— 44
主語節——— 46, 594
主節（主文）——— 46
主題の強調——— 604
述語——— 44
述語句——— 280, 282
述語形成句——— 50, 71, 519, 529
述語形成辞——— 62, 71, 498, 594
述語形成要素——— 71, 497, 498
述語節——— 46
述語文——— 44

述語文的な構造 —— 280, 281
述語用法 —— 53
出題基準 —— 1, 2, 6
主要な品詞 —— 47, 48
順接完了連用形 —— 401
順接連用形 —— 401
ショウガ ((-y)ooga)【(動詞)譲歩形】 —— 368
　ショウガ　スルマイガ —— 370, 376
状況語節 —— 46
状況成分 —— 45
状況成分形成句 —— 50, 72, 574
状況成分形成辞 —— 62, 72, 572
状況成分形成要素 —— 72, 497, 572
状況成分節 —— 594
消極的評価 —— 611, 639
条件 —— 65, 592
条件形 —— 591, 592
条件の強調 —— 604
条件法 —— 451
常識、文脈との共同性 —— 613
ショウト ((-y)ooto)【(動詞)譲歩形】 —— 371
　ショウト　スルマイト —— 373, 376
少納言 —— 95
ショウニモ ((-y)oonimo)【(動詞)譲歩形】 —— 373
譲歩 —— 65, 592
譲歩形 —— 65, 368, 402, 591
譲歩節 —— 65, 402, 403, 548, 549
譲歩節（逆条件節）—— 370
助詞 —— 23, 50, 60
助辞 —— 59, 60
助動詞 —— 23, 50

助動詞（補助述語詞）—— 23, 47, 49, 192
叙法の陳述詞 —— 55, 544
叙法副詞 —— 544
自立的な品詞 —— 47

## す

推量形 —— 74, 445, 593
-ずくめ（の）【第三形容詞性接尾辞】（N／VB）ずくめ（の）—— 409
すまない【補助述語詞】（セズニハ／シナイデハ）すまない —— 203
すら【とりたて助辞】（N／Nで）すら —— 458, 461
スル　ために —— 169, 564
スルト　シタッテ【仮定動詞譲歩形】 —— 375
スルト　スル【仮定動詞】 —— 375
スルナ —— 500
スルべく —— 563, 564
スルマイガ（-maiga）【(動詞) 打ち消し譲歩形】 —— 368, 370, 376
スルマイト（-maito）【(動詞) 打ち消し譲歩形】 —— 371, 373, 376
スルように —— 564

## せ

積極的評価 —— 611, 639
接辞 —— 59, 62
接続型 —— 73, 453, 592
接続詞 —— 48
接続助辞 —— 61, 594
接続成分 —— 46
接続の型（タイプ）—— 73, 445, 593

接続法―― 451
接頭辞―― 59
接尾辞―― 59, 62, 63
節副詞―― 353
センが ために―― 169, 564

## そ

相対的テンス―― 77
即する【動詞】（Nに）即して／即した―― 99
そばから【従属接続詞】（スル／シタ）そばから―― 168
それまで（だ）【述語形成句】（スレバ）それまで（だ）―― 530
それまでの こと（だ）【述語形成句】（スレバ）それまでの こと（だ）―― 530

## た

第一形容詞―― 52, 53
第一形容詞性接尾辞―― 63
第一中止形―― 401, 591
第一中止形型―― 350, 351, 591
第一陳述性とりたて詞―― 328, 329, 588
第一変化動詞―― 66
第1種のとりたて助辞―― 61, 435, 436
第一種のとりたてのくっつき―― 435, 501
第三形容詞―― 52, 53, 419
第三形容詞性接尾辞―― 63, 409
第二形容詞―― 52, 53
第二形容詞性接尾辞―― 63

第2種のとりたて助辞―― 61, 435, 436
第二種のとりたてのくっつき―― 435, 436, 501
第二中止形―― 401, 591, 592
第二陳述性とりたて詞―― 328, 335, 588
第二変化動詞―― 66
対比的関係―― 366
対比的並立形―― 366, 382, 395, 402, 591, 592
対比のとりたて―― 153
たえない【補助述語詞】（N／A2／スルに）たえない―― 210
たえる【補助述語詞】（N／スルに）たえる―― 207
ただ【陳述詞】 ただ（〜のみ／〜のみならず）―― 113
脱落―― 595–597, 638
だに【とりたて助辞】（N（に）／NV／スル）だに―― 460
ため（に）【従属接続詞】（スル）ため（に）―― 37, 169, 564
（センが）ため（に）―― 169, 564
ための【従属接続詞】（スル）ための―― 169
（センが）ための―― 169
多様な文体―― 639
たりとも【とりたて助辞】（最小の量を表す数量名詞等の名詞）たりとも―― 461
足る【補助述語詞】（NV／スルに）足る―― 215
足らない（NV／スルに）足らない

―― 219
-たる【連体詞性接尾辞】（N）たる
　　　―― 424
単語―― 16, 21-23, 637
単語化―― 595, 597, 599, 638
断定形―― 74, 445, 593

## ち

中止形―― 346, 401, 592
中心的な品詞（主要な品詞）―― 48, 99, 112
直説法―― 451
陳述詞―― 48, 54, 55, 113, 588
陳述性とりたて詞―― 58, 328, 329, 587
陳述成分―― 45, 547
陳述成分形成句―― 50, 72
陳述成分形成要素―― 72, 497
陳述成分節―― 547
陳述的な意味―― 54, 56, 113
陳述副詞―― 54, 55, 113

## つ

(NVの) ついでに【後置詞】―― 354
(スル) ついでに【従属接続詞】―― 354
つきそい節（つきそい文、従属節、従属文）―― 46
-っぱなし（の）【第三形容詞性接尾辞】（VB）っぱなし（の）―― 411

## て

提示
　限定的認識の―― 611
　評価・認識の―― 608
丁寧体―― 628, 630
定法―― 451, 592, 593
典型的な動詞―― 101

## と

動詞―― 48
同時意図形―― 351, 401, 591
動詞型補助述語詞―― 193
動詞性語基―― 63, 465
動詞性接尾辞―― 63, 407
動詞接尾辞―― 346
動詞の原形―― 451
動名詞―― 447
特殊型―― 351, 591, 592
独立語文―― 44, 280, 281
ところで【従属接続詞】
　（シタ）ところで―― 175
　（スルト／シタトシタ）ところで―― 177
　（スルに／シタに　シタ）ところで―― 178
ところを【後置詞】（Nの）ところを―― 139
ところを【従属接続詞】（T（A／V）ところを―― 173
とりたて―― 435
とりたて形成句―― 50, 73, 130, 365, 580
とりたて詞―― 50, 58, 328, 587
とりたて助辞―― 60, 435, 453
とりたて的なはたらきをもつ後置詞―― 56, 115, 144
とりたての陳述詞―― 55, 56, 113, 114

とりたて副詞 55, 113

## な

ない【形式（第一）形容詞】 112
-ながら（に）【副詞性接尾辞】（N）ながら（に） 429
なく【修飾成分形成句】（スルとも）なく 567
なく して【状況成分形成句】（N）
　なく して 575
　なく しては 576
-なし（の）【(第三)形容詞性語基】 474
　（N／VB）なし（の） 475
　（N／VB）なしには 481
　（T(A／V)）ことなし（の） 483
　スルことなしには 486
なしに【修飾成分形成句】（スルとも）なしに 568
-ならでは（の）【第三形容詞性接尾辞】（N）ならでは（の） 414
なり【並立助辞】（N／スル）なり 464
なり【状況成分形成辞】（スル／シタ）なり 573
-なり（の）【第三形容詞性接尾辞】（N）なり（の） 417
なりに【修飾成分形成辞】（T(A／V)）なりに 565
なりの【規定成分形成辞】（T(A／V)）なりの 559
なると【後置詞】（Nとも）なると（(Nとも)なると／なれば） 159

なれば【後置詞】（Nとも）なれば（(Nとも)なると／なれば） 159
なんだろう【述語形成句】（N／A2／A3デ ナクテ）何だろう（(N／A2／A3デ ナクテ）何だろう／何で あろう） 550
なんて【とりたて助辞】（C）なんて 455
なんで あろう【述語形成句】（N／A2／A3デ ナクテ）何で あろう（(N／A2／A3デ ナクテ）何だろう／何で あろう） 550

## に

日本語能力試験 2
日本語能力試験　出題基準 1, 2

## の

のみ【副助辞】（ただ）（〜）のみ／のみならず 441
のみ（だ）【述語形成辞】（スル）のみ（だ） 441, 501

## は

（と）は【とりたて助辞】（Cと）は 453
排他的限定 113, 114
ばかり【副助辞】（セン）ばかり（の／に／だ） 436
　（〜と）ばかりに 439
派生語 62, 63
はだか格 77, 446, 447
発話・伝達のモダリティ 622
早いか【従属接続詞】（スルが／シタ

索引　665

が）早いか —— 189
反復並立形 —— 358, 402, 591, 592

## ひ

非過去うちけし形式 —— 73
非過去みとめ形式 —— 73
ひきかえ【後置詞】（Nに）ひきかえ —— 119
非自立的な品詞 —— 47
否定的評価 —— 610, 639
ひとり【陳述詞】 ひとり（〜だけ　でなく／〜のみならず）—— 114
非明示性 —— 611, 639
評価 ——
　肯定的— —— 609, 639
　消極的— —— 611, 639
　積極的— —— 611, 639
　否定的— —— 610, 639
評価・認識の提示 —— 608
評価の陳述詞 —— 55, 56
評価副詞 —— 55
表出段階 —— 281
品詞 —— 16, 47, 638
品詞の体系 —— 590

## ふ

不完全形容詞 —— 52, 53
不規則変化動詞 —— 66
複合語 —— 62, 63
複合辞 —— 26–29, 31, 33, 39, 637
副詞 —— 48
副詞性接尾辞 —— 426
副助辞 —— 61, 435
副助辞型 —— 73, 78, 445, 449, 452, 593, 594
副助辞型接続 —— 77–79, 449, 450, 594
複数の文法的働き —— 606
副動詞 —— 345, 346
複文 —— 46
付属辞 —— 59
付帯状況 —— 353
付帯状況節 —— 353
ふたまた述語文 —— 101, 103
普通体 —— 628, 630
不定型 —— 73, 75, 445, 446, 448, 452, 593
不定型接続 —— 75, 446, 593
不定形 —— 75, 76, 446–448, 452, 593
不定詞 —— 451
不定法 —— 451, 592, 593
文学的文体 —— 617
文語的文体 —— 619
分詞 —— 451
文体 ——
　改まった— —— 615
　硬い書き言葉的— —— 616
　漢文訓読的— —— 617
　口語的くだけた— —— 616
　古文的— —— 618
　多様な— —— 639
　文学的— —— 617
　文語的— —— 619
　和漢混交文的— —— 617
文の部分 —— 43, 44
文法 —— 16, 637
文法化 —— 47, 115
文法機能の細密化 —— 602

文法機能の特化―― 601, 639
文法形式の強調―― 605
文法形式の複合―― 607, 638
文法接尾辞―― 346
文法的派生接尾辞―― 65
文法的派生動詞―― 65

## へ

並立形―― 356, 377, 386, 401, 591, 592
並立助辞―― 60, 464
べからざる【規定成分形成辞】（スル）べからざる―― 498, 555
べからず【述語形成辞】（スル）べからず―― 498, 557
べき（だ）【述語形成辞】（スル／ス）べき（だ）―― 498
べく【修飾成分形成辞】（スル／ス）べく―― 498, 563, 632
べし―― 498

## ほ

放任―― 200, 202, 203
補語―― 44
補語節―― 46, 594
補充法―― 64
補助述語詞―― 24, 57, 192

## ま

まえおき―― 379
まじき【規定成分形成辞】（スル）まじき―― 557
まして【後置詞】（Nニ／Nにも）まして―― 120

まで（だ）【述語形成辞】（スル／シタ）まで（だ）―― 444, 519
までの こと（だ）【述語形成句】（スル／シタ）までの こと（だ）―― 444, 519, 529
までも ない【述語形成句】（スル）までも ない―― 444, 535
までも なく（スル）までも なく―― 444, 445, 542
-まみれ【動詞性語基】（N）まみれ(の)―― 469

## み

身を もって【慣用的表現】―― 125

## む

ムード―― 83, 498
ムード語形―― 74, 445
ムード副詞―― 55, 368
むすび―― 53
むすびのくっつき―― 53

## め

名詞―― 48
名詞型補助述語詞―― 193
名詞句化―― 597, 638
名詞性語基―― 488
名詞性接尾辞―― 63, 405
名詞節形成辞―― 62, 77, 448, 452, 594
名詞表現―― 311
命題めあてのモダリティ―― 622
命令形―― 74, 445, 593
命令法―― 451

－めく【動詞性接尾辞】（N）めく 407

## も
モーダルな意味 327, 370, 372, 498
もくろみ動詞 200
もって【後置詞】
　（Nを）もって¹ 123
　（Nを）もって² 124
　　（Nを）もって して 129
　　（Nを）もって すれば 127
ものでも ない【補助述語詞】（シナイ）ものでも ない 251
ものとも せず（に）【修飾成分形成句】（Nを）ものとも せず（に） 571
ものを【従属接続詞】（T（A／V））ものを 171
ものを【補助述語詞】（T（A1／A2／V））ものを 256

## や
や【状況成分形成辞】（スル）や 572
やまない【補助述語詞】（シテ）やまない 193

## ゆ
誘導副詞 55, 56
ゆえ（に）【後置詞】（N（の）／N の こと）ゆえ（に） 142, 143, 144
ゆえの【後置詞】（N（の））ゆえの 142, 143, 144

## よ
様式化 599, 600, 628, 629, 638
ように【修飾成分形成辞】 72, 562
余儀なく する（Nを）余儀なく する 229
　余儀なく させる（Nを）余儀なく させる 232
　余儀なく させられる（Nを）余儀なく させられる 235
　余儀なく される（Nを）余儀なく される 237
よそに【状況成分形成句】（Nを）よそに 578

## り
理由の強調 605

## る
累加性とりたて詞 58, 328, 339, 588
累加のとりたて 153
類推 461

## れ
例示形 401, 591, 592
連体格助辞 60
連体格助辞型 73, 77, 445, 448, 449, 452, 593, 594
連体格助辞型接続 77, 78, 448, 594
連体型 73, 77, 445, 448, 452, 593, 594
連体型接続 77, 448, 594
連体形 77, 446, 448, 452, 594
連体詞 52

連体詞性接尾辞……… 421
連用格助辞……… 60
連用型……… 445, 450, 452, 593, 594
連用型接続……… 450, 594
連用形……… 346, 401
連用節……… 594

和漢混交文的文体……… 617

........................
著者
........................

松原幸子　まつばら・さちこ

**略歴**
京都大学文学部卒業。国際電気通信基礎技術研究所（ATR）にて研究員や研修生への日本語指導に従事。姫路獨協大学大学院言語教育研究科言語教育専攻日本語教育領域修士課程修了（修士（言語教育））。ATRでの勤務と共に、流通科学大学において非常勤講師として留学生の日本語指導に当たる。2013年同志社女子大学大学院文学研究科日本語日本文化専攻、博士（日本語日本文化）学位取得。

**主な著書・論文**
「日本語の連体詞は少ないか」（『国文学　解釈と鑑賞』第74巻7号、ぎょうせい、2009年）、「上級の日本語のいわゆる文法教育の検討」（『日中言語研究と日本語教育』第4号、好文出版、2011年）、「日本語教育における「文の成分」という視点の導入―「スルように」と「スルために」の指導から―」（『対照言語学研究』第23号、海山文化研究所、2013年）。

........................

シリーズ言語学と言語教育　第45巻

# 日本語学習から見た〈機能語〉の類の研究
## 日本語能力試験1級 '〈機能語〉の類' の分類に基づいて

Linguistics and Language Education Series 45
Study on the Types of Function Words in Learning Japanese:
Based on a Classification of Grammatical Samples from Level 1 of the Japanese-Language Proficiency Test
Matsubara Sachiko

| | |
|---|---|
| 発行 | 2024年11月11日　初版1刷 |
| 定価 | 12,000円+税 |
| 著者 | © 松原幸子 |
| 発行者 | 松本功 |
| ブックデザイン | 三好誠（ジャンボスペシャル） |
| 組版所 | 株式会社 ディ・トランスポート |
| 印刷・製本所 | 株式会社 シナノ |
| 発行所 | 株式会社 ひつじ書房 |
| | 〒112-0011 東京都文京区千石2-1-2 大和ビル2F |
| | Tel 03-5319-4916　Fax 03-5319-4917 |
| | 郵便振替 00120-8-142852 |
| | toiawase@hituzi.co.jp　https://www.hituzi.co.jp/ |

造本には充分注意しておりますが、落丁・乱丁などがございましたら、小社かお買上げ書店にておとりかえいたします。
ご意見、ご感想など、小社までお寄せ下されば幸いです。

ISBN978-4-8234-1149-6　C3080
Printed in Japan

## 刊行のご案内

### 日本語学習者による多義語コロケーションの習得

大神智春 著 | 定価 **6,800**円+税

学習者がコロケーション習得の際に形成する中間言語を解明し、コロケーションの習得過程を明らかにする。また研究結果をコロケーションの教材開発に活かすことを目指した。

### 日本語学習アドバイジング
自律性を育むための学習支援

木下直子・黒田史彦・トンプソン美恵子 著 | 定価 **2,800**円+税

どのような問いかけや対話が日本語学習者の主体性を引き出すのか。理論と12の対話例で、学習者の自律性を育む対応を学ぶ。日本語学習支援に携わるすべての方に役立つ書。

### 話題別コーパスが拓く
### 日本語教育と日本語学

中俣尚己 編 | 定価 **3,000**円+税

話題が変われば、文法も変わる？　編者らが構築した「話題」に特化した言語資源（コーパス）の解説と、日本語教育・日本語学からの論考を収録。「話題の言語学」への挑戦。